공부론

연구총서35
공부론

지은이	임수무 외
펴낸이	오정혜
펴낸곳	예문서원

편 집	송경아
인 쇄	주) 상지사 P&B
제 책	주) 상지사 P&B

초판 1쇄 2007년 12월 26일
초판 2쇄 2011년 2월 20일

주   소 서울시 성북구 안암동 4가 41-10 건양빌딩 4층
출판등록 1993. 1. 7 제6-0130호
전화번호 925-5913~4 / 팩시밀리 929-2285
Homepage http//www.yemoon.com
E-mail   yemoonsw@empas.com

ISBN 978-89-7646-232-9 93150
YEMOONSEOWON #4 Gun-yang B.D. 41-10 Anamdong 4-Ga, Seongbuk-Gu Seoul KOREA 136-074
 Tel) 02-925-5914, 02-929-2284 Fax) 02-929-2285

값 27,000원

연구총서 35

공부론

임수무 외 지음

예문서원

책머리에

지금 우리가 사는 이 시대는 어떤 시대일까? 한 해 70만에 가까운 대학수험생들의 관심이 논술에 집중되어 있는 현상을 보면, 논술의 시대라고 말할 수도 있다. 학생들을 지도하는 선생님들은 논술에 관심을 쏟고, 수험생 가족들까지 논술에 주목하고 있다. 뿐만 아니라, 입시를 주관하는 교육부나 각 대학들까지도 모두 논술고사에 관심을 가지고 있다. 그리하여 논리적 서술을 위한 논리분석을 학생들에게 요구하면서 분석적 훈련을 요청한다. 바야흐로 논리의 시대이고 논술의 시대이며 분석의 시대이다. 논술 잘하는 사람이 훌륭한 학자 대접을 받고, 심지어는 논술이야말로 잘사는 길이라고 하여 웰빙으로까지 연결시키는 사람도 있다.

지금이 분과학문의 시대임은 거역할 수 없다. 눈이 불편하면 안과에 가고 이가 아프면 치과에 가는 것처럼, 역사와 철학이 나누어지고 철학과 문학이 분리된 지가 이미 오래되었다. 물론 안과 의사는 눈에 대해 연구를 많이 한 눈의 전문가이고 치과 의사는 이에 대해 연구를 많이 한 이의 전문가이지만, 안과나 치과 모두 결국은 사람의 건강이 궁극적 목적이다. 인문학 역시 전인격적인 학문인 것은 두말할 필요가 없다. 이러한 시점에서 오늘날 시급하게 요청되는 것은 분과적 지식이 아니라 실천이다. 그리고 이것은 사람다운 사람의 실현이다.

이러한 면에서 보면 인문학, 특히 철학을 공부하는 사람들이 논술에만 매여 있을 수 없다. 한 과목에 천착하고 집착하는 것은 인문학의 본령이 아니다. 어떤 사람이 어느 분야에 깊이 천착하여 관련 서적들을 두루 섭렵했다고 해서 그를 진정한 인문학자라고 말할 수는 없다. 사람다움에 대해서는 말하지 않고 사람답게 산다는 것이 무엇인지 반성하지 않은 채 사회적 지위를 확보하는 것에나 마음을 쓰며 자기 전문 분야만을 팔이 아프고 목이 쉬도록 외치고 있다면, 이것은 맹자의 말처럼 천작天爵을 닦아 인작人爵을 얻는 것에 불과하다. 학문하는 사람이라면, 특히 인문학을 하는 사람이라면 바로 이것을 조심해야 한다. 어떤 사정과 환경에 있어도 마음과 몸으로 사람다움을 실천하는 자세가 무엇보다 중요하다.

우리는 공자 철학의 핵심을 사람다움(仁)이라고 말한다. 그런데 사람다움은 이론적 개념이 아니라 실천을 통해서 성취되는 개념이다. "사랑을 실천하여 하늘을 알게 된다"(踐仁而知天)는 말은 이러한 의미에서 나온 것이다. 맹자 철학에서도 중요한 것은 "사람의 본성이 선하다"는 주장이 아니라, 이 선한 본성의 확충과 흐트러진 마음을 바로잡는 구방심求放心의 실천이다. 이를 통해 궁극적으로 자신의 행위를 돌아볼 때 위축됨이 없게 하고, 마음에 도덕적 용기를 채워 찌그러짐(餒) 없이 호연지기浩然之氣를 기르는 것이 중요한 것이다. 이렇게 해야 의로움(義)을 따르는 마음과 이익(利)을 따르는 마음이 구분된다. 맹자는 살아가면서 의로움을 좇는 마음과 이익을 좇는 마음을 구분하라고 가르쳤다. 그리고 의義의 실천을 강조한다.

사람다움(仁)의 실천이란 것은 곧 공자의 공부이며, '선성善性의 확충'과 '위축되지 않는 도덕 용기(不動心)의 실현', 그리고 '흐트러진 마음을 모으는 것'(求放心)은 맹자의 공부이다. "배움은 날마다 쌓아 가고 도를 닦음은 날마다 덜어내야 한다"(爲學日益, 爲道日損)는 것은 노자의 공부이다. 자기와 세상, 우주를 모두 잊고 뒷짐을 진 채 유유자적하며(逍遙), 이를 통해 '천지와 더불어 노닐면서 만물과 한 몸이 되는'(與天地遊, 爲萬物一體) 것은 장자의 공부이다. 우주까지 포괄할 정도의 큰마음(大心)을 강조하는 것은 장재의 공부이며, '한 가지 일에 집중해서 산만하지 않아야 한다'(主一無適)는 것은 주희의 공부이다. 이황의 『성학십도聖學十圖』 가운데 9도인 「경재잠도敬齋箴圖」와 10도인 「숙흥야매잠도夙興夜寐箴圖」는 공부 중의 공부이자 실천 중의 실천이다. 바로 경敬 공부이다.

우리 시대는 후기산업사회를 지나 정보사회의 시대로 접어들고 있다. 이렇게 되면서 우리의 마음은 온통 기계의 마음(機心)으로 변해 버렸다. 모든 일을 컴퓨터에 의존하며, 사유활동 자체를 컴퓨터에 맡기고 있다. 심지어 부모와 자식, 스승과 제자 사이의 친애함과 공경조차도 휴대전화에 맡기고 있다. 이러한 현실에서 참으로 절실한 것이 바로 실천이며 공부이다. 그래서 언젠가는 '공부론'에 대해 써 보리라 마음먹고 있었다.

그러나 스스로 학식과 공부가 모자라, 평소에 함께 글을 읽고 학문을 나누었던 지인들에게 부끄러움을 무릅쓰고 글을 구하였다. 이들은 모두 인품이나 자신의 학문 분야에서 깊이를 갖춘 사람들이어서 서슴없이 주옥같은 글들을 보내 주었다. 이것을 엮어 한 권의 책으로 만들어서 공부가 없는 이 시대 앞에 내어 놓으려고 했지만, 기독교 신학을 읽고 천착하는 나 개인의 이유로 정작 나의 글이 늦어지고 말았다. 글을 일찍 써서 보내 주신 분들에게 죄송하고, 묵묵히 기다려 주신 예문서원 관계자에게도 미안한 마음이 앞선다. 학과 여러 교수님들의 격려가 무엇보다 큰 힘이 되었다는 사실을 밝힌다.

2007년 하지 지나고
계명대학교 철학과 연구실에서
임수무 씀

목차

책머리에……5

공부론……임수무
· 11 ·

유학의 공부론

공자의 공부론……남상호
· 39 ·

맹자의 공부론……김기주
· 69 ·

순자의 공부론……황지원
· 95 ·

장재의 공부론……장윤수
· 125 ·

정이의 공부론……홍원식
· 147 ·

주희의 공부론……정상봉
· 167 ·

오징의 공부론……손미정
· 191 ·

왕수인의 공부론……황갑연
· 211 ·

나흠순의 공부론……이동희
· 239 ·

이황의 공부론……김종석
· 265 ·

이이의 공부론……황의동
· 293 ·

정약용의 공부론……박홍식
· 325 ·

도불의 공부론

노자의 수양론……박원재
· 349 ·

장자의 공부론……김백현
· 379 ·

『회남자』의 공부론……김용섭
· 403 ·

왕필의 공부론……김학목
· 427 ·

원효의 공부론……강의숙
· 449 ·

혜능의 수증관……이성환
· 475 ·

지눌의 공부론……윤종갑
· 505 ·

필진소개 …… 539

공부론

임수무

1. 실마리 말

　공부 잘하는 방법, 그것도 효과적이면서 쉽게 할 수 있는 방법이 있다면 얼마나 많은 사람들이 좋아할까? 공부에 치인 학생들과 그들을 지켜보고 있는 부모들에게 이만한 희소식도 없을 것이다. 세계적 가르침을 주었던 많은 선현들 가운데 공부 잘하는 방법을 발견한 사람은 없었던 것일까? 왜 지금까지 공부 방법을 발견하여 공개한 사람이 없을까?

　우리 일상생활에서 공부라는 말만큼 많이 사용하는 용어도 없을 것이다. 가정에서 부모들이 자녀에게 강조하는 말이나 학교에서 선생님들이 학생들에게 가장 많이 하는 말이 바로 '공부功夫'일 것이다. 어쩌면 가정과 학교뿐만 아니라 사회 전체에서도 특히 높은 사용빈도를 차지하는 말 가운데 하나가 공부가 아닐까 싶다. 학문의 전당인 대학에서도 공부라는 말은 자주 사용된다.

　공부功夫라는 말은 한자로 공부工夫로 쓰기도 한다. 또한 우리는 공부와 유사한 의미를 가진 다른 말을 사용하기도 하는데, 학습學習, 학업學業, 학문學文과 학문學問 등이 그것이다. 우리는 이와 같은 말들을 포괄해서 공부라고 하는 것이다. 그렇다면 공부란 무엇인가? 국어사전에는 "학문을 배움, 배운 것을 익힘"[1])이라고 정리되어 있다. 이러한 사전적 의미는 '학습'이라는 말을 풀이한 것으로 보인다. 일본에서는 '벤쿄'(勉强 : べんきょう)를 '학습'이라는 의미로 사용하고, '구후'(工夫 : くふう)는 '궁리하다'라는 의미로 사용한다. 중국에서는 학습을 '니앤슈'(念書)라고 부르는데, 직역하면 '책을 읽는다'라는 의미이다. 중국인들은 우리가 일반적으로 사용하는 공부 내지 학습을 이렇게 사용한다. 한국인과 일본인, 그리고 중국인이 약간의 의미 차이를 가지고 공부라는 말을 사용하고 있음을 알 수 있다.

　『한어대사전漢語大詞典』에서는 공부에 대해 1) 일을 하는 데 드는 힘과 시간, 2) 시간과 힘을 쓰고 난 뒤에 얻어지는 조예造詣, 3) 작업(工作)과 같은 말, 4) 시간(틈, 여가), 5) 리학가理學家들이 말하는, 공功을 쌓고 행行을 쌓아 심성心性을 잘 보존하고 길러 가는 것, 6)역부役夫 등을 의미한다고 기록되어 있다. 역부는 아마도 공정부역工程夫役이라는 의미로 사용된 듯 하다. 그 외에도 특별하게 무예武藝를 공부라 하기도 하고 조각 같은 것에 조예가 깊은 사람을 '공부가 깊다'라고 말하는 경우도 있다.

　이렇게 논의를 하면서도 막상 '공부가 무엇인가'라고 묻는다면 뚜렷하게 '이것이 공부이다'라고 정의내리기는 쉽지 않다. 공부가 무엇인지 정의하기는 어려워도 어떤 것이 공부를 잘하는 것인가를 묻는다면, 듣기와 읽

---

1) 이희승 편저, 『국어대사전』 제3판(민중서림, 1994), 306쪽.

기, 그리고 말하기와 글쓰기를 잘하는 것을 가지고 공부를 잘한다고 말한다. 심지어는 초등학교와 중·고등학교에서 성적이 좋으면 공부를 잘하는 것이라고 말하기도 한다. 그렇지만 공부한다는 것이 무엇인지 되묻는다면 딱 잘라 정의하기 어려운 것은 분명하다. 또 공부하는 특별한 방법이 따로 있는 것도 아니다.

공부론을 서술하기 위해 교육학을 전공한 전문가들에게 공부 또는 학습의 의미가 무엇인지 자문을 구한 적이 있다. 하지만 공부와 학습이 함의하고 있는 내용과 그 사용범위가 너무 넓고 커서 각기 다른 의미로 사용되고 있음을 확인할 수 있을 뿐이었다. 필자는 공부라는 말이 학습學習, 학문學文, 학문學問, 수양과 실천의 의미 등을 포괄하여 광범위하게 사용된다고 본다. 이러한 이유에서 학습, 학문學文과 학문學問, 그리고 공부功夫를 차례로 분석 검토하여 그 각각의 용어나 개념이 지닌 의미를 분명히 해 보려고 한다. 이를 통해 각 용어의 명확한 한계선을 만들어 구분하고 그것을 단계별로 설명함으로써 공부에 대한 포괄적 이해를 시도한다.

2. 학습

공부의 첫 단계는 학습學習이 아닐까 생각된다. 학습을 풀이하면, 배우고 익힌다는 의미이다. 그런데 중요한 것은 무엇을 배우고 익힌다는 것인지에 대한 말이 없다. 이것은 특정한 학문으로 들어가지 않은 단계의 기능교육 정도로 설명할 수 있을 것 같다. 예컨대 듣기, 읽기, 말하기, 글쓰기 등이다. '보통교육' 또는 '기초교육' 정도로 말할 수 있다. 영어로는 liberal arts가 될 것이다. 읽기를 예로 든다면, 국어 교과서를 읽을 수 있어야 하는 것은 당연하지만 그것이 국어 교과서에만 한정되어서는 안 된 다. 산수 교과서도 읽을 수 있어야 하고 다른 교과들도 읽을 수 있어야 한다. 특정 학문으로 들어가기 이전에 그야말로 '읽을 수 있는 능력'을 갖 추어야 하는 것이다.

『논어論語』「학이學而」첫 구절은 "공자께서 말씀하시기를 '배우고 때 로 익히면 또한 즐겁지 아니한가!' 하셨다"[2]라고 기록되어 있다. 주희朱熹 는 여기에 대해 다음과 같이 주를 달고 있다.

> 학學이라는 말은 본받는다는 뜻이다. 사람의 본성은 모두 선하지만 이것을 깨닫는 것에는 먼저 깨닫고 뒤에 깨닫는 경우가 있다. 뒤에 깨닫는 사람은 반 드시 먼저 깨닫는 사람이 하는 것을 본받아서 밝게 잘 알아야 그 처음(본성)을 회복할 수 있다. 습習은 새가 자주 나는 것과 같다. 배우는 것을 그치지 않기 를 마치 새의 새끼가 자주 나는 것과 같이 하는 것이다. 열悅(說)은 기뻐한다 는 의미이다. 이미 배우고 또 때때로 그것을 익히면 배운 것이 익숙해져서 그 마음에서 희열을 느끼게 되니, 그 진전을 저절로 그만둘 수 없게 된다. 정자程子는 "습이란 거듭 익히는 것이니, 때로 다시 생각하고 연역演繹해서 가 슴 속에 무젖게 하면 기쁘게 된다"라고 하였다. 또 "배우는 것은 장차 그것을 행하려고 해서이니, 때때로 익힌다면 배운 것이 내 몸에 있다. 그러므로 기뻐 하게 되는 것이다"라고도 하였다. 사씨謝氏는 "시습時習은 때마다 익히지 않 음이 없는 것이니, 앉을 때 시동尸童과 같이 하는 것은 앉아 있을 때의 익힘이 요 서 있을 때 재계齋戒하는 것과 같이 하는 것은 서 있을 때의 익힘이다"라 고 말했다.[3]

---

2) 『論語』, 「學而」, "子曰, 學而時習之, 不亦說乎!"
3) 『論語集註』, 「學而」, "學之爲言, 效也. 人性皆善而覺有先後. 後覺者必效先覺之所 爲, 乃可以明善而復其初也. 習, 鳥數飛也. 學之不已, 如鳥數飛也. 說, 喜意也. 旣學 而又時習之, 則所學者熟而中心喜悅, 其進自不能已矣. 程子曰, 習, 重習也. 時復 思繹, 浹洽於中, 則說也. 又曰, 學者, 將以行之也, 時習之, 則所學者在我, 故悅. 謝

여기에서 우리는 주희의 주를 가지고 검토할 필요가 있다. 먼저 주희는 배운다(學)는 말을 '본받는다'로 해석한다. 이것은 철저한 경험주의적 색채를 띤 것으로, 한편으로 타당성을 가진 해석이다. 배운다는 것은 모방하는 것으로, 가르치는 사람을 따라 하는 것이다. 익힌다는 것은 거듭거듭 연습하는 것이다. 여기에 대한 주희의 해석은 재미있다. "습習은 새가 자주 나는 것과 같다. 배우는 것을 그치지 않기를 마치 새의 새끼가 자주 나는 것과 같이 하는 것이다"라는 해석은 정곡을 찌르고 있다. 익힌다(習)는 것은 주희의 해석처럼, 새끼 새가 팔락팔락 날개를 저어 날아오르는 연습을 하는 것과 같다.

쉽게 말해, 학습은 배우고 익히는 것이다. 듣기를 배우고 익히며, 읽기를 배우고 익히고, 말하기를 배우고 익히며, 글쓰기를 배우고 익히는 것이다. 가령 듣기를 배울 때에는 목적을 전제하지 않은 채 듣기만 잘하면 된다.4) 외국에서 공부를 할 경우, 어떤 과목을 전공하고 무엇을 공부하는가를 묻기에 앞서 들을 수 있는 능력을 갖추고 있는지를 먼저 따진다. 읽기도 마찬가지이고 말하기도 마찬가지이며 글쓰기도 마찬가지이다. 바로 이와 같은 단계가 학습의 단계이다.

초등학교나 중·고등학교의 공부라면 이러한 점이 강조되어야 한다. 이러한 단계의 훈련이 충분하지 못하면 그 결과는 바로 드러난다. '듣지도 못하고 읽지도 못하며 말하기도 안 되고 글쓰기도 못하는데 어떻게

氏曰, 時習者, 無時而不習, 坐如尸, 坐時習也. 立如齊, 立時習也."
4) 국어를 학습하기 위해 듣기를 공부하는 것도 아니다. 듣기 공부는 특정 과목에 한정되는 것이 아니라, 모든 과목에서 필요하다. 따라서 일단은 이러한 것들을 전제하지 않고 듣기만을 익히는 것이다. 목적이 전제되지 않았다는 말은 이러한 의미이다.

학습한다는 말인가'라는 물음은 가능하지만, 이 단계에서는 무엇을 학습하고 공부하는지에 대해서는 아직 논의되지 않았다.

이러한 단계가 확립된 뒤에라야 비로소 목적이 개입된 듣기와 읽기, 말하기와 글쓰기를 요청할 수 있다. 이제 공부의 목적이 설정되는 것이다. 역사를 공부하기 위해서는 역사에 대한 듣기 훈련과 학습이 필요하고, 문학을 공부하기 위해서는 문학에 대한 듣기 훈련과 학습이 필요하다. 이것은 특정한 과목의 학습으로, 여기에 대한 읽기와 말하기 역시 마찬가지 원리이다. 만약 자녀가 공부를 잘하길 바란다면 듣기 학습을 강화할 필요가 있다. 또 특정한 과목을 주목한다면, 그 특정 과목에 대해 듣는 것을 학습해야 한다. 읽기와 말하기, 글쓰기도 마찬가지 원리이다.

우리는 이러한 형태의 학습을 공부라고 말하고, 또 그렇게 알고 있다. 이 때문에 사전에서도 공부에 대해 '배운 것을 익히는 것'이라고 풀이한다. 듣기, 읽기, 말하기, 글쓰기는 배우고 익히는 초보 단계에서 꼭 필요한 학습이지만, 동시에 이것은 아직 내용이 정해지지 않은 일반적인 학습이면서 공부를 위한 보편적 요구이다.[5]

습이란 첫 번째 단계에서 학습이라고 불리는 공부로, 듣기와 읽기, 말하기, 글쓰기를 잘할 수 있도록 익히는 것이다. 주희의 해석처럼 어린 새가 날기를 연습하듯 듣고 읽고 말하고 쓰는 것을 연습하는 것이야말로 가장 기초적이면서 필수적인 단계이다. 전문적 목적을 가진 학습도 결국 이러한 듣기와 읽기, 말하기와 글쓰기를 익혀야 가능하다. 특히 외국어는 더더욱 그러하다. 연습에 연습을 거듭하고, 익힘에 익힘을 거듭해서 나의 것으로 만드는 것이 바로 '습'이다.

---

[5] 이러한 공부는 국어나 산수, 역사, 예능 등 모든 공부에 보편적으로 요구되는 것이기 때문이다.

3. 학문學文

공부에는 위에서 말한 학습, 즉 배우고 익히는 것 외에 학문學文도 있다. 『논어』「학이」에는 공자의 다음과 같은 말이 기록되어 있다.

> 공자께서는 '나이가 적은 사람은 (집에) 들어가면 효도를 행하고 나와서는 공손하며, (행실을) 삼가고 (말을) 성실하게 하며, 널리 사람을 사랑하되 사람다운 사람(仁)을 친히 해야(親仁) 하니, 이렇게 행하고도 여력이 있으면 글을 배워야 한다'라고 말씀하셨다.[6]

여기에 대해 주희는 다음과 같이 말한다.

> 정자程子는 "제자弟子의 직분을 다하고 힘이 남으면 학문을 해야 하니, 그 직분을 닦지 않은 채 문文을 먼저 하는 것은 위기爲己의 학문이 아니다"라고 하였다. 또 윤씨는 "덕행은 근본이고 문예는 지엽적인 것이니, 그 본말을 궁구하여 먼저 해야 할 것과 뒤에 해야 할 것을 알게 되면 덕德에 들어 갈 수 있다"라고 하였으며, 홍씨 역시 "여력이 없는데도 글(文)을 배우면 문文이 그 질質을 멸하게 될 것이고, 여력이 있는데도 글을 배우지 않는다면 질質이 치우쳐서 거칠게(野) 될 것이다"라고 하였다. 내가 생각건대, 힘써 행하기만 하고 문文을 배우지 않으면 성인이 만들어 놓은 법을 상고할 수 없고 사리의 당연함도 알 수 없어서 행하는 것이 혹 사사로운 뜻에서 나오기도 하니, 단지 거칠게 되는 정도만이 아닐 것이다.[7]

---

[6] 『論語』,「學而」, "子曰, 弟子入則孝, 出則弟. 謹而信, 汎愛衆, 而親仁, 行有餘力, 則以學文."
[7] 『論語集註』,「學而」, "程子曰, '爲弟子之職, 力有餘則學文, 不修其職而先文, 非爲己之學也.' 尹氏曰 '德行, 本也. 文藝, 末也. 窮其本末, 知所先後, 可以入德矣.' 洪氏曰,

주희는 먼저 선대 유자들의 말을 인용한 뒤 여기에 덧붙여서 자신의 의견을 피력하고 있다. 모자수毛子水는 이러한 주희의 해석에 현대적 감각을 가미하며 다음과 같이 풀고 있다.

'행유여력行有餘力 즉이학문則以學文'의 의미는 "덕행을 학습하는 것 이외의 일은 책을 읽어야 한다"는 것이다. (공자는) 학생이 먼저 효 등의 일을 잘한 뒤에 다시 남은 힘으로 책에서 지식을 배워야 한다고 말한 것이 아니다. 효도와 공손함(弟), 부지런함(謹), 믿음(信), 다른 사람을 널리 사랑함(愛衆), 친인親仁 등의 덕행을 배우는 것 외에, (더하여) 책에서의 지식을 얻는 데 힘쓰라는 것이다.[8]

'여력餘力'을 글자에만 얽매여 해석하지 말고, 공자가 말한 본래 뜻에 비추어 해석하라는 것이다. 여기에서 중요한 것은 몸으로 실천하는 것이 학문보다 더 중요하다는 말이다.

『논어주소論語注疏』에서 마융馬融은 "문이라는 것은 '옛날에 남겨진 글'이라고 하였다.…… '옛날에 남겨진 글'은 육경六經인 『시詩』, 『서書』, 『예禮』, 『악樂』, 『역易』, 『춘추春秋』가 바로 이것이다"[9]라고 주석을 달고 있다. 문文이란 '옛날부터 전해져 내려오는 글'이라는 말이다. 이러한 입장에 따르면 학문學文은 전통을 배우는 것이라고 말할 수 있다. 실제로 우리가 배우는 것은 과거의 것이며, 전통이다.(미래는 배울 수 있는 것이 아니다) 다른 말로 바꾸면 문화이며 역사이다.

'未有餘力而學文, 則文滅其質, 有餘力而不學文, 則質勝而野.' 愚謂, 力行而不學文, 則無以考聖賢之成法. 識事理之當然, 而所行, 或出於私意, 非但失於野而已."
8) 毛子水, 『論語今註今譯』(臺北: 商務印書館, 民國 66), 5쪽.
9) 何晏 注, 邢昺 疏, 『論語注疏』(十三經注疏整理本, 北京: 北京大學出版社, 2000), 8쪽, "馬曰, '文者, 古之遺文.'……注言, '古之遺文者, 則『詩』, 『書』, 『禮』, 『樂』, 『易』, 『春秋』, 六經是也.'"

문화란 무엇인가? 넓은 의미로 말하면 자연을 개조하고 변형시켜 사람이 사람답게 살아가는 형태이다. 좁은 의미로 말하면 사람이 창조한 정신재산으로, 문학・예술・교육・과학 등이다. 따라서 문화는 엄격하게 말해서 인문화人文化이다. 즉, 자연 상태의 변형을 통한 인문화가 바로 문화인 것이다. 그래서 영어로는 culture로 표현하는데, 이것은 '경작하다'라는 의미를 갖고 있다. 자연 상태의 땅을 경작하여 사람이 살 수 있는 형태로 개조하고 작물을 배양하는 것이 바로 '문화'이다.

문화를 공부할 때 우선되어야 하는 것은 역사歷史이다. 돌이켜 보면 모든 과정에서 역사 공부는 대전제이다. 철학에서는 철학사哲學史가, 교육학에서는 교육학사敎育學史가, 문학에서는 문학사文學史가 필수적이다. 심지어 역사학에서도 사학사史學史는 필수적인 것이다. 이러한 사실에서 알 수 있듯, 역사와 전통에 대한 공부는 무엇보다 우선시되어야 한다.

마융은 문文이 『시』, 『서』, 『예』, 『악』, 『역』, 『춘추』라고 구체적으로 언급했다. 중국에서는 도서를 분류할 때 경經, 사史, 자子, 집集으로 나눈다. 여기에서 경은 주로 경서 내지 경전經典을 말하는데, 주로 유가儒家 경전들을 가리킨다. 사는 역사서이다. 자는 제자백가諸子百家를 말하는데, 여기에서 가家는 학파를 가리킨다. 집은 문집文集을 의미한다. 이러한 것들이 모두 '문'인 것이다.

그런데 '자연을 인문화한 것'이 문화라는 관점에서 보면, 사람의 기본적 삶은 전통적 표현 그대로 의식주衣食住이다. 그러므로 우리의 학문, 즉 전통에 대한 학습은 '옛날부터 사람들은 어떻게 의식주생활을 했는가'라는 물음에서 시작해야 한다. 식생활을 예로 든다면, 식물의 성장과 재배, 그것이 식량과 식품이 되는 과정 등에 대해서 모두 배워야 하며, 나아가 음식을 접할 때 지켜야 하는 식사예절까지 배우고 익혀야 하는 것이다.

의복 역시 마찬가지이다. 의복재료가 만들어지는 것에서부터 시작하여 옷감이 되고, 그것이 다시 옷이 되는 과정을 배운다. 나아가 그 옷을 입는 일과 옷을 입고 다른 사람들을 대하는 예절까지 배우고 익혀야 한다. 주거 역시 그러하다. 현대인들은 주거 외에 행行이라는 개념을 하나 더 첨부한다. 요즘말로 교통수단이 될 것이다. 지금은 차량으로 대표되는 교통이지만, 젊은 세대는 차량뿐만 아니라 컴퓨터통신 및 휴대전화기를 통해 이루어지는 교통까지 그 속에 포함시킨다.

이와 같은 전통의 습득을 한 마디로 말한다면 '온고지신溫故知新'이다. 우리가 흔하게 사용하는 말 가운데 하나가 바로 학문學文인데, 지금 대부분의 공부는 이러한 학문을 학습學習하는 과정으로 점철되어 있다.

다시 처음 이야기로 돌아가서 『시』, 『서』, 『예』, 『악』, 『역』, 『춘추』의 학습에 대해 생각해 보기로 하자.

『시』는 감성 처리를 의미하는 것이다. 그런데 이것이 감성과 관계된 문화전통을 학습하는 것이라면, 그 이면에는 사람다움의 목적을 살펴볼 수 있는 근거가 있다.

『서』는 정치 전통의 서술이다. '다스린다(政)는 것은 바르게 하는(正) 것이다'라는 말을 굳이 빌려오지 않더라도, 정치를 통해 사람답게 살기를 바라는 마음이 담겨 있는 것이다.

『예』는 사람과 사람의 관계를 설정하는 것이다. 예는 구별이다. 가까운 사람과 먼 사람, 존경할 사람과 그렇지 않은 사람을 구별하는 것이다. 이를 통해 사람이 사람답게 살아가는 것을 공부한다.

『악』의 목적은 조화에 있다. 사람과 사람 사이의 조화는 어떻게 이룰 수 있을까? 조화로움이 실현됨으로 인해 얻어지는 것이 바로 즐거움(樂)이다. 때문에 조화를 추구하는 음악의 '악樂'과 즐거움을 의미하는 '락樂'

은 같은 한자를 사용한다. 사람과 사람의 원만한 조화, 나아가 자연과 사람의 원만한 조화는 '천지가 제자리를 잡고 만물이 길러지는 것'10)이라고 말할 수 있다. 따라서 이것 또한 사람답게 살아가는 공부이다.

『역』은 우주의 원리와 인간의 (우주 및 세계에서의) 위치를 정해 주는 것이다. 사람과 자연물, 태양이나 별 등은 모두 정해진 위치와 자리가 있다. 자신의 자리를 알고 그 자리에서 해야 할 일을 알면 아름다운 사람이 살아가는 세상을 만들 수 있다. 이것은 곧 우주의 정신과 합일되는 것이다. 이 역시 사람답게 사는 공부이다.

『춘추』는 역사의 원리와 역사의 발전을 말하는 것이다. 옛사람들은 역사를 거울이라고 생각하여 그것을 '통감通鑑'이라고 하였다. 이것은 '내가 (혹은 우리가) 사람답게 살고 있는가'를 비추어 보는 거울이라는 말이다. 따라서 『춘추』 역시 사람답게 살기를 공부하는 것이다.

이상의 『시』, 『서』, 『예』, 『악』, 『역』, 『춘추』를 학습하는 것이 곧 학문學文인데, 이것이 바로 인문화人文化의 기초 작업인 것이다.

4. 학문學問

오늘날에 이르기까지 인류의 삶에 지대한 영향을 미치고 있는 『논어』나 플라톤의 저작 등을 보면 대부분 대화체나 문답체로 서술되어 있다. 절묘한 물음에 대한 철인哲人의 철인다운 대답을 기록한 것이다.

갓 결혼한 새 신부가 식사 준비를 하게 되면 밥하는 것, 된장 끓이는

---

10) 『中庸』, 제1장, "天地位焉, 萬物育焉."

공부론 21

것, 반찬 만드는 것 등에 급급하다. 이렇게 되면 정작 물어야 하는 음식에 대해서는 묻지 못한다. 그렇지만 결혼한 지 20년이나 30년쯤 된 주부들은 '점심은 무엇을 하지?', '저녁은 무엇을 먹지?'라고 끊임없이 질문한다. 음식에 대해 묻고 있는 것이다. 이처럼 그 배운 것이 성숙해진 이후라야 참된 질문을 할 수 있게 된다.

이렇게 보면 '학문學問은 근본적인 물음'이라고 조심스럽게 말할 수 있다. 그렇다면 학문이란 무엇인가? 학문에서 묻는 것은 무엇일까? 학문적인 질문이 적어도 일상의 물음일 수는 없다. 앞에서 말한 것처럼 '오늘 무엇을 먹을까?', '오늘 외출 때 어떤 옷을 입을까?'와 같은 종류의 물음은 결코 학문적 물음이 될 수 없다. 그렇다면 어떤 물음이 학문적 물음이 될 수 있을까?

1) 원리를 묻는 물음이어야 한다. 어떤 사태가 발생했을 때 왜 그렇게 되었는지 그 까닭을 묻고 본래의 원리를 묻는다면, 이것이 곧 학문적 물음이다. 어떤 존재가 왜 '그 존재이고 다른 존재가 아닌지'를 묻는 것도 여기에 속한다. 이것은 존재가 가진 양태나 사태에 대한 물음이 아니라, '그것이 그것일 수 있게 하는 까닭은 무엇인가?'를 묻는 근본물음이다. 이것을 가지고 옛날 사람들은 '소이연所以然 또는 소이연지고所以然之故(그렇게 되는 까닭)가 무엇인가?'라고 말했다.

이것은 이치(理)와 원리, 그리고 법칙을 묻는 것이다. 다시 말해 '왜 그러한가'를 묻는 물음이다. 이러한 물음은 더 나아가 표준적인 법칙이나 불변의 법칙을 묻기도 하는데, 이것을 '규범'에 관한 물음이라고 말한다. 즉 불변의 법칙을 찾아서 발견하려는 것이다. 항존불변이 불변인 것은 당연하겠지만, 영원한 운동(활동)도 불변일 수 있다. "『주역周易』에서 말하는 우주의 기본원리는 영원한 바뀜(變易)이다"라고 말하는 것은 활동에 초점을 둔 것으로, 그 영원한 바깥은 결코 바뀌지 않는다. 따라서 이것은 항존恒存에 초점을 맞춘 것이다.

2) 방법을 묻는 물음이다. 어떤 사태가 발생하면 사람들은 그것을 해결하는 방법을 모색하게 되는데, 이때 '어떻게'라는 물음을 던진다. 이런 물음을 방법론적 물음이라고 한다.

동양철학의 중요한 물음은 방법에 초점을 맞추는 경우가 많다. 필자는 한때 어느 노숙한 교수님으로부터 '도道란 무엇인가?'라는 질문을 받은 적이 있다. 얼른 생각하면 대답하기 쉽지 않은 물음이었다. 그때 필자는 웃으면서 "도는 길이다. 차가 다니면 차도車道이고, 사람이 다니면 인도人道이다. 그런데 아무래도 질문이 잘못된 것 같다. 차도로는 차가 다녀야 하고, 인도로는 사람이 다녀야 한다. 사람이 차도로 다녀서도 안 되고, 차가 인도로 다녀서는 더더욱 안 된다"라고 대답했다. 무슨 말일까? 다시 물어 보자. 효도孝道가 무엇인가? 이 물음에 대한 개념적인 정의와 대답은 쉽지 않다. 그러나 '효도를 어떻게 할까?'라고 그 방법을 묻는다면 쉽게 대답할 수 있으며, 나아가 실천도 할 수 있다. 이처럼 '어떻게'라고 묻는 물음은 실천을 전제로 한다. 이것은 특히 동양철학에서 다음에 언급할 공부功夫와 밀접하게 연관된 물음이기도 하다.

3) 또 다른 하나는 철학적 질문이다. 이것은 근본물음이라고 한다. 철학적 물음의 첫 번째는 인식론적 물음으로 '안다는 것이 무엇인가?'라고 묻는 것이다. 우리는 끊임없이 '이것은 무엇인가?', '저것은 무엇인가?', 좀 더 나아가 '너는 영어를 할 수 있는가?', '중국어를 할 수 있는가?'라고 묻는다. 이처럼 앎(인식)의 문제가 제기되면 대상에 대한 인식을 문제 삼게 되고, 과학적 탐구는 이러한 인식 대상을 밝히려고 노력한다. 나아가 대상 배후에 내재하는 법칙(理)을 찾기도 한다. 물리는 물리대로, 화학은

화학대로, 생물학은 생물학대로 각각 찾는 법칙들이 있다. 이러한 법칙을 묶어서 이치(理)를 안다고 하는 것이다. 대상 인식의 저변에 놓여 있는 법칙에 대한 이해이다.

그러나 철학은 그 대상을 인식하는 데 그치지 않고, 대상을 인식하는 '인식 그 자체'를 다시 문제 삼는 자기반성의 측면도 있다. 바꾸어 말하면, '안다는 것이 무엇인가'라고 묻는 것은 앎 자체에 대한 물음이다. 영어와 중국어를 알고 요리를 할 줄 안다고 했을 때, 여기에서 공통되는 것은 '앎이 무엇인가'를 다시 물어 보는 것이다.

앎은 우선 무엇을 보고, 듣고, 맛보고, 냄새 맡고, 만져 보고 안다. 그런데 이렇게 안다고 했을 때 중요한 철학적 문제가 발생한다. 예컨대 맛보고 안다고 했을 때, '음식에 맛이 있는 것인가?', 아니면 '입에 맛이 있는 것인가?'라는 물음이 생긴다. 이처럼 경험에 바탕을 두고 성립된 인식 이론을 경험론이라고 부른다.

하지만 다른 한편으로 생각해 보면, 아무리 경험을 통해 안다고 해도 선천적으로 어떠한 것을 알 수 있는 합리적 능력이 없다면 인식 자체가 불가능할 수 있다. 그래서 가장 확실하고 타당한 인식 방법은 선천적 인식 능력에 의한 연역추리演繹推理라고 말할 수 있다. 이것은 기하학(또는 수학)을 모델로 하는 사유의 자동성이므로, 거기에는 개개인이 가지고 있는 경험 내용이나 자의적인 의견은 무력할 뿐이다. 이처럼 인식의 근거를 선천적 인식 능력에 근거한다고 말하는 이론을 합리론이라고 부른다. 데카르트의 "나는 생각한다. 그러므로 나는 존재한다"라는 말은 이러한 합리론의 대표적인 언명이다.

일반적으로 사유는 반성적이고 분석적이지만, 반성이나 분석은 아무리 치밀해도 사태의 일면밖에 파악할 수 없다. 이에 반해 직관(intuition)은 순간 속에서 사태의 전체를 파악하지만, 직관은 분석처럼 분명하지도 않고 또 직관하는 사람에게는 명료하게 인식되었다고 해도 그것을 그대로 남에게 전달할 수 없다.

아무리 치밀한 분석적 사유라고 하더라도 최초의 궁극적 제일원리를 파악해 낼 수는 없다. 제일원리는 바로 직관에 의해 파악될 수 있으며, 제일원리가 정립된 후에 그것을 기초로 해서 인식이 가능한 것이다. 그런데 아버지를 보았을 때 내 마음에 효의 이치가 자명自明하다는 양명학의 양지설良知說 같은 것은 직관지와 관련된 것이라고 할 수 있다.

철학적 물음의 두 번째는 존재론적 물음이다. 앞에서 언급한 인식의 문제는 인식론의 범위 안에서만 완성되는 고립된 문제가 아니다. 인식이라고 말하게 되면 벌써 인식되는 대상 존재를 전제하기 때문이다. 인식이란 인식하는 존재와 인식되는 존재 사이의 관계이므로, 인식의 문제는 존재의 탐구라는 포괄적 지평 아래에서 다시 조명되어야 한다. 이와 같은 존재 문제는 '존재'라는 개념을 어떻게 파악하는가에 따라 형이상학적 문제로 전개되기도 하고 존재의 문제로 전개되기도 한다.11) 그런데 형이상학에 있어서나 존재론에 있어서 가장 기본이 되는 문제는 존재와 무無, 그리고 생성이라는 개념이다. 이것은 다음과 같이 말할 수 있다.

아리스토텔레스는 학문을 세 종류로 분류한다. 순수이론적인 것, 실천적인 것 및 제작에 관한 그것이다. 순수이론적인 것은 지知 자체를 목적으로 하는 것으로서, 수학, 자연학, 제일철학 등이다. 이론적인 학문의 연구 대상은 물론 존재자의 존재다. 그는 이 존재자도 세 계열로 구분한다. 첫째는 독립된 실체를 가지나 생성에 종속되는 것(생성적 존재자)이요, 둘째는 생성으로부터는 독

---

11) 소광희·이석윤·김정선, 『철학의 제문제』(도서출판 벽호, 1999), 177쪽 참조.

립되어 있으나 구체적 실재성이 없는 이념적인 것이요, 셋째는 독립된 실체도 갖고 또 생성으로부터도 독립된 것(존재자 자체)이다. 첫째 것에 대한 학문은 자연학이고, 둘째 것에 대한 학문은 수학이며, 셋째 것에 대한 학문은 제일철학이다. 제일철학(prote philosophia)은 존재자 자체 즉 '존재로서의 존재자'를 연구하는 학문이라고 한다. 아리스토텔레스는 거기에 다시 두 가지 규정을 첨가한다. 하나는 존재를 그 자체에 있어서 다루는 존재론적 규정이며, 다른 하나는 존재를 가장 보편적·초월적으로 다루는 신학적 규정이다.[12]

이와 같은 입장에서 존재론에 대해 다음과 같이 말할 수 있다.

존재론이 궁극적으로 탐구하는 것은 진실존재이다. 이 진실존재가 현상 안에 들어오지 않는 초경험적 세계라고 할 때, 그것은 곧 형이상학의 연구 대상이 되는 것이다. 중세에 있어서와 같이 진실존재를 초월적 신으로서 파악하고 그 현존을 증명하려고 하는 형이상학은 곧 존재론이자 동시에 신학이다.[13]

존재론에는 형식적 존재론과 실질적 존재론이 구분되며, 형식적 존재론은 존재자 일반의 형식적 규정, 존재원리, 존재구조 등을 다룬다고 하였다. 이러한 형식적 규정을 위해서는 먼저 범주가 다루어져야 한다. 범주란 실체·질·양·시간성·공간성·인과관계·목적성 등의 기본개념으로, 범주적 존재구조를 규정하는 역할을 담당한다. 존재원리에서는 존재계기·존재양상·존재형식·존재방식·존재법칙 등이 논의된다. 존재계기(Seinsmoment)에서는 존재의 두 계기, 즉 정재定在(Dasein=있다)와 상재相在(Sosein=이다)가 다루어진다. 존재형식(Seinsform)에서는 보편과 개별, 유한과 무한 등이, 존재방식(Seinsweise)에서는 현실적 존재와 이념적 존재가, 존재양상(Seinsmodus)에서는 가능·현실·필연 등이, 그리고 존재법칙(Seinsgesetz)에서는 사유의 기본법

---

12) 소광희·이석윤·김정선, 『철학의 제문제』, 178쪽.
13) 소광희·이석윤·김정선, 『철학의 제문제』, 179쪽.

칙과 일치하는 존재법칙이 취급되고 있다. 그러나 우리는 존재론의 제문제 중에서 가장 중요하다고 생각되는 것으로서 존재계기, 존재형식, 존재방식과 존재양상을 고구考究한다.14)

한 마디로 말해 '있음'에 관한 근본적 물음이 또 하나의 물음이니, 결국 존재에 관한 물음인 것이다. 동양철학적 표현을 빌리면, 원리(理)와 운동(氣)이 어떻게 함께 있는가 하는 문제이다. 퇴계학에서 리기 문제는 서로 섞여 있지도 않고(不相雜) 서로 분리되어 있지 않으면서(不相離) 존재하는 양상에 대한 것이다. 어떤 물건을 높은 곳에서 떨어뜨리면 낙하법칙의 원리와 낙하운동이 함께 있는 것처럼 리와 기가 함께 존재하는 것이다.

철학적 물음의 세 번째는 가치론적인 것이다. 여기에 대해 『철학의 제문제』에서는 다음과 같이 밝히고 있다.

> 존재가 자연적인 것이든 정신적인 것이든 간에 우리의 주관과의 관계에 있어서 특히 주관의 일정한 요구를 충족시켜 준다고 볼 때에, 존재는 일반적으로 가치(value)를 가지는 것으로 평가된다. 그리하여 우리는 선善이니 미美니 또는 효용效用 등을 따지게 되거니와, 이러한 여러 가지 가치에 어떤 공통적 특징이 있다고 하여 그 본질타당성·평가기준·등급 등을 중심문제로서 다룰 때에 가치론(theory of value, axiology)이라고 하는 철학의 특수한 부문이 성립하게 된다. 가치는 거기에 주관의 평가의식이 개입되어 있다는 점에서 단순한 사실과 다르다. 이것은 객관을 있는 그대로의 사실로서 서술하려는 판단 즉 사실판단 또는 인식판단(judgment; Urteil)과, 객관의 가치관계를 진술하는 가치판단(value-judgment; evaluation; Beurteilung)과의 차이에서 명백히 드러난다. 가령 '이 꽃은 붉다'와 '이 꽃은 아름답다'라는 두 언명은 그 문법적 형식에

---

14) 소광희·이석윤·김정선, 『철학의 제문제』, 217쪽.

있어서는 동일하나, 전자에 있어서는 주어와 술어와의 두 표상내용의 이론적 공통관계가 객관적·사실적으로 서술되어 있는 데 반하여 후자에 있어서는 표상된 대상에 대한 주관의 평가적 의식이 이른바 가치술어(Wertpraedikat)를 통해서 언명되어 있는 것이다. 모든 명제는 사실판단이나 가치판단의 어느 하나에 속한다고 보아, 이러한 구별에 따라 철학을 크게 이론철학과 가치철학의 두 부문으로 나누는 일도 있다. 그리고 가치철학에서는 우리의 의지의 요구를 충족시켜 주는 윤리적 가치로서의 선과 우리의 감정의 요구를 충족시켜 주는 예술적 가치로서의 미가 다루어진다.[15]

우리가 직면하고 있는 존재는 그것이 자연적인 것이든 정신적인 것이든 간에 일정한 위계의 차별을 가지고 있다. 이러한 위계의 차별을 일반적으로 가치라고 한다. 그러나 동일한 존재에 직면하고 있다고 해서 모든 사람들이 존재의 위계를 동일하게만 보는 것은 아니다. 사람들은 자신의 욕망이나 이해, 취미나 관심 등에 따라 서로 다른 가치를 인지하고 선취選取하는 것이다. 따라서 존재 위계의 차별은 그 존재에서만 나오는 것이 아니라, 그 존재와 그것을 평가하는 주관과의 관계에 의해 제약되어 있다고 볼 수 있다. 기술한 바와 같이 가치가 단순한 사실과 다른 점은, 가치에는 언제나 일정한 주관의 평가가 개입되어 있기 때문이다. 따라서 가치의 개념은 평가하는 주관의 요구와 평가되는 객관과의 －그것이 실재적인 것이든 또는 관념적인 것이든－ 상관관계를 중심으로 하여 정의되어야 할 것이다. 물론 가치에는 주관의 요구나 태도에 따라 여러 종류가 있을 수 있다. 지적 가치, 윤리적 가치, 예술적 가치, 종교적 가치 이외에도 경제적 가치, 사회적 가치, 정치적 가치, 교육적 가치, 생명적 가치 등을 들며, 심지어는 군사적 가치니 고고학적 가치 등을 운위하기도 한다. 그러나 그 가운데서도 철학적 가치론이 주로 다루는 것은 윤리적 가치, 예술적 가치, 종교적 가치이므로, 이것을 인간의 의지와 감정의 요구를 충족시켜 주는 실재적 또는 관념적 대상의 위계라고 할 수 있다.[16]

---

15) 소광희·이석윤·김정선, 『철학의 제문제』, 301쪽.
16) 소광희·이석윤·김정선, 『철학의 제문제』, 302쪽.

이와 같은 가치론은 동양철학에서는 천도天道와 천리天理에 대해 묻는 것으로 드러난다. 땅의 이치를 묻고, 이웃과 타인의 관계에 대해 물으며, 나아가 자기에 대해서 묻는 것이다. 하늘과 땅, 사람과 자신에 대해서 묻고, 나아가 그 원리를 물으면서 앎과 존재와 가치를 묻는다. 동시에 그 사이에서 일어나는 각종 관계들에 대해서도 묻는다.

이상과 같은 근본적 물음들이 곧 학문學問적 물음이다.

5. 공부

원리와 방법, 인식론적인 물음과 존재론적인 질문, 가치론적 질문에 대한 답을 알았다 하더라도 실천이 없다면 모두 공허한 이론에 그친다. 그래서 옛날부터 지知와 행行의 문제가 대두되었던 것이다. 어떤 사람은 선지후행先知後行을 주장하기도 하고 또 어떤 사람은 지행합일知行合一을 주장하기도 했는데, 어떠한 주장에서든 실천은 대단히 중요한 과제였다.

공부功夫는 실천이다. 그렇다면 실천공부는 무엇이며, 왜 실천공부를 해야 하는가? 여기에 대한 답은 '사람답게 살기 위해서'이다. 학습을 통해 듣기와 읽기, 말하기와 글쓰기를 아무리 잘한다고 하더라도, 그것을 실천하지 않으면 아무런 의미가 없으며 인식한 것 역시 의미가 없다. 아무리 고담준론을 말하고 훌륭한 학문적 질문을 하며 밤을 새워 연구하여 그 물음에 대한 명확한 답을 찾았다고 하더라도 실천이 없다면 그것은 이미 공부가 아니다.

그것은 잘 살기(웰빙)가 아니다. 그렇다면 어떻게 하는 것이 잘 살기인가? 바로 사람답게 살기이다. 사람답게 살기 위해 학습하고, 옛것을 배우고 익히는 학문學文을 한다. 학문學問 역시 사람답게 살기 위해서 한다. 자기를 돌아보아 삼가고 부모를 친애하며 형제를 공경하고 이웃을 사랑하는 것 등을 빠뜨리지 않고 실천하는 것이다.

이러한 이유에서 공자는 사람다움(仁)을 실천하라 했고, 맹자는 선한 본성을 확충하고 끊임없이 도덕 용기를 채워서 선한 본성이 우주에 가득 찬 호연지기浩然之氣가 될 수 있도록 하라고 말했다. 노자老子는 "학문을 하면 날로 쌓아 가고, 도를 행하면 날로 덜어 낸다"17)라고 말한다. 이것이 노자의 공부이다. 장자莊子는 좌망坐忘과 심재心齋를 말하는데, 여기에서 심재는 마음이 완전하게 빈 상태이다. 이러한 이유에서 장자는 다음과 같이 말한다.

> 그대는 그대의 뜻을 순일하게 하여 귀로 듣지 말고 마음으로 듣도록 하여야 한다. 다음에는 마음으로써 듣지 않고 기氣로써 듣도록 하여야 한다. 귀란 듣기만 할 뿐이며 마음이란 느낌을 받아들일 뿐이지만, 기란 텅 빈 채로 사물에 응대하는 것이다. 도란 텅 빈 곳에 모이게 마련이다. 텅 비게 하는 것이 마음의 재계齋戒인 것이다.18)

『대학大學』에서는 치지致知를 말하고, 왕수인은 한 걸음 더 나아가 치양지致良知를 말한다. 왜 양지(선천적 도덕인식)에 머물지 않고 치致를 요구하는가? 바로 실천 공부의 요청이 아닐까 생각된다.

실천의 측면에서 보면, 이황의 『성학십도聖學十圖』 가운데 제9도 「경재잠敬齋箴」만큼 순수하고 솔직한, 그러면서도 일상에 가까운 실천은 없다.

---

17) 『道德經』, 제48장, "爲學日益, 爲道日損."
18) 『莊子』, 「人間世」, "若一志, 無聽之以耳, 而聽之以心. 無聽之以心, 而聽之以氣. 心止於符, 氣也者. 虛而待物者也. 唯道集虛, 虛者, 心齋也."

여기에서 이황은 다음과 같이 말한다.

> 의관을 바로하고 눈매를 존엄하게 하며 잠심潛心하여(마음을 가라앉혀) 거처하면서 상제上帝(하나님)를 대해 모시듯 하라. 발짓은 므겁게 하고 손짓은 공손하게 하며 땅을 골라 밟되 개미 둑에서 구비 돌듯이 하라(개미집드 함부로 밟지 말라). 문을 나가면 손님같이 하고 일을 받들면 제사를 드리듯 하되, 조심조심 두려워하여 감히 잠시도 안이安易하게 하지 말라. 입을 지키기를 병마개 막는 것처럼 하고 잡생각을 막기를 성문 지키듯이 하라. 성실하고 진실하여 감히 잠시도 경솔하게 하지 말라. 동쪽으로 간다고 말하고 서쪽으로 가지 말며, 남쪽으로 간다 하고 북쪽으로 가지 말며, 일을 당하여 보존하고 다른 데로 가지 말라. 두 가지 일이라고 두 갈래로 하지 말고, 세 가지 일이라그 세 갈래로 하지 말라. 다음을 전일하게 하여 만 가지 변화를 살피라. 이것에 종사함이 경敬을 지킴이니, 동動에나 정靜에나 어기지 말고 밖으로나 안으로나 서로 바르게 하라. 잠시라도 틈이 나면 만 가지 사욕이 불길이 없어도 뜨거워지고 얼음이 없어도 차가워진다. 털끝만큼이라도 틀림이 있으면 하늘과 땅이 뒤바뀌고 삼강三綱이 무너지며 구법九法이 퇴폐한다. 오오, 아이들이여! 생각하고 조심하라. 먼(墨)을 가지고 글을 써서 경계하여 감히 마음에 아뢰노라.[19]

이황은 나이 68세 때 자신이 평생 동안 쌓은 학문을 농축시켜 『성학십도』를 만들고, 이를 선조에게 올려서 좋은 군주가 되어 만백성을 잘 다스릴 수 있도록 경책하였다. 『성학십도』의 내용은 일상생활과 크게 다르지 않다. 아침에 일어나서 마음을 모으며 하루를 계획하고, 그에 따라 종

---

19) 『국역 聖學十圖』(국제퇴계학회 대구·경북지부, 2002), 附錄, "正其衣冠, 尊其瞻視, 潛心以居, 對越上帝. 足容必重, 手容必恭, 擇地而蹈, 折旋蟻封. 出門如賓, 承事如祭, 戰戰兢兢, 罔敢或易. 守口如瓶, 防意如城. 洞洞屬屬, 罔敢或輕. 不東以西, 不南以北, 當事而存, 靡他其適. 不貳以二, 不三以三. 惟心惟一萬變是監. 從事於斯, 是曰持敬, 動靜弗違, 表裏交正. 須臾有間, 私欲萬端, 不火而熱, 不氷而寒. 毫釐有差, 天壤易處, 三綱旣淪, 九法亦斁. 於乎小子, 念哉敬哉. 墨卿同戒, 敢告靈臺."

일토록 경건하게 살아가라고 말한다. 언뜻 보면 대단히 쉬운 것 같지만, 누가 이렇게 실천하며 참사람으로 살아가고 있는가? 또 누가 여기에서 말하는 것처럼 한결같은 마음을 가지고 살고 있는가? 이황의 『성학십도』 속에는 학습과 학문學文과 학문學問의 실천 공부가 들어 있음을 알 수 있다. 이와 같은 입장에 따르면, 공부는 실천이다. 그 목표는 사람답게 사는 것으로, 참사람이 되기 위한 것이다.

6. 경지-자유

공부를 하면 경지境地에 들게 된다. 경지에 들어가면 무한자유, 즉 자유자재함이 있게 된다. 이렇게 경지에 든 사람을 우리는 성인이라고 하는데, 이러한 사람은 그야말로 자유로운 인격의 소유자이다.

공부에 대한 이야기를 시작했던 처음으로 다시 돌아가 보자. 공부의 첫 단계로 학습을 말했다. 듣기를 잘하자고 했고, 말하기를 잘하자고 했다. 그런데 가령 외국어 듣기와 말하기를 잘한다고 하더라도, 들은 뒤에 다시 '그것이 무슨 의미이지? 문법 구조는 어떻게 되지? 문장은 어떤 형식이지?' 하고 생각하는 사람은 실제로는 잘 듣지 못하는 사람이다. 외국어로 말도 잘 하지 못하는 사람이다. 머리에 아무 문법이나 단어가 없어야 잘 들린다. 우리나라 말을 들을 때 우리는 아무 생각 없이 그냥 듣는다. 자기 나라 말을 들으면서 문법 구조와 문장 형식을 따지지는 않는다. 문법이나 문장의 형식이 없어야 그 나라 말에 대해 자유롭게 된다. 외국어를 배울 때에도 그 나라 말의 문법이나 단어, 문장 구조가 필요 없어지는 경지가 될 때 비로소 자유로워질 수 있다.

또 다른 예를 하나 더 들어 보자. 눈(眼)은 없는 것처럼 있어야 잘 보인다. 내게 눈이 있음을 의식하거나 자각하게 되는 경우는 눈병이 걸린 상태일 가능성이 높다. 없는 듯 있어야 진정한 효능이 발휘될 수 있는 것이다. 『장자莊子』「양생주養生主」에는 포정庖丁이라는 사람의 소 잡는 이야기가 있다. 그것을 인용해 보면 다음과 같다.

한 백정이 문혜왕文惠君을 위하여 소를 잡은 일이 있었다. 그의 손이 닿는 곳이나 어깨를 기대는 곳이나 발로 밟는 곳이나 무릎으로 누르는 곳에서는 푸덕푸덕 살과 뼈가 떨어졌다. 칼이 지나갈 때마다 설겅설겅 소리가 나는데 모두가 음율音律에 들어맞았다. 그의 동작은 상림桑林의 춤과 같았으며, 그 정도는 경수經首의 절주節奏와 들어맞았다. 문혜왕이 "아 훌륭하다. 재주가 이런 지경에까지 이를 수가 있는가"라고 물었다. 이에 백정이 칼을 놓고 대답하였다. "제가 좋아하는 것은 도道로서, 재주보다 앞서는 것입니다. 처음 제가 소를 잡았을 적에는 보이는 것이 모두 소였습니다. 그러나 3년 뒤에는 완전한 소가 보이는 일이 없어졌습니다. 지금에 이르러서는 정신으로 소를 대하지 눈으로 보지 않습니다. 감각의 작용이 멈춰버리고 정신을 따라 움직이는 것입니다. 천연의 조리를 따라 큰 틈은 쪼개고 큰 구멍을 따라 칼을 찌릅니다. 소의 본체의 구조에 따라 칼을 쓰므로 힘줄이나 질긴 근육에 부닥뜨리는 일이 없습니다. 하물며 큰 뼈에야 부딪치겠습니까? 훌륭한 백정은 1년마다 칼을 바꾸는데, 살을 자르기 때문입니다. 보통 백정들은 한 달마다 칼을 바꾸는데, 뼈를 자르기 때문입니다. 지금 저의 칼은 19년이 되었으며, 그 사이 잡은 소는 수천 마리나 됩니다. 그러나 칼날은 숫돌에 새로 갈아 낸 것과 같습니다. 소의 뼈마디에는 틈이 있는데 칼날에는 두께가 없습니다. 두께가 없는 것을 틈이 있는 곳에 넣기 때문에 빠르게 칼날을 움직이는데도 언제나 반드시 여유가 있습니다. 그래서 19년이 지나도 칼날은 새로 숫돌에 갈아 놓은 것과 같습니다. 비록 그렇다 하더라도 뼈와 살이 얽힌 곳을 만날 때마다 저도 어려움을 느끼게 됩니다. 조심조심 경계하면서, 눈을 그곳에 주목하고 동작을 늦추며 칼을 매우 세미細微하게 움직이게 됩니다. 그러면 후두둑 뼈와 살이 떨어져 흙이 땅위에 쌓이듯이 쌓여 갑니다. 그러면 칼을 들고 서서 사방을 둘러보며 만족스런 기분에 잠깁니다. 그리고는 칼을 닦아 잘 간수해 둡니다." 문혜왕이 "나는 백정의 말을 듣고서 양생養生의 방법을 터득하였다"라고 말했다.[20]

포정은 우리말로 백정이다. 그 사람에게도 실천의 공부를 통해 자유로운 경지에 도달할 수 있음을 보여 주는 이야기이다. 『장자』에는 이와 유사한 이야기가 또 하나 있다.

기성자紀渻子가 왕을 위하여 싸움닭을 길렀다. 열흘이 지나서 (왕이) "닭은 (준비가) 되었는가?"라고 물었다. 그러자 그는 "아닙니다. 허세와 건방(憍)이 있고 기氣를 보전하고 있습니다"라고 대답했다. 열흘이 지나 또 물었다. 그러자 그는 "아닙니다. 오히려 (상대의) 빛을 보고 반응하며, 향합니다"라고 대답하였다. 열흘에 또 물었다. 그러자 그는 또 "아닙니다. 오히려 질투하며 보고, 또 기가 왕성합니다"라고 대답하였다. 또 열흘에 물었더니, "되었습니다. 닭이 비록 울기는 하지만 변하는 것은 없습니다. 바라보면 마치 나무 닭(木雞)과 같습니다. 그 덕德이 온전합니다. 다른 닭이 감히 반응하지 못하고 도리어 달아납니다"라고 대답하였다.[21]

---

20) 『莊子』,「養生主」, "庖丁爲文惠君解牛, 手之所觸, 肩之所倚, 足之所履, 膝之所踦, 砉然嚮然, 奏刀騞然, 莫不中音. 合於桑林之舞, 乃中經首之會. 文惠君曰, '譆, 善哉! 技蓋至此乎?' 庖丁釋刀對曰, '臣之所好者道也, 進乎技矣. 始臣之解牛之時, 所見無非全牛者. 三年之後, 未嘗見全牛也. 方今之時, 臣以神遇而不以目視, 官知止而神欲行. 依乎天理, 批大郤, 道大窾, 因其固然, 技經肯綮之未嘗微礙, 而況大軱乎! 良庖歲更刀, 割也. 族庖月更刀, 折也. 今臣之刀十九年矣, 所解數千牛矣, 而刀刃若新發於硎. 彼節者有閒, 而刀刃者無厚. 以無厚入有閒, 恢恢乎其於遊刃必有餘地矣. 是以十九年而刀刃若新發於硎. 雖然, 每至於族, 吾見其難爲, 怵然爲戒, 視爲止, 行爲遲. 動刀甚微, 謋然已解, 如土委地. 提刀而立, 爲之四顧, 爲之躊躇滿志, 善刀而藏之.' 文惠君曰, '善哉! 吾聞庖丁之言, 得養生焉.'"
21) 『莊子』,「達生」, "紀渻子爲王養鬪雞. 十日而問, '雞已乎?' 曰, '未也, 方虛憍而恃氣.' 十日又問, 曰, '未也. 猶應嚮景.' 十日又問, 曰, '未也. 猶疾視而盛氣.' 十日又問, 曰,

'나무 닭'과 같은 투계鬪鷄, 이것은 경지에 도달한 모습을 우화寓話적으로 표현한 것이다. 두 이야기는 모두 장자다운 표현으로, 경지에 도달한 뒤의 자유로움에 대해 잘 드러내고 있다. 이와 같은 자유로운 경지는 『맹자』에서도 언급되고 있다.

> 천하의 넓은 집(仁)에 거처하면서 천하의 바른 자리(禮)에 서고 천하의 큰 길(義)을 간다. 뜻을 얻으면 백성들과 함께 도道를 행하고, 얻지 못하면 홀로 그 도를 행한다. 부귀富貴도 마음을 방탕하게 하지 못하고 빈천貧賤도 절개를 옮겨놓지 못하며 위무威武가 지조를 굽히게 할 수 없으니, 이러한 사람을 가리켜 대장부大丈夫라고 한다.22)

이 얼마나 높은 기개인가? 이것은 사람다움의 공부(실천)를 완수함으로써 얻게 되는 도덕적 기개이다. 여기에서 우리는 부귀나 빈천, 위무에 구속되지 않는 자유가 사람다움의 실천 공부를 통해 이루어지고 있음을 알 수 있다. 이러한 경지로 향해 가는 단계에 대해 공자는 다음과 같이 말한다.

> 나는 열다섯 살에 학문에 뜻을 두었고, 서른에 자립하였으며, 마흔 살에 사리事理에 의혹되지 않았고, 쉰 살에 천명天命을 알았으며, 예순 살에 귀로 듣는 것을 그대로 이해하였고, 일흔에 마음에 하고자 하는 바를 좇아도 법도法度(矩)를 넘지 않았다.23)

'幾矣. 雞雖有鳴者, 已无變矣, 望之似木雞矣, 其德全矣, 異雞无敢應者, 反走矣.'"
22) 『孟子』, 「滕文公下」, "居天下之廣居, 立天下之正位, 行天下之大道, 得志與民由之, 不得志獨行其道. 富貴不能淫, 貧賤不能移, 威武不能屈, 此之謂大丈夫."
23) 『論語』, 「爲政」, "子曰, 吾十有五而志于學, 三十而立, 四十而不惑, 五十而知天命, 六十而耳順, 七十而從心所欲不踰矩."

"마음이 하고자 하는 것을 해도 법도를 넘지 않았다"는 것, 이것이 바로 성인의 경지이다. 성인은 곧 유가가 지향하는 인격적 이상으로, 자유자재의 경지에 이른 사람을 일컫는 말이다.

7. 마치는 말

공부는 실천이다. 아무리 훌륭한 물음을 제기하고 또 그 물음에 대해 위대한 해답을 내렸다고 해도 실천이 없으면 그 물음은 공허한 메아리일 뿐이다. 실천이라는 것은 아침에 잠에서 깨어나면서부터 요구된다.

학습이나 학문學文을 하는 것도 이어지는 실천이 있어야 특정 경지에 도달할 수 있다. 예컨대 외국어를 익히는 경우가 그러하다. 학문學問 역시 마찬가지이다. 실천을 통해 비로소 그 학문이 어떤 경지에 도달할 수 있게 되는 것이다. 하지만 참으로 학문하는 사람을 찾아보기란 쉽지 않다. 따라서 국가의 역량을 총동원해서 학문을 배양할 필요가 있다. 그렇지 않다면 학문적 후진국을 면하기 어려울 것이다. 물음다운 물음인 학문적 물음이 많기를 소망한다.

결국 무엇보다 중요한 것은 공부(실천)이다. 실천 공부가 없으면 성취가 있을 수 없다. 우리는 사람다움을 실천하는 사람을 성인이라고 한다. 모범적인 사람이며, 경지에 들어선 '사람다운 사람'이다. 따라서 자유로운 사람이라고 말할 수 있다. 공부를 통해 오늘 우리에게 요구되는 것은 바로 이와 같은 사람다움의 실천이다.

유학의 공부론

공자의 공부론

남상호

1. 육경과 공부론

    육경은 공자가 공부한 기본 교재라 볼 수 있다. 공자가 이해한 경전의 본질은 인仁이므로, 그의 공부는 사랑의 마음을 기르고 실천하는 것이다. 그런 공부를 위한 주요 교재를 『예』・『악』・『시』・『서』에 국한시킨다면, 공부의 주제는 예・음악・시・실천 공부가 된다.
    예・음악・시・실천 공부는 보통 사람들에게 주요 문제가 되는 감성 관리를 원만하게 하기 위해서 상호 보완적으로 운용하지 않으면 안 된다. 우리의 마음은 예가 아니면 질서秩序를 잡기 어렵고, 음악이 아니면 화기和氣를 얻기 어렵기 때문이다. 또 시가 아니면 음악 속에 정신을 불어넣기가 어렵고, 음악이 아니면 시의 정신을 감성적 이입하기란 쉽지 않다. 그러면서 교재 중심의 공부도 체득體得해야 하는데, 궁행 실천적 학습이 아니면 몸에 배게 할 수 없다. 궁행 실천 공부는 효제를 기본으로 하고, 충신 쪽으로 확대해 가는 것이다. 그런 다음에야 유가가 추구하는 내성외왕內聖外王의 이상에 접근할 수 있다. 그래서 예·음악·시·실천 공부의 상호 보완 관계 속에서 공자의 공부론을 논하기로 하겠다.

2. 예와 공부론

(1) 공자는 예의 본질 내용을 인간 본성인 인仁으로 이해하였다. 공자는 "사람이 인仁하지 않으면서 예를 어떻게 실행하겠는가"[1]라고 말한 것처럼 인간 중심으로 새롭게 형성한 관계 방식의 중심에 인仁을 놓았다. 그래서 "군자가 인을 떠나 어찌 군자라는 이름을 이루겠는가? 군자는 밥을 먹는 동안이라도 인을 떠남이 없으니, 경황驚惶 중에도 반드시 인과 함께하고, 위급한 상황에서도 인과 함께한다"[2]라며 생활인生活仁을 강조한 것이다. 생활인生活仁은 "진실로 인에 뜻을 두면 악함이 없다"[3]는 것처럼 인하게 하는 것과 인에 뜻을 두는 의지 사이에 진정한 일치가 이루어져야 한다.

공자는 극기복례克己復禮하여 인을 행한다고 말했다.[4] 이 말은 마치 극기복례하는 것과 인을 행하는 것이 두 가지 일인 것처럼 보이는데, 실은 극기복례하는 것이 이미 인을 실행하는 것이다. 또 극기와 복례 역시 두

---

1) 『論語』, 「八佾」, "人而不仁, 如禮何?"
2) 『論語』, 「里仁」, "君子去仁, 惡乎成名? 君子無終食之間違仁, 造次必於是, 顚沛必於是."
3) 『論語』, 「里仁」, "苟志於仁矣, 無惡也."
4) 『論語』, 「顏淵」, "克己復禮爲仁."

가지 일처럼 보이지만, 모두 인에 뜻을 두고 있는 것으로서 본성이 자기실현을 이루는 방법이다. 마찬가지로 예가 아니면 보고, 듣고, 말하고, 행동하지 말라는 명령 역시 자기 자신에 대한 것으로서 본성이 자기실현을 이루고자 하는 것이다. 즉 "인을 실행하는 것은 자기로부터 말미암는 것"[5] 이므로, 그렇게 이루어진 행동은 곧 인한 본성의 자기실현이 된다.

공자는 인간의 본성은 하늘이 부여한 것이라고 보고, "천명을 본성이라 하며, 본성을 따르는 것을 도道라고 한다"[6]라고 말했다. 이것은 종교적 하늘에게서 신성성神聖性을 본성으로 부여받았다는 것이다. 그래서 "도덕성을 공경하고 받들어야 한다"[7]라고 하며, 도덕 본성을 천명 즉 지상명령으로 여겨 그를 따르고 지켜야 한다고 말한다. 도덕 본성의 근원을 천명에 둠으로써 공경하고 존중하는 대상으로 삼으려 한 것이다.

(2) 공자는 수양 공부론에서 예의 기능을 어떻게 보았을까? 첫째 예의 기능은 인격 수양과 자아실현에 있다. 공자 인학仁學에서 수양은 단지 사람이 정해 놓은 예법을 익힘으로써 절도가 있는 사람이 되는 것을 의미하진 않는다. 오히려 솔성率性 즉 인仁한 본성을 따르는 것이 도이며, 그 도를 닦는 것이 바로 수양이라는 것이다.[8] 그렇게 수양이나 자아실현은 인仁한 본성을 따라 그 마음 그대로 술이부작述而不作하는 것이지만, 어떤 방식이 있어야 한다. 그래서 "군자가 인의仁義의 도를 살피려 할 때 예가 그의 근본이 된다"[9]는 것처럼, 예기禮器 즉 예의 형식이 아니면 그 정신을

---

5) 『論語』, 「顏淵」, "爲仁由己, 而由人乎哉."
6) 『中庸』, 1장, "天命之謂性, 率性之謂道."
7) 『中庸』, 27장, "尊德性."
8) 『中庸』, 1장, "脩道之謂敎."
9) 『禮記』, 「禮器」, "君子欲觀仁義之道, 禮其本也."

표현하기 어렵고 예로 표현되지 않으면 알기 어렵다.

『예기』에 "삼왕三王은 반드시 세자를 예악으로 가르쳤다. 음악은 내면을 수양하고, 예절은 외모를 수양한다. 예악이 마음속에 교차하여 수양이 되면 그것이 밖으로 나타난다"10)라고 말했다. 공자도 "예를 모르면 설 수 없다"11)고 말했다. 이 말은 어떤 기물을 만들 때 사용하는 모형이나 금형처럼, 사회인이 되기 위해 훈련을 할 때 예禮는 좋은 도구가 된다는 말이다. 특히 "(희노애락이) 발하되 모두가 절도節度 즉 예에 알맞은 것을 화和라고 한다"12)는 말처럼, 수양은 예를 표준으로 삼아 감정을 다스리고 조절하여 적절하게 하는 훈련이다.

감정을 다스리고 조절하는 도리는 예이다. 예는 인간의 감정이 본성을 따르게 하는 데 있으므로, 예를 따르는 인격 수양은 결국 인간 본성을 따르는 것이 된다. 그렇다고 반드시 예를 지켜야 감정을 다스릴 수 있다거나, 예가 곧 인간 본성이라는 것은 아니다. 만약 반드시 예를 지켜야 수양이 된다면 예가 있기 전에는 방법이 없고, 예가 곧 인간 본성이라면 예를 제정할 필요가 없기 때문이다. 예를 따르는 인격 수양은 방법상 필요한 것으로서, 그것은 반드시 실천 속에서 미립을 통해 얻어야 한다.

둘째 예의 기능은 도덕인·문화인·사회인을 육성하는 데 있다. 옛날에는 남자 나이 13세에 음악을 배우고 시를 외우며 작勺이라는 춤을 추었다. (15세) 소년이 되면 상象이라는 춤을 추고 활쏘기와 말타기를 배웠고, 20세에는 성인成人의 예인 관례冠禮를 행했으며 예를 배우기 시작한다고 했다.13) 20세 이상의 성인 교육의 필수 과목은 육예六藝였으며, 그 중에서도

---

10) 『禮記』, 「文王世子」, "凡三王敎世子, 必以禮樂, 樂所以修內也, 禮所以修外也. 禮樂交錯於中, 發形於外."
11) 『論語』, 「堯曰」, "不知禮, 無以立也."
12) 『中庸』, 1장, "發而皆中節謂之和."

예악이 가장 중요했다. 이렇게 예를 가르치는 것은 도덕적인 문화 사회인을 육성함으로써 정도正道에서 벗어나지 않게 하려는 것이다. 그래서 도덕적인 문화 사회인으로서 "사람이 사람 되는 까닭이 예의"14)라고 말한 것이다.

사회 생활인으로서 어떤 공통된 삶의 형식을 익히기 위해 예절을 배우는 것은 중요하지만, 그보다 그의 근본인 자신의 도덕심을 공경하는 마음으로 수양하는 것은 더욱 중요하다. 그래서 자로가 군자君子에 대해 묻자, 공자는 공경의 마음으로 자신을 수양하는 사람이 군자라고 말해 주었다. 그뿐만 아니라 군자는 그렇게 자신을 수신함으로써 다른 사람을 편안하게 하고 백성을 편안하게 할 수 있는 사람이라고도 하였다.15) 그런 군자가 바로 수신이 잘된 도덕적 문화 사회인이다.

(3) 우리가 예를 배웠다 하더라도 음악과 함께 조화를 이루지 않으면 안 된다. 왜냐하면 예악은 본질상 모두가 인仁이지만 기능상 상호보완적인 관계에 있기 때문에, "음악이 예를 이기면 질서가 없어 문란해지고, 예가 음악을 이기면 화기가 없어 사람들이 흩어진다."16) 그래서 예악을 현실에 활용하는 과정에서는 "(천자는) 악사樂師에게 명하여 예악을 습합習合하도록 한다"17)고 한 것이다. 이때의 습習은 조절調節의 의미이므로, 예와 음악을 습합18)하는 것은 예악을 적절히 조절하여 조화시킨다는 뜻이다.

---

13) 『禮記』,「內則」, "十有三年, 學樂, 誦詩, 舞勺. 成童, 舞象, 學射御. 二十而冠, 始學禮."
14) 『禮記』,「冠義」, "人之所以爲人者, 禮義也."
15) 『論語』,「憲問」, "子路問君子. 子曰, 脩己以敬. 曰, 如斯而已乎? 曰, 脩己以安人. 曰, 如斯而已乎? 曰, 脩己以安百姓. 脩己以安百姓."
16) 『禮記』,「樂記」, "樂勝則流, 禮勝則離."
17) 『禮記』,「月令」, "乃命樂師習合禮樂."

예악은 이풍역속移風易俗의 방법이 되지만, 풍속 자체가 이미 예악을 행하는 것이므로 옛날의 예악이 지금의 시대에 맞지 않거나 폐단이 발생할 경우 바꾸어야 할 대상이 된다는 것이다. 그렇다면 그렇게 변화시켜야 할 예악은 결국 무엇에 맞추어야 하는가? 인간의 성정性情에 맞도록 변화시켜야 한다.

춘추전국시대를 난세로 규정한 것은 제자백가 모두 마찬가지였지만, 그에 대한 처방은 각기 달랐다. 공자는 피세避世・피지避地・피색避色・피언避言을 말하고 있다.19) 그러면 난세를 피해서 갈만한 안전지대는 어디라고 생각했을까? 공자는 그런 안전지대를 예가 있고 도가 있는 곳이라고 보았기 때문에, 인의의 도를 갖춘 예를 확보하려 한 것이다.

(4) 공자가 예의 실천상 인간의 자율적 주체성을 인仁에서 확보하려 함으로써 예의 기능은 코페르니쿠스적인 전환을 맞이하게 되었다. 공자는 외부에서 인간을 규제하고 단속하는 예를 자아실현의 도구로 전환했기 때문에, "인간이 예를 따르는 것이 아니라 예가 인간을 따라야 한다"고 말하려 했을 것이다.

결론적으로 공자의 예禮는 친소원근・선후본말의 구조 속에서 단지 기계적으로 생산되는 의식인 허례虛禮가 아니라, 현실적인 적당성과 도덕적인 타당성이 잘 어울려져 문질빈빈文質彬彬하게 된 후에 주체적으로 생활

---

18) 일본에서 많이 사용하는 習合 개념의 어원이 『예기』에 있는 것인지는 알 수 없으나, 일본어 사전의 개념 정의로 보면 그 뜻이 같다. 단 여기서 사용하는 習合의 개념은 예와 음악이 기능상 자기 정체성을 유지하면서 상대와 조절하여 조화를 꾀하는 것이다.

19) 賢者는 道가 없으면 세상을 피하고, 그 다음은 어지러운 나라를 피하고, 그 다음은 禮貌가 쇠약하면 피하고, 그 다음은 邪辟한 말이거나 말이 수용되지 않으면 피한다.(『論語』, 「憲問」 참조)

인생활仁을 실천하는 인례仁禮인 것이다.

3. 음악과 공부론

(1) 인간이 감성을 갖고 있기 때문에 생겨난 음악은, 감성을 관리하기 위해 발달하였다. 특히 고대 중국 음악의 발달은 감성 관리에 집중되어 있으므로 예禮와 악樂은 기능상 분리하여 말하기 어렵다. 감성 관리의 기준을 예에 두었기 때문이다. 이것은 더욱 발전하여 제례나 연회 등의 정치 행사에는 물론 백성들의 인성 교육에까지 사용되어 이풍역속移風易俗하는 중요한 기능을 갖게 된다.

유가 음악 철학의 관건은 바로 도덕 자아의 실현에 있다. 즉 "덕은 본성이 드러나는 단초이고, 음악은 본성의 덕이 소리로 나타난 것"[20]이고 "음악이란 덕을 나타내기 위한 것"[21]이며 "노래하고 음악을 연주하는 가악歌樂은 인이 조화롭게 표현되는 것"[22]이라고 한다. 이런 것은 공자의 "사람으로서 인仁하지 않으면서 음악은 어찌 하겠는가"[23]라는 말과 같이 인仁을 음악의 본질로 보는 것과 맥락을 같이한다.

중국 고대 음악의 특징은 감성 미학적 접근과 아울러 윤리적으로 접근했다는 점이다. 자공子貢이 음악을 듣고 그 덕을 안다고 말했듯이,[24] 음악 속에 도덕성이 있어야 한다고 보았다. 다시 말해 "중용의 덕으로 말하

---

20) 『禮記』, 「樂記」, "德者, 性之端也. 樂者, 德之華也."
21) 『禮記』, 「樂記」, "樂者, 所以象德也."
22) 『禮記』, 「儒行」, "歌樂者, 仁之和也."
23) 『論語』, 「八佾」, "人而不仁, 如樂何?"
24) 『孟子』, 「公孫丑上」, "子貢曰……聞其樂而知其德."

고, 중용의 음으로 읊조리면, 덕德과 음音이 어긋나지 아니하고 신과 사람이 합치되니, 신은 안녕하고 백성들은 말을 듣게 된다"25)는 것이다.

중국 음악에서는 "덕은 본성이 실현되는 단초이며, 음악은 덕이 화려하게 실현되는 것이다. 금석사죽은 음악을 연주하는 악기이고, 시는 그런 뜻을 말하는 것이며, 노래는 그런 소리를 읊는 것이고, 무도는 그런 용태를 동작으로 표현하는 것이다. 이 세 가지(뜻, 소리, 容態)가 마음에 근본을 둔 후에 악기樂器가 그를 따른다"26)라고 한다. 즉 시의 뜻, 노래 소리, 춤사위가 마음에 근본을 둔다는 것은 본성이 실현되는 덕을 바탕으로 하여 덕을 표현한다는 것이다.

(2) 공자가 당시 이해한 음악의 내용은 대체적으로 사무사思無邪로 표현되는 『시경』의 정신일 것이다. 공자가 "소韶라는 음악은 소리가 지극히 아름답고 내용도 지극히 좋다. 무武라는 음악은 소리는 지극히 아름답지만 내용까지 지극히 좋은 것은 아니다"27)라고 말한 것이 그 예이다.

공자가 이해한 최고의 음악은 아름다운 소리의 조건과 도덕의 조건을 모두 갖춘 것이다. 공자가 "음악이라 음악이라 하는 것이 악기 소리를 말하는 것이냐!"28)라고 말하고, "사람으로서 인하지 않으면서 음악은 어찌 하겠는가"29)라고 말한 것은 소리와 도덕의 조건을 모두 요구하는 것이다. 그렇게 공자 인학 속의 음악은 문질빈빈文質彬彬한 후에야 최고 이상

---

25) 『國語』, 「周語下」, "道之以中德, 咏之以中音, 德音不愆, 以合神人, 神是以寧, 民是以聽."
26) 『禮記』, 「樂記」, "德者性之端也. 樂者德之華也. 金石絲竹樂之器也. 詩言其志也, 歌咏其聲也, 舞動其容也. 三者本於心, 然後樂器從之."
27) 『論語』, 「八佾」, "子謂韶, 盡美矣, 又盡善也. 謂武, 盡美矣, 未盡善也."
28) 『論語』, 「陽貨」, "樂云樂云, 鐘鼓云乎哉!"
29) 『論語』, 「八佾」, "人而不仁, 如樂何?"

의 경지에 이를 수 있다. 악기 소리(文)와 인仁한 마음(質)은 선후본말의 구조 속에서 적절히 조화를 이루어야 한다. 그때 비로소 공자의 음악은 인악仁樂이 되는 것이다.

공자는 "아는 자는 좋아하는 자만 못하고, 좋아하는 자는 즐기는 자만 못하다"30)고 말했다. 이대 알고 즐기는 것은 소리는 물론 그의 본질인 인仁을 말한다. 그러나 많은 사람들이 음악의 그런 의미를 이해하지 못하고 단지 감성적 만족을 즐기는, 소리의 감상자가 되고 말았다. 그래서 『한서』에서도 역시 "한나라가 건국되자, 음악에 종사하는 사람 중에 노나라의 제씨制氏가 있어, 아악雅樂과 성률聲律이 대대로 대악관大樂官에게 있었다. 그러나 금석金石 악기를 다루는 것과 북을 치고 춤을 추는 고무鼓舞는 할 수 있었으나, 그 의미에 대해서는 말할 줄 몰랐다"31)라고 말한 것이다.

(3) 유가사상에서는 예와 음악이 서로 분리되던 그 기능을 온전히 발휘할 수 없다고 보았다. 즉 "음악은 내면에서 움직이는 것이고, 예의는 외면에 나타나는 것이다. 그래서 예는 겸양謙讓을 중히 여기고, 음악은 자기 감성感性을 중히 여긴다 …… 예는 주감主減 즉 겸양을 주로 하되 적극적이지 못하면 활기가 없고, 음악은 주영主盈 즉 감성 표현을 주로 하되 절제節制하지 않으면 방종放縱하게 된다"32)는 것이다. 예의 적극성은 음악으로부터 얻고 음악의 절제성은 예로부터 얻을 수 있으므로, 예와 음악은 상호보완적이다. 특히 사물이 사람에게 주는 영향은 무한하기 때문에 예악으

---

30) 『論語』, 「雍也」, "知之者不如好之者, 好之者不如樂之者."
31) 『漢書』, 「禮樂志」, "漢興, 樂家有制氏, 以雅樂聲律世世在大樂官. 但能紀其鏗鏘鼓舞, 而不能言其義."
32) 『禮記』, 「樂記」, "樂也者, 動於內者也. 禮也者, 動於外者也. 故禮主其減, 樂主其盈……禮減而不進則銷, 樂盈而不反則放."

로써 좋아하고 싫어하는 감정을 절제하지 않으면 사물에 의해 사람이 변하게 된다.33)

절제의 기준이 되는 예는 도道라고 말할 수도 있다. "도로써 욕심을 제약하면 즐거워도 혼란하지 않고, 욕심 때문에 도를 잃으면 의혹되어 즐겁지 않다."34) 또 예는 분별을 주로 하고 음악은 화합을 주로 하기 때문에 양쪽을 겸해야 한다. 이는 "음악은 사람을 화합시키고, 예는 사람들을 구별한다. 화합하면 서로 친하고, 구별하면 존경할 줄 안다"35)는 말에서도 알 수 있다. 그렇게 되면 음악은 예의 도움으로 절제를 가지게 되고, 예는 음악의 도움으로 더욱더 적극성을 갖게 된다.

『예기』「악기」에서는 음악의 경지에 대한 논의를 하고 있다. 음악의 경지는, ①8음의 조화, ②악기와 가무의 조화, ③윤리와 관통, ④천지와 동화同和 등의 조건에 따라 달라진다. 즉 음악은 소리의 조화로 이루어지지만 심성 내부의 깊은 감동을 통해 가무로 표현되고 윤리와 관통하며 천지와 동화하는 즐거움의 경지에서 완성된다는 것이다. 다시 말해 음악의 감성 미학 부분은 악기의 소리가 성률을 지키고 화음을 이루어 아름다운 소리를 내며 입으로는 노래를 하고 손발로는 춤을 추어 아름다움을 연출함으로써 이루어진다. 그러나 그의 완성은 감성을 다스리고 본성의 인덕仁德을 일으켜 천지 만물과 함께 동류同流할 수 있는 정신 경지에서 이루어진다. 그렇다면 음악은 방욕放欲을 절욕節欲으로 전환하여 천지와 합일하기 위한 것이라 할 수 있다.

---

33) 『禮記』,「樂記」.
34) 『禮記』,「樂記」, "以道制欲則樂而不亂, 以欲忘道則惑而不樂."
35) 『禮記』,「樂記」, "樂者爲同, 禮者爲異. 同則相親, 異則相敬."

(4) 음악이란 감성을 표현하면서 동시에 본성에 기초를 두고 있는 것이다. 그래서 군자는 도를 즐기고, 소인은 욕심 채우기를 즐긴다.36) 그래서 자하子夏 역시 위문후魏文侯에게 "임금께서 물으시는 것은 악樂인데, 좋아하시는 것은 음音입니다. 무릇 악樂이란 음과 서로 가깝지만 다른 것입니다"37)라고 말한 것이다. 즉 임금이 묻는 악樂이란 인仁한 본성을 즐기는 즐거움을 말하는 것인데, 임금이 실제 좋아하는 것은 감성을 즐기는 것뿐이라는 말이다. 듣는 기관이 귀가 아닌 인仁한 마음이고 듣고 즐기는 대상이 소리가 아닌 인仁한 본성이 될 때, 음악의 영역은 감성이 아니라 본성 영역에까지 이르게 된다. 그때의 음악은 바로 인을 즐기는 인악仁樂이 된다.

사람은 음악을 만들지만 음악을 가지고 수양하기도 한다. 음악은 사람의 본성에 맞도록 작곡되어야만 그것으로써 수양을 할 수 있다. 음악이 본성에 어긋나면 그것은 감성에 따라 방종하여 역기逆氣를 일으키는 익음溺音이 되기 때문에, 오히려 사람의 덕을 해치게 된다. 그래서 "무릇 음악은 사람 마음에서 생기는 것이다. 마음에 느낌이 있으면 움직이어 음이 이루어지고, 음은 밖에서 이루어지고 마음은 안에서 변화한다. 이런 까닭에 소리를 들으면 그 풍속을 알게 되고, 그 풍속을 관찰하면 그 뜻을 알게 되며, 그 뜻을 보게 되면 그 덕을 알게 된다. 번성함과 쇠퇴함, 현명함과 미련함, 군자와 소인은 모두 음악에서 나타나게 되므로 숨길 수 없다"38)라고 한 것이다.

---

36) 『禮記』, 「樂記」, "君子樂得其道, 小人樂得其欲."
37) 『禮記』, 「樂記」, "今君之所問者, 樂也. 所好者, 音也. 夫樂者, 與音相近而不同."
38) 『呂氏春秋』, 「音初」, "凡音者産乎人心者也. 感於心則蕩乎音. 音成於外而化乎內. 是故聞其聲而知其風, 察其風而知其志, 觀其志而知其德. 盛衰賢不肖君子小人, 皆形於樂, 不可隱匿."

그뿐만 아니라 실천상 뜻을 적절하게 표현할 수 있도록 하기 위해 수양하는 단계에서도 예악을 사용한다. 즉 "자로가 성인成人에 대해 묻자, 공자가 말했다. 장무중臧武仲의 지혜와 공작公綽의 불욕不欲과 변장자卞莊子의 용기와 염구冉求의 기예와 같은 것을 예악으로써 수식하면 성인成人이 될 수 있다"[39]는 것이다. 다시 말해 안으로 덕을 이루고 그것을 예악으로 균형 있게 표현할 수 있으면 골고루 완비된 성인成人이 될 수 있다는 것이다.

(5) 『중용』에서 공자는 순임금이 그 양 끝단을 잡아 중용의 도를 썼다고 말했는데,[40] 이것은 중용의 구조를 음악의 화음 구조로 이해한 것으로도 볼 수 있다. 공자는 순임금의 음악사상을 "8음이 조화되어 서로 그 음의 질서를 잃지 않게 하면 신과 사람이 화합할 수 있다"[41]라고 정리했기 때문이다. 이렇게 음의 조화가 일어나는 것처럼, 음악의 도를 정치에 응용하면 각자의 정치적 주장이 수렴되는 중용 정치가 될 수 있다.

화평和平의 최고 경지는 어떤 것일까? 최고의 음악은 가장 아름다운 소리를 추구하는 데 있지 않고, 오히려 약간 탁한 저음과 느린 음을 사용함으로써 음을 다 표현하지 않는 유음遺音에 있다.[42] 이것은 지나치면 안 된다. 지나치게 큰 소리, 지나치게 작은 소리, 지나치게 섬세한 소리, 지나치게 탁한 소리는 모두 적당한 음악 소리가 아니기 때문이다.[43] 음악

---

39) 『論語』,「憲問」, "子路問成人. 子曰, 若臧武仲之知, 公綽之不欲, 卞莊子之勇, 冉求之藝, 文之以禮樂, 亦可以爲成人矣."
40) 『中庸』, 6장, "執其兩端, 用其中於民."
41) 『尙書』,「舜典」, "八音克諧, 無相奪倫, 神人以和."
42) 『禮記』,「樂記」, "樂之隆, 非極音也. 食饗之禮, 非致味也. 淸廟之瑟, 朱絃而疏越, 壹倡而三歎, 有遺音者矣. 大饗之禮, 尙玄酒而俎腥魚, 大羹不和, 有遺味者矣." 『여씨춘추』에서는 有遺音者를 有進乎音者라고 말했다. 즉 進音이란 지나쳐서 남는 음이 아니라, 遺音과 마찬가지로 다 표현하지 않는 음인 것이다.
43) 『呂氏春秋』,「適音」.

에서 화평의 최고 경지 또한 유음의 경지라고 할 수 있다. 공자가 그러한 선배 선비들의 소박한 예악을 따르겠다고 말한 것으로 보면,44) 공자의 문질빈빈文質彬彬적 음악론 역시 그랬을 것이다.

유음의 이유는 무엇인가? 감성은 끊임없이 새로운 요구를 하지만 채울 수 없기 때문에, 음악이 감성 미학만을 추구할 경우 본성으로 하여금 그 주체성을 잃게 하는 치악侈樂이 되기 때문이다.45) 그렇게 음악이 더 이상 감성 관리를 담당할 수 없으면, 사람은 오히려 사물에 지배되어 천리天理가 사라지고 욕심이 왕성해진다.46) 그래서 공자의 문질빈빈적 음악론은 유음의 여유 속에서 자아를 실현하여 도를 즐기는 유음낙도遺音樂道를 추구한다.47) 또 그럴 수 있을 때 음악은 도덕 본성과 가장 만족스런 화평이 이루어지고, 그를 기초로 하여 제례작악制禮作樂함으로써 예악은 대례대악大禮大樂이 되고, 또 그 대례대악을 통해 천지와 함께 조화를 이룰 수 있다.48) 그렇게 되려면 음악의 조율은 12율보다 인간 본성과 천지 자연의 법칙을 따라 이루어져야 할 것이다.

(6) 음악은 장단·선율·화음, 그리고 노랫말과 무도 등이 함께 어울

---

44) 『論語』, 「先進」, "先進於禮樂, 野人也. 後進於禮樂, 君子也. 如用之, 則吾從先進."
45) 『呂氏春秋』, 「侈樂」, "夏桀殷紂作侈樂, 大鼓鐘磬管簫之音, 以鉅爲美, 以衆爲觀, 俶詭殊瑰, 耳所未嘗聞, 目所未嘗見, 務以相過, 不用度量."
46) 『呂氏春秋』, 「侈樂」, "嗜欲無窮, 則必有貪鄙悖亂之心, 至佚奸詐之事矣.";『禮記』, 「樂記」, "人化物也者, 滅天理而窮人欲者也."
47) 서양 음악에는 "안어울림 음정의 해결"이라는 것이 있다. 즉 악곡의 어느 부분에 어울리지 않는 음정을 사용하고, 그것을 뒤에 오는 어울림 음정으로 해결해줌으로써 한층 더 높은 미감과 안정감을 갖게 한다는 것이다. 이것은 遺音樂하려는 동양 음악과 형태상 유사하지만, 거기에는 단지 미학적 목적이 있을 뿐이다.
48) 『禮記』, 「樂記」, "大樂必易, 大禮必簡.……大樂與天地同和, 大禮與天地同節.……故聖人作樂以應天, 制禮以配地."(金忠烈 선생은 『장자』의 天籟를 大樂으로 해석했다. 『김충렬 교수의 노장철학강의』, 예문서원, 1999, 307쪽 참조)

려 이루어지지만, 동양 음악에서 음악을 즐기는 것은 감성에 그치는 것이 아니라 오히려 도덕 본성에 흡족함을 즐기는 것이다. 사람이 즐기는 본성의 본질이 바로 인仁인 것이다.

사람은 인仁하기 위해 음악으로 인격을 수양하고, 교육을 하며, 양생을 하고, 감성을 수식하며, 백성을 다스리는 정치 도구로 썼다. 그렇지만 그것은 단지 음악의 기능을 활용하는 것일 뿐이다. 공자가 이해한 음악의 본질은 인간 본성이기 때문에, 사람이 음악을 따르는 것이 아니라 음악이 인간 본성을 따른다. 인仁을 따르고 즐길 수 있는 음악이라야 비로소 인악仁樂이 되어 천지와 동화同和하는 대악大樂이 될 수 있는 것이다.

4. 시와 공부론

(1) 음악 속에는 예를 장치한 곳이 있는데, 그곳은 바로 노랫말인 시이다. 노랫말인 시 속에 예의나 철학사상 등을 장치한 것은 음악을 듣는 사람이 감성에 치우치지 않고 절제를 가지게 하려 한 것이다. 그래서 시는 절제된 언어로 음악이 감성 미학에 빠지지 않게 해 주고, 아울러 음악은 시로 하여금 한층 더 높은 감성적이고 예술적인 승화를 하게 한다.

시가 성립되기 위해서는 먼저 내적 조건으로 시지詩志[49]가 있어야 한다. 그래서 『상서』에서는 "시는 그 의지를 말하는 것이고, 노래는 그 노랫말을 읊는 것"[50]이라고 말한 것이다. 의지의 하나인 시지는 어떤 방향성

---

[49] 詩志는 일반적으로 말하는 詩想·詩思·詩情이라는 말을 포괄하는 것이다. 詩志는 想·思·情 등이 미치지 못하는 보편 사랑의 정신인 仁을 내포하고 있는 것으로서, 공자의 詩觀을 반영하기 위해 필자가 사용한 용어이다.
[50] 『尙書』, 「舜典」, "詩言志, 歌永言."

을 갖춘 것으로서, 마음에 있을 때를 말하는 것이다.

그러면 시지詩志는 어떻게 얻게 되며 본질은 무엇인가? 기본적으로는 사물과 접촉할 대 생기지만 그렇다고 밖으로부터 얻는 것은 아니다. 시지는 마음속에서 우러나오는 것이다. 그런 시지가 있고서야 그를 처리할 시료詩料를 취하여 시를 짓는다. 시는 시상詩想·시사詩思·시정詩情 등을 바탕으로 지어지기도 하나 단지 그것뿐일 경우 시가 야비해지거나 시병詩病이 들 수 있다. 그래서 시지詩志는 진정 무사無邪한 인간 본성에 바탕을 두지 않으면 안 된다.51)

시가 지극하기 위해서는 의지를 언어로 표현하되 그에 빠지지 말아야 하며, 내적으로는 인仁에 바탕을 두고 외적으로는 균형 있는 예악禮樂의 요소를 갖추되 문질빈빈하게 표현된 후에야 그 이상을 달성할 수 있다. 즉 "의지가 이르는 곳에 시 역시 이르게 되고, 시가 이르는 곳에 예 역시 이르게 되며, 예가 이르는 곳에 음악 역시 이르게 된다"52)는 것과 같이 의지·시·예·악이 함께 갖추어져야 한다. 특히 난세에 지어진 변시變詩는 단지 시정詩情에 의한 것이 많으므로 예의 도덕으로 조절되어야 한다.53) 그래서 시를 짓는 시지詩志에는 사악함이 없어야 하고, 시어詩語 속에는 인에 바탕을 둔 예禮가 갖추어져 절제되어야 하며, 성운聲韻 속에는 음악성을 갖춤으로써 감성적으로 표현하고 받아들일 수 있어야 한다.

---

51) 그래서 宋, 嚴羽 역시 『滄浪集』, 「詩辯」에서 "夫學詩者以識爲主, 入門須正, 立志須高. 以漢魏晉盛唐爲師 不作開元天寶以下人物. 若自退屈, 卽有下劣詩魔入其肺腑之間, 由立志不高也"라고 말한 것이다.
52) 『禮記』, 「仲尼燕居」, "志之所至, 詩亦至焉. 詩之所至, 禮亦至焉. 禮之所至, 樂亦至焉."
53) 『毛詩傳』, 「毛詩大序」, "變風發乎情, 止乎禮義."

(2) 시는 곧 예이고, 동시에 예를 표현하는 또 하나의 방식이다. 첫째 시가 곧 예라고 한 것은 시 역시 인에 바탕을 두고 절제 있는 언어로 예의 있게 표현하기 때문이다. 특히 공자가 노나라로 돌아가 바로잡은 아雅와 송頌 역시 궁중이나 사대부의 예악에 직접 사용했던 것이다. 물론 예악의 정신을 인仁으로 규정한 것은 공자이지만, 그것은 동시에 전통의 계승이기도 하다. 공자가 계승한 예악적 특징은 이미 육경의 내적 구조를 형성하고 있기 때문이다. 『시경』 역시 예외가 아니다. 『시경』은 예악으로 절제된 시문학의 언어를 얻고, 그런 시문학적 언어로 감성 세계에서 철학적 원리의 세계까지 노래한 것이다.

둘째로 시는 문화 활동으로서 예를 표현하는 하나의 수식 행위이기 때문이다. 『시경』에는 의금경의衣錦褧衣54)라는 시구가 있는데, 비단의 문채를 살짝 가리기 위해 겉에 홑옷褧衣을 입는다는 뜻이다. 다시 말해 어떤 사물이 적나라하게 노골적으로 보이지 않도록 수식한다는 것이다. 시에서 그 정감의 표현을 노골화하지 않고 상징성을 활용하여 은근히 풍자하는 것 또한 마찬가지 경우이다. 그렇게 시 속에 내포되어 있는 예의 정신은 공자의 예관이 되었고, 문화 예술의 정신이 되었다.

"시가 이르는 곳에 예禮도 역시 이르게 된다"55)는 것처럼 적극적으로 시 속에 예를 장치하기도 한다. 심지어 예의가 없는 사람은 "쥐를 보아도 가죽이 있는데, 사람으로서 어찌 위의威儀도 없는고. 사람으로서 위의도 없는데, 안 죽고 무얼 하는고.…… 쥐를 보아도 사지四肢가 있는데, 사람으로서 어찌 예의도 없는고. 사람으로서 예의도 없는데, 어찌 빨리 안 죽는고"56)라고 원망을 샀다.

---

54) 『詩經』, 「鄭風·丰」, 「衛風·碩人」, 『중용』에는 衣錦尙絅이란 말이 있다.
55) 『禮記』, 「仲尼燕居」, "詩之所至, 禮亦至焉."

(3) 시는 소리 없는 음악이고, 음악은 소리로 들려주는 시이다. 음악은 시와 결합하여 문학과 철학의 요소를 보완함으로써 문학이나 철학의 심연으로 들어가게 되었으며, 시는 음악을 만남으로써 날개를 달고 더욱 풍부한 감성 세계로 비상하게 되었다. 그래서 공자는 "시에서 마음을 일으키고, 예에서 서며, 음악에서 완성한다"57)고 말한 것이다. 시는 철학사상이나 윤리 도덕 같은 것을 절제 있는 시문학적 노랫말로 만들어 감성을 관리할 수 있게 해 주는 데 비해, 음악은 악기의 반주로 시를 감성 영역으로 운반하여 감성적으로 받아들일 수 있게 해 준다. 그럼으로써 노랫말로서의 시는 음악을 통해 감성 속으로 깊게 파고 들어가 더 쉽고 광범위하게 인성 교육의 효과를 얻는다.

『예기』「악기」 등에서 중요하게 사용되는 덕음德音이란 말이 『시경』에서는 시어로 12번이나 나온다. 물론 그 의미는 대체로 덕을 칭송하는 것을 뜻한다. 그런데 『예기』에서는 "천하가 크게 다스려진 후에, 6율을 정하여, 5성을 조화시키켜, 시송詩頌을 현악기에 맞추어 노래하게 된다. 이것을 덕음이라 하고, 덕음을 악樂이라 하는 것이다"58)라고 말하여, 절제 있게 덕을 갖춘 훌륭한 음악이란 의미로 약간 전환되었음을 보여 준다.

(4) 『시경』에는 표현 기법상 부정어를 많이 사용하였다. 즉 무亡·무無·불不·불弗·부否·미未·비非·비匪·미靡·막莫·무母·물勿59) 등과

---

56) 『詩經』, 「鄘風·相鼠」, "相鼠有皮, 人而無儀? 人而無儀, 不死何爲!……相鼠有體, 人而無禮? 人而無禮, 胡不遄死!" 시문의 번역은 金學主, 『詩經』와 尹永春 譯解, 『詩經』 및 馬持盈, 『詩經今註今譯』 등을 참조하여 번역했으며, 이하도 마찬가지이다.
57) 『論語』, 「泰伯」, "子曰 興於詩, 立於禮, 成於樂."
58) 『禮記』, 「樂記」, "天下大定, 然後正六律, 和五聲, 弦歌詩頌, 此之謂德音, 德音之謂樂."
59) 필자가 13경 Index를 참조하여 조사한 바로는 『시경』에는 亡(13)·無(296)·不(628)·罔(14)·弗(32)·否(9)·未(38)·非(3)·匪(99)·靡(75)·莫(90)·母(6)·勿

같은 부정어를 사용하여 그 반대편을 간접 지시함으로써 무한 상징성을 발휘하게 하였다. 물物이나 도道와 같은 말은 가장 넓고 큰 추상 언어이지만, 그것은 자신의 지시 영역을 갖기 때문에 독자가 그 이상의 상상력을 발휘하기가 어렵다. 지시 영역을 안쪽으로 씀으로써 스스로 그 한계를 극복할 수 없기 때문이다. 그래서 그 어떤 사물에 기대어 반대쪽을 간접적으로 지시하는 부정 언어가 필요한 것이다. 부정어 사용의 목적은 단순히 그 무엇을 부정하는 데 있는 것보다 무한 보편성을 향해 국면을 전환시키기 위한 데 더 큰 효과가 있다. "말은 끝이 있지만, 뜻은 끝이 없게"[60] 하려면 부정어를 사용하지 않으면 안 된다. 그렇게 하기 위해 사용한 부정어는 단지 그 무엇이 없음이나 아님을 지시하는 단순 부정어가 아니다.

『시경』에서 사용된 부정어를 통해 공자가 들여다본 시의 세계는 어떠했을까? 그것은 무사無邪한 보편적인 인仁의 세계였다. 무사無邪란 시어가 사용된 『시경』「노송魯頌·경駉」은 본래 말(馬)의 모습을 노래한 것이다. 그 중 무강無疆은 "힘을 갖춤이 무한함"을, 무기無期는 "재주가 무한함"을, 무역無斁은 "싫증냄이 없음"을, 무사無邪는 "달려가는 것에 전념하여 다른 생각이 없음"을 의미한다. 공자는 이러한 상징적인 의미를 통해 보편적으로 무사한 인의 세계를 들여다본 것이다. 그것은 마치 노자가 "도를 도라고 말로 할 수 있으면 그것은 상도가 아니다"라는 "도가도비상도道可道非常道"에서 비非라는 부정어를 사용함으로써 언어 세계 저편에 있는 도를 간접적으로 말하고 있는 것과 같다. 무위無爲라는 말 또한 『시경』에 나오는

---

(19) 등이 모두 1,322회 사용되었고, 『논어』에는 亡(11)·無(129)·不(581)·罔(3)·弗(4)·否(2)·未(57)·非(33)·莫(18)·勿(13) 등이 모두 851회 사용되었다. 한편 노자 『도덕경』에는 亡(4)·無(99)·不(240)·弗(2)·未(7)·非(10)·莫(20)·勿(4) 등 모두 386회 사용되었다.
60) 嚴羽, 『滄浪集』, 「詩辯」, "言有盡而意無窮."

것으로 "아무 탈이 없었다"[61], "자나 깨나 다른 생각 없네"[62] "아첨하지 마라"[63]는 시구에서 보인다. 다시 말해 무위無爲는 본래 "~이 없다"나 "~지 마라"는 뜻이다. 그런데 노자가 그것을 통해 인위人爲가 없는 자연의 세계를 들여다보았던 것이다.

부정어를 사용한 시어를 통해 발휘되는 것은 문학적·예술적 상상의 촉발뿐만이 아니다. 느끼어 마음이 움직이는 감발지의感發志意[64]와 함께 도덕적 자각을 일으키는 것은 물론 철학적 상상도 촉발한다. 이러한 촉발이 가능한 이유는 "진실로 인에 뜻을 두면 사악함이 없다"[65]는 말과, "인이 먼 데 있는 것이냐? 내가 인하려 하면 인은 이른다"[66]는 것처럼 욕인欲仁하는 것 자체가 이미 인에 속하기 때문이다. 그 인하려 하는 것은 바로 심성 속의 인으로 말미암아 이루어지는 자아실현이다. 그렇게 인仁의 내적 타당성은 사람이 욕인할 수 있는 인간 본성 속에서 확보할 수 있다. 마찬가지로 시詩의 본질을 인仁으로 이해할 수 있었던 것은 무엇보다도 공자가 인의 눈으로 시를 보았기 때문이겠지만, 『시경』에서 부정어로 표현된 시의 세계를 통해서 보편적으로 무사無邪한 세계를 통찰했기 때문이다. 즉 인仁의 보편성은 무한 상징성을 가지고 있는 무사無邪·무악無惡·무연無然 등과 같은 시어 속에서 확보한 것이다.

공자는 인仁을 사랑(愛)으로 정의하였다.[67] 애愛를 동의어로 사용한 것이다. 『시경』에는 애愛가 7번 나오는데, "사랑하다"(「將仲子」, 「隰桑」, 「雲漢」,

---

[61] 『詩經』, 「王風·兎爰」, "尙無爲."
[62] 『詩經』, 「陳風·澤陂」, "寤寐無爲."
[63] 『詩經』, 「大雅·生民之什, 板」, "無爲夸毘."
[64] 『論語』, 「陽貨」, "感發志意는 詩可以興"에 대한 주희의 주이다.
[65] 『論語』, 「里仁」, "苟志於仁矣, 無惡也."
[66] 『論語』, 「述而」, "仁遠乎哉? 我欲仁, 斯仁至矣."
[67] 『論語』, 「顔淵」, "樊遲問仁, 子曰愛人."

「烝民」)와 "숨다"(「靜女」)는 뜻으로 사용되었다. 또 공자는 안연顔淵에게 극기복례克己復禮와 사물四勿로 인을 말한 바 있다. 극기를 자신의 사욕 극복이라고 해석하더라도, 차마 자신의 사욕을 채우지 못하는 마음 즉 인仁한 마음이 있어야 가능하므로 공자가 이미 『시경』에서 인의 의미를 "차마 하지 못하는 마음"이나 "사랑" 등의 뜻으로 파악했음을 알 수 있다.

이렇게 공자가 인학仁學을 구상하는 데 가장 큰 자극과 영향을 준 것이 바로 『시경』이다. 특히 부정어로 간접 형용된 세계에 대한 상상은 공자로 하여금 상대적 세계를 초월하여 보편 세계로 들어가게 하였다. 다시 말해 "진실로 인에 뜻을 두면 사악함이 없다"[68]는 말에서처럼 인仁하려 하는 욕인欲仁과 무악無惡함을 합치시킴으로써 본심 상에서 무사無邪한 인仁의 보편성을 확보한 것이다.

(5) 옛날에는 어떻게 시교詩敎를 행했을까? 교육 자료나 프로그램이 별로 없던 옛날에는 백성 교육을 어떻게 했을까? 중국에서는 시를 노래 부르게 함으로써 백성들의 감성을 순화시키려 하였다. 시에서 표현하고자 하는 뜻(志)이란 무엇인가? 남녀간의 사랑일 수도 있고, 군신간의 의리일 수도 있으며, 사물에 대한 정취일 수도 있고, 도덕 본성인 인仁일 수도 있다. 그런 아름다운 일들을 노래함으로써 모범이 되는 하나의 좋은 풍습을 형성할 수 있는 것이다. 시는 노랫말이 될 수 있기 때문에 쉽게 구전되어 하나의 유행을 일으킬 수 있다.

시교詩敎는 문학·철학 사상이 들어 있는 감성 교육이다. 다시 말해 시교는 시를 통해 인의 정신을 가르침으로써 품격을 갖추어 감성을 다

---

[68] 『論語』, 「里仁」, "苟志於仁矣, 無惡也."

스리려 한다. 그래서 "공자는 말했다. 그 나라에 들어가 보면 그 교육을 알 수 있는데, 그 사람됨이 온유溫柔하고 돈후敦厚한 것은 시교詩教 때문이다"69)라고 말했다. 그런 감성 교육을 위해 공자도 가정에서 자식에게 시와 예를 배우라고 했고, 『예기』에서도 아이가 열세 살이 되면 음악을 배우고 시를 암송하게 했다고 한다.70)

시교의 형태는 어떤 것이 있는가? 시교의 형태로는 『묵자』에서 말하는 것처럼 시를 암송하기(誦), 악기로 연주하기(弦), 노래하기(歌), 춤추기(舞) 등이 있다. 시교의 효과를 높이기 위해서는 이들 네 가지를 각각 분리하기보다는 함께 통합하는 것이 낫다. 만약 시를 눈으로만 읽으면 이성의 경로를 활용하기 때문에 감성적으로 접근하기가 쉽지 않다. 또 악기만 연주한다면 감성의 경로를 활용하기 때문에 이성적인 것이 접근하기가 쉽지 않다. 물론 시 속에는 이미 음악적 소리 구조와 사상적 의미 구조를 갖추고 있기 때문에 시를 암송하는 것만으로도 어느 정도의 효과를 얻을 수 있다. 그러나 감성과 이성을 더 적극적으로 수양하기 위해서는 시의 의미 구조 속에 예나 철학 정신이 들어 있어야 한다. 그러므로 시교의 성패는 시와 예악禮樂의 결합 여부에 달려 있다고 해도 과언이 아니다.

(6) 공자가 『논어』에서 인仁에 대해 언급한 것은 부정어의 무한 상징성을 통해 보편적인 인의 세계를 통찰한 것이기 때문에, 어떻게 표현하든 그 내용은 인으로서 단지 그렇게 말해 보는 것뿐이다. 그것은 "군자는 세상일에 대해 반드시 어떻게 해야 한다고 함도 없고, 그렇게 해서는 안 된다고 함도 없다. 단지 옳음을 따를 뿐이다"71)는 말에서처럼 인에 대한

---

69) 『禮記』, 「經解」, "孔子曰, 入其國, 其教可知也. 其爲人也, 溫柔敦厚, 詩教也."
70) 『禮記』, 「內則」, "十有三年, 學樂誦詩."

언급에서도 인을 말하면 됐지 반드시 어떻게 말해야 하는 것은 없기 때문이다. 마찬가지로 공자는 시의 본질 역시 보편적인 인을 노래한 것이기 때문에, 본질적으로 본심을 술이부작述而不作해야지 억지로 지으려 하면 안 된다고 보았을 것이다.

그러면서도 공자는 현실적으로 시가 음악과 깊은 관련이 있음을 깨달았다. 특히 유가의 예악병행론禮樂竝行論 속에서 시를 실천적으로 이해하였음을 알 수 있다. 예악병행의 형태를 교육 현실에 적용함으로써 더욱 효과적인 방법을 추구하였고, 이를 현실에 적용함으로써 이풍역속移風易俗과 균형 있는 정치 질서를 확립하려 한 것이다. 이것이 바로 시교詩敎를 통하여 이루고자 한 바이다.

5. 실천과 공부론

(1) 유가의 이상적인 정신은 가슴속에 있지만, 그 인의 정신을 몸에 익히기 위해서는 반드시 실천의 과정이 있어야 한다. 그래서 공자는 가정에서의 실천 공부인 효제孝悌 공부를 다른 어떤 공부보다 우선하여 실행하고 힘이 남거든 학문을 하라고 말했다.

효제란 본래 『서경』에서는 효孝와 우友로 사용하였다.[72] 즉 『서경』에는 "효도로써 화해시킨다"[73], "크게 악한 자는 크게 원망을 받아야 하는데 하물며 효도도 하지 않고 우애도 없는 사람에 대해서랴. 아들이 그의

---

71) 『論語』, 「里仁」, "子曰, 君子之於天下也, 無適也, 無莫也. 義之與比."
72) 『논어』에서도 孝와 友라는 용어를 썼지만, 友는 朋友의 의미로 사용했다.
73) 『書經』, 「堯典」, "克諧以孝."

아버지를 공경과 복종으로 섬기지 않아 그의 아버지의 마음을 상하게 하면 아버지도 그의 아들을 사랑하지 않게 될 것이고 미워할 것이다. 아우로서 하늘이 밝히는 도리를 행하지 않고 이에 그의 형을 공경하지 않으면 형도 역시 동생의 가련함을 생각하지 않고 동생에게 크게 우애 있게 하지 않을 것이다"[74], "효도로써 그대의 부모님을 봉양하라"[75]라고 하였다. 여기서 아랫사람의 효제는 윗사람이 자애를 베푸는 선행 조건이라고 말했다. 보편 사랑에는 선후본말이 있을 수 없지만, 현실에서는 어떤 형식적 질서를 바탕으로 보편 사랑을 실현할 수 있는 것이다. 그래서 가족 관계에서의 질서를 위해 효제는 복종의 윤리 형태를 취한다.

중국정치사에서 가장 중시하는 정치 윤리는 한 마디로 효孝이고, 그의 가장 모범적인 사람으로는 순임금을 꼽는다. 『서경』은 그의 대부분 내용이 선대 임금들에 대한 절대적인 효도를 가르치는 것으로 되어 있다. 정치의 중심에 있는 임금에게는 선양에 의해서이든 부자상속에 의해서이든 선왕과의 관계에서 효도라는 방식으로 충성을 도구하였다. 나아가 임금과 백성의 관계까지도 부모자식의 관계로 간주하게 되었다.

(2) 공자 시대의 효제는 어떤 의미를 갖는가? 효제는 인을 행하는 근본 덕목이다. 공자 제자인 유자有子는 "그 사람됨이 부모님께 효도하고, 형제간에 우애 있게 하면서, 윗사람에게 막 대하는 것을 좋아하는 사람은 드물다. 윗사람에게 막 대하는 것을 좋아하지 않으면서, 난을 일으키기를 좋아하는 사람은 아직 없었다. 군자는 근본을 힘쓰니, 근본이 확립되면

---

74) 『書經』, 「康誥」, "元惡大憝, 矧惟不孝不友? 子弗祗服厥父事, 大傷厥考心, 于父不能字厥子, 乃疾厥子. 于弟弗念天顯, 乃弗克恭厥兄, 兄亦不念鞠子哀, 大不友于弟."
75) 『書經』, 「酒誥」, "用孝養厥父母."

도리가 생겨나는 것이다. 효제라는 것은 그 인을 행하는 근본인 것이다"76)라고 말했다.

『중용』에서 수신을 말하며 "그러므로 정사를 함이 사람에게 달렸으니, 사람을 취하되 몸으로써 하고, 몸을 닦되 도로써 하며, 도를 닦되 인으로써 해야 한다.…… 그러므로 군자는 몸을 닦지 않을 수 없으니, 몸을 닦고자 생각하면 어버이를 섬기지 않으면 안 되고, 어버이를 섬기고자 생각하면 사람을 모르면 안 되며, 사람을 알고자 생각하면 하늘의 이치를 모르면 안 된다"77)라고 하였다. 우리는 여기서 수신의 방법으로 사친事親을 말한 것에 대해 주목해야 한다.

수신의 방법으로서 효제는 가정에서 이루어지는 조기 인성 교육이다. 조기 인성 교육은 그 어느 것보다 삶 속에서 커다란 영향력을 가지고 평생을 지배하는 덕을 형성한다. 그 덕은 바로 인으로 말미암아 인을 온축蘊蓄하여 형성된다. 그래서 공자는 어려서부터 부모형제를 사랑하는 법을 가르침으로써 평생 동안 인을 실천할 수 있는 기틀을 마련하려 한 것이다.

"(노나라 대부) 계강자季康子가 '백성으로 하여금 윗사람을 공경하고 충성하게 하며, 이것을 권하여 힘쓰게 하려면 어찌하면 되겠습니까?'라고 물었다. 공자는 '백성 대하기를 장엄하게 하면 백성들은 공경하고, 백성에게 효도하고 사랑하면 백성들은 충성하며, 이를 잘하는 자를 등용하고, 이를 잘못하는 자를 가르치면 힘쓰게 할 수 있을 것이다'라고 대답했다"78)

---

76) 『論語』,「學而」, "其爲人也孝弟, 而好犯上者鮮矣. 不好犯上, 而好作亂者未之有也. 君子務本, 本立而道生. 孝弟也者, 其爲仁之本與."
77) 『中庸』, 20장, "故爲政在人, 取人以身, 修身以道, 修道以仁.……故君子不可以不修身, 思修身不可以不事親, 思事親不可以不知人, 知知人不可以不知天."
78) 『論語』,「爲政」, "季康子問, 使民敬忠以勸, 如之何? 子曰, 臨之以莊則敬, 孝慈則忠, 擧善而敎不能則勸."

라는 『논어』의 구절에서 나타난 정치의 기본 윤리 역시 효제孝悌이다.

위정자가 정치를 하기 위해서는 먼저 자신이 수양을 하지 않으면 안 된다. 그래서 공자는 "(위정자가) 참으로 자신을 바르게 한다면 정치하는 데에 무슨 어려움이 있으며, 자신을 바르게 할 수 없다면 어떻게 남을 바르게 할 수 있겠는가?"[79]라고 말한 것이다. 왜냐하면 "군자의 덕은 바람이요, 소인의 덕은 풀이다. 풀에 바람이 가해지면 풀은 반드시 쓰러진다"[80]라고 보았기 때문이다.

공자가 『논어』에서 말한 위정이덕爲政以德의 덕은 인仁이며, 그것은 바로 효제충신으로써 수신하여 얻은 것이다. 군군·신신·부부·자자하는 것은 효제충신의 다른 표현이며, 정치는 바르게 하는 것이라는 말 역시 그렇다. 이렇게 본분을 다하든 또는 행실을 바르게 하든, 그 바름의 기준과 내용은 인仁한 본성이다. 『좌전』 등에서 보이는 종교적·정치적인 언급 또한 마찬가지이다.

기본적으로 제가형의 유가 정치 형태에서 효제형의 윤리는 윗사람에 대한 상향식 복종형이다. 그런 복종형의 윤리는 후대로 오면서 하향식의 자애형으로 바뀌었다. 제가형의 정치 형태는 유지되었으나, 윤리 형태는 상향식에서 하향식으로 바뀐 것이다. 이때 더욱 강조된 것이 수신·정덕 등이다. 하지만 수신·정덕 속에도 여전히 효제로 수행하는 것을 제일로 친다. 이는 위정이덕의 다른 표현인 것이다.

거대한 하나의 중심주의를 추구하면서 국가와 개인, 전체와 개체 또는 공사公私가 조화를 이루는 원리가 인仁에 바탕을 두고 있다고 본 사람은 공자였다. 정치의 제1단계로 효제의 정치를 말하려면 그 마음이 먼저

---

79) 『論語』, 「子路」, "子曰, 苟正其身矣, 於從政乎. 何有不能正其身, 如正人何?"
80) 『論語』, 「顔淵」, "君子之德風, 小人之德草. 草上之風, 必偃."

인해야 한다. 한 마디로 심인행효心仁行孝라고 말할 수 있다. 공자의 심인 행효는 바로 내성외왕內聖外王의 제1단계적 표현이다. 그래서 그의 심인행 효는 실천 방법상 정치 일선에 있던 위정자들과도 달랐다. 이는 "섭공이 공자에게 말했다. '우리 무리에 몸을 바르게 하는 자가 있는데, 아버지가 남의 양을 훔치자 그의 아들이 그것을 입증했다.' 그러자 공자가 말했다. '우리 무리에 몸을 바르게 하는 자는 그와 다르다. 아버지가 자식을 숨겨 주고 자식이 아버지를 숨겨 주니, 바름은 그 가운데 있는 것이다.'"81)라는 말에서 알 수 있다. 이렇게 공자가 한비자나 섭공의 견해와 달리, 심인행 효하는 속에는 공사의 대립이 없다고 본 것은 공사관公私觀이 다르기 때문 이다. 바름은 공사간의 조화를 말하며, 그렇게 조화될 수 있는 것은 인으 로부터 말미암아 부모자식간에 사랑을 나누기 때문이다.

(3) 공자는 정치에 대해 두 가지 자세를 말했는데, 첫째는 권력자 자 신이 바른 모범을 보이는 솔선수범率先垂範이고, 둘째는 각자 자신의 본분 을 다하는 정명正名이다. 즉 "정치란 바르게 하는 것이다. 그대가 바름으 로써 솔선수범한다면, 누가 감히 바르게 하지 않겠는가?"82)는 말이 전자 이고, "임금은 임금답고, 신하는 신하다우며, 부모는 부모답고, 자식은 자 식다워야 한다"83)는 말은 후자에 속한다. 이것은 공과 사, 국가와 개인 또 는 전체와 개체가 공존할 수 있음을 입증한다. 그 공존의 원리는 다름 아 닌 "덕으로써 정치를 행한다"84)는 데 있으며, 그 덕의 내용은 효제의 덕

---

81) 『論語』, 「子路」, "葉公語孔子曰, 吾黨有直躬者, 其父攘羊, 而子證之. 孔子曰, 吾黨 之直者異於是, 父爲子隱, 子爲父隱. 直在其中矣."
82) 『論語』, 「顏淵」, "政者正也. 子帥以正, 孰敢不正?"
83) 『論語』, 「顏淵」, "君君, 臣臣, 父父, 子子."
84) 『論語』, 「爲政」, "爲政以德."

을 가정과 국가에 베푸는 것이다.

　공자가 이해한 정치 구조의 기본 모형은 제가형이다. 그래서 공자의 정치 행위와 윤리상 핵심어는 효제孝悌이다. 『논어』에는 "어떤 사람이 공자에게 '선생께서는 왜 정치를 하지 않습니까?'라고 물었다. 공자는 '『서경』에서는 효도에 대해 말했다. (부모님께) 효도하며, 형제간에 우애가 있어, 그런 효제를 정치에 베푸는 것이다'라고 했으니, 효제 역시 정치를 행하는 것이다. 어찌 벼슬자리에서 정치를 해야만 정치라고 하는가?"[85]라는 구절이 있다. 주희는 이에 대한 주석에서 『서경』이라 함은 『주서周書·군진君陳』을 지칭한다며. "군진은 어버이께 효도하고 형제간에 우애가 있게 했다. 나아가 이 마음을 넓혀서 한 집안을 다스렸다"[86]고 말했다. 이 말은 『서경』「군진」의 다음과 같은 문장의 일부를 말한 것이다. 즉 "군진이여, 그대는 아름다운 덕德으로 효도하고 공경하였소. (부모님께) 효도하고, 형제에게 우애 있으니, 그것을 정치에 베풀 수 있을 것이오. 그래서 나는 그대에게 이 동교東郊를 다스리라고 명하니, 예를 갖추시오"[87]라는 말이다.

　(4) 덕德을 정치의 근본으로 본 것은, 사상사적으로 이미 「요전堯典」에서 연유되었다 볼 수 있다. 「요전」의 내용은 덕-가족-백성-만방-미풍양속으로 백성을 교화하는 과정으로 정리된다. 이것은 『대학』에서 말하는 수

---

85) 『論語』,「爲政」, "或謂孔子曰, 子奚不爲政? 子曰, 書云孝乎. 惟孝, 友于兄弟, 施於有政, 是亦爲政. 奚其爲爲政?"
86) 『論語』,「爲政」, "君陳能孝於親, 友於兄弟. 又能推廣此心, 以爲一家之政"에 대한 주희의 주이다.
87) 『書經』,「君陳」, "君陳, 惟爾令德孝恭. 惟孝, 友于兄弟, 克施有政. 命汝尹玆東郊, 敬哉." 이 문장은 『위고문상서』에 나오는 말이지만, 그 내용이 『논어』「위정」의 말과 거의 일치한다.

제치평修齊治平의 기본 모형이라 할 수 있다. 덕德을 말하려면 수신·교육 등을 말하게 되는데, 그 구체적 내용은 효제孝悌와 예법禮法 등이다. 덕에 의한 정치는 곧 효제와 예법에 의한 정치인 것이다. 그래서 유가 정치는 내용으로 말해 덕치라 하고, 형식으로 말해 예치라 한다.

유가의 정치 철학 체계는 격치성정수제치평格致誠正修齊治平하는 과정으로 되어 있다. 특히 수신과 관련하여 정심正心·성의誠意·치지致知·격물格物를 말한다. 그러나 인성 교육 측면에서는 그런 공부보다 수신의 근본은 어릴 때부터 효제를 가르치고 배워 부모형제를 사랑하는 것을 몸에 익히는 것이므로, 효제 교육보다 중요한 인성 교육은 없다. 효제는 유가의 교육이나 정치 등에서의 출발점이고 종점이다. 이런 교육은 최소한 한 세대가 지나고 난 후에야 효과가 나타나기 때문에, 공자는 "만일 성왕이 나타날지라도, 반드시 한 세대 30년은 지나야 인정仁政이 실현되는 사회가 될 것이다"[88]라고 말한 것이다.

6. 공자 인학과 공부론

공자는 『예』·『악』·『시』·『서』 등의 학습 교재에서 추구한 이상을 인간의 마음에서 발견했다. 그러므로 공자의 공부론에서 인仁을 모르면 예·음악·시·실천 공부는 단지 껍데기일 뿐이다.

그러면 인을 깨닫지 못하고 사는 보통 사람들의 경우는 어떻게 해야 하는가? 인을 깨닫지 못했다 하더라도 『예』·『악』·『시』·『서』 등을 배

---

88) 『論語』, 「子路」, "子曰, 如有王子, 必世而後仁."

우지 않으면 안 된다. "사람이 인仁하지 않으면서 예는 어떻게 실행하겠는가"라는 공자의 말이 지극히 타당하지만, 비록 인의 본질을 깨닫지 못했다 하더라도 『예』・『악』・『시』・『서』 등과 같은 고전은 배워야 하고 그것을 지켜야 한다. 왜냐하면 그것은 최소한의 인간적인 삶을 유지할 수 있게 해 주기 때문이다. 이런 견해는 공리주의적이어서 의무론적인 유가의 윤리사상과 어긋나지만, 백성들의 삶을 위해서 어쩔 수 없는 선택이다.

공부의 방법상 육경을 중심으로 온고지신溫故知新했던 공자는 지금 우리의 공부방법과 근본적으로 달랐다. 우리의 방법이 그저 고전에만 충실한 것이라면, 공자는 고전을 통하되 그것을 넘어서서 진리의 세계를 통찰했다. 특히 『시경』에 대한 이해가 그러하다. 이런 점은 우리가 따라하기엔 쉽지 않은 방법이지만, 그렇게 하지 않고 진리의 세계로 진입하는 것은 요원하기만 하다.

맹자의 공부론

김기주

1. 합리적인 행위를 위하여

철학이란 합리적인 삶의 방향을 정하고 그 정한 방향대로 살아가기 위한 끊임없는 노력이다. 철학에 대해 아무리 많은 이론적이고 추상적인 정의가 이루어진다 하더라도 이것은 변할 수 없는 철학의 중요한 전제 조건이다. 그렇기 때문에 철학 이론이 정교한 이론적 정합성과 일관성을 필요로 한다 할지라도 그것이 곧 철학의 가장 중요하면서도 중심적인 요소가 될 수는 없다.

삶의 지평을 제공하고 합리적인 삶의 길을 열어 가는 철학은 삶에 대한 관심이다. 삶에 대한 관심이란 곧 합리적인 행의에 대한 관심이다. 그런 의미에서 삶과 유기적인 관계 속에 놓여 있는 철학이란 결코 행위와 분리시킨 채 생각할 수 없다. 바로 이런 측면에서 우리는 삶과 행위의 관계에 대해 끊임없이 절실한 물음을 던져 왔던 동양적 사유 전통을 이해할 수 있게 된다.

오늘 우리가 논하고자 하는 '맹자의 공부론' 역시 이러한 동양적 사유 전통의 한 가운데에 놓여 있다. 맹자가 추구하는 공부의 궁극적 목표를 만약 현대적인 용어로 표현한다면 그것은 바로 '합리적인 행위'가 될 것이다.[1] 다만 맹자에게 있어서 합리적인 행위란 눈앞에 마주하고 있는 현실적인 문제를 이성적으로 해결하는 것을 의미할 뿐만 아니라, 인간으로서의 가치를 현실 속에 실현한다는 뜻까지 포함하고 있다.

그러나 오늘날 많은 철학적 사유는 사실상 이러한 철학의 근본적 요구에 대해 귀를 기울이기보다는 이론적 탐구에 치중하고 있다. 그 결과 철학은 일상적인 삶의 구체적인 상황과 융해되지 못하고, 그 어떤 삶의 지평이나 에너지도 공급하지 못함으로써, 몇몇 전문인의 지적 유희, 공리공론인양 인식되어 버린 지 오래이다. 이러한 상황에서 이제 우리가 맹자의 공부론을 되짚어 보는 것도 사실 그것을 통해 철학의 근본 조건을 다시 한번 돌아보는 것 이상의 의미를 가지지는 않는다.

그렇다면 맹자에게 있어서 '합리적인 삶' 혹은 '합리적인 행위'란 무엇인가? 이 물음에 대한 맹자의 대답은 결국 그의 '인성론'에서 찾지 않으면 안 된다. 왜냐하면 합리적인 삶, 합리적인 행위의 주체는 바로 인간이기 때문이다. 동양 철학에서 인간에 대한 이해가 항상 그 논의의 출발점이

---

[1] 일반적으로 '합리성'(rationality)은 '合理致性'의 의미로 쓰이며, '합리적 행위'란 것도 이치에 맞는 행위, 이성적 원리에 부합하는 행위 등을 뜻하기도 한다. 또 최소한을 투자해서 최대의 효과를 보는 효율적이고 유용한 행위를 뜻하기도 한다. '합리성', 또는 '합리적인'(reasonable)이라는 개념에 이렇듯 다양한 의미가 함축되어 있다 하더라도 이 개념을 맹자의 철학과 직접적으로 접목시키기에는 여전히 자연스럽지 않은 부분이 있다. 따라서 여기서 '합리적인 행위'는 '합당한 이유에 따라 무모순적으로 행위한다'는 일반적인 의미로 한정하여 사용하였다.

되었던 것도, 그리고 어떤 한 철학자가 자신의 철학 체계를 세우는 데 있어서 인성론을 그 핵심에 위치시킨 것도 바로 이러한 이유에서였다. 이것은 결국 인간과 인간의 관계를 맺게 하고 유지시키며 변화시키는 것이 인간의 행위라면, 그러한 행위의 주체인 인간의 내적 본질로서의 인성에 대한 탐구는 그 어떤 영역의 학문에 있어서나 근원적인 문제로 대두될 수밖에 없다는 것을 의미하기도 한다. 이제 우리는 먼저 맹자의 인성론으로부터 우리들의 이야기를 시작해 보자.

2. 맹자의 인간 이해

우리는 길거리의 돌멩이나, 화분 속의 난초, 주인을 보면 달려와 꼬리를 흔드는 강아지를 보면서 인간과 동일한 존재 양식을 지닌다고 이야기하지는 않는다. 돌멩이는 물리적 혹은 화학적 원리에 따라 존재하고, 난초는 이러한 원리 외에 생물학적 원리가 더하여 존재하며, 주인을 보면 꼬리를 흔들며 반가워하는 강아지는 이것에 더하여 동물적 본능을 지닌 채 존재한다. 이러한 생각은 순자荀子에게서도 발견되며, 그는 다음과 같이 말한다.

> 물이나 불이는 기氣(에너지)가 있지만 생명은 없고, 초목에는 생명이 있으나 지능은 없으며, 동물은 지능이 있지만 가치의 세계를 구성해 낼 수 없다. 반면에 인간은 에너지와 생명, 지능과 가치의 세계를 모두 지니고 있다. 그래서 인간을 세상에서 가장 소중하다고 하는 것이다.[2]

---

2) 『荀子』, 「王制」, "水火有氣而無生, 草木有生而無知, 禽獸有知而無義, 人有氣、有

순자는 기본적으로 인간과 동물의 공통성으로부터 인성이 지닌 악의 가능성을 논증하였지만, 다른 한편으로는 인간과 동물의 차별성을 인정함으로써 화성기위化性起偽, 즉 도덕적 가능성의 문을 열어두었다. 그리고 이처럼 인간과 동물의 차별성으로부터 인간의 도덕적 가능성을 찾는 것은 맹자와 순자가 함께 공유하고 있는 부분이다.[3] 맹자의 인간 이해는 바로 인간과 그 외의 다른 사물이 지닌 존재 양식의 차이(人禽之辨)를 긍정하는 것에서 시작한다. 맹자는 다음과 같이 말한다.

> 사람과 금수가 구별되는 점은 그렇게도 적은데, 보통사람들은 '그것'을 버려 버리고, 군자는 '그것'을 보존한다. 순舜이 만물의 이치에 밝아지고 인륜의 법도를 이해하게 된 것은, (내재하는) 인의仁義로 말미암은 것이지, (외재하는) 인의를 행함으로 해서 그렇게 된 것이 아니다.[4]

이 구절에서 우리는 맹자가 인간을 이해하는 방식의 단초를 발견할 수 있다. 즉 맹자는 사람과 금수를 구별시켜 주는 그 '작은 차이', 즉 보통의 사람들이 버려 버리는 '그것', 그러나 군자가 보존하는 '그것'인 '인의仁義'로부터 인간을 이해하고 있는 것이다.

그러나 동시에 우리는 이곳에서 동일하게 인간과 동물의 차이로부터 인간의 도덕적 가능성을 찾아가는 맹자와 순자의 다른 점을 발견하게 된다. 인간과 동물의 차이성에 대한 순자의 이해는 생물학이나 생리학에서

　　　生、有知, 亦且有義, 故最爲天下貴也."
　[3] 고자의 '生之謂性'이라는 주장 속에서도 역시 인간과 동물의 차이를 구분하였다. 하지만 그에게 '성'이란 하나의 사실 개념이면서 유개념에 불과하다. 따라서 여기에서 나타나는 차이는 마치 개와 소의 '성'이 다른 것과 같은 양적 차이일 뿐이다.
　[4] 『孟子』,「離婁下」, "人之所以異於禽獸者幾希, 庶民去之, 君子存之. 舜明於庶物, 察於人倫, 由仁義行, 非行仁義也."

인간과 다른 생물들을 구분할 때 사용하는 분류적 의미로부터 시작하지만, 맹자의 인간 이해는 순자와는 다른 태도이다. 생물학이나 생리학에서 드러나는 인간과 동물의 차이점은 종種과 종種의 관계에서 드러나는 종의 차이이다. 하지만 이와 같은 종의 차이는 생물, 혹은 생리적인 기능을 분류할 때 드러나는 사실적이고 경험적인 차이에 불과할 뿐이다. 그렇기 때문에 그러한 인간 이해로부터는 인성과 도덕성의 필연적 연관성을 찾을 수 없게 된다.

고자告子가 '생지위성生之謂性'이라고 주장할 때의 성性 역시 생명체가 갖추고 있는 속성이며 기능으로, 이것은 곧 생물학적 인간 이해이다. 맹자는 이러한 방식의 인간 이해를 통하여 드러나는 차이로부터는 인간을 인간이라고 부르는 더욱 근본적인 이유를 찾을 수 없을 뿐만 아니라, 다른 존재와 구별되는 인간의 존재 가치도 명확하게 드러내지 못한다고 생각했다.[5]

이와 같이 맹자는 인간과 동물을 구별시켜 주는 것, 그것은 고자나 순자가 인간의 본성이라고 주장하는 인간의 생물학적 특성인 자연성이 아니라 그것을 초월하는 어떤 것이라고 주장한다. 그래서 맹자는 다시 인간과 동물을 구별시켜 주는 그 근소한 차이에 대해 다음과 같은 설명을 덧붙였다.

> 생명의 보존은 내가 좋아하고 또 바라는 것이지만, 생명을 보존하는 것보다 더 좋아하는 것이 있다. 그래서 구차스럽게 목숨을 구걸하지 않을 때가 있다. 죽음은 내가 가장 싫어하는 것이지만, 죽음보다 더 싫어하는 것이 있다. 그래

---

[5] 인간 이해를 위한 현대의 자연과학적 모든 접근도 사실상 고자의 생각과 크게 다르지 않다. 인간의 유전자가 이기적이라는 주장이나, 다양한 경험 과학에 의해 확인되는 인간의 자연적 성향 등은 모두 인간에 관한 생물학적 이해라고 할 수 있다.

서 죽음을 피하지 않을 때가 있다. 만약 인간이 바라는 것 중에 목숨보다 더 좋아하는 것이 없다면, 사람들은 목숨을 보존하기 위해 어떤 방법이라도 다 동원할 것이다. 그리고 만약 인간이 싫어하는 것에 죽음보다 더한 것이 없다면, 사람들은 죽음을 피하기 위해 어떤 일이라도 다 할 것이다. 그러나 이렇게 하면 목숨을 부지할 수 있는데도 그렇게 하지 않는 경우가 있고, 이렇게 하면 죽음을 면할 수 있음에도 그렇게 하지 않는 경우가 있다. 그렇다면 사람에게는 목숨보다 더 좋아하는 것이 있음을 알 수 있고, 죽음보다 더 싫어하는 것이 있음을 알 수 있다. 그런데 이러한 마음은 성현만이 가지고 있는 것이 아니고, 인간이면 누구나 가지고 있다. 지혜로운 사람은 다만 그 마음을 잃지 않았을 뿐이다.[6]

맹자의 주장을 더 잘 이해하기 쉽도록 재구성하면 다음과 같다.

① 인간의 자연적 성향이 지향하는 것은 무엇보다도 자기 보존(self-preservation)이다.
② 따라서 인간의 자연적 성향으로부터 인간의 모든 행위 동기가 부여된다면, 인간은 자기 보존의 자연적 욕구를 충족시킬 수 있는 행위만을 해야 한다.
③ 그러나 인간은 자기 보존의 욕구와 일치하지 않는 행위를 하는 경우가 있다.
④ 그렇기 때문에 인간에게는 행위의 동기로서 자연적 성향 외에 또 다른 어떤 것이 있다.

---

[6] 『孟子』,「告子上」, "生亦我所欲, 所欲有甚於生者, 故不爲苟得也. 死亦我所惡, 所惡有甚於死者, 故患有所不辟也. 如使人之所欲莫甚於生, 則凡可以得生者, 何不用也? 使人之所惡莫甚於死者, 則凡可以辟患者, 何不爲也? 由是則生而有不用也, 由是則可以辟患而有不爲也. 是故所欲有甚於生者, 所惡有甚於死者, 非獨賢者有是心也, 人皆有之, 賢者能勿喪耳."

이처럼 맹자는 자연적 성향 이외에 인간이 가진 또 다른 하나의 행위 동기를 인간만이 지닌 선성善性, 즉 도덕성이라 부르고, 이것을 도덕의 근원, 혹은 인간의 본질로 규정한다.

맹자에게 있어서 인간과 동물을 구별시켜 주는 이러한 '인성'은 인식을 주된 기능으로 작용하는 이성 능력이나 이성적 능력을 통해 표현되는 지각知覺 능력을 가리키는 것이 아니다. 이것은 사실상 일종의 감지 방식이며 반성적 자아 의식으로, 이미 모든 인간에게 내재해 있기 때문에 후천적 학습이나 경험적 지식으로 생겨날 수 있는 것도 아니다. 그래서 맹자는 계속해서 자연적 성향이 아닌 다른 하나의 행위 동기, 즉 인간의 초자연적 성향이 모든 인간에게 내재해 있다고 주장하며 그것으로부터 어떻게 행위가 나오게 되는지를 다음과 같은 글을 통해 설명하였다.[7]

내가 모든 사람에게 참지 못하는 마음이 있다고 말하는 것은 예를 들어 어린 아이가 우물이 빠지려는 것을 지금 어떤 사람이 갑자기 발견할 경우, 그 사람이 어떤 사람이라도 모두 놀라고 불쌍히 여기는 마음이 생기게 된다는 것에 근거하고 있다. 그 사람에게 그러한 마음이 생기게 되는 것은 어린아이의 부모와 깊은 교제를 나누기 위해서가 아니고, 그 지방의 이웃과 친구들로부터 칭찬을 듣고자 그렇게 한 것도 아니며, 그 어린아이의 울부짖는 소리를 싫어해 그러한 마음이 생긴 것도 아니다.[8]

---

[7] 인간의 '자연적 성향'이 인간이 지닌 생물학적 혹은 생리학적 특성과 기능을 가리키고 있다면, '초자연적 성향'이란 인간의 '비자연적 성향' 혹은 '자연적 성향으로 설명되지 않는 행위의 동기'를 가리키는 말이다. 그리고 '자연성'이 자연 세계의 지배 법칙인 '인과적 필연성'의 지배 아래에 있는 것이라면, '인과적 필연성'의 지배에서 벗어나 있다는 점에서 그것은 '초자연적'이고 동시에 인간이 확보하고 있는 자유이기도 하다.

[8] 『孟子』,「公孫丑上」, "所以謂人皆有不忍人之心者, 今人乍見孺子將入於井, 皆有怵惕惻隱之心. 非所以內交於孺子之父母也, 非所以要譽於鄕黨朋友也, 非惡其聲而然也."

앞의 인용문에 대한 일반적인 이해는 우물에 빠지려는 아이를 보면 누구나 그 아이를 구하기 위해 달려간다는 맹자의 주장을 하나의 사실적 판단 혹은 경험적 명제로 받아들인다는 점이다. 그러나 이러한 태도는 옳지 않다. 왜냐하면 만약 이 논증의 전제를 사실 판단 혹은 경험적 명제로 이해할 경우, 맹자의 본래 의도가 사라져 버릴 뿐만 아니라 그와 정반대의 주장 역시 동일한 설득력을 가지고 성립할 수 있기 때문이다.

또한 무한에 가까운 외연을 가진 전칭 명제의 진리치가 경험적 귀납의 방법에 의해 증명될 수 없다는 것은 자명한 사실이다. 따라서 '인간 모두에게 우물에 빠지려는 어린아이를 보는 순간 측은한 마음이 생겨날 것인가?' 혹은 '모든 사람의 마음에 그 어린아이를 반드시 구해 주어야 한다는 자발적인 도덕적 자각이 일어나고 그것이 행동으로 나타나게 되는가?'와 같은 문제는 근본적으로 경험적인 귀납의 방법을 통해 증명될 수 없는 것이기도 하다.

그렇기 때문에 우리가 맹자의 논증을 다음과 같이 재구성하여 이해할 때 비로소 그가 주장하고자 하였던 내용이 분명해진다.

① 인간에게는 어린아이가 우물로 기어가 빠지려는 것을 보고 놀라 달려가는 것과 같은 특정한 경우에서 일어나는 즉각적인 반응이나 행위가 있다.
② 이와 같은 행위는 인간의 자연적 성향, 혹은 생물학적 요소를 통해 설명할 수 없다.
③ 그와 같은 즉각적인 반응이나 행위는 자연적 성향을 초월하는 어떤 것, 즉 초자연적 성향으로부터 나온다.

이곳에서도 맹자의 주장은 분명하다. 즉 인간의 도덕적 행위들은 자연적 성향에 근원을 두지 않고 초자연적 성향에 뿌리를 두고 있다는 것이다. 그리고 맹자가 말하는 '불인不忍'은 곧 이러한 초자연적 성향의 직접적인 표현이고, 그것은 또한 현실의 사태를 긍정함으로써 나타나는 힘이 아니라 현실의 불합리성을 꿰뚫어 볼 때 나타나는 이상적 역량이다. 불인이 이상적 역량이 되는 이유는 '불인'이란 결국 '참지 못함'이기 때문이다.[9] 참지 못함은 어떤 기준, 어떤 이상이 있음을 의미하며 그 기준이나 이상과의 일치를 요구함을 뜻한다. 현실의 조건과 상황이 이상과 일치하지 않을 때 그것을 참지 못하는 것, 정의롭지 않은 상황을 용납하지 못하는 것, 그것이 바로 맹자가 말하는 인간의 초자연적 성향이고, 동시에 인간이 지닌 이상, 즉 인성으로부터 현시하는 도덕적 역량이다.

3. 맹자가 보는 인간의 길

인간을 이성적 존재로 파악하는 서양적 전통 속에서도 여전히 인간이 하는 일 모두가 합리적이라든가 합리적이어야 한다고 생각하는 사람은 드물다. 그러나 유독 인성의 선함(性善)을 주장하는 맹자에 대해 많은 사람들은 당연한 듯이 묻는다. 맹자가 인간의 본성이 선함을 주장한다면 어떻게 현실 속에는 이렇게도 비도덕적이거나 부도덕한 행위들이 넘쳐나고 있는가? 그리고 만약 맹자가 주장하듯 인간이 본래적으로 선성을 소유하고 있고, 그 선성을 실현할 수 있는 능력을 갖추고 있다면 후천적인 수양이나 학습은 도대체 왜 필요한가?

---

[9] '不忍人之心'은 흔히 '차마 하지 못하는 사람의 마음'으로 해석되고 있다. 그러나 이것은 '불인'의 소극적인 의미일 뿐이다. '불인'의 더 적극적인 의미는 '참지 못함'에 있다. 타인의 고통을 보고 참지 못하고, 불의를 보고 참지 못하는 것, 참지 못해서 그 무엇인가를 하지 않으면 안 되는 마음이 바로 맹자가 말하는 '不忍之心'이다.

기본적으로 이러한 물음은 맹자의 선성, 특히 맹자가 말하는 '선善'에 대한 오해에서 비롯된다. 흔히 '선'은 인간의 실천적 행위를 평가하는 기준으로 나타나지만, 맹자에게 '선'에 대한 해석은 크게 두 방향에서 이루어진다. 하나는 행위의 결과에서 본 행위의 선, 혹은 구체적인 행위 덕목으로서의 선이고, 다른 하나는 그러한 선한 행위를 가능하게 하는 근거로서의 선을 가리키는 경우이다. 맹자가 말하는 성선은 후자를 지칭하는 것으로 행위의 선을 가능하게 하는 초자연적 근거이다.[10]

그런데 맹자에게 있어서 선한 행위를 가능하게 하는 근거인 선성은 이미 실현되어진 현실태의 모습으로 현시되어 있는 것이 아니라, 가능태인 씨앗의 모습으로 존재한다. 이것이 바로 인간이 본래적으로 선성을 소유하고 있으면서도 그 선성이 현실화되지 않는 문제에 대한 맹자의 기본적인 대답이다. 맹자는 다음과 같이 말한다.

> 측은히 여기는 마음은 인의 씨앗(실마리)이고, 잘못을 부끄러워하는 마음은 의의 씨앗이며, 사양하는 마음은 예의 씨앗이고, 옳고 그름을 가리는 마음은 지의 씨앗이다. 사람에게 이 네 가지 씨앗이 있는 것은 마치 사람에게 팔과 다리의 사지가 있는 것에 비유될 수 있다. 이러한 네 가지 씨앗을 지니고 있으면서도 스스로 그것들을 실천할 수 없다고 말하는 이는 자기를 해치는 사람이고, 그의 군주가 그것들을 실천할 수 없다고 말하는 이는 그 군주를 해치는 사람이다. 이 네 가지 씨앗이 자기에게 내재해 있으면 또한 그것을 어떻게 확충할 줄도 안다. 그것(사람에게 내재해 있는 네 가지 씨앗)은 마치 금방 타오르기 시작한 불꽃이나 금방 샘솟기 시작한 샘물과 같아, 확충하기만 하면 천하

---

10) 최영갑은 「맹자의 도덕원리와 도덕규범에 대한 소고」에서 "성선은 덕목을 지칭하는 개념이 아니다. 성선이란 어떠한 상태를 나타내는 개념이다"라고 주장한다. '덕목을 지칭하는 개념이 아니다'라는 말이 행위의 선을 뜻하지 않는다는 의미로 쓰였다면 이것은 사실상 동일한 의미를 담고 있는 주장이다.

를 안정시켜 편안하게 할 수 있지만, 확충하지 못한다면 그 자신의 부모조차 섬기지 못한다.[11]

　여기서 맹자는 선성과 도덕적 행위 간의 관계는 마치 금방 타오르기 시작한 불꽃이나 샘솟아 오르는 샘물과 같은 것이어서, 불꽃이 있으면 당연히 밝음이 있고 샘물이 있으면 그 물의 흐름이 있듯이 인간의 선한 본성으로부터 도덕적 행위가 자연스럽게 나타나게 된다고 생각하였다. 이렇듯 인간의 선성과 그것의 표현이 갖는 관계는 맹자에게 있어서 마치 '불꽃'과 '밝음', '샘물'과 '물의 흐름'의 관계와 같아 동질의 연속체일 뿐만 아니라, 논리적으로는 분석적인 관계에 놓여 있다. 즉 불꽃에는 이미 밝음이 함축되어 있고, 샘물에는 그 샘솟는 물의 흐름이 함축되어 있는 것과 같다고 생각한 것이다. 밝음이 없는 불꽃이나 물의 흐름이 없는 샘물이란 존재할 수 없다.

　불꽃이 이미 밝음을 함축하고 있듯이, 선성은 그 구체적인 표현 내용인 인의예지仁義禮智 등의 도덕 행위를 함축하고 있다. 따라서 도덕 행위의 가능성은 모든 사람에게 본래적으로 그리고 선천적으로 갖추어져 있다고 말할 수 있다. 이것을 맹자는 "인의예지는 밖으로부터 들어오는 것이 아니라, 나에게 본래부터 갖추어져 있는 것이다. 다만 그것을 깨닫지 못하고 있을 뿐이다"[12]라고 말하였다. 맹자에게 있어서 인간은 존재론적으로 모두가 선성의 실현 가능성을 갖추고는 있지만, 작은 불씨를 크게 키

---

11) 『孟子』, 「公孫丑上」, "惻隱之心, 仁之端也. 羞惡之心, 義之端也. 辭讓之心, 禮之端也. 是非之心, 智之端也. 人之有是四端也, 猶其有四體也. 有是四端而自謂不能者, 自賊者也. 謂其君不能者, 賊其君者也. 凡有四端於我者, 知皆擴而充之矣, 若火之始然, 泉之始達. 苟能充之, 足以保四海. 苟不充之, 不足以事父母."
12) 『孟子』, 「告子上」, "仁義禮智, 非由外鑠我也, 我固有之也, 弗思耳矣.'

우지 못하고 작은 샘물을 넓게 확충하지 못하고 있을 뿐이다.

맹자에게 인간은 이렇듯 선성이 내재해 있는 것으로 상정되지만, 그렇다고 현실적인 악이나 악한 행위의 존재가 불가능하다고 주장하지는 않는다. 차라리 그는 현실적으로 등장하는 악한 행위에 대해 인식함으로써 인간의 본래적 선성에 도달한 사람이다. 다시 말해서 선성은 가능태의 모습으로 내재하며, 그렇기 때문에 존재론적으로 인간에게 주어진 선한 본성은 실천적 자기 계발을 통해 비로소 실현될 수 있는 것이다. 이렇듯 인간의 본래적 선성을 실현하기 위해서 반드시 실천적 자기 계발이 필요하다면, 그 인간다움을 규정하는 인간의 선성은 우리에게 이미 내재해 있는 것이 아니라, 다만 또 다른 모습으로 존재하고 있는 그것을 나타내 보여줄 수 있는 가능성만이 주어져 있을 뿐이라고 주장할 수도 있다. 하지만 그 계발이 외재하는 어떤 것을 통하지 않고 바로 자기 안에서 이루어지는 자기 계발이라는 점에서 인간다움의 본성은 이미 인간에게 주어져 있다고 보는 것이다. 그리고 어떤 이유에서건 자신의 선성을 실현하기 위해서 실천적 자기 계발이 필요하다는 점에서 인간이 선한 행위를 할 수 있는 가능성과 악한 행위를 할 수 있는 가능성이 동시에 열려져 있다고 말할 수 있다.

이 밖에 인간에게 선성이 존재론적으로 내재해 있으면서도 왜 현실적으로는 그것을 온전히 실현하지 못 하는가라는 물음에 대한 맹자의 대답을 찾는다면, 대체로 다음과 같은 글에서 그의 생각을 읽을 수 있다.

> 혀가 맛에 대해서, 눈이 색깔에 대해서, 귀가 소리에 대해서, 코가 냄새에 대해서, 그리고 사지가 안일함에 대해서 구별하고 또 그것을 추구하는 것은 인간의 자연적 본능이지만 그 욕구의 발생과 그것의 만족 여부는 인과적 필연

성에 의해 제한되므로 군자는 그것을 인간의 본성이라 보지 않는다. 인仁이 부자 사이에서, 의義가 군신 사이에서, 예禮가 빈주賓主 사이에서, 지智가 현자에게서, 그리고 성인이 천도를 객관 세계 속에서 온전히 실현하는 것 역시 인과적 필연성(命)에 의해 제한되는 것이 사실이지만, 그것을 실현하고자 하는 욕구 자체는 인간의 초자연적 성향인 인성으로부터 나오는 것이기에 군자는 그것을 자연계의 인과적 필연성과 같은 것으로 보지 않는다.13)

인용된 맹자의 말로부터 선성의 현실화가 쉽지 않은 두 가지 이유를 분석해 낼 수 있다. 그것은 '인간 존재의 이중성'과 인간 삶의 구체적 장소인 '인과적 필연성에 의해 제한되는 객관 세계'이다.

먼저 인간 존재의 이중성이란 인간이 지닌 자연적 성향과 그것을 넘어서 존재하는 초자연적 성향을 가리키는 말이다.14) 혀가 맛을 알아 구별하고, 눈이 색을 구별하며, 귀가 소리를 구별하고, 코가 냄새를 구별하며, 신체가 편안함을 추구하는 것과 같은 인간이 지닌 각종 감각기관의 기능과 신체적 욕구 역시 선천적으로 갖추고 있는 것이기에 모두 성性, 즉 인간의 자연성(human nature)이라 할 수 있다. 그러나 이러한 자연적 성향에서 본다면 인간이란 결국 동물의 한 종에 불과하고, 다른 동물과의 근본적이고 질적인 차이점을 발견할 수 없다. 뿐만 아니라 동물과 함께 공유하고 있는 자연적 성향 자체와 그것의 충족 여부는 인과법칙의 필연성에 의해 제한받는다. 따라서 동일한 차원인 인간의 자연성 역시 인과적

---

13) 『孟子』, 「盡心下」, "口之於味也, 目之於色也, 耳之於聲也, 鼻之於臭也, 四肢之於安佚也, 性也, 有命焉, 君子不謂性也. 仁之於父子也, 義之於君臣也, 禮之於賓主也, 智之於賢者也, 聖人之於天道也, 命也, 有性焉, 君子不謂命也."
14) 맹자가 제기하는 사람과 동물의 구별, 義와 利의 구별, 大人과 小人의 구별, 大體와 小體의 구별, 性과 命의 구별은 모두 인간 존재의 이중성과 양면성, 즉 인간의 존재 속성에 있어서 자연적 성향과 그것을 초월하는 요소를 구별하기 위한 것이었다.(謝仲明, 『儒學與現代世界』, 臺北: 學生書局, 1991, 43쪽 참조)

필연성의 제한 아래에 있게 된다.

　이러한 한계 혹은 제한을 맹자는 명命이란 말로 표현한다. 이것은 인간의 의지로 어찌할 수 없는 부분, 즉 인과적 필연성을 지칭하는 말이다. 혀, 눈, 귀, 코, 신체가 가진 이러한 한계는 맹자에게 있어서 인간이 지닌 선성을 표현하고 실현하는 데 장애 요소로 작용한다. 인의예지천도도 그것이 실현될 장소가 인과법칙의 필연성에 지배되는 객관 세계이기 때문에 그것을 실현함에 분명히 한계가 있는 것이 사실이다. 하지만 그러한 욕구 자체는 인간의 자연적 성향으로부터 나오는 것이 아니라 다른 동물에게 찾을 수 없는 초자연적 성향으로부터 유래하는 것이다. 그렇기 때문에 자연 세계를 지배하는 인과적 필연성으로부터도 자유로울 수 있는 것이다. 따라서 그것이 바로 인간의 본성이라고 맹자는 말한다.[15]

　여기에서 맹자는 인간이 지닌 자연적 성향에 대해 "인간의 본성이라 보지 않는다"고 하였지만, 그것이 인간이 지닌 자연성에 대한 부정이나 폐기를 의미하는 것은 아니다. 다만 인성의 무게 중심은 인간이 지니고 있는 자연적 성향에 있는 것이 아니라 그것을 넘어서 존재하는 초자연적 성향에 있음을 분명히 하고 있을 뿐이다. 인간의 선한 본성을 실현하는 것이 인간의 길이라면, 맹자에게서 인간의 길은 더 이상 인간의 자연적 성향으로부터 찾아지는 것이 아니라, 그것을 넘어서 존재하는 초자연적 성향으로부터 찾아진다. 그리고 인간의 자연성은 진정한 인성으로 받아들

---

[15] 동일한 뜻으로 『孟子』「盡心下」에서 다음과 같이 말하고 있다. "구하면 얻을 것이지만 내버려두면 잃어버리니, 그것은 구하기만 하면 얻을 수 있다. 왜냐하면 그 찾는 것이 다른 곳에 있는 것이 아니라 나에게 있기 때문이다. 욕구는 일정한 조건에서 생겨나지만, 그것의 충족은 운명에 달려 있으니, 그것은 구하기만 하면 얻을 수 있는 것이 아니다. 왜냐하면 그 욕구하는 것이 내 안에 있는 것이 아니기 때문이다."(求則得之, 舍則失之, 是求有益於得也, 求在我者也. 求之有道, 得之有命, 是求無益於得也, 求在外者也)

여지지 못하고, 소극적인 의의만을 가진 것으로 치부되어 버린다.

그러나 인간의 자연적 성향에 대한 맹자의 이러한 입장은 도덕 실천과 관련되었을 때만 비로소 성립한다. 다시 말해 맹자는 비록 도덕 실천에서 인간이 지닌 자연적 성향의 부정적 작용에 주목하였지만, 다른 한편으로는 인간의 자연적 성향과 초자연적 성향의 연속성, 혹은 자연 생명과 가치 생명의 불가분성에 대해서도 주목하였다. 이러한 자연 생명과 가치 생명의 불가분성 혹은 연속성은 한편으로 양자간의 상호작용뿐만 아니라 인간과 자연 세계와의 상호작용 역시 함축하고 있다. 자연 세계와의 상호작용을 통해 인간은 바로 그 자연 세계 속에서 도덕적 가치를 실현해 갈 수 있는 근거를 마련하게 되는 것이다.

인간의 본래적 선성이 현실화되지 않음, 혹은 악의 발생에 대한 맹자의 두 번째 대답은 바로 여기에서 시작한다. 인간과 자연 세계가 상호작용하는 관계 속에서 객관 세계는 인간의 가치가 실현되고 또 그 가치의 실현을 통해 개선되어야 하는 장소이지만, 동시에 그것은 가치 실현을 제한하는 하나의 조건으로도 작용한다는 것을 의미하기 때문이다.

인의예지천도는 인간의 실천 행위를 통해 자연 세계의 장애 속에서 제한적으로 실현된다. 여기에서 자연 세계의 장애란 다름 아닌 자연계의 지배법칙인 인과적 필연성을 가리킨다. 그리고 인의예지천도가 제한적으로 실현된다는 말은 인의예지천도가 현실의 상황 속에서 구체적인 모습으로 드러남을 뜻한다. 하지만 이처럼 구체적인 모습으로 드러난다는 것은 사실상 구체적 현실의 제약이나 조건에 의해 인의예지천도가 다른 모습으로 나타난다는 것을 뜻하기도 한다. 이렇듯 현실의 제약이나 조건에 따라 다른 모습으로 나타나야 하는 인의예지천도에게 있어서는 구체적 현실 그 자체가 그것을 제한하거나 실현을 가로막는 하나의 장애가 되는 것이다.

진실한 인간의 본성인 선성을 현실 세계 속에 실현하는 과정은 한편으로 자연 생명, 혹은 인간이 지닌 자연적 성향을 극복하는 험난한 극기의 과정이며, 또한 인과적 필연성에 의해 지배되는 자연 세계와의 상호관계 속에서 구체화되는 과정이기도 하다. 그러나 인간의 자연적 성향과 그것이 가진 욕구나 충동에서 본다면, 이러한 극기나 구체화의 과정은 결코 자연스러운 것도 아니며 쉬운 것도 아니다. 이것은 차라리 인간으로 살아가기 위한 치열하고도 끊임없이 계속되는 고단한 투쟁이다.

맹자가 상정하는 최고 인격, 혹은 완성된 인간으로서의 성인이나 군자는 바로 이러한 극기의 과정과 자연 세계와의 상호작용 속에서 자신의 본성을 실현한 사람들이다. 본성의 실현이란 다름 아닌 인간만이 고유하게 지닌 선성의 실현이며, 그런 의미에서 성인이란 비인간적인 요소들이 적절하게 절제되고 조절된 가장 인간적인 인간, 사람다운 사람이다. 그러므로 성인을 향한 길은 동시에 본연의 인간을 향한 길이며, 성인에 대한 열망은 곧 인간에 대한 열망이기도 한 것이다.

4. 인간의 길을 가기 위한 방법으로서의 공부

앞에서 살펴본 대로 맹자에게 인간의 길이란 인성의 가치를 현실 세계 속에 실현하는 것이며, 이것은 결국 흔히 이야기하는 자아 실현의 문제이기도 하다. 그렇다면 내 안에서 그 실현을 방해하는 자연적 성향과 자연 세계의 제한을 어떻게 극복하고 나의 선성을 실현할 것인가? 이 문제에 대한 대답이 바로 맹자 공부론의 궁극적 지향점이다. 이 문제에 대해 맹자는 주체 내부와 외부의 두 방향에서 해결의 실마리를 찾는다. 인간의 선성은 행위를 통해 드러나고 표현되며, 행위란 주체의 가치를 객관 세계에 실현하는 통로이기 때문에 행위의 주체와 그 주체가 관계 맺고 있는 객관 세계의 조건은 행위와 가장 밀접하게 관련되어 있다고 생각했던 것이다.

인간의 선한 본성을 객관 세계 속에 실현하기 위해 행위의 주체가 갖추어야 할 조건으로 맹자는 먼저 반성적 사고를 든다. 맹자는 여러 곳에서 다음과 같이 말하고 있다.

> 인의예지仁義禮智는 외부로부터 나에게로 녹아 들어온 것이 아니라, 나에게 본래부터 있던 것이다. 다만 그것을 반성적으로 사고해서 자각하지 않을 따름이다.16)

> 귀와 눈 같은 감각기관은 반성적 사고를 할 수 없다. 그렇기 때문에 쉽게 물욕에 가려지고, 이렇게 물욕과 외재하는 사물이 만나게 되면 사람은 그것에 끌려가 버리는 피동적 존재로 전락하게 된다. 그러나 마음은 반성적 사고를 할 수 있다. 만약 마음이 반성적 사고를 한다면 그 마음속에 있던 인의예지는 드러나고 표현되지만, 반성적 사고를 하지 않으면 그것을 표현할 수 없다.17)

이와 같은 맹자의 말을 정확하게 이해하기 위해서는 무엇보다도 먼저 맹자가 말한 '사思'의 의미를 제대로 이해해야 한다. 왜냐하면 그것은 우리가 일반적인 의미로 쓰고 있는 '사고'나 '생각'만을 의미하지는 않기 때문이다. 만약 단순히 '사고'나 '생각'만으로 맹자가 말하는 '사'를 풀이한다면, 맹자의 본 뜻을 드러내기 어려울 뿐만 아니라 맹자의 전체적인 철학

---

16) 『孟子』, 「告子上」, "仁義禮智, 非由外鑠我也, 我固有之也, 弗思耳矣."
17) 『孟子』, 「告子上」, "耳目之官不思, 而蔽於物. 物交物, 則引之而已矣. 心之官則思, 思則得之, 不思則不得也."

체계와도 정합적이지 않게 된다. 즉 우리가 일반적으로 사용하고 있는 '사고' 또는 '생각'은 흔히 '경험적' 혹은 '인식론'적 의미를 가진 것으로, 이미 사고의 주체와 사고의 객체를 전제하기 때문에 인간에게 내재하는 선성 역시 인식의 대상으로 전환시켜 버리고 만다.

맹자에게 있어서 인간에게 내재하는 선성은 바로 도덕의 근거이고, 그것은 동시에 도덕 주체 자신이다. 그렇기 때문에 도덕적 가치를 성취하기 위해서는 반드시 내재하는 선성을 드러내야만 한다. 그리고 그 과정은 결코 인식론적인 사고 과정이 아니라, 반성과 반사의 과정이어야만 한다. 왜냐하면 내재하는 선성을 드러내는 과정에서는 어떠한 형태의 인식론적 주객 관계도 성립하지 않으며, 인식론적 의미의 지식을 형성하지도 않기 때문이다. 그것은 도덕 심성이 그 스스로를 돌아보는 과정이고, 돌아봄의 과정을 통해서 자신의 가치를 긍정해 가는 과정이기도 하다.

따라서 맹자가 말하는 '사고'(思)를 굳이 풀어 설명한다면, 결국 '반성적 사고'이며 동시에 주체의 자기 긍정이 된다. 그리고 이러한 자기 긍정 혹은 자기 가치에 대한 자각을 통해서 드러나는 주체가 바로 맹자가 말하는 실천 행위의 가능 근거이면서, 실천 행위의 주체이기도 하다. 주체의 자기 긍정이 실천 행위의 가능 근거이자 실천 행위의 주체가 된다는 것은 인간의 실천 행위가 스스로 방향을 정하여 자발적이고 자율적으로 행하게 된다는 것을 의미한다. 만약 이러한 자연적 성향에 의해 제한되지 않는 도덕 주체를 승인하지 않는다면 모든 인간의 실천 행위는 타율적인 것이 되며 자발적인 행위는 기대할 수 없게 된다. 자기 가치의 긍정으로부터 생성된 가치 의식을 그 내용으로 하는 주체의 자각 혹은 반성적 사고는 바로 이러한 의미에서 인간의 길을 가기 위한 주관적 조건으로 성립한다.

이 밖에도 맹자는 '존심양성存心養性', '양기養氣'와 같은 공부의 과정과 실천 방법을 제시하지만, 이것은 모두 질적으로 '사思'와 동일한 공부일 뿐이다. 맹자는 "인의예지의 씨앗을 마음에 보존하고, 스스로의 선성을 키워 나가는 것이 바로 천도를 따르는 길이고 인간의 길이다"[18]라는 말로써 존심存心과 양성養性의 중요성을 강조하였다.[19] 그리고 이어서 "붙잡으면 보존할 것이오, 버려 버리면 없어져 버릴 것이다"[20]라고 하여 그 마음을 보존하는 구체적인 방법까지도 제시하였다. 그러나 존심의 방법으로 제시한 '붙잡는'(操) 것은 결국 '지持'이고, '지持'의 실질적 의미는 '사思'와 다르지 않다. '존'과 '양'의 관계 역시 마찬가지이다. 자각적이고 반성적인 사고를 할 수 있으면 그 본래의 마음을 보존할 수 있고, 보존할 수 있다면 그것을 키워갈 수 있기 때문이다. 그리고 존심을 통해 양성에 이를 수 있고 양성 또한 마음의 보존을 가능하게 하는 하나의 조건이 될 수 있다는 점에서, '사'와 '존' 그리고 '양'의 공부는 연속적인 하나의 공부이지 따로 분리된 별개의 공부가 될 수 없다.

이러한 도식은 '양기養氣'의 공부에도 그대로 적용된다. '양기'의 공부 역시 궁극적으로는 '양심養心'과 '양성養性'의 공부이자, 그 결과이기 때문이다. 다시 말해서 '양기'의 공부 역시 본심과 본성을 회복하는 공부이지 결코 '기氣'를 대상으로 하여 그것을 통제하고 조절하는 공부가 아니라는 뜻이다. 이것은 맹자의 다음과 같은 말에서 분명하게 나타난다.

의지는 기의 통솔자이고, 기는 몸 안에 충만해 있는 에너지이므로, 의지가 이르는 곳에 기 또한 표현되어 나온다. 그래서 "의지를 잘 보존하고 지킴으

---

18) 『孟子』, 「盡心上」, "存其心, 養其性, 所以事天也."
19) 맹자에게 性善은 곧 心善을 의미하며 맹자 자신도 心善을 통해 性善을 논증하고 있다. 따라서 그에게 '存心'은 곧 '存性'이고, '養性'은 곧 '養心'이다.
20) 『孟子』, 「告子上」, "操則存, 舍則亡, 出入無時, 莫知其鄕."

로써 몸 안의 충만한 기가 난폭하게 되거나 남용되지 않도록 하라"고 말하는 것이다.…… 의지가 순수하게 하나가 되면 기를 움직이고, 기가 한결같이 하나가 되면 의지를 움직인다.21)

여기서 맹자가 말하는 '지志'란 곧 '심지心志'로 현대적 용어로써 표현한다면 마음의 '지향성'(intentionality)이라 할 수 있다. '기氣'란 육체 가운데 충만한 생명력을 가리킨다. 그리고 인용된 이 문장에서 우리가 주목해야 할 것은 바로 '기가 난폭하게 되거나 남용되는' 이유를 다른 곳에서 찾는 것이 아니라, 의지를 잘 보존하고 지키지 못한 것에서 찾고 있다는 점이다. 인간의 의지가 순수해지는 것, 즉 '지일志壹'은 기가 난폭하게 되거나 남용되지 않는 충분조건을 형성하는 반면, 기가 한결같이 하나가 되는 '기일氣壹'은 기가 난폭하게 되거나 남용되는 필요조건을 형성한다는 것이 맹자의 기본적인 생각이다. 따라서 맹자에게 공부의 중점은 늘 '지일'에 있게 되며, 그것은 다름 아닌 존심양성存心養性의 공부를 통해 수행된다. 그렇기 때문에 '양기養氣'의 공부 역시 직접적으로 기에 가해지는 공부가 아니라, 심성을 통해 간접적으로 수행되는 공부라고 할 수 있다.

이렇게 본다면 선한 본성을 현실 세계에 실현하기 위한 주관적 조건으로 맹자가 제시한 '존심양성'과 '양기'의 공부는 '사'(반성적 사고)의 공부에 집약될 수 있다고 할 수 있다. 즉 사람이 자신의 선성을 자각하여 그것을 보존하고 확충함에 있어서 반성적 사고를 통한 자기 긍정은 가장 중요하면서도 필수적인 요소이면서, 그 공부의 시작과 끝을 관통한다.

그러나 객관 세계에 나아가 스스로의 선성을 온전히 실현하기 위해서

---

21) 『孟子』, 「公孫丑上」, "夫志, 氣之帥也. 氣, 體之充也. 夫志至焉, 氣次焉. 故曰 持其志, 無暴其氣……志壹則動氣, 氣壹則動志也."

는 이와 같은 내적이고 주관적인 공부만으로는 부족하며, 객관적이고 경험적인 공부가 필요하다. 왜냐하면 인간의 행위가 일단 객관 세계 속에 실현될 때, 그 행위는 인간의 의지로 통제할 수 없는 수많은 요소에게 영향 받지 않을 수 없고, 행위가 펼쳐질 시공간의 주체적인 조건으로부터 제약 받지 않을 수 없기 때문이다. 인간에게 내재하는 선성의 표현은 반드시 구체적인 현실 세계에서 이루어지며, 그러한 구체적인 현실 세계는 그 도덕성을 구체화하고 현실화하는 장소가 된다. 그렇기 때문에 시시각각으로 변화하는 현실 세계에 대한 인식은 도덕성의 표현에 있어서 또 다른 하나의 필수적인 요소로 작용한다.

흔히 『지언양기장』이라고도 불리는 『맹자』「공손추상」, 2장에서 맹자는 부동심不動心에 도달하는 두 가지 조건인 '지언知言'과 '양기'의 공부를 논하고 있다. 양기는 이미 앞에서 언급한 반성적 사고, 혹은 '사'와 다른 것이 될 수 없으므로 결국 부동심을 완성하기 위한 주관적 조건이다. 반면에 지언은 좁게는 타인의 언사에 대한 인식을 가리키고, 넓게는 객관 세계 전반에 대한 인식을 가리켜 결국 부동심을 완성하기 위한 객관적 조건이다. 이러한 주관적 조건과 객관적 조건을 충족하여 부동심은 성취된다.

이렇게 완성된 부동심은 어떤 상황 속에서도 결코 움직이지 않는다는 마음이 아니라 정의롭지 않은 말이나 사악한 말에 현혹되지 않는, 자신의 도덕적 신념이 동요되거나 흔들리지 않는 주체적 마음의 상태를 가리킨다. 이러한 부동심의 상태는 이미 자각적 상태이며, 본심을 보존하였을 뿐만 아니라 그것을 현실화할 수 있는 역량 역시 갖추고 있는 상태이다. 바꿔 말하면, 양기라는 주관적 조건과 지언이라는 객관적 조건의 충족은 곧 주체적인 사람, 자신의 선성을 현실 속에 실현할 수 있는 사람을 낳는다는 것이다. 맹자의 이러한 생각은 다음과 같은 말에서도 표현된다.

"선생님의 부동심과 고자의 부동심을 설명해 주실 수 있겠습니까?"
"고자는 '말(言語)의 의미를 파악하지 못해도 나의 마음에서 의미를 파악하려 하지 말고, 마음에 만족스럽지 못한 것이 있어도 기에 호소하여 해결하려 하지 마라'고 하였는데, 마음에 만족스럽지 못한 것이 있어도 기에 호소하여 해결하려 하지 말라는 말은 그런대로 괜찮지만, 말의 의미를 파악하지 못해도 마음에서 의미를 파악하려 하지 말라는 말은 옳지 않다네."……
"다른 사람의 언사言辭에 대해서 안다는 것은 무엇을 가리킵니까?"
맹자가 대답하였다. "편협한 말속에서 그 마음을 가리고 있는 것이 무엇인지를 알고, 과장된 말속에서 그 마음이 무엇에 빠져 있는가를 알며, 사악한 말속에서 그 마음이 어디로 흘러가는지를 알고, 자신 없는 말속에서 그 마음이 궁핍한 것을 아는 것이다."[22]

맹자의 이 말은 분명히 상대방의 언어 현상을 통해 눈에 보이지 않는 심리 현상을 인식할 수 있다는 뜻으로 해석할 수 있다. 그래서 김형효와 같은 경우는 '지언'으로부터 본질과 현상의 불가분리를 설정하는 현상학적 사유의 흔적을 볼 수 있다고 주장한다.[23] 그러나 맹자의 이 말에는 언어 현상 그 자체에 대한 인식과 그 언어 현상이 함축하고 있는 심리 현상에 대한 인식이라는, 두 측면의 경험적 인식에 대한 긍정적 태도가 표명되고 있음에도 주목해야 한다. 다시 말해서 부동심을 성취하기 위해서는

---

[22] 『孟子』, 「公孫丑上」, "敢問夫子之不動心與告子之不動心, 可得聞與? 告子曰 不得於言, 勿求於心. 不得於心, 勿求於氣. 不得於心, 勿求於氣, 可. 不得於言, 勿求於心, 不可.……何謂知言? 曰 詖辭, 知其所蔽. 淫辭, 知其所陷. 邪辭, 知其所離. 遁辭, 知其所窮."

[23] 김형효, 『맹자와 순자의 철학사상: 철학적 사유의 두 원천』(삼지원, 1990), 203~207쪽 참조.

언어 현상이나 그것이 함축하고 있는 심리 현상에 대한 경험적 인식을 필요로 한다는 것을 의미한다.

인용된 맹자의 글은 "말의 의미를 파악하지 못해도 나의 마음에서 그 의미를 파악하려 하지 말라"는 고자의 주장을 비판하기 위한 것이다. 고자는 마음에 이해되지 않는 부분을 해석하고 이해하려 노력하는 것 자체를 마음의 동요로 보았던 것이다. 따라서 맹자가 하고 싶은 말은 곧 '말의 의미를 파악하지 못한다면 나의 마음에서 그 의미를 파악하려 노력하라'가 될 것이다. '말'(言)이란 곧 사상과 관념의 그릇이다. 따라서 '지언'이란 사상과 관념의 시비, 선악, 진위, 득실을 분명히 가려 인식하라는 말이다.24)

논리학적 측면에서 인간의 행위를 분석할 때, 행위란 인간의 지향성과 지식 체계의 소산물이다. 지향성이 행위의 근본적 동기라고 한다면, 지식 체계란 지식과 신념의 다발로 그것은 지향성을 현실 세계에 실현할 구체적인 방법의 선택 과정에서 작용한다.25) 따라서 실천적인 면에서 볼 때, 합리적인 지향성에서 시작된 행위가 합리적인 결과를 얻지 못했다면 그것은 결국 합리적인 지향성을 구체적인 상황 속에 실현할 방법의 선택이 잘못되었음을 뜻한다. 따라서 행위의 방향과 방법의 선택에서 반드시 고려되어야 하는 것은 행위가 표현될 구체적인 시공간의 조건들을 인식하고 그러한 조건들에 맞게 행위의 방향과 내용을 조절하는 것이다.26)

비록 맹자의 '지언' 공부가 직접적으로 객관 세계 전반에 대한 경험적

---

24) 蔡仁厚, 『孔孟荀哲學』,(學生書局, 1990), 265쪽 참조.
25) 김광수, 『논리와 비판적 사고』(철학과 현실사, 1997), 15~27쪽 참조.
26) 이것은 맹자의 다른 철학 체계와도 부합한다. 즉 맹자가 주장하는 '經權', '時中'의 사상은 바로 구체적인 현실에 따라 가치를 실현하는 행위의 방향과 내용을 조절하는 것을 의미한다.

인 인식을 함축하지는 않지만 타인의 언사에 대한 인식이 세계를 파악하는 기초로 작용한다는 것을 인정할 때, 우리는 그것의 의미를 확대하여 객관 세계 전반에 대한 경험적인 인식의 의미로 해석할 수 있을 것이다. 다만 우리가 한 가지 주의해야 할 것이 있다면, 맹자의 철학적 체계에서 지성의 작용 혹은 경험적인 인식 작용 역시 인간의 본성인 도덕성의 자기 요구로부터 전개되고 완성된다는 점이다. 도덕성은 내재하는 선성을 현실 세계에 실현하기 위해 필요한 조건들을 자기 요구로서 제기하고, 그 조건들을 충족하기 위해 스스로 노력한다. 그렇기 때문에 우리는 맹자에게서 도덕성과 완전히 분리된 지성의 활동을 찾아볼 수 없는 것이다.[27]

5. 맹자 공부론이 열어 가는 새로운 지평

중국 역사상 가장 혼란했던 시대 가운데 하나였던 전국시대를 온몸으로 부딪치며 살아야 했던 맹자는 그 시대적 문제와 아픔을 인간의 길을 제시함으로써 해결하려 하였다. 물론 그가 제시한 인간의 길은 철저하게 도덕적인 길이었기에 그의 모든 관심은 인간의 도덕 행위를 어떻게 설명하고 또 그것을 어떻게 확보할 것인가에 집중되어 있었다.

---

27) 牟宗三은 바로 이와 같은 德性의 자기요구로부터 知性의 작용이 보장된다는 것을 도덕 주체의 '自我坎陷'(『現象與物自身』, 臺北: 臺灣學生書局, 1990, 121~122쪽)이라는 말로 표현하였다. 도덕 주체의 기본적인 특징은 '天人合一', '物我一體', '人我一體'라고 할 수 있다. 이러한 관계에서는 주체와 객체, 인간과 자연, 개인과 사회 등이 독립적인 의미를 가지지 않는다. 따라서 인식의 성립에서 필요한 인식의 주체와 인식의 대상조차도 성립되지 않으며, 어떠한 경험적인 지식도 성립할 수 없게 된다. 다만 모든 경험적인 지식은 도덕 주체의 자기 요구에 의한 자기 전환을 통해 성취된다는 것이 그의 주장이다.

맹자의 공부론은 바로 이러한 목표의 정점에 위치해 있다. 도덕 행위에 대한 해명을 위해 전제된 인성론으로부터 도덕 행위를 현실 생활 속에서 확보할 수 있는 방법으로서의 공부론은 자연스럽게 전개되어 나온다. 고자가 인간과 동물의 공통성으로부터 인간의 본성을 찾으려 하였다면 맹자는 오히려 차별성으로부터 시작한다. 이렇듯 동물과의 차별성으로부터 도출된 맹자의 인성론은 분명히 성선론이고 도덕적이지만, 그렇다고 그가 인간과 동물의 공통성으로부터 확보되는 인간의 자연성 자체를 부정한 것은 아니다.

맹자에게 인간이란 동물과의 차별성으로부터 확보된 초자연적 성향과 동물과의 공통성으로부터 전제된 자연적 성향이라는, 두 차원의 각기 다른 성격이 내부에서 하나의 긴장관계를 형성하고 있는 존재이다. 동시에 선성의 자율성과 그 선성의 실현 장소인 외적 자연 세계의 인과적 필연성이 대치하며 상호작용하는 접전의 장이기도 하다. 인간의 모든 행운과 비극은 바로 이와 같은 인간의 이중성에서 나온다. 따라서 맹자 공부론의 궁극적 관심은 곧 이러한 긴장 관계의 해소에 있으며, 그것은 직접적인 자연적 성향에 대한 통제나 조절을 통해서가 아니라 초자연적 성향의 계발과 확충을 통해서 이루어진다. 왜냐하면 그에게 있어서 인간의 본질이란 바로 그 초자연적인 성향으로부터 찾을 수 있고, 그 초자연적인 성향의 발휘야말로 인간의 길이기 때문이다.

이렇게 성선론의 전제로부터 등장하는 맹자의 공부론은 지나친 도덕적 편중성에 의해 제한된다. 또한 마치 그것이 맹자 철학의 주요한 특징을 형성하고 있는 것처럼 보인다. 그러나 '도덕'이나 '도덕적'이라는 말 자체에 이미 거부 반응을 보이는 현대의 일반적인 경향에서 그의 성선론과 공부론이 가지는 의미 역시 축소될 수밖에 없다고 보는 것은 타당하지 않다. 왜냐하면 그의 성선론과 공부론이 함축하고 있는 '도덕성'에 대한 새로운 해석의 여지가 여전히 남아 있기 때문이다.

맹자에게 '도덕'이나 '도덕성'이란 단순히 사회를 유지하는 데 필요한 질서성이나 질서의식만을 의미하지는 않는다. 그것은 더욱 근원적으로 인간의 본질에 대한 규정과 실현이라는 인간 삶의 궁극적 관심과 관련되어 있다. 비록 맹자는 '선'과 '악'이라는 도덕적 가치의 대비를 통해 인성론과 공부론을 구성하고 또 그것을 통해 인간의 길을 제시하였지만, 인성론을 통해 전제되고 공부론을 통해 실현되는 가치는 일반적인 의미의 도덕 가치라기보다는 인간의 존재가치라고 보는 것이 더 타당할 것이다. 그리고 바로 이러한 의미에서 맹자의 인성론과 공부론은 시대를 뛰어넘어 여전히 어떤 모습의 지평을 제시한다.

순자의 공부론

황지원

1. 욕망과 도덕

유학, 특히 선진 유학의 궁극적 관심은 어떻게 하면 현실의 사회적 혼란을 극복하고 안정되고 질서 지워진 사회를 건설할 수 있는가 하는 데 놓여 있었다. 따라서 사회적 정치 질서의 확립이야말로 당시 유학의 핵심 과제였다. 그러나 이러한 현실적이고 실천적인 문제를 해결하기 위해서는 반드시 인간 존재 자체에 대한 해명이 전제되어야 한다. 인간이야말로 사회적 혼란을 야기한 장본인임과 동시에 이 혼란을 극복할 수 있는 주체이기 때문이다. 따라서 인간 존재를 이해하는 관점에 따라서 현실에 대한 진단이나 사회적 혼란을 극복하기 위한 처방 역시 달라질 수밖에 없다.

잘 알려진 것처럼 순자는 인간 본성을 악한 것으로 규정하였다. 즉 맹자가 강조하는 것과 같은 선천적인 도덕적 경향성을 부정하고, 이기적인 욕망을 더욱 근원적이라고 인정하는 것에서부터 인간의 본성을 이해한다. 이것이 이른바 순자 성악설의 기본 입장이다. 그렇다면 순자가 이해한 인간은 그저 본질적으로 욕망에 의해 이리저리 끌려 다니는 수동적 존재에 불과한가? 만약 그렇지 않다면 인간은 어떤 방식으로 근원적인 욕망을 극복하고 도덕적 존재로 다시 태어날 수 있는가? 순자에게 이것은 인성론의 문제이며, 동시에 공부론의 문제이기도 하다.

이 글의 목적은 우선 일차적으로 순자가 인간 본성을 어떤 방식으로 이해하고 있는지를 해명하고, 더 나아가 이 이해 방식이 이중적 구조를 지니고 있음을 분석해 내는 데 있다. 또한 인간 본성과 관련하여 인간이 자신의 근원적인 욕망을 극복하여 도덕적 존재가 되기 위해서는 구체적으로 어떤 방식의 공부 혹은 수양이 필요한지, 이러한 수양의 결과로 나타날 수 있는 이상적 인간은 과연 어떤 모습인지를 검토해 보고자 한다.

2. 순자 인성론의 이중구조

중국 고대에서 인성론에 대한 논의가 처음으로 대두한 것은 전국시대 중기이다. 그 전에 활동한 공자나 묵자, 노자는 인간이란 어떻게 살고 어떠한 정치를 해야 되느냐에 관심을 집중했을 뿐, 인간의 본성이 무엇인가에 대한 직접적인 언급은 하지 않았다. 따라서 인성을 지칭하는 단편적인 예들이 그 전에도 찾아지지만, 인성에 대한 최초의 체계적인 논의는 『맹자』에서 비로소 발견된다.

맹자가 인간의 본성을 설명할 때에는 제한된 의미로 말하고 있다. 맹자는 인간의 성性 안에 식색食色과 인의예지仁義禮智가 공존한다는 것을 인정하면서도 "식색의 욕欲(小體)은 인간뿐만 아니라 생명이 있는 모든 동물이 가지는 것이며, 어떻게 할 수 없는 부분이므로 군자는 그것을 인성이라 부르지 않고, 인간에게만 있는 고유한 부분으로서 인간 자신이 키워야만 할 사단四端(大體)만을 인성이라고 부른다"[1]고 하여 성性을 인간 내면의 도덕성으로 국한하여 이해하고 있다. 그리고 이러한 단정 아래에서 인성이 선하다는 주장을 발전시켜 도덕적 이상주의의 기초를 형성하였다. 이처럼 맹자가 심心에 뿌리박힌 사단四端을 인성이라고 규정하였으므로, 인성론은 선천적 지향성을 지니고 있고, 수양론 즉 공부론의 핵심은 하늘로부터 부여받은 인성을 자연스럽게 키우고 확충해 나가는 데 있다. 그러나 역으로 인간의 식색이 인성의 한 부분임을 인정하면서도 이론적 체계에서는 그것을 제외시켰다는 점은 맹자의 인간론이 그만큼 단편적이고 부분적이었음을 말해 준다.

순자의 인간론은 맹자보다 더욱 현실적이고 전체적이기 때문에 복합성을 띠고 있다. 다시 말하면 순자의 인간론은 이중적인 구조를 지니고 있다. 그러므로 표면적으로 드러난 순자의 성악설은 그 자체로 모순되는 주장을 하고 있는 것처럼 보인다.[2] 성악설을 문자 그대로 해석하여 인간의 본성 자체가 악한 것이라고 한다면 악한 본성인 인간의 근본적인 욕구도 또한 악한 것이 된다. 그런데 순자는 분명히 욕구의 완전한 소멸이 아

---

1) 『孟子』, 「盡心下」, "孟子曰, 口之於味也, 目之於色也, 耳之於聲也, 鼻之於臭也, 四肢之於安逸也, 性也, 有命焉, 君子不謂性也"
2) 순자에 대한 모든 비판은 그의 성악설에 집중되어 있다. 즉 순자는 인간의 근본적인 욕구를 긍정적으로 받아들이고 있는데, 인간의 본성 자체가 악이라면 성인도 또한 악한 본성을 가질 수밖에 없게 된다. 그렇다면 성인이 악한 인간의 본성을 어떻게 선으로 이끌어 낼 수 있는가에 대한 물음은 필연적이다. 이에 대해 순자는 직접적인 언급을 하지 않았다. 그러면서도 순자는 인간의 욕구를 긍정적으로 받아들이고 있으니 이것은 분명한 모순이라는 것이다.

니라 도욕導欲과 절욕節欲을 주장했으니 스스로 오류에 빠지게 되는 것이다. 그러나 순자가 인간의 성을 말할 때는 이중적인 구조를 가지고 말하므로, 이런 구조에서 파악해야만 비로소 순자의 인간론을 제대로 이해할 수 있다. 그렇다면 먼저 순자가 말하는 인간 본성의 이중 구조란 어떤 내용을 포함하는지를 살펴보기로 한다.

1) 성위지분性僞之分의 성性

순자에게 인간의 본성이라는 것은 태어나면서부터 자연스럽게 가지는 생리적인 본능이다. 그러므로 성性이라는 것은 후천적인 환경의 영향과 인위적인 학습에 따라 변화된 모습을 지칭하는 것이 아니라, 지극히 자연스러운 상태로 선천적으로 가지고 나온 인간 본래의 모습을 가리키는 개념이다. 다시 말해 인간의 본성(性)이란 인간의 욕망과 같은 것이다.

> 본성이란 하늘에게 부여받은 것이고, 감정이란 이 본성의 바탕이며, 욕망이란 감정이 반응하는 것이다.3)

순자는 인간의 욕망을 태어나면서부터 자연스럽게 가지는 것(人生而有欲)으로 규정하고 있다. 인간의 욕망은 자연으로부터 받은 것으로서 모든 인간이 공통적으로 가지고 있는 것이다.4) 또한 오관五官의 감각적인 활동 역시 자연스러운 작용이다.

---

3) 『荀子』,「正名」, "性者, 天之就也. 情者, 性之質也. 欲者, 情之應也."
4) 『荀子』,「正名」, "欲不待可得, 所受乎天也."

인간이면 누구나 배가 고프면 밥을 먹고 싶어하고, 추우면 몸을 따뜻하게 하고자 하고, 피로하면 휴식을 취하고자 하며, 이익을 좋아하고 손해 보는 것을 싫어한다. 이와 같은 욕망은 후천적인 교육, 학습이 더해진 것이 아니라 다만 타고난 것일 뿐이다. 이것은 우임금이나 걸왕이나 다 마찬가지이다.[5]

눈으로는 흑백과 미추를 가리고, 귀로는 음성의 청탁을 분별하며, 입으로는 짜고 시고 달고 쓴 것을 구별하고, 코로는 향기로운 것과 비린 것을 분별하며, 피부로는 차고 덥고 아프고 가려운 것을 분별한다. 이것도 후천적인 학습에 의해서가 아니라 사람이 타고난 것이니, 우임금이나 걸왕이나 다 마찬가지이다.[6]

이러한 욕欲은 부정할 수도 없고, 부정할 필요도 없다. 왜냐하면 욕欲이란 일부러 만들어 내는 것이 아니라 자연스럽게 생겨나는 본능이기 때문이다. 인간의 욕망이라는 것은 인위적인 활동이 아니라 인간의 가장 원초적인 자연의 상태이고, 특정인만 가지고 있는 것이 아니라 인간이면 누구나 다 동일하게 가지고 있는 것으로서, 부정해야 할 대상이 아니라 오히려 긍정해야 할 대상이다. 따라서 순자는 인간의 욕망을 부정하거나 억압하지 않고 인간 내부의 자연스러운 발로인 욕망 그 자체를 일차적으로 긍정한다.

무릇 정치를 말하면서 백성이 욕망을 완전히 버리기를 기대하는 자는, 욕망을 인도할 줄은 모르고 다만 욕망이 있다고 하는 사실에만 괴로워하는 사람

---

[5] 『荀子』, 「榮辱」, "凡人有所一同, 飢而欲食, 寒而欲煖, 勞而欲息, 好利而惡害, 是人之所生而有也。是無待而然者也, 是禹桀之所同也."
[6] 『荀子』, 「榮辱」, "目辨白黑美惡, 耳辨音聲淸濁, 口辨鹹酸甘苦, 鼻辨芬芳腥臊, 骨體膚理辨寒暑疾養, 是又人之所常生而有也, 是無待而然者也, 是禹桀之所同也."

이다. 무릇 정치를 말하면서 백성에게 욕망을 적게 할 것을 기대하는 자는, 욕망을 알맞게 조절할 줄은 모르고 다만 욕망이 너무 많다고 하는 것에만 괴로워하는 사람이다.[7]

인간의 욕망이 있고 없고는 삶과 죽음에 따라 갈리는 것이며, 욕망이 있어서 어지러워지고, 욕망이 없어서 다스려지는 것이 아니다.[8]

이처럼 욕망을 긍정하는 순자의 입장에서 욕망을 제거하거나(去欲) 적게 한다는(寡欲) 것은 불가능한 동시에 불필요한 것이다. 왜냐하면 욕망이란 자연스러워서 이성적인 판단 이전의 것이기 때문이다. 그러므로 인위적으로 인도하고 조절해야 할 대상은 욕망 그 자체가 아니라 실제 생활에서 욕망을 성취하려는 행위와 방법이다. 이 욕망을 성취하려는 행위를 순자는 구求라고 한다. 즉 순자의 도욕導欲과 절욕節欲의 대상은 욕망 자체가 아니라 욕망을 추구하는 행위인 구求이다.

비록 신분이 비천한 문지기라 할지라도 욕망을 완전히 제거할 수는 없다. 또한 비록 천자라 할지라도 욕망을 모두 충족시킬 수는 없다. 그러나 욕망을 비록 다 충족시킬 수는 없다 하더라도 그에 근접할 수는 있고, 욕망을 완전히 제거할 수는 없다 하더라도 추구하는 일을 절제할 수는 있는 것이다. 비록 하고 싶은 것을 있는 대로 다할 수는 없지만 그것을 추구하여 근접하게 할 수 있고, 비록 욕망을 완전히 제거할 수는 없으나 사려함으로 인하여 그것을 추구하지 않음으로써 욕망을 추구하는 것을 절제할 수는 있는 것이다.[9]

---

[7] 『荀子』,「正名」, "凡語治而待去欲者, 無以道欲而困於有欲者也. 凡語治而待寡欲者, 無以節欲而困於多欲者也."
[8] 『荀子』,「正名」, "有欲無欲, 異類也, 生死也, 非治亂也."
[9] 『荀子』,「正名」, "雖爲守門, 欲不可去, 性之具也. 雖爲天子, 欲不可盡. 欲雖不可盡, 可以近盡也. 欲雖不可去, 求可節也. 所欲雖不可盡, 求者猶近盡. 欲雖不可去, 所求

욕망이 태어나면서부터 자연스럽게 가지는 본성으로서 가치 판단을 내리기 전에 무조건적으로 긍정해야 할 본능이라면, 구求라고 하는 욕망을 성취하고자 하는 행위는 사리 판단을 하는 심心의 제어를 받는 것이다. 즉 욕망을 추구하는 행위인 구求는 근원적인 욕망에 의해 동기 부여를 받지만 그것을 실현시킬 때는 심心이라는 이성을 통과하게 된다. 따라서 인간의 욕망이 생리적인 것으로 자연스럽게 발현된다고 한다면, 인간이 욕망을 추구하는 행위는 사회적인 것으로 심心에 의해 절제를 받는 이성적인 행위가 된다.

이처럼 순자가 말하는 인성은 기본적으로는 인간의 원초적인 본능, 생리적인 욕망으로 이해할 수 있다. 여기에서 인간의 본성은 인간만이 가지고 있는 독특한 성질이 아니라 생명이 있는 존재라면 어느 것에서나 찾아볼 수 있는 생존에의 본능이다. 이러한 입장은 고자告子의 인성관과 유사하다. 성性을 자연스럽게 타고나는 생리적, 감각적인 욕망으로 본다는 점에서 고자의 입장과 순자의 입장은 일치한다. 이처럼 순자 철학에서의 인간 본성은 감각적인 욕망이며 자연(天)으로부터 습득한 것으로, 그 자체에 대한 가치 판단의 대상이 될 수 없다.

그런데 순자는 자신의 성에 대한 입장과 어긋나는 주장을 「성악性惡」에서 하고 있다. 이른바 '사람의 본성은 악하다'(人之性惡)라는 명제인데, 이것은 인간의 본성인 욕망을 긍정적으로 보는 그의 다른 주장과 모순되며, 또한 성性은 가치 판단의 대상이 될 수 없다는 주장과도 어긋난다. 그러나 이것은 '성악性惡'이라는 표현을 문구에만 치우쳐 해석한 결과이다. 순자의 인간론은 문자 해석의 차원이 아니라 전체적인 연관성에서 파악해

不得慮者, 欲節求也."

야 한다. 이를 위해서는 우선 순자가 생각하는 악惡이란 무엇인가에 대한 이해가 선행되어야 할 것이다.

순자 철학에 있어서 선이란 작위적인 것이어서 배우고 계속해서 노력하면 이루어지는 것으로서, 바르고 이치에 맞으며 평화롭게 다스려진 상태를 말한다. 이에 비해 악이란 한쪽으로 치우쳐져서 바르지 못하고 도리에 어긋나며 혼란스러워 다스려지지 않은 상태를 말한다.[10] 이처럼 순자 철학에서 선과 악의 구별은 치治・불치不治로서, 사회적인 안정과 혼란이 바로 선과 악의 구분점이 된다.

그런데 순자는 인간의 본능적인 욕망, 즉 본성은 삶과 죽음에 따라 갈리는 것이지 그 자체가 인간의 인위적인 활동인 다스림의 대상이 아니라고 주장한다. 바로 이 점에 주목해야 한다. 선악의 구분점은 사회적인 안정(治)과 혼란(不治)이므로 인간의 본성 자체는 선악의 판단을 내릴 수 없다는 것이다. 그럼에도 불구하고 인간의 본성이 악으로 풀이되는 까닭은 그것이 사회 속에서 필연적으로 악의 역할을 연출하기 때문이다.[11] 인간들의 생산 활동을 통해 얻어지는 생산물은 그 수요에 비해 공급이 부족하기 때문에, 인간들의 물질적인 욕망을 모두 채워줄 수 없게 되고 이런 경우 인간들은 서로가 서로를 상대로 다투게 되어 사회적인 혼란이 야기된다. 순자는 이러한 사회적 혼란 상태를 악이라 한 것이고, 이 사회적 혼란

---

10) 『荀子』, 「性惡」, "人之所學而能所事而成者也 …… 可學而能可事而成之在人者, 謂之僞 …… 所謂善者, 正理平治也." 순자 철학 내에서는 善과 惡 그 자체에 대한 근원적인 물음이 발견되지 않는다. 다만 善과 惡이 어디에서 나오는 것인지, 그리고 선악이 어떻게 발현되는지에 대해서만 약간의 언급이 있을 뿐이다. 이것은 선악의 문제가 순자 철학의 전체에서 보면 그다지 중요하게 취급되지 않았음을 보여 준다. 순자의 관심은 어떻게 하면 혼란을 극복하고 사회를 안정시킬 수 있을 것인가에 집중되어 있다. 따라서 선악이란 사회적 안정이냐 혼란이냐를 구분하는 현실적인 관점으로만 나타나게 된다.

11) 金谷治 外, 조성을 역, 『중국사상개론』(이론과실천, 1987), 97~98쪽 참조.

이 인간의 본성에 의해 생겨나기 때문에 '사람의 본성은 악하다'라고 규정한 것이다. 이와 같이 인간의 본성이 악으로 규정되는 것은 그 결과에 의한 것이지, 그 자체에 선악이 내재되어 있기 때문이 아니다. 이러한 성악의 규정은 또한 성性과 위僞를 대비시켜 인간의 사회적 노력을 강조하기 위한 하나의 방편이기도 하다.

> 인간의 본성은 악한 것이다. 선善이라고 하는 것은 인위적인 노력에 의한 것이다. 인간은 나면서부터 이익을 추구하기 마련이니…… 그러므로 타고난 성질이나 감정에 맡겨 버린다면 반드시 서로 싸우고 빼앗아 사회의 질서를 파괴하고 세상을 혼란에 빠지게 할 것이니 반드시 스승의 교화와 예의의 법도가 있어야 한다. 그래야 남에게 사양할 줄도 알고 문리文理에 합하게 되어 치평治平의 상태로 돌아가게 될 것이다.12)

> 대개 이익을 좋아하여 그것을 얻고자 하는 것은 인간의 자연스러운 성정性情이다. 가령 어떤 형제가 재물을 얻어 그것을 나누려고 할 때, 성정이 가는 대로 맡겨 둔다면 이익을 좋아하여 그것을 모두 자기가 가지려고 할 것이니 비록 형제간이라 하더라도 서로 빼앗으며 싸우게 될 것이다. 그러나 이것을 예의의 조리에 의하여 감화가 되도록 한다면 형제가 아닌 남이라 하더라도 양보하게 될 것이다.13)

> 무릇 본성이란 타고난 대로를 말하는 것이니, 배워서 되는 것도 아니요 행동해서 되는 것도 아니다. 그러나 예의禮義는 성현이 인위적으로 만들어 낸 것이니, 배우고 노력하면 되는 것이다. 배우지 않고 행하지 않아도 그대로 있는

---

12) 『荀子』, 「性惡」, "人之性惡, 其善者僞也. 今人之性, 生而有好利焉……故必將有師法之化, 禮義之道, 然後出於辭讓, 合於文理, 而歸於治."
13) 『荀子』, 「性惡」, "夫好利而欲得者, 此人之情性也. 假之人有兄弟資財而分者, 且順情性好利而欲得, 若是則兄弟相拂奪矣. 且化禮義之文理, 若是則讓乎國人矣."

것을 본성이라 하며, 배우고 노력해야 되는 것을 인위라 하니, 이것이 성性과 위僞의 구별이다.14)

악惡이란 성性 자체가 아니라 성性을 그대로 방치할 때 나타나는 결과를 두고 말한 것이다. 이러한 악惡은 내면적인 것이 아니라 사회적인 것이다. 그러므로 이런 사회적인 악을 해소시키기 위해서는 어떤 인위적인 노력이 필요하다. 이 노력을 순자는 위僞라는 개념으로 포괄한 것이다. 여기에서의 위僞란 인간의 행위나 학습을 가리키는 것으로서(積慮能習) 인간의 타고난 본성을 제어하고 조절한 후에 밖으로 드러나는 모습이다.

이와 같이 순자는 본능으로서의 성性과 사회적 노력으로서의 위僞를 구분하고, 위僞의 중요성을 강조한다. 그러나 더 중요한 사실은 성性과 위僞를 구분하는 것이 단순한 분리에 그치는 것이 아니라 성性과 위僞의 조화를 위한다는 점이다. 이것을 논증하기에 앞서서 먼저 위僞가 어떻게 드러나는지를 살펴보겠다.

2) 화성기위化性起僞

순자가 인성에 대해 말할 때는 이중적인 구조를 가지고 있다. 하나는 좁은 의미에서 말한 것으로서 인간의 근본적인 욕망만을 지칭하는 것이고, 다른 하나는 넓은 의미에서 인간의 이성적인 능력뿐만 아니라 행위할 수 있는 능력까지를 포함하여 말한 것이다. 순자가 성위지분性僞之分을 말

---

14) 『荀子』, 「性惡」, "凡性者天之就也, 不可學. 禮義者聖人之所生也, 人之所學而能, 所事而成者也. 不可學不可事, 而在人者謂之性. 可學而能, 可事而成之在人者, 謂之僞, 是性僞之分也."

할 때 성性이란, 좁은 의미에서 말한 것으로 인간의 근본적인 욕망만을 지칭한다. 그러한 의미에서 성性이 악惡하다고 말하고, 악한 성性을 인위적인 가르침을 통해서 선善으로 이끌어야 한다고 말한다. 이 가르침의 내용은 바로 성왕聖王 혹은 성인聖人이 제정한 예의禮義이다. 인간의 욕망이 선천적인 데 비하여 성인이 제정한 예의는 후천적이다. 여기서 순자는 자연론에서 주장한 천인지분天人之分을 그대로 적용하여 성위지분性偽之分을 주장하게 된다.

순자는 인간의 본래적이고 자연스러운 본성을 그 자연스러운 상태로서 긍정하지만, 그것을 더욱 잘 충족시키고 길러 주는 방법으로는 오히려 인위적인 노력을 제시한다. 즉 성性을 변화시켜 위偽를 일으킴으로써(化性起偽) 인간은 사회 속에서 타인들과 더불어 원만하게 공존할 수 있게 된다는 것이다.15)

> 인간의 본성은 근본이고 아무것도 손대지 않은 소박한 그대로이며, 인위적인 것은 문리文理가 융성한 바로 그것이다. 만일 인간의 본성이 없다면 인위적인 노력은 더할 곳이 없고, 또 인위적인 노력이 없다면 인간의 본성은 아름다워질 수가 없다.16)

이처럼 위偽의 작용은 반드시 성性을 재료로 삼지 않으면 안 된다. 또한 성性은 위偽가 없으면 결코 아름다워질 수 없다. 그러므로 성性과 위偽의 관계는 서로 대대對待의 관계에 있다고 할 수 있다.

---

15) 蔡仁厚, 『孔孟荀哲學』(臺北: 學生書局, 1988), 392쪽 참조. 채인후는 化性起偽를 순자사상의 중심이라고까지 주장하고 있다. 그러나 化性起偽란 性偽之合을 이루기 위한 단계이며, 순자 인성론의 핵심은 性偽之合에 있다고 보아야 한다.
16) 『荀子』, 「禮論」, "性者本始材朴也, 偽者文理隆盛也. 無性則偽之無所加, 無偽則性不能自美."

순자는 도덕 관념의 선천성을 부정한다. 즉 인간이 사회 속에서 공존할 수 있게 해 주는 규범인 예의는 인간의 본성에 기인하는 것이 아니라 이성적인 능력을 갈고 닦아 만들어 낸 후천적인 노력의 결과물이며, 사회적인 필요에 의해서 생겨난 것으로 파악하였다. 그러므로 인간은 반드시 외부의 개조하는 힘을 기다려서 예의를 이루어야 한다고 보았다. 이러한 힘이란 스승의 법도와 예의를 말하는데, 이것은 모두 성인이 만들어 낸 것이다.

> 성인은 사려를 쌓고 인위를 익혔으므로, 예의가 생기게끔 하고 법도를 일으켰다. 그렇다면 예의법도라는 것은 성인의 인위에서 생겨난 것이지 본래 인간의 성性에서 생겨난 것이 아니다.[17]

그러나 순자는 결코 성인과 보통 사람의 성性이 서로 다르다고 생각하지 않는다. 오히려 모든 사람이 똑같은 성性을 갖추고 있으며, 누구나 다 성인이 될 수 있다고 주장한다.

> 무릇 인간의 성은 요순과 같은 성인에 있어서나 걸척과 같은 악인에 있어서나 모두 같다. 군자와 소인도 그 본성은 같다.[18]

> 무릇 요임금, 우임금 및 군자를 귀하게 여기는 것은 본성을 변화시킬 수 있고 인위를 일으킬 수 있기 때문이다. 인위가 일어나야 예의를 생기게 한다.[19]

---

17) 『荀子』, 「性惡」, "聖人積思慮, 習僞故, 以生禮義而起法度, 然則禮義法度者, 是生於聖人之僞, 非故生於人之性也."
18) 『荀子』, 「性惡」, "凡人之性者, 堯舜之與桀跖, 其性一也. 君子之與小人, 其性一也."
19) 『荀子』, 「性惡」, "凡所貴堯禹君子者, 能化性, 能起僞, 僞起而生禮義."

그러므로 성인과 보통사람의 성性에는 구별이 없다. 그러나 오직 성인만이 성性을 변화시켜 인위人爲를 일으킬 수 있다. 즉 본래적인 인간의 성性을 변화시켜 인위를 일으키는 일은 적려積慮와 능습能習을 통하여, 그리고 훌륭한 스승과 자신의 의식적인 노력이 반복적으로 쌓여감으로써 이루어지는 것이다. 그러므로 누구나 다 성인이 될 수 있으나 오직 성인만이 인위를 일으키고 예의를 제정할 수 있다.

여기에는 한 가지 해결해야 할 문제가 있다. 이처럼 성인이 인간의 본성을 변화시켜 인위를 일으킬 수 있다고 한다면, 인간의 본성이란 변화될 수 있는 가능성을 내포하고 있다는 것이다. 그렇다면 인간의 근본적인 욕망을 변화시킬 수도 있고 나아가 그것을 제거할 수도 있다는 말이 되는데, 이것은 인성에 대한 순자의 다른 주장과 서로 모순된다. 이 점은 순자 철학을 비판할 수 있는 중요한 논점이기도 하다.

그러나 순자의 성이 이중적인 구조를 지니고 있다는 점을 간과해서는 안 된다. 즉 이 문제는 성性을 이중적 구조로 인식함으로써만 해결할 수 있다. 좁은 의미에서 성性을 말할 때는 단순히 인간의 근본적인 욕망만을 지칭하지만, 더욱 넓은 의미에서 성性을 말할 때는 욕망뿐만 아니라 사려할 수 있는 능력과 행의할 수 있는 능력까지도 포함한다는 것을 알아야 한다. 욕欲과 심心과 지知와 능能 모두가 성性에 속한다는 것이며, 이런 점에서 위僞도 결국은 성性에 의거하여 생기는 것이다.

그렇다면 여기서 인성론에 대한 순자의 이중적 구조의 구체적 내용과, 왜 이중적 구조를 가지게 되는지가 해명되어야 한다. 이것을 성위지합性僞之合의 관점에서 해명해 보자.

3) 성위지합性僞之合의 성性

순자가 일반적으로 성위지분性僞之分의 입장에서 성性을 말할 때는 좁은 의미에서 인간의 욕망을 가리킨다. 즉 성性은 욕欲과 동일한 의미로 사용된다고 볼 수 있다. 그러나 성위지합이라는 넓은 의미에서 순자가 성性을 말할 때는 욕망뿐만 아니라 인식 능력인 지知와 행위 능력인 능能까지도 포함한다. 만일 지知와 능能이 없다면 성性과 위僞가 합해질 수 있는 근거가 없게 된다. 즉 인간의 본성을 변화시켜 인위를 일으킬 가능성이 사라진다는 말이다. 욕欲과 지知와 능能은 인간이 선천적으로 타고난다는 점에서 본성 안에 포함된다.

> 나면서부터 그러한 것을 성性이라 하고, 성性이 태어난 바와 미묘하게 합하여 감응을 일으키나 노력함이 없이 그대로 그와 같은 상태를 일러서 성性이라고 한다. 성性의 좋아함, 미워함, 기뻐함, 분노함, 슬퍼함, 즐거워함 등은 정情이라고 한다. 정情이 그러한 가운데 심心이 그를 위해 선택하는 것을 려慮라고 한다. 심心이 사려하여 능能이 그를 위해 행동하는 것을 위僞라고 한다. 사려함이 쌓이고 행동함이 반복된 이후에 이루어지는 것을 또한 위僞라고 한다. 이利에 맞아서 하는 것을 사事라 하고, 의義에 맞아서 하는 것을 행行이라고 한다. 아는 까닭이 인간 안에 내재한 것을 지知라 하고, 그 지知가 합치되는 것을 지智라고 한다. 행하는 까닭이 인간 안에 내재한 것은 능能이라고 하고, 그 능력이 합치되는 것을 또한 능能이라고 한다. 성性이 상한 것을 병病이라고 하고, 우연히 만나는 것을 명命이라고 한다. 이것이 인간과 관계된 일반 명칭인 것이다.[20]

---

20) 『荀子』,「正名」, "生之所以然者, 謂之性. 性之和所生, 情合感應, 不事而自然, 謂之性. 性之好惡喜怒哀樂, 謂之情. 情然而心爲之擇, 謂之慮. 心慮而能爲之動, 謂之僞. 慮積焉, 能習焉, 而後成, 謂之僞. 正利而爲, 謂之事. 正義而爲, 謂之行. 所以知之在

욕欲(本性)이란 육체를 키우고 보존하려는 욕망으로 감정적인 측면이고, 지知는 경험을 종합하여 사리를 분별할 수 있는 지성적인 측면이며, 능能이란 사리에 맞다고 판단된 것을 행함으로써 의義에 이를 수 있는 능력을 말한다. 그런데 인간 안에 주어진 이 세 가지 요소는 조화롭게 결합되어 완성되어야 할 가능태로서의 성격을 지닌다. 순자는 타고난 그대로 노력이 필요 없다는 의미에서 욕欲만을 성性으로 규정하고, 지知는 사려할 수 있는 능력이므로 계속 키워 나가야 할 것이라고 하였으며, 의義는 행行을 통해서 이루어져야만 되는 목표로 본다. 따라서 그의 인성론 안에는 선천적인 도덕 지향성이 결여되어 있는 것처럼 보이지만, 반대로 그의 공부론은 맹자보다도 더욱 적극적이고 창조적인 성격을 지닌다.[21] 바로 이 점을 파악해야만 순자의 사상 구조를 제대로 이해할 수 있다.

순자는 가능태로서의 인간 능력과 현실태로서의 결과를 한가지 용어로 표현했기 때문에 그의 인간론은 이중 구조를 내포하게 되었다. 그런데 여기서 중요한 점은 순자가 가능태보다도 현실태를 더욱 중시했기 때문에 가능태로서의 인간의 인식 능력이나 행위 능력에 대해서는 직접적인 언급이 별로 없는 대신에, 사려와 선택을 통해 이루어지는 의僞, 곧 인간의 도덕적 행위 및 인격 형성에는 지대한 관심을 표명했다는 점이다. 그리고 그의 인성人性 개념 또한 실제로는 두 개의 원을 그리고 있다. 곧 그 자신이 성性이라고 정의한 좁은 의미의 성性과, 그의 인간 구조가 우리에게 제시하는 넓은 의미의 성性이 그것이다. 보통 순자가 인간의 성性에 대해 말할 때에는 근본적인 욕망欲望만을 지칭하는 협의의 성性을 가리키지

人者, 謂之知. 知有所合謂之智, 智所以能之在人者, 謂之能. 能有所合, 謂之能. 性傷謂之病, 節遇謂之命. 是散名之在人者也."

21) 김승혜, 『원시유교』(민음사, 1990), 235쪽 참조.

만, 인간 모두가 보편적으로 어떤 구조를 지니고 있다고 말할 때에는 욕欲뿐만 아니라 인식능력인 지知와 행위능력인 능能까지를 포함한다.

> 인간의 재성材性과 지능知能은 군자나 소인이나 한가지이다. 영예를 좋아하고 굴욕을 싫어하며, 이익을 좋아하고 손해를 싫어하는 것은 군자나 소인이나 같은 것이다. 단지 그것을 구하는 바의 길이 다른 것이다. 소인들은 늘 거짓을 말하면서 남이 자기를 믿어 주기를 바라고, 늘 속이면서 남이 자기를 가까이 사귀어 주기를 바라며, 금수의 행동을 하면서 남이 자기를 선하다고 보아 주기를 원한다. 소인이 사려하는 데에서는 지知를 발견하기 어렵고, 소인의 행동 속에서는 편안함을 보기 힘들다.…… 그러나 소인의 지능知能을 잘 살펴보면 그보다 많은 것을 알기에 족하고 군자의 행위를 하기에 충분하다.22)

군자와 소인의 지知와 능能이 같다는 말은 지(인식능력)와 능(행위능력)이 가능태로서 누구에게나 선천적으로 내재해 있다는 뜻이다. 다만 가능태로서만 주어진 것이기 때문에 순자는 "사람은 나면서는 원래 소인小人이었다"23) 했고, 누구나 그 능력을 키워야 됨을 강조하였다.

비록 가능태이긴 하지만 태어나면서부터 모든 사람에게 지와 능의 능력이 있다는 것은 지와 능 역시 욕欲과 더불어 넓은 의미의 성性 개념 안에 포함시켜야만 비로소 순자의 인성론을 제대로 이해할 수 있다는 것을 의미한다. 이러한 이해가 전제된 다음에야 순자가 "성性이란 내가 어떻게 할 수 없는 것이지만, 변화될 수 있는 것"24)이라고 화육化育의 가능성을

---

22) 『荀子』, 「榮辱」, "材性知能, 君子小人一也. 好榮惡辱, 好利惡害. 是君子小人之所同也. 若其所以求之道則異矣. 小人也者, 疾爲誕而欲人之信己也. 疾爲詐, 而欲人之親己也. 禽獸之行, 而欲人之善己也. 慮之難知也, 行之難安也.……故孰察小人之知能, 足以知其有餘, 可以爲君子之所爲也."
23) 『荀子』, 「榮辱」, "人之生固小人."
24) 『荀子』, 「儒效」, "性也者, 吾所不能爲也, 然而可化也."

제시한 근거를 파악할 수 있다. 다시 말해서 태어난 그대로 내가 어떻게 할 수 없는 것이 성性이라는 순자의 성性 개념은 협의의 성性으로서 욕망만을 지칭하기 대문에 도덕적 방향성을 결여하고 있고, 이 점에서 고자告子의 성性 개념과 같은 것처럼 보인다. 그러나 넓은 의미의 성性 개념을 적용할 때 순자의 인간 구조, 곧 인성론 안에는 욕강뿐만 아니라 도道를 알 수 있는 인식 능력과 그에 합치되는 행동을 할 수 있는 행위 능력을 포함하고 있음으로 모든 인간은 화육될 수 있는 내적 요인을 자기 안에 잠재적으로 지니고 있는 것이다.25)

이처럼 순자가 인성을 이중적인 구조로 파악하는 이유는 두 가지로 설명할 수 있다. 첫째는 당시의 사회적 혼란을 설명해 내기 위해서이다. 인간의 본성이 선한 것이라면 당시와 같은 극심한 혼란이 계속되는 이유를 제대로 설명할 수 없다. 또 원래는 선하지만 외부의 환경이나 이기적인 욕심에 가려져서 선한 본성을 드러내지 못한다고 설명한다 하더라도 현실과는 너무 거리가 먼 공허한 소리로 들리게 되니 설득력이 약할 수밖에 없었을 것이다. 따라서 순자는 인간의 욕망을 근본적인 것으로 인정하고, 이 이기적인 욕망이 당시의 사회적 혼란을 가져온 가장 근본적인 이유라고 설명해 낸다. 이러한 설명은 맹자의 성선설에 비해 현실적인 설득력을 가질 수 있었을 것이다.

둘째는 사회적 효용성의 문제와 연관된다. 순자의 궁극적인 목표는 사회적 안정을 이루기 위한 정치 철학의 건립에 있었다. 순자에게 정치란 결국 백성을 잘 통치하는 것이다. 이를 위해서는 통치의 대상인 일반백성들에 대한 올바른 이해가 필수이다. 순자는 통치의 핵심을 인간의 욕망을

---

25) 김승혜, 『원시유교』(민음사, 1990), 239쪽 참조.

통해 이해하였다. 즉 백성을 필연적으로 욕망을 갖는 존재로 보고, 그들을 구체적 관리의 대상으로 만들 필요가 있었던 것이다. 인간의 본성이 악하다는 주장은 통치의 시각에 아주 유용하다. 한 마디로 통치의 시각에서 보면 성선설보다는 성악설이 사회적 효용성을 가진다.

인간을 악하다고 규정하면 인간은 통제할 필요가 있는 존재가 된다. 그런데 여기에는 통제의 수단과 주체가 있어야 한다. 순자는 통제의 수단을 예의禮義로 보고, 통제의 주체를 성인聖人(현실적으로는 군왕)으로 보았다. 이러한 이론적 구조로 인해 백성들을 통제하고 관리할 수 있는 방법이 확립되는 것이다. 따라서 순자가 말하는 성인도 도덕적 측면보다는 사회적 유용성이라는 측면에서 더욱 절실히 요구되는 존재로 볼 수 있다.

또 한 가지 순자가 성위지분性僞之分을 주장한 것은 궁극적으로 성위지합性僞之合을 강조하기 위해서이다.[26] 순자는 「예론」에서 이렇게 말하고 있다.

> 인간의 본성은 근본이고 아무것도 손대지 않은 소박한 그대로이며, 인위적인 것은 문리文理가 융성한 바로 그것이다. 만일 인간의 본성이 없다면 인위적인 노력은 더할 곳이 없고, 또 인위적인 노력이 없다면 인간의 본성은 아름다워질 수가 없다. 성性과 위僞가 합성한 연후에야 성인의 이름이 이루어지고 천하를 통일시키는 공功이 성취된다. 그러므로 천지가 합하여 만물이 생기고 음양이 접하여 변화가 일어나듯이, 본성과 인위가 결합되어야 천하가 다스려진다.[27]

---

[26] 순자는 「性惡」에서는 性僞之分을 말하고 있고 다른 곳에서는 性僞之合을 강조하고 있다. 이것은 두 가지 점에서 논의해 볼 수 있는데 하나는 순자의 사상 자체가 이중적인 구조를 가지고 있다는 점에서 문제될 것이 없다는 시각이다. 다른 하나는 「性惡」이 원래 「雜篇」에 들어 있던 부분이고 인간을 이해하는 관점에서도 순자의 다른 부분보다 더 단순하고 부정적이므로 「性惡」 자체가 순자 자신의 사상을 반영한다기보다는 법가사상에 기울어진 그의 후학에 의해 쓰였고, 후학들의 글을 모은 「雜篇」 중의 하나로 『순자』에 첨가되었을 것으로 보는 시각이다.

인간이 태어난 상태로의 모습과 사려와 행동을 통한 노력이 합해지는 것을 자연계의 천지天地와 음양陰陽의 결합에 비유함으로써 순자는 성위지합이 위장이거나 인위적인 것이 아니라 마땅히 이루어져야 할 자연스러운 것이라고 하였다. 그리고 순자가 성性과 위僞가 결합되어야 함을 말할 때, 한 개인이 자신의 욕망에 찬 마음을 예禮에 따라서 키우고 조절해야 된다는 수신론修身論에 머무는 것이 아니라, 이 둘의 결합에 의해서만 인간 집단이 형성될 수 있다는 사회 정치론까지 포함하고 있음을 볼 수 있다.

순자의 인성론은 이중적인 구조를 지닌다. 순자는 성위지분의 관점에서 인간의 본성을 욕망으로 한정한다. 그런데 이 본성을 그대로 따르게 되면 필연적으로 사회적 혼란, 즉 악의 상태가 초래되므로 성인의 인위적인 예법에 따른 사회적 통제가 필요하게 된다. 이처럼 사회적 통제의 수단으로서 예禮를 강조하기 위해서는 본성을 악한 것으로 규정할 필요가 있으며, 이 필요에 의해 성악설이 등장하였던 것이다.

그러나 더 넓은 의미에서 인성을 보게 되면, 인간은 욕망뿐만 아니라 인식 능력과 행위 능력도 선천적으로 가지고 있다. 이에 따라 성性과 위僞의 조화를 추구하게 되는 것이다. 이른바 성性을 변화시켜 인위人爲를 일으키는 것은 성인의 역할이며, 성인은 예의와 법도를 제정한다. 이 성인의 예의와 법도로써 인간의 본성인 욕망을 추구하는 것을 인도하고 절제하게 된다. 이리하여 성性과 위僞의 조화로운 결합이 이루어지게 되는데 이것이 바로 순자가 말하는 성위지합이다.

---

27) 『荀子』, 「禮論」, "性者本始材朴也, 僞者文理隆盛也. 無性則僞之無所加, 無僞則性不能自美, 性僞合, 然後聖人之名一天下之功於是就也. 故曰, 天地合而萬物生, 陰陽接而變化起, 性僞合而天下治."

3. 순자의 공부론

1) 적려능습積慮能習

순자는 인간의 욕망을 자연스러운 것으로 긍정하는 태도를 보인다. 하지만 이 욕망이 사회에서 드러날 때는 필연적으로 혼란을 가져오게 된다. 이처럼 인간이 본성에 따라 행동할 때, 그 결과는 악惡으로 나타난다. 그러므로 악을 선으로 교화하려면 예의에 의한 인위적 통제가 필요하다. 이것이 바로 화성기위化性起僞이다. 즉 순자는 본성을 변화시키고 인위를 일으키는 것이야말로 사회적 혼란을 극복할 수 있는 방법으로 보았던 것이다. 그렇다면 무엇으로 인위를 일으킬 수 있는가? 개인적으로는 심心의 인식 작용(思慮)을 통해서이며, 사회적으로는 '수많은 개인이 사려를 통하여 만들어 낸 업적을 배우는 것'(學)을 통해서이다. 따라서 개인의 심心이 사회 속에서 체계화된 것이 바로 학學이다. 그러므로 학學의 대상은 선인들의 사려로 이루어진 구체적인 원리인 예의禮義이며, 학學의 궁극적인 목표는 바로 성인聖人이 되는 것이다.

순자에게 성인은 공자나 맹자와 같은 도덕적 관심에서가 아니라 사회적 관심에서 논구된다. 순자의 성인관은 도덕적 인격의 완성자가 아니라 사회적 관리자로서의 성격을 강하게 지닌다. 즉 순자는 유용성 혹은 효용성의 관점에서 이상적인 사회를 만드는 데 필요하다고 여겨 성인을 등장시킨 것이다. 인간의 특성인 사회를 적절하게 관리할 수 있는 사람이 바로 순자가 말하는 성인이다. 따라서 순자에게 성인은 공자나 맹자와 달리 심心의 인식 능력을 최대한 확장시켜 인위人爲 즉 예의를 실천하는 사람이다.

인위란 마음속에서 깊이 사려한 후에 이것이 행동으로 나타나는 것으로, 이 사려가 쌓이고(積慮) 행동이 습관화되어 익숙해진 것(能習)을 말한다. 앞에서 살펴보았듯이 순자의 인간 구조라고 할 수 있는 성性, 지知, 능能의 세 측면 중에서 성性과 지知는 비교적 많이 논의되어 왔으나 능能에 대한 설명은 별로 찾아볼 수가 없다. 그러나 순자가 지知의 완성 역시 능能에 의해 실제로 행해졌을 때 비로소 실현되는 것이라고 보았다는 점에 주목할 필요가 있다. 이런 면에서 성위지합性僞之合은 생生에 대한 욕망을 지닌 소박한 인간 본성에서 시작하여 지知의 사려가 가미될 뿐만 아니라 지知가 옳다고 판단한 것을 능能이 실천함으로써, 성性과 지知와 능能이 각자의 역할을 다하였을 때 비로소 완성된다고 하겠다. 그래서 순자는 "배움이란 실천되었을 때 비로소 그치는 것이다. 그것을 행했을 때 밝게 이해하게 되고, 밝게 이해하면 성인이 되는 것이다"[28]라고 하였다. 그런데 이 능能의 작용을 표시하는 용어로 '적積'을 사용하는데 순자는 흙이 쌓이면 산이 형성되고 물이 모이면 냇물과 바다가 이루어지듯이, 선善을 쌓아서 덕德(僞)을 이루면 신묘한 밝음이 스스로 얻어져서 성인의 마음이 구비될 것이라고 말한다.

순자는 덕德의 실천이 일시에 이루어지는 것이 아니라 꾸준히 노력함으로써 점차적으로 쌓이는 것이라는 점을 중시하였다. 그러므로 재능이 부족한 사람이라도 쉬지 않고 계속 노력하는 것에 성공의 비결이 있다고 하였다. 순자는 중국 고대 사상가 중 어느 누구보다도 노력의 중요성을 강조한 사람이고, 이런 면에서 인간의 가능성을 신뢰하였던 공자의 사상을 충실히 발전시켰다고 할 수 있다. 그래서 순자는 "성인이란 인간이 쌓아

---

28) 『荀子』, 「儒效」, "學之於行之而止矣. 行之明也, 明之爲聖人."

올려서 된 것이다"29)라는 결론을 내렸다. 그리고 쌓아올린 정도에 따라서 인간 이상상理想像의 발전적 유형을 확립하였다. 이에 사士에서 군자君子로, 군자에서 성인聖人으로 나아가는 단계가 성립된 것이다.

> 법法을 좋아하여 행하는 사람이 사士이고, 뜻을 돈독히 하여 그것을 체득하는 사람이 군자이며, 편벽됨이 없이 전체를 밝게 통찰하여 막히는 데가 없게 된 사람이 성인이다.30)

사士가 배우기를 시작한 초보 단계의 학자를 지칭한다면, 군자는 굳은 의지로 그것을 자신의 행동 속에 구체화한 사람으로서 그만큼 도道에 가까워진 사람을 가리킨다. 성인은 그 이상의 인위적 노력이 필요 없을 만큼 모든 것을 이해하여 넓고 인자하게 된 지인至人을 가리킨다. 완벽한 인위 즉 예의 실천자를 말한다. 그런데 여기에서 한 가지 중요한 사실은 성인이 되기까지의 과정에서는 지속적인 쌓음(積)을 강구하여 인위적인 노력을 중시하였지만 성인에 도달한 상태는 오히려 도가道家의 성인, 즉 지인至人과 매우 흡사하게 무위적無爲的 성격을 띠고 있다는 것이다.

노자나 장자는 성인이 다스리는 이상 사회를 희구했다는 점에서 유가와 공통점을 가지지만, 예법禮法에 얽매이지 않고 자신의 공적과 이름을 남기려 하지 않는 무위無爲 정치를 주장했다는 점에서는 유가와 현격한 차이를 갖는다. 그런데 유가 중 누구보다도 예禮에 따른 정명正名과 적積과 위僞를 강조한 순자의 성인이 무위의 인물로 묘사된다는 것은 놀라운 일이다.

---

29) 『荀子』, 「性惡」, "故聖人者. 人之所積而致也."; 「儒效」, "聖人也者. 人之所積也."
30) 『荀子』, 「修身」, "好法而行, 士也. 篤志而禮, 君子也. 齊明而不竭, 聖人也."

무릇 미묘한 상태에 이른 사람은 지인至人이다. 지인이라면 어찌 힘쓸 것이 있겠으며 인내해야 하고 위태로운 바가 있겠는가! 그러므로 탁명濁明이란 밖에서만 빛나는 것이고, 청명淸明이란 안에서 빛나는 것이다. 성인은 그 원하는 바를 따르고 자기의 정情을 다 겸비하되 리理에 따라 정도에 알맞은 것이다.…… 그러므로 인자仁者가 도道를 행하는 데에는 억지가 없다.…… 이것이 곧 마음을 다스리는 도道이다.31)

인자仁者와 지인이 무위에 이른 것은 안으로부터 그 마음이 청명淸明한 상태에 다다라서 목표에 도달했기 때문이다. 순자는 도道로 밝아진 심心의 상태를 '대청명大淸明'이라고 불렀다. 여기서 순자는 도道의 성격에 있어서 도가와 큰 차이를 보인다. 도가의 도道가 우주적 원리이며, 인간은 그것의 무위자연無爲自然을 배우고 본받아야 하는 데 비하여, 순자의 도道는 인류으로서 청명해진 성인의 마음에서 체득되는 체禮이다. 따라서 인간이 관심을 두어야 할 곳은 천지도天之道가 아니라 바로 치심治心의 도道라는 것을 강조한 면에서 순자의 도道 사상은 지극히 유가적이라고 해야 한다. 다시 말해서 천지와 하나가 된다는 궁극적 목표에 있어서는 동일하고 달성된 상태의 지극함도 유사하지만, 도가와 순자가 설명하는 수양의 과정은 상반된다. 도가가 자연 중심적으로 사고하고 있다면 순자는 너무도 인간 중심적으로 사고하고 있는 것이다.

2) 심心의 대청명大淸明

인간은 원하기만 하면 누구나 다 성인이 될 가능성이 있다는 점에서

---

31) 『荀子』, 「解蔽」, "夫微者至人也. 至人也, 何疆何忍何危. 故濁明外景, 清明內景. 聖人縱其欲兼其情, 而制焉者理矣……故仁者之行道也, 無爲也……此治心之道也."

맹자와 순자의 견해는 일치한다. 그러나 맹자가 인간의 본성이 선하기 때문에 그 본성인 적자지심赤子之心을 회복하기만 하면 누구나 다 요순과 같은 성인이 될 수 있다고 주장하는 데 비해 순자는 인간이 본래 심心이라는 인지 능력을 가지고 있기 때문에 어떤 사람이든지 다 우임금과 같은 성인이 될 수 있다고 주장한다. 순자에게서 성인은 예禮를 완전히 몸에 익혀서 그 예禮의 실천을 자연스럽게 해낼 수 있는 사람으로 정의된다. 즉 완벽한 인위의 실천자로 이해할 수 있을 것이다. 이러한 성인은 그 심心이 대청명大淸明의 상태에 도달한 사람이다. 그러면 가려진 모든 장애를 제거함으로써 도달하게 되는 심心의 대청명이란 어떤 상태를 말하는가?

심心은 태어나면서부터 인간이 가지고 있는 기관이라는 측면에서는 성性과 동일하지만 아무런 노력 없이 자연스럽게 표출되는 욕망과는 다른 성질을 가진다. 심心은 생득적인 기관이면서 동시에 인식, 사려, 판단이라는 이성적인 능력을 갖추고 있으며, 따라서 조절과 통제의 능력을 가지고 있다. 이런 이성적인 능력으로 인하여 심心은 인위적인 예의를 만들어 낸다.

> 마음이란 형체의 임금이다. 그리고 신명神明의 주인이다. 명령을 내릴 수는 있지만 명령을 받는 데가 없다. 스스로 금지하고, 스스로 빼앗고, 스스로 취하고, 스스로 가고, 스스로 멈춘다. 그러므로 입은 겁을 주어 아무 말도 못하게 할 수 있고 형체는 겁을 주어 오그렸다 펴게 할 수는 있지만, 마음은 겁을 주어 뜻을 바꾸게 할 수 없다. 옳다고 여기면 그것을 받아들이고, 그르다고 여기면 그것을 사절한다.32)

---

32) 『荀子』, 「解蔽」, "心者, 形之君也, 而神明之主也. 出令而無所受令, 自禁也, 自使也, 自奪也, 自取也, 自行也, 自止也, 故口可劫而使墨云, 形可劫而使詘申, 心不可劫而使易意, 是之則受, 非之則辭."

이처럼 순자는 심心의 주재 능력을 강력히 주장하였다. 심은 인간 자신과 외부 사물을 다스리는 역할을 수행하며, 물질에 구속되지 않고 자발성과 자율성을 특징으로 가진다. 육체의 임금이며, 정신의 주체로서의 지위를 갖는 심心은 어느 쪽에도 치우치지 않고 전체적인 통찰을 통한 사물에 대한 인식을 기반으로 하여 객관적인 판단을 내릴 수 있게 된다.

맹자는 심心과 성性을 뚜렷이 구분하지 않았다. 따라서 맹자가 말하는 심心은 곧 도덕성을 의미하는 것이었다. 이에 비해 순자는 심心과 성性을 뚜렷이 구별하였고, 또 심心은 성性을 제어하는 기능을 가진다고 보았다. 심心은 더 나아가 객관적인 이치나 도리를 명확히 인식하는 인식적인 성격을 띠고 있다. 뿐만 아니라 순자의 심心은 오관을 통한 감각적 경험을 인식하는 기능도 가지고 있다.33) 순자는 양지양능良知良能을 인정하지 않는다. 순자는 인간의 가능성으로서의 능력은 언제나 후천적인 학습을 쌓음으로써 현실적으로 유능하게 발휘된다고 생각하였다. 인위는 마음의 판단 기능(慮)을 거치고 능력이 습득된 뒤에 생기는 것으로, 결국 모든 것은 심心에 달려 있다고 본 것이다.

순자는 도道로 밝아진 심心의 상태를 '대청명'이라고 불렀다. 대청명이란 모든 편벽됨과 가리워짐이 없이(解蔽) 비워진 상태이며, 우주의 이치를 통달하여 천지의 화육化育에 동참할 수 있고, 모든 변화에 처할 수 있는 지극한 성인의 경지를 가리킨다. 이러한 대청명의 상태는 단순히 지知와 사려만으로 되는 것은 아니다. 대청명의 상태에 도달하기 위해서는 허일이정虛壹而靜의 실천적 공부가 필요하다.

비워지고 하나로 전일해져서 고요해지니 이를 일컬어 대청명大淸明이라고 한

---

33) 김형효, 『맹자와 순자의 철학사상』(삼지원, 1990), 219~220쪽 참조.

다. 만물이 그 형태가 보이지 않는 것이 없고, 보면 설명하지 못할 것이 없으며, 설명하게 되면 그 위치를 잃음이 없다. 방에 앉아 있으면서도 사해四海를 보고 있고, 지금에 처해 있으면서도 영원한 것을 논한다. 만물을 막힘없이 바라보고 그 실정을 알며, 치란治亂을 헤아려서 그 법칙을 통달하여 안다. 천지를 순서에 따라 알맞게 경영하여 만물을 적절히 관리하며, 큰 이치를 제대로 적용하며 우주 안에 머무른다.34)

허虛라는 것은 과거의 모든 기억을 마음에 간직하면서도 새로운 것을 받아들이기를 거부하지 않는 마음의 상태를 말한다.35) 인간의 마음에는 언제나 기존에 배워온 지식들이 저장되어 있다. 이 기존의 지식으로 인해 편견이 생기게 되고, 편견이 생기면 한편으로 치우치기 쉽다. 이렇게 되면 마음은 공정성을 잃어버리고 만다. 따라서 전체적이고 포괄적인 지식을 가지려면 마음을 비워 두어야 한다. 그러나 이때의 비어 있다는 것은 그냥 텅 빈 상태를 의미하는 것이 아니다. 기존의 기억들은 여전히 존재하되, 그것들이 새로운 것을 받아들이는 것을 방해하지 않는 상태를 의미한다. 즉 특정한 사물이나 관념에 고정되어 있지 않은 자유로운 마음의 상태를 허虛라고 하는 것이다.

일壹이라는 것은 마음이 그 인식 능력으로 많은 것을 구별하여 알면서도 이것으로 저것을 해치지 않고, 유기적인 통일성 속에 모든 것을 하나로 묶을 수 있는 일이관지一以貫之를 가리킨다.36) 인간의 앎이란 결국

---

34) 『荀子』, 「解蔽」, "虛壹而靜, 謂之大淸明. 萬物莫形而不見, 莫見而不論, 莫論而失位 坐於室而見四海, 處於今而論久遠. 疏觀萬物而知其情. 參稽治亂而通其度. 經緯天地而材官萬物. 制割大理, 而宇宙裏矣."
35) 『荀子』, 「解蔽」, "人生而有知, 知而有志, 志也者臧也. 然而有所謂虛不以所已臧, 害所將受, 謂之虛."
36) 『荀子』, 「解蔽」, "心生而有知, 知而有異. 異也者同時兼知之, 同時兼知之, 兩也. 然

이것과 저것을 구별하는 것을 말한다. 그런데 다양한 사물의 차별성만으로 앎이 구성된다면 그 앎을 제대로 통제할 수는 없다. 따라서 하나의 통일성 아래에서 이것과 저것을 구별할 수 있어야만 효과적으로 그 앎을 이용할 수 있게 된다.

정靜이라는 것은, 항상 움직이면서도 상상이나 잡념에 사로잡히지 않고 고요한 상태를 유지함으로써 도道를 정확히 보고 바른 판단을 할 수 있는 동적動的인 고요함을 말한다.[37] 인간의 마음은 잠시도 정지해 있지 않고 계속 움직인다. 그러나 허虛와 일壹로써 고요함을 유지한다면 외부의 사물에 이끌리지 않고 객관적인 지식을 습득하고 올바른 판단을 내릴 수 있게 된다.

빈 마음을 간직하면 도道를 제대로 인식하여 받아들일 수 있고, 하나로 통일된 통찰력을 지니고 있으면 치우침이 없이 온전하게 도道를 이해할 수 있다. 또한 고요한 마음 상태를 유지하고 있으면 정확하게 판단할 수 있으므로 도道를 완전히 따를 수 있다. 이처럼 마음이 허일이정虛壹而靜한 상태를 순자는 대청명大淸明이라고 불렀던 것이다.[38] 대청명의 상태에서 심心은 성性과 체禮를 연결시켜 주는 매개체로서 체禮를 인식하게 되는 근거를 제공한다.

而有所謂一, 不以夫一害此一, 謂之壹."
[37] 『荀子』, 「解蔽」, "心臥則夢, 偸則自行, 使之則謀, 故心未嘗不動也. 然而有所謂靜, 不以夢劇亂知, 謂之靜."
[38] 순자가 말하는 '虛壹而靜', '大淸明' 등은 도가에서 빌려 온 개념들이다. 그러나 도가에서는 無爲를 위한 '損之'의 방법으로서 소극적인 의미를 지닌다면, 순자는 이것을 유가적 이념과 결부시켜 인격 완성을 위한 중요한 방법으로서의 적극적인 의미로 사용하고 있다. 성태용, 「심성론, 예론과의 관련 아래서 본 순자의 수양론」,(한림대학교 『태동고전연구』 5집, 1989), 220~224쪽 참조.

4. 현실태와 가능태

인간의 본성을 이해하는 순자의 방식은 이기적인 욕망을 근원적인 것으로 인정하는 것에서부터 출발한다. 물론 여기에는 현실에 나타난 사회적 악惡의 근원을 해명하고, 후천적이고 인위적인 '예禮'를 통해 사회질서를 확립하고자 하는 의도가 깔려 있다. 극단적으로 혼란한 당시의 상황 속에서 맹자처럼 공허한 인간의 내면적 도덕성에 의지하는 것은 실제적 효용성을 기대할 수 없다고 여겼다. 이는 곧 현실 세계에 부합하고 직접 적용하여 실효를 거둘 수 있는 구체적인 방안을 제시해야 한다는 의식에서 기인한다. 그래서 순자는 자신의 학설이야말로 "앉아서 말하지만, 일어나서 적용할 수 있고 펼쳐서 시행할 수 있다"[39]라고 주장한다. 그러나 이것은 동시에 순자 인성론의 중요한 모순점으로 지적될 수 있다. 즉 인간의 본성 자체가 욕망을 지니고 있고, 이 욕망은 필연적으로 악惡으로 흐를 수밖에 없다면 후천적인 학습에 의해 형성된 사회적 선善은 어디까지나 이차적인 것이며, 정당한 근거를 확보하기 어렵게 된다. 따라서 그동안의 순자 인성론에 대한 비판은 주로 여기에 초점이 맞추어져 있었던 것이다.

그러나 순자가 인간의 성에 대해 말할 때는 이중적인 구조를 지니고 있다. 좁은 의미의 성에 대해 말할 때는 근본적인 욕망을 지칭하지만 더 넓은 의미에서 성을 말할 때는 욕망뿐만 아니라 인식능력인 지知와 행위능력인 능能까지를 모두 성性의 영역으로 포괄한다. 다만 욕망이 현실태로서 드러나 있는 것이라면 지知와 능能은 가능태로서 인간에게 주어져 있

---

[39] 『荀子』, 「性惡」, "故坐而言之, 起而可設, 張而可施行."

는 것이다. 따라서 욕망을 극복하고 사회적 선을 실현하기 위한(化性起僞) 능력 역시 일차적으로 인간에게 주어져 있으므로, 이를 실현하기 위해 적극적인 공부론이 필요한 것이다.

위僞란 마음속에서 깊이 사려한 후에 행동으로 나타나는 것으로, 이 사려가 쌓이고 행동이 습관화되어 익숙해진 것(積慮能習)을 말한다. 그러므로 꾸준한 노력을 통해 점차적으로 쌓아 가는 것이 중요하고, 무엇보다 그것을 실천할 수 있는가 하는 것이 중요한 기준이 된다. 지知의 인식능력을 통해 사려가 쌓이고, 능能의 행위능력을 통해 자연스럽게 몸으로 실천할 수 있을 때, 바로 성인으로 나아가는 길이 열리는 것이다.

또 다른 측면에서 공부란 근원적인 욕망에 의해 가려지고 왜곡된 모든 것을 바로잡는 것(解蔽)을 의미한다. 그 구체적인 방법으로 제시된 것이 바로 허虛와 일一과 정靜의 방법이다. 즉 사람의 마음속에는 기본적인 인식 능력 이외에 허일이정虛一而靜의 특수한 능력이 있기 때문에 새로운 단계로의 질적인 변화가 가능하다. 이러한 질적 변화로 인해 심心이 대청명大淸明의 상태에 도달할 수 있는 것이다. 이 대청명은 순자 공부론의 정점이며, 성인의 경지를 뜻한다.

장재의 공부론

장윤수

1. 장재와 공부론

공부工夫라고 하는 말은 다의多義적이지만, 여기서는 주로 완전한 인격에 이르기 위하여 덕행을 쌓고 행실을 닦는다는 성리학적 의미로 사용하기로 하겠다.[1] 이러한 의미에서 장재張載(1020~1077) 공부론의 요체는 대심론大心論이다.

장재 철학에서 심心은 성性으로, 성性은 기氣로 연결된다. 즉 장재 철학을 일반적으로 기氣철학이라고 말하는데, 기氣의 개념을 특히 인간에게

---

1) 漢語大辭典編輯委員會,『漢語大辭典』 2卷(上海 漢語大辭典出版社, 1988), 952쪽 참조. 工夫는 功夫오 혼용하여 쓰기도 한다. 성리학적 의미의 공부론은 누구보다도 주희에 의해 강조되었다. 주희는 일찍이 "謹信存誠은 내면의 공부로서, 이것은 자취가 없다"(『朱子語類』 권69)라고 하였으며, 또한 임종에 즈음하여 제자들에게 "堅苦의 공부를 하라"고 권유하기도 하였다.

적용시키면서 성性의 개념으로 그 의미가 확장된다. 그리고 성性의 개념은 개별 인간의 도덕적 수양인 공부론과 관련해서 심心의 개념으로 확장된다. 결국 장재에게서 '대심大心'이란 '복기성復其性'과 '복기초復其初', 즉 심心이 성性과 기氣에로 회복되어 가는 방법이며, 모든 공부의 핵심이라고 할 수 있다. 먼저 심心의 다의성多義性을 논하는 데서부터 논의를 시작해 보자.

동서고금을 막론하고 심心은 다의적으로 쓰였다. 중국의 경우, 사유하는 감각기관 가운데 하나인 지각 작용으로 심心을 이해하는 예가 있고, 또 여러 감각기관을 통괄하는 주체로 이해하는 예도 있다. "귀나 눈 같은 기관(耳目之官)은 생각하지 못하므로 외부사물에 의해 가려진다.…… 심心이라는 기관(心之官)은 생각한다"[2]라고 하는 것이 전자의 예라면, "심心은 몸에 있어서 임금과 같고, 아홉 구멍(눈·코 등의 감각기관)이 각각 기능이 있는 것은 국가에 관직이 나누어져 있는 것과 같다. 심이 바른 도道에 거처하면 아홉 구멍이 이치를 따르게 되고, 심에 욕망이 가득 차면 눈은 보아도 보이지 않고 귀는 들어도 들리지 않는다"[3]와 "귀·눈·코·입·몸이 바깥사물에 접촉하면 제각기 맡은 작용이 있어서 서로 동요되지 않는다. 이것을 '선천적으로 타고난 기관'(天官)이라 한다. 심心은 몸 가운데 텅 빈 곳에 거처하며 이 다섯 기관을 다스린다. 이것을 '선천적으로 타고난 주인'(天君)이라 한다"[4]라고 하는 것은 바로 후자의 대표적 예가 된다. 그리고 주관적 관념론자들의 경우에는 심心을 개인의 의식으로, 세계의 근원으로, 행위의 주체로 또한 모든 현상을 만들어 내는 본질로 이해한다. "우

---

[2] 『孟子』, 「告子上」, "耳目之官, 不思而蔽於物.……心之官則思."
[3] 『管子』, 「心術上」, "心之在體, 君之位也. 九竅之有職, 官之分也. 心處其道, 九竅循理, 嗜欲充盈, 目不見色, 耳不聞聲."
[4] 『荀子』, 「天論」, "耳目鼻口形能, 各有接而不相能也, 夫是之謂天官. 心居中虛, 以治五官, 夫是之謂天君."

주가 곧 내 '마음'5)이요, 내 '마음'이 곧 우주이다"6)라고 하는 육구연陸九淵(1139~1193)의 말과 "천하에는 '마음' 밖의 사물이 없다"7)라고 하는 왕수인王守仁(1472~1528)의 말이 그 대표적인 예이다.

전자가 심心의 '작용적 측면'을 의미한다면, 후자는 심의 '본체적 의미'를 뜻한다. 심의 의미와 관련하여 가장 주목되는 특징과 난점은 바로 심의 의미가 '본체'(體)와 '작용'(用)이라는 이중적 의미로 쓰이고 있다는 점이다. 즉, 심心에 있어서 그 심을 쓰는 주체도 심이요, 심이 쓰는 작용도 심이라는 사실이다. 바로 이러한 현실 때문에, 우리에게 익숙한 '심心'에 관한 사전적 정의에는 체體와 용用의 의미가 복합적으로 사용되고 있다. 이 문제와 관련하여 필자의 의도는 이러하다. 우선, '심心'의 의미가 체·용의 변증법적 이중성을 띠고 있다는 점을 인정하면서, 그러한 구도가 장재 철학에서 심心-성性이라는 이중 구조의 의미로 읽힐 수 있다는 점을 확인한다. 그리고 장재 철학에서 공부의 목표가 심心을 통한 성性의 회복이며, 그 관건이 바로 대심大心이라는 점을 해명하고자 한다.

2. 성론

장재의 철학은 크게 기론氣論, 성론性論, 심론心論의 세 부분으로 나누어

---

5) '心'은 '마음'이라는 순수 한글로 풀이하는 경우가 훨씬 자연스럽고 事態에 적합할 때가 많다. 그러나 이 글에서는 '大心'이라는 우리의 주제를 좀 더 선명하게 부각시키고, 또한 표현의 일관성을 유지하기 위해 '心'으로 통일시켜 표기하기로 한다. 단 '心'으로 표기할 경우 지나치게 어색한 때에 한해서만 '마음'으로 쓰도록 한다.
6) 『象山全集』, 「雜說」, "宇宙便是吾心, 吾心卽是宇宙."
7) 『傳習錄』, 권下, "天下無心外之物."

진다. 세 부분은 각각 별도의 영역을 이루지만, 논리적으로는 하나의 고리를 이루고 있다.

장재는 기氣로써 세계와 인간을 이해하려고 하였다. 그러나 장재 철학의 특징은 '기란 무엇이냐'를 물은 데 있지 않고, '기로써 무엇을 설명하려고 했는가'라는 점이 중요하다.[8] 즉 장재는 불가佛家의 심성론에 대항하기 위해 유가의 전통적 존재론과 심성론의 통일을 꾀한 것이다. 그리고 통일의 매개자 역할을 기氣에다 부여한다. 장재는 『주역』의 "궁리진성窮理盡性"[9]을 예로 들어 '궁리窮理'와 '진성盡性' 간에 논리적 필연성을 확보하고자 애쓰며, 이것으로써 불가의 심성론을 비판한다.

> 유자儒者는 궁리한다. 그러므로 솔성率性을 도道라고 말할 수 있다. 불교도는 궁리할 줄 모르면서 스스로 진성盡性한다고 하니 그 학설은 미루어 행할 것이 못 된다.[10]

즉 장재는 '기의 존재 해명'(窮理 ; 窮氣)에 의해 '본성을 살필 것'(盡性)을 요구한다. 이 둘은 밀접한 연관을 가지며, 결국 궁리는 진성을 목표로 할 수밖에 없다는 것이다. 장재는 이 점에서 불가와 유가의 공부론이 궁극적으로 다르다고 보았고, 그래서 자신의 공부론에 있어서는 '심성론'(盡性)의 근거를 '기론'(窮理)에 두었던 것이다. 그렇지만 장재 역시 궁리보다는 진성을 강조한다. 그에게 궁리는 수단이고 진성은 목적이다.[11] 그렇다면

---

8) 小野澤精一 외, 전경진 역, 『氣의 사상』(圓光大出版局, 1987), 447~448쪽 참조.
9) 『周易』, 「說卦傳」.
10) 『正蒙』, 「中正」, "儒者窮理, 故率性可以謂之道. 浮圖不知窮理而自謂之性, 故其說不可推而行." 번역은 장윤수 옮김, 『정몽』(책세상, 2002)에 의거한다. 이하, 『정몽』의 원문 번역은 모두 이 책에 의거한다.
11) 陳來, 안재호 역, 『송명성리학』(예문서원, 1997), 114쪽 참조.

장재에게 있어서 궁리와 진성은 어떻게 연결되는가? 즉 장재의 기론은 구체적으로 어떻게 심성론으로 그 의미가 확장되는가?

우선 장재는 "허虛와 기氣가 합하여 성性의 이름이 있게 된다"12)라고 하였다. 이 말을 중심으로 장재가 말하는 성性의 의미를 개괄해 보면 대략 다음 몇 가지 특징을 갖는다.13)

첫째, 장재는 구체적인 개별 생명체의 기질 속에 내재하는 만물공동성萬物共同性 즉 태허太虛를 성성으로 이해하였다. 결국 장재가 말하는 성性이란 태허일기太虛一氣와 기질氣質의 합, 또는 기질 속에서 발견되는 태허일기로 해석할 수 있다. 둘째, 개체 속에 내재한 태허로서의 성은 만물공동의 성이며, 도덕적 본성이기도 한 것으로 장재는 이것을 천지지성天地之性14)이라고 명명하였다. 그리고 그는 천지지성 이외에 또 하나의 성인 기질지성氣質之性을 언급하였다. 기질지성은 구체적 형상을 가진 뒤에 우리들에게 확인되는 것으로서, 비도덕적 행위의 근거가 된다고 보았다. 장재는 기질지성을 통해 맹자 이래로 끊임없이 문제가 되어 왔던 악惡의 발생원인을 해명하고자 하였다. 물론 여기서 장재가 갈하고자 하는 진정한 성은 천지지성뿐이다. 셋째, 그러므로 장재는 악의 근원이 되는 기질지성을 바꾸어 천지지성에로 '잘 돌이키는'(善反) 것이 최초의 태허일기의 본성을 회복할 수 있는 방법이며, 이것이야말로 진정한 공부라고 보았다.

그런데 장재 성론의 검토 이후에 반드시 따라오는 과제가 있다. 도덕적 본성인 천지지성을 회복하는 주체인 심心에 대한 검토이다. 왜냐하면, 장재는 인의仁義의 덕을 이루고 또한 성性을 아낌없이 발현할 수 있는 근

---

12) 『正蒙』, 「太和」, "合虛與氣, 有性之名."
13) 장윤수, 「장재철학에서의 性論」, 『철학연구』 58집(대한철학회, 1996) 참고.
14) 天地之性을 정이는 義理之性, 주희는 本然之性이라 말하였다.

거를 심에서 찾고 있기 때문이다. 그렇다면 우선 심과 성의 관계에 대한 선이해先理解가 필요할 것이다.

심과 성의 관계에 대한 중국의 전통적인 이론은 다양하다. 그 중에서도 가장 특징적인 부분을 정형화한다면 다음 네 가지 형식이 가능할 것이다.15)

첫째, 심성합일론心性合一論
둘째, 심속내재心屬內在, 성속초월론性屬超越論
셋째, 성무형性無形, 심유형론心有形論
넷째, 심성부동心性不同, 심성불상리론心性不相離論

장재의 경우는 네 가지 모두와 관련이 있지만, 특히 첫째 경우와 관련하여 그 사상적 의의를 찾을 수 있다. 즉 체용론體用論에 의한 심성합일론心性合一論을 전개함으로써 중국 전통 철학의 최대 주제인 천인합일론天人合一論의 이론적 토대를 마련했던 것이다. 심心과 성性 및 양자의 관계에 대한 장재의 언급은 주로 『정몽正蒙』의 「성명誠明」과 「대심大心」에서 확인할 수 있다. 성性을 설명하는 대표적인 구절을 살펴보도록 하자.

성性은 만물의 한 가지 근원으로, 나만 사사로이 얻어 지니고 있는 것이 아니다.…… 없어지지 않는 것을 체體라 하고, 체를 일러 성性이라 한다.…… 성을 알고 천天을 알면 음양과 귀신이 모두 내 분수 안에 있을 따름이다.…… 심이 성의 극치에 이를 수 있는 것은 사람이 도를 넓힐 수 있기 때문이고, 성이 심을 단속하지 못하는 것은 도가 사람을 넓히지 못하기 때문이다. (자신의) 성을 극진히 하면 다른 사람과 사물의 성도 극진히 할 수 있다.…… 성은 사람에게 선하지 않음이 없다. 다만 그 본성을 (원래 모습대로) 잘 되돌리고

---

15) 韋政通, 『中國哲學辭典』(臺灣: 大林出版社, 1978), 154쪽 참조.

(反) 잘못 되돌리는 데 문제가 있을 뿐이다.16)

장재에 의하면, 성은 결국 '만물의 한 가지 근원'(萬物共同性)이요, 또한 심의 본체(體)가 되는 것이다. 그러므로 사람에게 있어서 성은 선하지 않음이 없다. 다만 문제는 그 성을 잘 회복하는가 못 하는가에 달려 있을 뿐이다. 그렇다면 성을 잘 회복하는 방법은 무엇인가? 그 관건은 바로 심에 달려 있다고 한다. 이에 관하여 장재 자신의 설명을 들어보도록 하자.

> 성인은 성性에 극진하여 보고 듣는 것에 심心을 잡아 두지 않아, 그가 천하를 볼 때는 어느 물건 하나 자신과 같지 않은 것이 없다. 『맹자』에서 '심心을 극진히 하면 성性도 알고 천天도 안다'라고 하는 것이 바로 이것이다.17)

장재는 『맹자』의 말을 인용하여, "심心을 극진히 하면 성性도 알고 천天도 안다"18)라고 하였다. 결국 이 말은 '심성합일心性合一'과 '천인합일天人合一'을 달리 표현한 것에 지나지 않는다. 장재에게 심과 성은 그 양상이 구분될 뿐이지, 근원적으로는 동일하다. 그러므로 장재에게 있어서 최대의 공부는 바로 심心 본연의 심인 성性을 회복하는 것이다. 심·성 양자의 관계에 대해서 장재는 다양하게 언급하고 있으나, 그 요지는 대략 '체와 용의 관계', 그리고 '객관 존재와 주관 활동의 관계'19)로 요약할 수 있다.

---

16) 『正蒙』,「誠明」, "性者, 萬物之一源, 非有我之得私也.……未嘗無之謂體, 體之謂性……知性知天, 則陰陽鬼神皆吾分內爾.……心能盡性. 人能弘道也, 性不知檢其心, 非道弘人也. 盡其性, 能盡人物之性.……性於人無不善, 系其善反不善反而已."
17) 『正蒙』,「大心」, "聖人盡性, 不以見聞梏其心, 其視天下, 無一物非我. 孟子謂盡心則知性知天以此."
18) 『孟子』,「盡心上」, "盡心則知性知天."
19) 朱建民, 『張載思想硏究』(臺灣: 文津出版社, 1989), 116~117쪽 참조.

장재의 공부론　131

그리고 이러한 면에서 심·성을 모두 광의廣義의 심心이라고 할 수 있으며, 체·용의 변증법적 이중 구조를 띠고 있는 것으로 이해할 수 있다. 즉 심과 성의 구분은 심을 협의狹義의 의미로서 논의할 때만 유효하다. 장재 철학에 있어서 성性은 곧 '본연성'과 '가능성'으로서의 '심'이며, 심心은 '현실성'으로서의 '심'이다. 우리는 이제 성을 회복하는 주체인 심에 대해 본격적으로 논할 순서에 이르렀다.

3. 심론心論

장재에게 심心이란 '천지지성天地之性을 회복하는'(心能盡性) 인간의 '능동적 주체성'(誠之 ; 思誠)이다. 그러므로 왕부지王夫之(1619~1692)는 장재의 『정몽正蒙』을 주해註解하면서 "성은 천도天道이고 심은 인도人道이다. 천도는 은미隱微하고 인도는 드러난다"20)라고 하였다. 즉 장재는 인도로써 천도를 깨닫게 되고 인도를 극진히 함으로써 천도를 다하게 된다고 생각하였다. 이것은 곧 "성誠 자체는 천도요, 성誠하려고 노력하는 것은 인도이다"21)라고 하는 『중용中庸』의 성론誠論과 비슷한 구조를 띠고 있다.

『중용』은 수신의 본질인 '성誠'을 궁극적으로 대자연에까지 귀속시키려 한다. '천도'를 곧이곧대로 해석하면, '하늘의 길', 즉 '자연의 운행법칙'이 될 것이다. 그러나 고대 중국인들은 자연의 규칙적 운행법칙을 '성실'(誠)이라는 가치 개념으로 해석하였으며, 또한 이를 인간의 도덕적 삶의 표준과 근거로 삼았을 것이다. 그처럼 성실한 대자연의 세계는 "힘쓰지

---

20) 『張子正蒙注』, 「誠明」, "性者, 天道, 心者, 人道. 天道隱而人道顯"
21) 『中庸章句』, 20장, "誠者, 天之道也, 誠之者, 人之道也."

않아도 들어맞고 생각지 않아도 깨달아지며 자연스럽게 도에 들어맞는"22) 경지이니, 곧 그것은 대자연과 합일된 성인의 경지이다. 그러나 인간의 현실은 성인의 가능성을 항상 지니고 있으나 곧 성인 그 자체는 아니다. 우리의 현실은 "발현하여 모두 상황에 척척 들어맞는"23) 것도 아니고, "힘쓰지 않아도 들어맞고 생각지 않아도 깨달아지는" 그러한 현실도 아니다. 그러므로 인간은 성誠 그 자체에 가까워지려는 노력을 꾸준히 경주할 수밖에 없다. 바로 이러한 노력을 『중용』에서는 성지자誠之者, 즉 인도人道로 명명하였다. 여기에서 우리는 천도天道의 실체를 성性으로, 그리고 인도人道의 주체를 심心으로 대비할 수 있을 것이다. 그리그 천도와 인도, 성자誠者와 성지자誠之者, 성性과 심心의 합일, 결국 '이상'과 '현실'의 화해가능성이 장재 공부론의 요체임을 짐작할 수 있다.

우리는 심心의 의미를 좀 더 정확히 이해하기 위해서, 심에 대한 장재 자신의 정의를 살펴보아야 한다.

장재는 "성性과 지각知覺을 합하여서 심心의 이름이 있게 된다"24)라는 한 마디의 말로 심心을 정의하였다. 이 말을 제대로 이해하기 위해서는 먼저 성性에 대한 장재의 정의, 즉 "허虛와 기氣가 합하여서 성性의 이름이 있게 된다"(合虛與氣, 有性之名)라는 말을 우선적으로 살펴보아야만 한다. 왜냐하면 '합허여기合虛與氣'가 바로 '합성여지각合性與知覺'과 비슷한 구조를 가지고 있기 때문이다. '합허여기'에서 장재는 '허虛'를 '태허일기太虛一氣'의 의미로 사용하였고, 또 '기氣'를 '기질氣質'의 의미로 새겼다.25) 이렇게

---

22) 『中庸章句』, 20장, "不勉而中, 不思而得, 從容中道."
23) 『中庸章句』, 首章, "發而皆中節."
24) 『正蒙』, 「太和」, "合性與知覺, 有心之名."
25) 『張載集』에서 '氣'를 '氣質'의 의미로 쓰고 있는 用例는 다음과 같다. 『正蒙』, 「太和」, "散殊而可象爲氣."; 『王蒙』, 「誠明」, "德不勝氣, 性命於氣, 德勝其氣, 性命於德.";

보면 결국 장재가 말하는 '성性'이란 태허일기와 기질의 합合, 또는 기질 속에서 발견되는 태허일기로 해석될 수 있다. 장재는 이것을 천지지성天地之性이라 하며 또한 만물의 공동성共同性으로 이해하였다.

장재는 '기氣' 개념을 통해 '성性' 개념을 도출하였고, 다시 이를 통해 '심心' 개념을 도출하였다. "성性과 지각知覺을 합하여서 심心의 이름이 있게 된다"라고 한 것은 바로 '기氣'가 '성性'을 거쳐 '심心'에까지 확장되는 과정을 잘 보여 준다. 장재가 말하는 성性이란 개념은 '형상을 가진 개체물 속에 내재한 태허일기太虛一氣'를 의미하며, 그 속성은 감통성感通性(神)이다. 그렇다면 지각知覺은 무엇을 의미하는가? 장재는 『정몽正蒙』에서 "유有와 무無가 하나가 되고 안과 밖이 합하는 것, 이것이 인심人心이 유래하는 바이다"26)라고 하였다. 이 구절이 바로 "성과 지각을 합하여서 심의 이름이 있게 된다"라는 구절을 설명하는 것으로 볼 수 있다. 즉 '유와 무가 하나가 된다'는 것은 성에 대한 설명으로, 그리고 '안과 밖이 합한다'는 것은 지각에 대한 설명으로 볼 수 있다. 장재는 같은 곳에서 "유와 무, 허와 실이 통하여 하나의 사물이 되는 것이 바로 성이다"27)라고 하며, 또한 "사람들이 자기에게 '지각知覺이 있다'라고 말하는 것은 귀와 눈으로 말미암아 받은 것이고, 사람들이 받은 것은 안과 밖의 합치로 말미암은 것이다"28)라고 하였다. 이것은 곧 '유・무의 통일'이 성이고, '안과 밖의 합'이 지각임을 확인해 주는 구절이다.

'안과 밖을 합한다'는 말은 이미 안과 밖, 즉 주체와 객체의 구분을 전제로 한다. 이때 안과 밖을 구분 짓게 하는 것이 바로 형체(形)이다. 그

『張子語錄』, "有志於學者, 都更不論氣之美惡."
26) 『正蒙』, 「乾稱」, "有無一, 內外合, 此人心之所自來也."
27) 『正蒙』, 「乾稱」, "有無虛實通爲一物者, 性也."
28) 『正蒙』, 「大心」, "人謂己有知, 由耳目有受也, 人之有受, 由內外之合也."

러므로 '안과 밖을 합하는' 지각은 구체적인 형체를 지닌 존재에게서만 말해질 수 있다. 이 점은 지각을 그 개념 성립의 필요조건으로 하는 심心 역시 마찬가지이다. 즉 형체와, 안과 밖의 구분이 의미가 없는 천天의 세계에서는 심에 대한 논의가 무의미하다. 그래서 장재는 "천은 심이 없다. 심은 모두 사람에게 있어서의 심이다"29)라고 하였으며, 『주역』에서도 "천지는 무심無心하지만 만물을 생성하게 되고, 성인聖人은 유심有心하지만 무위無爲한다"30)라고 하였다. 즉, 심은 자연(天)에서가 아니라 바로 인간의 인식과 윤리상 능동적 주체임을 말해 주고 있다.

그런데 지각은 심이 이루어지기 위한 필요조건일 뿐 충분조건이 되지는 못한다. 즉 심이 이르어지기 위해서는 지각 외에도 성性 개념이 필요하다. 그러므로 장재는 "성과 지각을 합하여서 심의 이름이 있게 된다"라고 말하였던 것이다. 앞에서 말하였듯이 성이란 '형상을 가진 개체물 속에 내재한 태허일기'를 의미한다. 그러므로 "성과 지각知覺을 합하여서 심의 이름이 있게 된다"라고 하는 말은 "성과 태허太虛를 합하여서 심의 이름이 있게 된다"라는 말로 이해할 수 있으며, 이대의 태허와 지각은 곧 체와 용의 관계로서 결국 동일물로 이해할 수 있다. 즉 안과 밖을 합하는 지각은 성의 '감통·성感通生(神)' 이외의 다른 것이 아니다. 그러므로 장재는 "태허는 심의 내용이다"31), "대개 심은 본래 지신하다"32), "심은 곧 신이다"33)라고 하였다. 이것은 심이 인간에 내재하는 우주 본체 태허일기의 지신至神한 작용임을 말해 준다. 태허太虛를 그 체로 하여 안과 밖을 합하

---

29) 『經學理窟』, 「詩書」, "天無心, 心都在人之心."
30) 『周易』, 「繫辭上」, "天地無心而成化, 聖人有心而無爲."
31) 『張子語錄』, 「語錄中」, "太虛者, 心之實也."
32) 『經學理窟』, 「義理」, "蓋心本至神."
33) 『經學理窟』, 「詩書」, "心便神也."

는 지신한 기능을 지닌 심은 항상 그 '능동성'이 강조된다. 여기서 능동성이라 함은 궁극적으로 태허일기의 본래적인 성을 회복하려는 인간의 가장 궁극적 공부이다.

태허의 지신한 작용이 성性의 신神이므로 장재에게 있어서 심과 성은 결국 그 근본이 서로 일치한다. 다만 성과 심의 적용 범위가 각기 천도天道와 인도人道에 편중될 따름인 것은 이미 앞에서 말한 대로이다. 결국 장재가 말하는 심이란 성과 그 실제 내용이 동일하며, 성의 신을 밝혀낼 수 있는 근거가 된다. 그러므로 장재는 "심이 성의 극치에 이를 수 있는 것은 사람이 도를 넓힐 수 있기 때문이고, 성이 심을 단속하지 못하는 것은 도가 사람을 넓히지 못하기 때문이다"34)라고 한다. 이것은 천성天性의 신神이 인간의 심心을 통해서만 밝혀질 수 있음을 말한 것이다.

장재는 심心이 허虛하여 천성天性의 신神을 환하게 밝히게 되면 시비是非가 드러나게 되고 천하의 사물을 하나로 할 수 있다고 여긴다. 그래서 그는, "심이 이미 허하면 공평하고, 공평하면 옳고 그름이 비교되어 쉽게 드러난다. 그리하여 마땅히 해야 함과 마땅히 해서는 안 될 일을 스스로 알게 된다"35)라고 하였다. 심이 이미 허하다는 것은 허심虛心이며, 이것은 장재가 생각하는 인간의 본심本心이다. 허심은 사심私心이 전혀 깃들지 않은 공평심公平心이기에 시是와 비非, 당위當爲와 부당위不當爲를 스스로 자각할 수 있는 능력을 지니게 되는 것이다. 그러므로 인간의 본심은 도덕적 자각 능력을 가지게 된다. 그래서 장재는 "허虛는 인仁의 근원이다"36), "허虛하면 인仁을 낳는다"37), "지극히 선한 것은 허이다"38)라고 한다. 즉

---

34) 『正蒙』,「誠明」, "心能盡性, 人能弘道也, 性不知檢其心, 非道弘人也."
35) 『經學理窟』,「學大原上」, "心其虛則公平, 公平則是非較然易見. 當爲不當爲之事自知."
36) 『張子語錄』,「語錄中」, "虛者, 仁之原."

공평심이란 이타심이며, 박대로서의 인仁을 의미한다.

　장재 심론心論의 요지는, 첫째 천성의 신神은 인간의 심心을 통해서만 밝혀질 수 있고, 둘째 천성의 신은 인간의 심이 허虛하여야만 환하게 드러날 수 있으며, 셋째 심이 허하다는 것은 만물과 나를 동등하게 여기는 공평성과 이타성이라는 것이다. 장재는 공평성과 이타성이야말로 심이 성과 하나를 이룰 수 있는 방법이며, 또한 이러한 방법을 통해 이룩하게 되는 성과 심의 합일이야말로 유가의 참된 이상이라고 보았던 것이다. 여기에서 장재는 심을 성으로 환원할 수 있는 구체적인 공부방법으로 '대심大心'을 주장하였다. 즉 '대심'을 통해 도를 깨달을 수 있으며, 또한 만물의 이치 또한 체득할 수 있다고 보았다. 그렇다면 이제 대심의 공부론에 대해서 구체적으로 살펴보아야 한다.

4. 대심의 공부론

　장재는 "대심大心하면 천하의 만물을 체득할 수 있다. 만물에 있어서 아직 체득하지 못한 것이 남아 있다면, 마음은 밖이 있게 된다. …… 밖이 있는 마음으로는 천심天心에 합하기 부족하다"39)라고 말하였다. 이것은 심心이 뭇 존재에 두루 관통할 수 있음을 말해 준다. 또한 이것은 심心의 지신至神한 지각知覺이 감각적 지각이 아니라 도덕적 지각이며, 그 도덕적 지각이 뭇 천하 만물에 '감통感通'(感)할 수 있는 것임을 말해 준다. 결국

---

37) 『張子語錄』, 「語錄中」, "虛則生仁."
38) 『張子語錄』, 「語錄中」, "至善者, 虛也."
39) 『正蒙』, 「大心」, "大其心則能體天下之物. 物有未體, 則心爲有外. …… 故有外之心, 不足以合天心."

장재의 공부론　137

장재가 말하는 대심大心의 '대大'는 '숭덕崇德'의 의미와 같은 것으로서 본연의 심이 원래부터 갖추고 있는 지선至善의 덕德을 확충하는 것을 의미한다.40) 즉 '대大'라고 하는 것은 사심私心을 버리고 천덕天德에 부합하고자 하는 것이며, 또한 아我와 비아非我, 천天과 인人의 대립을 타파하여 천리天理와 융화되는 삶을 도모하는 것이다. 이러한 생각은 성리학적 이상을 가장 잘 설명한 것으로서, 그러므로 퇴계 이황 또한 "덕행이 인륜에서 벗어나지 않으면 천인합일의 신묘한 경지도 마침내 이룰 수 있다"41)라고 하였다.

한편 장재는 "사람들이 자기에게 지식이 있다고 말하는 것은 귀와 눈으로 말미암아 받은 것이고, 사람들이 받은 것은 안과 밖의 합치로 말미암은 것이다. 귀와 눈 등의 감각기관의 한계 밖에서 안과 밖을 합할 줄 알면, 그 지식은 다른 사람보다 훨씬 뛰어나다"42)라고 하였다. 이 말은 곧 심心의 지각에도 두 종류가 있음을 말해 준다. 즉 장재는 단순한 감각적 지각과 또한 이것과는 근본적으로 다른 도덕적 지각이 있다고 보았다. 이러한 도덕적 지각은 감각기관의 한계 밖에서 "사람들은 모두 한배에서 난 형제이고, 만물은 나와 함께 있는 동료이다"43)라고 하는 경지인 천지지성天地之性의 구체 작용이다. '심의 지각은 두 종류로 나누어질 수 있다' 함은 곧 이로 인해 생겨나는 지식도 두 종류로 나누어 볼 수 있음을 말해 준다. 장재는 심의 감각적 지각에 의한 지식을 '견문지見聞知'라 하고, 심

---

40) 侯外盧 外, 박완식 역, 『송명이학사(1)』(이론과실천, 1993), 139쪽 참조.
41) 『增補退溪全書(一)』, 「進聖學十圖箚」, "德行不外乎彝倫, 而天人合一之妙斯得矣."(성균관대학교 대동문화연구원, 1971, 198쪽)
42) 『正蒙』, 「大心」, "人謂己有知, 由耳目有受也, 人之有受, 由內外之合也. 知合內外於耳目之外, 則其知也過人遠矣."
43) 『正蒙』, 「乾稱」, "民吾同胞, 物吾與也." 일명 『西銘』이라 불리는 내용 중 일부이다.

의 도덕적 지각에 의해 얻어낸 지식을 '덕성지德性知'라고 한다.

우선 우리의 관심은 '왜 장재가 심의 구체 작용에 의해 얻어낸 지식을 견문지와 덕성지로 구분했는가' 혹은 '장재는 왜 견문지 이외에 별도로 덕성지를 말했는가' 하는 점에 있다. 그것은 이목耳目의 감각기관을 통하여 사물을 접촉하는 것만으로는 결국 천하 사물을 모두 다 궁구할 수 없다고 생각했다는 점에서 그 답을 찾을 수 있다. 이와 관련한 장재의 생각을 들어보자.

> 하늘의 밝음은 해보다 큰 것이 없다. 그러므로 눈으로 보아도 몇 만 리나 높은지 알지 못한다. 하늘의 소리는 우레보다 큰 것이 없다. 그러므로 귀로 들어도 몇 단 리나 멀리 있는지 알 수 없다.44)

> 천하의 사물을 극진히 다한 것 또한 궁리窮理라고 말할 수 없다. 이는 다만 사람들이 보편적으로 들은 것에 근거하여 얽매이는 마음이 있는데, 이것을 심心이라 한다. 이와 같이 본다면 이목耳目으로 어떻게 천하의 사물을 다할 수 있겠는가?45)

> 만일 견문見聞만을 가지고 심心이라 한다면, 심이 왜소하게 될까 두렵다. 천지의 사이에 충만한 것은 모두 물物인데, 자신의 견문에 근거하여 국한시킨다면 접촉하는 바 그 얼마나 될까? 이와 같은 것으로 어떻게 천하의 사물을 다할 수 있겠는가?46)

---

44) 『正蒙』, 「大心」, "天之明莫大於日, 故有目接之, 不知其幾萬里之高也. 天之聲莫大於雷霆, 故有耳屬之, 莫知其幾萬里之遠也."; "天之明莫大於日, 故有目接之, 不知其幾萬里之高也. 天之聲莫大於雷霆, 故有耳屬之, 莫知其幾萬里之遠也."
45) 『張子語錄』, 「語錄上」, "盡天下之物, 且未須道窮理, 只是人尋常據所聞, 有拘管局殺心, 便以此爲心, 如此則耳目安能盡天下之物."
46) 『張子語錄』, 「語錄下」, "若只以聞見爲心, 但恐小却心. 今盈天地之間者皆物也, 如只據己之聞見, 所接幾何, 安能盡天下之物."

우리 인간은 오감五感을 통해서 세계를 인식하고자 하지만, 거기에는 한계가 있어서 우리의 앎은 당연히 제한될 수밖에 없다. 눈으로 우리는 사물을 볼 수가 있지만, 멀리 있는 것을 볼 수가 없고 또한 너무 작은 것도 볼 수가 없다. 뿐만 아니라 어두운 곳에서도 역시 보지 못한다. 그리고 눈으로의 인식은 사물의 진정한 모습을 보여 주지 못하는 약점을 지닌다. 이와 같은 한계는 눈을 통한 대상의 지각에만 해당되는 것이 아니라 다른 감각기관 모두가 공통적으로 가지고 있는 약점이다. 이렇게 한계를 갖고 제한될 수밖에 없는 앎을 장재는 '견문지'라고 이름 붙였다. 장재는 오감을 통해 외부 세계를 알고자 할 때 각종 한계에 부딪치게 된다고 생각하였으며, 결국 참된 공부는 이러한 견문지에 의거한 것일 수 없다고 보았다. 그는 심의 도덕적 지각인 '덕성지'야말로 유가적 공부의 진정한 대상이 된다고 생각하였다. 이러한 공부론은 선진 유가의 주요 경전인 『중용』에서도 확인할 수 있다.

『중용』에서는 유가적 '학문學問'의 의미를 잘 설명하고 있다. '학문'이라는 말은 『중용』에 나오는 박학博學의 '학學'과 심문審問의 '문問'에서 따온 말이다. 그런데 『중용』에서는 박학과 심문 이외에도 신사愼思, 명변明辨, 독행篤行의 조항이 추가되어 있다.[47] 이때 박학에서 명변까지의 항목은 앎을 얻기까지의 과정이다. 그러나 독행은 이러한 앎을 실천하고 체득하는 과정을 말한다. 즉 유가 철학에서 말하는 참된 앎 혹은 학문이란 결국 도덕적 색채를 띨 수밖에 없는 것이다. 그러므로 주희는 "배우며 묻고 생각하여 분변하게 되는 것은 선善을 가려 택해 알게 되는 바이다"[48]라고 하였다. 이처럼 '참된 앎'의 의미를 윤리와 도덕의 테두리 속에서 해석하게

---

47) 『中庸章句』, 20장 참고.
48) 朱熹, 『中庸集註』, 20장, 주희의 주, "學問思辨, 所以擇善而爲知."

될 때에 당연히 강조되는 것이 '실천'(篤行)의 문제이다. 주희는 독행의 필요성에 대해서 "(善을) 굳게 잡아서 인仁을 행해야 한다"49)라는 말로 설명한다. 선을 안다는 것이 행한다는 측면을 떠나서는 아무런 의미를 가질 수 없듯이, 결국 중국에서의 '학문'은 윤리와 도덕의 색채를 강하게 띤 가치 체계일 수밖에 없다. 그러므로 이러한 종류의 '학문'은 견문지로써는 온전한 파악이 결코 불가능하며, 이것과는 차원이 다른 새로운 종류의 인식이 필요하게 된다.

장재 역시 세계의 본질을 가치 체계로 파악한다. 이것은 앞서 말했듯이 『중용』을 비롯한 유가 전반의 특징이기도 하다. 『중용』에서는 "성誠은 하늘의 도道이다"50)라고 하였다. 이 말은 세계의 본질을 성실함, 정성스러움, 진실됨 등의 가치 자체로 파악하였음을 말해 준다. 장재 또한 "하늘이 오래되어도 멈추지 않는 도를 일러 성誠이라 한다.…… 성誠하므로 사물이 존재하고 시작과 끝이 있다. 거짓스러우면 실제로 있는 것이 아니니 처음과 끝 또한 어찌 있으리요? 그러므로 (『중용』에) '성誠하지 못하면 사물 또한 없다'고 하는 것이다"51)라고 하였다.

이렇게 세계의 본질을 가치 자체로 본다면 세계에 대한 인식의 방법도 역시 견문지와는 다를 수밖에 없다. 새로운 인식 방법은 실험적·귀납적 인식 방법이 아니라, 인식하고자 하는 대상과 일체가 됨으로써 그것을 직접적·전체적으로 체인體認하는 방법이다. 이러한 새로운 인식론은 송명宋明 유가儒家에 와서 하나의 방대한 체계를 이루게 되며, 후대의 학자들은 이러한 인식을 통상 '직관적直觀的 인식' 혹은 '직각적直覺的 인식'이라

---

49) 朱熹, 『中庸集註』, 20장, 주희의 주, "所以固執而爲仁."
50) 『中庸章句』, 20장.
51) 『正蒙』, 「誠明」, "天所長久不已之道, 乃所謂誠.……誠有是物, 則有終有始. 僞實不有, 何終始之有. 故曰, 不誠無物."

부른다. 송명 유가에서 어떤 학자들은 대상과 일체가 될 것을 강조하고 (주로 程朱學 계열의 학자), 또 어떤 학자들은 이미 일체가 되어 있기 때문에 그것을 깨닫기만 하면 된다고 주장하지만(주로 陸王學 계열의 학자), 그 공통점은 역시 대상과의 일치이다.52) 그렇기 때문에 이들은 항상 천인합일天人合一, 만물일체萬物一體, 물아일여物我一與, 민오동포民吾同胞, 물오여야物吾與也와 같은 최고의 인식 경지를 강조하였다.

장재는 이처럼 세계의 본질을 파악하는 진정한 인식이 덕성지德性知라고 보았으며, 이러한 덕성지가 본연의 심心인 성性을 인식하는 것이라고 보았다. 그는 견문지見聞知에 의해서는 절대로 세계의 본질을 파악할 없다고 보았다. 그래서 "견문을 잘 하는 것을 '학學'이라고 할 수는 있지만 '도道'라고 할 수는 없다"53)라고 하며, 견문지와 덕성지의 근본적 차이에 대해서 "견문지는 사물에 접해서 아는 것이므로 덕성이 아는 바가 아니다. 덕성지는 견문에서 생겨나는 것이 아니다"54)라고 하였다.

그리고 장재는 덕성지를 얻기 위한 방법으로, 한 마디로 '대심大心'할 것을 권유하였다.

> 대심大心하면 천하의 만물을 체득할 수 있다. 만물에 있어서 아직 체득하지 못한 것이 남아 있다면, 마음은 밖이 있게 된다. 세상 사람들의 심心은 듣고 보는 편협한 데 머무르지만, 성인은 성性에 극진하여 보고 듣는 것에 심을 잡아 두지 않아, 그가 천하를 볼 때는 어느 물건 하나 자신과 같지 않은 것이 없다. 『맹자』에서 "심을 극진히 하면 성도 알고 천도 안다"라고 하는 것이

---

52) 안종수, 「송명신유학의 직관적 인식론」, 『철학연구』 49집(대한철학회, 1992), 151쪽 참조.
53) 『經學理窟』, 「義理」, "見聞之善者, 謂之學則可, 謂之道則不可."
54) 『正蒙』, 「大心」, "見聞之知, 乃物交而知, 非德性所知. 德性所知, 不萌於見聞."

바로 이것이다.…… 사물을 체득하고 내 몸을 체득하는 것이 바로 도의 근본이다. 몸으로 도를 체득하면 사람됨이 크게 된다. 도는 내 몸과 만물을 하나로 여길 수 있으므로 크다. 사물을 내 몸과 같이 여기지 못해 사물이 내 몸에 누累가 된다면 이는 심히 못난 사람의 일이다. 하늘의 이치로 내 몸을 체득하게 되면 만물 또한 체득할 수 있음은 의심할 바 없는 사실이다.55)

대심大心의 관점에서 볼 때 '깨달음'의 핵심적 의미는 나와 세계, 아我와 비아非我의 '하나됨'을 깨닫는 것이다. 그리고 대심大心의 관점은 부분과 전체를 인식하는 데에서도 적용된다. 즉 부분은 전체를 내포하고 전체는 부분으로 이루어져 있다는 유기적有機的·상관적相關的 인식 원리를 가진다. 장재는 일반인들의 경우 반성적 생각 없이 상식적 수준에서만 아我와 비아非我를 구분하고 주관과 객관을 나누어서 세계를 파악하고자 하는 경향이 있기 때문에 도리어 그러한 분리와 구분에 얽매여서 세계의 진정한 본질을 보지 못한다고 주장한다.56) 즉 그는 깨달음에 이르기 위한 수행의 요점으로 주관과 객관, 부분과 전체의 이분법을 떨쳐내라고 요구하는 것이다. 장재에게 있어서 민오동포民吾同胞와 물오여야物吾與也의 경지는 바로 대심을 통해 이룩한 만물일체의 경지인 것이다. 만물일체의 경지에서 볼 때 개인의 생사生死와 빈부貧富, 귀천貴賤 등은 크게 의미를 둘 만한 것이 못 된다. 그렇다면 대심大心의 유자儒者가 힘써야 할 일은 무엇인가? 장재는 여기에 대해서 너무도 유명한 네 가지 임무를 제시하고 있다.

---

55) 『正蒙』, 「大心」, "大其心, 則能體天下之物, 物有未體, 則心爲有外. 世人之心, 止於聞見之狹. 聖人盡性, 不以見聞梏其心, 其視天下, 無一物非我. 孟子謂盡心則知性知天以此.……體物體身, 道之本也. 身而體道, 其爲人也大矣. 道能物身, 故大; 不能物身而累於身, 則藐乎其卑矣. 能以天體身, 則能體物也不疑."
56) 안종수, 「송명신유학의 직관적 인식론」, 158쪽 참조.

하늘과 땅을 위해 마음을 쏟고, 백성을 위해 명命을 세우며, 옛 성인을 위해 끊어진 학문을 이어 나가고, 만세萬世를 위해 태평시대를 연다.57)

5. 대심의 이상 경지

유가사상에서는 모든 인간에게 본연의 심心이 내재되어 있다고 보며, 또한 이러한 심은 지극히 선하고 거짓 없이 순수한 것이라고 생각한다. 이것을 『중용』에서는 성性이라고 하는데 장재 또한 기본적으로 동일한 생각을 가지고 있다. 즉 장재 또한 성性을 모든 인간에 내재해 있는 도덕적 본성으로 여기며, 천리天理와 근본적으로 통하는 것이라 생각하였다. 그러므로 본연의 심인 성은 하늘과도 통하고 인간 서로 간에도 통한다. 바로 이러한 관점에서 장재는, 인간이 세계 및 타인과 결코 분리된 존재일 수 없다고 생각하였다. 장재는 이러한 만물공동성萬物共同性의 관념을 『서명西銘』의 첫 구절에서 '선언적'으로 설파하였다.

건乾은 (하늘로서) 아버지라 불리고, 곤坤은 (땅으로서) 어머니라고 불린다. 나는 여기서 조그만 모습으로 그 가운데 뒤섞여 있다. 하늘과 땅에 가득 찬 것을 내 몸으로 삼고, 하늘과 땅을 이끌어 가는 것을 내 본성으로 삼는다. 사람들은 모두 한배에서 태어난 형제이고, 만물은 나와 함께 있는 동료이다.58)

이처럼 인간 자신에게는 하늘의 이치가 내재해 있으므로 각자 자신의

---

57) 『張載集』, 「近思錄拾遺」, "爲天地立心, 爲生民立命, 爲往聖繼絶學, 爲萬世開太平."
58) 『正蒙』, 「乾稱」, "乾稱父, 坤稱母. 子玆貌焉, 乃混然中處. 故天地之塞, 吾其體. 天地之帥, 吾其性. 民吾同胞, 物吾與也."

본성을 자각하고 실현해 가는 것이야말로 진정한 공부이다. 그리고 이러한 공부의 핵심이 대심大心인 것이다.

장재에게 심은 결국 객관 존재와 주관 활동, 그리고 체體와 용用이라는 심心-성性 이중의 변증법적 구조를 띠고 있다. 즉 장재에게 있어서 심과 성은 모두 광의로서의 심이라 할 수 있다. 그러므로 심과 성은 모두 심의 자기 관계를 떠나서는 존재할 수 없다. 즉 심心은 심이 심답지 못함을 스스로 알고 더욱 더 나은 심을 위한 가능성 또한 그 자신에게서 찾는다.

장재는 '심의 심다움', 즉 '본래심'을 회복하는 공부로 대심大心을 언급하였다. 장재는 참공부인 대심을 통해 도를 체득하게 된다고 보았다. 도를 체득하는 것이란 다름 아닌 내 몸과 만물을 한가지로 여기는 것이다.[59] 장재에게 있어서 참공부는 대심이며, 그는 이러한 대심을 통해 덕성지를 획득하여 본래의 심인 성을 회복할 수 있다고 보았던 것이다. 이것은 곧 도를 체득하는 것이며 내 몸과 만물을 한가지로 여기는 천인합일의 통체적統體的 세계관의 핵심이다. 우리들은 이러한 경지를 '깨달음'이라고 표현할 수도 있다.

깨달음이란 시·공을 초월해서 자신과 우주 만물이 하나임을 자각하는 것이다. 깨달은 자의 삶이란 깨달음에 근거하여 자신과 우주 만물이 하나됨을 즐기는 삶이다.[60] 그러나 장재는 이러한 깨달음의 세계를 불교적 깨달음과는 철저하게 구분하였다. 그는 불교적 깨달음이 궁리窮理에 바탕하지 않았다고 비판한다. 이것은 곧 불교의 존재론적 세계관을 무차별적 동질자의 세계 또는 '무적無的 우주론'으로 파악했기 때문이다. 장재가

---

59) 『正蒙』, 「大心」, "體物體身, 道之本也. 身而體道, 其爲人也大矣. 道能物身, 故大." 참조.
60) 홍승표, 『깨달음의 사회학』(예문서원, 2002), 72쪽 참조.

의도하는 통체적 세계관은 획일화 또는 무차별적 동일시와는 다르다. 그가 주장하는 대심의 세계는 '分분의 논리'(分開看)와 '합合의 논리'(渾淪看)를 통섭統攝한 '통統의 논리'(統看), 즉 종단적 사유와 횡단적 사유의 지평 융합이다.

이제, 대심의 공부를 통한 심적心的 평정平靜의 상태를 묘사하는 장재의 말을 인용하면서 이 글의 맺음말로 삼고자 한다.

> 부유하고 귀하며 복스럽고 윤택한 것은 장차 나의 삶을 두텁게 하고, 가난하고 천하며 근심스럽고 걱정스러운 것은 마치 옥을 다듬듯 너를 잘 이루게 할 것이다. 살아 있을 동안 나는 (하늘과 땅을 부모처럼) 거역함이 없이 섬기고, 죽게 되면 편안히 쉬게 되리라.61)

---

61) 『正蒙』,「乾稱」, "富貴福澤, 將厚吾之生也. 貧賤憂戚, 庸玉汝于成也. 存吾順事. 沒吾寧也."

정이의 공부론

홍원식

1. 북송 성리학과 공부론 - '성인됨의 학'

　북송北宋 중엽 유학부흥의 분위기가 크게 일어나는 가운데 이전 유학의 것과는 다른 새로운 내용이 그 속에 포함되게 된다. 그 결과 '새로운'(新) 유학, 바로 '신유학'이 등장하게 된 것이다. 그 새로운 내용 가운데 대표적인 것으로 리기설理氣說을 통한 도덕설의 형이상학화를 들 수 있겠다. 한편 불교·도교 등과 맞서 유학부흥을 이끌던 북송 유학자들은 유학이 과연 무엇이며, 유학자란 과연 누구인가를 묻게 된다. 여기에서 그들은 유학이란 완성된 인격, 바로 '성인聖人'에 이르는 학이며, 유학자란 '성인이 되기를 바라고 추구하는'(希聖) 자라고 규정한다. 그 누구도 아닌 바로 자신이 성인이 되기를 희구하는 것이 유학인 것이다. 이곳에는 강한 실천적 요구가 깔려 있다. 그리고 그 구체적 방법이 그들의 '공부론工夫論'

이다. 그들은 공자가 '생이지지자生而知之者'가 아니라 '학이지지자學而知之者'이듯 그들도 '공부'(學)를 통해 공자와 같은 성인이 될 수 있다고 생각한 것이다. 그들의 이러한 낙관 속에는 유학부흥의 기운에서 생겨난 듯한 약간의 흥분기마저 감돈다. 하지만 그들의 생각을 이은 행렬은 이후 중국과 한국 등에서 천 년 가까이 이어진다.

이른바 '북송오자北宋五子' 가운데서도 주자학朱子學을 집대성한 주희朱熹에게 가장 큰 영향을 미친 정이程頤도 유학은 성인됨의 학임을 말하고 있다. 그가 태학에 다닐 때 호원胡瑗이 학생들에게 '안자顔子(顔回)가 좋아한 것은 어떠한 학문인가'라는 물음에, 그는 '공부하여 성인의 도에 이르는 것'이라고 답하면서, 이처럼 '성인의 경지는 누구나 공부하면 이를 수 있는 것'이라고 말한다.[1] 물론 그도 안회처럼 성인이 되기를 희구하였으며, 결국 그의 학문도 이를 위해 마련된 것이라 할 수 있겠다.

그렇다면 어떻게 하면 성인의 경지에 이를 수 있는가?

성인(의 경지)은 공부해서 도달할 수 있는 것인가? '그렇다'라고 말할 수 있다. (그렇다면) 공부의 방법(道)은 무엇인가?…… 무릇 공부의 방법은 자기 마음을 바로잡고 (선한) 본성을 기르는 것일 따름이다. (마음이) 치우치지 않고 바르며 참되면 곧 성인의 경지에 이르게 된다. 군자의 공부는 반드시 먼저 마음에 밝아 길러야 할 바를 안 다음에 지극한 상태에 이르기를 힘쓰는 것이니, 이것이 이른바 '스스로 밝혀서 참되게 된다'라는 것이다. 그러므로 공부는 반드시 자기의 마음을 다해야 하고, 자기의 마음을 다하면 자기의 본성을 알게 되며, 자기의 본성을 알아 자신에게로 되돌아와 (하늘처럼) 참되도록 힘쓰

---

1) 『二程文集』, 권7, 「顔子所好何學論」, "聖人之門, 其徒三千, 獨稱顔子爲好學. 夫詩書六藝, 三千子非不習而通也, 然則顔子所獨好者, 何學也? 學以至聖人之道也. 聖人可學而至歟? 曰, 然." 참조.

면 (마침내) 성인과 같이 된다.2)

여기에서 정이는 공부를 통해 얼마든지 성인의 경지에 이를 수 있으며, 그 구체적인 방법은 자기 마음과 본성을 다하그 알아 잘 함양하면 된다고 본다. 이처럼 성인에 이르기 위해서는 마음과 본성의 함양공부가 필요하긴 하지만 이것만으로 충분하다고 보지는 않는다. 마음의 함양공부와 더불어 그는 진학·치지공부를 말하고 있다. 곧 그는 "함양涵養공부는 반드시 경敬의 방법을 써야 하고, 진학進學공부는 치지致知하는 데에 달려 있다"3)라고 말한다. 뒷날 주희는 정이의 이 두 가지 공부론을 극찬하면서 "이 말이야말로 가장 오묘한 것"4)이며, "이 두 말은 선생께서 사람들을 가르치고 도를 행하여 덕으로 들어가게 하는 큰 단서"5)라고 말하였다. 그리고 주희는 정이의 이 두 가지 공부론을 『중용』의 '도문학道問學'과 '존덕성尊德性'의 공부와 연결시키기도 하였다. 이렇게 하여 정이에 의해 제시된 두 가지 공부론은 주자학에 있어서 절대적 진리처럼 받아들여지게 되었다.

이처럼 성인의 경지에 이르기 위해서는 마음에 대한 경의 함양공부와 더불어 사물에 대한 치지의 진학공부가 모두 필요한 것이다. 둘 중 어느 하나의 공부만을 통해서는 성인의 경지에 이를 수 있는 것이 아니다. 그렇다면 두 공부 사이의 관계성이 문제되지 않을 수 없다. 그런데 이 문제

---

2) 『二程文集』, 권7, 「顔子所好何學論」, "聖人可學而至歟? 曰, '然.' 學之道爲何? …… 凡學之道, 正其心養其性而已. 中正而誠, 則聖矣. 君子之學, 必先明諸心, 知所養, 然後力行以求至, 所謂自明而誠也. 故學必盡其心, 盡其心則知其性, 知其性, 反而誠之, 聖人也."
3) 『河南程氏遺書』, 권18, "涵養須用敬, 進學則在致知."
4) 『朱子語類』, 권12, 「持守」, "此語最妙."
5) 『朱文公文集』, 권75, 「尹和靖言行錄序」, "二言者, 夫子所以敎人造道入德之大端."

는 지행론知行論과 범주적範疇的 연관성이 깊다. 곧 지는 진학·치지공부와, 행은 함양·용경공부와 관계된다. 이 가운데 함양·용경공부를 바로 행의 범주와 연관지을 수 있는지는 논의의 여지가 있지만『주자어류朱子語類』등에서는 동일시하고 있다. 아무튼 이 두 가지 공부론뿐만 아니라 지행론에서도 정이는 중요한 주장을 내놓고 있으므로 두 가지 공부의 관계성 문제를 지행론 속에 포함시켜 논의해 보기로 한다.

2. 격물치지공부

정이는 진학進學공부를 함에 있어서는 치지致知의 공부가 무엇보다도 필요하다고 말하였다. 이에 '치지'의 항목이 나오는『대학』을 중시하였으며,6) 치지에 이르는 방법이 '격물格物'이라고 생각하였다. 그리고 '격물'에 대해서는『주역』의 "리理를 궁구하고 성性을 다하여 명命에 이른다"7)라고 한 구절과 연결시켜 "격格은 궁窮과 같고, 물物은 리理와 같다. (따라서 격물은) 그 (사물의) 리理를 궁구한다고 말하는 것과 같을 따름이다"8)라고 해석함으로써 이른바 '격물궁리格物窮理'의 인식론을 제기한다. 또 그는 '격'을 '이르다'(至)는 뜻으로도 새겨 "격格은 이르는 것이고, 물物은 사事이다. 사事는 모두 리理를 가지고 있으니, 그 리理에 이르는 것이 격물이다"9)라고 풀이한다. 하지만 궁구하는 것과 이르는 것은 같은 문맥에서 이해할 수 있다. 곧 격물이란 사물을 궁구하여 그 이치를 아는 데 이른다는 뜻이

---

6) 홍원식,「정주학의 거경궁리설 연구」(고려대 박사학위논문, 1992), 8~17쪽 참조.
7)『周易』,「說卦」, "窮理盡性以至於命."
8)『河南程氏遺書』, 권25, "格, 猶窮也, 物, 猶理也. 猶曰窮其理而已也."
9)『河南程氏遺書』, 권2 참조.

기 때문이다.10) 이처럼 격물을 인식론적 의미로 해석한 것은 정이가 처음이며, 뒷날 이러한 그의 견해는 주자학자들에 의해 의심의 여지가 없는 것으로 받아들여진다. 二에 의해서 비로소 『대학』은 유학의 대표적인 인식론을 담고 있는 책으로 평가되며, 주희에 와서 『대학』은 마침내 『예기』의 한 편에서 분리・독립된 책이 되고, 나아가 성리학의 대표적 경전인 사서四書의 반열에 들게 된다.

그러면 먼저 인식대상인 사事와 물物이란 구체적으로 어떠한 것을 가리키는가? 그것은 한낱 미미한 사물로부터 하늘이나 땅과 같은 크나큰 사물에 이르기까지,11) 일신상의 일에서부터 천하만물에 이르기까지,12) 그리고 물 뿌리고 청소하며 오가는 손님을 응대하는 아주 사소한 일13)에서부터 임금과 신하 사이, 아버지와 자식 사이의 의리와 같은 중대한 문제에 이르기까지 어느 하나 그 대상이 아닌 것이 없다.14) 그야말로 정이의 말대로 눈앞에 있는 사물 가운데 인식대상이 아닌 것이 없다. 이에 한 포기의 풀과 한 그루의 나무에 대해서도 모름지기 다 궁구해야 한다.15)

그러나 보다 중요한 것은 독서하여 의리를 밝히고, 옛날과 지금의 일을 논하여 그 옳고 그름을 가리며, 사물을 대함에 있어서 그 마땅한 데 처하는 것과 같은 것이다.16) 이에 정이는 인식대상을 '바깥 사물'(外物)과 '본성 속의 사물'(性分中物)로 나눠 보고 있으며, '본성 속의 사물'이란 바로

---

10) 『河南程氏遺書』, 권22上, "又問, '如何是格物?' 先生曰. '格, 至也. 言窮至物理也'" 참조.
11) 『河南程氏遺書』, 권18 참조.
12) 『河南程氏遺書』, 권17 참조.
13) 『河南程氏遺書』, 권15 참조.
14) 『河南程氏遺書』, 권19 참조.
15) 『河南程氏遺書』, 권18 참조.
16) 『河南程氏遺書』, 권18 참조.

'나의 성性과 정情에 관한 것'인데, 이에 대한 공부가 더욱 '절실'(切)하다고 말한다. 여기에서 도덕철학적 성격이 두드러짐을 알 수 있으며, 결국 그의 격물치지설은 도덕 인식론적 성격을 띠고 있음을 알 수 있다. 하지만 '바깥 사물'을 완전히 도외시하지 않은 데에 또한 그의 철학적 특색이 있으며, 동시에 딜레마가 따르게 된다.

앞에서 인식대상이 사물이라 했을 때, 그것은 '외재적으로 존재하는 사물의 이치'(物理)만을 가리키는 것이 아님을 알 수 있었다. 오히려 오늘날 말하는 사리事理에 더 가깝고, 이것을 더 중요하게 생각했음을 알 수 있다. 이것은 행위, 바로 실천과 직결되며, 그것도 도덕실천과 직결된다. 결국 격물치지란 도덕행위를 올바르게 이끌 수 있는 도덕적 앎을 추구하는 것임을 알 수 있다.

그리고 이미 언급되긴 했지만 인식대상에 대해서 다시 정확히 말한다면, 단순히 사물이 아니라 사물의 리理인 것이다. 다 알다시피 사물은 리理와 기氣의 결합으로 되어 있다는 인식이 정이로부터 시작된다. 사물의 기가 형이하자形而下者로 형체를 띠고 있고 운동하는 것이라면, 사물의 리는 형이상자形而上者로 무형의 존재이고 스스로는 운동하지 않으면서 기를 운동하게 하는 것이다. 바로 리본체론理本體論의 철학이 그에게서 본격적으로 시작된 것이다. 여기에서 그가 말하는 인식대상은 리와 기로 이뤄져 있는 사물에 있어서 사물의 기가 아닌 사물의 리를 궁구하는 것이 바로 격물인 것이다. 이렇게 본다면 인식대상이 바깥 사물인가 마음속의 일인가도 중요하지만, 더욱 중요한 것은 사물의 리인가 기인가하는 점이다.

이와 관련하여 정이는 인식을 두 종류로 나누고 있다. 문견지聞見知와 덕성지德性知가 그것이다. 그는 문견지가 인식내원상 감각을 통한 경험지인데 이 점에서 덕성지와 다르다고 말한다. 온갖 사물에 대해 두루 아는

그러한 지식이 문견지라면, 덕성지는 내면적 앎이다.17) 이것은 '덕성'이
라는 말에서도 나타나다시피 도덕과 관계된 지식이다. 결국 그가 격물을
통해 얻고자 한 앎은 덕성지이지 문견지가 아니며, 이때 덕성지의 대상은
감각 경험 너머의 형이상학적 원리인 것이다. 이렇게 보면 문견지란 단순
히 외부 사물에 대한 것이 아니라 그것의 기에 대한 앎임을 알 수 있다.
    그렇다고 하더라도 문제는 남는다. 눈앞의 그 많은 사물의 원리를 어
떻게 모두 인식할 수 있단 말인가?

> 어떤 이가 "격물은 모름지기 한 사물 한 사물 궁구하야 하는 것입니까, 아니
> 면 한 사물만 궁구하면 만물을 다 알게 되는 것입니까?"라고 물었다. 이에
> 대해 "어떻게 두루 알 수 있겠는가? 만약 한 사물만 궁구하여 뭇 사물의 이치
> 를 두루 아는 것은, 비록 안자(와 같이 뛰어난 이)도 감히 그렇지는 못할 것이
> 다. 그 방법은 모름지기 오늘 한 사물의 이치를 궁구하고, 내일 또 한 사물의
> 이치를 궁구하여 학습한 것이 많이 쌓이다 보면, 그 뒤에 툭 터지듯 저절로
> 깨달을 때가 올 것이다"라고 대답하였다.18)

정이는 단 한 사물을 궁구하고서 뭇 사물의 리理를 알 수 없는 것은
당연한 이치이지만, 그렇다그 모든 사물의 리를 궁구해야 한다고 말하지
는 않는다. 한 사물 한 사물의 리를 궁구하다 보면 어느 순간 깨달음이
온다는 것이다. 곧 한 사물 한 사물의 리를 궁구하다 보면 그것들은 결국
하나의 리임을 깨달음으로써 알게 되는 것, 이것이 바로 격물치지이다. 이

---

17) 『河南程氏遺書』, 권24, "聞見之知, 非德性所知. 物交物則知之, 非內也. 今之所謂博
物多能者是也. 德性之知, 不假見聞" 참조.
18) 『河南程氏遺書』, 권18, "或問, '格物, 須物物格之, 還只格一物而萬物皆知?' 曰, '怎
生便懷該遍. 若只格一物, 便通衆理, 雖顔子亦不敢如此. 道須是今日格一件, 明日又
格一件, 積習旣多, 然後脫然自有貫通處.'"

것이 가능한 근거는 무엇인가? 그것은 다름 아닌 모든 사물의 리가 하나이기 때문이다. 그는 불교에서 자주 드는 '월인천강月印千江'의 비유를 끌어와 '리일분수리理一分殊'를 말하고 있다. 리에는 궁극적 리理인 '리일지리理一之理'와 더불어 '분수지리分殊之理'가 있는데, '분수지리'는 비록 기氣와 결합한 '사물지리事物之理'이긴 하지만 본질적으로 '태극太極'의 '리일지리'와 같다고 말한다. 이렇게 보면 결국 격물치지에서 깨닫는다는 것은 '분수지리'에 대한 인식을 통해 '리일지리'의 인식에 이르는 것을 말한다.

그러면 정이는 왜 이러한 어렵고도 '지리支離'한 공부과정을 말하고 있는가? 그것은 존재의 참모습에 대한 전체적·보편적 인식에 이르기 위한 것이다. 동시에 존재의 참모습은 당위의 총 근원이기도 하다. 일단 이렇게 리일지리를 아는 데 이르게 되면, 리일지리에서 분수지리를 인식하는 것은 바로 전체에서 개별을, 보편에서 특수를 인식하는 것이기 때문에 결코 어렵거나 지리하지 않게 된다. 또한 '스스로 깨닫기'(自得) 위해서는 어렵고도 지리한 공부과정이 필수적이다. 이렇게 깨달음을 통한 앎이라야 실천성을 담보할 수 있으며, 이러한 의미에서 깨달음의 앎을 '참다운 앎'(眞知)이라고 하였던 것이다. 여기에서 참다운 실천은 참다운 앎을 전제로 하고 있음을 짐작할 수 있다.

그렇다면 인식주체는 무엇인가? 정이는 마음(心)을 말한다. 그러면서 그는 마음을 체體와 용用으로 나누고 있다.

> 마음은 하나이지만, 체를 가리켜서 말한 것이 있는데 '고요하여 움직이지 않는다'라는 것이 이것이고, 용을 가리켜서 말한 것이 있는데 '감응하여 마침내 천하(사물)의 이치에 통한다'라는 것이 이것이다.[19]

---

19) 『河南程氏粹言』, 권1, 「論道」, "心一也, 有指體而言者, '寂然不動', 是也, 有指用而

여기에서 보다시피 인식은 마음이 바깥 사물에 감응하면서 성립되는 것이다. 마음 가운데서도 용用이 직접적으로 관계된다. 그렇지만 그것이 가능한 근거는 마음의 체體에 있다. 나의 마음속에는 이미 리理가 존재하고 그 리가 마음 밖의 사물과 감응하면서 인식이 성립한다는 것이다. 그런데 여기에는 내 마음속의 리와 바깥 사물의 리가 별개가 아니라는 전제가 있다. 비록 심心과 리理, 마음속의 리와 바깥 사물의 리가 하나이기는 하지만, 그것은 근원적으로 하나일 뿐 현실적으로 하나라는 말은 아니다. 이 둘이 근원적으로 하나임을 깨닫고 하나로 만들어 나가는 것이 바로 인식이다.[20]

이렇게 볼 때 격물을 통해 우리 앎의 양은 늘어가는 것이 아니다. 정이는 밖의 공부와 안의 공부, 말단적인 공부와 근본적인 공부를 구분하고 있다. 밖의 공부란 문장을 주 대상으로 삼는 것이요, 말단적인 공부란 상세하고 간략함을 살피며 같고 다름을 가리키는 것이다.[21] 실천은 도외시한 채 책 속에만 빠지거나 성인의 뜻은 헤아리지 못한 채 글귀의 분석에만 매몰되는 공부는 성인됨을 기약할 수 없다고 그는 생각하였다. 인식주체인 마음에 대한 공부는 함양공부에서 중점적으로 논의되고 있다.

3. 거경함양공부

정이는 사물에 대한 격물치지의 진학공부와 더불어 마음에 대한 경의

言者, '感而遂通天下之故', 是也."
20) 『河南程氏遺書』, 권15, "心是理, 理是心"와 卷5, "理與心一, 而人不能會之爲一" 등 참조.
21) 『河南程氏粹言』, 「論學」 참조.

함양공부를 말하고 있다. 여기에서 곧장 눈에 띄는 것은 '격물·치지' 공부가 『대학』의 팔조목八條目에 나오는 것이라면 '성의誠意·정심正心'의 공부로 이어지는 것이 어느 모로 보나 자연스러워 보인다. 특히 그 내용이 마음공부인 것을 보면 오히려 그것이 당연해 보일 듯하다. 하지만 그는 아무런 설명 없이 격물치지의 사물공부와 거경함양의 마음공부를 말한다.[22] 그는 경공부가 결코 자신이 마음대로 만들어 낸 것이 아니라 이미 순舜임금과 같은 성인이 행한 것이라고 말한다.[23] 나아가 주희는 정이가 후학들에게 남긴 것 가운데 가장 중요한 것이 이 경에 관한 이론이며,[24] 이 경공부야말로 성인 문하에서 가장 중요한 것으로 공부의 처음과 끝을 관통하는 것이기에 잠시도 멈출 수 없다고 말하였다.[25] 이리하여 경을 공부의 요체로 삼는 것은 주자학에서 이견 없이 받아들여졌다.

경공부의 대상은 마음이다. 정이의 철학에서 마음은 다양한 의미와 기능을 가지고 있는데, 그 대표적인 것이 인식주체와 행위주체이다. 먼저 인식주체의 마음과 관계하여 경공부를 살펴본다.

> 밝은 거울이 여기에 있으면 만물이 모두 비춰지는 것은 거울의 본 작용이어서 거울로 하여금 비추지 못하도록 하기 어렵듯이, 사람의 마음도 만물과 서로 감응하지 않을 수 없어서 또한 마음으로 하여금 온갖 사려가 일어나지 않도록 하기 어렵다. 만약 온갖 사려가 일어나는 것을 막으려면 오직 마음에

---

[22] 唐君毅와 牟宗三같은 학자는 程頤의 敬공부와 誠意공부가 같은 것이라고 말하고 있다. 唐君毅, 『中國哲學原論』(原教篇), 192쪽과 牟宗三, 『心體與性體』2, 385~387쪽 참조. 그런데 두 가지 공부를 단순하게 동일시하는 데는 무리가 있다. 뒷날 陽明學者 王守仁이 誠意 공부론을 바탕으로 朱子學의 敬 공부론을 신랄하게 비판한 것에서도 알 수 있다시피 성리학자들은 서로 다른 공부로 인식하고 있다.
[23] 『河南程氏遺書』, 권15 참조.
[24] 『朱子語類』, 권12, 「持守」 참조.
[25] 『朱子語類』, 권12, 「持守」 참조.

중심이 있어야 한다. 어떻게 해야만 중심을 잡을 수 있을까? 경하면 될 따름이다.26)

정이는 마음속에서 온갖 생각이 일어나지 않을 수 없는데, 이를 막을 수 있는 방법은 경敬을 통해 마음의 중심을 잡는 일이라고 말한다. 만약 온갖 생각이 어지러이 일어난다고 하여 아예 생각을 끊어 버리면, 그것은 도가道家처럼 '절성기지絶聖棄智'하거나 선불교禪佛敎처럼 '좌선입정坐禪入定'하고 만다고 말한다.27) 이렇게 경을 통해 "마음에 중심이 서게 되면 마음은 텅 비어 사사로운 것이 들어올 수 없게 되고, 만약 마음에 중심이 서지 않게 되면 온갖 생각이 일어나 바깥 사물이 와서 마음을 빼앗아 간다"28)라고 말한다. 이러한 생각은 주돈이周敦頤가 마음을 "밝고 두루 통하며 공평하고 널리 퍼지게 한다"29)라고 말한 것이나, 정호程顥가 "확 트이고 크게 공평하게 하여, 사물이 오면 이에 따라 응하게 한다"30)라고 말한 것과 서로 연관된다.

경에 대한 정이의 좀 더 자세한 설명은 이른바 '주일무적설主一無適說'에 잘 나타나 있다.

이른바 경이라는 것은 한곳에 중심을 잡는 것을 일컬으며, 한곳이라는 것은 어느 곳으로도 가지 않는 것을 일컫는다.……『주역』에서 "경敬으로 마음을 곧게 하고, 의義로써 행동을 바르게 한다"라고 말한 것 가운데 모름지기 '마

---

26) 『河南程氏遺書』, 권15, "如明鑑在此, 萬物畢照, 是鑑之常, 難爲使之不照. 人心不能不交感萬物, 亦難爲使之不思慮. 若欲免此, 唯是心有主. 如何爲主, 敬而已矣."
27) 『河南程氏遺書』, 권15 참조.
28) 『河南程氏遺書』, 권15, "有主則虛, 虛謂邪不能入. 無主則實, 實謂物來奪之."
29) 『通書』, 권20, 「聖學」, "明通公溥."
30) 『二程文集』, 권2, 「答橫渠張子厚先生書」(일명 「定性書」), "廓然而大公, 物來而順應."

음을 곧게 한다'라는 것이 바로 주일主一의 의미이다. 감히 속이지 않고 감히 게으르지 않으며 남이 보지 않는 곳에서도 부끄러운 행동을 하지 않는 것이 모두 경의 내용들이다. 다만 경을 간직하고서 오래도록 마음을 함양하다 보면 저절로 천리天理가 밝아진다.31)

경이란 '주일무적', 즉 한곳에 중심을 잡아 어느 곳으로도 가지 않는 것이다. 이렇게 경공부를 통해 중심을 잡게 되면, 마음은 동쪽이나 서쪽 혹은 이곳이나 저곳으로 가지 않게 되어 어느 한쪽으로 치우치지 않고(中) 밖으로 내닫지 않은 채 안(內)에 있게 된다. 곧 경공부는 '중용을 지키는'(持中) 공부이자 '마음을 곧게 하는'(直內) 공부이다. 따라서 경공부를 하게 되면 바깥 사물을 분주하게 쫓아다닐 필요가 없게 되며, 이렇게 되면 바깥 사물에 이끌릴 이유도 없게 되어 사악한 것에 물들지 않게 된다. 이러한 뜻에서 그는 경공부가 '간단하고도 쉬운'(簡易) 공부라고 말한다. 이 말은 경공부 자체가 쉽다는 것이 아니라 경공부를 하고 나면 그 다음이 쉬워진다는 것이다. 이처럼 인식주체로서의 마음에 대한 경공부는 마음으로 하여금 어떠한 흔들림이나 사사로운 생각이 일어나지 않도록 하여 천리를 그대로 인식할 수 있게 하는 것과 연관되어 있다. 이것은 마치 거울이 티 없이 맑아야 사물을 그대로 비출 수 있는 것과 같은 것이다.

그런데 경공부는 인식주체의 마음과 연관된 것만은 아니다. 정이는 경공부를 행위주체의 마음과 연결시키기도 한다. 그는 도덕실천이 기氣와 직접적으로 연결되어 있다고 생각했는데, 이 "기를 이끄는 것은 의지(志)에 있고, 의지를 기르는 것은 마음을 곧게 하는 데 있다"32)라고 하여 도

---

31) 『河南程氏遺書』, 권24, "所謂敬者, 主一之謂敬. 所謂一者, 無適之謂一.……『易』所謂敬以直內, 義以方外", 須是直內乃是主一之義. 至於不敢欺, 不敢慢, 尙不愧於屋漏, 皆是敬之事也. 但存此, 涵養久之, 自然天理明."

덕실천의 문제를 결국 마음에다 귀결시키고 있다. 경공부를 통해 마음을 곧게 하여 의지를 기르고, 다시 이렇게 의지를 길러 기를 이룸으로써 도덕실천을 행한다는 것이다. 아울러 그는 도덕실천을 위해서는 기를 기르는 '양기養氣'공부가 무엇보다 필요하며, 이때 기氣는 의義와 리理로 길러야 한다고 말한다.

> 의義와 리理로써 기氣를 길러 완성시키면 의義·도道와 합치된다. 기가 미처 길러지지 않으면 기는 기일 뿐이고 의는 의일 뿐이게 된다. 호연지기浩然之氣를 길러 완성시키는 데 이르게 되면 기는 의와 합치하게 된다 33)

여기에서 기氣를 기르는 양기공부는 다시 의義를 모으는 '집의集義'공부와 연결된다. 집의공부의 연원은 『주역』에서 "경敬으로 마음을 곧게 하고, 의義로써 행동을 바르게 한다"34)라고 말한 것에 있다. 그런데 이곳을 보면 집의공부는 경공부와 밀접하게 연관을 맺고 있다. 이에 정이도 경공부와 집의공부를 안과 밖, 마음과 행동과 관계된 공부로, 다시 이것을 '일이 없을 때'(無事時)와 '일이 있을 때'(有事時)의 공부로 연결시키고 있다.

> "반드시 어떤 일이 있게 되면 경敬으로써 해야 합니까?"라고 묻자, 다음과 같이 대답하였다. "경敬은 다만 함양의 한 가지 일일 따름이다. 반드시 어떤 일이 있게 되면, 마땅히 의義를 모아야 한다. 다만 경할 줄만 알고 의를 모을 줄 모른다면, 도리어 일이 모두 없어지고 만다. …… 경敬은 다만 자기를 간직하는 방법이고, 의義는 어느 것이 옳고 어느 것이 틀린지를 안다. 리理에

---

32) 『河南程氏遺書』, 권15, "率氣者在志, 養志者在直內."
33) 『河南程氏遺書』, 권18, "謂以義理養成此氣, 合義與道. 方其未養, 則氣自是氣, 義自是義. 及其養成浩然之氣, 則氣與義合矣."
34) 『周易』, 「坤文言」, "敬以直內, 義以方外."

따라서 행하면 이것이 바로 의가 된다. 만약 경敬 하나만을 지키고 의義를 모으는 것을 알지 못한다면, 도리어 일이 모두 없어지고 만다."35)

정이는 마음의 경공부에만 매달려 도덕실천의 집의공부를 소홀히 하면 안 됨을 말하고 있다. 동시에 도덕실천의 집의공부는 굳건한 마음의 경공부 바탕 위에서 가능한 것은 물론이다.

4. 지행론

지知와 행行의 범주가 앞에서 논의한 격물치지格物致知·거경함양居敬涵養공부와 반드시 일치하는 것은 아니다. 격물치지공부는 대체로 지의 범주와 일치하지만, 거경함양공부를 그대로 행의 범주에 포함시키기에는 주저되는 점이 있다. 앞 장에서 살펴보았다시피 마음에 대한 경공부는 주로 인식주체와 관계되어 있으며, 또 그것이 비록 행위주체와 일정하게 관계되어 있다 하더라도 그것을 바로 행의 범주에 포함시킬 것인가는 좀 더 신중히 생각해 볼 필요가 있다. 곧 기氣를 기르는 양기공부나 의義를 모으는 집의공부를 단순히 행과 등치시킬 수 있느냐는 문제로 남는다.

정이는 지행론상에서 중요한 위치에 있다. 어찌 보면 지행론 자체가 그에게서 본격적으로 시작되었다고 볼 수도 있다. 그 이전에는 지를 행과 대등한 위치에 두고 둘 사이의 관계성을 논의하지 않았기 때문이다. 이렇듯 그에게로 오면서 처음으로 지는 그 존재가치를 인정받으며, 행과 함께

---

35) 『河南程氏遺書』, 권18, "問, '必有事焉, 當用敬否?' 曰, '敬只是涵養一事, 必有事焉, 須當集義. 只知用敬, 不知集義, 却是都無事也……敬只是持己之道, 義便知有是有非. 順理而行, 是爲義也. 若只守一個敬, 不知集義, 却是都無事也."

논의되기 시작한 것이다. 그는 전통의 '아는 것은 어렵지 않고, 행하는 것이 어려울 뿐이다'(知之非難, 惟行之艱)라는 관점에 대해 '행하는 것도 어렵지만 아는 것 또한 어렵다'(行難, 知亦難)라는 관점을 제기한다.

> 사람이 힘써 행하려면 먼저 모름지기 알아야 하는데, 특별히 행만 어려운 것이 아니라 지도 또한 어렵다. 『상서』에서는 "아는 것은 어렵지 않고, 행하는 것이 어려울 뿐이다"라고 말하였다. 이것은 진실로 옳으나 지도 또한 어렵다.…… 예로부터 뛰어난 재질을 가져 힘써 행할 수 있는 사람이 없었던 것은 아니나 도를 밝힐 수 있었던 사람은 드물었으니, 이것으로부터 지도 또한 어렵다는 것을 알 수 있다.36)

> 이전에는 "아는 것은 어렵지 않다"라고 말하였는데, 나는 아는 것 또한 쉽지 않다고 말한다. 지금 어떤 사람이 서울을 가려고 하건, 어느 문으로 나가고 어느 길로 가야 하는지를 반드시 안 뒤에 갈 수 있다. 그것을 미처 알지 못하면, 비록 가려는 마음이 있어도 그가 과연 갈 수 있겠는가?37)

정이는 여기에서 행하는 것도 물론 어렵지만 아는 것도 결코 쉽지 않다는 관점을 통해 지의 존재영역을 확보하고 있다. 이러한 생각에서 그는 앎의 문제를 중시하여 격물치지의 인식론을 열어나갔던 것이다. 지행론상 그의 좀 더 구체적인 논의는 '지선행후(知先行後)'를 말하는 데에서 전개된다. 먼저 그는 『대학』의 팔조목 순서에 따라 지선행후를 말한다.

---

36) 『河南程氏遺書』, 권18, '故人力行, 先須要知, 非特行難, 知亦難也. 書曰, "知之非艱, 惟行之艱." 此固是也. 然知之亦自艱.……自古非無美才能力行者, 然鮮能明道, 以此見知之亦難也.'
37) 『河南程氏粹言』, "古之言'知之非艱'者, 吾謂知之亦未易也. 今有人欲之京師, 必知所出之門, 所由之道, 然後可往. 未嘗知也, 雖有欲往之心, 其能進乎?"

선생께서 다음과 같이 말씀하셨다. "공부에는 아는 것보다 더 큰 것이 없다. (공부에는) 근본적인 것과 말단적인 것, 끝나는 것과 시작하는 것이 있는데, 치지致知와 격물格物은 이른바 근본적이고 시작하는 것이요, 천하天下와 국國·가家는 이른바 말단적인 것이고 끝나는 것이다. 천하와 국·가를 다스리는 것은 반드시 몸에서 근본하여야 하는데 자기 몸이 바르지 않고서 천하와 국·가를 다스릴 수 있는 사람은 없다."[38]

하지만 정이는 여기에서 단순히 공부 순서상에서 지가 앞임을 말하고 있지는 않다. 지가 행보다 근본적이라는 점에서 지선知先을 말하기도 한다. 이러한 그의 관점은 다음의 예문에서도 볼 수 있다.

앎이 반드시 행을 이끌어야 하는 것은 마치 길을 감에 있어서 진흙 구덩이와 어둠이 앞을 가로막고 있는 곳을 밝은 빛과 횃불이 비춰주지 않으면 나아갈 수 없는 것과 같다.[39]

이렇게 행에 대한 지의 주도적 역할을 강조하는 것은 서울을 가려면 먼저 그 가는 길을 알아야 한다는 앞의 예문에서도 잘 나타나 있다. 지의 주도적 작용은 다음의 글에서 더욱 분명하게 말한다.

모름지기 지를 근본으로 삼아야 한다. 지가 깊어지면 행은 반드시 이르게 되는 것이니, 알면서 행하지 않는 것은 있지 않다.[40]

---

[38] 『河南程氏粹言』, 「論學」, "子曰, '學莫大於知. 本末終始, 致知格物所謂本也始也, 天下國家所謂末也終也. 治天下國家必諸身, 其身不正而能治天下國家者無之."

[39] 『河南程氏粹言』, 「論學」, "識必見於行, 如行道塗涉暗저, 非明之光, 炬火之照, 則不可進矣."

[40] 『河南程氏遺書』, 권15, "須以知爲本. 知之深, 則行之必至, 無有知而不能行者."

정이의 선지후행설은 마침내 '알면 반드시 행하게 된다'라는 데까지 이르게 되었다. 여기에서 행은 지에 절대적으로 의존하고 있음을 알 수 있다. 그렇다면 그는 알면서도 행하지 않는 것에 대해서는 어떻게 생각하는가? 그것은 어디까지나 지가 얕기 때문이라고 답한다.41) 결국 '얕은 지'(淺知)와 '일상적인 지'(常知)는 행을 담보할 수 없다. '깊은 지'(深知)와 '참다운 지'(眞知)만이 올바른 행을 담보할 수 있다. 이 말속에도 행은 절대적으로 지에 의존해 있다는 그의 생각이 나타나 있다.

결국 정이의 이러한 생각은 중지론重知論으로 정리할 수 있겠다. 주희뿐만 아니라 현대의 많은 학자들도 정이를 중지론자로 보고 있다. 하지만 이러한 규정은 좀 조심스레 내릴 필요가 있다. 가령 주희처럼 지와 행의 경중輕重을 비교하여 행이 중하다는 관점에서 정이를 중지론자로 보는 것에는 문제가 있다. 사실 현대의 대부분 학자들도 이러한 관점에서 정이를 중지론자로 규정하고 있다. 논자가 정이를 중지론자라고 규정하는 것은 정이가 이전 누구보다도 지를 중시했다는 것과 더불어 도덕실천에 있어서 지의 역할을 아주 크게 인정했기 때문이다. 정이가 행 자체보다 지를 더 중시했다고 해서 그를 중지론자로 규정한 것은 아니다. 그러면 그는 왜 이토록 지를 중시한 것일까?

> 어떤 사람이 "공부하는 사람 중 많은 이가 불교의 이론에 빠져드는 것은 무슨 까닭입니까?"라고 묻자, 선생께서 "치지하지 않았기 때문이다. 아는 것이 지극하면 어느 누가 실행하지 않을 수 있겠는가? 옥이 보배라는 것을 아는 사람은 옥을 돌과 섞지 않을 것이다"라고 말하였다.42)

---

41) 『河南程氏遺書』, 권15, "知而不能行, 只是知得淺" 참조
42) 『河南程氏粹言』, 「論道」, "或問, '學者多流於釋氏之說, 何也?' 子曰, '不致知也. 知之旣至, 孰得而移之. 知玉之爲寶, 則人之不能以石亂之矣.'"

정이의 공부론 163

정이는 정통正統과 이단異端을 가려볼 수 있는 능력이 지知에 달려 있다고 본 것이다. 당시 유학부흥의 기운이 고조된 가운데 불교와 도교 등에 대한 반이단反異端 투쟁을 위해서는 무엇보다 지知가 중요하며, 지를 얻는 방법으로 그는 격물치지공부를 제시했던 것이다.

5. 정이 공부론의 역사적 위치

정이程頤는, 유학은 곧 성인됨을 추구하는 성학聖學이라고 규정하였다. 동시에 누구나 공부를 통해 성인의 경지에 이를 수 있다고 생각하였다. 그 자신도 성인의 경지에 이르기를 기약하면서 공부하였다. 이에 정이를 위시한 북송 성리학자들에게서는 도학자道學者로서의 풍모가 짙게 나타난다. 이것은 이전 유학자들에게서는 볼 수 없는 전혀 새로운 모습이다.

또한 정이는 성인에 이르는 길을 두 가지 공부론으로 제시한다. 바로 사물에 대한 격물치지格物致知공부와 마음에 대한 거경함양居敬涵養공부가 그것이다. 이 두 가지 공부 중 어느 하나만을 통해서는 성인의 경지에 이를 수가 없다. 반드시 두 공부를 겸하여야 된다고 생각하였다. 그의 이 두 가지 공부론은 주희朱熹에게 도문학道問學공부와 존덕성尊德性공부로 이어져 이후 주자학 공부론의 가장 기본적인 입장이 된다. 다만 어느 쪽 공부에 더 무게를 실을 것인가의 차이만 있을 뿐이다.

격물치지공부는 그야말로 정이의 창작품이다. 『대학』의 '격물' 항목을 『주역』의 내용에 끌어다 '사물의 리를 궁구하는 것'으로 해석한 것부터가 그렇다. 그가 이렇게 인식론적 의미로 격물치지 공부론을 제시함으로써 유학은 비로소 인식론을 가지게 된 것이다. 그가 격물치지공부를 통해 얻고자 한 것은 우주의 궁극적 원리이다. 바로 존재의 참모습에 대한 깨달음으로서의 인식이다. 동시에 이것은 도덕실천의 궁극적 근원이자 원리이기도 하다. 따라서 그의 격물치지공부는 단순히 진리를 인식하는 데에만 그치지 않고 곧바로 도덕실천으로 매개된다.

경을 통한 마음의 함양공부도 정이가 제기한 것이다. 마음에 대한 공부론은 맹자 이래 다양하게 전개되어 왔다. 하지만 경을 통한 마음공부를 말한 것은 그가 처음이다. 그는 경을 '주일구적主一無適', 곧 마음을 한곳에 집중하여 그 어느 곳으로도 흐트러지지 않게 하는 것으로 허석하였다. 이것은 직접적으로는 인식주체의 마음에 대한 것이지만, 행위주체의 마음과도 연결된다. 그가 이렇게 경을 통한 마음 공부론을 제기한 이후 주자학의 마음 공부론은 모두 그의 것을 따르게 되며, 후대로 갈수록 더욱 강화되는 모습을 보인다.

지와 행의 문제도 공부론과 긴밀한 관계가 있다. 그런데 지행론도 어떤 의미에서 정이에게서 처음 시작되었다고 볼 수 있다. 왜냐하면 이전에는 행行과 비교하여 볼 때 지知의 존재와 그 가치를 본격적으로 인정하지 않았기 때문이다. 그는 행만 어려운 것이 아니라 지도 또한 어렵다는 관점을 제기하면서 지를 명실상부하게 행과 함께 논의하기 시작하였으며, 공부 순서뿐만 아니라 그 역할에 있어서도 지가 주도적이라는 의미에서 '선지후행先知後行'을 말함으로써 중지론적重知論的 모습을 보이기까지 한다. 이것은 앞의 격물치지공부를 말한 것과도 연관된다. 이렇게 그에 의해 본격적으로 제기된 지행론은 주희의 지행 병진竝進・호발설互發說, 왕수인王守仁의 지행합일설知行合一說, 심지어 모택동毛澤東의「실천론實踐論」에까지 이어진다. 한 마디로 주자학의 공부론은 결국 그의 논의 범위를 벗어나지 않았다고 결론지을 수 있다.

정이의 공부론   165

주희의 공부론

정상봉

1. 주희의 철학사적 위상

유가철학은 사람을 덕성의 담지자로 규정하고, 그 삶을 도덕적 정황의 연속으로 본다. 따라서 일상생활 속에서 '사람이 마땅히 따라야 할 도리(倫理)가 무엇이며 어떻게 그것을 실천할 수가 있을까'라는 문제가 유가철학의 핵심과제였다. 북송 대에 이르러서는 주돈이·장재·소옹·정호·정이 등이 심성론과 수양론의 차원을 넘어서 우주생성론과 본체론에 관한 담론을 전개하여 유가철학의 이론체계를 일신키 하였다. 이것은 위진시대를 풍미했던 도가 및 도교, 그리고 수당시대에 흥성했던 불교의 풍부한 사유와 그 논리의 영향을 받았다고 볼 수 있다. 이들 북송5자의 철학사상은 향후 남송의 주희에 이르러 집대성되었다. 『역전易傳』과 사서四書를 기초로 리理와 기氣의 문제·덕성과 정감과 마음의 문제·수양공부와 실천 등에 관한 여러 가지 이론들이 주희의 종합적 검토와 분석을 통하여 체계적으로 재구성된 것이다.

주희는 청소년기 이래 불교와 도가에 심취하였다가 이동李侗(자는 愿中, 호는 延平, 1093~1163)을 만나 가르침을 접하고 본격적으로 유가철학에 관한 문헌들을 꼼꼼히 살펴보게 되었다. 그 과정에서 사서四書에 대한 주석들을 정리하였고, 정호程顥(자는 伯淳, 호는 明道, 1032~1085)·정이程頤(자는 正叔, 호는 伊川, 1033~1107)의 낙학洛學을 철저하게 검토하였다. 그는 40세 이전 장식張栻(자는 敬夫 또는 欽夫, 호는 南軒, 1133~1180)과의 교유를 통하여 호굉胡宏(자는 仁仲, 호는 五峯, 1105~1161)으로 대표되는 호남학파湖南學派의 학설을 일차 수용하였다가 40세(1169)에 중화신설中和新說을 제기함으로써 정이의 철학을 기초로 한 자신의 관점을 확립하였다. 이것은 그에게 있어서 철학적 관점의 근본적 전환이었다. 그는 40세 이후 우주생성론에서 수양론에 이르기까지 이론상 정합적인 체계를 구성하기 위하여 혼신의 힘을 다하였다. 그 과정에서 주희는 유가 경전을 비롯한 많은 문헌들을 해석하였고 장식을 위시한 호남학자들과 토론하였으며 육구연·진량과의 논쟁을 벌이기도 하였다.

2. 주희의 공부론

본고에서는 주희철학 가운데 격물치지格物致知와 경敬공부에 대하여 논하고자 한다. 주희는 격물치지에 앞서 경공부가 전제되어야 한다고 하였으나, 여기서는 격물치지를 우선 살펴보고 난 뒤 경공부를 다루도록 하겠다. 주희는 이정二程의 종지宗旨로 불리는 "함양은 반드시 경敬으로써 해야 하고, 배움을 진척시키는 것은 치지致知에 달렸다"(涵養須用敬, 進學在致知)라는 관점을 받아들여 격물궁리에 의한 치지致知와 경敬을 통한 함양공부를 수양공부의 요체로 삼았다. 격물궁리는 도덕적 정황을 접하여 사람이 마땅히 따라야 할 도리-윤리倫理-를 궁구하는 것이며, 인지적 정황에 놓였을 때는 사물의 본질 및 속성-물리物理-을 인식하는 것이다. 윤리에 대한 궁구나 물리에 대한 인식은 내외합일적으로 이루어지고 그것은 본래적 앎을 극명히 하는 것으로 이어진다. 경공부는 이러한 정황을 접하기 이전이나 접했을 때 마음의 흐트러짐이 없도록 하는 함양공부로 마음에 담지된 리理로 하여금 그대로 드러날 수 있도록 해 준다. 이를 상론하자면 다음과 같다.

주희가 1169년 천명한 중화신설 이전 격물치지에 대하여 언급한 것으로는 「임오응조봉사壬午應詔奉事」(1162. 9. 17)와 「계미수공주차1癸未垂拱奏箚 一」(1163. 12. 3)이 대표적이다. 「임오응조봉사」에 "옛날 성현다운 제왕의 학문은 반드시 격물치지를 통하여 세상이 돌아가는 것을 꿰뚫어 보았다. 눈앞에 전개되는 세상일에는 의리가 담겨져 있으니 자그마한 부분도 철저히 살펴서 마음속에 확연하게 되고, 터럭만큼의 가려짐이 없게 되면, 자연히 뜻이 진실되고 마음이 바르게 되어, 마치 하나 둘을 세거나 흑백을 가리듯이 천하를 다스리는 책무에 조응하게 되는 것이다"[1]라고 하였고, 「계미수공주차1」에서는 "무릇 격물은 궁리를 일컫는 것이다. 구체적인 일이 있으면 반드시 이치가 있다. 그러나 이치는 형상이 없어 알기 어렵고 구체적인 일은 자취가 있어 쉽게 살필 수가 있으니, 구체적인 일

---

1) 『朱子大全』, 文11, "言者聖帝明王之學, 必將格物致知, 以極夫事物之變, 使事物之過乎前者, 義理所存, 纖悉畢照, 瞭然乎心目之間, 不容毫髮之隱, 則自然意誠心正, 而所以應天下之務者, 若數一二辨黑白矣."

을 통해 이치를 구하고 그 이치가 마음에 확연하게 되어 터럭만큼의 오차도 없으면 일을 처리함에도 자연히 터럭만큼의 잘못이 없게 된다"[2]라고 하였다. 이것은 주희가 기계적 동정관[3]의 입장에서 현상에 내재한 리理[4]를 궁구할 것을 말한 것이다. 그가 미발未發의 기상을 체인體認해 보라는 스승 이동의 권유를 외면하고, 이발已發인 마음에서의 찰식察識을 강조하였던 호남학파의 관점에 경도되었던 것도 자연스러운 일이었다. 그러나 주희는 중화신설을 내세우면서 유기적 동정관[5]을 취하고 리理가 기氣에 선재하며 마음은 미발과 이발을 겸섭한다고 보게 되었다. 그에 따라 격물치지설도 체계적으로 다시 짜여졌다.

1) 격물치지의 이론적 근거

(1) 마음

마음(心)은 능각能覺과 소각所覺 두 가지 측면에서 조명할 수 있다.[6] 각覺은 지각知覺을 가리킨다.[7] 이때 지각은 감각 경험에 의한 인지로서의

---

[2] 『朱子大全』, 文13, "夫格物者, 窮理之謂也. 蓋有是物必有是理. 然理無形而難知, 物有迹而易睹, 故因是物以求之, 使是理瞭然心目之間, 而無毫髮之差, 則應乎事者自無毫髮之繆."
[3] 기계적 동정관은 주돈이『通書』, 「動靜」의 "動而無靜, 靜而無動, 物也"에 입각한 것이다. 動과 靜의 현상적 연속의 측면을 주목한 것이다. 중화신설 이전 주희는 動과 靜의 표층구조에 대한 이해 속에서 動의 부분에 관심을 가졌다.
[4] 주희가 37세 때 지은『朱子大全』, 文72, 「雜學辨・蘇黃門老子解」에서는 "道在器中"을 말했는데, 이는 器의 현상세계 안에 道가 내재되어 있다고 보는 관점을 반영하고 있다. 理가 氣에 선재한다는 "理在氣先"은 중화신설을 통하여 확립되었다.
[5] 유기적 동정관은『通書』, 「動靜」의 "動而無動, 靜而無靜, 神也. 動而無動, 靜而無靜, 非不動不靜也"에 입각한 것으로 주희는 "動中有靜, 靜中有動"이라고 풀이하였다. 이것은 현상적 動靜의 심층구조를 통찰한 것이라고 하겠다.
[6] 『朱子語類』, 권5, "所覺者, 心之理也; 能覺者, 氣之靈也."
[7] 『孟子』, 「萬章下」에 나오는 "使先知覺後知, 使先覺覺後覺"의 知와 覺이다.

지각(perception)에 국한된 것이 아니다. 오히려 지각은 객관적 인식, 이성적 사유와 추리, 그리고 판단·직관 등 다양한 스펙트럼을 내포하고 있다. 소위 능각은 사람이 모든 존재물 가운데 가장 빼어난 기氣를 품수 받아 갖춘 영명한 인지능력을 가리킨다. 주희는 "마음은 기氣 가운데 정미하고 빼어난 것이다"[8]라고 하여 인지작용에서 나타나는 인지능력을 기氣 개념으로 설명하였다. "허령지각虛靈知覺", "허령불매虛靈不昧"라는 표현은 이 인지능력을 형용한 것이다. 소각所覺은 인지내용에 관한 것이다. 인지주체인 사람을 보면, 마음속에 사람의 존재본질인 덕성이 담지되어 있을 뿐 아니라 모든 존재물의 본질 및 속성도 선험적으로 갖추고 있다. 그래서 "마음은 뭇 이치를 갖추고 있어 만사에 응한다"[9]라고 한 것이다. "만사에 응한다"의 만사는 비단 객관사물뿐만이 아니라, 사람과 도덕적 정황까지도 함축하고 있다. 응하다는 것은 거울이 앞에 선 모든 것을 그대로 비추듯이 마음이 뭇 이치를 훤히 밝힘을 뜻한다. 결론적으로 마음은 물리物理와 윤리倫理에 대한 인지능력 및 인지내용 전체를 구비하고 있다. 이것은 장재가 "성性과 지각知覺이 합해져 심心이라는 개념이 있는 것이다"[10]라고 한 것을 계승한 것으로 사람의 마음이 총체적 인지활동의 본원임을 밝힌 것이다. 주희철학에서 인지활동을 대표하는 것은 격물치지이다. 따라서 마음은 격물치지의 주관적 가능 근거라고 할 수 있다.

(2) 사물과 이치

주희철학에 있어서 물物은 형상을 지닌 개별적이고 구체적인 존재물

---

8) 『朱子語類』, "心者氣之精爽."
9) 『孟子集注』, 「盡心上」, "心者, 人之神明, 所以具衆理而應萬事."
10) 『正蒙』, 「太和」, "合性與知覺, 有心之名."

내지 자연운행의 현상을 가리키기도 하고, 또한 사람과 사람 사이의 관계에서 펼쳐지는 갖가지 정황으로서의 일(事)을 가리키기도 한다.

물物의 지시내용이 여러 가지인 만큼 리理도 객관사물의 본질 및 속성, 자연운행의 규칙, 사람이 마땅히 따라야 할 도리 등을 포함하고 있다. 이와 같이 구체적인 물리物理와 윤리倫理를 개별적 이치로서의 '만리萬理'라고 한다면, 모든 개별적 이치의 궁극적인 근원이며 존재생성存在生成과 가치현현價値顯現의 보편적 이치를 '일리一理'라고 부를 수 있다.[11]

존재생성에 있어서는 가벼움과 무거움(輕重)·맑음과 흐림(淸濁)·치우침과 바름(偏正)의 차별이 있는 기氣의 응집 여하에 따라 존재물 사이에 차별이 생긴다. 또한 상이한 존재물은 각기 존재의 본질 및 속성을 달리한다. 이 개별적 이치가 '만리萬理'인 것이다. 주희는 금수초목의 생물뿐만 아니라, 화병·등불·물·불·쇠·나무·흙도 각기 본질 및 속성을 달리하고[12] 배·수레·대황大黃·부자附子도 마찬가지라고 하였다.[13] 즉 모든 존재물은 각기 다른 존재물과 구별되는 나름의 본질 및 속성을 지니고 있다. 음양의 기가 갈마들며 엮어내는 한서寒暑·사시四時·천체의 움직임 등의 자연운행에도 나름의 규칙規則이 있다. 이러한 현상세계의 개별적 이치를 하나의 보편적 이치와 별개의 것으로 보아서는 안 된다. 개별적 이치는 기화氣化의 과정에서 보편적 이치가 다양한 양태로 나타난 것이다. 따라서 다양한 양태의 개별적 이치는 하나의 보편적 이치로 귀합된다.[14]

---

11) 陳來는 『朱熹哲學硏究』 제3장에서 性理와 分理라는 용어를 통하여 설명하고 있다. 논자는 정이의 "萬理歸於一理"(『二程集』)의 문구에 주목하여 一理와 萬理라고 표현하였다. 주희의 언설 가운데 문맥에 따라 一理가 하나의 개별적 이치를 의미하는 경우도 있다.

12) 『朱子語類』, 권97, "花瓶便有花瓶底道理, 書燈便有書燈底道理, 水之潤下, 火之炎上, 金之從革, 木之曲直, 土之稼穡, 一一都有性, 都有理."

13) 『朱子語類』, 권4, 曾祖道錄과 甘節錄 참조.

이에 주희는 "천하의 이치는 다양하지만, 그러나 종국에 있어서는 하나일 따름이다"[15]라고 하였다.

금수초목이며 사람, 이 모든 존재물과 자연운행의 현상 안에는 존재생성과 가치현현의 보편적 이치가 체현되어 있다. 이것이 소위 '리일분수理一分殊'의 근본요지 중 하나이다. '리일분수'는 '월영만천月映萬川'의 비유를 통해 설명된다.

"모든 존재물 안에는 각각 동일한 태극이 갖추어져 있다."[16]
"본래는 단지 하나의 태극일 뿐이지만, 모든 존재물이 각각 (그것을) 품수받아, 하나의 태극을 온전하게 갖추게 된 것이다. 예를 들어, 하늘에 있는 달은 하나일 뿐이다. 강호江湖에 분산되어 곳곳에서 보인다고 하여, 달이 나뉜 것이라고 말할 수는 없다."[17]

존재생성과 가치현현의 보편적 이치가 체현되어 있다는 것은 결코 분유分有(participation)로 이해해서는 안 된다. 이 존재생성과 가치현현의 보편적 이치는 인仁개념으로 설명하기도 한다. 이것은 사실과 가치, 존재와 당위, 자연과 도덕 두 측면을 하나로 연결하여 이해하였던 사유체계를 반영하고 있다 하겠다. 정호가 "의학 서적에 수족手足이 마비된 것을 '불인不仁'이라고 표현하는데, 이 말은 가장 잘 형용한 것이다. 인仁을 체득한 사람은 천지만물이 하나라고 여기니, 자기 자신이 아닌 것이 없다"[18]라

---

14) 귀합은 체용의 논리에 따른 涵攝 또는 包攝의 의미이다.
15) 『朱子大全』, 文63, 「答余正甫」, "天下之理萬殊, 然其歸則一而已矣."
16) 『通書解』, "萬物之中各有一太極."
17) 『朱子語類』, 권94, "本只是一太極, 而萬物各有稟受, 又自各全具一太極爾. 如月在天, 只一而已, 及散在江湖, 則隨處而見, 不可謂月已分也."
18) 『二程集』, "醫書言手足痿痺爲不仁. 仁者以天地萬物爲一體, 莫非己也."

고 말한 것이나, 「식인편識仁篇」에서 "배움에 힘쓰는 사람은 반드시 먼저 인仁을 체인體認하여야 한다. 인을 체득한 경지는 혼연히 만물과 하나가 된다. 의義·예禮·지智·신信은 모두 인仁이다"[19]라고 한 것은 대표적 예이다. 살구씨를 "행인杏仁", 복숭아씨를 "도인桃仁"으로 표현한 것을 보더라도 인仁에 대한 이해가 가치 내지 도덕의 영역을 넘어서 사실 내지 자연의 영역까지 포괄적으로 쓰였음을 알 수 있다. 즉 천지 사이에 끊임없이 존재물이 생겨나고 그 사이에서 이루어지는 모든 것은 존재생성과 가치현현의 보편적 이치를 갖추고 있다. '리일분수'라는 명제는 일원적 사유의 기반 위에서 다양한 존재물, 그리고 존재물들 사이에서 이루어지는 모든 것들을 하나의 보편적 이치와 연결시켜 설명한 것이다.

2) 격물치지의 의미와 방법

(1) 격물치지의 의미

정이는 격물格物을 '사물의 이치를 궁구함'(窮理)으로 풀이하였다.[20] 주희는 정이의 관점을 좇아 『대학장구大學章句』에 "격格은 '다다름'이다. 물物은 '일'이다. 사물의 이치를 궁구하여 (그것에) 다다름은 그 지극한 면까지 파악하지 아니함이 없고자 하는 것이다"[21]라고 하였다. 격물궁리는 사람의 마음에 갖춰진 뭇 이치와 사물에 내재해 있는 이치가 내외합일적으로 대응될 때 비로소 이루어진다.[22] 말하자면, 인지활동의 본원인 마

---

19) "學者須先識仁. 仁者渾然與物同體, 義·禮·智·信皆仁也."
20) 정이는 『二程集』에서 "格猶窮也. 物猶理也. 猶曰窮其理而已也"라고 하여 격물을 궁리로 풀이하였다.
21) "格, 至也. 物, 事也. 窮至事物之理, 欲其極處無不到也."
22) 『大學或問』, "物我一理, 纔明彼卽曉此. 此合內外之道也."

음이 인지대상인 물리物理를 발견하는 식의 대상적 인지의 차원을 넘어서, 인지능력이 있는 마음을 통하여 마음의 뭇 이치와 사물의 이치가 상호조응함으로써 리理 자체가 그대로 온전히 드러나게 하는 것이 격물궁리이다.23) 인지주체인 사람의 입장에서 보자면, 자신이 갖추고 있는 뭇 이치를 온전히 다 드러나도록 하는 것으로, 이를 치지致知라고 한다. 치지는 "참된 앎"(眞知)의 지평과 연결된다.24) "참된 앎"은 "참된 실천"(實行)을 함축한다. "앎"이 실천으로 이어질 때 사람은 존재생성과 가치현현의 보편적 이치를 그대로 드러낼 수 있다 하겠다. 주희가 『대학장구』「격물치지보전格物致知補傳」에서 "'앎을 지극히 하는 것은 격물에 달렸다'라고 함은 나의 '앎'을 지극히 하여 이로써 사물에 접하여 그 이치를 궁구하는 데에 달렸음을 말한 것이다. 무릇 사람 마음의 영명함은 본래 지각을 갖추고 있지 않음이 없고, 세상의 존재물은 이치를 갖추지 아니한 것이 없다. 다만 이치에 대하여 궁구하지 못한 까닭에 앎에 미진한 면이 있게 된다"25)라고 한 것도 이와 같은 맥락에서 해석할 수 있다.

이제 격물궁리의 의미를 좀 더 구체적으로 살펴보고자 한다. 사람의 삶은 일정한 정황―인지적 정황과 도덕적 정황―의 연속이다. 그러므로 어떠한 정황에 놓이느냐에 따라 격물궁리의 의미도 달라진다. 일단 개별적 이치에 대한 궁구에 대하여 살펴보기로 하겠다.

첫째 인지격 정황에 있어서의 격물로, 사람이 외부의 개별적 존재물을

---

23) 錢穆, 『朱子新學案』(臺北: 三民書局, 1982), 第二冊, 9쪽 참조.
24) 『朱子語類』, 권15, "앎을 지극히 함은 참된 인식을 구하는 것이요, 참된 인식은 뼈 속까지 훤할 정도로 살피고자 하는 것이다."(致知所以求爲眞知, 眞知是要徹骨都見得透)
25) "所謂致知在格物者, 言欲致吾之知, 在卽物而窮其理也. 蓋人心之靈莫不有知, 而天下之物莫不有理. 惟 於理有未窮, 故其知有不盡也."

접하여 그 본질 및 속성을 궁구하거나 자연운행의 현상 속에서 그 규칙을 궁구하는 일은 개별적 이치를 궁구함을 의미한다. 이때의 격물은 전적으로 당위나 가치와는 상관없는 존재와 사실에 관한 인지의 차원에 속한다. 본래 사람은 인지능력을 지녔을 뿐 아니라 인지내용, 즉 객관적 존재물의 본질 및 속성・객관 자연의 운행 속에 내재된 규칙을 또한 갖추고 있다. 주희가 『맹자』의 "만물이 다 내게 갖추어져 있다"(萬物皆備於我)라는 문구를 "이것은 이치가 본래 그러함을 말한 것이다. 크게는 군신君臣・부자父子, 작게는 사물의 세미한 것까지 그 마땅히 그러한 이치는 어느 하나 (마음에 담지된) 본성의 영역 안에 갖추어지지 않은 것이 없다"[26]라고 풀이한 것은 이 점을 설명한 것이다. 또한 외부의 객관적 존재물은 그 나름의 본질 및 속성을 담지하고 있고, 자연운행의 현상 안에는 규칙이 내재해 있다. 따라서 사람이 객관적 존재물이나 자연운행의 현상을 접하는 인지적 정황이 전개될 때, 인지능력을 지닌 사람이 잠재적인 관념의 형태로 갖추고 있는 개별적 이치와 객관적 존재물에 담지된 본질 및 속성, 그리고 객관적 자연운행의 현상 속에 내재된 규칙이 내외內外 대응적 합일을 이룸으로써 개별적 이치가 비로소 온전히 밝혀지게 된다. 인지적 정황 내에서 격물궁리는 객관적 대상에서 개별적 이치를 발견發見해 내는 것이 아니라, 사람과 객관적 대상이 엮어 내는 정황 속에서 개별적 이치가 발현發顯, 즉 드러나게끔 하는 데에 그 의의가 있다.

둘째 도덕적 정황에 있어서의 격물로, 한 사람이 다른 사람과의 만남 속에서 자신이 놓인 위상에 따라 사람이 마땅히 따라야 할 도리를 궁구하는 것과 책무를 수행할 때에 도의를 궁구하는 것 등은 직접적인 도덕적

---

26) 『孟子集注』, 「盡心上」에서는 "萬物皆備於我矣"를 "此言理之本然也. 大則君臣父子, 小則事物細微, 其 當然之理, 無一不具於性分之內也"라고 주해하고 있다.

정황 내의 격물궁리이다. 그리고 경전이나 역사문헌 등을 접하여 의로움과 의롭지 못함·옳음과 그름을 헤아리는 것은 간접적인 도덕적 정황 내의 격물궁리이다. 이러한 도덕적 정황 내의 격물궁리는 당위와 가치에 관한 인지의 차원에 속한다. 일차적으로 보면 자신이 담지하고 있는 덕성에 대한 자각이라는 자기 안으로의 확인이지만, 궁극적으로는 내외 대응적 합일에 의한 인지인 것이다.

사람은 모두 선한 본성, 즉 덕성의 담지자임은 공맹 이래 유가철학의 대전제로 받아들여졌다. 덕성의 담지자인 사람의 삶은 도덕적 정황의 연속이다. 맹자는 일찍이 어떤 사람이 어린애가 우물로 기어 들어가는 것을 막 목도하고 그 어린애를 구하는 도덕적 정황을 설정하였다. 그 정황에서 사람은 누구나 다 측은지심惻隱之心을 갖게 마련이며 그것은 바로 사람의 본성이 선함을 보여 준다고 예증을 한 적이 있다. 본래 이 예는 어린애를 구하는 도덕적 행위의 주체자, 그리고 그의 도덕적 행위 안에 담겨 있는 도덕적 정감과 도덕적 주감을 통하여 추론해 본 사람의 선한 본성 세 측면이 논의되고 있다. 격물의 관점에서 보자면 어떤 사람이 어린대가 우물로 기어 들어가는 정황을 막 접하면 '큰 일인데, 어떻게 해야 하지?'라는 자문을 하게 된다. 이때 현실적 이해利害에 관하여 아무런 고려도 없이 '마땅히 어린애를 구해야 한다'라는 사람으로서의 도리에 대한 자각이 듦과 동시에 바로 어린애를 구하는 것이다. 여기서 어린애를 구한 사람의 '마땅히 어린애를 구해야 한다'라는 도리에 대한 자각은 다름 아닌 그 직접적인 도덕적 정황에 있어서의 격물궁리이다.[27] 또 부모와 자식 사이에 엮어지는 도덕적 정황에 있어서 자식은 자식대로 부모에게 효성을 다해야

---

27) 정이가 "應接事物而處其當否"를 궁리라고 한 것은 바로 직접적인 도덕적 정황 아래에서의 궁리인 것이다.

하고 부모는 부모대로 자식을 자애로 감싸야 하는 것이 사람이 마땅히 따라야 할 도리이다. 따라서 이러한 도덕적 정황에 놓였을 때 각자의 위상에 따라 자신이 마땅히 따라야 할 도리를 철저히 인지해야 한다.28)

만약 우리가 『맹자』의 이 문구를 읽으면서 '그래, 마땅히 어린애를 구해야지' 혹은 '사람의 본성은 분명히 선한 거야' 등의 당위와 가치에 대한 앎이 이루어진다던가, 또는 다른 사람의 부모와 자식 사이의 얘기를 전해 듣고 '이럴 때는 마땅히 이렇게 해야 한다'라는 도리에 대한 궁구를 하는 것도 역시 간접적인 도덕적 정황 아래에서의 격물궁리이다. 이외에도 책을 읽고 도의道義를 구명하고 고금 인물의 행적을 살펴보고 그 옳고 그름을 분별하는 일29)들도 바로 간접적인 도덕적 정황 아래에서의 격물궁리에 속한다. 간접적인 도덕적 정황 아래에서의 격물궁리는 직접적인 도덕적 정황 아래에서의 격물궁리에 도움을 준다. 주희가 독서讀書를 누누이 강조한 것은 이 때문이다. 직접적이든 간접적이든 도덕적 정황 아래에서의 격물궁리는 집의集義의 실천문제와 직결된다. 도덕적 정황에 있어서의 당위 및 가치에 관한 앎은 철저한 자기 체인體認으로 이어져야 한다. 체인이라 함은 마음에 담지된 덕성에 기초한 자각적 인지이다. 스스로 어떠한 의심도 없어야 하고 또한 어느 누구도 뒤바꿀 수 없는 인지에 이를 때 체인體認이라고 할 수 있다. 직접적인 도덕적 정황에 있어서 체인이 특별히 중요한 것은 곧바로 실천의 문제와 직결되기 때문이다. 그러나 만약 당위와 가치에 대한 앎이 체인의 단계에 이르지 못하게 되면 '참된 앎'

---

28) 『朱子語類』, "사람이 누군들 알지 못하겠느냐? 자식의 입장에서는 효도할 줄 알고 부모의 입장에서는 자애로울 줄 안다. 다만 앎이 극진하지 못할 뿐이니, 반드시 철저히 알아야 할 것이다."(人誰無知, 爲子知孝, 爲父知慈, 只是知不盡, 須是要知得透底)
29) 『二程集』. 주희는 『大學章句』에서 정이의 이 말을 인용하고 있다.

(眞知)이라고 할 수가 없다. '참된 앎'이 이루어지지 못한다면 정황에 따라 일차적 앎은 흔들리고 뒤바뀌게 되어 앎의 일관성 내지는 연속성을 잃게 된다.

셋째 보편적 이치에 대한 궁구로, 주희는 '리일분수'를 통하여 모든 존재물 및 자연운행의 현상 그리고 사람에게 관련된 일은 모두 보편적 이치를 담지하고 있다고 밝혔기 때문에 '일리一理'에 대한 인지의 지평도 열어놓고 있다. 『대학혹문』에서 정이가 "격물이 세상의 사물을 다 궁구하고자 하는 것은 아니다. 다만 하나의 사물에 있어서 이치를 궁구한다면 다른 것에 대해서는 유추해 볼 수 있다.…… 수많은 내와 길이 모두 서울에 다다를 수 있겠지만 한 길을 택하여 들어가게 된다면 나머지 것에 대해서는 유추하여 헤아려 볼 수가 있다. 무릇 모든 사물은 각기 하나의 (개별적) 이치를 갖추고 있지만 모든 사물은 똑같이 하나의 근원에서 나온 것이다. 이것이 유추를 통하면 통달하지 못함이 없는 이유이다"[30]라고 한 말을 인용하고 있는데, 이것은 사물의 개별적 이치를 궁구함으로써 존재생성과 가치현현의 보편적 이치에 대한 궁구가 가능함을 말한 것이다. 이 문구를 격물에 관한 다른 문구와 모순된다거나 혹은 잘못 기록한 것이라고 본다면 그 문맥상의 의미를 자의적으로 제한하여 이해한 것에 불과하다.[31]

---

30) 『大學或問』, 권2, "格物非欲盡窮天下之物, 但於一事上窮理, 其他可以類推……如千蹊萬徑, 皆可適國, 但得一道而入, 則可以推類而通其餘矣. 盖萬物各具一理, 而萬物同出一原, 此所以可推而無不通也." 밑줄 친 부분은 『河南程氏遺書』, 권15, 『二程集』(中華書局本), 157쪽에는 "格物窮理, 非是要盡 窮天下之物……但得一道入得便可. 所以能窮者, 只爲萬物皆是一理, 至如一物, 雖小, 皆有是理"로 되어 있다.
31) 陳來는 『朱熹哲學硏究』 229쪽과 230쪽에서 이 문구와 『朱子語類』의 유사한 문구를 인용하면서 하나의 사물을 궁구함으로써 모든 구체적 물리를 이해할 수도 없거니와 하나의 사물을 통해서 우주의 보편적 이치를 인식한다는 것도 불가능하다고 단정하였다. 그러나 보편적 이치에 대한 인식이 불가능하다고 한 것은 주희의 리일분수를 설명할 때 자신이 언급한 "성리性理"를 염두에 두지 않은 데서 비롯된

예를 들어 부모에게 효를 행하는 방법은 각각의 정황에 따라 '마땅한 도리'가 있을 수 있다. 즉 부모와 자식이 떨어져 사는데 자식된 입장에서 한 동안 안부를 여쭙지 못하다가 부모가 떠오를 때는 서신을 올릴 줄 알고, 몸져누우셨다면 간병을 충실히 할 줄 알고, 생신을 맞아서는 낳아주시고 길러 주신 은혜에 감사할 줄 아는 등등의 것이 놓인 정황에 따라 효의 도리를 아는 것이다. 이처럼 각각의 정황에 있어서 마땅히 따라야 할 도리를 안다는 것은 다름 아닌 사람에게 본래 담지되어 있는 덕성을 바탕으로 한 도리를 아는 것이요, 또한 그것은 존재생성과 가치현현의 보편적 이치를 아는 것으로 이어진다. 풀 한 포기, 나무 한 그루 혹은 복괘復卦를 통해서도 존재생성과 가치현현의 보편적 이치는 궁구할 수 있다. 물론 개별적 이치에 대한 궁구가 항상 보편적 이치에 대한 궁구로 곧바로 이어질 수 있는 것도 아니고 설령 보편적 이치에 대한 인지가 찾아 들었다고 해서 연속적이고 일관된 인지를 보장하지는 못한다. 그래서 주희는 보편적 이치에 대한 직접적인 궁구의 가능성을 인정하면서도 사람들이 고원한 것에 마음을 두게 될까 염려하여 적습積習에서 관통貫通에 이르는 점진적인 인지방법을 강조하였다.

(2) 격물치지의 방법

주희는 정이가 제시한 적습積習을 통한 관통貫通과 유추類推의 격물치지 방법을 그대로 받아들였다. 이것은 일반 사람들이 실제적으로 취할 수 있는 점진적 형태의 방법이다.

적습은 개별적 이치에 대한 궁구의 방법에서 출발한다. 인지적 정황

것이다. 한편 大濱晧는 『朱子の哲學』 251쪽에서 이 문구를 개별적 이치의 측면에서 설명하고 있다.

에 놓일 때는 풀 한 포기, 나무 한 그루와 같은 개별적 존재물의 본질 및 속성뿐만 아니라 자연운행의 구체적 현상에서 보이는 나름의 이치에 대해서, 도덕적 정황에 놓일 때는 관계 속의 위상에 따른 도리에 대하여 내외합일적 인지를 하나하나 쌓아 가는 방법이다. 주희가 적습의 방법을 강조한 까닭은 한 존재물의 개별적 이치를 궁구한다거나 어떤 도덕적 정황에서 마땅히 따라야 할 도리를 궁구한다고 해서 모든 개별적 이치를 낱낱이 통달할 수는 없기 때문이다.

> 격물은 반드시 사물마다 궁구해야 합니까? 아니면 하나의 사물을 궁구하기만 하면 모든 이치에 통달하게 되는 겁니까? 말하기를 하나의 사물을 궁구하여 모든 이치에 통달하는 것은 비록 안연조차도 여기에 이르지는 못했었다. 다만 오늘 한 사물을 궁구하고 내일 또 한 사물을 궁구하여 적습함이 많아지게 된 연후에 탁 트이듯이 꿰뚫는 경지가 있을 뿐이다.32)

다음과 같은 이유로 격물궁리는 일부의 개별적 이치에 대한 추리에도 쓰인다.

> 열 가지 일을 가지고 말해 보자. 만약 일곱이나 여덟 가지를 이해하게 된다면 다른 두세 가지는 부류에 따라 이해할 수 있을 것이다.33)

주희는 이 적습의 방법을 통하여 활연관통豁然貫通의 단계에 이를 수

---

32) 『大學或問』, 권2, "格物者必物物而格之耶? 將止格一物而萬理通耶? 曰: 一物格而萬理通, 雖顔子未 至此. 惟今日格一物焉, 明日格蜜物焉, 積習旣多, 然後脫然有貫通處耳."
33) 『朱子語類』(中華書局本), 권18, 「萬人傑錄」, "今以十事言之. 若理會得七八件, 則那兩 三件觸類可通."

주희의 공부론 181

있다고 보았다. 이른바 활연관통의 경지는 이치를 꿰뚫어 보는 통찰의 인지가 생긴 것이다.

적습함이 많아지게 된 연후에 탁 트이듯이 꿰뚫는 경지가 있을 뿐이다.[34]

공자는 나이 칠십이 되어서 "마음이 내키는 대로 해도 법도를 넘어서는 일이 없다"(從心所欲不踰矩)라고 하였듯이, 어떠한 도덕적 정황 아래에서도 이치를 꿰뚫어 볼 수 있어 도덕적 정감·사려·판단·실천에 이르기까지 모두 마음에 담지되어 있는 덕성의 발현, 그 자체의 경지에 이른 것이다. 뿐만 아니라 인지적 정황에 있어서도 존재물의 본질 및 속성, 자연운행의 규칙에 대한 객관적 이해의 세계도 열리게 된다. 이렇게 개별적 도리나 이치에 대한 인지를 쌓아 나감으로써 활연관통이라는 인지의 지평이 열리게 되면, 어떠한 정황에 놓이더라도 각각의 개별적 이치에 대한 철저한 인지가 절로 따르게 될 것이다. 또한 존재생성과 가치현현의 보편적 이치에 대한 체인도 수반된다.

적습의 방법은 개별적 이치에 대한 귀납적이고 종합적인 궁구방법이라고 할 수 있다.[35] 또한 가까운 데서 먼 데까지, 얕은 데서 심오한 데까지, 조야粗野한 데서 정미精微한 데까지 이르는 개별적 이치에 대한 적습의 인지과정을 통하여 활연관통豁然貫通의 경지에 이를 수가 있다.[36] 주희

---

34) 『大學或問』, 권2, "積習旣多, 然後脫然有貫通處耳." 또 같은 책에 "積累多後, 自然脫然有悟處"라는 문구도 보인다.
35) 『朱熹哲學硏究』, 233쪽.
36) 張立文, 『朱熹思想硏究』(北京: 中國社會科學出版社, 1982), 491~499쪽 참조. 『朱子語類』, 295쪽에 "自近以及遠, 由粗以至精"이라는 문구가 보인다. 489쪽에서 장립문은 적습을 통하여 관통에 이른다는 주희의 사상이 불교의 점수와 돈오로부터 온 것이 분명하다고 지적하기도 하였다. 그리고 市川安司는 『朱子哲學論考』(東京:

가 주로 적습→관통을 강조한 동기는 대체로 다음 두 가지로 설명할 수 있다. 첫째, 청년기를 전후하여 접할 수 있었던—곧 지정각宏智正覺의 묵조선默照禪과 대혜종고大慧宗杲의 간화선看話禪이라는 방법적 차이에도 불구하고 다 같이 일초직입一超直入을 주장하는—선종의 입장을 유가의 입장에서 논박하기 위한 것이었다.37) 둘째, 유가 내적인 차원에서는, 정호의 『식인편』에서 달리 방비나 점검도 필요 없고 이치를 궁구해 나가는 것도 필요 없다고 한 것이라던가, 여본중呂本中(자는 居仁, 호는 紫微)이 『대학해大學解』에서 치지격물致知格物을 궁리하면 요순堯舜처럼 홀연히 이치를 깨칠 수 있다고 본 것이라든가, 강서江西 육구연陸九淵(자는 子靜, 호는 象山)이 제시한 발명본심發明本心 등의 수양공부가 점진적인 궁리의 방법을 등한시하는 폐단이 있다고 보고 이를 경계하기 위함이었다.38)

유추類推의 방법에 대해서는 개별적 이치에 대한 궁구의 측면과 보편적 이치에 대한 궁구의 측면을 논해 볼 수가 있다. 전자의 경우는 동류의 개별적 이치에 대한 추리의 방법이다. 적습에서 관통에 이르는 과정에서 시행될 수 있다. 후자의 경우는 하나의 사물에서 보편적 이치를 궁구하게 되면 다른 모든 것에 있어서도 그 보편적 이치가 그대로 현현되어 있음을 아는 것이다. 이 점은 유추의 격물궁리방법이 지니는 적극적 의의라고 하겠다.

汲古書院, 1986년), 57쪽에서 理 일반에 도달하기 위해서는 개별적 사물에 대한 탐구를 하지 않으면 안 된다고 설명하고 있다.
37) 魏道儒, 『宋代禪宗文化』(鄭州: 中州古籍出版社, 1993), 105~160쪽 참조. 위도유는 송대 曹洞派인 정각의 묵조선과 臨濟派인 종고의 간화선에 대하여 상세한 설명을 하고 있다. 주희가 선종 특히 종고의 간화선에 대해 심취하였던 점은 束景南의 『朱子大傳』(福建: 福建敎育出版社, 1992), 60~62쪽 참조. 선종에 대한 비판은 友枝龍太郎 『朱子の思想形成』(東京: 春秋社, 昭和54년), 344쪽 참조.
38) 陳榮捷, 『朱熹』(臺北: 東大圖書公司, 1990년), 84쪽 참조.

주희의 공부론 183

3. 경敬공부

주희는 40세 중화신설 이전에는 기계적 동정관의 입장에서 동적인 측면을 주목하여 사람의 삶이 구체적인 정황의 연속이라고 보았다. 그러나 중화신설 이후에는 유기체적 동정관의 입장[39]에서 삶이 인지적 정황이나 도덕적 정황에 놓일 때 이외의 부분도 있다고 보았다. 따라서 중화신설 이전에는 마음(心)에 대해서도 동적인 측면에서 이발已發의 것으로 보고, 경敬을 사량좌謝良佐(자는 顯道, 호는 上蔡) 식의 구체적 정황 아래에서의 "늘 깨어 있는 상태"(常惺惺法)로 이해하였다. 중화구설의 서신 가운데 장식張栻에게 답한 글에서 "정씨 문하의 선현 가운데 오직 사공謝公이 이해가 투철하여 아무런 막힘이 없다"라고 말한 것은 이를 반영하고 있다.[40] 그러나 중화신설에서는 마음(心)을 미발未發과 이발已發을 두루 포괄하는 것으로 보고, 이를 근거로 경敬공부도 미발과 이발에 일관되게 행해져야 함을 역설하였다.

경敬을 수양공부의 요체로 삼게 된 것은 이정二程에 이르러서이다. 이전에는 그 의미가 "신중히 하다", "존경하다", "공손하고 경건하게 하다" 등으로 쓰였었다. 당시 경敬은 일상생활 속에서 제사를 비롯한 의례나 맡은 직무를 수행할 때, 그리고 혈육 및 다른 사람과의 관계 속에서 갖춰야 할 마음가짐으로 이해되었다.[41] 이정은 『역전』의 "군자는 경敬으로써 안

---

39) 『通書解』, "動而無動, 靜而無靜, 神也"를 "動中有靜, 靜中有動"이라고 주해를 달았는데, 이와 같은 이해의 틀을 유기체적 동정관으로 이름한 것이다.
40) 『朱子大全』, 文32, 「答張敬夫」, "程門先達, 惟謝公所見透徹, 無隔礙處."; 拙稿, 「析論朱子"心體流行"說」, 『漢學研究』(北京: 中國和平出版社, 1996년), 416쪽 참조.
41) 『論語』의 경우 "居敬而行簡"(평상시 공경스러움을 지니고 행동할 때는 간약하게

을 곧게 하는 데에 힘쓰고, 의義로써 바깥을 바르게 하는 데에 힘쓴다. 경과 의가 제대로 선다면 덕은 외롭지 않다"42)라는 말을 근거로 하여 경의협지敬義夾持를 강조하였다. 물론 정호와 정이 사이에는 경敬에 대한 이해의 차이가 있다. 정호가 고명한 차원에서 이해했다면 정이는 독실한 측면에서 이해하였다.43) 주희는 중화신설을 담고 있는 「이발미발설已發未發說」에서 "경敬은 단절됨이 없다"44)라는 관점에서 미발이발에 걸친 경敬의 일관성 및 연속성을 말하였다. 『대학혹문』에서도 말하기를, 소학小學의 쇄소응대진퇴灑掃應待進退 여 절에서부터 대학大學의 예지를 계발하고 덕德을 쌓으며 자신의 전공을 길러 덕성을 실현하고 뭇 사람을 계도하는 데에 이르기까지 경敬공부가 그 시작과 끝이라고 하여 일관성과 연속성을 강조하기도 하였다. 미발의 정靜적인 단계에서의 경敬공부를 강조한 것은 한편으로 주돈이의 "주정主靜"사상과 연관되어 있다.

경敬이란 공부는 동정動靜을 관통하는 것이지만, 반드시 정靜을 근본으로 삼아야 한다.45)

한다), "敬事而信"(일을 신중히 처리하여 믿음이 있도록 한다), "其事上也敬"(윗사람을 모심에 공경스럽게 한다), "敬鬼神而遠之"(귀신을 공경하지만 걸리한다), "行篤敬"(행실이 돈독하고 공경스럽다), "修己以敬"(자신을 잘 수양하여 공경스럽게 한다) 등을 그 예로 들 수 있다.

42) 『文言傳』, "君子敬以直內, 義以方外, 敬義立而德不孤."
43) 張永儁, 『二程學管見』(臺北: 東大圖書公司, 1985), 137~142쪽 참조. 정호는 敬에 대하여 "天地設位, 而易行乎其中", 只是敬也. 敬則無間斷, 體物而不可遺者, 誠敬而已矣", "勿不敬, 可以對越上帝"(『二程集』, 118쪽), "敬須和樂, 只是中心沒事也"(『二程集』, 31쪽)라고 하였는데, 이 점은 정이가 일상생활 세계에 있어서의 구체적인 공부방법을 제시한 것과는 대별된다.
44) 『朱子大全』, 文67, "敬則無間斷.";『朱子大全』, 文32, 「答張敬夫」, 49 참조.
45) 『朱子大全』, 文32, 「答張敬夫」, 49, "敬字工夫通貫動靜, 而必以靜爲本."

그러나 주희는 '허정虛靜'의 입장을 이단시하고 늘 경계하여 '주정主靜'의 '정靜'을 '경敬'으로 봐야 한다고 주장하였다.46)

주희는 경敬공부에 관해서도 정이의 입장을 주로 수용하였다. 정이는 경敬의 의미를 '주일무적主一無適(한 곳에 마음을 모아 흐트러짐이 없음)'으로 규정하였다.47) 그것은 다름 아닌 '흐트러짐이 없는 마음상태'를 유지하는 마음 함양의 공부이다. 구체적 정황을 접하기 이전, 즉 마음(心)에 어떠한 구체적인 의념意念이나 사려思慮가 생겨나지 않은 미발未發의 단계에 있어서 경敬공부를 통한 마음 함양이 우선적으로 시행되어야 한다. 미발에 있어서의 경敬공부는 사람의 마음에 담지되어 있는 이치를 존양存養하는 실질적인 공부이다. 일정한 정황을 접하여 마음(心)에 구체적인 의념이나 사려가 찾아드는 이발已發의 단계에는 성찰省察에 해당하는 격물궁리를 행해야 하는데, 이때에도 경敬공부는 격물궁리의 전제 요건이다. 흐트러짐이 없는 마음가짐은 인지적 정황에서의 객관적 인지와 도덕적 정황에서의 참된 앎을 가능케 하는 토대이기 때문이다.

대체로 마음은 신체를 주관하니 움직이거나 가만히 있거나 말하거나 침묵하거나 간에 단절됨이 없다. 그러므로 군자는 경敬에 있어서도 역시 움직이거나 가만히 있거나 말하거나 침묵하거나 간에 힘을 쓰지 않는 경우가 없다. (정감이) 드러나지 않을 때도 경敬하니, 진실로 덕성을 온전히 하고 함양하는 실질적 바탕을 갖추게 된 것이요; (정감이) 드러날 때에도 경敬하니 또한 도

---

46) 徐復觀, 『中國思想史論集續篇』(臺北: 時報文化出版事業有限公司, 1985), 582쪽. 주희가 '靜'을 무조건 부정적으로 본 것은 아니고 "動中有靜 靜中有動"의 유기체적 동정관에 입각하여 논의를 전개할 때는 '靜'을 강조한다. 靜坐에 대해서도 어느 정도의 필요성을 인정한다. 『朱子語類』, "濂溪言主靜, 靜字只好作敬看, 故又言無欲故靜. 若以爲虛靜, 則恐入釋老去."
47) 『二程集』. "主"는 『論語』 "主忠信"의 "主"의 의미를 계승한 것으로 볼 수 있다.

리 성찰의 정황에 있어서도 늘 행해지게 되는 것이다.[48]

　미발의 정적인 단계에서 경敬공부는 구체적 정황을 접한 이발의 동적인 단계에 대하여 예비적 수양공부의 의의를 지닌다.

　사람이 살면서 접하는 구체적 정황은 앞서 언급하였듯이 인지적 정황과 도덕적 정황으로 구별해 볼 수 있다. 어떠한 정황에 놓이든지 사람은 개별적 이치를 궁구하게 된다. 인지적 정황 아래에서는 존재들이 지닌 본질과 속성이라든가 자연운행의 규칙 등 이치를 궁구하게 되고 도덕적 정황 아래에서는 마땅히 따라야 할 도리를 궁구하게 된다. 또한 각 정황 아래에서 존재생성과 가치현현의 보편적 이치 자체에 대해서도 궁구가 가능하다. 인지적 정황이나 도덕적 정황에서의 격물궁리에는 흐트러짐이 없는 마음가짐이 우선 갖추어져야 한다. 왜냐하면 마음이 흐트러지면 이치를 궁구한다는 것 자체가 그만큼 어려워지기 때문이다. 이런 저런 잡념에 휩싸이고 이해득실을 따지는 데 급급하다 보면 마음 안의 이치와 외부 사물에 내재해 있는 이치가 내외합일적으로 드러날 수 없게 된다. 그러나 일반 사람들에게 있어서 마음을 함양한다는 것이 말처럼 쉬운 것은 아니다. 이에 주희도 정이처럼 일상생활에서 아주 용이한 것으로부터 경敬공부를 시작해야 한다고 보았다. 예를 들어 "의관을 바르게 하는 것"(正衣冠), "용모를 근엄하고 엄숙하게 하는 것"(莊整嚴肅), "바라보는 눈매를 공손히 하는 것"(尊瞻視) 등은 의관·용모·눈매라는 외적인 몸가짐에 관한 것이지만, 내적으로 흐트러짐이 없는 마음가짐을 갖는 데 간접적이지만 실

---

48) 「答張敬夫」, 49, "蓋心主乎一身, 而無動靜語默之間. 是以君子之於敬, 亦無動靜語默而不用其力焉. 未發之前是敬也, 固已立乎存養之實; 已發之際是敬也, 又常行於省察之間."

질적인 도움을 줄 수 있다. 이와 같은 방법은 간접적인 방편으로서의 의의를 지닌다.49) 또한 "생각을 한 곳에 모으는 것"(一思慮)은 정신집중의 직접적인 방법이다. 예를 들어 『논어』를 읽으면서 『맹자』에 마음이 가 있다면, 『논어』에 담긴 뜻을 제대로 이해할 수가 없다. 무슨 일을 처리할 때도 마음을 그 일에 집중할 때 일을 제대로 처리할 수 있다.50) 이와 같이 일반 사람들도 구체적 정황을 접하기 이전이나 접했을 때나 경敬공부를 해 나간다면 성인처럼 언제 어느 때고 일관되게 흐트러짐 없는 마음가짐을 갖추게 될 것이다. 그렇게 된다면 사람의 마음 안에 있는 이치와 사물에 내재해 있는 이치가 내외합일적으로 조응하여 그대로 드러나게 될 것이다. 즉 경敬공부는 리理가 현현顯現될 수 있도록 하는 필수요건인 것이다.

4. 격물치지와 경공부의 의의

주희는 격물치지와 경敬을 수양공부의 요체로 삼았다. 격물치지에 관해서는 앞서 살펴보았듯이 인지적 정황에 있어서의 사실과 존재에 관한 인지와 도덕적 정황에 있어서의 가치와 당위에 관한 인지로 나누어 볼 수 있다. 물론 인지란 표현을 쓰기는 했지만 대상적 인지를 말하는 것은 아니다. 격물궁리는 사람의 마음 안에 본래 갖추고 있는 리理와 사물에 내재해 있는 리理가 내외합일적으로 대응됨으로써 리理가 드러나는 것이다. 치지致知는 격물궁리의 주체인 사람의 입장에서 보면 선험적인 형태

---

49) 정이가 「四箴」에서 "외적인 것에 있어서 절제를 함은 내적인 마음을 함양하는 방법이다"(制於外所以養其中也)라고 한 입장과 일치한다고 하겠다.
50) 『朱子語類』.

로 갖추어져 있는 인지내용(所知)인 리理를 완전히 밝혀내는 것이다. 치지致知는 격물궁리의 과정을 통하여 다다를 수 있다.

 삶은 인지적 정황이든 도덕적 정황이든 구체적 정황의 연속이므로 여기에 합당한 수양공부가 필요하다. 따라서 구체적인 정황 아래에서 성찰로서의 격물궁리를 해야 한다거나 흐트러짐이 없는 마음가짐으로서의 경敬공부를 논의하는 것은 자연스러운 일이기도 하다. 그러나 주희는 40세 중화신설의 입장에서 이러한 구체적 정황을 접하지 않은 때도 있음을 주목하여 소위 미발 단계에서의 수양공부로 경敬공부를 역설하였다. 미발未發 단계에서의 경敬공부는 오히려 구체적 정황을 접했을 때, 즉 이발已發 단계에 대한 예비적 수양공부로서의 의의를 지닌다. 흐트러짐이 없는 마음가짐을 언제 어느 때고 단절됨이 없도록 하는 경敬공부는 리理가 현현될 수 있도록 하는 선결요건이다. 흔히 신유학의 수양 공부론을 "인욕을 없애고 천리를 보존한다"(去人欲存天理)라는 뜻으로 요약하는데, 주희의 격물치지와 경敬공부도 바로 이러한 맥락에서 제기되었다고 하겠다.

오징의 공부론

손미정

1. 오징의 주육화회론

오징吳澄(1249~1333)은 원대의 대표적인 성리학자이며, 일반적으로 『송원학안』의 분류에 의해 '주육화회론자朱陸和會論者'[1]라고도 불린다. 오징의 성리설이 주육화회론적 특색을 띠게 되는 것은 그가 강서江西 지방 출신이라는 것과 어느 정도 연관이 있다.

강서 지방은 바로 상산象山 육구연陸九淵의 고향이어서 육구연이 죽은 뒤에도 그의 심학心學 전통은 강서 땅을 중심으로 이어지다가 마침내 명나라 왕수인王守仁에 이크러 양명학陽明學으로 꽃피우게 되었다.[2] 한편 이러한 심학의 땅 강서 지방에 주희의 리학理學이 뿌리를 내리고 다시 그것

---

1) 『宋元學案』, 「草廬學案」 참조.
2) 김길락, 『상산학과 양명학』(예문서원, 1995), 59쪽 참조.

이 퍼져 나가 천하의 학문이 될 수 있었던 것은 백록동 서원의 역할이 크다.3) 특히 오징이 학술 활동을 활발히 전개하던 원나라에 이르게 되면 주자학은 정식 과거시험의 교재가 되어 관학의 지위에 오르게 된다.4) 이렇게 주자학과 상산학의 분위기가 공존하는 지역적 특성은 오징 성리학의 주육화회론적 성격 형성과 결코 무관하지 않아 보인다.

본 글에서는 오징의 성리설 가운데서도 공부론을 중심으로 살펴보고자 한다. 그런데 그의 공부론은 위에서 언급한 주·육학 화회와 밀접한 관련이 있다. 주희와 육구연이 이른바 아호 논쟁을 전개하면서 가장 중심이 된 문제는 존덕성과 도문학의 공부와 관련된 것이었다. 곧 심성의 도덕함양과 경전의 연구, 이 둘 사이의 관계를 어떻게 보는가의 문제가 가장 핵심적이었다.

주희와 육구연 간의 논쟁에서 주희는 거경함양居敬涵養의 존덕성尊德性 공부工夫와 더불어 격물치지格物致知의 도문학道問學 공부工夫를 함께 중시할 것을 주장한 반면, 육구연은 존덕성 공부만으로 충분함을 역설했다. 여기에서 육구연이 주희의 도문학 공부는 '지리支離'한 반면 자신의 존덕성 공부는 '간이簡易'하다고 주장하자, 주희는 존덕성만의 육구연 공부론은 '태간太簡'하다고 비판하였다. 이후 양자 간의 이 두 입장 차이는 조금도 좁혀지지 않은 채 그의 후예들로 가면서 양 학파 간의 가장 중요한 학문적 차별점으로 부각되었다.

주·육 이후 성리학은 남송을 거쳐 원대에 이르면서 주자학과 상산학을 묵수하는 계열과 주자학과 상산학을 절충하는 계열인 화회주육학으로

---

3) 홍원식, 「천하의 으뜸 서원 백록동 서원」, 『오늘의 동양사상』 제4호(예문동양사상연구원, 2001) 참조.
4) 원나라 仁宗(公元 1312~1320년 재위) 延祐 2년(公元 1315)에 원나라 조정에서는 주희의 『四書章句集注』를 과거시험 교재로 정식 채택하였다.

분기된다. 금화金華 지역의 주자학을 금화주자학이라고 부르기도 하는데, 금화주자학파가 상대적으로 주자학을 묵수한 경향이 강하였으므로 도문학파로 분류하기도 한다.5) 그리고 육구연 이후 상산학은 절동浙東과 강서江西 지방에서 주류를 이루었는데, 그 심학의 흐름은 자못 다른 양상을 보인다. 절동 지방의 상산학은 본심 추구에 관심을 가지고 상산의 심학을 천명해 나가는 데 역점을 두었다면, 강서의 상산학은 심의 객관화를 더욱 고착화시키는 방면으로 전개되었다.6) 한편 주자학과 상산학을 절충, 조화시키려는 학파가 생겨나는데, 이것이 바로 주육화회론이다. 그 중심에 오징이 있다.

맨 처음 오징을 주육화회론자로 규정한 것은 『송원학안』에서이다. 황백가는 오징이 주자학에서 상산학으로 들어간 인물이라고 한다면 정옥鄭玉은 상산학에서 주자학으로 들어간 인물이라고 평가하고 있다.7) 그의 관점을 적극적으로 계승한 후외려侯外廬는 오징의 주·육학 화회는 단순한 절충이나 조화가 아니라 상산학의 본심설을 바탕으로 주자학의 치지·독실·하학 공부를 가지고 상산학의 '담공설묘談空說妙'하는 병폐를 보완한 것이라고 하여 상산학에 치우치는 주육화회론으로 규정한다.8) 김길락은 오징의 심心은 주자학의 심 개념과 본질적으로 다르고 반대로 상산학의 본심과 일치한다고 주장하여9) 후외려의 입장에 동조하며, 김승현도 기본적으로 후외려의 관점에 동의하고 있다.10) 반면 서원화徐遠和는 오징이

---

5) 홍원식, 「돈화주자학」, 『원대성리학』(포은사상연구원, 1993) 참조.
6) 이상호, 「남송 상산학의 전개-양간과 원섭을 중심으로」, 『중국학논총』 제14집(고려대학교 중국학연구소, 2001) 참조.
7) 『宋元學案』, 「草廬學案」 참조.
8) 侯外廬, 『宋明理學史』 上, 755쪽 참조.
9) 김길락, 『상산학과 양명학』, 79쪽 참조.
10) 김승현, 「'존덕성'과 '도문학' 공부의 화회를 위한 오징의 변전」, 『원대 성리학』(포

존덕성과 도문학 둘 다를 중시하는 주자학의 기본 입장에 서서 오히려 상산학의 합리적인 요소들을 가지고 주자학의 단점들을 보충하였다 하여 '종주겸육宗朱兼陸'이라고 주장한다.11) 본인은 서원화와 동일한 입장에서서 오징의 공부론을 검토할 것이다.

2. 도문학 공부

도문학 공부에 대한 오징의 입장은 몇 가지 특징을 가지고 있다. 그는 특히 경전 공부에 힘을 쏟았는데, 경전 공부는 사실 도문학 공부의 핵심이다. 일찍이 주희는 사서四書를 중시하긴 했지만, 오경五經을 도외시한 것은 아니었다. 하지만 주희가 죽은 뒤 주자학은 후대로 갈수록 더욱더 사서 중심의 성격이 두드러지는 경향을 보이는데, 강한 도통 의식을 가진 묵수 주자학 계열의 금화주자학이 대표적이다. 이들의 도통 논의의 핵심은 주희의 『사서집주四書集註』에 모아졌던 것이다.12)

오징도 사서를 중시하지 않은 것은 아니지만,13) 주자학의 관점에서 오경을 연구하여 『오경찬언五經纂言』을 저술하였다. 황백가는 『오경찬언』의 완성은 오징이 주희의 직접적인 계승자임을 말해 줄 뿐만 아니라 주희의 대표적 제자인 북계 진순을 넘어서는 성취라고 하여 극찬을 아끼지 않았다.14)

은사상연구원, 1993) 참조.
11) 徐遠和, 『理學與元代社會』(人民出版社, 1992), 124쪽 참조.
12) 홍원식, 「금화주자학」 참조.
13) 吳澄, 『吳文正集』, 권6, 「何自明仲德字說」, "讀聖經者, 先四書. 讀四書者, 先大學."
14) 『宋元學案』, 「草廬學案」, "朱子門人多習成說, 深通經術者甚少, 草廬五經纂言, 有功

이렇게 오징은 주희의 리학경학관理學經學觀15)을 계승하여 주자학적 관점에서 오경을 연구하였다. 특히 삼례서三禮書에 대한 주소 작업은 주희가 미완성한 숙원 사업이었다. 이러한 것을 바탕으로 그는 자신이 주자학의 직접적인 계승자임을 자부하고 아울러 정통 주자학의 도통을 직접 이어받았음을 자임하기도 하였다.16)

오징은 도문학의 독서 공부의 중요성을 다음과 같이 말하고 있다.

> 독서를 귀하게 여기는 것은 옛 성현의 말씀을 바탕으로 이러한 이치를 밝히고 마음을 보존하기를 바라는 것일 따름이다. 이 마음이 보존되지 않으면 이 이치도 밝아지 않는다.…… 독서함에 있어서는 그 책이 어떠한 내용의 책인지를 마땅히 알아야 되고, 알면 반드시 좋아하게 되고, 좋아하게 되면 반드시 마음 깊이 내면적 기쁨으로 받아들이게 된다. 이미 마음 깊은 내면적 기쁨으로 받아들이게 되면, 즉 책은 내게 있는 것이다. 참으로 이러한 경지에 이르면 비록 읽지 않더라도 된다.17)

여기에서 오징은 독서의 중요성을 두 가지로 강조하고 있다. 첫째는 이치를 밝히는 것이며, 둘째는 마음을 보존하는 것이다. 이것은 이치를 밝히는 것이 목적인 주자학의 독서 공부와 일치하면서도 더불어 마음을 보존하는 것이라고 하여 상산학의 '먼저 마음을 세운다'(先立乎其大者)는 구

經術, 接武建陽, 非北溪諸人可及也."
15) 송나라 성리학자들은 한·당의 훈고학적 경학의 울타리를 타파하고 새롭게 의리학적 경학의 시작을 전개한다. 이를 가리켜 '理學經學'이라 한다. 『理學與元代社會』, 106쪽 참조
16) 『元史』, 「吳澄傳」 참조.
17) 『宋元學案』 권92, 「草廬學案」, "所貴乎讀書也, 欲其因古聖賢之言, 以明此理存心而已.……讀書當知書之爲書, 知之必好, 好之必樂. 旣樂 則書在我. 苟至此, 雖不讀可也."

절을 떠올리게 한다. 즉 오징은 독서 공부를 별개로 인정하고 있다는 점에서는 주자학적 입장을 취하면서도, 독서 공부는 이치뿐만 아니라 마음을 보존한다는 의미에서는 상산학적 입장도 겸하고 있음을 알 수 있다.

> 사서四書를 읽는 데는 방법이 있다. 반드시 그 이치와 실제로 인식하는 것을 밝혀내야 문장을 베끼거나 외우는 것은 안 되며, 반드시 돈독하고 근면하게 행하고 실천해야지 입과 귀에만 머물러 있어도 안 된다. 주자는 일찍이 『대학』에 두 가지 관문이 있다고 말하였다. 격물格物이란 것은 자고 깨어나는 것을 구분하는 관문이요, 성의誠意라는 것은 사람과 금수를 판별하는 관문이다.…… 사물을 궁구하는 것은 정밀해야 하고, 뜻을 정성스레 하는 것은 신독해야 하는데, 참으로 그렇게 된다면 비로소 참된 유학자가 될 것이다.18)

오징은 여기에서 먼저 경전 공부가 도문학 공부일 뿐만 아니라 존덕성 공부와도 동시에 연결되어 있다고 말한다. 주희의 독서 공부, 즉 성현의 경전을 읽는 것은 사리事理를 밝히는 것이 궁극적인 목적이었다. 주희는 성현의 경전 속에 문제와 해답이 있다고 여기고, 성현의 말씀을 통한 간접 경험을 통해 이치를 탐구하고자 한 것이다. 주희 역시 육구연처럼 내면의 공부를 중시한다. 그러나 주희는 단지 내면만을 강조하여 외면을 망각하면 안 되고, 반드시 내면과 외면의 공부를 병행해야 한다고 생각한 것이다.

그리고 오징은 존덕성 공부가 곧 '성의誠意'라고 말하고 있다. 일반적

---

18) 『宋元學案』, 권92, 「草廬學案」, "讀四書有法, 必究竟其理而有實悟, 非徒誦習文句而已. 必敦謹其力行而有實踐, 非徒出入口耳而已. 朱子常謂『大學』有二關. 格物者夢覺之關, 誠意者人獸之關. 實悟爲格, 實踐爲誠. 物旣格者, 醒夢而爲覺, 否則雖當時猶夢也. 意旣誠者, 輟獸而爲人, 否則雖列人群亦獸也……物之格在研精, 意之誠在愼獨, 苟能是, 始可爲眞儒."

으로 주자학의 존덕성 공부는 '거경居敬'으로 대표되며, '성의'는 상산학에서 강조한다. 곧 육구연의 존덕성 공부는 성의 공부이지 거경 공부가 아니다.

육구연은 학문의 목적이 도덕을 실현하는 것이라고 생각하여 경전의 학습이나 외부사물의 연구는 이러한 목적에 직접적인 도움이 될 수 없다고 판단한 것이다. 즉 사람의 본심은 도덕의 근원이 되므로 본심만 제대로 세운다면 도덕 실현의 목적을 달성할 수 있다고 생각한 것이었다. 따라서 육구연에게 있어서 존덕성은 근본이고 도문학은 말단이었다. 그가 생각할 때 경전과 지식의 학습은 도덕을 증진시킬 수 없기 때문에 독립적인 가치와 의의를 지니지 못하는 것이었다. 물론 육구연도 성인의 경전을 읽는 것을 반대한 것은 아니었다. 그러나 만약 주체의 측면에서 본심을 밝혀서 그것으로 준칙으로 삼지 않고 폭넓게 살피기만 한다면 도리어 본심을 해치게 된다고 생각한 것이었다.

결국 주희의 독서 공부는 이치를 탐구하는 궁리窮理라면, 육구연의 독서 공부는 마음공부, 즉 성의 공부에 종속되는 것이다. 그렇다면 오징은 어떠한가? 분명 존덕성과 도문학 두 공부를 모두 인정하는 점에서는 주자학에 가깝다. 하지만 경전에 대한 독서 공부를 궁리에만 두지 않고 성의 공부와 긴밀하게 연결시키는 점은 상산학적 요소가 묻어 있다고 볼 수 있겠다.

3. 존덕성 공부

주자학에서 존덕성 공부의 중심적인 내용은 경敬 공부라고 할 수 있다. 오징은 수양 공부 중에서도 특히 경 공부를 강조하였다. 오징은 사람 몸의 주인은 마음이지만 그 마음의 주인은 경이라고 하여 경을 성인이 되는 학문의 기반19)으로 삼을 만큼 경 공부를 중시하며 경 공부에 무게 중심을 두고 있다.

> 무릇 응하여 접하게 되면 모두 마음의 중심을 잡고 흐트러지지 않을 것이다. 마음이 중심을 잡고 흐트러지지 않게 되면 이 마음에는 주인이 있게 되고, 누구도 보지 않는 방에 있을 때라도 스스로 생소하지 않고 행함에 있어서는 모두 천리를 따라 행할 수 있다. 이것이 오래 쌓이면 한 가지 일이라도 흐트러지는 것이 없다. 즉 접촉하는 곳의 마음은 둘이 아니니, 능히 이와 같다면 사물이 접하지 않을 때라도 중심을 잡을 수 있게 되고, 마음은 무적無適할 수 있게 된다. 만약 움직이는 곳에 앞선다면 그 성性을 기를 수 없다. 즉 고요할 때, 어찌 그 마음이 있을 수 있겠는가! 상세하게 말하지는 않았으나 즉 이것으로 미루어 선후의 차례에 따라 노력하면 스스로 효험을 볼 것이다. 평일에 독서궁리를 한다 하더라도 그 노력에 앞서 모두 경으로 위주를 삼아야 한다.20)

여기에서 오징이 강조하는 경 공부의 몇 가지 특징을 살펴볼 수 있다. 그가 말하는 경 공부의 중심적인 내용은 '주일무적主一無適'이다. 주일무적이란 '한 곳에만 집중하면서 다른 곳으로 가지 못하게 하는 것'인데, 일찍

---

19) 『吳文正集』, 권4, 「主敬堂記」, "人之一身, 心爲之主. 人之一心, 敬之爲主.……夫敬者, 人心之宰, 聖學之基."
20) 『吳文正集』, 권2, 「答王參政儀伯問」, "凡所應接, 皆當主于一. 心主于一, 則此心有主, 而暗室屋漏之處, 自無非僻, 使所行皆由乎天理. 如是積久, 無一事而不主一, 則應接之處, 心專無二, 能如此, 則事物未接之時, 把捉得住, 心能無適矣. 若先于動處不能養其性, 則于靜時豈能有其心哉! 言不能詳, 卽此推之, 循其先后之次而着功焉, 自見效驗. 至若平日讀書窮理, 其功又在此之先, 而皆以敬爲之主也."

이 북송의 정이程頤에게서 시작하여 주희에 이르는 전형적인 주자학적 관점이다. 또한 오징이 말하는 경 공부는 안(內)에서 바깥(外)으로 나아가는 공부를 말하고 있다. 경으로 다잡아진 마음의 중심은 흐트러지지 않고 아무도 없는 곳에서도 어긋남이 없어 천리에 따라 행할 수 있다는 것을 강조하고 있는 것이다. 그리고 또 한 가지 특징은 오징의 경 공부는 독서궁리에 앞서서 반드시 필요한 공부로 설정되어 있다는 점이다. 이것은 독서궁리 공부와 경 공부를 이분시키는 것으로, 이 두 공부에 구분을 두지 않는 상산학과 같지 않다는 것을 알 수 있다.

아울러 오징은 경 공부야말로 공·맹 이후 정호·정이를 거쳐 주희에 이르는 도통을 이어 주는 중요한 가교 역할을 하는 것이라고 보았다. 이것은 도통사상과도 맥을 같이한다.

> 옛날에 자로가 군자에 대해서 물었다. 공자는 몸을 닦는 것이라고 하고, 또 경하는 것이라고 답하였다. 경이라는 것은 군자를 이루는 덕이다. 요, 순, 우의 공경함은 경이다.…… 공자는 수기를 경으로써 말하였는데, 요, 순, 우, 탕, 문왕으로부터 안회, 증자, 자사, 맹자에까지 이르렀다. 정자에 이르러서 경은 성현 공부의 처음과 끝이 되었다. 경의 방법은 마음을 전일하게 집중하는 것이다.[21]

이처럼 경 공부를 중시하는 사상은 북송의 정이에게로 거슬러 올라간다. 정이는 '주경主敬'의 내용을 '정제엄숙整齊嚴肅'과 '주일무적主一無適'으로 규정하고 외재적인 용도와 행동거지뿐만 아니라 내재적인 사려와 감정까

---

21) 『吳文正集』, 권10, 「陳幼德思敬字」, "昔子路問君子, 夫子以修己以敬爲答. 敬也者, 所以成君子之德也. 堯舜禹之欽, 卽敬也.……夫子修己以敬之言, 傳自堯舜禹湯文王, 而傳之于顔曾子思孟子者也. 至于程子, 遂以敬字該聖功之始終, 敬之法, 主一無適也."

지의 두 측면을 통틀어서 동시에 자신을 제어하도록 요구하였다.22) 이러한 경 공부는 동이나 서, 어느 쪽으로 치우치지 않게 하고(中), 이쪽이나 저쪽으로도 가지 않게 되어 안(內)에 있게 되는 것이다.23) 즉 경 공부는 중용을 지키고, 더불어 마음을 곧게 하는 공부인 것이다.

이러한 정이의 경 공부 중시는 남송의 주희로 그 맥을 잇고 있는데 진래陳來는 주희의 '주경主敬'을 다음의 다섯 가지 의미로 해석하고 있다. 첫째, 수렴收斂한다. 둘째, 삼가 조심한다.(謹畏) 셋째, 깨어 있다.(惺惺) 넷째, 마음을 한 곳에만 집중한다.(主一) 다섯째, 정제엄숙한다는 의미가 그것이다. 특히 넷째와 다섯째의 두 조목은 정이에게서 직접 나온 것이다.24) 오징은 경 공부를 중시해야 한다고 주장하고 또 경 공부 중시 내용을 인정하는 바와 같이, 정이에게서 주희로 계승되는 전형적인 주자학적 관점을 잇는 것이라고 진래는 강조하고 있다.25) 특히 오징은 '엄儼'을 경이 바깥으로 드러난 형태라고 하여 주희의 경 공부론을 정당화시키고 있다.

『주역』, 『서경』, 『시경』, 『예기』의 네 경전 가운데 '경'을 말하는 곳은 한두 군데가 아니다. 그러나 훈고학자들은 경의 개념을 공숙恭肅, 엄장嚴莊, 지율祗栗, 계신戒愼 등으로 해석했을 뿐이다. 낙양의 대유학자인 정이에 이르러서야 비로소 주일무적의 설이 있게 되었다. 제자가 말하기를, 경이라는 것은 이

---

22) 『河南程氏遺書』, 권24, "所謂敬者, 主一之謂敬. 所謂一者, 無適之謂一.……易所謂 '敬以直內, 義以方外', 須是直內乃是主一之義. 至於不敢欺, 不敢慢, 尙不愧於屋漏, 皆是敬之事也. 但存此, 涵養久之, 自然天理明" 참조.
23) 『河南程氏遺書』, 권15, "敬只是主一也. 主一則, 旣不之東 又不之西. 如是則只是中. 旣不之此 又不之彼. 如是則只是內" 참조.
24) 陳來, 『송명성리학』(안재호 역, 예문서원, 1997), 260쪽 참조.
25) 『吳文正集』, 권40, 「儼齋記」, "修己治人之道, 一言而攝其要, 曰, 敬而已. 儼者, 敬之形于外者也. 自昔聖賢敎人爲學, 莫不由此而入門. 孟子而後, 吾夫子之道, 不得其傳.……宋河南二程子, 續孔孟不傳之學于千載, 提一言以開后覺. 新安夫子, 究竟發揮, 而其學益以顯" 참조.

마음을 수렴하는 것이고 항상 깨어 있는 마음이다. …… 따라서 경이란 것은, 성현의 가르침의 요지이다.…… 경의 쓰임은 아주 크다. 우리 유학의 성현들은 천지를 화육함에 모두 이와 같지 않음이 없었다.26)

육구연은 아호 논쟁에서 존덕성 공부를 강조하였지만, 그것은 거경 공부가 아니라 성의 공부였다. 육구연은 경 공부를 본격적으로 제기하지 않았다. 이렇게 볼 때, 오징의 경 공부론은 육구연과는 다른 정통 주자학과 맥을 같이한다는 것을 알 수 있다.

4. 지행론

완성된 인격인 성인됨으로 나아가는 길을 제시하는데 한길 속에 두 내용이 있다. 즉 사람은 내면적인 도덕의 수양과 외면적인 학문이라는 두 가지 경로를 통하여 이상적인 인격에 이를 수 있다. 이에 관한 문제는 지행론에서 다루어지고 있다. 성리학에서 지행의 문제는 주로 도덕의식과 도덕 실천의 관계 문제였다. 일찍이 정이는 춘추 이래 중국의 전통이라고 여겨져 왔던 "아는 것이 어려운 것이 아니라 실행하는 것이 어렵다"(知之非難, 惟行之難)라고 하는 견해에 이견을 제시하여 "행하는 것뿐 아니라 아는 것 또한 어렵다"고 하는 이른바 '행난지역난行難知亦難'설을 제기하였다. 이후 성리학에서는 지행설에 대한 활발한 논의가 진행되었다.

---

26) 『吳文正集』, 권4, 「敬齋說」, ""易』・『書』・『詩』・『禮』 四經中言敬者非一, 訓釋家不過以敬爲恭肅, 嚴庄, 祗栗, 戒愼之義. 至伊洛大儒, 始有主一無適之說. 其高弟子, 又謂敬者, 此心收斂惺惺也. 然則, 敬者, 聖學之要……敬之用甚大. 而吾儒之爲賢爲聖, 以至于參天地, 莫不由此."

대개 지와 행을 겸한다는 것은 최상의 것이다. 무릇 행하고서 알지 못하는 것은 있을 수 있지만, 알면서도 행하지 않는 것은 있을 수 없다. 알면서도 행하지 않는 것은 진지에 이르지 못함이니, 진실로 알면 어찌 행하지 않을 수 있겠는가?…… 다만 알면서 행하지 않는 것은 비록 안다고 하지만 알지 못하는 것과 같다.27)

오징은 이렇게 지행론에 있어서 최상은 지와 행을 겸하는 것이라고 주장하고 있다. 그리고 알면서도 행하지 않는 것은 알지 못하는 것과 같다고 하여, '알고서도 행하지 않는' 경우는 참으로 아는 것이 아니라고 주장하는 정이의 진지론眞知論28)을 따르고 있다. 이 관점은 전형적인 주자학적 중지론重知論을 계승하는 것으로 볼 수 있다.

이러한 지와 행의 문제는 곧 도문학(知)과 존덕성(行)의 문제로 대비해 볼 수 있다. 오징은 경 공부를 위주로 하는 존덕성 공부를 보다 중시하긴 했지만, 존덕성과 도문학 두 가지 공부가 모두 중요하다고 생각하였는데, 이러한 그의 생각은 지행론에 있어서도 지행의 겸해兼該・병중並重의 입장과 궤를 같이한다.

배우는 사람들이 여기로 찾아와서 서로 토론할 때마다 먼저, 주일지경主一持敬을 통하여 존덕성 공부를 하고, 그런 다음에 독서하여 그 이치를 궁구하는 도문학 공부를 해야 한다고 말한다. 스스로 경계하고 반성해야 할 말들을 여러 조목으로 설정해 놓고 또한 여러 권의 책을 가려 뽑아서 배우는 이에게 격물치지 공부의 단서를 마련해 주어야 한다. 이것이 대개 먼저 나의 마음을 돌이켜 본 후에 오경을 궁구해야 한다는 방법이다.29)

---

27) 『吳文正集』, 권12, 「學則序」, "夫行之而不知, 有矣, 知之而不行, 未之有也. 知之而不行者, 未常眞知也. 果知之, 豈有不行者哉?……若徒知而不行, 雖知猶不知也."
28) 『河南程氏遺書』, 권15, "須以知爲本. 知之深, 則行之必至, 無有知而不能行者."

여기에서 오징은 존덕성 중심의 공부를 강조하고 있다. 그러나 주일지경의 수양 공부는 실제로 격물궁리, 즉 도문학 공부의 전제 혹은 단서일 뿐이라는 점에 주목할 필요가 있다. 다시 말해서, 독서궁리 공부나 격물치지를 다른 어떤 것으로도 대체할 수 없다는 점을 강조하는 것이다. 일찍이 정이는 "함양은 반드시 경으로써 하고, 진학은 치지에 있다"[30]고 하는 원칙 아래 수양론과 인식론을 결합시키고 있다. 오징은 이렇게 정통 주자학의 노선에서 벗어나지 않으며, 독서궁리에 앞서 경 공부의 필요성을 주장하면서 독서궁리 공부와 경 공부를 이분시키고 있다.

오징이 이렇게 존덕성과 도문학 두 공부를 모두 인정하는 것은 앞에서 밝힌 명리와 존심의 관계 설정과도 연관이 있다. 오징은 도문학 공부인 독서 공부에 있어서 이치를 밝히는 것(明理)과 마음을 보존하는 것(存心)[31]이 독서를 중시하는 이유라고 말하고 있는데, 이치를 밝히는 것은 주자학에 있어서 독서 공부의 궁극적인 목적이고, 마음을 보존하는 것은 상산학 독서 공부의 목적이다. 이어서 말하기를, 마음이 보존되지 않으면 이치도 밝아지지 않는다고 하였다. 이는 오징이 도문학 공부가 곧 격물궁리임을 강조하고 있다는 것으로, 즉 책을 읽는 것이 오징에게 있어서는 도문학 공부일 뿐 아니라 존덕성 공부와도 동시에 연결되어 있다는 것이다.

도문학 공부 중에서도 특히 지의 영역에 속하는 격물치지는 주자학에서나 다루고 있지 상산학에서는 다루지 않는다. 일찍이 정이는 격물궁리

---

29) 『宋元學案』, 「草廬學案」, "學者來此講問, 每先令其主一持敬, 以尊德性, 然後令其讀書窮理, 以道問學. 有數條自警省之語, 又揀擇數件書, 以開學者格致之端. 是盖先反之吾心, 而後求之五經也."
30) 『河南程氏遺書』, 권18, "涵養須用敬, 進學則在致知."
31) 『宋元學案』, 권92, "草廬學案", "所貴乎讀書也, 欲其医古聖賢之言, 以明此理存心而已.……讀書當知書之爲書, 知之必好, 好之必樂. 旣樂, 則書在我. 苟至此, 雖不讀可也" 참조.

를 들어 인간은 누구나 자기의 심성을 수양해야 할 뿐만 아니라 지식도 끊임없이 확충하여 이성적인 자각을 고양시켜 나가야 한다고 생각했다. 정이의 이러한 격물론은 주희로 이어져 송명 리학에서 가장 영향력 있는 지식 이론이 되었다. 격물의 목적은 천하의 이치를 밝히는 것이다. 즉, 천지만물의 가장 근본적인 법칙을 밝히려는 것이다. 이러한 격물론은 주희로 이어져, 주희는 사물에 나아가 궁리하지 않으면 지식을 확충할 수 없다고 주장하였다. 격물의 대상은 주로 독서, 사물과 접촉하는 것, 도덕을 실천하는 것을 들 수 있다. 그래서 최종적으로는 우주의 보편적인 이치를 인식하는 것이다.

이러한 주자학에서의 격물궁리는 도문학 공부에 속하는 영역이지만 이것만이 중요한 것이 아니라 존덕성 공부인 거경함양 공부도 함께 중시할 것을 강조하였는데, 주희는 정호·정이의 지행설을 계승하여 지와 행 둘 다를 중시하는 '지행호발설知行互發說'을 주장하였다.

> 지와 행은 늘 서로 의존한다. 마치 눈은 발이 없으면 나다닐 수 없고, 발은 눈이 없으면 볼 수 없는 것과 같다. 선후를 논한다면 지를 우선해야 하고, 경중을 논한다면 행을 중시해야 한다.32)

이렇게 주자학은 도문학(知)과 존덕성(行) 각각의 영역을 인정하며 둘 다를 중요하게 생각해서 하나도 빠뜨릴 수 없다고 하여 상호 간에 긴밀한 관계를 설정하는 지행병진, 지행호발설을 주장한다.

육구연도 '먼저 분명히 밝힌'(先乎講明) 후에야 실제로 행함이 있다33)고

---

32) 『朱子語類』, 권9, "知行常相須, 如目無足不行, 足無目不見. 論先後, 知爲先, 論輕重, 行爲重."
33) 蒙培元, 『理學範疇系統』(人民出版社, 1989), 327쪽 참조.

하여 아는 것과 행하는 것을 두 가지 일로 구분하고 있다는 것을 알 수 있다. 그는 "배울 수 없으면 물음도 알 수 없고, 생각을 얻지 못하면 판단도 밝지 않다. 그런데 어찌 행할 수 있겠는가? 학문사변을 않고서도 매일 내가 오직 독실히 행할 뿐이라고 한다면, 이것은 명행冥行이다"34)고 말한다. 여기에서 그는 선지先知·중지론重知論적 모습을 보인다. 또한 그 스스로 "아는 것이 먼저요, 행하는 것은 나중"35)이라고 말한다. 이렇게 지와 행을 구분하는 모습은 지와 행을 아예 합일적인 것이라고 보는 양명학보다는 오히려 주자학에 가깝다고 할 수 있겠다.

오징이 격물치지를 말하면서 비록 '본심을 밝히는' 공부를 강조하기는 하지만, 그것은 상산학의 마음공부에만 종속되는 것이 아니라, 궁극적으로는 각 사물의 이치를 탐구하는 데 그 목적이 있었다. 결국 그는 존덕성 공부를 보다 중시하긴 했지만 두 가지 공부 중 어느 하나도 빠뜨릴 수 없다고 생각하여, 당시 도문학 공부와 존덕성 공부 중 어느 한쪽으로만 빠져버린 경향들에 대해서 비판을 가하는 것이다. 오징은 비록 존덕성 위주의 공부를 중시하였지만 결코 주희의 도문학 공부를 소홀히 하지 않았다. 그러므로 오징은 성인의 학인 심학을 강조하고, 그 학문의 방법으로써 실제로 존덕성과 도문학을 병중할 것을 강조하여 둘 가운데 어느 하나도 버릴 수 없다고 보는 것이다. 그러나 오징의 지와 행에 대한 견해의 관점은 두 발을 모두 독자적인 영역으로 인정해서 호발하는 주자학과 같은 지행병진이 아니다. 오징의 지행병진은 지와 행이 함께 가는 것이기는 한데, 존덕성을 중심으로 하여 함께 간다는 점에서 주자학과는 사뭇

---

34) 『象山全集』, 권12, 「與趙詠道」, "學之弗能, 問之弗知, 思之弗得, 辨之弗明, 則亦何所行哉? 未嘗學問思辨而曰吾唯篤行之而已, 是冥行者也."
35) 『象山全集』, 권34, 「語錄」, "知之在先, 行之在后."

다른 분위기가 있다.

5. 종주겸육

오징이 '주육화회론자'로 불리는 것은 특히 그의 공부론과 밀접한 관련이 있다고 판단하여, 본 글에서는 오징을 중심으로 주희와 육구연과의 연관성에서 그 공부 방법론에 대하여 살펴보았다. 여느 경우와 마찬가지로 오징 역시 활동한 당시의 사회적, 역사적, 지리적, 학술적 분위기와 밀접한 관련을 맺고 있었다. 특히 주자학과 상산학의 분위기가 공존하는 지역적 학술적 특성 등을 고려해 볼 때, 송명 리학을 주희와 육구연의 두 봉우리로 대표할 수 있다면, 원대의 오징은 주자학과 상산학을 이어 주는 중요한 매듭의 위치에 놓여 있다고 할 수 있을 것이다.

먼저 도문학 공부를 살펴보았다. 도문학 공부의 핵심은 한 마디로 '독서'이다. 오징은 특히 경전 연구에 힘을 쏟아서 주자학적 관점에서 오경을 연구하여 『오경찬언』을 지었다. 이것은 주희의 숙원 사업이었던 경학 방면의 미완 작업에 대한 완성을 의미했으며, 이로써 그는 정통 주자학의 도통을 자신이 직접 이어받았음을 자임하였다. 이러한 성취는 오징이 주자학을 계승하여 기존의 사서 중심이라는 틀을 넘어서 오경으로까지 주자학의 독서 공부 영역을 확산시켰다는 의의를 가질 수 있다.

그러나 오징은 경전을 읽는 방법을 설명하면서 독서 공부를 중요시하는 과정에서 주육학의 절충적인 특징을 보여 주고 있다. 주희에게 있어서 독서의 목적은 사리事理를 밝히는 것이었다. 주희는 성현의 경전을 통한 간접 경험을 통해 이치를 탐구하고자 하였으므로 주희에게 있어서 독서 공부와 마음공부는 엄연히 구분되는 것이었다. 육구연에게 있어서 독서 공부는 본심을 더욱 확충하기 위한 마음공부에 종속되는 것일 뿐, 달리 어떤 의미가 있는 것은 아니었다. 따라서 내 마음의 흔적이 즈소를 다는 것보다 더 중요하고, 내 마음을 기르는 일이 그 무엇보다 더 중요한 일이었다. 오징은 독서의 목적이 옛 성현의 말씀을 바탕으로 하여 이치를 밝히는 것뿐 아니라 마음을 보존하여야 제대로 된 독서를 하는 것이라고 강조함으로써 상산학적 경향을 보이고 있는 것이다. 오징에게 있어서 독서 공부는 곧 마음을 보존하는 공부인 것이며, 이 말은 곧 도문학 공부는 동시에 존덕성 공부와 연결되어 있다는 것이다. 이렇게 오징은 도문학 공부의 영역에서 독자적인 독서 영역을 확보하는 주자학과는 달리 오히려 상산학적 요소를 보이고 있다.

다음으로 그의 존덕성 공부론을 살펴보았다. 존덕성 공부의 핵심은 경 공부라고 할 수 있다. 오징은 정이의 주일무적主一無適이나 주희의 주경사상을 그대로 계승하여 수양 공부 중에서도 특히 경 공부를 강조하였다. 오징은 경 공부야말로 공·맹 이후 정호·정이를 거쳐 주희에 이르는 도통을 이어주는 중요한 가교 역할을 하는 것이라고 보았다. 오징의 이러한 경 중시와 그에 대한 설명 방식은 곧 오징의 경에 대한 해석사이며, 도통사상으로 맥이 닿고 있었다.

육구연도 존덕성 공부를 강조하고 있는데, 그의 학문의 목적이 내면의 도덕성을 실현하는 것이었으므로 육구연에게 있어서는 본심을 밝히는 것만이 의미가 있는 공부였다. 즉 만물의 리가 온전히 갖추어진 본심을 밝혀내기만 하면 모든 사물과의 접촉에서 언제나 도리에 합치되기 때문에 마음공부만이 의미가 있었던 것이다.

그러므로 똑같이 존덕성 공부를 강조했다고 하더라도 주자학적 존덕성 공부와 상산학적 존덕성 공부는 분명히 그 내용이 달랐다. 왜냐하면 주자학적 존덕성 공부는 곧 '경敬' 공부인 데 반해, 상산학적 존덕성 공부는 경 공부가 아니라 그냥 '마음공부'이기 때문이다. 따라서 존덕성 공부의 핵심이 정주학의 경 공부임을 인정하고, 주자학적 맥락에서 정제엄숙 등의 개념을 정리하고 계승한 오징은 존덕성 공부의 논의에서 분명히 주자학적 입장에 서 있다는 것을 확인할 수 있다.

마지막으로 지행론을 살펴보았다. 공부론의 문제는 실제로 지와 행의 문제와 관련되어서 논의되기도 한다. 오징은 경 공부를 위주로 하는 존덕성 공부를 보다 중시하긴 했지만 존덕성과 도문학, 두 가지 공부가 모두 중요하다고 생각하였는데, 이러한 그의 생각은 지행 문제에 있어서도 지행의 겸해兼該·병중並重의 주장으로 나타났다.

오징은 존덕성 공부를 보다 중시하긴 했지만 두 가지 공부 중 어느 하나도 빠뜨릴 수 없다고 생각하여 당시 도문학 공부와 존덕성 공부 중 어느 한쪽으로만 빠져버린 경향들에 대해서 비판을 가하였다. 그러나 주희와 육구연이 똑같이 지와 행의 두 영역을 인정한다 하더라도 주희와 육구연이 말하는 지행 관계는 그 내용면에서 같지 않다. 주희가 말하는 지와 행은 독자적인 영역을 인정받고 있으나, 육구연이 주장하는 지와 행의 관계는 행에 종속된 지를 말함으로써 지와 행이 독립적 영역을 확보하지 못한 종속적인 영역이라고 할 수 있을 것이다. 오징의 지행론은 지와 행 둘을 모두 인정하기는 하지만, 주희처럼 각각을 독자적인 영역으로 인정해서 병진하는 것이 아니라, 행을 중심으로 해서 지와 뭉쳐 있는 종속적인 영역으로 인정하는 것이다. 따라서 오징의 지행병진은 지와 행이 함께 가는 것이기는 한데, 존덕성을 중심으로 하여 함께 가는 것이어서 주자학과 사뭇 다른 분위기를 담고 있다.

오징은 도문학 공부인 독서 공부를 인정하고 또 대표적인 주자학의 존덕성 공부인 경 공부를 인정함으로써 존덕성과 도문학 두 공부를 구분한다는 점에서 기본적으로 주자학적 맥락을 계승 발전시켰으나, 어떤 부분에 있어서는 주육절충적인 경향을 보이기도 한다. 특히 도문학의 방면에서는 상산학적 경향을 엿볼 수 있는데, 독서를 마음공부라고 함으로써 주희와 육구연 사이의 화회와 절충을 시도하고 있다는 점도 살펴볼 수 있었다. 하지만 독서 공부의 중요성을 강조한다거나 무엇보다도 육구연은 언급조차 하지 않는 경 사상을 매우 중시한다는 점, 또한 정통 주자학의 도통을 자임하는 오징 본인의 의사를 확인하더라도 오징은 주자학적 맥락을 계승하고 있음을 알 수 있다.

　따라서 오징의 공부론을 들어 총체적인 검토에 의해 그의 학문적 성격을 규정하고자 할 때, 후외려의 생각은 올바르지 못하다. 후외려는 오징의 주육화회가 상산학 본심설의 바탕 위에 주자학의 공부론을 가지고 상산학의 병폐를 보완한 것이라고 하여 오징을 상산학에 치우치는 주육화회론자로 규정하는데, 이 생각에 동의할 수 없다. 위의 내용으로 미루어, 오징을 주자학의 입장에 바탕을 둔 주육학의 절충·화회론자로 보는 편이 타당하다고 할 것이다.

왕수인의 공부론

황갑연

1. 치양지

　도덕철학에 관한 맹자, 육구연, 왕수인의 이론은 세 가지 곤점에서 일치하고 있다. 첫째는 심즉리설心卽理說에 대한 긍정이다. 둘째는 세 사람이 긍정하고 있는 도덕 주체, 즉 심心은 무한자이다. 맹자는 "우주만물이 모두 나에게 갖추어져 있다"(萬物皆備於我)는 주장을 하였고, 육구연은 "우주가 바로 내 마음이고, 내 마음이 바로 우주이다"(宇宙便是吾心, 吾心卽是宇宙)라고 하였으며, 왕수인은 양지良知를 '조화의 정령'이라고 하였다. 셋째는 모두 반구저기反求諸己의 역각체증逆覺體證을 공부의 근본으로 삼는다. 맹자의 구방심求放心과 육구연의 발명본심發明本心 그리고 양수인의 치양지致良知 등은 모두 역각체증에 속한 공부들이다. 이 역각체증의 공부론은 도덕규범에 대한 의지의 입법성立法性을 긍정하는 심즉리心卽理를 기초로 한 주객主客 무대립無對立의 공부론으로서, 주객主客 대립對立의 격물궁리설格物窮理說을 주로 하는 정호·정이·주희와는 확연히 다른 계통의 공부론이다.

왕수인의 공부론을 하나의 용어로 규정하면 치양지라고 할 수 있다. 왕수인이 주장한 지행합일설知行合一說 역시 치양지로부터 도출된 이론이다. 그러나 후대의 학자들은 오히려 치양지보다는 지행합일설을 중시하여 지행합일로서 양명철학의 특색을 설명하기도 한다. 비록 의리義理의 주종主從이 전도된 느낌은 있지만 이는 객관적인 사실이기 때문에 필자는 치양지와 지행합일설을 병행하여 왕수인 공부론의 특색을 설명하고자 한다.

유가철학에서 지행知行의 정확한 의미는 올바르지 못한 것을 바르게 교정하고, 악을 제거하여 선을 성취하며, 또한 올바른 의지를 밖으로 실행하는 것이다. 내 마음의 양지가 바로 올바름과 그름·선과 악을 결정하는 표준이며, 올바름과 선을 밖으로 실현하는 원리이다. 모든 도덕 행위는 양지에 의하여 이루어진다. 양지는 내 마음이 물욕物欲에 교폐交蔽되지 않았으면 구체적인 일에 직면하였을 때 자연스럽게 사사물물事事物物에 관철하여 사사물물로 하여금 올바른 위치(正所)를 얻게 한다.

인간은 도덕 심성을 선천적으로 갖추고 있는 도덕적이고 이성적인 존재이지만, 다른 한편으로는 기품氣稟의 제한을 받는 유한성의 존재이다. 선을 성취함에 있어 기품이란 일종의 제한이다. 기품의 제한을 극복해야만 비로소 선과 덕은 현상화 될 수 있다. 양명철학에 있어서 양지로 하여금 기질氣質의 제한을 극복하여 시시각각 발현할 수 있게 하는 유일한 방법은 치양지이다. 내 마음이 물욕에 의해 교폐되지 않았으면 양지는 스스로 자신을 확충하기 때문에 치致와 불치不致는 의미가 없다. 모든 행위가 양지에 의하여 주재되기 때문이다. 그러나 인간의 의념意念과 행위는 항상 양지의 명각明覺 작용에 의하여 주재되어 발현되는 것만은 아니다. 어떤 때는 물욕에 교폐되어 자신의 호선오악好善惡惡의 작용을 발현하지 못하는 경우가 있다. 이때 비로소 치양지의 공부가 필요하다.

치양지의 치는 물욕에 의하여 의념과 양지가 서로 일치되지 않을 때에 의미를 갖게 된다. 『전습록』에 다음과 같은 기록이 있다.

인간의 본성은 선하지 않는 바가 없기 때문에 지知(良知)는 불량한 바가 없다. 양지는 곧 미발의 중中이고, 또한 곧 확연대공하고 적연부동한 본체이다. 이 본체는 모든 사람들에게 본래부터 공통적으로 갖추어져 있다. 그러나 이 본체는 물욕에 의해서 혼폐될 가능성이 항상 있기 때문에 배움을 통해 이미 혼폐된 바를 제거해야만 한다. 그러나 양지의 본체는 혼폐에 의해서도 또한 배움에 의해서도 털끝만큼이라도 더해진 바 없고 손상되어 잃게 되는 바도 없다. 양지는 불량한 바가 없지만 중中이나 적寂 혹은 대공을 완전하게 표현하지 못하는 것은 그 혼폐된 바를 아직 완전하게 제거하지 않고, 또한 양지를 순선무잡하게 간직하고 있지 못하기 때문이다.[1]

양지는 마음의 본체이다. 즉 앞에서 말한 항상 (자신을) 비추고 있는 자이다. 마음의 본체는 일어난 바도 없고 일어나지 않는 바도 없다. 비록 망념이 발동되더라도 양지는 간직되어 있지 않은 적이 없으나 사람들이 (양지가) 보존되어 있음을 알지 못하기 때문에 때때로 잃어버리는 것이다. 비록 혼폐되고 막힘이 극에 이를지라도 양지는 밝음을 잃은 적이 없으나 사람들이 이 점을 살피지 못하기 때문에 때때로 몽폐되는 것이다.[2]

---

1) 『傳習錄』 中, "性無不善, 故知無不良. 良知卽是未發之中, 卽是廓然大公・寂然不動之本體. 人之所同具者也. 但不能不昏蔽於物欲. 故須學以去其昏蔽. 然於良知之本體, 初不能有加損於毫末也. 知無不良, 而中・寂・大公之體未能全者, 是昏蔽之未盡去, 而存之未純耳."
2) 『傳習錄』 中, "良知者, 心之本體, 卽前所謂恒照者也. 心之本體, 無起無不起. 雖妄念之發, 而良知未嘗不在, 但人不知存, 則有時而或放耳. 雖昏塞之極, 而良知未嘗不明,

물욕에 교폐된 것은 양지가 아니라 인간 자신이다. 비록 행위자가 인욕에 혼폐되어 양지가 스스로 양지 자신을 발현할 수 없다고 할지라도 양지는 여전히 하나의 증감도 없이 내 마음에 간직되어 있다. 양지를 교폐 당하게 하는 것은 양지가 아니라 바로 인간 자신이다.
　왕수인이 주장한 치양지의 치는 '앞으로 밀어내다'는 의미이다. 맹자가 말한 확충과 동일한 의미이다. 양지를 확충하여 충분히 실현하면 도덕 행위는 완성된다. 치양지는 가치 완성의 시작과 마침이다. 공부의 착수도 치양지이고, 공부의 완성도 치양지이다. 왕수인은 "내가 평생 동안 학문을 강의한 내용은 단지 치양지 석 자일 뿐이다"[3]라고 하였다. 도덕 근원은 양지이지만 양지를 실현하여 덕성의 가치를 완성하는 실천 과정은 치양지이다. 치양지를 떠나서 도덕 실천은 있을 수 없다. 치양지야말로 양명철학에서의 철상철하徹上徹下한 수양 공부이다.
　양명철학에서 치양지는 역각을 시초로 삼는다. 이른바 역각이라는 것은 맹자가 말한 '탕무반지湯武反之'의 반지反之이다. 즉 자신을 뒤돌아보고 성찰하는 공부이다. 이상적인 도덕 인격의 상징인 요순을 제외하고 어떤 사람이라도 물욕에 주재를 당하여 잠시 동안 양지를 상실하는 경우가 있을 수 있다. 이때 자신을 뒤돌아보고 성찰하여 마음속의 순선무악純善無惡한 양지를 깨달아 양지로써 행위를 주재해야만 한다. 요순은 근본적으로 역각의 공부가 필요 없는 사람이다. 그러므로 맹자는 "요순은 본성대로 한다"(堯舜性之)라고 말한 것이다. 요순은 이상적인 도덕 인격 존재로서 세간에서 기대하기 어려운 사람이다. 근기根機의 상하를 결정하는 요소는 지혜의 총명과 우둔이 아니다. 가장 중요한 것은 기품의 청탁후박淸濁厚薄이

但人不知察, 則有時而或蔽耳."
3)『陽明全書』, 권26, "吾平生講學, 只是致良知三字."

다. 그러나 인간에게 품수된 기품의 차이란 아주 미세한 것이기 때문에 기품의 차이로 도덕 실천의 선천적인 차별을 결정할 수는 없다. 유가철학에서 역각, 즉 반본反本의 수양 공부는 보편적이면서 필수적인 방법론이라고 할 수 있다. 왕수인이 사무교四無敎를 공부의 교법敎法으로 삼지 않고 사구교四句敎를 교법으로 삼은 원인이 바로 여기에 있다. 반본의 방법론이 보편적이면서도 객관적인 교법이다.

역각에는 두 종류가 있다. 하나는 내재적內在的 역각체증이다. 내재적 역각체증은 일상생활과 격리되지 않은 상태에서 본심의 양지를 체증하는 것이다. 비록 자신이 이욕에 교폐되어 양지를 항상 발현하지 못할지라도 양지는 미약하게나마 수시로 자신의 본 모습을 드러낸다. 이때 양지를 체증하여 보존하면 양지는 모든 행위를 주재할 수가 있다. 다른 하나는 초월적超越的 역각체증이다. 이러한 형태는 잠시 현실생활과 격리하여 정좌식靜坐式의 방법론으로 본체를 체증하는 것이다. 대표자로는 이동李侗(李延平)이 있다. 왕수인도 초기에는 정좌의 방법을 취하여 진아眞我와 가아假我를 분별하려고 하였으나 제자들 사이에 오로지 깨달음의 정靜만을 희구하고 실천의 동動을 기피하는 폐단이 발생하자 다시는 정좌를 강조하지 않았다. 왕수인은 초월적 역각체증을 본으로 삼지 않고 내재적 역각체증을 본으로 삼았다.

양명철학에서 역각의 체증과 시비판단의 지知를 추구하는 방법은 완전히 일치한다. 비록 역각체증은 본체에 대한 체증이지만, 지행의 지도 역각의 형태로써 추구한다. 양지는 시비선악을 결정하는 표준임과 동시에 자각 주체이기 때문에 어떤 일에 직면하면 행위의 표준을 양지 밖에서 추구할 필요가 없다. 양지는 '무엇이 선이고' 또한 '마땅히 어떻게 해야 한다'를 결정하는 주체이기 때문에 반드시 양지에 돌이켜 보아 시비선악과 행위의 방향을 결정해야 한다. 이것도 일종의 역각이다. 역각체증에 능통하면 치양지의 요구를 만족시키는 일은 그리 어려운 것이 아니다. 단지 의념意念이 발생되는 초동初動의 단계에서 '타인은 모르고 자기만 홀로 아는'(獨知) 양지를 체증하여 잃지 않고 보존하고 있으면 양지는 선악을 판단하고 마땅히 어떻게 해야 할지를 스스로 결정할 것이다. 이런 연후에 양지가 이욕에 교폐되지 않도록 전전긍긍하면서 밖으로 발현시키면 모든 일은 양지의 주재하에 이루어지게 된다. 도덕 실천의 선결 조건은 양지가 발현되는 상태를 관찰하고 이를 잃지 않도록 하는 것이다. 왕수인은 "일념이 밝게 드러나면 자신을 뒤돌아보고 반성하여 의념을 순화한다"[4]고 하였다. 자신을 뒤돌아보아 양지의 자각 능력과 호선오악의 작용을 체득하고, 양지가 도덕 실천의 근본 동력임을 파악하는 것이 바로 도덕 가치 실현의 선결 조건이며 치양지의 시초이다.

 지행론의 입장에서 보면 지와 행은 모두 치양지의 치 과정에 속한다. 역각은 치의 시초이며 내 마음의 양지가 드러나는 시초에 불과할 뿐, 완성은 아니다. 반드시 밖으로 확충하여 "(본체가 그것이 빛으로 발생될 때에는) 환하게 얼굴에 나타나며, 등에 배고, 사체에 퍼져 나가 사체는 말하지 않아도 저절로 통하게 된다"[5]는 경지에 이르러야만 비로소 양지를 "완전히 회복하여 하나의 부족함이 없다"[6]고 말할 수 있다. 비록 체體상에서 보면 양지 발현의 실마리를 아는 것도 전체 양지의 발현이라고 할 수는 있으나, 용用상에서 보면 역각은 단지 체증에 불과할 뿐 실현이라고는 할 수 없다. 따라서 치양지가 바로 가치 완성의 시작과 마침이다.

---

 4) 『傳習錄』 中, "一念開明, 反身而誠."
 5) 『孟子』, 「盡心上」, "睟然見於面, 盎於背, 施於四體, 四體不言而喻."
 6) 『孟子』, 「盡心上」, "復得完完全全, 無少虧欠."

2. 지행합일의 의미

유가철학에서 지행의 합일이라는 점은 공통된 주장이지만 지행에 관한 방법론과 입장은 상이하다. 즉 '진정한 자각이 있으면 리理의 조리에 따라서 즐겁게 행한다'(眞知則樂行)와 '지知보다는 실천을 중시한다' 및 지행호발知行互發 등의 학설은 공통된 견해지만 지知를 추구하는 방법론과 실천의 동력 등에 대한 견해는 서로 다르다.

『연보』의 기록에 의하면 왕수인은 용장에서 도를 깨달은(龍場悟道) 다음해(38세) 귀양서원貴陽書院에서 지행합일설을 제창하였다. 당시의 학자들은 왕수인처럼 존양성찰存養省察의 수양 공부를 독실하게 수행한 경험이 없었기 때문에 지행합일설의 진의를 파악하지 못하고 이견만을 분분하게 제시하였다. 지행합일설에 대하여 오해가 발생한 근본적인 원인은 지행합일의 의리적 근거인 심즉리의 심과 양지에 대한 이해가 부족하였기 때문이다.

왕수인이 주장한 지행합일의 지7)는 도덕 가치 판단, 즉 도덕 실천 방향의 결정이며, 행은 의념이 발동하여 구체적인 행위로 완성되는 전 과정

---

7) 淸儒 陸隴其(稼書)는 왕수인의 知에 대하여 다음과 같이 말하였다. '양명이 말한 知는 정주가 말하는 知가 아니다. 양명이 말한 知는 사물과 관계없는 知이지, 격물을 오래한 후에 활연관통한 知가 아니다."(『松陽講義』, 권1, 「古之欲明」, "陽明所謂知不是程朱所謂知. [陽明所謂知, 乃離物之知, 而非格物久後豁然貫通之知]") 왕수인과 정호·정이·주희의 知行論에서 知가 서로 다르다는 陸隴其의 주장이 틀린 것은 아니지만, 왕수인이 주장한 知를 사물과 관계없는 知라고 간주하는 견해는 옳지 않다. 왕수인은 비록 反求諸己를 求知의 방법으로 삼았지만 이는 단지 外物로부터 도덕 표준을 도출하지 않는다는 의미에 불과할 뿐 사물과 관계없는 空知라는 의미는 아니다. 良知는 意念이 발동하는 곳에서 작용을 시작한다. 意念의 소재가 바로 물(事)이고, 意念이 미치는 대상이 바로 존재물이기 때문에 良知는 결코 사물과 관계없는 空知가 아니다.

이다. 의념의 발동은 행의 시작이다. 의념은 발동하여 사사물물에 감응하고 사사물물로 하여금 마땅히 존재해야 할 위치에 있게 해줌과 동시에 사물과 일체를 이룬다. 이것이 행의 완성이다. 지와 행의 시작과 완성은 이론상 서로 분계가 있다. 그러나 이 과정은 동일한 본체인 양지의 자아 전개 과정일 뿐이다. 노사광勞思光은 왕수인이 주장한 지행합일의 '합일'에 관하여 다음과 같이 해석하고 있다.

> 양명이 말한 합일은 발동처에서 말한 것으로 근원 의의를 취한 것이지 효험처에서 말한 것이 아니다. 그러므로 완성 의의를 취한 것이 아니다.[8]

시비선악에 대한 판단과 호선오악의 정감은 동시에 드러난다. 왕수인에 의하면 양지와 의는 결코 서로 다른 이질적인 것이 아니다.『전습록』에 양지와 의의 관계에 관한 내용이 수록되어 있다.

> 마음은 몸의 주이고, 심의 허령명각이 바로 이른바 양지라는 것이다. 그 허령명각의 양지가 감응하여 활동하면 의라고 한다. 지가 있은 연후에 의가 있고, 지가 없으면 의가 없으니 지가 의의 체가 아니겠는가?[9]

여기에서 말하는 지知는 지행의 지가 아니라 내 마음의 양지를 지칭한다. 왕수인이 말한 의意는 기질로부터 발동된 의념(動於意 혹은 動於氣)이 아니라 순수한 도덕 양지로부터 발생된 의념이다. 의는 양지로부터 발생된 것으로 양지의 감응성을 표시한다. 내 마음의 양지는 시비선악을 판단

---

8) 勞思光,『中國哲學史』3권(臺北: 三民書局, 中華民國 75年), 433쪽.
9)『傳習錄』中, "心者身之主也, 而心之虛靈明覺, 卽所謂本然之良知也. 其虛靈明覺之良知感應而動者, 謂之意. 有知而後有意, 無知則無意矣. 知非意之體乎?"

하고 결정할 뿐만 아니라 자신의 결정에 대하여 스스로 만족감을 드러낸다. 이러한 정감이 바로 호선오악이다. 모든 도덕 판단은 양지 내의 일이며 순선한 도덕 의념도 양지로부터 발생된다. 양지의 작용 중에 단지 시비선악의 결정만이 있다면 구체적인 도덕 선정의 발현은 반드시 또 다른 어떤 역량에 의지해야만 된다. 그렇다면 양지의 주재성은 부족하게 되며 '지행은 본래적으로 합일된 것이다'고 주장할 수 없다. 왕수인은 "성의誠意는 단지 천리에 따른 것에 불과하다"[10]고 하였다. 이미 순화된 의념은 모든 것이 양지의 결정에 따라서 발동된 의념 혹은 양지의 본 모습을 잃지 않고 간직하고 있는 상태이다. 양지가 바로 도덕 입법자이그로 양지의 결정은 바로 천리天理의 발현이다.

  의지는 내 마음의 양지가 발현한 것이므로 의지의 발현에는 이미 시비판단의 지와 호선오악의 정감이 동시에 내재되어 있다. 다시 말하면 지知 속에 행이 내재되어 있는 것이다. 그러므로 지와 행은 본래적으로 서로 관통되어 있는 것이다. 그러나 이때의 합일은 근원적인 의기의 합일일 뿐 양지의 시비판단이 실제적인 행위로 발현되어 구체적인 가치를 완성하였다는 의미의 합일은 아니다. 지선지악知善知惡의 지와 호선오악의 행은 내 마음의 양지가 동시에 발현한 것이기 때문에 양자 사이에 시간적인 선후는 없고 단지 논리적인 선후만이 존재한다. 그렇지만 양지의 지선지악과 실제적인 도덕 행의 사이에는 시간적인 선후 관계가 성립할 수 있다. 예를 들면 부모라는 존재물에 직면하여 '마땅히 효를 행하여야 한다'는 도덕 판단과 동시에 부모에게 효도하려는 의념이 발생하지만 이때 의념의 행[11]은 단지 의념 발동 단계의 행일 뿐, 구체적인 효의 실행 혹은

---

10) 『傳習錄』上, "誠意只是循天理."
11) 유가철학에서의 行은 意念의 발동을 시초로 삼는다.

완성 단계의 행이 아니다. 효도의 마음을 잃지 않고 간직하고 있으면, 현재 혹은 미래에 부모에게 마땅히 효를 실천해야 할 때에 효도의 마음은 실제적인 행위로 드러난다. 이때의 행은 완성 의미의 행이지 근원적 의미의 행이 아니다. 『전습록』에는 다음과 같은 기록이 있다.

> 서애가 묻기를, "지금 사람들은 단지 부친께 마땅히 효도를 해야 함을 알고 형에게는 아우 노릇을 해야 함을 알지만 실제로는 효도를 다하지 못하거나 아우 노릇을 잘못하기가 일쑤입니다. 이에 비추어 보면 지와 행은 분명히 두 가지 서로 다른 일입니다." 이에 왕수인이 다음과 같이 대답하였다. "이는 이미 사욕에 의해서 지와 행이 단절되었기 때문에 지행의 본체가 아니다. 알면서도 행하지 않는 사람은 없다. 알면서 행하지 못하면 이것은 바로 알지 못한 것과 같은 것이다."[12]

서애徐愛는 부모에게 마땅히 효를 해야 함을 아는 지와 효도의 마음을 실제적으로 실천하는 행은 서로 다른 두 가지 일이라고 생각하였기 때문에 양자 사이에는 필연적인 연결 관계가 없을 뿐만 아니라 시간적인 선후 관계도 존재한다고 주장하였다. 이러한 주장은 상식적인 견해이다.[13] 그러나 왕수인이 제시한 지행의 본체는 바로 내 마음의 양지를 가리킨다. 이 양지는 맹자가 말한 양지와 양능의 작용을 겸비한 도덕 실체이기 때문

---

[12] 『傳習錄』上, "愛曰: 如今, 人儘有知得父當孝, 兄當弟者, 却不能孝, 不能弟, 便是知與行分明是兩件. 先生曰: 此已被私欲隔斷, 不是知行的本體了. 未有知而不行者. 知而不行, 只是未知."

[13] 왕수인은 비록 知行合一說을 주장하였지만 일반 상식적인 의미의 知行論을 부정하지는 않았다. 『書經』의 "아는 것은 어렵지 않고 오로지 실천하는 것이 어렵다"(知之匪難, 行之惟難)와 손문이 주장한 "앎은 어려우나 행은 쉽다"(知難行易)는 일반적인 의미의 知行論에 대해서는 반대하지 않으나, 주희처럼 格物致知하여 窮理한 후에 意念을 순화시킨다는 주장에 대해서는 반드시 반대한다.

에 외물에 감응하여 시비선악을 결정함과 동시에 외물을 향한 구체적인 의념을 발현한다. 이것이 바로 행의 시작이다. 예를 들어 부모라는 존재물에 감응하여 마땅히 효를 해야 함을 알았을 때 부모에 대한 효의 의념이 동시에 발현된다. 부모에 대한 이런 효의 의념이 바로 행의 시초인 것이다. 만일 부모에 대하여 마땅히 효를 행해야함을 알았을 때 외물14)의 방해를 받게 되면 부모에 대한 효의 의념이 동시에 발현되지 않을 수도 있다. 이것이 바로 왕수인이 말한 "사욕에 의하여 지와 행이 단절되었다"는 의미이다. 사욕에 의하여 단절이 되면 양지의 판단과 결정은 확충될 수 없다. 확충될 수 없다는 것은 행으로 발현될 수 없다는 의미이기 때문에 양지의 판단은 진정한 도덕 자각이 아니다. 양지는 자신의 활동 방향을 결정함과 동시에 일정한 도덕 정감을 수반한다. 이 말을 바꾸어 말하면 도덕 시비선악의 결정은 반드시 구체적인 정감을 통하여 표현된다는 의미와 동일하다.

지선지악의 판단은 반드시 호선오악의 의지 활동으로 표현되기 때문에 양자 간에는 시간상의 선후가 없다. 지선지악의 실질 내용이 바로 호선오악이다. 지선지악의 지는 지행의 지이고, 호선오악은 지행의 행이다. 지선지악하였으나 호선오악의 정감이 발현되지 않으면 지선지악은 실질 내용이 없는 지선지악이라고 할 수 있다. 실질 내용이 없는 지는 공적空寂한 지로서 양지의 완전한 작용이라고 할 수 없다. 그러므로 왕수인은 "알지 못한 것이다"(未知)라고 한 것이다. 양지가 완전하게 작용하면 반드시 지선지악과 호선오악은 동시에 발현된다. 지선지악과 호선오악이 동시에 발현되지 못하는 것은 양지가 사욕에 의해 단절되었음을 표시한다. 반드

---

14) 여기에서 외물이란 도덕 본심을 제외한 모든 작용을 통괄하여 지칭한다.

시 본래적인 양지를 회복하여 사사로운 의념을 철저하게 제거해야만 양지는 완전하게 작용하게 된다. 왕수인은 『대학』의 구절을 인용하여 지행합일의 진의를 설명하였다.

> 그러므로 『대학』에서는 진실한 지와 행을 지적하여 사람들에게 보여 주면서 지행은 '아름다운 색을 좋아하고, 악취를 싫어하는 것과 같은 것이다'고 하였다. 아름다운 색을 보는 것은 지에 속하고, 아름다운 색을 좋아하는 것은 행에 속한다. 바로 그 아름다운 색을 보았을 때 이미 스스로 자연스럽게 이것을 좋아하게 된 것이지, 아름다운 색을 보고 난 후에 또다시 다른 마음으로 그 색을 좋아하는 것은 아니다. 악취를 맡는 것은 지에 속하고, 악취를 싫어하는 것은 행에 속한다. 그 악취를 맡았을 때 이미 스스로 자연히 그 냄새를 싫어한 것이지, 그 악취를 맡고 난 후에 또다시 다른 마음으로 그 악취를 싫어한 것이 아닌데 어떻게 지와 행을 분류할 수가 있겠는가. 이것이 바로 지행의 본체이다. 즉 사욕에 의한 단절이 없는 것이다. 성인은 '사람들에게 반드시 이와 같아야만 비로소 진정한 앎이고, 만약 그렇지 않다면 알았던 것이라고 말할 수 없는 것이다'고 가르쳤다. 이것이야말로 얼마나 중요하고 실질적인 공부가 되겠는가? 그런데도 지금 억지로 지와 행을 둘로 나누어야 한다고 말하려고 하는데 이는 무슨 뜻인가? 나는 지행을 하나로 해야 한다고 말하는데 이는 또 무슨 뜻인가? 만약 지행학설을 세운 종지를 모르고서 단지 지행이 하나이다 혹은 둘이다라고 말하기만 하면 이 또한 무슨 소용이 있겠는가?[15]

왕수인은 이곳에서 생리 반응을 비유로 삼아 지와 행이 동시에 발생

---

15) 『傳習錄』 上, "故大學指個眞知行與人看, 說如好好色, 如惡惡臭. 見好色屬知, 好好色屬行. 只見那好色時, 已自好了; 不是見了後, 又立個心去好. 聞惡臭屬知, 惡惡臭屬行, 只聞那惡臭時, 已自惡了; 不是聞了後, 別立個心去惡……知行如何分得開? 此便是知行的本體, 不曾有私意隔斷的. 聖人教人必要是如此, 方可謂之知, 不然, 只是不曾知. 此却是何等緊切着實的工夫? 如今苦苦定要說知行做兩個, 是什麼意? 某要說做一個, 是什麼意? 若不知立言宗旨, 只管說一個兩個, 亦有甚用?"

함을 설명하고 있다. 인간의 생리적인 반응은 필연성과 보편성을 갖고 있지 않다. 그러나 이는 단지 비유에 불과하므로 오해가 있어서는 안 될 것이다. 아름다운 색을 보고서 아름답다고 판단하거나 악취를 맡고서 역겹다는 판단을 함과 동시에 아름다운 색을 좋아하고 악취를 싫어하는 마음이 든다. 이때 아름답다거나 역겹다는 판단이 바로 지행의 지이고 아름다운 색을 좋아하거나 악취를 싫어하는 마음이 바로 행이다. 아름다운 색을 좋아하고 악취를 싫어하는 것은 일종의 긍정과 부정의 표현이며, 의지의 받아들임과 거부이다. 양지의 자각 판단과 의지의 받아들임과 거부는 동시에 나타난다. 우리는 아름다운 색과 추한 색을 보자마자 좋아함과 싫어함의 심리 반응을 표출한다. 아름답다와 추하다는 판단과 동시에 의지의 받아들임과 거부 반응이 있게 된다. 구체적인 받아들임과 거부 반응이 없으면 이것은 아름답다와 추하다는 판단이 진실하지 못하였음을 의미한다. 의지의 받아들임과 거부 활동은 양지의 자각 판단과 독립되어 작용하지 않는다. 그러므로 왕수인은 "바로 그 아름다운 색을 보았을 때 이미 스스로 자연스럽게 이것을 좋아하게 된 것이지, 아름다운 색을 보고 난 후에 또 다시 다른 마음으로 그 색을 좋아하는 것은 아니다"라고 말하였다. 『양명전서』에 다음과 같은 내용이 수록되어 있다.

무릇 내가 말한 진정한 나 자신이라는 것은 양지를 말함이다. 아버지는 (자녀에게) 자애롭고, 아들은 (부모에게) 효도하는 것이 나의 양지가 좋아하는 바이다. 자애롭지 못하고 불효함은 (나의 양지가) 싫어하는 바이다. 말은 정성스럽고 믿음 있게 하고, 행위는 돈독하고 공경스럽게 하는 것이 나의 양지가 좋아하는 바이다. 정성스럽지 못하고 믿음이 있지 못하고, 돈독하지 못하고 공경스럽지 못한 것은 양지가 싫어하는 바이다. 그러므로 명리와 이욕에 대한 좋아함은 나의 사사로운 감정의 좋아함이지만 천하의 모든 사람이 싫어하는 바이다. 양지의 좋아함은 진정한 나 자신의 좋아함이고, 천하의 모든 사람이 좋아함이다. 그러므로 사사로운 감정의 좋아함을 따르게 되면 천하의 모든 사람이 싫어하게 된다.16)

여기에서 왕수인은 도덕에 대한 양지 작용의 보편성을 제시하고 있다. 양지가 효孝・자慈・충忠・신信 등의 도덕규범에 대하여 자연스럽게 흥미(好)를 갖게 되는 현상은 모든 사람에게 있어서 동일하다. 그러므로 '천하의 모든 사람이 좋아함이다'라고 말한 것이다. 왕수인은 지와 행에 관하여 또 다음과 같이 설명하였다.

지는 행의 주의이고, 행은 지의 공부이다. 지는 행의 시작이고, 행은 지의 완성이다. 만약 이러한 이치를 깨달았을 때 단지 하나의 지를 말하더라도 그 속에는 이미 행이 내재되어 있고, 단지 하나의 행을 말하더라도 그 속에는 이미 지가 내재되어 있다. …… 만약 이러한 뜻을 알고 있다면 (지와 행을) 둘로 분류하여 말하여도 무방하고, 또 하나로 말하여도 무방하다. 이 점을 이해하지 못한다면 지행을 하나로 한들 무슨 소용이 있겠는가? 단지 쓸데없는 소리에 불과할 뿐이다.17)

지는 양지의 가치판단 작용이고, 행은 양지의 실천 작용이다. 양지가 가치판단을 하였다는 것은 양지의 활동 방향을 결정하였다는 의미이다.

---

16) 『陽明全書』, 권7, "夫吾之所謂眞吾者, 良知之謂也. 父而慈焉, 子而孝焉, 吾良知之所好也; 不慈不孝焉, 斯惡之矣. 言而忠信焉, 行爲篤敬焉, 吾良知所好也. 不忠信焉, 不篤敬焉, 斯惡之矣. 故夫名利物慾之好, 私吾之好也, 天下之所惡也. 良知之好, 眞吾之好也, 天下之同好也. 是故, 從私吾之好, 則天下之人, 皆惡之矣."
17) 『傳習錄』上, "知是行的主意, 行是知的工夫. 知是行之始, 行是知之成. 若會得時, 只說一個知, 已自有行在. 只說一個行, 已自有知在. ……若知得宗旨時, 卽說兩個, 亦不妨, 亦只是一個. 若不會宗旨, 便說一個亦濟甚事, 亦有甚用, 只是閒說話."

그러므로 '지는 헹의 주의이다.' 그리고 양지는 '마땅히 무엇을 해야 한다' 혹은 '마땅히 무엇을 하지 말아야 한다'를 결정함과 동시에 긍정(好)과 부정(惡)의 받아들임과 거부의 활동을 개시한다. 이것은 이미 실천의 단계로 진입하는 것이기 때문에 '행은 지의 공부이다.'

그 다음 왕수인은 지와 행의 선후 문제를 설명하고 있다. 여기에서 왕수인이 말한 지의 완성은 두 측면에서 설명할 수 있다. 첫째는 의념이 발동하는 단계인 내부 의념의 행이다. 이것은 호오好惡의 긍정과 부정의 반응이다. 둘째는 양지의 자각 활동이 구체적인 행위로 실현되는 실사實事의 단계이다. 이때는 내부 의념의 행이 밖으로 확충되어 시청언동視聽言動의 행위로 표현된다. 내부 의념의 행과 지 사이에 시간적인 차이는 존재하지 않고 단지 논리적인 차이만 존재한다. 그러므로 '지행은 본래적으로 합일된 것이다'라고 주장할 수 있다. 그러나 이것은 근원적인 측면에서 본 합일일 뿐 완성적인 측면에서 본 합일은 아니다. 양지의 자각 활동이 구체적인 실사로 표현되는 행과 지 사이에는 시간적인 차서가 존재한다. 차서를 거꾸로 달하면, 내가 실제로 이 선善에 대하여 좋아함을 구체적으로 표현하고 이 악惡에 대하여 싫어함을 구체적으로 표현하는 것은 단지 선악에 대한 나의 앎이 참된 앎이었다는 것만을 표시할 뿐만 아니라 내가 판별한 선악이 이미 실제적인 행위로 완성되었다는 것을 나타내 주는 것이다. 그러므로 행은 지의 완성인 것이다. 이때의 행은 이미 내부 의념의 발동이 외부로 발현되어 듣고, 보고, 말하고, 움직이고 하는 실제적인 행위이다. 내외가 관통되어 하나가 되면 이것 역시 지행합일이다. 지와 행은 서로 단절되지 않는 동일한 양지의 연속적인 유행 과정에 불과하다.

왕수인이 주장한 지행합일에서 합일은 이러한 두 의미를 모두 함유하고 있다. 양지의 자각은 행과 독립되어 활동하는 것이 아니라 행과 불가

분리의 관계 속에서 활동한다. 행을 떠나면 지의 내용을 볼 수가 없다. 지는 행 중의 지이므로 "단지 하나의 지를 말하더라도 그 속에는 이미 행이 내재되어 있다"고 한 것이다. 행은 맹목적인 명행冥行이 아니라 양지의 자각 판단에 의거하여 발현된 행이다. 행 속에는 이미 양지의 자각 판단이 내재되어 있다. 그러므로 "단지 하나의 행을 말하더라도 그 속에는 이미 지가 내재되어 있다"고 말한 것이다. 왕수인은 지행의 상시상종相始相終에 관하여 다음과 같이 설명하고 있다.

> 앎의 확실함과 독실함이 바로 행이고, 행의 분명함과 자세함 및 정확함이 바로 앎이다. 지와 행의 수양 공부는 본래 서로 떨어질 수 없는 것인데, 후세의 학자들이 이 지행을 둘로 나누어서 수행하고, 지행의 본체를 잃어버렸기 때문에 지행의 합일설이나 병진설 등이 나오게 되었다.…… 이것은 비록 학계의 폐단을 구하기 위해서 긴급하게 한 말이지만 지행의 본체는 본래 그런 것이므로 내가 고의로 그 사이에서 억양하여 잠시 이 학설로써 일시의 효과를 보려는 것이 아니다.[18]

시비선악에 대한 판단이 확실하고 독실하면 자연히 올바른 것을 성취하고 올바르지 못한 것을 제거하며, 또 선을 좋아하고 악을 싫어하게 될 것이다. 앎의 확실함과 독실함이 바로 행이다. 보고 듣고 말하고 행동하는 것이 분명하고 정확하면 자연스럽게 시비선악에 대하여 확실하고 독실하게 판단할 것이다. 행의 분명함과 자세함 및 정확함이 바로 앎이다. 이것이 바로 지로써 행을 증명하고, 행으로써 지를 체험하는 것이다. 지

---

[18] 『傳習錄』中, "知之眞切篤實處卽是行, 行之明覺精察處卽是知. 知行工夫本不可離. 只爲後世學者分作兩截用功, 失却知行本體, 故有合一竝進之說.……此雖喫 救弊而發, 然知行之體本來如是, 非以已見揚抑其間, 姑爲是說, 以苟一時之效者也."

행은 본래 상시상종相始相終하는 것이므로 알면 바로 행하게 되고, 행하게 되면 자연스럽게 알게 되는 것이다. 지행은 단지 동일한 공부 즉 하나의 치양지에 불과하다.

양지의 자각 활동과 의지의 받아들임과 거부의 작용이 동시에 나타나는 것은 양지의 입법성과 자율성을 표시해 주고 있는 것이다. 양지가 스스로 자신의 활동 방향을 향선向善으로 결정하는 것은 바로 양지의 입법 작용이고, 양지가 스스로 선을 좋아하고 악을 싫어하는 것은 양지의 향선에 대한 자발성이다. 지와 행은 본래 서로 관통되어 있는 것이기 때문에 외적인 기질의 방해와 사욕의 제약이 없다면 양자는 자연스럽게 하나로 일치되어 표현될 것이다. 사욕을 극복하고 양지의 본래 작용을 회복시키는 공부가 바로 치양지이다. 치양지를 하면 지행은 자연스럽게 합일되어 나타나기 때문에 지행은 실제로 치양지의 과정에서 합일이라는 완성을 이루게 된다.

3. 치양지 과정에서 지행합일의 완성

양명철학에서 지행합일과 치양지致良知는 서로 독립되어 있는 공부 이론이 아니다. 왕수인은 만년에 치양지로써 학문의 종지宗旨를 세운 이후, 지행합일의 이론에 관하여 특별히 설명해야 할 필요가 있는 경우를 제외하고는 지행합일에 관하여 자주 언급하지 않았다. 왜냐하면 능히 치양지를 할 수 있으면 지와 행은 자연스럽게 합일되고, 또 지행합일의 이론에 관한 불필요한 오해도 피할 수 있기 때문이다.

지행합일은 양지의 특성과 치양지의 과정 중에서 도출될 수밖에 없는 결과이다. 시비와 선악을 결정하는 양지의 명각은 정태적인 인식 작용이 아니라 동태적인 도덕 생명의 진동이다. 내 마음이 외물에 감응하여 발현된 것이 바로 의념이다. 사람의 의념은 도덕 이성에 의거하여 발현될 수도 있고, 이에 역행하여 발현될 수도 있다. 그러므로 의념에는 시비선악의 분별이 없을 수 없다. 악惡과 비非의 의념은 분명히 내 마음의 양지에 의거하여 발현된 의념이 아니다. 그러나 내 마음의 양지는 의념이 양지에 의거하여 발현되었건 다른 사욕에 의하여 발현되었건 간에, 발현된 의념이 선한 것인지 악한 것인지를 판별할 수 있다.

치양지의 공부는 바로 의념이 발동하는 곳에서부터 시작된다. 의념이 발동하면 나의 양지는 발동된 의념에 관하여 시비선악을 판별한다. 이것이 바로 지知이다. 양지의 자각 활동이 바로 확충의 시작점이다. 양지의 지는 아무 내용 없는 공적空寂의 것이 아니기 때문에 반드시 자신이 판단한 시비선악에 대한 구체적인 도덕 정감을 수반한다. 이것이 바로 호선오악이다. 의념이 악한 것이라고 판단하면 그 자리에서 싫어하는 감정을 표현하고, 의념이 선한 것이면 그 자리에서 좋아하는 감정을 표현한다. 만약 악인 줄 알면서 싫어하는 감정을 표현하지 못하였을 경우에는 스스로 자괴감이 든다. 자괴감도 일종의 싫어하는 마음이다. 의념의 순화는 바로 이러한 양지의 작용을 근본으로 한다. 선천적으로 선을 좋아하고 악을 싫어하는 마음을 구비하고 있기 때문에 좋아함과 싫어함으로써 의념을 순화할 수 있다. 호선오악의 정감을 확충하여 한편으로는 불순한 의념을 순화하고, 다른 한편으로는 실제적인 행위로 낙착되게 하면 의념은 양지의 주재하에 활동하게 된다. 이것이 바로 성의이다. 순화된 의념이 구체적인 사물에 감응하여 실사로 낙착되면, 사사물물은 올바른 위치를 얻게 된다. 이것이 바로 격물格物이다. 양지의 자각 활동으로부터 격물의 과

정까지가 바로 치양지의 전 과정이다.

  지와 행은 치양지를 떠나서 합일할 수 없다. 내 마음의 양지를 확충하면 양지와 의념은 서로 관통하여 하나로 되고, 모든 내부 의념 행위와 구체적인 실제 행위는 모두 양지의 자아실현이 된다. 양지의 자각이 밖으로 구체화되면 그 행위는 맹목적인 행위가 아닌 도덕 행위이다. 이때 지는 행 속의 지이고, 행은 지의 구체화이다. 그러므로 지와 행은 양지의 연속적인 유행 과정에 불과한 것이다.

  의념의 발동은 행위의 시작이다. 의념의 발동과 동시에 양지는 시비선악의 판단 작용을 시작한다. 이것은 행과 동시에 지의 작용이 시작되었고, 또한 치양지도 시작되었음을 표시한다. 지행과 치양지의 치는 동시에 시작된다. 그러므로 지는 행 중의 지이고, 치양지도 행 중의 치임을 알 수가 있다. 치양지를 떠나서 지행합일은 불가능하다. 양지를 확충하지 못하면 지와 행은 서로 분리되어 진행된다. 이때의 지와 행은 모두 양지와는 관계없는 지각과 실천에 불과하다. 그러나 양지를 확충하면 지와 행은 단지 동일 양지 활동의 서로 다른 영역에 불과함을 알 수 있다.

  지와 행이 본래적으로 합일할 수 없는 의리적인 원인은 심과 리가 서로 다른 이체異體라는 데 있으며, 그 공부의 원인으로서는 양지를 확충하지 못하기 때문이다. 이 점에 관하여 왕수인은 다음과 같이 설명하였다.

> 양지와 양능은 일반 사람들이나 성인이나 같다. 단지 성인은 양지를 확충할 수 있었고, 일반 사람들은 양지를 확충할 수 없었다. 이것이 바로 성인과 일반 사람을 분류하는 근거이다.[19]

---

[19] 『傳習錄』中, "良知良能, 愚夫愚婦與聖人相同, 但惟聖人能致其良知, 而愚夫愚婦不能致, 此聖愚之所由分也."

양지의 유무有無와 작용에서 보면 성인聖人과 범인凡人의 차이는 없다. 양지를 실현하는 측면에서 보면 성인과 범인 사이에는 분명한 차이가 있다. 그 차이가 바로 양지의 확충 여부이다. 왕수인은 치양지와 사욕의 극복에 관하여 다음과 같이 설명하고 있다.

> 만약 양지가 발현되면 다시는 사욕의 장애가 없다. 이것이 바로 "측은지심을 확충하면 인仁은 쓰임을 다할 수 없게 된다"[20]는 것이다. 그러나 일반 사람들은 사사로운 마음의 장애가 없을 수 없기 때문에 반드시 양지를 확충하여 행위(事)를 바로 잡는 공부를 해야만 사사로운 욕념을 이기고 리理(良知)를 회복할 수 있다. 그렇게 하면 내 마음의 양지는 다시는 장애가 없이 (우주에) 꽉 차게 유행된다. 이것이 바로 치양지이다. 양지가 확충되면 의념은 곧 순화된다.[21]

내 마음의 양지가 사사로운 의념에 의하여 교폐되지 않는다면 양지는 자연스럽게 향선向善으로 자신의 활동 방향을 결정함과 동시에 선과 악에 대하여 좋아하고 싫어하는 정감을 발현한다. 이때 행위는 바르게 되고 또한 행위의 대상은 양지의 윤화潤化 작용으로 말미암아 마땅히 존재해야할 위치를 회복하게 된다. 양지는 인위적으로 확충하지 않아도 자연스럽게 발현되고, 의념도 순화 공부를 할 필요도 없이 자연스럽게 순화되며, 사물도 격물이라는 공부가 필요 없이 자연스럽고 바르게 된다(正物). 그러나 일반 사람들의 마음은 사사로운 의념의 교폐를 피할 수가 없기 때문에 의

---

20) '仁의 쓰임을 다할 수 없게 된다'는 측은지심을 확충하면 仁이 무궁무진하게 발현된다는 의미이다.
21) 『傳習錄』上, "若良知之發, 更無私意障碍. 卽所謂充其惻隱之心, 而仁不可勝用矣. 然在常人不能無私意障碍, 所以須用致知格物之功, 勝私復理. 卽心之良知更無障碍, 得以充塞流行. 便是致其良知. 知致則意誠."

념이 발동할 때 반드시 후천적으로 치양지의 공부를 통하여 시비선악을 판별하고 또 불순한 의념을 순화해야만 비로소 바른 행위로 표현된다. 『전습록』에 치양지의 구체적인 방법과 지행합일의 과정에 관한 가장 세밀한 설명이 수록되어 있다.

그러나 절대적으로 선한 것은 심의 본체이다. 이러한 심의 본체에 어떻게 선하지 않음이 있을 수 있겠는가? 지금 심을 바르게 하려고 해도 본체의 어느 곳에서 공부를 행하겠는가? 반드시 심이 발동하는 곳에서 공부를 할 수밖에 없다. 심의 발동에는 선하지 않음이 없을 수 없으므로 반드시 이곳에서 공부를 해야 하는데, 이것이 바로 의념을 순화하는 성의 공부이다. 만약에 하나의 의념이 선을 좋아하는 곳에서 발동된다면, 실제로 직접 선을 행하게 되고, 만약 하나의 의념이 악을 키워하는 곳에서 발동된다면 실제로 직접 악을 미워하게 되는 것이다. 의념의 발동이 순화되지 않는 바가 없다면 그 심체에 어떻게 바르지 않은 것이 있을 수 있겠는가? 그러므로 심을 바르게 하는 것은 의념을 순화하는 곳에 달려 있다. 공부가 성의에 이르러 비로소 실제 행위에 낙착하게 된다. 그러나 성의의 본은 또 치지에 있다. 소위 다른 사람은 모르고 나만이 홀로 아는 것이 바로 내 마음의 양지이다. 그렇지만 선을 알면서도 이 양지의 결정에 따라 선을 행하지 않고, 선하지 않음을 알면서도 이 양지의 결정에 따라 악을 제거하지 못한다면, 이것이 양지가 사욕에 가려서 그 양지 자신을 확충하지 못한 것이다. 내 마음의 양지가 철저하게 확충되지 못하여 비록 선의 좋음은 알지만 이를 실제로 행하지 못하고, 비록 악의 좋지 않음을 알지만 실제로 이를 싫어하는 마음을 표현하지 못하면 어떻게 의념이 순화될 수 있겠는가? 그러므로 치지는 성의의 근본이다. 그러나 허공에 의지해서 양지를 확충할 수 없다. 치양지는 반드시 실제의 일과 행위상에서 이루어진다. 만약 의념이 선을 하는 곳에 있다면 곧바로 그 일에서 선을 실천해야 하고, 만약 의념이 악을 제거하는 곳에 있다면 곧바로 그 일에서 악을 하지 말아야 한다. 악을 제거하는 것은 부정한 것을 격格하여 바름(正)으로 돌아가게 하는 것이다. 선을 행하면 선하지 않는 것이 선하게 되고, 역시 바르지 않는 것이 바로 잡혀 올바르게 된다. 이렇게 되면 내 마음의 양지는 사욕에 교폐되지 않아 그 지극한 경지에 이르게 되며, 또한 의념의 발동은 선을 좋아하고 악을 싫어하여 순화되지 않는 바가 없게 된다. 성의 공부를 실제로 하는 곳은 바로 물物을 바르게 하는 격물에 있다. 이와 같은 격물은 사람이면 누구나 할 수 있는 것이다. 사람이 모두 요순이 될 수 있다는 것은 바로 이와 같은 의미이다.22)

먼저 정심正心・성의誠意・치지致知・격물格物에 관한 개략적인 설명을 해 보겠다. 왕수인은 격물을 '사물을 바르게 한다'의 정물正物로 해석하였다. 격물을 정물로 해석한 것은 왕수인 학문의 의리에 근거한 것이지 결코 자의적인 훈고訓詁의 입장에 의한 것은 아니다. 격格의 본래 의미는 '신이 강림한다'이다. 때문에 격의 가장 직접적인 의미는 이르다(至)와 오다(來)이다. 치致는 앞으로 밀어낸다는 확충의 의미이다. 즉 도덕 주체인 양지의 작용을 밖으로 실현한다는 의미이다. 치지의 지는 실체사로서 양지를 가리킨다. 성의의 성誠은 순화의 의미이다. 사사로운 욕념과 외물의 장애를 극복하여 의념을 양지의 주재에 따라서 발현되게 한다. 의념의 발동

---

22) 『傳習錄』下, "然至善者心之本體也. 心之本體那有不善? 如今要心正, 本體上何處用得功? 必就心之發動處, 纔可着力也. 心之發動, 不能無不善, 故須就此處着力, 便是在誠意. 如一念發在好善上, 便實實落落去好善; 一念發在惡惡上, 便實實落落去惡惡. 意之所發旣無不誠, 則其本體如何有不正的? 故欲正其心, 在誠其意. 工夫到誠意, 始有着落處. 然誠意之本, 又在致知也. 所謂人所不知而己所獨知者, 此正是吾心良知處, 然知得善, 却不依這個良知便做去, 知得不善, 却不依這個良知便不去做, 則這個良知便遮蔽了, 是不能致知也. 吾心良知旣不能擴充到底, 則善雖知好, 不能着實好了; 惡雖知惡, 不能着實惡了, 如何得意誠? 故致知者, 誠意之本也. 然亦不是懸空的致知, 致知須在實事上格. 如意在於爲善, 便就這件事上去爲; 意在於去惡, 便就這件事上去不爲. 去惡, 固是格不正以歸於正; 爲善, 則不善正了, 亦是格不正以歸於正也. 如此, 則吾心良知無私欲蔽了, 得以致其極; 而意之所發, 好善惡惡, 無有不誠矣. 誠意工夫實下手處, 在格物也. 若如此格物, 人人便做得. 人皆可以爲堯舜, 正在此也."

에는 시비선악의 차별이 있다. 그러므로 의념이 발동하여 아직 구체적인 행위로 발현되기 전에 의념을 순화하여 순수한 도덕 이성의 명령에 따라 발현되게 하여야 한다. 이것이 바로 성의이다.

양명철학에서 심心・의意・지知・물物은 서로 의리적인 관련성을 갖고 있다. 심은 심즉리의 도덕심이다. 이 심은 지선체至善體이므로 심 자체에서 선악 혹은 올바름과 올바르지 못함을 논할 수 없다. 의는 심이 발현한 바이고(所發), 물物은 의념의 소재所在이며, 지는 내 마음의 양지이다. 명각인 양지가 외물에 교폐되지 않았으면 이 명각의 발현인 의意는 후천적인 순화 공부(誠)를 기다릴 필요 없이 스스로 순화된 것이며, 또한 의념의 소재인 물物(事)도 격물 공부를 할 필요 없이 스스로 바른 것이 된다. 그러나 의념은 필연적으로 양지의 명각에 의하여 활동되지는 않는다. 의념에는 선악 혹은 시비의 분별이 있다. 왕수인은 이곳에서 먼저 정심과 성의의 관계를 설명하고 있다. 심의 본체는 본래 절대적인 지선체이다. 심체상에서는 공부를 할 수 없고, 공부는 심이 발동하는 곳에서 하여야 한다. 그래서 "공부는 성의에 이르러서야 비로소 낙착처를 갖게 된다"고 한 것이다. 정심은 지선의 심체를 바르게 한다는 의미가 아니라 심의 소발인 의념을 바르게 한다는 의미이다. 이것과 『대학』에서 말한 "마음을 바르게 하려면 먼저 그 의념을 순화해야 한다"[23]는 동일한 의미이다.

그 다음 치지와 성의의 관계를 설명하고 있다. 공부는 성의에 이르러서 비로소 실제적인 시작점을 찾을 수 있다. 그러나 시작점은 성의이지만 오로지 내 마음의 양지단이 발동한 의념에 대한 선악을 판별할 수 있다. 의념을 순화하려면 반드시 양지의 작용에 의거해야 한다. 양지는 타인은

---

23) 『大學』, "欲正其心者, 先誠其意."

모르고 오로지 자신만이 알 수 있는 독지獨知이기 때문에 의념의 불순함을 숨겨 넘어갈 수가 없다. 양지의 작용으로써 의념의 불순한 곳을 철저하게 순화시켜 양지의 주재하에 발현시켜야만 선정善情으로 발현될 수 있다. 선악을 판별하였지만 판별한 선악에 대하여 구체적인 호선오악의 정감을 발현하지 못하면 선악에 대한 판별은 실제로 무 내용의 공허한 것이 되기 때문에 진정한 양지의 판별이라고 할 수 없다. 의념이 순화되었다고 말하려면 반드시 의념과 양지가 서로 관통되어 선악에 대한 받아들임과 거부의 정감이 발현되어야 한다. 의념의 순화는 반드시 치지에 의거해야 하기 때문에 『대학』에서는 "의념을 순화(誠)하려면 먼저 '지知'를 확충해야 한다"[24]고 한 것이다.

마지막으로 치지와 격물의 관계에 대하여 설명하고 있다. 여기에서 말하는 물物은 부모와 형 혹은 임금 등의 행위 대상(존재물)을 지칭하는 것이 아니라 부모를 섬기는 사친事親・형을 공경하는 제형弟兄・임금을 섬기는 사군事君 등의 행위(행위물)를 가리킨다. 내 마음의 양지 활동에 비록 선하지 않는 바가 없다고 할지라도 허공에 의지해서 양지를 확충할 수는 없다. 어떤 일이 그르다면 바로 그 일에 즉卽해서 그 일을 바로 잡아야 한다. 그렇지 않으면 양지를 확충할 수 없다. 실제의 일을 떠나서 어떻게 양지를 확충할 수 있겠는가? 예를 들어 부모를 섬기는 실제적인 행위를 떠나서 어떻게 효친孝親의 양지를 확충할 수 있겠는가? 여기에서 양지의 확충은 사물을 바로잡는 곳에서 이루어짐을 알 수가 있다. 치지는 성의의 본이고, 성의를 실제 행하는 곳은 격물이다. 사구교四句敎의 말구末句에서 "선을 행하고 악을 제거하는 것이 격물이다"(爲善去惡是格物)고 하였다. '선

---

24) 『大學』, "欲誠其意者, 先致其知."

을 행하고 악을 제거한다'는 것은 바로 양지를 확충하는 과정 중에서 의념을 순화하고 또 의념을 순화한 내용25)이다. 의념을 순화하는 점에서 보면 성의이고 의념을 순화한 내용에서 보면 격물이다. 왕수인은 수신·정심·성의·치지·격물에 관하여 다음과 같은 종합적인 설명을 하였다.

> 신身·심心·의意·지知·물物이라는 것은 단지 하나의 물物이고, 또한 격格·치致·성誠·정正·수修라는 것은 단지 한 가지 사事일 뿐이다.26)

왕수인이 이곳에서 강조한 '단지 하나의 물과 한 가지 일'은 바로 양지 활동의 통일성을 나타낸 것이다. 즉 양지 자신의 실현 과정에 대한 연속성과 통일성을 강조한 것이다. 신·심·의·지·물은 행위의 주체로부터 말한 것이다. 비록 서로 다른 명사로써 주체에 대한 각각의 형상을 설명할 수 있지만 서로 이질적인 것은 아니다. 나누어서 말할 수도 있고 통합시켜 표현할 수도 있다. 격·치·성·정·수는 도덕 주체의 활동 작용으로부터 말한 것이다. 비록 도덕 주체 각각의 형상으로부터 그 활동 작용을 서로 달리 표현할 수는 있지만 동일한 도덕 주체의 활동 과정이므로 나누어서 설명할 수도 있고, 또 전체적으로 종합시켜 설명할 수도 있는 것이다.

4. 지행합일의 종지

왕수인은 양지로 하나의 물(一物)을 통합하였고, 치지로써 한 가지 일

---

25) 意念의 내용은 다름 아닌 意念의 소재인 일과 행위이다.
26) 『陽明全書』, 권26, "身心意知物者只是一物, 亦格致誠正修者只是一事."

(一事)을 통합하였다. 치양지는 공부의 핵심이고 실제적으로 힘을 사용할 곳이다. 의념이 발하기 시작하는 곳이 바로 행위의 시작이다. 양지의 지는 바로 이곳으로부터 확충된다. 일반인들은 지와 행을 서로 다른 것으로 간주하기 때문에 의념은 의념이고, 행위는 행위로 보아 양자 간에 관련성을 파악하지 못한다. 마음속에 비록 선하지 못한 의념이 발생하였지만 아직 행위로 표현되지 않았다고 하여 스스로 자신을 용서하고 지나쳐 버린다. 그러나 의념의 발동은 성인이 되느냐 혹은 범인이 되느냐의 시작점이기 때문에 근신하지 않을 수 없다. 이 점에 관하여 왕수인은 아주 적절한 설명을 해 주고 있다.

> 이것에 관해서는 반드시 내가 주장하는 종지를 깨달아야만 한다. 지금 사람들은 학문을 하면서 지와 행을 두 가지 서로 다른 일로 분류하고 있기 때문에 어떤 의념이 발동해서 비록 그것이 나쁜 생각이라 할지라도 그것을 실행하지 않았다면 그 나쁜 생각을 없애지 않으려고 한다. 내가 지금 지행합일을 주장하고 있는 것은 사람들에게 하나의 의념이 발동하는 곳이 바로 행동임을 알게 하려는 것이다. 만일 의념이 발동하는 곳에 선하지 않은 생각이 있다면 바로 그곳에서 그 선하지 않는 생각을 제거하고, 반드시 뿌리까지 철저하게 뽑아 그 선하지 않는 의념이 마음속에 남아 있지 않게 해야 한다. 이것이 바로 내가 주장한 종지이다.[27]

보통 사람들은 지와 행을 두 가지 서로 다른 일로 생각하기 때문에 의념은 단지 의념에 불과하고 행위도 단지 행위에 불과하게 되어 마음속에

---

27) 『傳習錄』下, "問知行合一. 先生曰: 此須識我立言宗旨. 今人學問只因知行分作兩件, 故有一念發動, 雖是不善, 然却未曾行, 便不去禁止. 我今說個知行合一, 正要人曉得一念發動處, 便卽是行了. 發動處有不善, 就將這不善的念克倒了, 須要徹根徹底, 不使那一念不善潛伏在胸中. 此便是我立言宗旨."

비록 선하지 않는 생각이 있다고 할지라도 다만 선하지 않은 생각을 밖으로 표현하지만 않으면 스스로 자기를 용서하고 또 선하지 않은 생각을 가졌음에 대하여 부끄러움과 경각심을 갖지 않는다. 이러한 원인은 바른 행위는 반드시 마음을 바르게 하고 의념을 순화하여 순선무악純善無惡하게 하는 것에서부터 시작된다는 것을 모르기 때문이다.

　심체는 비록 선하지 않는 바가 없다고 할지라도 심이 발현한 의념에는 선도 있고 악도 있을 수 있다. 선이 되고 악이 되는 상황은 바로 이 의념이 발동하는 곳에서 발생된다. 한 순간의 의념은 비록 미세하지만, 성인이 되고 범인이 되는 분계점이 바로 이 곳이므로 조심하고 근신하지 않을 수 없다. 왕수인은 일찍이 "선악을 판별하고 결정하는 자가 양지이다"라고 말한 적이 있다. 의념이 발동하는 곳의 선악은 양지에 의해서 자연스럽게 분별된다. 이것이 바로 지행의 지이다. 선한 생각과 악한 생각은 이미 일어났고, 이것이 바로 행위의 시작이므로 이미 행위는 시작된 것이다. 지와 행은 동시에 함께 일어나는 것이며, 또 지가 곧 행이고, 행이 곧 지이다. 이러한 뜻을 이해하고 있으면 자기 스스로 아무 때 아무 장소에서 아무 일에서나 인욕人欲을 제거하고 천리天理를 보존할 수가 있다. 선하지 않은 의념이 일어나자마자 바로 뿌리까지 철저하게 뽑아 제거하고, 약간의 불선한 의념도 마음속에 잠복되어 있지 않도록 한다. 이것이 바로 왕수인이 주장한 치양지이고 지행합일을 주장한 종지의 소재이다.

나흠순의 공부론

이동희

1. 리일분수 논리와 공부론

　나흠순羅欽順(호는 整庵, 1465~1547)은 명대 중기 왕수인과 동시대에 살았던 학자로서 주자학의 전통을 지키면서도 명초 이후의 주자학의 매너리즘적인 경향에 대해 비판하고 주자학을 새롭게 해석하려 하였다. 동시에 주자학적 시각에서 양명학이나 선학禪學(선불교)을 비판한 특이한 학자였다. 여기에는 일관된 자기 논리가 있었는데, 그것이 '리일분수설理一分殊說'이다. 선행 연구도 대체로 그의 핵심 사상을 이것으로 보고 있다.[1]

---

1) 선행 연구로는 다음과 같은 논저가 있는데, 공통적으로 나흠순의 핵심 사상을 '리일분수설'로 보고 있다. 유명종이 제일 먼저 나흠순 철학의 내용과 우리나라에의 영향에 대해 논하였다. 유명종의 『퇴계와 율곡의 철학』(동아대 출판부, 1987) 속에 「율곡철학과 나정암의 내재관적 이기설」, 「조선유학과 나정암의 내재관적 이기철학」, 「임녹문과 나정암의 이기설」 등이 실려 있다. 그 후 주목할 만한 저술은 최진덕의

나흠순은 이 논리를 가지고 주자학과 양명학 및 선학을 비판할 수 있었다. 그는 주자학의 리기론에 대해서 주희가 리와 기를 두 가지로 본다고 비판하였다. 주희의 형이상학에서는 '리기불상리잡理氣不相離雜'이지만, 주희가 설명할 때 어느 한쪽을 강조하여 말한 경우가 있었던 것이다. 리일분수란 보편성과 특수성의 관계를 말하는데, 이 논리에 충실하면 주희의 리기 관계는 '밀접하여 두 가지로 보거나 분리해서 생각해서는 안 된다는 것'을 강조하게 된다. 이러한 나흠순의 주희 비판은 명초 주자학의 묵수적 주자실천주의나 또는 당시 주자학풍의 경전 강독에 치우친 형식적 주희 이해에 신선한 바람을 일으켰다.

그러나 주자학이 가지고 있는 형이상학 체계, 특히 '리理'에 대한 이해를 현저히 후퇴시켰다고 할 수 있다. 그의 기를 통해 리를 보아야 한다는 주장은 그 자체가 주희의 형이상학적 관념 체계를 반대한 것이며, 특히 리에 대한 초월적 성격을 부정하게 만들었다. 이러한 사고방식은 자연히 우주에 가득 찬 것은 기이므로 기의 현상을 강조하게 되어, 사물이 있어야 리가 있게 된다는 매우 현상론적인 시각을 강조하게 되었다. 그의 학설에 영향을 많이 받은 율곡 이이李珥가 그의 '기의 리'를 비판하고 '리의 초월성'을 다시 강조, '리통기국설理通氣局說'을 낸 것은 그의 시각이 어떠한 것인지 잘 말해 주고 있다.

『주자학을 위한 변명』(청계, 2000)이 있다. 이것은 저자의 박사학위 논문이다. 나흠순의 『곤지기』(4속까지) 거의 전편을 분류하여 싣고 그의 사상을 분석하였다. 저자의 설명도 훌륭하다. '나흠순의 리일분수 철학'이라고 부제를 붙였다. 논문으로는 송휘칠의 「나정암의 '곤지기'와 기고봉, 이율곡의 주기론」,(『한국의 철학』 제21호, 경북대 퇴계연구소, 1993)과 조남호의 「나흠순에 있어서 보편적 원리의 문제」(『철학논구』 제16집, 서울대 철학회, 1988), 그리고 이동희의 「나흠순의 理氣渾一의 철학과 이율곡의 理氣之妙 철학과의 비교 연구」,(『한국학논집』 제16집, 계명대 한국학연구소, 1989), 「나흠순 성리설의 특성」(『유학연구』 제8집, 충남대 유학연구소, 2000) 등이 있다.

나흠순이 또 리일분수의 논리로 양명학 및 당시의 심학을 비판한 내역을 보면, 심학이 심·성을 구분하지 않고 언제나 역동적인 도덕적 심의 작용, 즉 '양지 발현'을 강조한 데 대하여 성이 확립되지 않으면 도덕적 기준이 없어진다고 보아 심·성을 구분함을 알 수 있다. 물론 그는 심·성을 구분하면서도, 성은 활동적인 심을 통하여 보아야 한다든지 또는 심·성은 하나의 사물을 양면으로 보아야 한다든지 등으로 심·성을 강조하고 있다. 그러나 그의 심·성 구분은 선학이나 심학을 의식하고 있었기 때문에 그러하였다고 할 수밖에 없다. 그의 심·성 구분론의 근본 취지인 리일분수 논리에 의하면, 분수에 의하여 리일이 다양성을 획득하지만, 분수 속에 리일은 언제나 원리 내지 기준으로서 동시에 내재해 있다고 본다. 선학도 심학과 마찬가지로 깨닫는다고 하는 심의 작용을 중시하므로 주자학의 심·성 구분론과는 관점이 같지 않다.

그의 리일분수 논리에 의한 이러한 심·성 구분론은 그의 주희 리기론 비판과 비교해 보면, 상호 모순인 것을 알 수 있다. 성리학에서 성은 리이므로 심·성 구분론은 성을 초월적으로 정초하는 것이 된다. 따라서 리기론 비판에서의 리의 초월성 부정과 논리가 맞지 않는 것이다. 그러나 그의 이러한 심학 및 선학 비판은 당대 및 그 후의 주자학자들에 의해 그의 논리의 일관성 여부를 떠나 옹호되었다. 여기에는 그의 주자학 옹호, 선학 및 심학 비판을 높이 사려는 당파성이 전혀 없다고 보기 어렵다.

그의 공부론은 주자학의 체계에서 말하는 '격물치지설格物致知說'과 '존양성찰설存養省察說'이라고 할 수 있다. 격물치지설은 대체로 주희의 설을 그대로 계승하였다. 그러면서도 주희에 비해 격물치지의 최고 단계인 '지성知性'(이것은 맹자의 용어로 『대학』의 '知至'에 해당)을 강조하였다. 또 격물치지 공부는 '분수分殊'상에서 충분히 하여야 하지만, 궁극적으로는 '리일理

一'을 모르면 안 된다고 강조하였다. 이 '리일'의 격물을 거치지 않으면 또한 존양성찰도 불가능하다고 하였다. 이것은 주희에게 있어서 존심과 궁리, 존양과 성찰 양자가 순환적으로 상호 보완 관계를 이루는 것과 약간 다른 점이 있다. 그는 주희보다 궁리에 의한 '천명지성天命之性'이나 '미발지중未發之中', 또는 '만물일체의 인仁'에 대해 아는 것을 매우 강조하였다.

나흠순의 주희의 격물치지설 해석상 특이한 점 한 가지는 주희가 '격格'을 '지至'로 해석하는 것과는 달리 '통철무간通徹無間'으로 해석한 점이다. 이는 주희의 '활연관통'과 같은 경지를 말하는 것으로 보인다. 그러나 이것을 지나치게 강조하면 주희의 점진적인 지식 축적으로서의 격물설의 특징이 후퇴하게 될 위험이 있다. 그럼에도 불구하고 나흠순은 균형을 유지하여 격물의 분수상의 공부를 여전히 강조하였다. 그의 이러한 해석은 이 우주를 인간에서부터 금석과 같은 무생물에 이르기까지 생명이 서로 관통하고 있는 하나의 유기체(기의 유기체)로 보는 우주관에서 연유한다. 그러므로 그는 특히 분수의 리를 기의 움직임 속에서 보아야 한다고 강조하였다. 그러면서도 격물궁리를 하는 것은 '유아지사有我之私'를 제거하여 '천리지공天理之公'으로 가기 위해, 또는 '식인識仁'이나 '지성知性'(성을 아는 것) 등을 위한 것이라고 강조하였다.

또한 그의 존양성찰 공부론에서 특이한 것은 심의 미발 시에도 '사려'(思)의 지각 작용이 있고, 이 사려란 막연한 것이 아니라 '리理'를 지각하는 것이라고 한 점이다. 이러한 미발 시의 리의 지각은 주희가 말하지 않았던 이론이다. 원래 주희가 사려하지 않을 때, 즉 미발 시에도 지각은 없어지지 않으며 어두워지지 않는다고 하여 이발 시의 사려와는 다른 근원적인 지각을 주장한 바 있는데, 나흠순이 이를 더욱 발전시킨 것이다. 그리하여 그는 사려라는 지각 작용은 이발・미발 양쪽에 다 겹치는 이중적 성격이 있다고 하였다. 원러 사려는 심이 외부 대상으로 향하는 인식 작용인데, 나흠순은 심 내부에서도 어둡지 않은 지각과 혼연한 리 사이에 그와 유사한 종류의 인식 작용이 있다고 본 것이다. 그 예로 그는 이동李侗의 '정靜에서의 대본大本 체인'이나 정호程顥의 '식인識仁', 또 정이程頤의 '구중求中' 등을 들었다. 아마도 이것은 오늘날로 말하면 의식의 노에마-노에시스 구조, 심리의 역동성, 또는 의식과 무의식의 길항 관계 등을 말한 것으로 보아야 할 것이다.

이와 같이 나흠순의 공부론은 주희의 격물치지설과 이발미발설을 계승하면서 거기에 약간의 자기 나름의 해석을 부가하여 강조하였으며, 여기에는 그의 기의 유기체 우주론과 리일분수의 철학적 논리가 저변에서 작용하고 있었다고 할 수 있다.

2. 주희의 격물치지설 계승

나흠순의 공부론은 그의 심성에 대한 이론[2]과 밀접한 관련이 있다. 그는 특히 심성을 규정하면서 성이라는 도덕 본체를 상정하면서도 현상적이고 활동적인 심과의 연관에서 보아야 된다고 하였다. 즉, 심성은 하나이면서 둘이라는 것이다. 그는 말하기를 "심은 사람의 신명神明이고, 성은 사람의 생리生理이다. 리가 있는 곳을 심이라 하고, 심이 가진 것을 성이라 한다. (심과 성을) 뒤섞어서는 안 된다"[3]라고 하였다.

나흠순의 공부론도 이러한 심성론에 근거하여 전개되는데, 대체로 주

---

[2] 나흠순의 심성론에 대한 것은 이동희의 「나흠순 성리설의 특성」 참조.
[3] 『困知記』 권하, 52장. 이하 표기 동일.

희의 공부론인 격물치지설을 계승하고 있다. 다만 그의 심성론이 주희와 약간 다르므로 공부론도 약간 다른 점이 있다. 그는 성을 아는 것, 즉 '지성知性'을 매우 중요시하였는데, 이것을 통해서 '진심盡心'이라는 격물의 궁극점에 도달한다고 보았다. 그런데 이 '지성진심'에 가기 위해서 나흠순은 '존심存心'이나 '구방심求放心'의 공부가 필요하다고 보았다. 이것은 그의 심성론에서 본 바와 같이 리가 심에 있고, 심이 갖고 있는 것이 성이라고 보았기 때문이다. 그러므로 그는 다음과 같이 말한다.

> 리가 있는 곳을 심이라 한다. 그러므로 존심存心하지 않으면 궁리할 수 없다. 심이 가진 것을 성이라 한다. 그러므로 지성知性하지 않으면 진심盡心할 수 없다. 맹자가 분명히 성을 말하고 심을 말했는데, 학자들이 심성을 잘못 아는 것은 무슨 까닭일까? 구방심求放心은 처음 공부를 시작하는 것일 뿐이며, 진심은 공부의 극치이고, 중간에 긴요한 것은 궁리窮理이다. 궁리는 반드시 점진적이어야 하지만, 진심과 지성에 이르면 일시에 (세 가지가) 갖추어져 더 이상 선후를 말할 수 없다.(『곤지기』 권상 68장)

여기에서 존심과 구방심을 궁리 전의 공부 방법으로 제시하고 있다. 이것은 격물을 위한 기초적 준비 단계로, '존심'이란 『맹자』 「진심상」 1장의 "존기심存其心, 양기성養其性"에서 나온 것인데 그 후 합하여 '존양存養'이라 말하기도 한다. '구방심'은 『맹자』 「고자상」 11장에 나오는 말로서 놓아버린 마음을 구한다(잃어버린 양심을 찾는다)는 뜻이다. 그러나 주희는 존심 혹은 구방심을 '함양'·'존양'과 거의 같은 뜻으로 쓰고 있다. 즉 그는 이 공부를 미발 시 공부로, 이발已發 시의 공부인 궁리·성찰과 함께 새의 두 날개, 수레의 두 바퀴처럼 상호 보완적인 것으로 보았다. 나흠순은 이러한 주희의 미발 시 공부인 존양·함양을 존심 혹은 구방심과 구별하여 존심 혹은 구방심 공부를 '기초공부'(初下手工夫)로 보았다.(『곤지기』 권상 68장) 이는 주희의 '소학 공부'에 해당한다고 볼 수 있다. 이 존심 혹은 구방심의 단계에서는 마음의 안정이 있을 뿐, 리에 대한 인식 같은 것은 아직 없는 단계이다. 그러므로 나흠순은 구방심에서 격물로, 다시 성을 알고 동시에 존양·함양하는 단계로 나아가는 공부의 단계를 구상하여 그것을 '하학이상달下學而上達'이라 표현하기도 했다.(『곤지기』 권하 42장) 이는 당시 심학의 공부 방법에 대한 비판 의식에서 나온 것이다. 요는 나흠순에게 있어서 공부 방법은 격물궁리를 거쳐 '지성知性'의 단계에 이르고 다시 '존양' 공부를 통하여 성을 기른다는 것이다. 그만큼 나흠순에게 있어서 격물은 매우 중요한 공부 방법인 것이다.

그리고 여기 보이는 '진심'과 '지성'은 궁리를 통하여 도달할 수 있는 어떤 경지를 말하고 있다. 『맹자』「진심상」 1장에 보면 "그 마음을 다하는(盡心) 자는 성을 알(知性) 수 있고,[4] 성을 알면 하늘을 알(知天) 수 있다"라고 하였는데, 이에 대한 주희의 주석은 이렇다.

"심이란 사람의 신명이니 온갖 리理를 갖추어서 만사에 응하는 것이다. 성은 심이 구비한 리이고, 하늘은 리가 나온 곳이다. 사람에게 이 마음이 있는 것은 전체, 즉 온전한 마음이다. 그러나 궁리를 하지 않으면 마음에 가린 바가 있어서 이 마음의 크기를 다 발휘하지 못한다. 그러므로 마음의 전체를 다 발휘하는 자는 리도 궁리하여 모르는 곳이 없게 된다. 그

---

[4] 주희의 해석을 보면 "진심이 지성이다"라고 하여 '진심'과 '지성'을 동격으로 보고 있다. 그리하여 진심도 어떤 경지(도덕심이 자연 발로되는 성인의 경지)를 나타내는 것으로 해석하고 있다. 그러나 趙岐의 주에는 "진심하면……"이라고 하여 지성의 조건절로 보고 있다. 문장은 동격으로 서술했다 하더라도 맹자의 전체 사상에서 보면 '진심'을 '도덕심(사단)을 발휘하는 인위적 노력'으로 보는 것이 무난할 것이다. 현대 여러 학자들의 역주도 그러하다.

리를 알면 그 나온 곳이 또한 이것을 벗어나지 않는다. 『대학』의 순서로 말하면 '지성知性'은 '격물物格'을, '진심盡心'은 '지지知至'를 말한다."5)

나흠순은 '지성'과 '진심'에 대한 주희의 해석을 그대로 이어 받았다. 그는 말하기를 "『맹자』「진심」은 『대학』과 표리 관계에 있으며, 진심지성은 격물치지의 효과이다"(『곤지기』 속상 29장)라고 하였고, "배우는 사람들은 미발지중에 대해 체인 공부를 하여 하나의 사물이 내 눈앞에서 위아래로 움직이는 것을 보듯이 해야 지성知性이라 할 수 있다"(『곤지기』 권상 21장)라고 하였다. 그러므로 나흠순에게 있어서 지성은 격물궁리의 점진적인 공부를 거쳐 천인물아天人物我를 일관하는 하나의 리를 분명하게 아는 것을 의미한다. 여기서의 미발지중은 나흠순에게 있어서는 물론 천명지성天命之性이다. 이러한 이해는 그의 '진심'에 대한 해석을 보면 더욱 잘 알 수 있다. 그는 말하기를 "물격物格하면 (심의 궁리에) 한계가 없다. 한계가 없으면 곧 (吾心의 앎이) 다하지 않을 수 없다. 이것을 진심이라 한다. 심을 다하면 천과 하나가 된다"(『곤지기』 권하 37장)라고 하였다. 그러

---

5) 원래 주희의 격물치지설에서 내가 격물궁리하여 물이 격물되면(物格) 나의 앎이 이르는 것(知至)인데, 이는 한쪽은 사물의 측면(인식 대상)에서, 다른 한쪽은 격물주체(인식 주체)의 측면에서 말하는 것이므로 '격물=치지', '물격=지지'는 결국 같은 것을 양면으로 말한 것이다. 『맹자』의 본문은 진심하면 지성할 수 있다고 하여 선후를 두고 말했지만, 주희의 주석은 지성을 '물격'에 비유했으므로 결국 지성이 격물궁리의 과정을 거쳐야 되는 것으로 본 것이다. 이는 주희가 『대학』의 격물설을 중요시한 관점이 반영된 것이다. 그리하여 이에 의하면 오히려 순서가 바뀌어 지성하지 않으면 진심하지 못한다는 것이 된다. 그렇다면 진심은 어떠한 공부인가? 『맹자』에 나오는 '盡'자의 의미를 모아 보면 '그 마음을 다한다'는 뜻이다. 그러므로 여기서의 의미도 '인의예지의 도덕성을 다 갖춘 이 마음을 다 발휘한다'는 뜻이 될 것이다. 이것은 情意를 수반한 매우 현실적인 주체적 도덕 실천을 말한다. 그러므로 맹자의 진심은 (맹자의 구방심 등 다른 수양법과 함께) 주희의 '居敬' 또는 '尊德性'에 해당된다고 할 수 있다. 한편 '知性'은 그야말로 지성적 작업이다. 그러나 주희의 주석은 맹자의 원의와는 약간 다르다고 하지 않을 수 없다. 맹자는 어디까지나 '진심'이라는 도덕 실천의 중요성에 착안하여 실천을 권유하였을 뿐이다.

므로 이에 의하면 진심이란 심이 가진 앎의 능력을 완전히 실현하여 천과 하나가 되는 것이다.

또한 나흠순은 앞에서 본 바와 같이 "지성하지 않으면 진심할 수 없다"(『곤지기』 권상 63장)라고 하여 지성을 진심의 조건으로 보았다. 그러면서도 시간적 선후 관계로 보지는 않았다. 그러므로 "궁리는 점진적이어야 하지만, 진심과 지성에 이르면 일시에 갖추어져 선후를 말할 수 없다"(『곤지기』 권상 68장)라고 한 것이다. 이렇게 되는 것은 오심吾心의 리와 객관적인 사물의 리가 결국에는 천인물아 합일로 같다고 보기 때문이다. 즉 개별적인 특수성은 리일의 분수이지만, 리일에서는 특수적인 개별 리가 하나의 리로 수렴되기 때문이다. 이는 주희의 '활연관통豁然貫通'의 경지와 같은 것인데, 격물궁리의 효과(결과)로서 맹자의 지성과 진심이라는 말을 달리 표현한 것이다. 주희는 말하기를 "진심과 지성에서의 진盡은 공부를 한다는 말이 아니다. 왜냐하면 앞서의 공부가 이미 지극해져서 비로소 (심과 성을) 다할 수 있다는 듯이기 때문이다"[6]라고 하였는데, 나흠순도 지성과 진심이 동시적으로 공부의 극치의 경지를 나타낸다고 보았다.

이와 같이 주희와 나흠순의 생각은 동일하지만, 맹자의 원의와 비교해 보면 약간의 문제가 있는 것을 알 수 있다.

첫째, 맹자의 진심은 지성의 조건이 되고, 따라서 선후 관계도 성립한다. 그러나 주희와 나흠순은 지성이 진심의 조건이라 본다. 즉 주희는 "진심은 지성에서 말미암는다. 먼저 성의 리를 알아야 마음을 밝힐 수 있다"(『주자어류』 권60 1422쪽)라고 하였다.

둘째, 진심은 맹자의 원의로는 도덕적 감정, 즉 사단지심을 다 발휘하

---

6) 『주자어류』, 권60, 1425쪽.(중화서국 리학총서본 『주자어류』의 페이지임)

는 것이다. 그리하여 이 사단의 도덕심을 통하여 인간 본성이 선하다는 것을 알게 된다(지성)는 것이다. 그러나 주희나 나흠순은 진심을 『대학』의 '지지知至'로 보아 '오심의 앎이 완전히 이루어지는 것'으로 보았다. 이것을 조금 확대 해석하면 '심이 가진 지적 (혹은 앎의) 능력이 완전히 실현되는 것'이라는 의미로까지 말할 수 있다.7) 그렇지만 『대학』의 원의는 '격물'이란 사물의 인식에 있어서 '나의 앎이 다 이루어지는 것이다(능력과 관계없이)'이다.

첫째와 둘째는 서로 연관되어 있으며, 이와 같이 주희나 나흠순의 해석은 맹자의 원의와 다른 것이다. 맹자의 말에 주희가 격물치지설을 갖다 붙여 주석함으로써 이러한 차이가 생긴 것이다. 결론적으로 말하면 주희의 격물치지설은 일종의 '인식론적 이론'이고, 맹자의 원의는 일종의 '도덕 수양론'이므로 체계가 다른 것인데, 두 가지를 비견함으로써 무리가 생겼던 것이다.

주희는 격물이 완성되면(어느 경지에 오르면) '활연관통豁然貫通'한다고 하였다. 만물의 밑을 꿰뚫고 있는 보편적인 리를 알게 된다는 것이다. 나흠순 역시 이러한 경지를 말하기를 "물격하면 무물無物하여 오직 리만을 본다"(『곤지기』 권상 24장)고 표현하였다. 또 말하기를 "깊이 노력하여 활연관통하면, 굴신소장屈伸消長의 변화, 시종취산始終聚散의 모습, 애락호오愛樂好惡의 감정이 천 갈래 만 갈래라도 눈앞에 뚜렷이 나타나는 것은 이 리 아닌 것이 없다. 형기의 거친 일체의 흔적은 나의 확연한 본체에 장애가 되지 못하니, 이것을 무물無物이라 한다. 맹자가 말하는 진심·지성·지천이 곧 이 뜻이다"(『곤지기』 부록 「答黃筠谿亞卿」8))라고 하였다. '무물無物'이

---

7) 최진덕, 『주자학을 위한 변명』(청계출판사, 2000), 260쪽.
8) 『곤지기』 부록에 있는 論學書信이다.(이하 동일)

란 오직 리뿐이라는 뜻인데 나흠순은 이를 "물에 가려어지지 않는 것"(『곤지기』 부록 「答林正郎貞孚」)이라 말하기도 한다. 그런데 그에게 있어서 이러한 주희의 활연관통과 같은 경지인 '무물'의 경지는 어디까지나 앎에 있어서의 완성이지 공부의 끝은 아니다. 또 다른 공부가 있으니, 그것은 존양이라는 실천이다.

이상에서 본 것과 같이 나흠순의 공부론은 주희의 격물설을 매우 중시하였고, 그것을 거의 답습하였다. 다만 격물궁리의 준비 단계로 주희의 소학 단계와 같이 맹자의 '존심'과 '구방심'을 놓았다. 그러나 주희나 나흠순이나 모두 격물을 통하여 진심, 지성하지 못하면 존심양성을 하지 못한다 하여 심성 수양에 있어서 '지성知性'과 같은 '지성적 작업'을 매우 중시한 것이 특징이다.9) 이는 맹자를 직접 이었다고 하는 왕수인의 심학풍과는 다른 것이다.

3. '리일'의 체득과 '통철무간'

나흠순의 공부론을 다시 한번 정리하면, 격물궁리가 가장 중요하고, 그 이전에 존심이나 구방심 같은 마음의 안정을 가져오는 기초 과정이 필요하며, 본격적인 존양·성찰은 격물궁리가 이루어진 뒤에 가능하다는

---

9) 이는 그의 '인심도심설'과도 상통한다. 도심은 체요 인심은 용이라고 한 것은 역시 도심을 강조하는 것이며, 또 이것은 심학의 심성혼일로 보려는 데 대해 심·성을 구분하려는 그의 심성론의 논리와 일치된다. 이것을 보면 주희의 격물설이 인식론적 구조와 객관적 사물의 인식의 특성을 가지고 있었으나, 그것이 어디까지나 '知性'이라는 심성 수양론에 이용됨으로써 인식론적, 지식론적 성격은 많이 후퇴하고 말았다.

것이다. 그러나 주희는 때에 따라 함양·성찰을 먼저 해야 된다고 하기도 하고, 또 어떤 때는 궁리·성찰을 먼저 해야 된다고 하기도 하였다. 이는 주희가 상황에 따라 다르게 말한 것일 뿐 양자가 상호 보완 관계에 있고, 서로 병진해야 한다는 주희의 생각이 바뀐 것은 아니다. 그러나 나흠순은 주희가 때에 따라 다르게 말한다고 지적한 적이 있다.(『곤지기』 권상 67장)

나흠순은 리일을 체득하는 공부를 격물궁리로 보았다. 즉 그는 말하기를 "사람의 마음은 허령虛靈해서 포괄하지 않는 것이 없다. 다만 유아지사有我之私에 은폐되어 가까운 것에는 밝고 먼 것에는 어두우며, 작은 것은 보지만 큰 것은 버린다.······ 지知가 이르지 못하면 의意가 정성스러워질 수 없다. 그러므로 『대학』의 가르침은 격물에서 시작한다. (격물은 유아지사의) 은폐를 제거하는 방법이다"(『곤지기』 권상 6장)라고 하였다. 여기서 작은 것, 가까운 것은 분수를 가리키고, 반대로 먼 것, 큰 것은 리일을 가리킨다. 유아지사를 벗어나 천인물아가 하나가 되는 천리지공天理之公으로 갈 수 있도록 하는 것이 격물의 지지知至이다. 나흠순은 이것을 정호의 말을 빌려 '식인識仁'이라 하기도 하고, 맹자의 말을 빌려 '지성知性'이라 하기도 하였다. 나흠순이 격물을 통하여 가까운 것, 작은 것을 보아야 한다고 한 것은 주희의 격물궁리의 점진적 인식 방법을 일단 긍정한 것이다. 그러나 '격格' 자의 해석을 보면 나흠순의 격물궁리설이 주희의 그것과 다른 점을 알 수 있다.

나흠순은 정호·정이·주희의 '격格'을 '지至'로 해석하는 것을 반대하는 것은 아니지만, '통철무간通徹無間'으로 보는 것이 더 낫다고 하였다.

격格 자의 고주古注는 '격우상하格于上下'처럼 '이르다'로 풀이하기도 하고, 또는 '격기비심格其非心'처럼 '바르게 하다'로 풀이하기도 한다. 이정二程은 격을

'이르다'로 풀이하였는데, 글자 풀이로는 맞다. 여동래는 『상서』의 '천수평격天壽平格'의 격을 '통철삼극이무간通徹三極而無間'이라고 풀이했다. 내가 생각해 보니, '통철무간通徹無間' 또한 지至 자字의 뜻이지만, 그보다 뜻이 더 명백하다.…… 격물의 격은 바로 '통철무간'의 뜻이다. 공부가 지극한 경지에 이르면 통철무간해서 물物이 곧 나이고 내가 곧 물物이어서 혼연히 일치하여 합合 자字조차 사용할 필요가 없다.(『곤지기』 권상 10장)

그는 위와 같이 말하였다. '통철무간'이라 하면 주희의 '활연관통'과 같은 의미로 볼 수 있지만, 주희의 격물설이 가지고 있는 인식론적 의미, 또 '점진적 앎의 축적' 같은 성격이 잘 드러나지 않는다. 주희가 '격格'을 '지至'로 풀이한 것은 직접 물에 나아가(卽物) 궁리한다는 의미를 나타내기 위해서였다. 여기에서 나흠순의 관심이 어디에 있는지 알 수 있다. 천인물아를 일관하는 하나의 리를 아는(체험하는) 것이 나흠순 공부론의 핵심이다. 이 하나의 리는 통체일태극, 천명지성, 미발지중, 도심, 인체仁體, 리일분수의 리일이다. 주희의 격물치지설에 의하면 격은 '즉물', '궁리', '지극至極'(=至其極)의 세 가지 의미를 다 내포하고 있다. 즉, 직접 물(주희는 物=事라고 했다)에 나아가(즉물), 그 물의 리를 탐구하되(궁리), 끝까지 탐구하여 남김없이 해야 한다(지극)는 의미이다.[10]

또 주희는 물物을 사事라고 했으므로 결국 격물은 '일에 마땅한 규칙'을 규명하는 것이고, 이때 일반 사물의 과학적 지식 탐구도 포함하지만, 역시 중점은 인간사의 도덕적 규범이나 그 근거에 대한 탐구로 요약된다. 그러므로 활연관통이 가능한 것이다. 만약 과학적 개별지라면 활연관통은 불가능할 뿐만 아니라 그럴 필요도 없음을 오늘날 우리는 잘 알고 있

---

10) 『대학장구』, 경1장, 주희의 주 및 『대학혹문』, '격물조'.

다. 그러나 주희의 격물설은 객관적 과학적 일반 지식의 습득을 막은 것이 아니므로 주-객 설정이라는 인식론적 구조와 논리를 가지고 있는 것이다. 그러므로 주희의 격물설에서는 점진적인 지식의 축적이 매우 중요한 의미를 가진다. 그런데 나흠순의 경우 만일 '격' 자를 '통철무간'으로 풀이한다면 주희의 이러한 특성이 사라지게 된다. 다만 주희 격물의 궁극적인 경지인 활연관통과 유사한 의미만 다른 말로 표현될 뿐이다.

나흠순은 이와 같이 천인물아의 리가 하나로 통하는 경지로 격물치지하는 것을 무엇보다 강조했던 것이다. 그러므로 그는 다음과 같이 말하였다.(『곤지기』 부록 「答歐陽少司成崇一」[乙未春])[11]

> 인간은 만물 가운데 일물一物일 뿐이다. 반드시 천지에 있는 리가 인심人心에 있는 리와 둘이 아니고, 인심에 있는 리가 동물·식물·무생물(金石)에 있는 리와 둘이 아니며, 또 이 리와 천지의 리가 둘이 아니라는 것을 명확히 보아야 비로소 물격지지物格知至라고 할 수 있고, 성性을 알고 천天을 알았다고 할 수 있다.

이것을 보면 나흠순의 격물궁리설에도 자신의 사상에서 핵심적인 개념인 '리일분수'사상이 들어 있다. 그런데 나흠순이 '격'을 '통철무간'으로 풀이한 것은 『곤지기』 전체 중 권상 10장 한군데뿐이고, 다른 곳에서는 정호·정이·주희와 같이 즉물, 궁리, 지극을 모두 갖추어 말했다.[12] 그

---

11) 여기서 물아일체를 논하면서 인심의 리와 동식물, 나아가 무생물(금석)의 리에 이르기까지 그 리가 같다고 한 것은 송명 리학도 중국 전래의 '기의 유기체론'을 그대로 이어받았음을 말하는 것이다. 山田慶兒, 『주자의 자연학』(김석근 옮김, 통나무, 1992) 참조.
12) 최진덕, 『주자학을 위한 변명』, 298쪽.

역시 정호·정이·주희와 마찬가지로 분수의 리를 알기 위한 구체적인 격물을 강조하였음을 알 수 있다. 그러므로 그는 말하기를 "정자는 쇄소응대灑掃應對가 형이상자라고 말했다. 이는 리에는 크고 작은 차이가 없기 때문이다. 만약 구체적인 사물에서 깨닫는 것이 없다면 이는 현묘玄妙를 말하는 것이니, 우리와 무슨 상관이 있겠는가"라고 하였다.(『곤지기』 속상 56장)

정호·정이·주희가 이 격물설을 강조한 것은 이것을 노불 특히 선학의 공부론에 대항할 수 있는 가장 특색 있는 유가적인 공부론으로 보았기 때문인데, 그 특징이 구체적 사물에서의 궁리였다. 나흠순 역시 이러한 취지를 잘 알고 있었다. 그러므로 그는 말하기를 "당시에 선학이 성행하는 바람에 배우는 자들이 명심견성明心見性의 학설에 빠져 천지만물의 리에 대해 다시 생각하지 않았다. 그리하여 늘 한쪽으로 함몰되고, 자기 일신에 가리어져 요순의 도에 들어갈 수 없었다. 이정二程이 이것을 우려하여 『대학』을 표장하고 격물의 뜻을 밝혔다"(『곤지기』 권상 7장)라고 하였다. 분수의 세계는 동정이 끊임없이 교차하는 기의 세계이고, 일용인륜의 세계이며, 경서經書와 언어 문자의 세계이기도 하다. 나흠순은 또 이 분수의 리를 '기氣의 전절처轉折處'에서 볼 수 있다고 하였다. 즉 그는 말하기를 "리는 단지 기의 리일 뿐이다. 마땅히 기의 전절처에서 보아야 한다. (氣가) 왕래하는 곳이 전절처이다. 기는 왕래하지 않을 수 없다. 그 까닭을 알 수 없지만, 일물이 그 사이에서 그렇게 시키는 듯하다. 이것이 리라고 이름 지은 까닭이다"(『곤지기』 속상 38장)라고 하였다.13)

---

13) 나흠순이 여기에서 기의 '轉折處'(변화)를 말하면서 리는 기의 리라는 말을 하였다. 이는 『곤지기』 11장의 우주에 가득 찬 것이 기이며 기의 알 수 없는 까닭을 리라고 한 것과 상통하는데, 그를 기론자로 하기 전에 리일분수를 설명하기 위해 '기의 리'를 주장하는 사정을 잘 살펴볼 필요가 있다. 또 최진덕은 그의 명제가 반드시 앞뒤

또한 나흠순은 격물궁리를 산을 보는 것에 비유하고 있다. 그는 말하기를 "궁리는 산을 보는 데 비유할 수 있다. 산의 체體는 원래 일정한데, 보는 사람이 옮기면 모습이 달라진다. 그러므로 네 방향에서 보면 네 가지 모습이다. 이와 같이 모습은 다르지만 하나의 산일 뿐이다. 산의 본체는 리일을 비유하고 여러 모습은 분수를 비유한다. 그리고 사람이 보는 곳은 일용日用의 응접應接하는 땅이다"(『곤지기』 속상 37장)라고 하였다. 이 비유는 리일과 분수가 '상즉적相卽的'임을 나타내고 있다.

그렇다면 격물궁리의 본래 취지인 분수의 리에 대한 앎의 축적과 리일의 리를 아는 활연관통과는 어떤 관계가 있는가? 정호·정이·주희도 이 즉물궁리에서 활연관통으로의 비약에 대해 구체적 설명이 없다. 관점을 바꾸어 보면 심학은 이 비약을 부정하고 분수의 리가 많을수록 오히려 활연관통에 방해가 된다고 본 셈이다. 그러나 상식적으로 생각해 볼 때, 보통 사람들을 위한 교육의 측면에서 보면 심학의 일초직입—超直入이라고 하여 문제가 다 해결되는 것은 아니다. 그러므로 정호·정이·주희의 격물설은 이 비약에 대한 설명을 남겨두었지만, 점진적 공부라는 '교육적 의미'가 충분히 있다고 할 수 있다. 따라서 이 두 가지 공부 방법은 오늘날 '교육학적' 측면에서 해석하는 것이 무난하지 않을까 한다. 나흠순 역시 이 비약에 대해 구체적 설명을 하지는 않는다. 오히려 그는 정주학자들처럼 격물의 중요 방법의 하나로 '경서 읽기'를 강조하고 있다. 이 역시 선학이나 심학에 대항하는 논리의 일환이다.

모순 없이 논리적인 것이 아닌 것은 그에게 있어 언어는 자기주장을 펴기 위한 방편으로 생각하고 있기 때문이라고 하였다. 최진덕, 『주자학을 위한 변명』, 131쪽 참조.

4. 이발미발에서의 '사려'의 강조

송명 리학자들은 대부분 젊은 시절 좌선에 빠진 경험이 있다. 주희와 나흠순도 마찬가지였다. 그러므로 송명 리학자들은 선학에 대해 늘 비판하였지만, 선학으로부터 받은 영향 또한 만만치 않았다. 그것이 바로 주정적主靜的 수양론에 치우친 '정적주의적靜寂主義的 수양론'이다. 그리하여 송대 리학에 와서 비로소 동에 대해서 정, 이발에 대해서 미발의 때에 해야 할 수양의 중요성을 알게 되었다. 그러나 유학은 본래적으로 동적인 인륜세계 속에서의 도덕적 실천을 겨냥하고 있으므로 만일 정적인 세계가 더 중요하다고 하면 유학의 도덕적 실천은 후퇴하게 된다. 이로 인해 주희는 동과 정, 미발과 이발의 관계에 대해 고심하였다.

주희는 젊은 시절 선학을 배우다가 유학으로 돌아왔다. 20대 후반과 30대 초반에는 이동李侗을 따라 배웠지만 이동이 가르쳐 준 묵좌징심의 미발 시 공부를 하면서도 독서궁리가 더 중요하다고 인식하고 있었다.[14] 그리하여 30세 후반에는 심의 미발의 때가 있음을 부정하고, 호상학파湖湘學派의 이발찰식단예설已發察識端倪說에 기울기도 하였다. 그러나 40세 무렵에는 "함양에는 반드시 경敬을 쓰고, 학문을 진전시키는 것은 지지致知에 달려 있다"(『이정유서』 권18)라는 정이의 유명한 명제를 받아들이면서 정 시의 함양과 동 시의 궁리를 고려하는 소위 '중화신설中和新說'을 생각하게 된다. 요점은 이발의 성찰에만 편중되면 평소의 함양 공부가 결여되어 심의 내적 평정에 심각한 장애가 발생하므로 미발 시의 함양 공부로써 보완되

---

14) 최진덕, 『주자학을 위한 변명』, 328쪽. 최진덕은 『연평답문』에 나와 있는 주희의 경서에 대한 논의가 스승을 능가할 정도로 치밀하였다는 사실을 증거로 들고 있다.

지 않으면 안 된다고 본 것이다. 이때 주희는 이 함양 공부가 평일(일상생활)에서의 함양임을 역설하였다. 이는 물론 선학과 다른 유가의 인륜생활이라는 일상성을 드러내려 한 의도이다.

다만 함양 공부가 동정을 관통한다면 궁리와 성찰을 통한 인륜 세계로의 참여는 소극적이 될 수밖에 없고, 동시에 그것은 불교의 정적주의와 유사하게 되어 버리고 말 위험이 있다. 그러므로 주희는 미발 시의 공부에 대해 그때의 심이 아무런 움직임도 없는 허정虛靜의 상태가 아니라는 것을 강조하였다. 즉 그는 다음과 같이 말한다.

> 사람 한 몸의 지각 운용은 심의 작용 아닌 것이 없으니, 심은 참으로 동과 정, 어語와 묵默에 관계없이 항상 몸을 주재하는 것이다. 그런데 심이 정할 때는 사물이 이르지 않고 사려思慮가 싹트지 않지만, 일성一性이 혼연하고 도의가 온전히 갖추어져 있으며,…… 동할 때는 사물이 다투어 다가오고 사려가 싹터서 칠정이 교대로 작용한다.(『주자대전』 권32 「答張欽夫」)

심이 정할 때, 즉 사려가 싹트지 않을 때라도 그 가운데 일성이 혼연하여 도의가 온전히 갖추어져 있다는 것이다. 그러므로 미발일 때는 애써 사려할 필요 없이 허명순일虛明純一한 상태를 잘 보존하면 된다는 것이다. 이것이 주희의 함양 혹은 존양 공부이다.

주희는 미발 시 사려가 아직 싹트지 않은 상태이지만, 지각 작용이 중단되는 것은 아니라고 보았다. 미발 시의 허정한 상태에서는 천리가 혼연할 뿐만 아니라 지각이 분명하게 작용한다. 그러므로 주희의 이발과 미발은 두 가지 의미를 갖는다.

첫째 의미는 미발과 이발이 심의 활동의 상이한 단계나 상태를 의미한다. 즉 사려가 아직 싹트지 않았을 때가 미발이고, 사려가 이미 생긴

뒤의 상태가 이발이다. '이발기발설'(中和新說) 성립(40세) 이전에는 마음은 이발이고 성은 미발이라고 생각했으나, 이발미발설 정립 후에는 마음의 '수렴태-확산태'와 같은 심의 활동의 단계를 가리켜 '이발(확산태)-미발(수렴태)'이라 하였다.15) 그러므로 『중용』의 '중中'은 미발의 상태이지 그것이 바로 성을 의미하는 것은 아니다. 사려하지 않을 때에도 지각은 결코 없어지거나 어두워지지 않는다. 따라서 이때에는 주경함양 공부를 하고, 이발 시에는 격물치지 공부를 하는 것이다. 심리 상태를 살핀다고 하여 이때의 격물치지 공부를 '성찰省察' 공부라 하기도 한다.

다른 하나는 미발은 성, 이발은 정으로 보는 것이다. 주희는 정은 성의 표현이고, 성은 정의 근거가 되므로 이발과 미발 사이에도 이러한 관계가 성립된다고 본 것이다.(『주자대전』 권67 「태극설」)-6)

주희는 동의 세계에 탐닉하여 정의 세계를 도외시하는 사람들에게도 비판적일 뿐만 아니라 노불처럼 정의 세계에 탐닉하여 동의 세계를 도외시하는 사람들에게도 비판적이었다. 그러므로 주희는 "정은 주인이고, 동은 손님이다. 정은 집과 같고, 동은 도로와 같다"(『주자어류』 권12, 219쪽)라고 하여 '주정적主靜的'이였지만, 한편으로는 미발 시에도 지각이 없는 것은 아니라고 하여 복잡 미묘한 입장을 취하였다. 이는 심의 내적 평정의 중요성을 강조하면서도 인륜 세계를 버리지 못하였기 때문이다. 따라서 주희의 심에도 음양이 교차하고 동정이 상호 침투하고 있다고 볼 수 있다.

그런데 주희의 미발 시의 지각이 동이 아니라고 하기는 어렵다. 이는 아마 선학의 좌선입정坐禪入定과 구별하기 위한 불가피한 조처였는지도 모른다. 사려도 일종의 지각인데, 이를 미발 시의 지각과 굳이 구별하려

---

15) 友枝龍太郎, 『朱子の思想形成』(春秋社, 1969), 99쪽.
16) 陳來 저, 『송명성리학』(안재호 역, 예문서원, 1997), 253쪽.

는 것은 미발 시의 지각을 일상적인 견문지각見聞知覺보다 근원적인 차원으로 여기는 것 같다. 오늘날의 '의식'과 같은 것으로 본 것이 아닌지 모르겠다. 그렇다면 선학의 좌선입정도 인간의 의식을 완전히 무로 돌리는 것이 아닐 것이므로 큰 차이가 없어 보인다. 또 주희는 미발 시의 지각과 혼연한 일성一性과의 관계에 대해서도 분명하게 언급하지 않았다. 그러므로 미발에 대한 주희의 이해는 정적주의를 극복하기에는 부족한 점이 많다.17) 여기에서 나흠순은 미발 시에 리가 있다는 것을 주희보다 더 강조하며, 미발 시의 지각은 그 리를 지각하는 것이고, 존양은 그 리를 존양하는 것이라 강조하였다. 나흠순은 미발 시에 리가 있다는 것을 보지 못하면 선학에서 허공광탕虛空狂蕩의 경지를 보고 만족하는 것과 다르지 않을 것이라고 우려하면서, "성인의 마음은 (원래) 밝지만, 중中을 붙잡는다고 말하는 것이고, 구矩에 대해서 불유不踰라고 하는 것이다"(『곤지기』 속하 10장)라고 하였다.18) 여기서 그가 말하는 '중中'이나 '구矩'는 모두 리이며 미발 시의 지각 대상이 되는 것이다. 그는 또 말한다.

> (명도가) "정靜 가운데 물物이 있다"고 했는데, 이 물은 어디에나 통하는 올바른 정리正理를 가리킨다. 주자는 (미발에 대해) "사려가 아직 싹트지 않았지만 지각은 어둡지 않다"라고 하였는데, 이 말에는 리 한 자가 빠진 것 같다. 배우는 자들이 혹시 지각에서부터 공부한다면 오류를 면하기 어려울 것이다.(『곤지기』 권상 77장)

나흠순은 미발 시에도 '정리正理'가 그 속에 있고, 미발 시의 지각은 바

---

17) 최진덕, 『주자학을 위한 변명』, 334쪽.
18) 중을 붙잡는다는 것은 '允執厥中'을 말하는 것이고, '矩에 대해서……'는 공자의 70세에 '從心所欲不踰矩'했다는 것을 말한다.

로 그 정리를 대상으로 삼아야 하는데, 주희가 이 점을 분명히 말하지 않아 미발 시의 지각 작용만 알게 될 염려가 있다고 한 것이다. 미발 시에 리를 지각한다면 이는 이발 시의 사려와 어떻게 다른가 하는 문제가 생긴다. 그러나 나흠순은 미발 시에도 '사려'(思)가 없을 수 없다고 한다. 즉 그는 다음과 같이 말한다.

> 이연평은 사람들에게 "정靜 속에서 대본大本을 체인해야 미발의 기상이 분명하고 처사응물處事應物이 결도에 맞게 된다"라고 가르쳤다. …… 명도는 "배우는 자는 반드시 먼저 인을 체인(識仁)해야 하며 이 리를 알고 나서 성경誠敬으로 보존할 뿐이다"라고 했다. …… 이천은 일찍이 "미발의 때에 존양하는 것은 좋지만, 중을 구하는 것(求中)은 안 된다"라고 말했다. …… 또 이천은 "사思하면 곧 이발이다"라고 했는데, 이 말 역시 너무 지나치다. 사는 동정의 교차로서 밖으로 드러나는 것(發於外)과는 다르다. 추심체인推尋體認해도 마음을 벗어나서는 안 된다. 정도는 일찍이 천리天理 두 글자는 내가 체인해 낸 것이라고 했다.(『곤지기』 권상 21장)

'사思'[19]는 원래 외부 대상으로 향하는 심의 인식 작용이므로 당연히 정이의 지적대로 이발의 동에 속한다. 그러나 나흠순은 심 내부에서도 불매不昧한 지각과 혼연한 리 사이에 그와 유사한 종류의 인식 작용이 있다고 보았다. 이동李侗의 '정에서의 대본 체인'이나 정호의 '식인', 정이의 '구중求中' 같은 것을 심 내부에서의 리 인식 작용으로 본 것이다. 사려는 일종의 대상 인식 작용이라서 동이지만, 심 내부에서 일어나므로 정에도 속하는 이중적 의미가 있다는 것이고, 그런 의미에서 나흠순은 '사려'를 '동

---

19) 원문을 보면 주희는 '思慮'라고 했고 나흠순은 '思'라고 했지만, 같은 것 같다. 번역은 '思慮'로 통일하였다. 우리말로는 '생각함'이므로 이 말도 병용하였다.

정의 교차'라고 했던 것이다. 오늘날로 말하면 '의식의 지향성'에 해당된다고 할 수 있다. 의식은 원래 지향성이 있어서 의식이란 항상 무엇으로 향한 의식이 된다는 것이 현대 심리 철학의 이론인데, 가만히 있어도 의식은 무엇으로 향하고 있다는 점에서는 동적이라고 볼 수 있다는 것이다. 다시 말하면 여기서의 동정은 의식의 '노에마-노에시스'의 구조[20]와 같은 것으로 볼 수 있을 것이다.

나흠순의 사려 개념은 주희가 남겨 두었던 미발 상태의 지각과 리의 관계를 분명하게 하고, 또 이동李侗이 막연히 "정 속에서 대본을 체인한다"고 할 때의 그 체인의 의미를 명확하게 하였다. 그러나 이는 주희가 미발 시에 속하지 않은 것으로 배제했던 '사려' 개념을 심 내부로 끌어들인 것이 아닌가 하는 혐의가 있다. 원래 사려 개념은 맹자에게서 연원한다. 나흠순도 맹자의 '사思'의 강조를 인용하고 있다.(『곤지기』 권하 41장)[21] 그는 "사思(사려)하지 않고도 (성리를) 얻는 것은 성인의 일이고,…… 진실로 배우면서 사思(사려)하지 않으면 끝내 리를 얻을 길이 없다"(『곤지기』 권하 41장)라고 하였다. 나흠순이 '사려하면 이발'이라는 정이와 주희의 견해에 그치지 않고 사려를 미발의 영역에까지 확대한 이유는 탈불교적 의도와 아울러 탈심학적 의도가 작용하고 있었기 때문이다.

사려를 동정의 교차로 보고 미발에서의 작용으로 본다면, 자연히 그 지각 대상도 더욱 실체적인 것으로 강화되기 마련이다. 그러므로 나흠순

---

[20] 후설에 의하면 의식은 항상 무엇인가에 대한 의식이라고 한다. 이것이 의식의 '지향성'이다. 여기에는 작용적인 면과 대상적인 면이 있는데, 후설은 작용면을 노에시스(獨; Noesis)라고 하고, 작용에 의해 思念된 것을 노에마(獨; Noema)라고 불렀다.
[21] 『孟子』, 「告子上」. 맹자는 "이목의 감각 기관은 생각함이 없이 외물에 잘 가리어지기 때문에 외물이 이에 접촉만 하면 유인되고 만다. 그러나 마음의 사유 기관은 생각하는 능력이 있기 때문에 생각만 하면 본심을 얻고 생각하지 않으면 본심을 잃어버리고 만다"라고 하였다.

은 미발 시에 실實한 리가 내재해 있을 뿐만 아니라 그 리는 형상을 갖는다고 말한다. 그는 다음과 같이 말한다.

> 이천은 소계명蘇季明의 질문에 답하면서 "중中에 무슨 형체가 있겠는가"라고 말했다. 그러나 이미 중이라고 했다면 반드시 형체가 있어야 한다. 명도는 일찍이 "중은 천하의 대본이고, 어디에나 마땅한 정리正理이다"라고 하였다. 이것이 형상이 아니고 무엇인가. 구할 수 있는 형상이 있다면 미발지전에 중을 구하는 것이 왜 불가능한가.(『곤지기』 권상 41장)

리는 형이상자인데, 형상이 있다고 한다면 모순이다. 나흠순은 심의 미발 상태를 주희만큼 중요시하지 않았다. 그에게 중요한 것은 심의 지각을 초월해 있는 성리의 인식이다. 성리를 인식하지 않으면 존양을 하더라도 무엇을 존양해야 하는지 모른다고 그는 생각했다. 그러므로 나흠순에게 있어서 미발 시의 존양은 불매한 지각 작용을 존양하는 것이 아니라 사려를 통해서 얻은 그 리를 존양하는 것이 된다. 그는 말하기를 "반드시 천리와 인仁 자를 알아야 존양이 어긋나지 않을 것이다"(『곤지기』 부록 「答劉貳守煥吾」[乙未秋])라고 하고, 또 말하기를 "반드시 인체仁體를 명확히 깨달은 뒤라야 이것(존양하는 방법)을 논할 수 있다"(『곤지기』 속상 27장)라고 하였다. 나흠순의 이러한 주장은 주희와 다른 점이고, 명대 심학의 정적주의 경향에 대한 비판과 맞물려 있다. 그는 궁리 공부가 결여된 존양 공부를 경계했다.(『곤지기』 권상 21장)

그러나 원래 선학에서 좌선하는 것은 덕연히 앉아 있는 것이 목적이 아니라 심리 분석을 통하여 심리적 갈등의 원인을 알고 그 매듭을 풂으로써 심리적 안정을 가져오고 동시에 자아를 찾는 것이 목적이다. 심학도 양지라는 도덕적 에네르기를 언제나 발휘할 수 있도록 마음을 수련하는 것이 목적이다. 그러므로 근본적으로는 미발의 때라고 하여 허공을 헤매거나 아무 생각 없이 앉아 있는 것이 아니다. 이발의 때에도 이것이 그대로 연결된다. 나흠순이 미발의 때에 천리나 인을 체인하는 것은 유가적인 방법이지만, 결국 외부 세계의 어떤 대상을 탐구하는 것과는 다른 지각을 말하는 것으로서 선학의 자아를 찾는 것이나 심학의 양지를 연마하는 것과 같은 것이다. 천리나 인은 형상이 있을 리가 없다. 나흠순이 유가적 공부를 강조하기 위해 선학이나 심학을 너무 의식한 나머지 양자의 비교가 너무 지나치게 된 것이다. 그러나 미발과 이발 사이의 연결이 별로 없었던 주희의 공부 이론에서 사려라는 개념을 도입하여 '의식(여기서는 지각)의 연속성', 즉 '의식의 지향성'을 말하고자 했던 것은 나흠순 공부론의 특징이라고 할 수 있다.

5. 나흠순 공부론의 특징과 의의

나흠순의 공부론은 주자학의 체계에서 말하는 격물치지설과 존양성찰설 두 가지라고 할 수 있다.(이는 주희의 사상 핵심을 '거경궁리'라고 하는 것과 같다) 격물치지설은 대체로 주희의 설을 그대로 계승하였는데, 주희에 비해 격물치지의 최고 단계인 '지성知性'(이것은 맹자의 용어, 『대학』의 '知至'에 해당)을 강조하였다. 그리하여 격물치지 공부는 분수상에서 충분히 하여야 한다고 하여 주희의 격물설의 점진적 지식 축적, 직접적인 격물궁리 방법을 강조하지만, 궁극적으로는 '리일'을 모르면 안 된다고 강조하였다. 이는 주희의 '활연관통'의 경지인데, 나흠순은 이 경지까지 나아가야 격물의 목표가 완성되며, 이 '리일'의 격물을 거치지 않으면 또한 존양성찰도 불가능하다고 보았다. 이것은 즈희에게 있어서 존심과 궁리, 존양과 성찰 양자가 순환적으로 상호 보완 관계를 이루는 것과는 다르다. 나흠순은 궁리에 의한 '천명지성'이나 '미발지중'을 아는 것, 또는 '식인識仁'(만물일체의 인을 아는 것)을 매우 강조한 것이다.

나흠순의 주희 격물치지설 해석상 특이한 점 한 가지는 주희가 '격格'을 '지至'로 해석하는 것과는 달리 '통철무간通徹無間'으로 해석한 점이다. 이는 주희의 '활연관통'과 같은 경지를 말하는 것이다. 이것을 지나치게 강조하면 주희의 점진적인 지식 축적으로서의 격물설의 특징이 후퇴하게 될 위험이 있는데, 나흠순의 이 주장은 그의 저술 중 단 한 곳에서만 보인다. 이를 통해 나흠순은 균형을 유지하여 격물의 분수상의 공부를 여전히 강조하였음을 알 수 있다. 그의 이러한 해석은 이 우주를 인간에서부터 금석金石과 같은 무생물에 이르기까지 생명이 서로 관통하고 있는 하나의 유기체(기의 유기체)로 보는 우주관에서 연유한다. 그러므로 그는 분수의 리를 기의 움직임 속에서 보아야 함을 특히 강조하였다. 그러면서도 격물궁리를 하는 것은 '유아지사有我之私'를 제거하여 '천리지공天理之公'으로 가기 위해, 또는 '식인識仁'이나 '지성知性'(성을 아는 것) 등을 위해 하는 것이라고 강조하여 주희의 소위 인식론적 성격보다 수양론적 성격을 강조하였다.

그의 존양성찰 공부론에서 또 하나 특이한 것은 심의 미발 시에도 '사려'(思)의 지각 작용이 있고, 이 사려란 막연한 것이 아니라 '리理'를 지각하는 것이라고 한 점이다. 이러한 미발 시의 리의 지각은 주희가 말하지 않았던 이론이다. 원래 주희가 사려하지 않을 때, 즉 미발 시에도 지각은 없어지지 않으며 어두워지지 않는다고 하여 이발 시의 사려와는 다른 근원적인 지각을 주장한 바 있는데, 나흠순은 이를 더 발전시켰다. 그리하여 그는 사려라는 지각 작용은 이발・미발 양쪽에 다 연관되는 이중적 성격이 있다고 하였다. 원래 사려는 심이 외부 대상으로 향하는 인식 작용인데, 나흠순은 심 내부에서도 어둡지 않은 지각과 혼연한 리 사이에 그와 유사한 종류의 인식 작용이 있다고 본 것이다. 그 예로 그는 이동李侗의 '정靜에서의 대본大本 체인'이나 정호의 '식인識仁', 또 정이의 '구중求中' 등을 들었다. 아마도 이것은 오늘날로 말하면 의식의 노에마-노에시스 구조를 말하는 의식의 지향성, 심리 작용의 역동성, 또는 의식과 무의식의 길항 관계 등과 비교하여 설명할 수 있다.

 이와 같이 나흠순의 공부론은 주희의 격물치지설과 존양성찰설(이발미발설)을 충실히 계승하면서 거기에 약간의 자기 나름의 해석을 부가하였다. 물론 거기에는 그의 기의 유기체 우주론과 리일분수설이라는 철학적 논리가 저변에 놓여 있었다.

이황의 공부론

김종석

1. 이황 철학과 공부론

　퇴계退溪 이황李滉(1501~1570)의 공부론工夫論은 주자학의 일반적 공부론을 기본적으로 수용하면서도, 그것을 자신의 심학적 철학 체계 속에서 재해석하고 그 체계 속에서 진지眞知를 실현하는 구조로 이루어져 있다. 이황은 진지의 실현은 궁극적으로 인간의 고유한 심적 능력에 달려 있고, 심적 능력은 일상적 실천과 함양을 통하여 최대한 발휘된다고 보았다. 따라서 이황의 공부론은 그의 철학 체계에 있어서 실천의 문제와 긴밀하게 연관되어 있다고 할 수 있다.

　본 논문에서는 이황의 공부론을 주로 실천의 문제와 연관시켜 고찰하고자 한다. 우선 공부론은 그 자체가 목적이라기보다는 진리에 도달하기 위한 방법론이므로 이황의 진리관에 관하여 고찰할 것이다. 어떠한 진리를 추구하였는가에 따라 그 방법론인 공부론도 달라질 수 있기 때문이다. 이황의 공부론에서는 인간의 주재적 자아와 그 확립이 유난히 강조된다. 논자는 이황이 생각한 진리와 그것이 어떤 조건하에서 어떤 과정을 거쳐 실현되는가의 문제, 즉 진지의 실현이 어떻게 가능한가 라는 점에 초점을 맞추어 이황의 공부론을 분석하고자 한다.

2. 이황의 진리관

학봉鶴峯 김성일金誠一(1538~1593)은 1556년에 퇴계문하에 입문하였다. 이때는 이황에게 있어 50대의 학문적 결산이라고 할 수 있는 「천명도설天命圖說」이 완성된 이후이며, 따라서 이때 남긴 기록은 어느 정도 정리된 이황의 학문 세계를 반영하고 있다고 할 수 있다. 김성일이 '리理가 무엇인지'에 관해 질문하였을 때, 이황은 다음과 같이 대답하였다.

알기 어려운 듯하지만 사실은 쉽다. 선유들이 "배를 만들어 물을 건너고 수레를 만들어서 땅 위를 다닌다"고 한 말을 잘 생각해 보면, 나머지는 다 미루어 알 수 있을 것이다. 무릇 배로 물을 건너야 하고, 수레로 땅 위를 다녀야 하는 것은 리理이다. 배로 땅 위를 다니고 수레로 물을 건너는 것은 리가 아니다. 임금은 어질어야 하고, 신하는 공경해야 하며, 아버지는 자애로워야 하고, 자식은 효도를 해야 하는 것은 리이다. 그러나 임금이 어질지 아니하고, 신하가 공경하지 아니하며, 아버지가 자애롭지 아니하고, 자식이 효도하지 아니하면, 그것은 리가 아니다. 천하에 마땅히 행해야 하는 것은 모두 리이고, 행하지 말아야 하는 것은 리가 아니다. 이로써 미루어 생각하면 참된 리를 알 수 있을 것이다.[1]

이 인용문은 이황이 추구한 진리가 어떤 것이었는가를 적실하게 나타내고 있다. 임금이 어질고 신하는 공경하며 부모가 자애하고 자식이 효도하는 진리, 그것은 관념상의 진리가 아닌 생활 가운데 있는 진리, 한 마디로 '어려운 듯하지만 사실은 쉬운 진리'이며 다른 말로 '일상적 진리'라고 할 수 있다. 이황은 평소 제자들에게 "도道는 가까운 곳에 있는데 사람들이 스스로 살피지 못할 따름이다. 날마다 생활하는 일을 벗어나서 별다른 어떤 도리가 있을 수 있겠는가?"[2)라고 하여 진리의 일상성을 강조하였다.

그러나 일상적이라는 달이 단순히 생활을 위한 방편적, 일회적이라는 의미는 아니다. 이황의 진리관은 실생활에서 접하는 사사물물에 진리가 있다고 보는 동시에, 나와 만물의 이치가 본래 하나임을 전제로 한다. 이황의 저술 가운데 개체와 전체의 관계에 관한 그의 생각을 잘 보여 주고 있는 부분은 「서명고증강의西銘考證講義」이다.

> 횡거橫渠의 『서명西銘』은 나 자신과 천지만물의 리理가 원래 하나인 까닭을 반복 추리해서 밝혀둔 것입니다. 인仁의 본체를 드러내어 설명하므로 유아有我의 사私를 깨트리고 무아無我의 공公을 확충하도록 한 것입니다. 그럼으로써 미련하기가 돌처럼 둔 인간의 마음을 융화시키고 환하게 통하게 하여 물物·아我가 무간無間의 경지에 이르게 하고 털끝만한 사의私意도 그 사이에 용납되지 않도록 한 것입니다. 그래야만 천지가 한 집안이요 온 나라가 한 사람임을 알 수 있을 것이고, 남들의 가렵고 아픈 것이 참으로 내 몸처럼 절실하게 되어, 이에 인도仁道를 얻습니다.[3)

---

1) 『鶴峯集』續集, 권5, 「退溪先生言行錄」.
2) 『退溪先生言行錄』, 권1. 「敎人」, 金明一錄.
3) 『退溪集』, 권7, 經筵講義, 「西銘考證講義」.

개인적이고 일상적인 리理는 그 근원으로 올라가면 천지만물을 통괄하는 우주적 차원의 리와 연결되어 있다. 동시에 우주적 차원의 리는 개별 존재자에서는 각각의 물리物理로 존재한다. 따라서 일상생활에서 충경忠敬, 자효慈孝하는 것은 수레가 굴러가고 배가 뜨는 물리적 원리와 근원적으로 다르지 않으며, 나아가 우주적 차원의 리를 실천하는 것이기도 하다. 그렇게 함으로써 유아有我의 사私를 깨트리고 무아無我의 공公을 확충하며 궁극적으로 물아物我가 무간無間한 진리의 세계, 즉 인仁으로 충만한 우주적 공동체를 형성하게 된다는 것이다.

이러한 개별적 리와 보편적 리의 관계에 관한 논리는 진리 자체의 일상성과 우주적 보편성의 연관 관계에 관한 논리이기도 하다. 그러나 이러한 생각은 이미 정호程顥・정이程頤에 의해 제기되었고 주희에 의해 우주론으로 해석되어 리일분수理一分殊의 이론으로 정리되어 있었으므로 이황의 독자적 생각은 아니다. 이황은 인간이 우주 내 존재로서 우주적 차원의 원리인 리일理一과의 종적 연관성과 우주만물에 내포된 분수지리分殊之理와의 횡적 연관성 위에 있다는 주희의 이론을 계승하면서도, 양자를 상호 소통시키고 그것을 공허한 이론에 그치지 않고 진정한 삶의 원리로 만드는 것은 결국 인간에게 달린 문제로 보았다. 즉 인간의 존양存養・성찰省察이라고 하는 심적 작용을 통한 진지眞知의 획득이 필수적이며, 그런 의미에서 본다면, 우주적 공동체의 형성이라고 하는 성리학의 목표를 달성할 수 있는가 없는가는 진지眞知에 바탕을 둔 인간 주체의 확립 여부에 달린 것이라고 보았다. 이황은 바로 이러한 관점에서 자신의 전체적인 학문 체계를 수립하였다.

그렇기 때문에 「서명고증강의」에서는 우주 전체의 유기체적 일체성을 말하면서도 그것이 성공하기 위해서는, '자기自己'의 확립이 관건임을 강조하였다.

'여予' 자와 명銘에 나오는 9개의 '오吾' 자는 실로 사람마다 자기 자신을 일컫는 의미로 빌려 쓴 것입니다. 그러나 무릇 이 글을 읽는 사람은 이 10개의 글자를 두고, 다만 횡거橫渠가 자신의 자아를 가리켜 말한 것으로 인식해서는 안 되며, 또한 별도로 다른 사람을 가리켜 말한 것이라고 사양해서도 안 됩니다. '나'를 가리켜 말한 것은 모두, 사람마다 마땅히 나 자신의 일로 여기고 자임自任한다는 뜻으로 보아야만 『서명』이 본래 인仁의 본체를 설경한 것임을 바야흐로 알게 됩니다. 그런데 여기서 반드시 자기自己를 주主로 해서 말한 것은 무슨 까닭이겠습니까?

옛날에 자공이 "만약 백성을 널리 베풀어서 뭇사람을 구제한다면 어떠합니까? 인仁하다고 할 수 있습니까?" 하니, 공자께서 답하기를 "인仁이라는 것은 자기가 서고자 하면 남도 서게 하며, 자신이 통달하고자 하면 남도 통달하게 하는 것이다" 하였으니, 그 뜻이 바로 이와 같은 것입니다. 대체로 자공은 자기 자신과 친밀하고 절실한 곳에서 인을 찾을 줄 모르고, 너무 넓고 멀어서 서로 관련과 교섭이 없는 곳에서 찾았습니다. 공자는 이를 지적하여 그로 하여금 자기 자신으로 돌아와 인의 본체를 가장 절실한 곳에서 찾도록 한 것입니다.

지금 횡거의 경우도 마찬가지입니다. 즉 인仁이란 것이 천지만물과 일체가 되는 것이지만, 반드시 자기 자신이 원본原本이 되고 주재主宰가 되어야 하며, 이에 물物·아我가 일리一理이므로 서로 관련됨이 친밀하고도 절실하다는 의미와 온 가슴에 가득한 측은지심이 관철貫徹 유통流通하여 막힘이 없고 두루미치지 않음이 없음을 깨달아야, 바야흐로 이것이 인의 실체實體라고 할 수 있음을 말한 것입니다. 만약 이 이치를 알지 못하고 무턱대고 천지만물 일체가 인이라고 한다면, 이른바 인의 본체라는 것은 한없이 넓고 막막하게 되어, 그것이 나의 신심身心과 무슨 관련을 가지겠습니까?[4]

---

4) 『退溪集』, 권7, 經筵講義, 「西銘考證講義」.

모든 사람이 인仁이라고 하는 우주적 원리를 공유하고 있다는 인식 위에서, 인을 특별히 뛰어난 인물이나 남의 일이 아닌 나 자신의 일로 여기고 자임할 때, 인仁은 천天·인人과 물物·아我를 상호 연결하는 일체성의 원리가 될 수 있다. 그리고 그 자임의 현장은 자공이 생각한 것처럼 요원한 추상의 세계가 아닌 가장 절실한 곳, 즉 일상생활 세계이어야 하며, 또한 반드시 자신이 주재主宰가 되어 우주만물과의 연관성을 인식해야 하는 것이다.

그러나 일반적 관점에서 생각할 때, 우주만물을 종횡으로 연결해 주는 원리가 존재함을 어떻게 확인할 수 있는가? 더욱이 그것이 이황이 생각한 것처럼 인이라고 하는 도덕적 성격을 띠고 있음을 어떻게 증명할 것인가? 물론 그것을 송대 성리학에 바탕을 두면서 16세기 조선조의 정치사회적 환경에 대처하는 이황의 도덕적 세계관과 의지의 표현으로 볼 수도 있을 것이다. 그러나 그것이 어떻게 해서 추상적이고 공허한 이론이 아닌 구체적 삶의 원리가 될 수 있는가?

위의 인용문에 나타난 바와 같이, 이황에게 있어 진지眞知란 "물·아가 일리一理로서 서로 관련됨이 친밀하고도 절실하다는 의미와 온 가슴에 가득한 측은지심이 관철 유통하여 막힘이 없고 두루 미치지 않음이 없음"을 깨닫는 것이었다.

이황의 철학은 인仁(理)이라고 하는 우주적 원리를 전제하고 있을 뿐 아니라 그것을 궁극적 근원자로 보는 점에서 리학理學으로서의 특징이 나타난다. 그러나 인은 그것과 나와의 존재론적 관련성에 대한 확신이 없으면, 나의 신심身心과 아무런 관련성이 없는 추상적 개념이 될 수도 있다. 그 추상성을 벗어나기 위해서 자기自己의 확립을 필연적으로 요구하게 되고, 여기서 심학心學의 특징을 띠게 된다. 이 점은 리일분수理一分殊를 전제로 하는 성리학적 진리관의 불가피한 결과라고 할 수 있다. 그러나 자기의 확립을 강하게 요구할 때, 진리의 주관성을 어떻게 극복할 것인가의 문제가 다시 대두하게 된다.

추상성과 주관성을 극복하고 "물·아가 일리로서 서로 관련됨이 친밀하고도 절실하다는 의미와 온 가슴에 가득한 측은지심이 관철 유통하여 막힘이 없고 두루 미치지 않음이 없음"을 깨닫는 방법은 무엇인가? 바로 여기에 실천적 함양이 요구되고, 실천의 문제가 등장하게 된다.

3. 진지의 방법

이황이 실천적 함양을 통해서 진지眞知에 이를 수 있다는 생각을 처음으로 하나의 체계화된 글(그림)로 표현한 것은, 아무래도 「천명신도天命新圖」와 이에 바탕한 「천명도설天命圖說」이라 할 수 있다. 주지하는 바와 같이, 「천명신도」는 이황이 53세 되던 해(1553)에 추만秋巒 정지운鄭之雲(1509~1561)이 작성한 「천명도天命圖」를 검토하여 확정한 것으로, 성리학의 전체 규모를 한 장의 그릇으로 표현한 것이다. 또 「천명도설」은 바로 이 「천명신도」에 딸린 설說이므로 본래 정지운과 수정 작업을 할 때 일차 작성을 했지만, 55세 되던 해(1555)에 병으로 벼슬을 버리고 예안禮安으로 돌아왔을 때 정지운과 함께 정리한 「천명도설」을 재검토하여 자신의 안을 최종적으로 확정한 것이다. 「천명도」를 처음 그린 사람은 정지운이고 이황이 이에 대한 수정 작업에 참여하게 된 것도 정지운의 요청에 따른 것이지만, 향리에 은거하면서 정밀하게 사색하여 확정한 결과 「천명도설」은 50대 중반의 이황의 성리학적 철학 세계를 집대성한 것이 되었다.

「천명신도」는 기본적으로 주돈이의 「태극도」와 이에 대한 주희의 해석에 바탕을 두고 있다. 하지만 「태극도」가 우주의 생성 발전을 설명하는 데 주안점을 둔다면 「천명신도」는 인간의 입장에서 인간과 우주의 관계를 밝히는 데 주안점을 둔다는 점에서 양자의 차이가 있다. 이 점은 「천명도설후서天命圖說後序」에 잘 나타나 있다.

> 문 : 이것도 그림으로 사람에게 보여 주기 위한 것인데, 어째서 주렴계周濂溪(의 「태극도」)처럼 다섯 단계로 하지 않고 오히려 다섯 단계를 합쳐서 한 단계로 하였는가?
> 답 : 주로 하는 바가 다르기 때문이다. 주렴계는 리기理氣의 본원本原을 밝히고 조화造化의 기미機微와 신묘神妙함을 드러내고자 했으므로 다섯 단계로 나누지 않으면 사람들을 깨우칠 수가 없었지만, 이 그림(「천명신도」)은 사람과 사물이 품부稟賦받은 것을 단서로 하여 리기理氣가 변화하면서 생겨나는 것으로 거슬러 올라가려 했으므로 합하여 한 단계로 하지 않으면 올바른 위치를 정할 수 없다.[5]

이황의 이 말에 따르면 「태극도」가 우주론적 관점에서 작성된 데 반해 「천명신도」는 인간론적 관점에서 작성되었다는 의미가 되는데, 이것은 한편으로 퇴계학의 입각점을 보여 준 것이라고 할 수 있다. 확실히 「천명신도」는 방위方位를 정함에 있어서도 「태극도」나 「하도」·「낙서」의 방위와 다른 면이 있다. 즉, 「천명신도」에서 그림의 상단 부분을 자子(北)의 방향으로 보고 하단 부분을 오午(南)의 방향으로 설정한 점이나 왼쪽을 음陰이라 하고 오른쪽을 양陽이라 한 것은 전통적인 여러 도圖와는 다른 점이다. 이황은 「천명도설후서」에서 이 점에 관해 많은 지면을 할애하여

---

[5] 『退溪集』, 권41, 「天命圖說後敍附圖」.

상세하게 설명하였다. 이 부분은 역학易學 내지 음양학陰陽學에 관련된 문제라서 매우 난해하지만 대치적 의미는 다음의 문답에서 이해할 수 있다고 본다.

> 문 : 「태극도」는 왼쪽이 양陽이고 오른쪽이 음陰이 되어 「하도河圖」・「낙서洛書」에 근본을 두었으며, 오午가 위쪽이고 자子가 아래쪽이며, 왼쪽이 묘卯이고 오른쪽이 유酉로 된 방위는 참으로 만세 불변의 정한 위치인데, 지금 이 그림은 모두 반대로 바꾸어 놓았으니…….
> 답 : 그렇지 않다. 이 그림은 방위를 바꾸어 놓은 것이 아니고, 다만 보는 사람이 그림에 대하여 빈객의 위치에서 보는가, 주인의 위치에서 보는가의 차이가 있을 뿐이니…….6)

이황의 의도는 '방위方位는 보는 사람의 향배向背에 따라 달라지는 것'이라고 한 부분에 잘 나타나 있다. 즉, 그 이전의 여러 도圖는 대체로 천天을 중심으로 이 세계를 내려다보는 입장에서 그려진 반면, 「천명신도」는 인간의 세상에서 천명을 바라본다는 관점에서 그려졌다는 것이다.7)

이황의 이러한 관점은 15년 후『성학십도』를 작성할 때에도 그대로 이어지고 있다. 이황은 68세 때인 1568년에 선조 임금에게『성학십도』를 올리고 난 후에도 수정을 계속하였는데, 제6도인 「심통성정도心統性情圖」의 방향성 문제가 제기되었을 때, 방향은 '보는 사람의 향배에 따라 달라진다'는 예의 주장을 거듭하면서, 이러한 뜻을 일찍이 「천명도설후서」에서 이미 설명했다고 하였다.8)

---

6) 『退溪集』, 권41, 「天命圖說後敍附圖」.
7) 박양자, 「退溪의「天命圖說後敍」에 관하여」, 『退溪學報』 제68집(퇴계학연구원, 1990, 12), 106쪽.
8) 『退溪集』, 권30, 「答金而精」別紙.

「천명도설」과 「후서」의 내용을 참고할 때, 「천명신도」는 당시 이황의 철학세계를 압축적으로 표현하고 있으며, 외형적으로 보아도 「천명신도」에는 나중에 『성학십도』에 담게 될 「태극도」・「심학도」・「경재잠도」의 주요 내용이 포함되어 있다. 따라서 「천명신도」는 『성학십도』를 준비하는 성격을 갖는다고 할 수 있으며, 동시에 인간의 주재적 자아를 강조하는 이황철학의 입각점을 상징적으로 보여 주고 있다.

그렇다면 「천명신도」의 단계에서 인간의 주재적 자아를 확립하는 방법으로 이황이 제시한 것은 무엇인가? 이황은 스스로 「천명도설」에서 가장 절요한 뜻을 담고 있는 부분은 제10절인 존양存養・성찰省察을 논한 부분이라고 하여, 이 물음에 답하였다.

> 문 : 심心 안의 경敬과 존양存養 및 정情・의意의 성찰省察과 경敬은 무엇을 말하는가?
> 답 : 사람이 천天에서 명命을 받으매, 사덕四德의 리理를 갖추어 일신一身의 주재자로 삼으니 심心이요, 사물事物이 마음속을 감동感動시켜 선악의 기미를 따라 일심一心의 용用이 되는 것은 정情・의意이다. 그러므로 군자는 이 마음이 정靜한 단계에서는 반드시 존양存養함으로써 그 체體를 보전하고, 정・의가 발한 단계에서는 반드시 성찰함으로써 그 용을 바르게 해야 한다.[9]

이황은 여기서 인간이 천명天命이라고 하는 우주적 공동체의 원리를 실현시키는 방법으로, 대상(事物)이 없는 단독자의 단계(未發)에서는 천天이 인간의 마음에 부여한 사덕四德을 온전하게 존양하는 것이고, 대상과의 횡적 관계(已發)에서는 사덕이 대상에 올바로 발휘될 수 있도록 성찰하

---

[9] 『退溪集』續集, 권8, 「天命圖說・第十節 論存省之要」.

는 것임을 말하였다.

미발未發(性) ― 존양存養
이발已發(情·意) ― 성찰省察

천명이 인간의 마음에 품부되어 있다는 성리학적 전제를 받아들인다면, 존양·성찰은 천명을 실현하는 가장 이상적인 방법임에 틀림없다. 나아가 존양·성찰은 성리학적 진리관에 있어서 천명이 추상적인 주문이나 개인적 신념이 아닌 사회적 보편성을 확보할 수 있는가 없는가의 관건이며, 그것의 실천은 오로지 인간에게 달려 있다. 그러나 존양·성찰은 그 자체가 지극히 개인적인 정신 작용이므로 쉽게 납득하기 어려운 점이 있다. 따라서 이황에 있어서 존양·성찰의 가능 근거와 조건을 밝힘으로써 성리학적 진리의 사회적 공공성을 확보하는 문제는 그의 학문에 있어서 가장 중요한 과제였다.

4. 진지의 실현을 위한 실천적 조건

이황이 1570년에 김취려金就礪, 기대승奇大升 등에게 보낸 편지를 보면, 그가 세상을 떠나던 해까지 수정을 거듭하면서 고심하였던 것이 『성학십도』 가운데 제6도인 「심통성정도心統性情圖」였음을 알 수 있다. 이황이 이와 같이 고심하면서 해결하려고 했던 것은 과연 무엇일까? 이황은 「심통성정도」를 다음과 같이 요약하고 있다.

요컨대, 리理·기氣를 겸(兼理氣)하고 성性·정情을 통섭(統性情)하는 것이 심心인데, 성性이 발發하여 정情이 되는 즈음이 곧 일심一心의 기미幾微요 모든 변화의 근거이며, 선악은 여기서 나누어지는 것입니다. 배우는 사람이 진실로 능히 경敬을 지키기를 한결같이 하여 리理·욕欲의 분별에 어둡지 않을 뿐 아니라, 더욱 이에 삼가서 아직 발하지 않았을 때는 존양하는 공부를 깊게 하고 이미 발했을 때는 성찰하는 습관을 익숙하게 하여 참되게 쌓고 오래 힘써서 그치지 아니하면, 이른바 유정유일惟精惟一·윤집궐중允執闕中하는 성학聖學과 체體를 보존하고 용用에 응하는 심법心法을 모두 밖에서 구하지 않아도 여기서 얻을 것입니다.[10]

이황의 이 말은 「도圖」와 「설說」의 내용을 집약적으로 함축하고 있지는 못하지만, 「천명도설」에서 제기했던 '성리학적 진리가 어떻게 하여 현실적 진리성을 가질 수 있는가'라는 이황의 문제의식이 그대로 이어지면서, 한편으로 이에 대해 매우 적극적이고도 구체적인 답변을 제시하고 있음을 알 수 있다. 일부에서 그 학문적 경향성에 대해 의혹이 제기되고 있다는 것을 알았음에도 불구하고, 「심통성정도」를 비롯하여 원대元代 정복심程復心의 여러 도설을 채택한 것도 이러한 이유 때문이었다.[11]

「천명도설」에서는 성리학적 진리관에 내포된 두 가지 차원(未發·已發)과 두 가지 공부 방법(存養·省察)을 피력하는 데 그쳤지만, 「심통성정도」에서는 그 두 가지 차원이 서로 모순되지 않으며, 궁극적으로 통합되는 데 진정한 진리성이 있고, 그것이 가능한 심리적 근거에 이르기까지 자세한 해답을 제시하고자 하였다. 어떻게 보면 「천명도설」이 나오고 나서 『성

---

10) 『聖學十圖』, 第6, 「心統性情圖說」.
11) 『聖學十圖』에는 程復心의 저술로 3圖(「西銘圖」·「心學圖」·「心統性情圖(上圖)」)와 2說(「心統性情圖說」·「心學圖說」)이 포함되어 있다. 그의 도설은 육왕학적 경향성으로 인하여 논란의 대상이 되었다는 점에 비추어 보면 파격적이라 할 수 있다.

학십도』가 나오기까지의 10여 년 동안, 이황이 추구하였던 것은 바로 이러한 문제에 대한 해답이 아니었나 하는 생각이 든다.

「심통성정도」는 그 해석 자체가 매우 난해하여 정리하기가 결코 쉽지 않지만, 굳이 정리한다면 다음과 같다. 우선 「천명도설」과 마찬가지로 마음의 세계를 성·정, 즉 미발·이발로 크게 구분하고 있다. 그리고 마음의 개념에 대해 '합리기合理氣'와 '통성정統性情'으로 규정하고 있다. 합리기는 다른 모든 존재자와 마찬가지로 마음까지도 리기지합理氣之合으로 보는 이황의 지론이다. 그는 마음은 리기지합이지만, 사람은 오행五行 가운데 빼어난 부분을 받은 존재인 까닭에 다른 존재자에게는 없는 허령성虛靈性을 본질적 속성으로 갖게 된다고 하였다. 또한 허령성을 바탕으로 성·정에 대한 통섭성統攝性(統性情)도 가진다고 하였다.

이렇게 정리할 때, 가장 중심이 되는 개념은 마음의 허령성과 통섭성이다. 나아가 이러한 허령성과 통섭성을 본질적 속성으로 하는 마음은 횡적인 대상과의 관계 위에서 '주일신主一身'(일신을 주재함)과 '해만화該萬化'(만물의 변화 원리를 갖춤)의 속성을 가진다고 하였다. '주일신'·'해만화'는 나중에 '구중리具衆理'(만물의 이치를 갖춤)·'응만사應萬事'(만사를 응접함)로 수정되면서 다음과 같이 정리되었다.

> 리理·기氣가 합하여 심心이 되니 자연히 허령지각虛靈知覺의 묘가 있다. 정靜할 때 만물의 리理를 갖추고(具衆理) 있는 것은 성性인데, 이 성을 은전히 내포하고 있는 것은 심心이다. 동動할 때 만사에 응접하는(應萬事) 것은 정情인데, 이 정을 펴서 발용發用하는 것 또한 심心이다. 그러므로 심이 성·정을 통섭한다(統性情)고 하는 것이다.12)

---

12) 『退溪集』, 권18, 「答奇明彦」 別紙.

「심통성정도」가 「천명도설」에 비해 가장 크게 비중을 두는 점은 미발·이발의 구분 자체가 아니라 두 영역을 연결시키고 통일시키는 것이며, 바로 그것이 마음의 가장 중요한 본령임을 강조하고 있다는 점이다. 이상은 아래와 같이 정리될 수 있다.

심心(虛靈性) ┬ 통성統性 - 정靜(未發) - 구중리具衆理
　　　　　　└ 통정統情 - 동動(已發) - 응만사應萬事

이렇게 정리하는 데 문제가 없지는 않다. 우선 이황 자신이 마음의 허령성이 구체적으로 어디서 생겨나는가에 대해 선명하게 설명하지 못했고, 주일신主一身·해만화該萬化에 대해서도 나중에 구중리·응만사로 수정하였을 뿐이다. 무엇보다도 『성학십도』에 큰 비중을 차지하는 정복심程復心의 학문 경향에 대해 비판이 제기되었다.

그럼에도 불구하고 허령성과 통섭성이라고 하는 마음의 주재적 성격과 그것이 충분히 발휘될 때 성리학적 진리가 현실적 진리성을 가진다고 확신한 것은 분명하다. 그렇기 때문에 이황은 예컨대 율곡 이이와는 달리 성性의 발용發用 외에 심심의 발용을 인정하였고, 그것에 더 큰 비중을 두었다. 즉 성이 발한 것은 정情이고, 심이 발한 것은 의意(志)라는 것이다. 따라서 성발위정性發爲情 외에 심발위의心發爲意를 인정하였다. 심발心發을 인정함으로써 상대적으로 마음의 주재적 성격이 강조되었다. 여기에 퇴계 철학의 심학적 특성이 드러난다. 그렇기 때문에, 이이는 이러한 이황의 주장에 대해 전면적인 비판을 가하였던 것이다.

대저 아직 발하지 않은 것은 성性이고, 이미 발한 것은 정情이며, 발한 뒤에 따지고 헤아리는 것은 의意다. 심心은 성·정·의의 주인이므로 그 발하지 않은 것과 이미 발한 것과 발한 후에 비교하거나 헤아리는 것을 다 심이라 한다.…… 성은 심중心中의 리理요, 심은 성을 담는 그릇이니, 어찌 성에서 발하는 것과 심에서 발하는 것이 별도로 있겠는가?[13]

이이에게 심은 성性·정情·의意를 담는 그릇에 불과한 것이었다. 이이는 도처에서 이러한 언급을 하였는데, "지금 학자들이…… 심·성을 나누어 두 작용이 있다 하고 정·의를 나누어 두 가지가 있다 하니, 내가 매우 고민스럽게 여긴다"[14]고 하기도 하였다. 이 말은 역으로 성발性發과 심발心發을 별개로 보는 것이 이황의 특징적 관점이라는 말이 된다.

이황에게 심은 단순히 그릇이 아니다. 그것은 성·정·의를 내포하지만 단순히 성·정·의의 합집합이 아니다. 성·정·의를 초월하여 허령성과 통섭성이라는 독자적 속성을 가지는 것이다. 따라서 성리학적 진리관의 구조 속에서 천명이 인간 사회에 올바로 실현되려면, 가장 중요한 것은 이러한 마음의 허령성과 통섭성이 가장 잘 발휘되도록 하는 것이라는 점을 의심할 나위 없다. 그가 평생 노력한 것은 실상 모두 이러한 것이었다.

이황은 제자 황준량黃俊良(1517~1563)에게 "의리에 힘쓴 자단이 의리를 알 수 있다"[15]고 하였다. 진지眞知의 인식은 저절로 되는 것이 아니라는 말이다. 구체적인 노력을 해야 한다. 그렇다면 그러한 노력은 어떤 양상으로 나타나는가?

---

13) 『栗谷集』, 권9, 「答成浩原·壬申」.
14) 『栗谷集』, 권14, 雜著, 「雜記」.
15) 『退溪集』, 권20, 「答黃仲擧」.

> 하나는 외적인 행동을 제재하여 속마음을 기르는 것이고, 또 하나는 마음으로부터 행동으로 드러날 때 조급하고 망령된 것을 막아 속마음이 고요하고 전일되게 하는 것이었다. 지금은 여기에 힘쓰지 아니하고 먼저 이 마음을 억제하고 속박하려고 한다.16)

이황은 마음의 허령성과 통섭성이 가장 잘 발휘되도록 하는 방법에는 외적 행동을 제재함으로써 마음을 기르는 방법과 마음 자체를 직접 문제 삼는 두 가지 방법이 있음을 인정하였다. 그렇다면 두 가지 방법 가운데 어느 쪽이 더 좋은 방법이라고 보았는가?

> 두 가지 가운데 한 가지라도 빠져서는 안 되지만, 외적인 행동을 다스려서 마음을 기르는 방법이 더욱 요긴하고 절실하다. 그러므로 삼성三省, 삼귀三貴, 사물四勿과 같은 종류의 내용은 모두 응대應對・접물接物에 관해서 말하였으니, 이 또한 본원本原을 함양涵養하는 내용들이다. 만일 이렇게 하지 아니하고 한결같이 마음공부만 주로 한다면 석씨釋氏의 견해에 떨어지지 않는 경우가 드물 것이다.17)

이황은 두 가지 방법에 우열을 인정하지는 않았지만, 더 효과적인 방법은 마음을 직접 함양하는 방법보다는 외행을 다스림으로써 마음을 기르는 방법이라고 했으며, 특히 초학자일수록 마음공부에만 몰두해서는 안 된다고 하였다. 바로 여기에서 이황 철학에 있어 실천의 문제가 중요한 과제로 등장한다. 외행을 다스리는 구체적인 방법으로는 삼성三省, 삼귀三貴, 사물四勿과 같은 일상적 실천을 들었다. 일상적 실천 행위를 통해 마음의 통섭성을 발휘하게 하여 미발 시에는 마음에 품부된 리理가 욕망에

---

16) 『退溪集』, 권39, 「答李棐彦・癸亥」.
17) 『退溪集』, 권16, 「答奇明彦」.

의해 왜곡되지 않게 하며 이발 시에는 만사에 응하여 절도에 맞지 않음이 없도록 한다. 이는 이황도 말했듯이, 주희의 생각과도 근원적으로 다르지 않다.

> 주자朱子도 중화中和를 논하면서 역시 말하기를, "아직 발發하기 전에는 억지로 찾을 수 없고 이미 발한 것을 깨달은 후에는 자의로 의미를 붙일 수 없다. 다만 평일에 장경莊敬하고 함양하는 공이 지극하여 인욕의 발동으로 인하여 어지러워짐이 없으면, 그 발하기 전에는 밝은 거울처럼 깨끗하고 고인 물처럼 고요하며 발한 후에는 절도에 맞지 않음이 없을 것이다"고 하였다.[18]

주희가 말한 '평일平日에 장경莊敬하고 함양涵養하는 공부'를 이황은 주로 '외행을 다스려서 마음을 기르는 공부'로 해석한 것이다. 그러나 여러 가지 비판에도 불구하고 정복심程復心의 「심학도心學圖」와 「심통성정도心統性情圖」를 끌어온 데서 알 수 있는 것처럼, 퇴계철학에서 마음의 허령성과 통섭성이 차지하는 비중은 주희의 경우보다 훨씬 크다. 그러면서도 이황은 마음 자체를 직접 문제 삼는 것을 경계하고 일상적 실천을 통해 간접적으로 마음을 함양하는 방식을 우선적으로 요구하였다. 바로 이 점에서 퇴계철학이 갖는 심학적 특성이 실천이란 요소를 약화시키는 것이 아니라 오히려 강화시키는 결과를 가져왔음을 알 수 있다.

5. 공부 방법과 실천의 양상

이황은 왕수인의 지행합일설知行合一說을 비판하는 글에서 지知와 행行

---

[18] 『退溪集』, 권24, 「答鄭子中別紙」.

의 관계에 대해서 다음과 같이 말하였다.

> 의리義理에 있어서는 그렇지 않으니, 배우지 않으면 알지 못하고 힘쓰지 않으면 하지 못한다. 밖에서 행하는 것이 반드시 안에서 진실할 수는 없으므로, 선한 것을 보고도 선한 줄을 알지 못하는 사람이 있으며, 선한 것을 알고도 마음으로 좋아하지 않는 자가 있으니, 선한 것을 보았을 때 이미 스스로 좋아했다고 할 수 있는가? 불선한 것을 보고도 싫어할 줄 모르는 사람이 있으며, 싫은 것을 알고도 마음으로 싫어하지 않는 사람이 있으니, 싫은 것을 알았을 때 이미 스스로 싫어했다고 할 수 있겠는가?…… 양명陽明이 저 형기形氣의 하는 짓을 끌어서 의리에 대한 지행知行의 설을 밝히려 하였으니, 이것은 크게 불가한 것이다. 그러므로 의리義理의 지·행을 합하여 말하면, 참으로 서로 기다리고 함께 행하여 한 가지를 결缺할 수 없으나, 나누어 말하면 지를 행이라 할 수 없는 것이 행을 지라 할 수 없는 것과 같다. 어찌 하나로 합할 수 있는가?19)

이황은 악취를 맡거나 미색을 보는 것과 같은 감각적 행위(形氣之事)에 있어서는 왕수인이 말한 것과 같은 지행합일知行合一이 성립할 수도 있지만, 부모에게 효도하고 형에게 공손히 하는 것과 같은 윤리적 행위(義理之事)에 있어서는 지행합일이 성립할 수 없음을 지적하였다. 즉, 알면서도 실천하지 않는 경우가 얼마든지 있을 수 있다는 것이다. 이황은 '지를 행이라 할 수 없듯이 행을 지라 할 수 없음'을 말하여 지행합일설의 허점을 예리하게 비판하면서, 동시에 지와 행은 '서로 기다리고 함께 행하여 한 가지도 결缺할 수 없음'을 말하여 지행병진知行竝進을 주장하고 있다.

이 점은 이황이 행을 진지眞知의 실현을 위한 실천적 전제로 요구하고

---

19) 『退溪集』, 권41, 雜著, 「傳習錄論辯」.

있음을 감안할 때 충분히 이해가 된다. 왕수인은 『전습록傳習錄』에서 "지금 사람들이 강습하고 토론하여 참다운 지를 기다려서 바야흐로 행의 공부를 하므로, 필경은 종신토록 행하지 못하고 또 종신토록 지를 얻지도 못한다"고 주자학을 비판하였지만, 실상 이황에게 있어 행은 지 자체를 위한 선결적 조건이었던 것이다.

이와 같은 지·행에 대한 관점은 이황의 학문세계에서 어떻게 반영되어 나타나고 있는가? 우선 거경居敬과 궁리窮理의 병행을 강조하고 있다.

> 오직 궁리窮理·거경居敬의 공부에 충분히 노력하면 되는 것인데,…… 두 가지가 비록 서로 머리가 되고 꼬리가 되기는 하지만, 실은 두 가지 (독립된) 공부이니, 절대로 단계가 나누어짐을 근심하지 말 것이며, 반드시 병행해 나가는 방법으로 해야 합니다.20)

여기서 거경·궁리는 거경함양居敬涵養·격물궁리格物窮理로 표현되기도 하는데, 거경함양은 일상적 실천을 포함한다는 점에서 행行과 통한다. 또한 거경·궁리는 독립된 별개의 공부이지만 동시에 반드시 병진적으로 수행되어야 한다는 점에서 행·지의 관계와 통한다. 나아가 이러한 관계는 『소학小學』에서의 쇄소응대灑掃應對와 『대학大學』에서의 격물치지格物致知와도 일치함을 말하고 있다.

> 그러므로 어릴 적에 『소학』에서 익히지 아니하면, 그 방심을 거두고 덕성을 길러서 『대학』의 기본이 될 수가 없고, 커서 『대학』으로 발전치 아니하면, 의리를 밝히고 일에 베풀어 『소학』의 완성을 이룰 수 없을 것이다.21)

---

20) 『退溪集』, 권14, 「答李叔獻 珥·戊午」.
21) 『聖學十圖』, 第3, 「小學圖說」.

이황은 한 마디로『소학』과『대학』은 '서로를 기다려야 완성되는' 관계이며, '한 가지이면서 두 가지이고, 두 가지이면서 한 가지인' 관계라 하였다.22) 이상에서, 지・행과 궁리・거경과『대학』・『소학』의 상호 관계는 '서로 기다리고 함께 행하여 한 가지도 결缺할 수 없는' 관계에 있으며, 동시에 행・거경・『소학』은 함양적 실천성을 내포하고 있다는 점에서 서로 통함을 알 수 있다. 또한 행・거경・『소학』이 서로 통한다는 점에서 볼 때, 우리는 이황이 강조한 경敬이 결코 마음공부에만 몰두함을 의미하는 것이 아님을 알 수 있다. 거경은『소학』의 완성을 지향하면서, 행의 방식을 취하고 있다.

이렇게 정리하고 나면, 우리는 지금까지 우리 학계에서 운위되어 왔던 퇴계학에 관한 두 가지 논란에 대해 재검토해 볼 필요가 제기된다.

한 가지는 퇴계학은 존덕성尊德性에 치중한 나머지 도문학道問學에 소홀했다는 지적이다. 이황은 마음이 갖고 있는 주재적 작용을 중시하고 그것을 최대한으로 발휘하도록 하기 위한 함양적 실천을 중시하였다는 점에서, 퇴계철학은 분명 존덕성적尊德性的이라고 할 수 있다. 그러나 그런 이유 때문에 그의 학문을 간단히 존덕성적으로 간주하는 것은 재고할 필요가 있다. 이미 언급하였듯이, 그의 기본적인 진리관이 일상적 개별성과 더불어 우주적 보편성을 전제하고 있기 때문이다. 리理는 사람의 본성에 품부되어 있을 뿐 아니라 천지만물에 마찬가지로 존재한다고 보았다. 그렇기 때문에 이황 스스로도 존덕성과 도문학의 균형적 수행을 누누이 강조했음을 유의해야 한다. 이황은『심경부주心經附註』에 대한 자신의 종합적인 입장을 정리한 「심경후론心經後論」에서 다음과 같이 말하였다.

---

22)『聖學十圖』, 第3,「小學圖說」.

존덕성과 도문학은…… 두 가지를 상수相修해야 함은 마치 수레의 양 바퀴와 새의 양 날개와 같아서 어느 한쪽을 폐하고는 갈 수도 날 수도 없는 것과 같다.23)

실제 이황의 학문 체계에서는 존덕성 측면뿐만 아니라 도문학의 측면도 중요하다. 그의 수많은 학술적 저술과 사칠논변을 비롯한 논변이 실상 모두 도문학이었고, 남명南冥 조식曺植으로부터 "물 뿌리고 마당 쓰는 절도도 모르면서 입으로 천리天理를 말한다"는 비판을 받은 것도 타당성 여부를 떠나서 퇴계학의 도문학적 측면을 지적한 것이기 때문이다. 또한 이황은 한훤당寒暄堂 김굉필金宏弼의 학문에 대해 논평하면서, "한훤당의 학문이 실천에는 비록 돈독하기는 하지만, 도문학 쪽 공부는 미진함이 있지 않나 한다"24)라고 하였다. 이처럼 이황은 도문학을 소홀히 하지 않았다.

또 다른 한 가지 논란은 퇴계학이 실천에 소홀했다는 주장이다. 이 말은 어떤 의미에서 도문학에 소홀했다는 비판과는 정반대의 주장이다. 그러나 지금까지 지·행과 궁리·거경과 『대학』·『소학』의 상호 관계에서 정리한 바와 같이, 퇴계철학에서의 실천의 문제는 진리의 인식과 사회적 실현을 위한 전제로서 그의 학문 체계에서 핵심적 요소였다고 할 수 있다.

그럼에도 불구하고 퇴계철학에서 실천이 문제가 된 것은, 아무래도 서두에서 언급한 바 있는 조식의 비판 내지는 남명학과의 비교에 근거를 두는 경우가 많다.25) 따라서 남명학에서의 실천과 퇴계학에서의 실천을 간단히 정리해 볼 필요가 있다. 지금까지의 연구 결과에 의하면, 남명학의 학문 체계에서 나타나는 특징은 형이상학적인 본체론이 차지하는 비중이

---

23) 『退溪集』, 권41, 「心經後論」.
24) 『退溪先生言行錄』, 권5, 類編, 「論人物」, 金誠一錄.
25) 『明宗實錄』, '21年 12月 2日(戊子)'條.

적은 반면 존양성찰 위주의 수양론이 중심을 이룬다는 것이다. 따라서 공부 방법에 있어서도 『역학계몽易學啓蒙』이나 『태극도설太極圖說』의 비중이 적고 『소학』・『대학』이 위주가 되었다.26) 그에게 있어서 실천을 위한 지식의 내용은 선유들에 의해 이미 완성된 것이었고, 더 이상 형이상학적 근원을 밝히는 것은 불필요한 것으로 인식되었다.

반면에 이황은 『소학』・『대학』도 중시하였지만, 『역학계몽』을 밝혀서 『계몽전의啓蒙傳疑』를 저술하였고 『태극도(설)太極圖(說)』은 『성학십도聖學十圖』 가운데 첫 번째에 배치하였다. 이황은 왕수인의 "지금 사람들이 강습하고 토론하여 참다운 지知를 기다려서 바야흐로 행行의 공부를 하므로, 필경은 종신토록 행行하지 못하고 또 종신토록 알지도 못한다"는 비판에 대해서 "이 주장은 말학末學의 구이지폐口耳之弊에 꼭 들어맞다"27)고 하였다. 또 조식의 "물 뿌리고 마당 쓰는 절도도 모르면서……"라는 비판에 대해서도 "이 말은 참으로 약석藥石처럼 유익한 말이며, 이러한 이름이 붙여지는 것은 참으로 두려워해야 할 일"28)이라 하여 그 가치를 인정하면서도, 한편으로 지식 내용의 존재론적 근원에 대해 아는 것을 함께 중시하였다.

쉽게 말하면, 조식의 실천은 "정주程朱 이후로 저술著述은 불필요하다"29)는 입장에서 이미 밝혀진 내용을 충실히 행동으로 옮기는 실천이었고, 이황의 실천은 "배우지 않으면 알지 못하고 힘쓰지 않으면 하지 못한다"30)

---

26) 최석기, 「南冥思想의 本質과 特色」, 『退溪學과 南冥學』(경북대퇴계연구소・경상대남명학연구소 편, 지식산업사, 2001), 83~96쪽 참조.
27) 『退溪集』, 권41, 雜著, 「傳習錄論辯」.
28) 『退溪集』, 권21, 「答李剛而」.
29) 『南冥集』(아세아문화사 영인본), 「南冥先生學記類編跋」(鄭蘊), "程朱以後, 不必著書."
30) 『退溪集』, 권41, 雜著, 「傳習錄論辯」, "不學則不知, 不勉則不能."

는 입장에서, 천명의 완성과 실현을 위한 실천이었다.

우리는 여기서 다시 한번 퇴계철학에 있어서 실천이 갖는 의미에 대해 물어볼 필요가 있다. 퇴계철학에 있어서 실천이란 무엇인가? 그것은 바로 '성리학적 진리관에 내포된 추상성과 주관성의 위험을 극복하고, 그것이 천·인과 물·아를 연결하는 구체적 삶의 원리가 될 수 있게 하는 인간의 주재적이고도 일상적인 활동'이라고 정의할 수 있다. 그렇기 때문에 그의 실천은 괴이하거나 두드러지지 않았고, 일상적이었으므로 특별히 남의 이목을 끌지 않았다. 그러나 그의 철학에 있어서 실천은 핵심적 위치를 점하고 있었다.

그렇다면 이황에게 있어서 실천은 언제나 '지知를 위한 행行'이라고 하는 조건적 의미에만 머무르고, '완성된 지知의 내용을 행동화'하는 의미의 행行으로는 불가능한가? 이황의 학문과 생애를 전체적으로 조망하면, 그에게 있어서 모든 일상적 행위는 '리理가 현현顯現하는 연비어약鳶飛魚躍의 세계'를 지향하는 노력의 일환으로 간주되었던 것으로 보인다. 그러나 특정한 개별 행위에 대해서는, 거경과 궁리가 익숙해지면 그 자체로서 완전한 지식에 도달할 가능성을 인정한 것으로 판단된다.

> 그러므로 옛사람들이 학문한 것을 보면, 열심히 애쓰고 조심하여 잠시도 쉼이 없었다. 또한 그렇기 공부를 쌓아가기를 오래도록 하여 여유 있고 넉넉하게 된 뒤에야 앎과 행함이 자연히 순서에 맞았으며 얻는 것이 있었다.31)

이 말로 미루어, 이황의 실천론에는 그야말로 완전한 지의 내용을 행동으로 옮기는 실천을 포함하고 있지만, 그의 구도자적 생애 속에 나타난

---

31) 『退溪集』, 권24, 「答鄭子中」.

실천은 대개 진지眞知의 실현을 위한 함양적 실천을 지향하고 있지 않았나 생각된다.

6. 이황 공부론의 의의와 특징

주희에 의해 완성된 송대 성리학은 우주만물을 통괄하는 하나의 원리를 인정하면서, 동시에 우주를 구성하는 하나하나의 개별적 존재자들이 똑같은 내용의 원리를 본성으로 가짐을 인정하여 우주만물을 종횡으로 연결시키고 있다는 점에서 매우 독창적인 사상 체계임에 분명하다.

그러나 '천天·인人과 물物·아我가 일리一理'라는 성리학적 진리가 과연 성립하는가 하는 문제는 그 자체의 속성상 다만 그 가능성이 열려 있을 뿐이지 보장되어 있는 것은 아니다. 선험적 원리에 치중하게 되면 추상적 관념론으로 흐르고, 자아의 개별적 본성에 치중하게 되면 주관적 관념론으로 흐르기 쉽다. 이황은 이러한 추상성과 주관성을 극복하는 방법이 오직 인간의 실천적 함양에 달려 있을 뿐이라고 보았다.

지금까지의 논구에 의해 밝혀진 바에 의하면, 퇴계철학에 있어서의 실천은 정호·정이·주희에 의해서 밝혀진 진리의 내용을 단순히 실행에 옮기는 것이 아니라, 그들에 의해서 제시된 진리의 가능성을 실제의 삶에 있어서 유의미한 원리가 되도록 하기 위한 끝없는 추구의 과정이었다. 이것은 천·인과 물·아의 통합적 목표에 대한 의식이 상대적으로 부재하거나 박약한 일반적 의미의 실천이 아니라 양자의 통합적 진리를 달성한다는 목표에 대한 강렬한 의식이 전제된 실천이라 할 수 있다. 또한 일반적 의미의 실천은 인간의 지식이 선현에 의해 이미 완전한 상태에 도달했다고 보거나 문헌이나 전문(傳聞)을 통해서 어렵지 않게 얻을 수 있다고 하는 생각을 바탕에 깔고 있지만, 이황의 실천은 진정한 지식은 남이 줄 수 있는 것이 아니며 완전한 상태에 도달하는 것을 부정하지는 않지만 그렇게 되기 위해서는 끊임없는 함양이 필요하다고 본다. 이황은 이와 같은 공부론에 입각하고 있으며, 따라서 그의 생애와 삶은 구도자적 모습으로 우리에게 다가온다.

이황은 천·인과 물·아의 통합 가능성을 인간의 마음에 고유하게 갖추어져 있는 허령성虛靈性과 통섭성統攝性에서 찾았다. 통섭성은 미발의 세계와 이발의 세계, 선험적 원리와 사물의 개별적 원리를 한 가지로 연결시켜 주는 통합적 속성을 갖는다. 이 점에서 퇴계철학의 심학적 성격이 드러난다. 그러나 마음의 허령성과 통섭성을 기르는 방법은 참선과 같이 마음 자체를 붙드는 것이 아니라 일상적 실천을 통해 함양하는 것이었다. 바로 이 점에서 퇴계학이 갖는 심학적 특성이 실천이란 요소와 밀접한 연관성을 갖고 있음을 확인하였다. 이황의 공부론은 몇 가지 점에서 의의를 찾을 수 있다.

첫째, 성리학적 지·행 관계에 대해 일정한 결론을 내렸다. 성리학에서 말하는 리일분수론理一分殊論에 입각한 진리는 본질적으로 의리적 진리, 즉 도덕적 진리이다. 이것은 경험적으로 증명되거나 인식될 수 있는 성질의 것이 아니다. 결국 끊임없는 함양을 통해 체득될 수밖에 없는 것이다. 또한 함양은 남이 대리할 수도 없고, 남이 함양을 통해 체득한 진리의 내용을 빌려 올 수도 없는, 스스로 주재가 되어 함양적 실천을 통해 도달할 수밖에 없는 진리인 것이다. 이 점에서 이황은 마음의 허령성과 통섭성, 그리고 그것을 함양하기 위한 실천을 강조함으로써 그 가능 근거와 방법을 제시하였다는 의의를 갖는다.

둘째, 이황의 공부론은 퇴계학을 연관되는 학문 분야와 연결시켜 논의할 수 있는 이론적 토대를 제공한다. 즉 실천 개념을 정리함으로써 우리는 퇴계학맥에서 나타나는 예학禮學이나 실학實學과의 이론적 연관성을 논의할 수 있다. 진리의 일상성과 실천의 중시는 일상적 실천의 대상을 무엇으로 보느냐에 따라서 예학으로 발전할 수도 있고, 실학으로 나타날 수도 있다. 실천의 가장 시급한 대상을 예禮의 문제로 보면 예학이 당면한 학문적 과제가 되고, 현실적인 불편이나 부조리의 개선으로 본다면 실학적 사고가 생겨나게 된다. 현재 일부 연구자들이 이황의 예학을 심학과의 긴밀한 연관 관계 위에서 논의하려고 하는 시도는 이런 관점에서 주목된다. 물론 이러한 논의는 퇴계학의 학적 체계에서 차지하는 실천의 위상을 고려한 사상적 발전 가능성을 말하는 것이지, 예컨대 실학이나 예학의 태두를 이황으로 본다든가 하는 것은 아니다.

셋째, 이황의 공부론은 일회적이고 방편적인 실천을 반성하게 하며, 인간의 삶의 목적에 관해 생각하게 한다. 공동체 사회에서의 인간은 자신이 발 딛고 있는 세계에서 일어나는 현실 문제를 외면하지 않고 정확히 인식해야 하기도 하지만, 그 문제가 공동체 전체의 이익과 미래에 어떤 결과를 가져올지에 대해서도 관심을 갖지 않으면 안 된다. 이 점에서 이황은 자연과 인간, 타인과 나를 포괄하는 공부론을 말하였다. 이러한 면은 특히 점점 개별화되고 익명화되어 가는 현대 사회에서 퇴계학이 공헌할 수 있는 부분이라고 본다.

그러나 이황의 공부론은 그 자체로 몇 가지 한계 내지 문제점도 동시에 갖고 있다. 첫째, 지와 행, 거경과 궁리가 '서로를 기다리고 서로를 완성시키는' 관계에 있을 때의 문제점으로, 순수한 객관적 지식을 탐구하는데 한계가 있다는 것이다. 이황이 "무릇 격물하고 궁리하는 까닭은 시비와 선악을 연구하여 밝혀서 버리고 취하려 하는 것이다. 이것은 사상채謝上蔡가 옳은 것을 찾는 것으로써 격물을 논한 까닭인 것이다"32)라고 하였듯이, 함양적 실천을 통해 도달하게 되는 진리라는 것은 본질적으로 도덕적 성격을 갖는 것으로 인식 대상에 대한 순수한 지식을 얻는 데는 한계가 있다.

둘째, 시사적, 사회적 문제에 대한 적극적인 참여라는 점에서 한계가 있을 수밖에 없다는 점이다. 완전한 지식이란 것이 남이 대리할 수도 없고, 남이 함양을 통해 체득한 진리의 내용을 빌려 올 수도 없으며, 스스로 주재가 되어 함양적 실천을 통해 도달할 수밖에 없는 것이라면, 완전히 원숙한 대가가 된 이후에야 사회적인 문제에 간여할 수 있게 되므로, 아무래도 적극적인 사회 참여가 위축될 가능성이 있다. "선생께서 시사時事에 관해 말씀하시는 것을 들어보지 못했다"33)는 언행록의 기록은 이러한 경향을 반영하고 있다.

---

32) 『退溪集』, 권14, 「答족叔獻 珥·戊午」別紙.
33) 『溪山記善錄』下, 1563년(선조 2) 柳雲龍과 李德弘의 대화 부분.

이이의 공부론

황의동

1. 공부로서의 수기

『대학』은 격물格物, 치지致知, 성의誠意, 정심正心, 수신修身, 제가齊家, 치국治國, 평천하平天下의 순서로 유학의 체계를 설명하고 있다. 여기에서 격물・치지는 앎의 문제요, 성의・정심은 실천의 문제로서, 이는 곧 수신의 과정이요 공부의 방법이라 할 수 있다. 따라서 천자로부터 서인에 이르기까지 모두 '수신'으로 근본을 삼는다. 제왕의 학문도 수기보다 먼저 할 것이 없는 것이다.[1] 그리고 성현의 학문 또한 수기치인에 지나지 않을 뿐이다.[2] 이와 같이 수신 내지 공부는 유학에 있어서 학문됨의 근본으로 여겨

---

1) 『栗谷全書』, 권20, 「聖學輯要」2, 修己第2上, "臣按, 大學曰, 自天子以至於庶人, 一是皆以修身爲本, 其本亂而末治者否矣. 是故帝王之學, 莫先於修己."
2) 『栗谷全書』, 권19, 「聖學輯要」1, 統說第1, "臣按, 聖賢之學, 不過修己治人而已."

왔을 뿐 아니라 율곡 이이에게 있어서도 그러하였다. 유학에 있어서 '학문한다' 함은 곧 '인간 되어짐'을 의미한다. 그것은 곧 수기요 공부라 하겠다. 인간은 한 개체로 살아갈 뿐 아니라 가정, 사회, 국가, 세계의 일원으로 살아간다. 여기에 정치, 경제, 문화, 교육 등 여러 가지 영역의 삶이 엮어진다. 그러나 이러한 모든 일들은 궁극적으로 개체의 정립을 전제로 한다. 인간으로서의 내가 참되고 바르고 깨끗할 때 남과 우리의 문제까지도 해결할 수 있다.

이러한 관점에서 인간 되어짐으로서의 공부 문제는 매우 중요한 의미를 갖는다. 왜냐하면 도덕적 실천이 결여된 인간이야말로 부족한 인간일 뿐 아니라 또 그러한 학문이야말로 진정한 의미에서의 학문일 수 없기 때문이다. 그동안 율곡학은 성리 이론의 측면이나 경세의 측면에서 괄목할 만한 연구가 이루어져 왔다. 또한 수양론의 측면에서도 특히 이이의 「성학집요聖學輯要」를 중심으로 한 연구가 이루어져 왔다.[3]

그러나 이것들은 대체로 제왕학으로서의 성학聖學에 관한 연구이며 또 성의정심에 치우친 감이 없지 않다. 이이의 「성학집요」에 있어 수기의 차서를 보아도 입지장立志章, 수렴장收斂章, 궁리장窮理章, 성실장誠實章, 교기질장矯氣質章, 양기장養氣章, 정심장正心章, 검신장撿身章으로 되어 있어, 성의정심 중심의 공부론으로만 보는 데는 문제가 있다. 더욱이 이이 공부론의 범주에는 궁리의 문제까지 포괄하고 있음을 간과할 수 없고, 거경居敬의 문제가 폭넓게 강조되고 있음 또한 결코 지나쳐서는 안 된다. 따라서 이러한 관점에서 이이의 공부론에 대한 체계적인 연구는 필요한 과제이

---

[3] 송석구, 「율곡의 철학사상 연구―성의, 정심을 중심으로」(동국대 박사학위논문, 1980); 황준연, 「율곡의 철학사상에 관한 연구―성학집요를 중심으로」(성균관대 박사학위논문, 1987); 장숙필, 「율곡 이이의 성학연구」(고려대 박사학위 논문, 1991).

다. 이제 이이의 「성학집요聖學輯要」, 「격몽요결擊蒙要訣」, 「만언봉사萬言封事」, 「동호문답東湖問答」, 「어록語錄」 그리고 상소문과 편지를 통해 그의 공부론을 검토해 보고자 한다.

2. 긍정적 인간관과 공부의 가능성

인간의 공부는 어떻게 가능한가? 이를 위해서는 인간의 변화 가능성이 전제되어야 한다. 만일 인간에게 지적인 변화 가능성과 행동의 변화 가능성이 주어지지 않는다면 공부론 자체가 성립될 수 없다. 여기에 이이가 인간을 어떻게 이해하고 있는가 하는 문제가 수반된다.

이이에 의하면 천지는 기氣의 지극히 바르고 통한 것을 얻었으므로 정성定性이 있어 변함이 없고, 만물은 기의 치우치고 막힌 것을 얻었으므로 정성이 있어 변함이 없다. 따라서 천지만물은 다시 닦고 행할 방법이 없다. 오직 사람만이 기의 바르고 통한 것을 얻었는데, 맑고 흐리고 순수하고 잡박한 것이 만 가지로 달라서 천지의 순일純一함과는 같지 못하다. 다만 그 마음 됨이 허령통철虛靈洞徹하여 온갖 이치가 갖추어져 있으므로 탁한 것은 맑게 변할 수 있고, 잡박한 것은 순수하게 변할 수 있다. 그러므로 수위修爲의 공부는 홀로 사람에게만 있으며, 그 수양의 극치는 천지가 각각 제 자리에 있게 하고 만물이 잘 육성되게 한 후에야 사람의 할 일을 다했다고 할 수 있다.[4]

---

4) 『栗谷全書』, 권10, 書2, "答成浩原(壬申)", "天地, 得氣之至正至通者, 故有定性而無變焉. 萬物, 得氣之偏且塞者, 故亦有定性而無變焉. 是故, 天地萬物, 更無修爲之術, 惟人也. 得氣之正且通者. 而淸濁粹駁, 有萬不同, 非若天地之純一矣. 但心之爲物, 虛靈洞徹, 萬理具備, 濁者可變而之淸, 駁者可變而之粹, 故修爲之功, 獨在於人, 而修

이처럼 동물은 기가 치우치고 식물은 막힌 것과는 달리, 인간은 그 기의 바름과 통함을 얻었고 또 마음이 허령통철하여 온갖 이치를 갖추고 있어 공부의 가능성이 주어졌다고 본다.

그는 또 「격몽요결」에서 대개 중인과 성인은 그 본성이 하나로 같다 하고, 비록 기질이 맑고 흐리며 순수하고 잡박한 차이가 없지 않으나, 진실로 참으로 알고 실천하여 그 낡은 버릇을 버리고 그 본성의 처음을 회복하면 털끝만큼을 보태지 않고서도 온갖 선이 다 만족해질 것이니, 중인이 어찌 성인을 스스로 기약하지 않을 수 있겠느냐고 반문한다.[5]

이이는 맹자의 성선관에 입각해서 인간의 본질에 대해 긍정적인 신념을 갖는다. 누구나 도덕 가능의 존재임을 확신하고 중인과 성인은 평등하다고 이해한다. 다만 기질의 차이로 인해 본성이 온전히 드러날 수 없다고 보았다. 따라서 기의 변화를 통해 본성이 온전히 드러날 수 있도록 하는 것이 중요한 과제가 된다.

또한 이이는 인간의 변화 가능성에 대해 이렇게 설명한다.

사람의 용모는 추한 모습을 곱도록 고칠 수 없고, 힘이 약한 것을 강하게 고칠 수 없으며, 신체는 작은 것을 크게 고칠 수 없다. 이는 이미 정해진 분한을 고칠 수 없기 때문이다. 다만 심지心志에 있어서는 어리석음을 지혜롭게 고칠 수 있으며, 불초함을 현명함으로 바꿀 수 있다. 이는 마음의 허령함이 타고난 것에 구애되지 않기 때문이다.[6]

爲之極, 至於位天地育萬物, 然後吾人之能事畢矣."
[5] 『栗谷全書』, 권27, 「擊蒙要訣」, "蓋衆人與聖人, 其本性則一也. 雖氣質不能無淸濁粹駁之異, 而苟能眞知實踐, 去其舊染, 而復其性初, 則不增毫末, 而萬善具足矣. 衆人豈可不以聖人自期乎."
[6] 『栗谷全書』, 권27, 「擊蒙要訣」, "人之容貌, 不可變醜爲妍, 膂力不可變弱爲强, 身體不可變短爲長, 此則已定之分, 不可改也. 惟有心志, 則可以變愚爲智, 變不肖爲賢, 此則心之虛靈, 不拘於禀受故也."

여기에서 어리석음을 지혜롭게 바꾼다는 것은 지적인 변화이며, 불초를 현명함으로 바꾼다는 것은 도덕적인 변화를 의미하는 것이다. 이와 같이 이이는 인간의 도덕적 변화 가능성과 지적 변화의 가능성을 함께 인정하였다. 이러한 인간관에서 그의 공부론이 가능한 것임을 알 수 있다.

3. 성인의 공부 목표

이이에게 있어 공부의 궁극적인 목표는 무엇일까? 그것은 바로 '성인'이 되는 데 있다. 이이는 「격몽요결」에서 처음으로 배우는 사람은 먼저 모름지기 뜻을 세우고 반드시 성인이 되기를 스스로 기약해야 된다고 하였다.[7] 그리고 「동호문답」에서는 임금이 진실로 이 뜻을 세웠다면 성인으로서 표준을 삼으라 권고하고, 성인으로 표준을 삼아서 반드시 배우고 한 후에야 삼대의 정치가 회복될 수 있다 하였다.[8] 또 「학교모범」에서도 배우는 이는 먼저 모름지기 뜻을 세워 도道로써 자신의 임무를 삼아야 한다 하고, 분발하고 힘써서 반드시 성인이 되어야만 한다 하였다.[9] 이와 같이 이이의 공부론에 있어서 추구하는 목표는 한결같이 성인됨에 있다.

이이는 성인, 군자, 학자를 구별하여 설명하기도 한다.

격물치지 성의정심이 지극한 경지에 이른 이가 성인이요, 격물치지 성의정심이 아직 지극함에 이르지 못한 이가 군자이며, 또한 군자 위에 나

---

[7] 『栗谷全書』, 권27, 「擊蒙要訣」, "初學, 先須立志, 必以聖人自期."
[8] 『栗谷全書』, 권15, 「東湖問答」, "主上誠立此志, 則以聖人爲標準矣. 以聖人爲標準而必欲學之, 然後三代之治可復也."
[9] 『栗谷全書』, 권15, 「學校模範」, "一日立志, 謂學者先須立志, 以道自任……奮發策勵, 必要作聖人而後已."

아가 성인에 가장 가깝지만 조금 미달했던 이가 안회顔回(顔子)라고 하였다. 그리고 격물치지에 아직 미치지 못하여 격물치지하고자 하고 성의정심에 아직 이르지 못하여 성의정심하고자 하는 이가 곧 학자라고 하였다.10)

여기에서 이이는 성인, 군자, 학자라는 공부의 위계를 설정하고 있음을 알 수 있다. 그리고 공자의 제자인 안회야 말로 군자 위에 나아가 성인에 가장 가까웠으나 조금 못 미쳤던 이라고 평가하였다.

또한 이이는 성인은 지극히 통하고, 지극히 바르고, 지극히 맑고, 지극히 순수한 기氣를 얻어 천지와 더불어 그 덕德을 합하였으므로, 정해진 본성이 있어 변함이 없다고 하며, 따라서 천지는 성인의 표준이 되고, 성인은 중인의 표준이 된다고 하였다.11) 그러므로 성인의 덕은 하늘과 더불어 하나가 되므로 신묘해 헤아릴 수 없는 것이라 하겠고,12) 힘쓰지 아니해도 맞고, 생각하지 않아도 얻고, 작위하지 아니해도 모두가 법도에 맞으며, 동작이 모두 예에 맞는 것이라 하겠다.13)

이렇게 볼 때, 성인은 지극히 통하고 바르고 맑고 순수한 기氣를 얻어 천지와 일치된 덕德을 지닌 존재였다. 즉 천도天道의 온전함을 그대로 인간에게 체득한 이가 성인으로서, 성인은 곧 천인합일의 구체적 현현顯現이라 하겠다.14) 따라서 인간은 성인을 목표로 공부를 해야 하는 것이며, 그 성인의 표준은 다름 아닌 천지였으니, 인간의 공부는 천지와의 합일에

---

10) 『栗谷全書』, 권9, 書1, 「答成浩原」, "愚則以爲物極其格, 知極其至, 意極其誠, 心極其正者, 聖人也. 格致誠正而未造其極者, 君子也. 就君子上最近聖人而未達一間者, 顔子也. 未格致而欲格致, 未誠正而欲誠正者, 學者也."
11) 『栗谷全書』, 권10, 書2, 「答成浩原」, "……然則天地聖人之準則, 而聖人衆人之準則也."
12) 『栗谷全書』, 권22, 「聖學輯要」4, "聖人之德, 與天爲一, 神妙不測."
13) 『栗谷全書』, 권31, 「語錄」上, "日不作爲而自然, 皆中規矩, 則可謂動容周旋中禮矣. 能如是者, 可謂聖人."
14) 황의동, 『율곡철학연구』(경문사, 1987), 179쪽.

있었던 것이다. 여기에서 우학의 공부론이 천인합일에 그 구경지究境地가 있음을 알 수 있다.

4. 지행의 공부 체계

이이에게 있어 공부의 내용과 체계는 어떻게 설명될 수 있는가? 그는 본래 『대학』의 체계에 따라 「성학집요」를 편찬하였는데, 수기장의 경우 『대학』의 기본으로서 입지立志와 수렴收斂을 맨 앞에 놓고, 『대학』의 격물치지를 궁리窮理로, 성의誠心을 성실誠實・교기질矯氣質・양기養氣・정심正心으로, 『대학』의 수신을 검신撿身으로, 성의정심・수신의 여온餘蘊으로서 회덕량恢德量과 보덕輔德 그리고 돈독敦篤을: 수기의 지어지선止於至善으로서 공효功效를 배열하고 있다.15)

이렇게 볼 때, 입지와 수렴은 공부의 기본으로 제시된 것이고, 궁리는 격물치지, 성실・교기질・양기・정심은 성의정심, 검신은 수신, 회덕량과 보덕 그리고 돈독은 성의정심・수신의 보완적 의미를 담고 있다. 따라서 크게 보면 격물치지와 성의정심의 문제로 귀결되고, 이는 달리 말하면 지知와 행행行의 문제가 된다. 이제 구체적으로 이이의 설명을 보기로 하자.

그에 의하면 도학道學이란 격치格致로써 선을 밝히고 성정誠正으로써 그 몸을 닦는 것인데, 이것이 몸에 쌓이면 천덕天德이 되고 이것을 정치에 베풀면 왕도가 된다는 것이다.16) 이이가 말하는 도학의 내용은 격물치지

---

15) 『栗谷全書』, 권19, 「聖學輯要」1, 序 참조.
16) 『栗谷全書』, 권15, 「東湖問答」, "夫道學者, 格致以明乎善, 誠正以修其身, 蘊諸躬則爲天德, 施之政則爲王道."

이이의 공부론 299

와 성의정심임을 알 수 있고, 이는 곧 공부의 내용이라고 볼 수 있다. 그는 「진시폐소陳時弊疏」에서 옛날에 정치를 논하는 이는 반드시 격물치지 성의정심으로 근본을 삼았다 하고, 격물치지를 하지 않으면 지혜가 이치에 밝지 못하고, 성의정심을 하지 않으면 마음이 이치를 따르지 못한다고 하였다.17)

그는 우계牛溪 성혼成渾에게 답한 글에서 안회와 공자가 다투는 바는 단지 사思와 불사不思, 면勉과 불면不勉일 뿐인데, 그 얻게 되고 그 맞게 됨은 한 가지라 하였다. 이른바 사思란 격물치지를 의미하고 면勉이란 성의정심을 의미한다고 말하면서, 격물치지 성의정심은 진실로 학자의 일인데, 이것을 버리고 성인이 되기를 바랄 수는 없다고 하였다.18)

이처럼 이이의 공부론에 있어 그 내용은 『대학』의 격물치지와 성의정심을 기본으로 삼고 있어서 결국 지행의 문제로 귀결되는 것이다.19) 일반적으로 수기 내지 공부라 하면 성의정심의 심성수양에 국한해 보기 쉬운데, 이이에게 있어서는 격물치지의 앎의 문제까지 포괄하고 있음에 유의할 필요가 있다. 그것은 앎과 삶, 지知와 행行의 문제가 밀접히 연관되어 있기 때문이다. 즉 밝게 알지 못하면 바르게 행동할 수 없고, 바르게 행동하지 못하는 앎은 불완전한 앎이기 때문이다. 특히 유학에 있어서는 학문이나 공부의 개념이 단순히 지적 탐구나 지식의 연마에 그치지 않고 실천적인 체득의 경지까지 포함하는 데서 이러한 특징이 나타나게 되는

---

17) 『栗谷全書』, 권7, 「陳時弊疏」, "古之論爲治者, 必以格致誠正爲本……不格致則智不燭理, 不誠正則心不循理."
18) 『栗谷全書』, 권9, 書1, 「答成浩原」, "顔子與聖人所爭者, 只在思與不思, 勉與不勉耳, 其得之其中之則一也. 夫所謂思者, 非格致而何, 所謂勉者, 非誠正而何……格致誠正, 固學者事, 亦不可捨此而求聖人也."
19) 『栗谷全書』, 권20, 「聖學輯要」2, 修己第2上, "臣按, 修己工夫, 有知有行, 知以明善, 行以誠身."

것이다.

5. 공부의 방법

이이의 공부론에 있어서 구체적인 방법은 무엇일까? 앞에서 설명한 것처럼 「성학집요」에서는 입지, 수렴, 궁리, 성실, 교기질, 양기, 정심, 검신, 회덕량, 보덕, 돈독으로 나누어 제시하고 있다. 그러나 유가철학에서 사용하는 용어의 번잡함에 비추어 보면 결국 격물치지, 성의정심, 역행力行의 세 가지로 요약된다. 이는 또 달리 말하면 격물치지는 궁리로, 성의정심은 거경으로 볼 수 있어 궁리, 거경, 역행으로 대별할 수 있다.

그것은 이이의 말로 입증되는바, 그는 「성학집요」에서 수기의 공은 거경, 궁리, 역행 세 가지에 벗어나지 않는다 하였다.[20] 「격몽요결」에서는 거경으로 그 근본을 세우고, 궁리로써 선을 밝히고, 역행으로 그 실實을 실천한다는 세 가지는 종신의 사업이라 하였다.[21] 또한 「만언봉사」에서도 학문의 방법은 성인의 교훈 속에 실려 있는데, 그 요체가 궁리, 거경, 역행 이것뿐이라 하였다.[22] 이렇게 볼 때, 이이에게 있어 공부의 방법은 크게 궁리, 거경, 역행으로 요약된다. 이제 구체적으로 그의 공부 방법론을 검토해 보기로 하자.

---

[20] 『栗谷全書』, 권20, 「聖學輯要」2, 修己第2上, "臣按. 修己之功, 不出於居敬窮理力行三者."
[21] 『栗谷全書』, 권27, 「擊蒙要訣」, "居敬以立其本, 窮理以明乎善, 力行以踐其實三者, 終身事業也."
[22] 『栗谷全書』, 권5, 「萬言封事」, "學問之術, 布在謨訓, 大要有三, 曰窮理也. 居敬也. 力行也. 如斯而已."

1) 입지

이이는 '입지立志'를 공부의 제일차적인 단계로 설정하여 매우 중시하였다. 한 개인의 공부나 지도자의 공부에 있어서 모두 입지를 중시하였다. 즉 정치에 있어서도 치자의 입지가 중요할 뿐 아니라 개인의 공부에 있어서도 입지가 중시되었다. 그는 「격몽요결」에서 "처음 배움에는 모름지기 입지를 먼저하고, 반드시 성인이 되기를 스스로 기약해야 된다" 하였고,[23] 「자경문自警文」에서도 제1조에 먼저 모름지기 그 뜻을 크게 하고, 성인으로서 준칙을 삼아야 한다 하였다.[24] 또한 「성학집요」에서도 학문에는 입지보다 선행할 것이 없다 하였다.[25]

이와 같이 이이는 「성학집요」, 「격몽요결」, 「자경문」, 「만언봉사」, 「학교모범」, 「동호문답」 등 곳곳에서 입지장을 앞에 두거나 하여 입지의 중요성을 강조하고 있다. 이이가 공부에 있어서 입지의 중요성을 강조하는 것은 「성학집요」를 통해서도 극명히 입증된다. 그는 「성학집요」의 수기 차서에서 맨 앞에 입지와 수렴의 장을 두고, 이를 『대학』의 기본이라는 관점에서 그렇게 하였다고 설명하였다. 요컨대 입지는 공부에 있어서도 다른 구체적인 방법에 앞서 갖추어야 할 방법이다. 왜냐하면 인간은 의지 여하에 따라 선으로 갈 수도 있고 악으로 갈 수도 있기 때문이다. 또 의지에 따라 성인의 길을 추구할 수도 있고 중인의 길을 추구할 수도 있기 때문이다. 의지의 정향성定向性은 정치, 수기, 교육의 성패를 좌우하는 관건이다.

---

[23] 『栗谷全書』, 권27, 「擊蒙要訣」, 立志章, "初學先須立志, 必以聖人自期."
[24] 『栗谷全書』, 권14, 「自警文」, "先須大其志, 以聖人爲準則……."
[25] 『栗谷全書』, 권20, 「聖學輯要』2, 立志章, "學莫先於立志……."

그런데 이이는 뜻이 서지 못하는 병통이 세 가지가 있는데, 첫째는 불신不信이요 둘째는 부지不智요 셋째는 불용不勇이라 하였다.

이른바 불신이란 것은 성현이 후학에게 밝게 알려 명백하고 간절하게 가르쳐 주었으니, 진실로 그 말에 따라 순서대로 점차 나아가면 성인도 되고 현인도 되는 것은 당연한 이치인데, 그런 일을 하고도 그런 공이 없는 이는 있지 않다 하였다. 또한 저 불신하는 자는 성현의 말이 사람을 권유하기 위해 만들어 놓은 것이라 생각하여, 단지 그 글만 음미할 뿐 몸으로 실천하지는 않는다. 그러므로 입으로 떠드는 것은 성현의 글이지만 행하는 것은 세속의 행동이라 하였다.26)

그리고 이른바 부지라는 것은 사람이 태어난 기품氣稟이 만 가지로 같지 않으나, 힘써 알고 힘써 행하면 성공은 한 가지인데, 저 부지한 이는 스스로 자기의 자질이 둔미하게 태어났다 하여 퇴보하는 것에 편안하고 한 걸음도 나아가지 아니한다. 나아가면 성인도 되고 현인도 되며 물러가면 어리석은 자도 되고 쿨초한 자도 되는 것이 모두 자기가 하는 바임을 알지 못한다. 그러므로 읽는 것은 성현의 글이지만 지키는 것은 기품에 구애될 뿐이라 하였다.27)

다음으로 이른바 불용이라는 것은 사람들이 성현은 우리를 속이지 아니한다는 것과 기질을 변화시킬 수 있다는 것을 다소 알면서도, 다만 태

---

26) 『栗谷全書』, 권20, 「聖學輯要」2, 修己第2上, "志之不立, 其病有三, 一曰不信, 二曰不智, 三曰不勇, 所謂不信者, 聖賢開示後學, 明白諄切, 苟因其言, 循序漸進, 則爲聖爲賢, 理所必至, 爲其事而無其功者, 未之有也. 彼不信者, 以聖賢之言, 爲誘人而設, 只玩其文, 不以身踐, 是故所誦者聖賢之書, 而所蹈者世俗之行也."
27) 『栗谷全書』, 권20, 「聖學輯要」2, 修己第2上, "所謂不智者, 人生氣稟, 有萬不齊, 而勉知勉行, 則成功一也……彼不智者, 自分資質之不美. 安於退託, 不進一步, 殊不知進則爲聖爲賢, 退則爲愚爲不肖, 皆所自爲也. 是故, 所讀者, 聖賢之書, 而所守者, 氣稟之拘也."

만하게 항상 머물러 있으면서 분발하거나 진작하지 않기 때문에, 어제 한 일을 오늘 개혁하기 어렵게 여기고, 오늘 좋아한 바를 내일 고치기 꺼려한다. 이와 같이 고식적으로 우물쭈물하며 한 치를 나아가면 한 자를 후퇴하는 것이 바로 불용의 소치인 것이다. 그러므로 읽는 것은 성현의 글이지만 안주하는 것은 옛날의 관습이라 하였다.[28]

위의 내용과 같이 이이는 공부하는 데 있어서 뜻이 서지 않는 이유를 불신, 부지, 불용으로 보았다. 이이가 공부에 있어서 입지의 중요성을 강조한 것은 오늘날에 있어서도 그 의미가 크다 할 것이다.

2) 궁리

궁리는 『대학』의 격물치지 문제로서 현대의 학문적 성격에서 보면 수양론의 범주로 보기 어렵다. 그러나 궁리 문제와 수양 문제를 함께 묶어 한 공부론의 체계로 이해하는 것은 유가철학의 특징이다. 물론 이이의 경우도 이에 벗어나지 않는다. 이렇게 유가철학에서 공부론 속에 앎의 문제와 실천의 문제를 함께 보는 것은 '인간 되어짐'이 곧 지와 행을 포함할 때 비로소 온전해질 수 있다고 믿기 때문이다. 즉, 지를 배제한 행이나 행을 결여한 지는 모두 불완전하다고 믿기 때문이다. 이러한 관점에서 격물치지 또는 궁리의 문제가 공부론의 기초로 다루어지게 된다. 격물치지론의 체계적인 탐구는 또 하나의 과제라 할 수 있으므로, 여기에서는 단지 공부론의 한 방법으로 간략히 다루고자 한다.

---

[28] 『栗谷全書』, 권20, 「聖學輯要」2, 修己第2上, "所謂不勇者, 人或稍知聖賢之不我欺, 氣質之可變化, 而只是恬常濡故, 不能奮勵振發, 昨日所爲, 今日難革, 今日所好, 明日憚改, 如是因循, 進寸退尺, 此不勇之所致, 故所讀者, 聖賢之書, 而所安者, 舊日之習也."

이미 앞에서 지적한 것처럼 이이는 여러 곳에서 공부의 방법으로 궁리, 거경, 역행을 제시하고 있다.

이이에 의하면 궁리는 한 가지 방향만 있는 것이 아니라, 안으로는 자신 안에 있는 이치를 궁구하는 것으로서 보고 듣고 말하고 행동하는 데에 각각 그 규범이 있고, 밖으로는 만물에 있는 이치를 궁구하는 것으로서 초목금수에 각각 합당한 법칙이 있다고 한다. 집에 있어서는 부모에게 효도하고 아내를 올바르게 거느리며, 은혜를 두터이 하고 인륜을 바로 하는 이치를 마땅히 살펴야 하며, 사람을 접할 때에는 현명함과 어리석음, 사악함과 올바름, 순후醇厚함과 결함됨, 교묘함과 졸렬함의 구별을 마땅히 분별하며, 일을 처리함에는 옳고 그름, 얻고 잃음, 편안함과 위태로움, 다스려짐과 혼란함의 기미를 마땅히 살펴야 한다. 반드시 책을 읽어 이를 밝히고 옛일을 상고하여 증험하는 것이 궁리의 요체이다.[29]

이와 같이 이치를 궁구하여 안다 함은 사물존재의 이치를 궁구해 아는 것에서부터 우리의 일상생활에서 지켜가야 할 규범과 도리를 아는 것에 이르기까지 매우 넓다. 따라서 우리가 알아야 할 이치는 크게 존재지리로서의 소이연지리所以然之理와 당위지리로서의 소당연지리所當然之理라 하겠다. 그는 또 「성학집요」에서 궁리에 관해 다음과 같이 자세하게 설명한다.

대개 만사만물에는 리理가 있지 않은 것이 없는데, 사람의 한 마음은 온갖 이치를 포괄한다. 그러므로 궁구하지 못할 이치는 없다. 단지 개명성開明性과 엄

---

29) 『栗谷全書』, 권5, 「萬言封事」, "窮理亦非一端, 內而窮在身之理, 視聽言動, 各有其則, 外而窮在物之理, 草木鳥獸, 各有攸宜, 居家則孝親刑妻, 篤恩正倫之理, 在所當察, 接人則賢愚邪正, 醇疵巧拙之別, 在所當辨, 處事則是非得失, 安危治亂之幾, 在所當審, 必讀書以明之 稽古以驗之, 此是窮理之要也."

폐성掩蔽性이 한결같지 않고 총명성과 암매성暗昧性이 때가 있어 궁리하고 격물할 때에 혹 한 번 생각하여 바로 얻는 것도 있고, 혹 정미精微하게 생각하여 비로소 깨닫는 것도 있으며, 혹 마음 써서 애를 태워도 투철하지 못하는 것도 있다. 생각하다가 얻음이 있어서 환연渙然하게 자신하고 패연沛然하게 즐거우며 쇄연灑然하게 말로서 형용할 수 없게 된다면 이는 진실로 체득한 것이다. 비록 체득한 것이 있는 듯하더라도 믿는 가운데 의문이 있으며, 위태롭고 불안하여 석연釋然한 경지에 이르지 못한다면, 이는 억지로 추측한 것일 뿐이며 진실로 얻은 것은 아니다. 이제 사물에 대하여 이해하거나 또 성현의 말을 살핌에 있어 만일 마음가짐이 깨끗하여 한 번 보고도 문득 마음으로 이해하여 조금도 의심스러운 것이 없다면 이는 한 번 생각하여 문득 얻는다는 것이고, 만일 다시 의문을 제기하면 도리어 진실한 견해를 어둡게 하는 것이다. 가령 명도 정호는 일찍이 창고 가운데에서 긴 행랑집의 기둥을 잠자코 헤아려 보고는 맞지 않는다고 의심하여 몇 번이나 헤아려 보았으나 더욱 틀리는지라, 드디어 사람을 시켜 기둥을 두드리며 헤아려 보니 처음에 잠자코 헤아려 본 것과 같았다고 하였는데 이것은 바로 이를 말한다.30)

만일 생각하여 얻지 못했다면, 오로지 마음과 뜻을 다하여 죽도록 싸워 침식도 잊어버리게 되어야만 비로소 깨닫는 것이 있게 되는데, 가령 연평延平 선생이 '일고신一故神, 양고화兩故化'라 한 말을 이해하지 못해 밤새도록 의자 위에 앉아서 사색하여 몸소 그 속에서 체험하여 비로소 평온을 얻을 수 있었다고 하는 것이 그것이다. 또 혹은 오랫동안 애를 태우고서도 마침내 석연하지

---

30) 『栗谷全書』, 권20, 「聖學輯要」2, 修己第2上, "蓋萬事萬物, 莫不有理, 而人之一心, 管攝萬理, 是以, 無不可窮之理也. 但開蔽不一, 明暗有時, 於窮格之際, 或有一思而便得者, 或精思而方悟者, 或有苦思而未徹者, 思慮有得, 渙然自信, 沛然說像, 灑然有不可以言語形容者, 則是眞有得也. 若雖似有得, 而信中有疑, 危而不安, 不至於氷消凍釋, 則是强揣度耳, 非眞得也. 今遇事理會, 及看聖賢之語, 若心慮澄然, 略綽一見, 便會於心, 無少可疑, 則此一思便得者也. 若更生疑慮, 則反晦眞見, 如明道嘗在倉中, 見長廊柱默數之, 疑以爲未定, 屢數愈差, 遂至令人敲柱數之, 乃與初默數者合, 正謂此也."

못하여 생각이 막히고 어지러우면 모름지기 모든 것을 던져버리고 마음속을 비워서 하나도 없게 한 뒤에 문득 들추어 정미하게 생각하고, 그래도 오히려 환히 얻지 못한다면 이것은 우선 놓아두고 따로 다른 것을 궁구한다. 궁구하고 궁구하여 차차 마음이 밝아지면 앞서 환히 얻지 못한 것도 갑자기 깨달을 때가 있는 것이다.[31]

이와 같이 이이는 궁리의 본의가 참으로 아는 데 있음을 강조하고, 궁리에 있어서 여러 유형을 제시하고 있다. 요컨대 이이의 궁리론은 기본적으로 정이, 이동, 주희의 설에 바탕을 두고 전개하는데, 그 방법론으로 경험적인 격물치지법과 소위 직관적인 활연관통법豁然貫通法을 함께 취하고 있다.[32] 이이는 하나하나의 궁구를 통한 경험지經驗知의 축적 없이는 활연관통의 앎에 이를 수 없다고 보았다.

이렇게 볼 때, 이이의 격치설은 경험 일변의 인식 체계도 아니고 관념 일변의 인식 체계도 아닌 양자의 조화적 관점이라고 할 수 있다. 또한 주관 중심의 인식 체계도 아니고 대상 중심의 인식 체계도 아닌 주객의 합일 형식이라 할 수 있다.[33]

3) 성의·정심

이이 공부론의 중요한 방법 중의 하나는 성의誠意와 정심正心이다. 뜻

---

31) 『栗谷全書』, 권20, 「聖學輯要」2, 修己第2上, "如或思而未得, 則專心致志, 抵死血戰, 至忘寢食, 方有所信, 如延平先生云, 一故神, 兩故化, 理會不得, 終夜椅上坐思量, 以身去裏面體認, 方見得平穩……又或苦思之久, 終未融釋, 心慮窒塞紛亂, 則須是一切埽去, 便胸中空無一物, 然後却擧起精思, 猶未透者, 則且置此事, 別窮他事, 窮來窮去, 漸致心明, 則前日之未透者, 忽有自悟之時矣."
32) 황의동, 「栗谷 格物致知論의 체계」, 『유교사상연구』 제6집(유교학회, 1993), 411쪽.
33) 황의동, 「栗谷 格物致知論의 체계」, 『유교사상연구』 제6집, 412쪽.

을 참되게 하는 성의와 마음을 바르게 하는 정심은 모두 『대학』 8조목의 하나인데, 이이 공부론에 있어 중요한 방법론으로 제시되고 있다.

성誠은 『중용』에서 본체론적으로 그리고 윤리적으로 깊게 다루어진 바 있다. 성은 물物의 종시終始로서 성이 아니면 어떤 것도 존재할 수 없다.[34) 그리고 성은 천天의 도道요 성誠하고자 함은 인간의 도道라 하여,[35) 성을 천도 그 자체의 본질로 이해하면서 그것을 실천하는 것이 인간의 길이라고 이해한다. 이러한 『중용』의 성 사상은 이이의 공부론에 그대로 원용되어 성실誠實, 성의誠意 등으로 나타난다.

이이가 말하기를 "궁리가 이미 밝으면 궁행할 수 있는데, 반드시 실심實心이 있은 후에 실공實功에 착수할 수 있으므로, 성실誠實은 궁행의 근본이 된다"고 하였다.[36) 또한 "한 마음이 실實하지 아니하면 만사가 모두 거짓이므로 어디로 간들 행할 수 있으며, 한 마음이 진실로 참되면 만사가 모두 참되니 무엇을 한들 이루어지지 않을 수 있겠느냐"고 하였다.

그러므로 성의는 수기치인의 근본이 된다. 만일 뜻이 참되지 않으면 서지 못하고, 리理가 참되지 않으면 궁격窮格되지 못하며, 기질이 참되지 않으면 변화할 수 없다.[37) 이와 같이 뜻의 성誠, 불성不誠이야 말로 앎의 문제에서나 실천의 문제에서나 관건이 되었다.

그는 또 인심도심人心道心을 설명하면서 성의의 중요성을 이렇게 강조하였다.

---

34) 『中庸』, "誠者, 物之終始, 不誠無物."
35) 『中庸』, "誠者, 天之道也. 誠之者, 人之道也."
36) 『栗谷全書』, 권21, 「聖學輯要」3, 修己第2中, "臣按, 窮理旣明, 可以窮行, 而必有實心, 然後乃下實功, 故誠實爲躬行之本."
37) 『栗谷全書』, 권21, 「聖學輯要」3, 修己第2中, "一心不實, 萬事皆假, 何往而可行, 一心苟實, 萬事皆眞, 何爲而不成. …… 臣又按, 誠意爲修己治人之根本. …… 如志無誠則不立, 理無誠則不格, 氣質無誠則不能變化."

그 기氣의 용사用事함을 알고 정밀하게 살펴서 정리正理로 쫓아간다면 인심은 도심의 명령을 들을 것이요, 정밀히 살피지 못하고 오직 그 향하는 대로 놓아둔다면 정情이 이기고 욕慾이 성하여 인심은 더욱 위태롭고 도심은 더욱 은미隱微해진다. 정찰精察 여부가 모두 이 의意가 하는 바이므로 자수自修는 성의보다 먼저 할 것이 없다.38)

공부론에 있어서도 역시 의지는 중요한 문제가 된다. 따라서 이이는 뜻을 참되게 하는 성의가 공부론에 있어 선결 과제라고 이해하였다.

또한 성의와 함께 마음을 바르게 하는 정심이 강조되는데, 이이는 우리 마음의 본체는 담연湛然히 비고 밝아서 빈 거울과 같고 평평한 저울대와도 같은데, 사물에 감응되어 움직이면 칠정이 응하는 것이니, 이것이 심心의 작용이라 한다. 다만 기氣에 구속되고 욕심에 가려져서 본체가 능히 서지 못하므로 그 작용이 혹 그 바름을 잃기도 하니, 그 병통은 어둡고 어지러운 것에 있을 따름이라고 한다.

어두움의 병에는 둘이 있는데, 하나는 지혼智昏으로 궁리를 못하여 시비에 어둔 것을 말하고, 또 하나는 기혼氣昏으로 게으르고 방일放逸하여 늘 잠잘 생각만 있는 것을 말한다. 그리고 어지러운 병에는 두 가지가 있는데, 하나는 악념惡念으로 외물에 유혹되어 사욕을 계교計較하는 것이고, 또 하나는 부념浮念으로 생각이 일어나 산란하여 끊임없이 일어나는 것을 말한다.39) 보통 사람은 이 두 가지 병통에 곤란을 겪게 되어, 아직

---

38) 『栗谷全書』, 권9, 書二 「答成浩原(壬申)」, "知其氣之用事, 精察而趣乎正理, 則人心聽命於道心也. 不能精察而惟其所向, 則情勝慾熾, 而人心愈危, 道心愈微矣. 精察與否, 皆是意之所爲, 故自修莫先於誠意."
39) 『栗谷全書』, 권21, 「聖學輯要」3, 修己第2中. "臣按, 心之本體, 湛然虛明, 如鑑之空, 如衡之平, 而感物而動, 七情應焉者, 此是心之用也. 惟其氣拘而欲蔽, 本體不能立, 故其用或失其正, 其病在於昏與亂而已, 昏之病有二, 一曰智昏, 謂不能窮理, 昧乎是非也. 二曰氣昏, 謂怠惰放倒, 每有睡思也. 亂之病有二, 一曰惡念, 謂誘於外物, 計較

사물에 감응되기 전에는 어둡지 않으면 어지러워 이미 미발未發의 중中을 잃고, 사물에 감응되었을 때에는 지나치지 않으면 미치지 못하는데 어찌 이발已發의 화和가 있겠느냐고 반문하였다. 군자는 이 때문에 근심하므로 궁리로써 선善을 밝히고 돈독한 뜻으로 기氣를 거느리며, 함양하여 성誠을 보존하고, 성찰하여 거짓을 버리고 그 혼란을 다스린다. 그런 뒤에, 아직 감응하지 않았을 때에는 지극히 허하고 고요하여 이른바 빈 거울, 평평한 저울대의 본체가 비록 귀신이라도 그 끝을 엿볼 수 없고, 감응할 때에는 절도에 맞지 않는 것이 없어서 빈 거울, 평평한 저울대의 작용은 유행하여 머물지 않으니, 정대하고 광명한 것은 천지와 더불어 서참舒慘을 같이 하는 것이라 하였다.40)

이이는 이러한 정심을 「학교모범」에서는 존심存心이라 하여, 배우는 자가 몸을 닦고자 하면 모름지기 안으로 그 마음을 바르게 하여 사물에 유혹되지 말아야 한다고 하였다. 그런 후에야 마음이 태연하며 온갖 사특함이 물러가고 숨어서 바야흐로 실덕實德에 나아가게 된다는 것이다. 그러므로 배우는 자가 먼저 힘쓸 것은 마땅히 정좌존심靜坐存心하여 고요한 가운데에서도 산란하지 않고 혼매昏昧하지 않음으로써 대본을 세우는 것이다. 만약 한 마음이 발한즉 반드시 선악의 기미를 살펴서, 선하면 그 의리를 궁구하고 악하면 그 싹을 끊는다. 존양성찰存養省察하기를 힘쓰고 힘써 그치지 않으면 동정운위動靜云爲가 의리의 당연한 법칙에 맞지 않음

私欲也. 二曰浮念, 謂掉擧散亂, 相續不斷也."
40) 『栗谷全書』, 권21, 「聖學輯要」3, 修己第2中, "常人困於二病, 未感物時, 非昏則亂, 旣失未發之中矣. 其感物也. 非過則不及, 豈得其已發之和乎, 君子以是爲憂, 故窮理以明善, 篤志以帥氣, 涵養以存誠, 省察以去僞, 以治其昏亂, 然後未感之時, 至虛至靜, 所謂鑒空衡平之體, 雖鬼神有不得窺其際者, 及其感也. 無不中節, 鑒空衡平之用, 流行不滯, 正大光明, 與天地同其舒慘矣."

이 없는 것이라 하였다.[41] 따라서 이이는 맹자의 이른바 '존심양성存心養性'이 동정을 관통해 말한 것으로, 즉 성의정심을 말하는 것이라 하였다.[42]

그러면 성의와 정심은 어떻게 다른가? 이이는, 성의는 참으로 선을 행하며 실지로 악을 제거함을 말하고, 정심은 마음이 치우치거나 기대하거나 정체하는 일이 없으며 뜬생각을 일으키지 않음을 말하는데, 정심이 가장 어렵다고 하였다. 사마광司馬光(司馬溫公)과 같은 이도 성의는 하였지만 언제나 생각이 흔들렸으니, 이것은 정심이 되지 못한 까닭이라 하였다. 그러나 만약 참으로 성의를 한다면 정심과의 거리가 멀지 않을 것이라 하였다. 소위 참으로 성의한다는 것은 격물치지하여 이치가 밝고 마음이 열려서 뜻을 참되게 함을 말하는 것이다.[43] 이와 같이 성의와 정심은 구별해 볼 수 있으나, 또한 궁극에 가서는 상통될 여지가 있는 것이라 하겠다.

4) 교기질

이이는 맹자의 성선관에 입각해 인간의 본성은 선한지간 혹 기질의 구애로 흘러서 악이 된다고 보았다.[44] 따라서 공부론의 요점은 본성의 선

---

41) 『栗谷全書』, 권15, 「學校模範」, "五曰存心, 謂學者欲身之修, 必須內正其心, 不爲物誘, 然後天君泰然, 百邪退伏, 方進實德, 故學者先務, 當靜坐存心, 寂然之中, 不散亂不昏昧, 以立大本, 而若一念之發, 則必審善惡之幾, 善則窮其義理, 惡則絶其萌芽, 存養省察, 勉勉不已, 則動靜云爲, 無不合乎義理當然之則矣."
42) 『栗谷全書』, 권21, 「聖學輯要」3, 修己第2中, "臣按, 孟子所謂存養, 通貫動靜而言, 卽誠意正心之謂."
43) 『栗谷全書』, 권32, 「語錄」下, "問于栗谷先生曰, 誠意正心何別? 答曰, 誠意, 是眞爲善而實去惡之謂也. 正心, 是心無偏係期待留滯, 且不起浮念之謂也. 正心最難, 如司馬溫公誠意, 而每念慮所攪擾, 是不得正心也. 雖然, 若眞誠意, 則去正心不遠, 所謂眞誠意者, 格物致知, 理明心開, 而誠其意之謂."
44) 『栗谷全書』, 권10, 書2, 「答成浩原」, "性本善而氣質之拘, 或流而爲惡."

을 가리는 기질을 어떻게 변화시키느냐에 있다. 기氣는 본래 유위有爲한 것으로 가변적 특성을 갖는다. 문제는 그 변화가 바람직한 방향으로의 변화냐 아니냐 하는 데 있다.

이러한 관점에서 이이는 여러 곳에서 기질을 고쳐야 한다(矯氣質)든가 기질을 변화시켜야 한다(氣質變化)든가 하는 주장을 한다. 이이에 의하면, 이미 학문을 참되게 하였다면 반드시 편벽된 기질을 고쳐서 본연의 성을 회복해야 한다.45) 본연의 성을 회복하는 방법은 곧 기질을 고치는 데 있다. 일기一氣의 근원은 담연湛然히 맑고 비었는데, 오직 그 양陽이 동動하고 음陰이 정靜하며 혹 오르기도 하고 혹 내려가기도 하다가 어지럽게 날아다니는 사이에 합하여 질質을 이루어 드디어 고르지 못하게 되는 것이다. 물物이 치우치고 막힌 것(동물이나 식물)은 다시 변화시킬 방법이 없으나, 오직 사람은 비록 맑고 흐리며 순수하고 잡박하여 같지 않음이 있다 하더라도 마음이 비고 밝아서 변화시킬 수 있다. 그러므로 맹자가 사람은 모두 요, 순이 될 수 있다 하였는데 어찌 헛말이겠느냐고 말한다.46)

기氣가 맑고 질質이 순수한 사람은 지와 행을 힘쓰지 않고서도 능하게 되어 더할 것이 없으며, 기가 맑고 질이 잡박한 사람은 알 수는 있어도 능히 행할 수는 없다. 만약 궁행에 힘써서 반드시 참되고 반드시 독실하면 행실이 가히 세워지고 유약한 자가 강하게 될 수 있으며, 질이 순수하고 기가 흐린 사람은 능히 행할 수는 있으나 능히 알 수는 없는데, 만약 묻고 배우는 데 힘써 반드시 참되고 반드시 정밀하게 하면 앎에 이를 수

---

45) 『栗谷全書』, 권21, 「聖學輯要」3, 修己第2中, "臣按, 旣誠於爲學, 則必須矯治氣質之偏, 以復本然之性."
46) 『栗谷全書』, 권21, 「聖學輯要」3, 修己第2中, "臣按, 一氣之源, 湛然淸虛, 惟其陽動飮靜, 或升或降, 飛揚紛擾, 合而爲質, 遂成不齊, 物之偏塞, 則更無變化之術, 惟人則雖有淸濁粹駁之不同, 而方寸虛明, 可以變化, 故孟子曰, 人皆可以爲堯舜, 豈虛語哉."

있으며 어리석은 자라도 밝게 될 수 있다.47)

이렇게 볼 때, 기질 가운데 기의 맑고 흐림은 지에 관계되고, 질의 순수하고 잡박함은 행에 관계됨을 알 수 있다. 따라서 기의 맑음과 질의 순수함을 확보하는 것이 중요한 문제였다 할 것이다.

그런데 이이는 선유들이 "그 본성을 회복하라"(復其性)고는 말했어도 "그 기를 회복하라"(復其氣)고는 말하지 않았다고 주장한다. 본연의 성은 비록 물욕에 가리어지고 기에 구애되었더라도 그 근본을 미루어 보면 순선무악純善無惡하므로 그 본성을 회복하라고 말한 것이다. 기에 이르러서는 혹은 탁하기도 하고 혹은 잡박하기도 하여 이미 처음 태어날 때부터 판정되어 있기 때문에 그 기를 회복하라고 말하지 않고 기질을 고치라고 말했다 한다.48)

이이는 이처럼 선유들은 '복기성復其性'이란 말은 했어도 '복기기復其氣'란 말은 하지 않았다 하고, '복기기' 대신에 '교기질'을 말했다 한다.

그러나 성혼에게 보낸 편지에서는 '복기기'를 실질적으로 인정하고 있어 주목할 만하다. 이이에 의하면 리理 위에는 한 글자도 더할 수 없고 털끝만큼의 수양도 더할 수 없다. 리는 본래 선하니 구슨 수양이 필요한가? 성현의 천 마디 만 마디 말이 단지 사람들로 하여금 그 기氣를 단속하여 기의 본연을 회복하게 할 뿐이라는 것이다.49)

---

47) 『栗谷全書』, 권21, 「聖學輯要」3, 修己第2中, "氣淸而質粹者, 知行不勉而能, 無以尙矣. 氣淸而質駁者, 能知而不能行, 若勉於躬行, 必誠必篤, 則行可立而柔者强矣. 質粹而氣濁者, 能行而不能知, 若勉於問學, 必誠必精, 則知可達而愚者明矣."
48) 『栗谷全書』, 권31, 「語錄」上, "問先儒每言復其性, 而不言復其氣何也. 曰本然之性, 雖物蔽氣拘, 而推其本則純善無惡, 故曰復其性也. 至於氣, 則或濁或駁, 已判於有生之初, 故不曰復其氣, 而曰矯氣質也."
49) 『栗谷全書』, 권10, 書2, 「答成浩原」, "夫理上, 不可加一毫修爲之力, 理本善也. 何可修爲乎, 聖賢之千言萬言, 只爲人撿束其氣, 使復其氣之本然而已."

이와 같이 이이는 기 본연의 담일청허湛—淸虛함을 적극적으로 긍정하여 기의 본연을 회복해야 한다고 말하는데, 이는 그의 리기지묘적理氣之妙的 사유에서 가능한 것이다. 즉 본연에서도 리기지묘의 관계는 지켜져야 하는데, 리 본연의 순선은 기 본연의 담일청허하에서만 은폐되지 않는다. 따라서 리 본연과 기 본연은 사실상 상통되고, 리 본연의 회복이나 기 본연의 회복이나 다를 바 없는 것이다. 이러한 관점에서 이이는 '복기기復其氣'라는 표현을 쓸 수 있었던 것이다.

5) 거경

이이의 공부론에서 중요한 방법 중의 하나가 거경이다. 경敬은 선진 유학 이래 송대 성리학에서도 매우 중시되어 온 덕목이다. 경은 본체론적 의미로 해석되기도 하지만 여기에서는 수양 방법의 하나로 이해하고자 한다. 그런데 이러한 경의 윤리는 다른 여러 가지 개념으로도 설명된다. 따라서 여기에서는 수렴收斂, 함양涵養, 성찰省察로 나누어 설명하고자 한다.

이이는 「성학집요」 수기의 차서에서 입지 다음으로 수렴을 들고 있다. 수렴은 경의 시작으로50) 소학지공小學之功을 의미한다.51) 구체적으로는 용지容止의 수렴, 언어의 수렴, 심心의 수렴을 말하는데, 이는 '구용九容'을 의미한다.

이이는 말하기를 몸과 마음을 수렴하는 데는 구용보다 더 절실한 것이 없다고 한다. 즉, 발 거동은 무겁게 하고, 손 거동은 공손하게 하며,

---

50) 『栗谷全書』, 권21, 「聖學輯要」3, 修己第2中(小註), "收斂, 敬之始也."
51) 『栗谷全書』, 권20, 「聖學輯要」2, 修己第2上, "今取敬之爲學之始者, 置于窮理之前, 目之以收斂, 以當小學之功."

눈 거동은 단정히 하고, 입 거동은 그치며, 소리 거동은 고요히 하고, 머리 거동은 곧게 하며, 기운의 거동은 엄숙하게 하고, 서는 거동은 덕 있게 해야 하며, 얼굴 거동은 씩씩해야 하는 것이다.52) 그리고 이 마음을 거두어 잡아 고요하여 어지럽게 일어나는 생각이 없게 하고 환히 빛나서 혼매昏昧한 잘못이 없게 해야 한다.53)

주희는 소학小學을 함양 공부로 삼았는데, 이이는 수렴을 소학 공부로 생각하고 있어 특징적이다. 그러므로 소학지공으로서의 수렴 공부야 말로 경의 출발점이다.

다음으로 이이는 함양과 성찰을 공부의 방법으로 제시한다. 무릇 몸과 마음을 거두어 잡는 것은 모두 함양이라 할 수 있다. 그러므로 동정動靜을 논할 것 없이 모두 함양은 실천에 있다고 말한 것이니 실천 가운데에 함양이 있다.54) 이처럼 함양은 실천적 성격이 짙다.

이이에 의하면 미발未發할 때에는 이 마음이 고요하여 진실로 털끝만한 생각도 없다. 단지 고요한 가운데에서도 지각이 어둡지 아니하여, 마치 충막무짐冲漠無朕하지만 만상萬象이 삼연森然하게 이미 갖추어져 있음과 같다. 이 경지는 극히 이해하기 어렵지만, 단지 이 마음을 경으로 지켜 함양이 오래 쌓이면 스스로 마땅히 힘을 얻게 된다. 이른바 경으로 함양한다는 것은 또한 다른 방법이 아니라, 다만 고요하여 염려가 생기지 않게 하고, 또렷또렷하여 조금도 혼미하지 않게 할 뿐이라는 것이다.55) 이이

---

52) 『栗谷全書』, 권27, 「擊蒙要訣」, "收斂身心, 莫切於九容……所謂九容者, 足容重, 手容恭, 目容端, 口容止, 聽容靜, 頭容直, 氣容肅, 立容德, 色容莊."
53) 『栗谷全書』, 권27, 「擊蒙要訣」, "收斂此心, 使寂寂無紛起之念, 惺惺無昏昧之失可也"
54) 『栗谷全書』, 권31, 「語錄」上, "曰凡收斂身心, 皆可謂之涵養, 故勿論動靜皆謂涵養在踐履, 則踐履中有涵養矣."
55) 『栗谷全書』, 권21, 「聖學輯要」3, 修己第2中, "臣按, 未發之時, 此心寂然, 固無一毫思慮, 但寂然之中, 知覺不昧, 有如冲漠無朕, 萬象森然已具也. 此處極難理會, 但敬

는 수렴을 경의 시작이라 하였고 함양을 경의 끝이라 하였다.56)

그러면 함양과 성찰은 어떻게 구별되는가? 이이에 의하면, 함양과 성찰을 상대적으로 말하면 함양은 오로지 고요한 곳만을 가리켜 말한 것이라 할 수 있지만, 단지 함양만을 들어 말하면 동정動靜을 겸한다고 하였다.57)

따라서 함양과 성찰을 상대적으로 보면 함양은 정적인 방법이고 성찰은 비교적 동적인 방법이라 할 수 있다. 그러나 단지 함양만을 가지고 논하면 동정을 겸한다고 보는 것이다. 성찰은 선악의 은미한 기미를 잘 살피는 것이요 천리와 인욕의 경계를 잘 살피는 것을 의미한다.

이이는 「성학집요」에서 정심장 안에 함양과 성찰을 설정하고 있다. 결국 함양이나 성찰은 『대학』의 8조목 체계로 보면 정심에 해당되기 때문이다. 그러나 논자는 정심을 성의와 연관하여 앞에서 다루었고, 함양, 성찰, 수렴은 거경의 범주에서 다루고자 하였다. 이는 앞에서 이미 언급한 것처럼, 이이가 「만언봉사」, 「성학집요」, 「격몽요결」 등에서 한결같이 수기의 요목으로 거경, 궁리, 역행을 들고 있기 때문이다.

그러면 거경, 지경持敬, 독경篤敬으로서의 경은 무엇인가? 이이에 의하면 거경은 동정에 통용된다. 고요히 있을 때는 잡념을 일으키지 않고 담연히 허적虛寂하되 또렷또렷하여 어둡지 않아야 하며, 움직일 때에는 일에 임해 한 가지에 오로지 해야지 둘이나 셋으로 생각하지 말아서 조금도 어긋남이 없어야 하며, 몸가짐은 반드시 정제整齊하고 엄숙해야 하고, 마음가짐은 반드시 경계하여 삼가고 두려워해야 하니 이것이 거경의 요체

守此心, 涵養積久, 則自當得力, 所謂敬以涵養者, 亦非他術, 只是寂寂不起念處, 惺惺無少昏昧而已.

56) 『栗谷全書』, 권21, 「聖學輯要」3, 修己第2中(小註), "收斂, 敬之始也. 此章, 敬之終也."
57) 『栗谷全書』, 권31, 「語錄」上, "許克諶問, 涵養可以兼動靜看乎, 曰涵養省察對擧, 則涵養專指靜處而言, 單擧涵養, 則兼動靜也."

라는 것이다.58)

이와 같이 경은 어떤 대상에 우리의 마음을 하나로 하는 태도이다.59) 마음의 집중이요 통일이라 하겠다. 이이는 경의 체용을 이렇게 설명한다.

대개 고요한 가운데 하나를 주로 하여 마음이 이리저리 나아감이 없는 것은 경의 체體요 움직이는 가운데 온갖 변화에 대응하면서 그 주재를 잃지 않는 것은 경의 용用이다. 경이 아니면 지선至善에 그칠 수 없고 경 가운데에 또 지선이 있다. 고요함은 마른 나무나 죽은 재가 아니며 움직임은 분분하고 어지러운 것이 아니어서 동정이 한결같고 체용이 떠나지 않는 것이 곧 경의 지선이다.60)

이처럼 이이는 경의 체와 용을 말하면서 경은 동정을 관통하며 동정이 한결같고 체용이 떠나지 아니해야 경의 지선이라 하였다. 이렇게 볼 때, 앞에서 제시된 수렴, 함양, 성찰이 모두 경의 구체적 내용에 지나지 않는 것이다.

그러면 경敬과 성誠의 관계는 어떠한가? 본체론적 관점에서 보면 경이 곧 성이고 성이 곧 경이라 할 수 있다. 그러나 수양론적 관점에서 보면 성과 경은 구별된다. 즉, 성에 이르는 길이 곧 경이다. 『중용』의 '성자誠者, 천지도야天之道也, 성지자誠之者, 인지도야人之道也'에서 '성지誠之'가 곧 경이라 하겠다. 여기에 대해 이이는 이렇게 설명한다.

성은 천天의 실리實理요 심心의 본체인데, 사람이 그 본심을 회복할 수

---

58) 『栗谷全書』, 권5, 「萬言封事」, "居敬通乎動靜, 靜時不起雜念, 湛然虛寂, 而惺惺不昧, 動時臨事專一, 不二不三, 而無所過差, 持身必整齊嚴肅, 秉心必戒愼恐懼, 此是居敬之要也."
59) 『栗谷全書』, 권31, 「語錄」上, "先生曰, 誠, 實理之謂, 敬, 主一之謂."
60) 『栗谷全書』, 권9, 書1 「上退溪李先生別紙」, "蓋靜中主一無適, 敬之體也. 動中酬酢萬變而不失其主宰者, 敬之用也. 非敬則不可以止於至善, 而於敬之中, 又有至善焉. 靜非枯木死灰, 動不紛紛擾擾, 而動靜如一, 體用不離者, 乃敬之至善也."

없는 것은 사사私邪가 있어 가리기 때문이다. 경으로 주를 삼아 사사를 다 없애면 본체는 곧 온전하게 된다. 경은 용공用功에 긴요한 것이요 성은 수공收功하는 곳이므로 경으로 말미암아 성에 이르게 된다.[61]

이와 같이 성은 천의 실리요 심의 본체인데 그것을 사사가 가려 참된 본심이 드러나지 않는다. 따라서 경으로 주를 삼아 사사를 제거하면 본체로서의 성이 온전해질 수 있다. 그러므로 경은 성에 이르는 방법이요 길인 것이다. 이렇게 볼 때, 이이의 공부론에 있어 '경'이 '성' 못지않게 실천적 측면에서 매우 중요하게 다루어졌음을 알 수 있다.

6) 역행

공부론에서 가장 중요한 것은 실천이다. 아무리 마음이 바르고자 하고 뜻이 참되고자 하나 이것이 구체적인 실천으로 나아가지 아니하면 관념적 수양에 머물고 만다. 이러한 관점에서 이이는 공부의 방법으로 거경, 궁리와 함께 역행을 강조하였다.

역행이란 행하기를 힘쓰는 것이요 힘써 행하는 것을 의미한다. 인간되어짐의 공부는 자칫 관념의 단계에 머물 위험성이 많다. 실제로 조선의 현실에서 지식인들의 관념적 수양 내지 허위의식에 가득 찬 도덕군자의 병폐는 심각한 바 있었다. 특히 이이는 당시 성리학의 관념적 병폐를 철저히 인식하고 이를 극복하기 위해 실천궁행을 강조한 바 있다. 그것은 그의 무실務實사상으로 나타났다.

---

61) 『栗谷全書』, 권21, 「聖學輯要」3, 修己第2中, "臣按, 誠者, 天之實理, 心之本體, 人不能復其本心者, 由有私邪爲之蔽也. 以敬爲主, 盡去私邪, 則本體乃全, 敬是用功之要, 誠是收功之地, 由敬而至於誠矣."

'무실'이란 실實을 힘쓴다는 의미로 실의 추구를 의미한다. 논자는 이 실의 의미를 진실성, 실천성, 실용성으로 규정한 바 있는데,[62] 이 무실사상에서 역행이 도출되는 것이다. 이이에게 있어 무실의 실實은 인간의 심성에 있어서의 성실성만을 의미하는 것이 아니다. 언어에 대한 실공實功,[63] 빈말에 대한 공 또는 실로서[64] 실천성 내지 실현성의 의미를 담고 있다. 실공이란 그의 설명대로 일을 하는 데 정성껏 하여(참되어) 빈말을 하지 않는 것을 말한다.[65] 이이는 「동호문답」에서 공리공론의 문제점을 이렇게 지적한다.

> 손님이 말하기를 "뜻이 섰다면 무엇을 할 것인가?" 주인이 말하기를 "아침이 다 지나도록 밥상간 차려 놓는다고 하면서 배 한 번 불러보지 못한 것처럼 빈말뿐이요 실효가 없으면 무슨 일을 할 것인가?"[66]

이와 같이 밥상을 차려 놓는다는 말만 무성하지 배 한 번 불러보지 못하는 공리공론의 문제점을 지적하고 있는 것이다. 이이는 「만언봉사」에서 역행에 관해 다음과 같이 설명한다.

역행이란 자기 자신을 극복함으로써 기질의 병을 다스리는 데 있다. 유약한 자는 교정하여 강하도록 하고, 나약한 자는 교정하여 꿋꿋해지게 하며, 사나운 자는 화和로써 조절하고 급한 자는 너그러움으로써 조절하며, 욕심이 많으면 그것을 맑게 하여 반드시 깨끗해지도록 하고, 사심이

---

62) 황의동, 「율곡의 務實사상」, 『한국사상사』(원광대출판부, 1991).
63) 『栗谷全書』, 권3, 「陳弭災五策箚」, "所謂恐懼修省者, 不在言語, 而在於實功……."
64) 『栗谷全書』, 권6, 「司諫院請勉學親賢臣箚」, "嗚呼, 今日朝廷所不足者, 實也. 非言也."
65) 『栗谷全書』, 권5, 「萬言封事」, "所謂實功者, 作事有誠, 不務空言之謂也."
66) 『栗谷全書』, 권15, 「東湖問答」, "客曰, 志旣立矣. 當何所事, 主人曰, 立志之後, 莫如務實. 客曰, 何謂也. 主人曰, 終朝設食, 不得一飽, 空言無實, 豈能濟事."

많으면 그것을 바로 잡아 반드시 공정해지도록 해야 한다. 쉬지 않고 스스로 힘쓰며 아침저녁으로 게을리 하지 말아야 하니, 이것이 역행의 요체이다.[67]

이와 같이 역행은 일시적인 노력을 의미하는 것이 아니라 지속적인 노력을 통해 습관화되고 체질화되어 인간 되어짐에 이르러야 하는 것을 의미한다.

그런데 이이는 「학교모범」에서 검신檢身을 말하는데, 이 또한 역행과 관련시켜 생각해 볼 수 있다.

검신은 배우는 자가 이미 성인이 되려는 뜻이 섰으면 모름지기 옛 습성을 닦아내야 함을 말한다. 뜻을 하나로 하여 배움에 향하고 몸과 행동을 검속해야 한다. 평소에 일찍 일어나고 늦게 자며, 의관은 반드시 단정히 하고, 용모는 반드시 장중하며, 보고 듣는 것은 반드시 단정하고, 거처는 반드시 공손하며, 걷고 서는 것은 반드시 바르게 하고, 음식은 반드시 절제 있게 하며, 글씨는 반드시 공경스럽게 써야 하고, 궤안几案은 반드시 가지런하며, 당실堂室은 반드시 정결해야 한다.[68]

이는 소학지공小學之功으로서의 수렴과도 같지만 구체적인 실천을 강조한 것이다. 이렇게 볼 때, 이이는 16세기 후반 조선조의 무실無實 현상과 공론적 말폐 현상을 심각히 우려하고 무실역행務實力行을 강조했던 것인데, 특히 공부론에 있어 관념적 수양의 단계를 벗어나 지행의 일치 내

---

67) 『栗谷全書』, 권5, 「萬言封事」, "力行在於克己, 以治氣質之病, 柔者矯之, 以至於强, 懦者矯之, 以至於立, 廣者濟之以和, 急者濟之以寬, 多慾則澄之, 以至於淸淨, 多私則正之, 必至於大公, 乾乾自勗, 日夕不懈, 此是力行之要也."

68) 『栗谷全書』, 권15, 「學校模範」, "二曰撿身, 謂學者旣立作聖之志, 則必須洗滌舊習, 一意向學, 撿束身行, 平居, 夙興夜寐, 衣冠必整, 容貌必莊, 視聽必端, 居處必恭, 步立必正, 飮食必節, 寫字必敬, 几案必齊, 堂室必淨."

지 체득의 공부를 중시한데 그 특징이 있다할 것이다.

 이이 공부론의 특징과 의의

이이는 동식물과는 달리 인간은 수위修爲의 가능성이 주어진다는 것을 전제로 그의 공부론을 전개하였다. 그것은 인간의 마음이 허령통철하고 만리萬理를 구비하고 있어 도덕적 변화 가능성과 지적知的 변화 가능성이 주어졌다고 보았기 때문이다. 이이에게 있어 공부의 목표는 다름 아닌 성인이 되는 데 있다. 성인은 지극히 통하고 지극히 바르고 지극히 맑고 지극히 순수한 기氣를 얻어 천지와 더불어 그 덕을 합한 인격체이다.

그러면 공부의 내용과 체계는 무엇인가? 이이는 『대학』을 인용하여 격물치지와 성의정심을 공부의 내용으로 삼았다. 여기에서 격물치지는 지의 문제이고 성의정심은 행의 문제로서 결국 지행일치를 포함하는 것이다. 이렇게 공부론에 지행의 문제를 함께 포함하는 것은 유가철학의 특징이다.

이이는 공부의 구체적 방법론을 여러 가지로 설명하였는데, 크게 보면 격물치지, 성의정심, 역행으로 대별된다. 격물치지는 궁리의 문제요 성의정심은 거경의 문제이므로 공부의 방법은 크게 궁리, 거경, 역행이 된다. 이는 「성학집요」, 「격몽요결」, 「만언봉사」를 통해 충분히 입증된다.

첫째, 공부의 방법으로 입지立志가 제시되었다. 그는 공부에 있어 선행 과제가 뜻을 세우는 것이라 하며 입지를 매우 강조하였다. 그는 「성학집요」 수기장의 차서 맨 앞에 입지와 수렴장을 배열하였는데, 이는 의지의 정향이 선악을 좌우한다고 보았기 때문이다.

둘째, 궁리를 제시하고 있는데, 궁구해야 할 이치는 존재지리로서의 소이연지리와 당위지리로서의 소당연지리이다. 그는 기본적으로 송대의 정이, 이동, 주희의 설을 계승하고 있다. 특히 그는 주희의 경험적인 격물치지법과 직관적인 활연관통법을 그대로 받아들였다.

셋째, 성의정심을 방법으로 들 수 있다. 이이는 성의는 수기치인의 근본이라 하는가 하면, 자수自修는 성의보다 먼저 할 것이 없다고 하였다. 성의는 참으로 선을 행하고 실지로 악을 제거함을 말하며, 정심은 마음이 치우치거나 기대하거나 정제하는 일이 없고 뜬생각을 일으키지 않음을 말한다. 그런데 정심이 가장 어려우며, 그렇더라도 성의를 다하면 정심과 그리 먼 것이 아니라 하였다.

넷째, 교기질矯氣質을 방법론으로 제시하였다. 이이는 성선관에 입각하여 인간의 본성은 선한데 다만 기질의 구애로 악하게 된다고 하였다. 따라서 기질의 변화가 중요한 문제로 대두된다. 기질의 변화를 통해 본성을 회복해야 하는 것이다. 일반적으로 본성을 회복해야 한다거나 기질을 고쳐야 한다고 말하지 기氣의 본연을 회복한다고는 말하지 않는데, 이이는 '복기성復其性'과 '복기기復其氣'를 말하여 특이한 바가 있다. 이는 이이가 기의 본연을 긍정적으로 보았기 때문이며, 리기지묘理氣之妙의 입장에서 리의 본연과 기의 본연이 사실은 가치적으로 다를 바 없을 뿐 아니라 상호보완적 관계에서 상통된다고 보았기 때문이다.

다섯째, 거경을 공부의 방법론으로 들고 있다. 본래 경敬은 본체론적으로 사용되기도 하는데, 여기에서는 공부론의 관점에서 이해하였다. 경은 정이나 주희에 의해 주일무적主一無適으로 해석되었고, 이이도 경을 한 가지에 마음을 주로 하여 이리저리 나아감이 없는 것으로 해석하였다. 그리고 경은 고요할 때나 움직일 때나 말할 때나 말하지 아니할 때나 통용되는 것이다. 이이는 고요한 가운데 하나를 주로 하여 마음이 나아감이 없는 것을 경의 체라 하였고, 움직이는 가운데 온갖 변화에 대응하면서 그 주재를 잃지 않는 것을 경의 용이라 하였다.

이이는 그의 수양론에서 이러한 경을 수렴이니 함양이니 성찰이니 하여 다양하게 설명하였다. 특히 이이는 주희가 소학을 함양 공부로 삼은 것과는 달리 수렴을 소학 공부로 삼아 수기의 선결 과제로 입지 다음에 배열하였다. 그리고 수렴 공부의 구체적 내용으로 구용九容을 제시하였다. 함양은 몸과 마음을 거두어 잡는 것인데, 실천 가운데 함양이 있다 하였다. 고요하여 염려가 생기지 않게 하고 뚜렷뚜렷하여 조금도 혼미하지 않게 하는 것이 함양 공부이다. 그리하여 그는 수렴은 경의 시작이고 함양은 경의 끝이라 하였다. 함양과 성찰을 상대적으로 말하면 함양은 오로지 고요한 곳만을 가리켜 말한 것이지만, 단지 함양만을 들어 말한다면 동정을 겸한다 하였다. 또한 성찰은 선악의 기미를 잘 살피는 것이요 천리와 인욕의 경계를 잘 살피는 것이라 하였다. 그리고 경敬과 성誠의 관계를 생각해 보면 본체론적 관점에서는 성이 곧 경이고 경이 곧 성이라고 말할 수 있지만, 공부론의 관점에서 보면 성에 이르는 방법이 경이 된다고 하였다.

끝으로 이이는 공부의 방법으로 역행을 제시하였다. 이는 실천궁행의 문제로서 공부란 궁극적으로 실천으로 가지 않으면 안 됨을 나타낸다. 이이는 당시의 관념적 수양의 병폐와 공리공론적 병폐를 심각히 우려하고 무실역행務實力行을 강조했다. 마음과 뜻의 단계에서 한 걸음 더 나아가 실천, 체득의 경지까지 가야 된다고 본 것이다.

이렇게 볼 때, 이이의 공부론은 기본적으로 유가 본래의 공부론에 그 기반을 두고 있지만, 몇 가지 특징적인 면도 없지 않다. 이이의 공부론은 먼저 수기에 있어서 입지와 수렴을 맨 앞에 설정한 것과 소학 공부로서의 수렴을 중시한 것이 특징적이다. 또한 그의 공부 방법론은 궁극적으로 궁리, 거경, 역행으로 요약되는데, 공부론의 범주에 궁리와 거경을 함께 포함한 것이라든지 무실務實과 연관하여 역행을 강조한 것도 특징적이다. 이는 앞서 말한 대로 그의 공부론이 관념적 차원에서 머물지 않고 강한 실천적 성격을 지니고 있음을 의미한다. 특히 '복기성'과 함께 '복기기'를 말하는 점은 그의 리기지묘적理氣之妙的 사유에서 가능한 것으로 기의 본연을 결코 부정적으로 보지 않았을 뿐 아니라 본연에 있어서도 리기의 상보적, 상호의존적 관계성을 깊이 통찰한데서 가능한 것이다.

이렇게 볼 때, 이이는 그의 경세론에서 무실로 강한 실천성을 강조했던 것처럼, 개인의 공부론에 있어서도 수기의 관념성을 극복하고 진정한 의미에서의 인간 되어짐을 추구하려는 데 그 특징이 있다고 하겠다. 그것은 궁극적으로 리의 본래성과 기의 실천성이 하나로 귀일될 수 있느냐의 문제요 본래성대로 실현되느냐의 문제라 하겠는데, 이이가 리의 본래성을 은폐하는 기에 관해 지대한 관심을 갖고 그것의 교정을 강조한 특성이 보인다. 기의 유위성有爲性은 변화라는 가변성을 갖기 때문에 정기능과 역기능의 양면성을 갖는 데서 현실적인 어려움이 존재한다 할 것이다.

정약용의 공부론

박홍식

　다산茶山 정약용丁若鏞(1762~1836)은 사회현실의 구체적 경험과 깊은 사색을 바탕으로 그의 사상을 전개시켰다. 다라서 사회현실문제의 제반모순에 대한 극복이 그의 철학적 과제였으며 실천적 명제였다. 그의 학문이나 진리에 대한 입장, 곧 공부론에 대한 이해도 사회현실문제와의 연관에서 생각할 수 있다. 실학이라는 평가를 받고 있는 정약용의 사상이 공부론에 있어서 주자학과 분별되는 점은 무엇인가 하는 점은 중요한 과제이다. 본고에서는 이 점에 주목하면서 정약용의 공부론을 살펴보기로 한다. 그 결과 정약용의 공부론이 지니는 한국철학사적 의의도 찾을 수 있을 것으로 기대한다.

1. 공부론의 철학적 배경

정약용의 공부론을 파악하기 위해서는 그의 철학적 배경을 이해하는 것이 순서일 것이다. 그러기 위해 일단 정약용의 형이상학에 대한 입장을 살펴보기로 하자.

정약용은 주자학에서 형이상학의 근본개념인 '태극'에 대해 정주학자들이 설명하였던 것과 같은 절대성이나 주재성을 부여하지 않았다. 주자학에서 말하는 만물의 존재근원이면서 동시에 만물의 근원적 원리로서의 '리理'에 대해서도 부정적 입장을 보였다.

> 대개 태극도는 감괘이다. 이괘는 두 괘를 합한 것에 불과하고 감이의 원리는 참동계參同契에 잘 나타나 있는데 반드시 모든 원리의 근본이 되는 것은 아니다. 그러나 후세의 유학자 중에 리理를 말하는 자가 공허하게 관념적인 관점에서 반드시 태극의 이론을 제시한다.[1]

정약용은 태극이란 용어를 다른 의미로 사용한다.

> 태극이란 천지가 갈라지기 전의 혼돈한 것으로서 형체가 있는 것의 시초이며 음양의 배태胚胎이며 만물의 태초이다. 그 이름은 겨우 도가에 보이고 주공, 공자의 책에서는 말하지 않았다. 감히 천지 이전에 이 태극이 없다고 말하지는 않는다. 다만 이른바 태극이란 것은 형체가 있는 것(有形)의 시초이므로 이

---

1) 『與猶堂全書』, Ⅱ-4, 64a(제2집, 권4, 64쪽 오른쪽면), "蓋太極圖, 不過合坎離兩卦者, 而坎離之理, 詳着於參同契, 不必爲萬理之本, 而後儒之言理者, 於空蕩蕩地, 必說着蒼蒼太極理出來."

것을 형처가 없는(無形) 리理라고 말하는 것은 아직 깨닫지 못한 바이다.[2]

정약용은 태극을 유형한 것들의 시초이자 음양의 배태이며 만물의 시초라는 생성론적 시원으로 받아들였다. 그는 주돈이(1017~1073)가 태극도를 그린 것에 대해서도 태극이 무형한 것이라면 그려낼 수가 없으며 태극이 이치라면 그림으로 그릴 수 없다고 주장하였다.[3] 곧 정약용은 현상계 외에 또 다른 본질적 원리나 세계가 따로 존재한다는 의미를 태극개념에서 제거하였다. 그는 천지 밖에 또 하나의 참된 천지가 있어서 이 천지는 가상의 천체에 불과할 뿐이라는 주장은 명실상부하지 않으니 이것보다 심한 것은 없다는 것이다.[4] 정약용은 태극을 물질적 원소의 최초의 실체로 보고 이로부터 자생적으로 모든 물질이 파생되어 나온다고 주장하였다. 정약용이 설명하는 태극은 주자학의 태극개념과는 달리 단순히 만물의 시초로서의 물질개념인 것이다. 그리고 태극을 포함한 모든 물질적 실체들은 그 운동과 변화의 원인이 외재하여 있는 것이 아니라 '자기 원인성'으로 내재하여 있다고 하였다.

정약용은 리理의 자원적 설명을 빌어 리개념에서 형이상학적 성격을 배제시키고 오로지 '다스린다'는 이상의 의미를 부여하지는 않았다.

리理는 본래 옥석의 맥리(결)이다. 옥을 다스리는 사람은 그 객리를 살핀다.

---

2) 『與猶堂全書』, II-47, 1b, 「沙隨古占駁」, "太極者, 天地未分之先, 渾敦有形之始,陰陽之胚胎, 萬物之太初也. 其名僅見於道家, 而周孔子之書偶未之信. 非敢曰天地之先無此太極, 但所謂太極者是有形之始, 其謂之無形之理者所未敢省恠也."
3) 『與猶堂全書』, II-47, 1b, 「沙隨古占駁」, "濂溪周先生. 嘗繪之爲圖, 夫無形則無所爲圖也, 理可繪之乎."
4) 『與猶堂全書』, II-47, 1b, 「沙隨古占駁」, "是天地之外, 又有一眞天地, 而此天地不過爲假設之儀器耳, 名實之不相副, 莫此爲甚於是乎"

그러므로 마침내 이 뜻을 빌어서 '다스리는 것'을 리라고 한다.[5]

기氣가 사물이 된다는 것을 밝히지 않으면 안 되지만 만약 후세(주자학)의 '리기설'로서 혼합하여 말하면 절대로 안 된다.…… 이 기가 인체의 가운데 있는 것은 유기游氣(공기)가 천지 가운데 있는 것과 같다. 그러므로 전자도 기라 하고 후자도 기라 하지만 모두 '리기설'의 기와는 같지 않다.[6]

그는 주자학의 리기개념을 부정하고 물질적 성격을 부각시켜 '기氣'개념을 재정립하였다. 정약용은 리기론의 형이상학적 설명을 통해 모든 존재의 개별자적 실체를 드러낼 수 있다고 믿지 않았다. 그는 모든 존재의 실체는 일종의 물질인 기에 의해 이루어져 있다고 믿었다.

정약용이 주자학의 리기론을 비판하는 중요한 이유가 또 있다.

대저 리理라는 것은 어떤 것인가? 리는 애증이 없고 리는 희노도 없어서 공공막막하고 이름도 실체도 없는 것이니, 우리 인간이 이것을 품부 받아 성性으로 받아들였다고 말한다면, 또한 그 도道를 실행하기가 어려울 것이다.[7]

(주자학에서) 명命·성性·도道·교教를[8] 모두 하나의 리理로 귀속시킨다면, 리는 본래 지각이 없으며 또한 위엄과 권능이 없으니 어찌 그것(理)을 경계하

---

5) 『與猶堂全書』, II-6, 26a, "理者本是玉石之脈理, 治玉者察其脈理, 故遂復假借以治爲理"
6) 『與猶堂全書』, II-5, 17a, "氣之爲物不可不覈, 若以後世理氣之說渾合言之, 則大不可也.……是氣之在人體之中, 如游氣之在天地之中, 故彼曰氣此曰氣, 總與理氣之氣不同."
7) 『與猶堂全書』, II-6, 38b, "夫理者何物, 理無愛憎, 理無喜怒, 空空漠漠, 無名無體而謂吾人稟於此而受性, 亦難乎其爲道矣."
8) 『中庸』, "天命之謂性, 率性之謂道, 修道之謂教"에 보이는 命·性·道·教를 일컫는다.

고 삼가 하겠으며, 어찌 그것(理)을 무서워하고 두려워하겠는가?9)

정약용은 주자학에서 내세우는 '리理'로는 인간의 강한 실천력을 이끌어 낼 수 없다고 보았다. 왜냐하면 주자학의 리는 인격적 실체성이나 인격적 감성을 소유한 존재가 아니기 때문에 인간에게 행위의 동기부여를 제공하기에는 미약하다는 것이다. 또한 인간의 모든 속성(命性道敎)을 주자학적 '리'로 귀속시킨다면 공허할 뿐만 아니라 스스로가 지각능력이나 위엄 있는 능력을 소지하고 있지 않은 '리'에 대해 인간은 더 이상 스스로를 제어 당할 필요를 느끼지 않게 된다.

2. 인격적 천신관과 상제

주자학적 리기론에 대한 정약용의 비판은 당시 주자학이 형이상학적인 탐구에만 몰두하여 공허한 곳으로만 치닫고 현실에서 실천력을 담보해 내지 못하는 데 대한 불만인 동시에 강력한 실천윤리의 이론적 근거를 마련하기 위한 예비 작업이었다고 할 수 있다. 이를 통해 정약용은 그의 실학적 철학사상 속에 확고한 실천윤리의 특성을 삽입시켜 나갔다. 정약용에게는 인간의 실천윤리의 동기부여와 그 행위통제의 위력자가 절실하게 필요하게 되었으니, '상제'관념의 부활이 예정되어 있었다고 하겠다.

정약용은 천天을 두 가지 의미로 나누어 설명한다. 형태가 있는 푸른 하늘(蒼蒼有形之天)과 영명하고 주재하는 하늘(靈明主宰之天)이 바로 그것이다.10)

---

9) 『與猶堂全書』, II-3, 5ㄹ, "今以命性道敎, 悉歸之於一理, 則理本無知, 亦無威能, 何所戒而愼之, 何所恐而懼之乎."

정약용은 이 영명하고 주재하는 천이 천신이며 유교경전 속에서의 상제 라고 규정하였다.

> 천지귀신은 환하게 널리 나열되어 있는데 그 (가운데) 지존·지대한 것이 상제이시다.11)

> 천의 주재를 상제라 하는데, 그냥 천이라고만 일컫는 것은 나라 임금을 그냥 나라 이름으로만 호칭하는 것과 같으니 감히 직접 가리켜 말하지 않는 의미이다.12)

상제인 천天은 단순한 인간의 제사대상으로 저쪽에 있는 것이 아니라 인간과 긴밀하게 관계되어 있다. 그러나 인간이 상제를 인식한다는 것은 쉽지 않음을 알려 주고 있다.

> 볼 수 없는 바란 무엇인가, 하늘의 체體이다. 들을 수 없는 바는 무엇인가? 하늘의 소리이다.…… 보이지 않고 들리지 않는 것은 천이 아니고 무엇인가?13)

이처럼 인간은 감각기능으로 상제를 쉽사리 인식할 수 없지만, 상제는 그가 지닌 영명성으로 인해 인간을 감시한다. 천신 곧 상제는 지각을

---

10) 『與猶堂全書』, I-8, 30a, 「中庸策」, "幷言天地而獨言天命者, 臣以爲高明配天之天, 是蒼蒼有形之天, 維天於穆之天, 是靈明主宰之天."
11) 『與猶堂全書』, I-8, 23a, 「中庸策」, "天地鬼神, 昭布森列, 而其至尊至大者, 上帝是已."
12) 『與猶堂全書』, II-6, 38b, 「孟子要義」, "天地主宰爲上帝, 其謂之天者, 猶國君之稱國, 不敢斥言之意也."
13) 『與猶堂全書』, II-3, 4b, 「中庸自箴」1, "所不睹者何也, 天之體也, 所不聞者何也. 天之聲也,……不睹不聞者, 非天而何." 또한 天의 體와 跡을 隱微로 설명하고 듣지 못하는 것을 天의 載로 구분하기도 하였다;『與猶堂全書』, I-6, 16b, 「自撰墓誌銘」, "是我所不聞, 天之載也, 隱者天之體也, 微者天之跡也."

지녔으니 그 영명함으로 인간과 교감이 가능하다고 한다.

> 천의 영명은 인심과 직통하여, 아무리 은폐된 것도 살피고 아무리 미세한 것도 밝히며, (인간이) 거처하는 곳에 와서 굽어보고 있으며 나날이 감시하여 여기에 있다. 사람이 진실로 이것을 안다면 비록 대담한 자라도 경계하고 삼가고 두려워하지 않을 수 없다.14)

천天의 영명함은 인간에게 두려움의 대상이 된다. 그것은 상제로서의 천이 늘 어디서나 인간의 마음과 행위를 감시하기 때문이다. 이러한 천의 감시의 능력과 기능을 정약용은 '조림照臨'·'일감日監'으로 나타냈지만 가장 단적인 표현은 '항감降監'이라고 할 수 있다.

> 하늘의 항감이 있음을 알아 경계하고 공경하며 부지런히 힘써, 늙음이 장차 다가옴을 알지 못하는 것은 하늘이 복을 내려 주셨기 때문이 아니겠는가?15)

정약용은 상제개념에 영명성과 강각성을 부여함으로써 상제를 인간의 행위를 분명하게 감시·감독할 수 있는 '감시자'로 상정하였다. 그리하여 "군자가 암실에 있으면서도 두려워 떨며 감히 악한 짓을 못하는 것은 상제가 그를 굽어보고 있음을 알기 때문이다"16)라고 하였다. '감시자'로서의 상제는 보편적 원칙과 합리적이고 이성적인 원리가 아니라 인격

---

14) 『與猶堂全書』, II-3, 5b, 「中庸自箴」, "天之靈明, 直通人心, 無隱不察, 無微不燭, 照臨此室, 日監在茲, 人苟知此, 雖有大膽者, 不能不戒愼恐懼矣."
15) 『與猶堂全書』, I-16, 17b, 「自選墓誌銘」, "知天之有降監, 誠之敬之, 勉勉焉, 孶孶焉, 不知老之將至者, 非天之所以錫福者乎."
16) 『與猶堂全書』, II-3, 5a, 「中庸自箴」, "君子處暗室之中, 戰戰栗栗, 不敢爲惡, 知其爲上帝臨女也."

정약용의 공부론　331

을 지니고 인간과 교감하는 '두려운 감시자'인 것이다. 정약용이 신적인 천을 상제라 하여 '두려운 감시자'로 부각시킨 것은 종교적 외경심을 끌어내어 현실에서 윤리실천의 동기부여를 하고자 했던 것이 그 주요 목적이 아닌가 한다. 이것은 그가 상제의 성격을 규정하면서 전통적인 공맹유학의 실천윤리로 귀결시키고 있다는 점에서 설득력을 가질 수 있다.

3. 공부론의 기준인 수사구학

정약용이 학문과 진리의 기준으로 삼는 것은 공자의 수사유학洙泗儒學 정신이었으며, 비판의 대상으로 삼은 것은 주자학이었다. 그의 학문과 진리에 대한 기본 입장은 주자학의 모순을 비판하고 공자의 유학 정신을 새롭게 조명하는 것이었다.

다음의 글은 정약용의 학문에 대한 원론적 입장을 잘 보여 준다.

> 공자의 도는 수기와 치인일 뿐이다. 오늘날 학자들이 아침저녁으로 강마하는 것은 다만 리기사칠의 변론이요, 하도락서의 수요, 태극원회의 논일 따름이다. 이러한 것들이 수기에 해당하는지, 혹은 치인에 해당하는지 알 수가 없다. 또한 이것들은 한 방면에만 치중한 것이다.[17]

정약용은 당시 주자학자들이 형이상학연구에만 치중함을 비판하였다. 그는 유학 정신의 본령이 수기라는 개인의 윤리적 실천과 치인이라는 사

---

17) 『與猶堂全書』, I-17, 40b, 「爲盤山丁修七贈言」, "孔子之道, 修己治人而已, 今之爲學者, 朝夕講劘, 只是理氣四七之辯, 河圖洛書之數, 太極元會之說而已, 不知此數者 於修己當乎, 於治人當乎, 且置一邊."

회적 실천에 있다고 간주하였다.[18] 당시 주자학은 형이상학적 영역에 치중하여 개인의 윤리적 실천이나 사회적 실천과는 연계되지 못하고 있다고 비판한 것이다.

그는 주자학의 리기・사칠론 등의 이론적 모순을 비판하기에 앞서 주자학의 형이상학적인 성격 자체를 거부한 것이다. 이것은 공부론의 관심이 형이상학 자체보다는 사회현실의 문제로 관심이 바뀌었음을 말해 주는 것이다. 이러한 관점은 학문이나 진리라는 구체적 현실의 문제에 적극적으로 파고들어 그 해결방법을 찾아내 실천될 수 있도록 기여해야 한다는 입장에 서게 된다. 감성적・서정적 또는 윤리적 내용이나 소재를 표현하는 것으로 인식되어 온 '문장'과 '시'에 대해서까지도 사물・시비・이해 문제를 소재로 다루어야 하며 사회와 국가문제에 적극적으로 발언해야 참다운 문장이며 시가 될 수 있다고 언명하였다.[19]

정약용의 이러한 공부론의 척도를 '현실참여'에 맞춘 것은 사유의 전환이라고 할 수 있다. 그는 이러한 사유가 공자의 정신이라고 함으로써 선진유학이 지니고 있었던 '철학의 현실참여 정신'을 부활시켰다. 그의 주자학 비판은 철학의 현실참여라는 관점에서 이루어진 것이다. 그는 성리학에는 본래 도를 알고 자기를 인식하여 실천하는 면이 있으나, 당시 성리학자들은 이기, 성정, 체용, 본연 기질, 이발, 기발 등을 내세워 서로 자기의 주장만이 옳다고 상대방을 공격하니, 이런 논의는 세월을 다하여도 그 논쟁을 해결할 수 없으며 대를 물려도 그 원한을 풀 수 없으니 공소空

---

18) 그는 이러한 孔子 본래의 정신을 '洙泗學의 舊觀'으로 표현했다.『與猶堂全書』, I-3, 3ab,「中庸自箴」, "孔子引秉彛好德之詩, 以證人性, 舍嗜好易言性者非洙泗之舊也."
19) 『與猶堂全書』, I-17, 45a,「爲李仁榮贈言」, "與物相遇 與事相値, 與是非相觸 與利害相形,……人之見之者相謂曰文章斯之謂文章.";『與猶堂全書』, I-21, 9b,「寄淵兒」, "不愛君憂國非詩也 不傷時憤俗非詩也, 非有美刺勸懲之義非詩也."

疎한 것이라고 비판하였다.[20]

정약용은 주자학의 형이상학적 성격에 대해 깊은 회의와 불만을 표시하면서 자신의 진리관을 구축해 나갔다.

> 그러나 리기설은 동으로도 서로도 될 수 있고, 백도 되고 흑도 될 수 있다. 왼쪽으로 끌면 왼쪽으로 기울고 오른쪽으로 끌면 오른쪽으로 기운다. 필생토록 서로 다투고 자손에게 전하여도 또한 끝을 볼 수가 없다. 인생은 일이 많으니 형과 나는 이것(리기설)을 할 겨를이 없다.[21]

> 손을 이끌어 요, 순, 주공, 공자의 도道로 같이 돌아갈 수 없는 것이 지금의 성리학이다.[22]

위와 같은 비판론은 당시의 주자학이 더 이상 '현실'에 대한 발언권이 없음을 선언한 것으로 받아들일 수 있다. 이것은 당시 성리학이 철학의 현실참여를 중요시하였던 공맹의 철학정신을 상실하였다고 간주한 것이다. 더불어 주자학의 형이상학적 이론들은 그것의 객관적 타당성을 확증하기가 힘들어 학자마다의 관점에 따라 얼마든지 달라질 수 있으므로 학문적 가치를 부여하기가 힘들다는 것이다.

> 참된 유학이란 본래 나라를 다스리고 백성을 편안하게 하고, 외적을 물리치고 국가 재정을 풍족하게 하고, 문무에 통하여 무엇이든지 담당할 수 있도록 하자는 것이다. 그런즉 어찌 자구나 문장을 취급하거나 벌레와 물고기를 주

---

20) 『與猶堂全書』, I-11, 19ab. 「五學論一」.
21) 『與猶堂全書』, I-19, 30b, "答李汝弘", "然理氣之說, 可東可西, 可白可黑, 左牽則左斜, 右挈則右斜畢世相爭, 傳之子孫, 亦無究竟, 人生多事, 兄與我不暇爲是也."
22) 『與猶堂全書』, I-11, 20a, "不可以攜手 同歸於堯舜周孔之門者今之性理學也."

석하는 것만을 일삼으며, 소매 넓은 옷을 입고 절하고 읍揖하는 것을 익힐 따름인가?…… 후세의 유학자들은 성현의 주지를 얻지 못하고 인의 · 리기 등의 학설 이외의 것은 한 마디만 말하면 이를 잡학이라 하였다.23)

여기서 확인할 수 있는 것은 '철학의 현실참여'이며, 그 근거를 현실참여의 유학 정신에서 찾았다. 당시 유학인 주자학은 현실참여 정신이 결여되었으며 사상적 독선과 배타성에 빠져 다양한 학문의 발전을 저해하고 지식인들로 하여금 관념적 도덕률과 형이상학에 골두할 것을 강요한다고 비판하였다. 이와 같은 비판은 참된 학문과 진리의 유학적 전통이라는 현실참여 속에서 유용하고 유능한 인간형성과 사회적 실천을 도모하는 데 있다는 논리 속에서 이루어졌다. 이것이 정약용 공부론의 요체이며 그는 이 공부론을 수사구학洙泗舊學 또는 수사구관洙泗舊觀이라 명명하였다.

4. 공부론의 이상인 소사지학

정약용은 군자의 학문은 사친事親에서 시작하여 사천事天으로 종결된다고 하였다.24) 다소 모순처럼 보이지만 주자학의 형이상학적 체계를 부정한 정약용은 종교적 매개를 통해서 도덕적으로 건강한 의식을 지니고 실제적으로는 현실생활에 유용한 윤리실천을 향하는 인간을 확립하려고 하였다. 정약용은 공부의 끝을 사천事天으로 귀결시켰다. 하늘을 섬기라는

---

23) 『與猶堂全書』, I-12, 5, "眞儒之學, 本欲治國安民攘夷狄裕財用能文能武無所不當, 豈尋章摘句, 注蟲釋魚, 衣逢掖習拜揖而已哉.……後儒不達聖賢之旨, 凡仁義理氣之外, 言發口, 則指之爲雜學."
24) 『與猶堂全書』, II-4, 22b, 「中庸講義補」, "君子之學, 始於事親, 終於事天."

(事天) 논지는 간단하다. 그것은 상제의 영명과 강감降監에 대해 두려워하며 행동을 삼가라는 것이다. 사람들은 우매하고 완악하여 하늘(天)이 영명하고 강감하는 능력이 있음을 믿지 못해 방자하고 거리끼는 바가 없이 마음대로 행동한다.25) 성誠은 배우는 자로 하여금 진심으로 계신하고 실심으로 두려워하게끔 하여 준다.26) 또한 상제上帝의 강감하심을 믿으면 반드시 신독하게 된다는 것이다.27) 여기서 정약용은 인간의 도덕적 자각이 중요함을 일깨워준다.

'상제上帝를 대對하되 오직 마음속에 있을 뿐'이라고 한 것도 바로 이 때문이다. 천명을 도록圖錄에서 구하는 것은 허황한 이단異端 사술邪術이요, 천명을 본심에서 구하는 것이 성인聖人이 상제를 밝게 섬기는 학문이다.28)

도덕적 자각은 천명을 아는 것이니 곧 하늘의 소리를 듣는 것인데, 하늘이 나에게 경고하는 것은 우뢰나 바람 등의 자연현상으로 나타나는 것이 아니라 내 마음의 자각을 통해서 이루어진다.29) 정약용은 우리 인간들의 도덕적 자각능력을 '묘용妙用의 도심道心'이라고 하였다. 그는 이렇게 말한다.

천명이란 생생을 명부한 애당초에 이 성性을 내려준 것이 아니라 원래 형태가 없는 체와 묘용의 신이 같은 유로써 함께 들어가 그것이 감동을 주는 것이다.

---

25) 『與猶堂全書』, I-8, 31a, 「中庸策」.
26) 『與猶堂全書』, I-8, 31a, 「中庸策」.
27) 『與猶堂全書』, II-3, 6a, 「中庸自箴」, "不信降監者, 必無以愼其獨矣."
28) 『與猶堂全書』, II-3, 3b-4a, 「中庸自箴」, "對越上帝之只在方寸正亦是. 求天命於圖錄者, 異端荒誕之術也, 求天命於本心者, 聖人昭事之學也."
29) 『與猶堂全書』, II-3, 5a, 「中庸自箴」.

그러므로 하늘의 경고 또한 형태가 있는 이목으로 말미암은 것이 아니라 항시 형태가 없는 묘용의 도심이 그를 유도하고 그를 가르치니 그것을 일러서 '하늘이 그의 마음을 유도한다'라는 것이다. 그것의 유도를 순종함이 천명을 받든다는 그것이며, 그것의 유도를 어긴다면 이는 천명을 어겼다는 것이다. 이 어찌 경계하고 삼가지(戒愼) 않을 수 있으며 두려워하지(恐懼) 않을 수 있겠는가?30)

정약용은 인간의 도덕적 자각과 실천은 그 근본이 상제인 천을 두려워하고 섬기는 데 있다고 보고31) 그러한 성격을 지닌 공부를 '소사의 학'(昭事之學)으로 규정하였다.

공구계신하여 상제를 밝게 섬기면(昭事上帝) 인仁을 행할 수 있지만 태극을 헛되이 높이며, 리理로써 천을 삼는다면 인을 행할 수 없으니 하늘을 섬기는 수밖에 없다.

천지귀신은 환하게 널리 나열되어 있는데 그 가운데 지극히 높고(至尊) 지극히 큰(至大) 것이 바로 상제이시다. 문왕이 공경하고 삼가는 마음으로 밝게 상제를 섬겼던 것과32) 『중용』의 계신공구가 어찌 소사의 학(昭事之學)이 아니겠는가.33)

---

30) 『與猶堂全書』, II-3, 5b, 「中庸自箴」, "天命不但於賦生之初, 畀以比性, 原來無形之體, 妙用之神, 以類相入與之相感也. 故天之徹告 亦不由有形之耳目, 而每從無形妙用之道心, 誘之誨之. 此所謂天誘其衷也. 順其誘而從之, 奉天命者也, 慢其誘而違之, 逆天命者也. 曷不戒愼, 曷不恐懼."
31) 『與猶堂全書』, II-19, 15a, 「詩經講義」3, "誠敬之本, 在於事天."
32) 『詩經』, 「大雅·大明」, "維此文王, 小心翼翼, 昭事上帝, 聿懷多福, 厥德不回, 以受方國"에서 인용한 말이다.(필자주)
33) 『與猶堂全書』, II-4, 23a, 「中庸講義」, "天地鬼神, 昭布森列, 而其至尊至大者, 上帝是已. 文王小心翼翼, 昭事上帝, 中庸之戒愼恐懼, 豈非昭事之學乎."

정약용은 『시경』에 나오는[34] '소사상제昭事上帝'라는 표현을 빌어, 상제인 천을 두려워하고 공경하여 섬기는 마음의 자세를 '소사지학昭事之學'이라 언명한 것이다. 정약용이 중심개념으로 경전에서 원용한 것은 다름 아닌 '신독愼獨', '성誠', '계신공구戒愼恐懼'였다. 이 개념은 정약용이 주장하는 '두려운 감시자'로서의 상제 천을 통해 인간의 윤리적 실천을 확보하기 위해서는 더할 나위 없이 적절한 '길'이었던 것이다. 또한 정약용은 그 길이 천도로서보다는 인도로서의 길임을 강조하려고 노력하였다. 따라서 정약용은 유교 전래의 '상식적인' 윤리 강령인 '효제충신'이 사천의 근본이 됨을 역설하였던 것이다. 정약용은 당시 사회의 전 구성원, 특히 군주를 포함한 지배 계층의 '두려워 할 줄 모르는' 행위양식에 대해 계몽을 하고자 공부론을 그 이론적 배경을 삼고(그의 표현을 빌리자면 '修己'로 삼고) 구체적인 사회적 실천방법론은(정약용은 '治人'이라 했다) '일표이서一表二書'로 구체화시켰던 것이다.

5. 공부론의 사회적 확장

18세기 말에서 19세기에 이르는 동안 조선사회의 대내외적 변동은 인간의 사유에 적지 않은 영향을 주었다. 정약용의 공부론에는 이미 진행되어 온 일련의 실학적 흐름, 곧 성리학의 형이상학적 세계관으로부터의 이탈이라는 점에서는 그 궤를 같이하면서도 또 종교적 성향이 가미된 독특한 면이 있었다. 그는 수사구학(선진유학)의 부활을 통하여 주자학의 극복

---

34) '昭事'라는 말은 『書經』, 「文侯之命」에도, "亦惟先正, 克左右, 昭事厥辟"라고 한 대목에도 나타나 있다.

을 꾀하였다. 이러한 정약용의 공부론은 그가 몸담았던 18~19세기 조선 사회의 변화와 직·간접적 관련이 있다. 여기에서는 정약용의 공부론이 변화하는 사회 속에서 어떻게 적용되었나 하는 점에 그 초점을 맞추어 살펴보기로 한다.

정약용은 도덕률과 사회와의 연관에 주목하여 도덕률에 대하여 색다른 각도의 분석을 시도하였다. 그는 도덕률이 관념으로서(性의 구체적 내용이 인·의·예·지라는 주자학의 주장과 같이) 인간 내면의 선험적 존재로 인정하지 않고, 인간은 다만 선善으로의 지향성만을 가지며(性嗜好) 그 행위를 통해서 나타난 것을 도덕률로써 명명한 것이라는 주장을 하였다. 그는 이 점을 다음과 같이 밝혔다.

> 인의예지의 명칭은 행사 이후에 성립되는 것이다. 그러므로 사람을 사랑한 뒤에 인이라 일컫는다.35)

> 마음이란 본래 덕이 없는 것이다. 오직 곧은 성품(直性)으로 나의 곧은 마음(直心)을 행하는 것을 일컬어 덕이라 한다. 선을 실행한 후에야 덕이라는 명칭이 성립하는 것이다. 행하기 이전에 어떻게 그 몸에 명덕이 있을 수 있겠는가?36)

『주역』에서 "경敬은 내內를 바르게 하고 의義는 외外를 반듯이 하는 것이다"라고 하였으니, 사물에 접한(接物) 뒤에야 '경敬'이란 명칭이 생기는 것이며, 일을 처리한(應事) 뒤에야 '의義'란 명칭이 성립하는 것이다. 사물에 접

---

35) 『與猶堂全書』, II-5, 22a, 「孟子要義」, "仁義禮智之名, 成於行事之後, 故愛人而後, 謂之人."
36) 『與猶堂全書』, II-1, 8a, (4-17), 「大學公議」, "心本無德, 惟有直性, 能行吾之直心者, 斯謂之德, 行善而後, 德之名立焉, 不行之前, 身豈有明德乎."

응하지 않는다면 '경의'라는 명칭이 성립할 수 없는 것이다.37) 곧 인의예지나 경이나 덕 등 유학의 중요한 도덕률과 도덕적 관념은 의식에 선험적으로 주어져 있는 것이 아니라 '행사'·'접물'·'응사'·'행'의 뒤에 곧 '실천'과 연관을 가질 때 비로소 형성되는 관념이다.38) 그는 유학이 본래 이러한 실천과의 연관 속에서 도덕률을 형성해 왔다고 보고 이 점을 불교적 특성과 대비하여 다음과 같이 말하였다.

> 불가에서는 마음을 다스리는 그것을 사업事業으로 여기지만, 유가에서는 '사업'으로써 마음을 다스리는 것이다. 성의·정심이 비록 배우는 사람들의 지극한 공부이기는 하지만 매양 '사事'로 인하여 성의를 다하고, 사로 인하여 정심하는 것이지 선가처럼 벽을 마주보고 앉아서 마음을 들여다보지는 않는다.39)

유학의 도덕률은 '사事'라는 실천과 직접 연관을 가질 때 성립하는 것이다. 정약용이 도덕률의 형성과 실천과의 연관을 주장하는 것은 『대학』의 삼강령에 대한 해석에서 두드러지게 나타난다. 그는 명덕을 '효·제·자'로 해석하고 친민을 '노노老老·장장長長·휼고恤孤'로, 지선을 '효孝·경敬·신信·자慈·인仁'으로 풀이하였으니,40) 이것은 실천과의 연관 속에서

---

37) 『與猶堂全書』, II-1, 9b, (4-20), "易日, 敬以直內, 義以方外, 接物而後, 敬之名生焉, 應事而後,義之名立焉. 不接不應, 無以爲敬義也."
38) 정약용은 「鹿菴 權哲身 墓誌銘」에서 權哲身(1736~1801)이 "仁義禮智, 爲行事之成名"이라고 했음을 밝히고 있다.(『與猶堂全書』, I-15, 34b, [2-612]) 이는 정약용의 독창적인 생각이었던 것은 아니고, 당시 일부 지식인층의 사고를 대변하고 있다고 보아야 하겠다.
39) 『與猶堂全書』, II-1, 9a, (4-19), "佛氏治心之法, 以治心爲事業, 而吾家治心之法, 以事業爲治心, 誠意, 正心, 雖是學者之極工, 每因事而誠之, 因事而正之, 未有向壁觀心,……"
40) 『與猶堂全書』, II-1, 6b-3b, (4-15-28), 「大學公議」. 그는 이에 삼강령을 다음과 같이 정리하여 도표화 하였다. 그는 또 『與猶堂全書』, II-1, 12a-b에서 '親民'을

도덕률이 형성된다는 二의 입장을 분명히 한 것이다. 정약용은 이 같은 그의 입장에 대해 당시 목재木齋 이삼환李森煥과 논의를 한 바 있다. 이삼환은 전통적인 '인의내설仁義內說'에 입각하여, 정약용의 주장을 '의외설義外說'이라고 비판하였다.41)

> 목재 : 인의예지는 본대 실제적인 일(事上)에 나아가 성취되는 것이지만, 우리 인간의 성분性分 위에 만약 사덕四德의 '리理'가 선천적으로 부여된 것이 없다면, 사단이 어디로부터 나타날 수가 있단 말인가? 그대의 설명이 극히 정확한 것 같으나 그 말에 잘못이 있다. 그 잘못이 심해지면 장차 '인의외설仁義外說'이 될 것이다.42)

> 다산 : 측은한 마음을 실천하면 인이 되고, 수오하는 마음을 실천하면 의가

'新民'으로 해석하는 즈자설과 親民으로 해석하는 왕양명의 설을 모두 일리 있는 것으로 받아들였다.

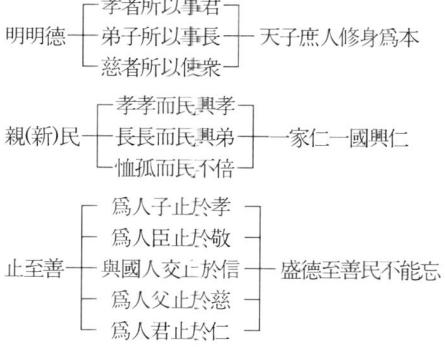

41) 이것은 고자가 '性無善無不善'의 입장에서 '仁內義外'설을 제기하자, 맹자는 '性善說'의 입장에서 이를 비판하고 "仁義禮智非由外鑠我也, 我固有之, 弗思耳矣"라고 하여 '仁義內說'을 설파한 것에 연원을 두고 있다. 『孟子』, 「告子上」 6章.
42) 『與猶堂全書』, I-2, 26a, (3-405), 「西巖講學記」, "木齋曰, 仁義禮智 固就事上成就, 然吾人性分上, 若無四德之理本來賦與者, 四端安得恁地抽出來, 此說極似精確, 然說得有病, 甚則將外仁義也."

되고, 사양하는 마음을 실천하면 예가 되고, 시비의 마음을 실천하면 지가 된다. 그런데 지금 인의예지가 인간의 심중에 잠재되었다고 하니, 의심스럽다.43)

두 사람의 관점이 분명히 다름을 알 수 있겠다. 정약용은 '성즉리'를 인정하지 않는 입장에서 일관되게 자신의 논지를 전개하였다. 정약용이 도덕관념의 형성을 실천에 연관시키는 과정에서 그 실천이 개인적 수양에 머물고 있지 않음은 이미 확인된 바 있으며, 그 실천은 사회와 연관지어졌다.

도道라는 것은 인간이 실천하는 것으로부터 말미암는 것이다. 인仁은 두 사람 상호 간의 관계이다. 이를테면 부모님을 섬기는 효孝가 인仁이 되는데, 이것은 곧 부모와 자식 두 사람 사이에서 성립되는 것이다.…… 무릇 두 사람 사이의 관계에서 그 도를 다하는 것이 모두 인이다.44)

정약용은 '인仁'을 인간 내면의 도덕적 원리라고 정의함으로써 초래되는 추상성을 지양하고, 인간과 인간 사이의 관계라는 사회적 연관 속에서

---

43) 『與猶堂全書』, I-2, 34b, "鏞按, 惻隱之心, 行之則爲仁, 羞惡之心, 行之則爲義, 辭讓之心, 行之則爲禮, 是非之心, 行之則爲智, 今云仁義禮智, 伏於人心之中, 可疑也."
44) 『與猶堂全書』, II-7, 9b, 「論語古今注」, "道者, 人所由行也. 仁者二人相與也, 事親孝爲仁, 父與子二人也.……凡二人之間盡其道者, 皆仁也." 이를테면 유교의 근본적 이념인 '仁'을 다만 '인간관계' 속에서의 실천―곧 개인과 사회와의 연관―속에서 성립되는 것으로 한정시키려는 정약용의 입장은 여러 곳에서 표명되었다. 다음은 그 중에 대표적인 예 이다. ①"人生斯世, 其萬善萬惡, 皆起於人與人之相接, 人與人之相接, 盡其本分, 斯謂之仁, 仁者仁人也."(『與猶堂全書』, II-1, 40a, (4-81), 「大學公議」) ②"人者人也, 二人爲人, 父子而盡其分則仁也.……仁之名必生於二人之間, 近而五敎遠而至於萬姓, 凡人與人盡其分, 斯謂之人."(『與猶堂全書』, II-12, 3a, (5-453-454), 「論語古今注」) ③"仁者, 嚮人之愛也."(『與猶堂全書』, II-9, 14a, (5-229), 「論語古今注」)

성립하는 실천규범임을 강조하려고 한 것이다. 곧 인仁을 '성즉리'의 형이상학적 체계 속에서 설명하는 방법에서 벗어나, 인人-인人 관계에서 비로소 성립하는 것이라는 논리를 전개시켜 도덕률을 개인과 사회와의 연관관계로 전환시켜 나갔다. 다시 말하면 도덕관념이나 도덕률을 내면적 자기수양이라는 추상적이고 관념적으로 규정하는 울타리에서 벗어나 외면적으로 실천하는 개인과 사회와의 연관 속에서 성립한다는 것을 밝히려 한 것이다. 그는 개인과 사회와의 구체적 연관 형식인 '교제交際'라는 '인간관계'에 주목할 것을 주장하였다.45) 이것은 18세기 당시 모든 사회 구성원이—특히 지식인들이—개인의 덕성 수양을 통한 내면적 자아 완성을 기대하는 인간상만을 희구하는 데서 벗어나 사회 속에서 실질적으로 기능하는(盡其分) 인간상을 추구하고자 하는 사회적 요구였으며, 정약용은 사회적 요청을 철학에 수용한 것이다.

정약용 이전까지의 대부분의 조선 성리학자들은 도덕률을 개인과 절대적 법칙과의 연관 속에서 주목하는 데 치중하여, 개인의 내면적 도덕 수양과 그 이론작업에 관심을 집중시켰다. 그 결과 일정한 학문적 업적과 개인의 심성 수양의 효과를 거둔 것도 사실이지만 한편으로는 개인을 사회로부터 유리시켜 현실과 괴리를 빚게 하였다. 정약용은 이 점에 주목하여 도덕률을 사회 연관 속에서 해명해 새로운 인간관의 기초로 삼았던 것이다. 이것은 그의 사회 개혁론의 이론적 배경이 되기도 하였다. 이 점에

---

45) 정약용은 도덕률과 사회와의 연관을 중시하면서 그 연관의 구체적인 형식인 '인간관계'에 주목하였다. 그는 그 관계를 '交際'로 표현하였다. 조화로운 '交際(善交際)를 통해서 孝·弟·友·慈·忠·信·睦·姻 등의 도덕률을 이룰 수 있지만, 交際의 조화가 깨지는 경우(不善際)는 悖·逆·頑·嚚·奸·慝·元惡·大憝가 된다. 따라서 유교란 바로 다름 아닌 그 '交際'를 잘 하는 것에 불과하다고 하였다. 『與猶堂全書』, II-13, 43b, (5-628), 「論語古今注」 참조.

서 정약용은 도덕률과 사회와의 연관에 주목하기 시작한 조선시대의 대표적 사상가로 기억될 수 있다.

6. 정약용 공부론의 의미

정약용의 공부론은 진리의 표준을 '사회현실참여'와 '사회적 실천' 속에서 찾았다. 그에게 있어서 형이상학은 최우선적으로 극복해야 할 철학적 과제가 된 것이다. 그는 철저하게 주자학을 비판하여 이러한 목적을 수행해 갔으며 '철학의 현실참여 정신'의 원형을 수사구학洙泗舊學에서 찾았다. 따라서 정약용의 공부론은 유학의 변용이라는 관점에서 말한다면 '개유改儒'라고 할 수 있다.

정약용 공부론의 철학적 배경에는 형이상학 비판을 통한 종교적 자연관이 자리하고 있다. 이것은 그가 사회사상가로서의 이론적 배경을 확보하기 위한 기반을 제공하였다. 그가 가장 많은 학문적 정열을 기울인 부분도 경학과 사회사상에 관한 저술(一表二書)이었다.

공부론의 사회적 확장에 있어서 인간의 문제를 사회와의 연관이라는 시각에서 본격적으로 연구한 점은 특기할 만하다. 그는 기중기와 활자를 만들고 종두법을 우리나라에서 처음으로 연구·실험하였고, 과학기술의 진보에 열정적 관심을 기울였으며 서양의 과학지식에도 일가견이 있었다. 그러나 그의 공부론은 형이상학에 대한 불신의 벽을 넘어 서양 과학지식과의 통합을 이루지 못하고 전통사상(공맹의 선진유학, 오경)에 의존하였다. 이것은 보수적인 과거로의 회귀가 아니라 진보적 사유의 창출을 위한 고전 정신의 부활이었으나 과학적 세계관의 창출에는 한계로 작용하였다. 그가 서양 과학사상의 수용에 적극적이지 못했던 것은 당시 서교에 대한 탄압이 서학 일반에 대한 기피 현상을 불러왔고, 18년 유배생활 동안 서양 과학지식에 대한 정보 미흡 등이 가져 온 결과로 보인다. 곧 신사상 창출의 소재를 전통적 사유방식에서 찾도록 유도한 것은 정약용의 시대적 사회 환경과 밀접한 관계가 있다.

    그럼에도 불구하고 정약용의 공부론은 19세기 초 조선의 진보 성향의 대표적 지성을 보여 주었으며, 21세기 한국 지성의 주체적 각성과 방향에 대한 시사를 보여 준다.

도불의 공부론

노자의 수양론

박원재

1. '어떤' 노자와 '누구'의 노자

　수양론적인 관심에서 『노자』를 읽어 들어가는 작업이 하나의 논의로 의미를 지니려면 먼저 적어도 다음의 두 가지 문제에 대한 명확한 입장 정리가 필요하다. 첫 번째는 텍스트의 범위에 대한 문제이다. 『노자』의 수양론을 해석 혹은 재구성하는 과정에서 중심텍스트를 어떤 것으로 할 것인지가 이 문제의 초점이다. 잘 알려진 대로 중국철학의 중심자료들 가운데 『노자』만큼 논란의 폭이 넓은 텍스트도 드물다. 멀게는 송대宋代로 까지 거슬러 올라가는 이 논란은 특히 20세기 초반 고사변古史辨시대에 들어오면서 텍스트 비판의 전범을 보여 준다고 해도 좋을 정도로 활성화된 바가 있다. 당시 『노자』를 둘러싸고 논의된 내용들은 저자문제에서부터 성서成書 연대, 시대적 배경, 전승과정, 편집사적 의도 등 그야말로 텍스트 비판 작업에서 거론 가능한 거의 모든 문제들이 망라되었다. 그런데 『노자』를 둘러싸고 전개되었던 그런 논란들이 지금까지도 근본적으로 잦아든 것 같지는 않다. 비록 마왕퇴 백서본과 곽점 초간본의 출현으로 고사변 당시와 비교하여 『노자』에 대해 훨씬 진전된 정보를 가지고는 있지만, 이른바 '조출설早出說'과 '만출설晚出說'은 여전히 어느 한쪽으로 분명하게 정리되지 않고 있는 상황이기 때문이다.

특히 초간본의 등장은 『노자』에 대한 기존의 논란에 새로운 이슈를 던짐으로써 문제를 한층 더 복잡하게 만들었다. 그것은 복수의 『노자』가 존재했을 가능성이다. 통행본과 내용상 별다른 차이가 없는 백서본과 달리, 초간본은 몇 가지 측면에서 기존의 『노자』 이해에 심각한 문제를 제기하여 학계의 주목을 받았다. 사정이 이렇다 보니 일부에서 초간본을 통행본의 단편적인 원시자료 가운데 하나로 보기보다는 아예 별도의 텍스트로 보아야 한다는 주장까지 제기되고 있는 것이 현재 학계의 상황이다.[1] 만약 이러한 가설이 타당하다면, 이제부터 우리는 『노자』의 사상을 연구할 때마다 반드시 '어떤' 『노자』의 사상인지를 먼저 밝혀야 할지도 모른다. 요컨대 '노자들'만 아니라 '『노자』들'이라는 표현도 이상하게 들리지 않는 시대가 도래하고 있는 것이다.

이런 까닭에 '노자'에 대한 수양론적 독해 역시 본격적인 논의에 앞서 그 텍스트적인 범위를 먼저 분명히 하는 것이 필요하다.[2] 더구나 초간본과 통행본 사이에 존재하는 내용상의 차이점들은 노자의 수양론을 재구성하는 데 상당히 중요한 역할을 하는 자료들이기도 하다는 점에서 이 부

---

1) 국내에서 나온 최근의 연구성과 가운데 이런 입장을 취하고 있는 대표적인 저서로는 김충열 교수의 『김충열 교수의 노자강의』(예문서원, 2004)이다.
2) 이하에서 쓰는 '노자'는 『노자』의 저자로 추정되는 단수 혹은 복수의 저작자를 임의로 가리키는 제유적 표현이다.

분에 대한 명확한 인식은 필수적이다.

이 문제와 관련하여 우리는 왕필본에 토대를 둔 통행본『노자』를 검토 대상 텍스트로 채택하고자 한다. 초간본의 출현으로 이른바 '노자의 원의原義'라는 것이『노자』연구에서 갈수록 중요한 이슈로 자리 잡아가고 있는 상황이기는 하지만, 통행본『노자』가 그동안 하나의 완정完整한 텍스트로 부단히 해석되어 오면서 퇴적해 온 의미의 역사적 지평 역시 그에 못지않게 중요하다. 특히 백서본의 내용이 통행본과 '크게 같고 작게 다른' 관계에 있다는 점을 고려한다면, 노학사老學史의 무게 중심은 여전히 통행본『노자』에 놓여야 한다는 것이 우리의 생각이다. 그것은 사상사적으로 적어도 '2,200여 년'이라는 시간의 폭을 견뎌 온 사유이기 때문이다. 이런 까닭에 이 글의 중심텍스트는 어디까지나 왕필본이고, 초간본이나 백서본은 참고자료의 지위만 지닌다는 점을 먼저 밝혀 둔다.

『노자』를 수양론적 관심에서 읽어 들어갈 때 먼저 분명히 해야 하는 또 하나의 초점은 '수양의 주체'에 대한 문제이다. 잘 알려진 대로 제자백가의 관심은 기본적으로 '정치적'이다. 따라서 그들의 학설 역시 일차적으로 당시의 통치계층을 유세 대상으로 상정하고 입론된 것이다. 그러므로 제자백가의 사유를 그대로 인간 일반에 대한 보편적인 담론으로 해석하는 태도는 상당한 주의를 요한다. 특히 이와 관련하여 우리는『노자』가 시적 형식을 빌린 간결한 정치적 잠언집이라고 해도 무방할 정도의 정치적 메시지로 가득 차 있는 텍스트라는 점을 항상 기억해야 한다.『노자』의 '성인聖人'은 직접적으로 당시의 '후왕侯王'을 가리키는 기표라는 사실이 이 점을 무엇보다 잘 보여 준다.

정치적 측면에 초점을 맞추어 노자철학의 정체성을 규정하는 이와 같은 시각은 중국사상사에서 별로 낯선 것이 아니다. 그것은 노자철학의 핵심을 '제왕의 통치술'(君人南面之術)이라고 규정했던 한대漢代 이후부터 줄곧 붙어 다니던 꼬리표 가운데 하나이다. 잘 알려진 대로 『노자』가 '제왕의 통치술'을 담은 텍스트로 각인되는 데 결정적인 역할을 한 것은 황로학이다. 하지만 사상사적인 곡절은 그렇더라도 『노자』에 대한 그런 황로학적 해석 역시 어디까지나 『노자』 자체에 함축되어 있는 사유의 침전물로부터 발아된 것이라는 점을 또한 부정할 수 없다.

이런 까닭에 우리는 어떤 시각에서 노자철학에 접근하든 거기에 등장하는 모든 담론은 궁극적으로 '성인'으로 대변되는 통치자를 상대로 입론된 것이라는 사실을 먼저 인정해야 한다. 이 점은 수양론의 경우도 당연히 마찬가지이다. 더구나 『노자』는 기본적으로 '국가'의 논리에 눈을 뜨고 그것이 '수탈과 재분배'라는 작동원리에 의해 유지되는 구조임을 간파한 후, 그러한 구조를 영속시킬 수 있는 제도적 장치로 '성인'을 이야기하고 있는 텍스트라는 주장까지 개진되고 있는 상황에서[3] 노자의 수양론을 무맥락적으로 보편화시키는 것은 확실히 사려 깊지 못한 태도이다. 만약 이런 주장이 타당하다면 노자의 수양론은 어디까지나 국가라는 형식과 그 작동원리에 의해 규정될 수밖에 없는, 통치자만을 위해 제안된 특수한 수양론에 지나지 않기 때문이다.[4]

『노자』의 전반적인 색채를 고려할 때, 그 수양론을 이와 같은 관점에서 이해하는 주장들은 나름대로 설득력을 지닌다. 따라서 이런 시각을 받아들인다면, 『노자』로부터 인간 일반에 적용되는 보편적인 수양론을 도출해 내는 일은 일종의 '논점 일탈의 오류'(Ignoratio Elenchi)를 범하는 작업이 될 수밖에 없다.[5] 그것은 다만 그 수양의 주체를 '통치자'로 제한시킬

---

[3] 강신주, 『노자: 국가의 발견과 제국의 형이상학』(태학사, 2004).
[4] 강신주, 『노자: 국가의 발견과 제국의 형이상학』(태학사, 2004), 249~255쪽.

때에만 의미를 지니는 담론이 되는 것이다.

그렇다면 노자의 수양론을 모든 사람에게 적용되는 담론으로 일반화시키는 것은 원천적으로 불가능한가? 그러니까 『노자』식으로 표현하면 '성인'이 아니라 '백성'의 입장에서 그 수양론의 의미를 읽어 들어가는 작업은 무의미하기만 할까? 이 문제는 역시 '보편과 특수'라는 틀 속에서 매듭을 풀어나가는 것이 적절할 듯하다. 세상에 특수를 함유하지 않는 보편은 없고, 보편과 소통되지 않는 특수도 없다. 따라서 '통치자'라는 특수한 유형의 인간에 대한 이야기일지라도 그 속에는 '인간' 일반에 대한 보편적인 시각이 일정 부분 필연적으로 내포되어 있을 수밖에 없다. '통치자' 또한 '인간'이라는 보편적인 지평의 한 부분이기 때문이다. 특히 모든 수양론은 그 특성상 본질적으로 인간과 세계에 대한 모종의 가정을 함축하는 담론이라는 점을 감안한다면, 노자의 수양론에서 '인간' 일반에 적용되는 규범적 원리를 읽어내는 작업이 전혀 불가능하다고만 할 수는 없을 듯하다. 다만 필요한 것은 그 가운데 어떤 요소가 특수에 해당하고 어디까지가 보편으로 일반화될 수 있는 성분인가에 대한 혜안인 것이다. 이런 점에서 노자의 수양론을 이야기할 때는 항상 '누구의' 수양론인가 하는 문제를 먼저 분명히 하는 것 또한 반드시 필요하다.

이하에서는 이런 점들을 염두에 두면서 노자 수양론의 전체적인 밑그림을 그려 볼 것이다. 구체적으로는 노자철학의 구조와 그 속에서 수양론이 차지하는 좌표, 그리고 그것이 '통치자'와 '인간 일반'이라는 두 영역에 각각 어떻게 적용되고, 또 적용될 수 있는가를 살펴보는 것이 논의의 중

---

5) "노자는 문명의 유혹과 억압에 처해 있는 백성들이 자신들을 구제할 수 있으리라는 것을 믿지 않았던 것으로 보인다"라고 한 슈월츠의 발언도 비슷한 맥락으로 이해될 수 있다. 벤자민 슈월츠, 나성 옮김, 『중국 고대사상의 세계』(살림, 1996), 302쪽.

심내용이다.

2. 노자철학의 기본구조와 수양론의 좌표

춘추전국시대의 사상사적 상황을 고려할 때, 노자의 문제의식 역시 다른 제자백가와 마찬가지로 '주례周禮'의 붕괴로 촉발된 춘추전국이라는 시대적 공간의 규범적 위기를 통치계층의 입장에서 극복하는 것이라고 이해하는 것이 가장 적절할 것이다. 무엇보다도 『노자』에 짙게 스며 있는 '상常', 즉 '항상성'에 대한 관심이 이와 같은 문제의식을 잘 반영한다.

『노자』에서 '상'이 하나의 개념으로 쓰이는 예는 장章을 기준으로 할 경우 고작해야 16장과 52·55장 세 곳에 지나지 않을 정도로 그 등장 빈도수가 많지는 않다. 그러나 '늘' 또는 '영원한' 등의 시간적 지속성을 나타내는 부사나 형용사로 쓰이는 경우까지 포함하면 그 빈도수는 모두 19개의 장에 이를 정도로 많아진다.6) 특히 이 가운데 형용사적 용법으로 쓰이는 몇몇 사례의 경우는 '상도常道·상명常名'(1장)과 '상덕常德'(28장)의 사례에서 보듯이 노자의 사유를 이해하는 데 명사적 용법 못지않게 중요한 길잡이역할을 한다. '상'에 대한 노자의 이런 관심은 "장구할 수 있다"(44·59장, 可以長久)라든가 "죽을 때까지 위태롭지 않다"(16·52장, 沒身不殆) 혹은 "뿌리를 깊게 하고 바탕을 굳건히 하며, 오래가고 멀리 내다보는 도"(59장, 深根固柢, 長生久視之道) 등 의미상 모종의 항상적 질서를 명시적으로 선호하는 표현들까지 포괄하면 그 비중은 더욱 확대된다.

---

6) 1·3·16·27·28·32·34·37·46·48·49·51·52·55·61·64·65·74·79장.

이런 점들을 감안한다면 '상'을 노자의 중심적인 문제의식이 투영되어 있는 개념으로 상정하는 시각들은 결코 자의적이지 않음을 알 수 있다.7) 그것은 '도道'에 대한 현학적인 언표들에 가려져 자칫 그 중요성이 은폐되기 쉬운, 노자의 현실적 문제의식에 대한 통찰로부터 얻어진 결론이기 때문이다. 이런 점에서 노자의 '상'에 대한 관심은 기존의 모든 원칙과 질서가 더 이상 제 기능을 수행하지 못하는 격변하는 현실 속에서 인간과 세계를 아우르는 하나의 불변적인 원리를 통찰해 냄으로써, 특히 정치적인 측면에서 그 위기를 극복해 보고자 한 철학적 기획의 결과라고 할 수 있다.8)

그런데 이처럼 '항상성'에 대한 추구를 노자철학의 출발점으로 상정할 때 유념해야 할 사항이 하나 있다. 그것은 『노자』에서 '상常'이라는 문자 기호로 표상되는 이 '항상성'은 일체의 변화와 단절된 고정적인 불변성을 의미하지는 않는다는 점이다. 우리는 이 점을 무엇보다도 만물이 엮어내는 '유有' 계열과 '무無' 계열의 쌍방향성 운동의 변증적인 통일태로 '도道'를 설명하는 『노자』 1장의 내용으로부터 읽어낼 수 있다. 1장에서 각각

---

7) 이미 여러 사람에 의해 지적된 대로 백서본에서는 16·52·55장을 제외한 나머지 장의 경우 '常'이 모두 '恒'으로 표기되어 있다. 또 초간본에도 '常'이 등장하는 5개의 장(왕필본을 기준으로 한 분류) 가운데 55장에 해당하는 죽간을 제외하고 나머지 장은 모두 '常'이 '恒'을 뜻하는 '亙'로 되어 있다. 따라서 엄밀하게 말한다면 『노자』에서 '常'이 개념적 의미로 쓰이는 용례는 16·52·55장 세 곳이다. 하지만 비록 '常'이 '恒'으로 쓰여 형용사나 부사적 용례를 보인다 할지라도 그 말의 의미가 '어떤 상태의 안정적인 지속'을 뜻하는 것으로 다른 것과 마찬가지라는 점을 고려한다면 『노자』에서 '항상성'에 대한 관심이 차지하는 비중은 여전히 줄어들지 않는다고 볼 수 있다.

8) 이 점에 대해 일찍이 徐復觀은 이렇게 진단한 바 있다. "격변하는 사회 속에서 어떻게 하면 하나의 불변하는 '常'을 찾음으로써 인생의 기반으로 삼을 수 있을 것인가, 또 그를 통하여 개인과 사회의 장구한 안정을 확보할 수 있을 것인가 하는 것이 노자사상의 가장 근본적인 동기이다."『中國人性論史: 先秦篇』(臺北: 臺灣商務印書館, 民國 73), 327쪽;『노자』의 '常'이 '變'과 '不變'의 통일이라는 점을 역대의 『노자』 주석들을 통하여 논증하고 있는 작업은 다음 참조. 조민환,『노장철학으로 동아시아의 문화를 읽는다』(한길사, 2002), 159~179쪽.

'유명有名-유욕有欲'과 '무명無名-무욕無欲'으로 표상되는 '유' 계열과 '무' 계열은 세계의 존재형식과 그에 대한 인간의 인식이라는, 세계와 인간에 관한 근원적인 두 가지 주제를 탁월한 언어적 경제성으로 해명하고 있는 부분이다.

여기서 '유' 계열이 자신을 존재의 지평으로 밀어 올리는 만물의 고유한 힘이 펼쳐지는 과정(有欲)과 그 과정을 언어를 통하여 개념화함으로써 나름의 세계상世界像을 구성하는 인간 인식활동의 능동적 측면(有名)을 가리킨다면, 반대로 '무' 계열은 그 힘이 역방향으로 전개됨으로써 만물이 존재의 지평에서 퇴거하는 과정(無欲)과 또 그 과정은 개념적 인식의 범위를 넘어선다는 인간 인식활동의 수동적 측면(無名)을 대표한다. 노자가 말하는 '상'은 바로 이처럼 '유/무' 두 계열이 시시각각으로 상호 교직되면서 연출해 내는 질서로서의 항상성이다. 다시 말해, 그것은 통상 '만물'로 표현되는 세계의 모든 사태들이 자족적으로 운동하며 연출해 내는 변화들이 결과적으로 연출해 내는 항상성인 것이다.9)

『노자』에서 '도道', 즉 '길'은 이런 항상적인 질서를 메타적 관점에서 표상하고 있는 은유적 기호이다. 그리고 『노자』에 대거 등장하는 이른바 '상반상성相反相成'의 변증적 요소들은 바로 '도'로 표상되는 그러한 세계의 항상적 질서가 구축되는 역동적 방식을 다양한 경험적 사례들을 통하여 형이하학적으로 부연하는 장치들이다. 즉 세계를 관통하는 항상적 질서는 개별적 사태들이 펼치는 다방향적 운동이 상반상성의 방식으로 끊임없이 형평을 잡아가는 과정을 통하여 드러나는 것임을 보여 주는 설명 장치인 것이다. 그러니까 『노자』에서 '도'와 변증적 요소들은 만물의 운

---

9) 이 부분에 대한 좀 더 구체적이며 시론적인 논의는 박원재, 「도와 차연: 노자와 데리다의 비교연구」, 『도가철학』 2집(한국도가철학회, 2000), 95~98쪽 참조.

동변화를 통해 조형되는 세계의 항상적 질서를 각각 형이상과 형이하의 측면에서 논증하는 역할을 수행하는 셈이다. 이처럼 노자가 추구하는 항상성은 고유한 내재적 본성에 따라 상호 교직되며, 시시각각 상반상성의 관계를 연출하는 만물의 다방향적인 운동궤적들이 결과적으로 엮어내는 메타적인 질서이다. 따라서 그것은 일차적으로 만물에 대해 초월적이며 규제적이라기보다는 내재적이며 방임적인 측면이 더 강하다. 이것이 바로 노자의 사유체계에서 '자연自然'이 '도'의 상위에 자리 잡는 이유이다.

"도는 (만물의) 스스로 그러한 운동원리를 본받는다"(25장, 道法自然)라는 명제로 개괄되는 '자연'과 '도'의 그러한 상호관계는 노자의 실천철학을 이해하는 데 중요한 모티브를 제공한다. 왜냐하면 그것은 세계가 항상적 질서를 유지할 수 있는 근본적인 이유를 노자가 어떻게 보고 있으며, 또 그로부터 어떤 규범적 원리를 도출해 내는가를 엿볼 수 있게 해 주기 때문이다.

잘 알려진 대로 『노자』에서 '자연自然'은 '스스로(혹은 저절로) 그러하다'는 뜻의 술어로, 만물의 운동변화가 지니고 있는 자발적이며 자족적인 성격을 나타내는 용어이다. 따라서 이 '자연'을 '도'의 상위에 둔다는 것은 곧 세계가 보여 주는 항상적인 질서는 일차적으로 만물의 그런 자발적이며 자족적인 운동인運動因이 아무런 장애 없이 펼쳐질 수 있을 때에만 비로소 가능하다는 시각을 함축한다. 이런 점에서 '자연'이라는 용어는 세계가 보여 주는 항상적 질서가 세계 밖으로부터 주어지는 어떤 힘의 결과가 아니라 '만물'로 표현되는 세계의 개별적 사태들이 함장하고 있는 내재적인 경향성의 발로라는 생각을 대변한다. 다시 말해서, 그것은 한 사태가 외부적 강제 없이 자신의 내재적 경향성을 주된 동인으로 삼아 전개되는 모든 유형의 운동을 총칭하는 용어인 것이다.[10] 노자는 이처럼 외적인 강제 없이 이루어지는, 즉 '자연'이라는 방식으로 이루어지는 모든 행위를 '무위無爲'라고 부른다. '외부에서 주입된 목적의식에 의해 수행되지 않는 행위'라는 뜻이다.

의미상으로 본다면 『노자』에서 '무위'는 '자연'과 동의어이다. 외부에서 주입된 목적의식에 의해 수행되지 않는 행위는 곧 자신의 내재적인 경향성을 주된 동인으로 하여 수행되는 행위이기 때문이다. 하지만 이 둘 사이에는 일종의 계열적인 관계 역시 성립한다. 특히 수양론과 같은 실천적 맥락에서 볼 때 이 점은 한층 두드러진다. '수양'은 삶에 있어서 모종의 부정적인 상태를 긍정적 상태로 돌리려는 치료적 관심의 표현이다. 따라서 수양에 관한 논의는 그 출발점에서부터 삶의 어떤 부정적 상태를 전제해야만 가능하다. 이것을 『노자』의 문맥에서 말한다면, 수양론은 삶을 자신의 내재적 경향성을 중심적인 동인으로 삼아 영위하는 것이 아니라 밖에서 주입되는 외재적인 목적의식에 예속시키는, 즉 시종일관 '유위有爲'라는 행위방식에 의해 영위되는 부정적 삶을 전제하고 그것의 극복을 모색하는 담론인 것이다. 순서상으로 보았을 때 바람직한 삶의 모습에 대한 묘사는 이 다음에 온다.

이렇게 본다면 모든 수양론의 기본 골격은 결국 현실의 부정적인 삶의 상태에 대한 진단과 그것을 극복할 수 있는 방법의 제시 그리고 그 방법의 실천으로 획득되는 바람직한 삶의 형식에 대한 묘사 이 세 가지로

---

10) 여기서 '자연'의 특성을 설명하는 데 사용되고 있는 '외부'라는 용어가 지니고 있는 정확한 의미 맥락을 이해하는 데에는 리우샤오간의 견해가 도움이 될 수 있다. "자연의 '스스로 이와 같음'이라는 의미는 절대적인 것이 아니며, 외부적인 힘의 존재와 작용을 완전히 부정하는 것도 아니다. 다만 직접적이고 강제적인 외부적 힘의 작용을 배척할 뿐이다." 劉笑敢, 김용섭 옮김, 『노자철학』(청계, 2000), 124쪽; 그러면서 리우샤오간은 '자연'의 이론적 의미를 '자발성', '원초성', '연속성', '예측가능성'의 네 가지로 정리한다. 劉笑敢, 김용섭 옮김, 『노자철학』, 152쪽.

구성된다고 볼 수 있는데, 노자의 경우 '유위'와 '무위', '자연'이 각각 이 세 단계에서 발견되는 지배적인 행위양태에 해당하는 것이다. 노자의 사유체계에서 '무위'와 '자연'은 의미상으로는 동격이지만 실천적 맥락에서는 '무위를 통해 자연에 도달'하는 일종의 계열적 관계도 형성한다는 것은 이런 맥락이다. '파사현정破邪顯正'의 논리로 말한다면, '파사'가 곧 '현정'이라는 관점에 서면 이 둘은 의미상으로 동격이지만 '파사' 뒤에라야 '현정'이 가능하다는 시각에서 보면 '파사'는 '현정'으로 가기 위한 선행적인 단계인 것과 마찬가지이다.[11]

이상의 내용을 종합한다면 노자철학의 구조와 그것에서 수양론이 차지하는 좌표는 다음과 같이 정리될 수 있다. 노자철학의 지향점은 인간과 세계를 관통하는 궁극적인 질서의 원리에 대한 모색이다. 노자는 그 질서의 모델을 끊임없는 만물의 운동변화에도 불구하고 언제나 일정한 패턴을 유지하는 세계의 '항상성'(常)에서 찾았다. 그런데 노자가 볼 때 세계의 그런 항상성을 가능하게 하는 힘은 초월적이라기보다는 내재적이다. 왜냐하면 세계의 항상성은 기본적으로 자신의 내재적 경향성에 입각한 만물의 자발적인 운동변화가 창출해 내는 질서이기 때문이다. 이 측면을 노자는 '자연'이라는 술어로 개괄한다. 이런 점에서 본다면, 노자철학에서 '자연'은 세계의 항상적 질서를 가능하게 하는 필요충분조건이다.

노자는 다양한 방향성을 드러내는 만물의 자발적인 운동변화가 결과

---

[11] '자연'이 목표라면 '무위'는 그 목표에 이르는 방법에 해당한다. 이런 점에서 본다면 '무위'가 '자연'에 선행한다. 하지만 결과의 측면에서 보면 '자연'에 입각한 행위 자체가 곧 '무위'이므로 여기서는 '무위'가 또한 곧 '자연'이다. 중국철학에서 수양론의 가장 큰 특징은 이처럼 방법과 목표가 일치한다는 점이다. 이에 대한 좀 더 진전된 논의는 이권, 「노장과 『주역』의 천인합일관 비교연구」,(연세대학교 박사학위논문, 1999)를 참조.

적으로 항상적 질서를 드러낸다는 점을 증명하기 위하여 두 가지 측면에서 논증한다. 하나는 세계의 개별적인 사태들의 운동이 연출해 내는 일양一樣적 패턴을 메타적인 관점에서 개괄해 내는 작업으로, '도'에 대한 담론이 여기에 해당한다. 다른 하나는 세계의 구체적인 부분들 속에서도 그런 패턴의 원리가 관통되고 있음을 보여 주는 작업인데, 다양한 상반상성의 변증적 사례들에 대한 언급이 여기에 해당한다. 그리고 이와 같은 이론적 작업을 거쳐 논증된 '자연'이라는 가치를 실현하기 위하여 노자가 마지막으로 제시하는 실천적 대안이 바로 '무위'이다. 이 '무위'는 항상적 질서를 담보해 주는 '자연'을 가능하게 하는 가장 직접적이며 적극적인 방법이라는 점에서 노자 실천론의 핵심을 차지한다. 즉 노자철학에서 '무위'의 실천은 궁극적으로 '자연'이라는 방식으로 구축되는 세계의 항상적 질서와 삶의 패턴을 맞추고자 하는 의지의 표현인 것이다.[12]

따라서 노자철학에서 수양론이 차지하고 있는 좌표도 바로 이 지점이 된다. 노자의 수양론은 무위의 실천을 통하여 유위적 삶을 극복하고, 자신의 내재적 경향성을 자기행위의 근본적인 지도원리로 다시 되살리려는, 즉 '자연'을 회복하기 위한 관심의 산물인 것이다. 그것을 '통치자'라는 특수한 인간형에만 적용되는 담론으로 보든 아니면 인간 일반에 적용되는 보편적인 담론으로 보든, 노자의 수양론이 실질적인 의미를 지니는 것은 결국 이 구도 속에서이다.

---

[12] 『노자』에 등장하는 '자연', '무위', '도', '변증적 요소' 이 네 가지를 이와 같은 구조로 파악하는 시각은 리우샤오간의 견해를 응용한 것이다. "노자철학에서 가장 중요한 개념과 이론은 자연, 무위, 도, 그리고 변증법이라고 할 수 있다. 자연은 중심적 가치이고, 무위는 원칙적 방법이다. 도와 변증법은 자연과 무위에 대해 각각 초월적인 논증과 경험적인 논증을 제공한다" 劉笑敢, 김용섭 옮김, 『노자철학』(청계, 2000), 18쪽.

3. '성인'-이상적 통치자의 길

　노자 수양론의 주체가 일반인이 아니라 통치자라는 점은 무엇보다도 노자 수양론의 중심적 방법론인 '무위'의 실천주체가 누구인가 하는 것을 통해서도 잘 드러난다. 『노자』에서 '무위'가 언급되고 있는 장은 전부 10개인데,13) 이 모두는 직·간접적으로 성인 혹은 그 성인이 수행하는 이상적인 통치방식이라는 주제와 맞물려 있다. 이에 따르면 '무위'는 이상적인 정치를 담보해 주는 통치방식이며, 나아가 '천하'를 장악할 수 있게 해 주는 등의 실효적인 이익을 가져다주는 행위원칙이다. 권력의 작동방식 면에서 정치적 불간섭주의로 불릴 수 있는 이 '무위'에 근거한 통치는 실제로 성인의 통치력에 힘입어 이상적인 정치가 구현되더라도 백성들 모두는 "나 스스로 그렇게 한 것일 뿐이다"(17장)라고 말하면서 자신의 삶에 대해 자족적인 포만감을 느끼도록 해 주는 정치이다. 이런 점에서 보더라도 노자철학에서 '무위'가 '자연'이라는 가치를 궁극적으로 구현시켜 주는 장은 일차적으로 개인의 삶이 아니라 정치의 영역인 것은 확실하다.

　노자철학에서 '무위'가 차지하고 있는 그런 정치적 위상을 가장 잘 보여 주는 장이 바로 37장이다.

　도는 항상 아무런 작위가 없으면서도 이루지 못함이 없다. 후왕이 만약 이 이치를 지킨다면 만물은 저절로 교화될 것이다. 만물이 저절로 교화되어 가는데도 거기에 어떤 작위를 개입시키려는 자가 있다면 나는 그를 이름 없는 통나무로 눌러버릴 것이다. 이름 없는 통나무는 또한 아무런 작위적인 욕망 없

---

13) 2·3·10·37·38·43·48·57·63·64장.

이 그 일을 해나갈 터이니, 작위적인 욕망을 발동시키지 않고 고요함을 지켜 나간다면 천하는 저절로 안정될 것이다.[14]

내용상으로도 충분히 드러나 있듯이, 이 장은 모두 네 개의 단락으로 이루어져 있다. 첫 번째 단락은 '무위'의 우주론적 맥락에 대한 언급이다. 이에 따르면 '무위'는 '도'로 표상되는 세계의 항상적 질서가 스스로를 구현시켜나가는 운동방식이다. 세계의 개별적 사태들에 대해 비규제적이면서도 결과적으로 완정한 질서를 구축시켜 나가는 것이 도의 가장 큰 특징인데, 여기에서 '무위'는 '도'의 그런 비규제적 측면을 대표한다. 둘째 단락은 이런 우주적 질서의 지평으로부터 정치적 원리를 도출해 내는 부분이다. 여기에서 '무위'는 통치자가 '만물의 교화'라는 정치의 궁극적인 목표를 실현해 나가는 데 의거해야만 하는 중심적인 통치방식으로 정립된다. 셋째 단락은 '무위'에 반하는 정치적 시도들에 대한 대처방안을 제시하고 있는 부분이다. 여기서 노자는 '이름 없는 통나무', 즉 '도'의 운동방식에 입각하여 그런 일들에 대처해 나가라고 권고한다. '도'의 운동방식에 입각한다는 것은 곧 '무위'라는 원칙을 준수하라는 것과 같은 뜻이다. 이것은 "도는 항상 아무런 작위가 없다"라고 한 첫 번째 단락의 내용으로부터 자연스럽게 도출되는 결론이다.[15] 통치의 궁극적 목표인 천하의 안정은 이처럼 '무위'를 통치의 제일원리로 받아들일 때 비로소 가능하다. 이것이 마지막 네 번째 단락의 요지이다.

---

14) 『노자』, 37장, "道常無爲, 而無不爲. 侯王若能守之, 萬物將自化. 化而欲作, 吾將鎭之以無名之樸. 無名之樸, 夫亦將無欲, 不欲以靜, 天下將自定."
15) 도를 벗어나는 사태에 대처하는 방법 역시 철저히 무위에 입각하여야 한다는 생각은 『노자』 74장에 잘 표현되어 있다. 이런 사고방식이 현실정치의 장에서 부딪치는 딜레마에 대해서는 박원재, 「노자철학의 양면성에 대하여」, 『동양철학』 9집(한국동양철학회, 1998), 118~119쪽 참조.

우리는 여기에서 '무위'가 노자철학에서 존재와 당위의 두 영역을 아우르는 중심적인 방법론으로 확고하게 자리매김하고 있음을 다시 한번 확인할 수 있다. 그것은 우주적 질서가 자체의 완정한 질서를 스스로 구현시켜 나가는 근본적인 운동방식이면서, 동시에 '천하'가 내재적인 동인에 의해 저절로 정합적인 질서의 상태에 들 수 있게 하기 위해 통치자가 견지해야만 하는 통치방식으로 규정된다. 다시 말해 '무위'는 우주와 인간 사회가 '자연'에 근거한 질서, 즉 자발적이며 자족적인 질서를 구축해 가는 데 중심적인 역할을 수행하는 방법론인 것이다. 이로부터 이상적인 통치자인 '성인'이 갖추어야 하는 두 가지 인격적인 조건이 자연스럽게 도출된다. 그것은 그런 우주적 질서의 제반특성을 통찰해 내는 능력과 그것을 실천하기 위해 자신을 개조시키는 노력이다.

먼저 『노자』에서 첫 번째 주제가 어떻게 나타나는지를 보자. 우주적 질서의 특성에 대한 파악은 다시 선후관계를 이루는 두 가지 측면으로 구성된다. 하나는 그 질서를 올바르게 인식하는 것이고, 다른 하나는 그 질서가 구축되어 가는 방식을 통찰하는 것이다. 이 가운데 우주적 질서를 정확히 파악하는 일은 그 성격상 인식론적인 작업에 해당한다. 따라서 여기서 요구되는 것은 무엇보다도 객관을 있는 그대로 담아낼 수 있는 인식 주관의 명징성을 확보하는 것이다. 이로부터 잘 알려진 노자의 '허정虛靜'의 인식론이 등장한다.

빔의 상태에 도달하는 것을 궁극까지 밀고 나가고, 고요함을 견지하는 일을 돈독히 해 나가라. 만물이 더불어 자라나매, 나는 그로부터 돌아감의 이치를 본다. 온갖 사물은 풀처럼 무성히 자라지만 모두는 자신의 뿌리로 돌아갈 뿐이다. 뿌리로 돌아가는 것을 고요함이라고 하니, 이는 필연의 질서로 돌아감을 가리킨다. 필연의 질서로 돌아가는 것을 항상됨이라고 하고, 이 항상됨의 이치를 아는 것을 밝은 지혜라고 한다. 항상됨의 이치를 알지 못하면 망령되이 흉한 일들을 만들게 된다. 항상됨의 이치를 알면 일체를 담아낼 수 있고, 일체를 담아내게 되면 모든 일에 사사로움을 배제시킬 수 있으며, 모든 일에 사사로움을 배제시키면 천하의 왕 노릇을 할 수 있다. 천하의 왕 노릇을 할 수 있게 되면 하늘의 운행에 부합하고, 하늘의 운행에 부합하면 세계의 항상적인 질서인 도와 하나가 된다. 도와 하나가 되면 오래갈 수 있으니, 몸이 다할 때까지 위태롭지 않을 것이다.16)

존재명제와 그로부터 도출된 당위명제가 뒤섞여 있는 내용이다. 먼저 고유의 궤적에 따라 다방향으로 전개되는 만물의 생성변화가 결국 모종의 복귀운동의 반복임을 지적하고, 이를 명확하게 인식할 수 있는 인식론적 태도로 '빔과 고요함', 즉 '허정'을 강조하는 데에서부터 논의가 시작된다. 노자는 여기서 그 돌아감의 이치를 '필연의 질서'(命)라고 규정한다. 그리고 이어서 자기가 이야기하는 항상성(常)은 바로 이 필연의 질서로 복귀하는 것임을 분명히 하고는, 이 이치를 통찰해 낼 수 있는 실천적 지혜(明)를 요청한다. 노자가 볼 때 진정한 통치자의 자격은 이 실천적 지혜의 획득 여부에 달려 있으며, 만약에 그것을 이룬다면 '도'와 합일될 수 있고, 또 그에 따라 정치적으로 안정적이며 지속적인 질서의 유지가 가능하다는 주장이다. 따라서 이에 따르면 노자철학의 궁극적인 목표인 안정적이며 지속적인 정치적 질서의 유지는 무엇보다도 시시각각으로 생성변화하는 만물의 전개과정에 모종의 필연적 질서가 관통되어 있음을 명확히 인

---

16) 『노자』, 16장, "① 致虛極, 守靜篤. 萬物竝作, 吾以觀復. 夫物芸芸, 各復歸其根. ② 歸根曰靜, 是謂復命. 復命曰常, 知常曰明. 不知常, 妄作凶. 知常容, 容乃公, 公乃王. 王乃天, 天乃道, 道乃久, 沒身不殆." 초간본에는 ①부분만 실려 있는데, 16장의 전체적인 문맥을 고려할 때 ②부분은 나중에 첨가된 것으로 보아도 무방하다.

식하는 데에서부터 시작된다. 맨 앞에서 제시되고 있는 '허정'은 바로 그런 세계의 인식을 가능하게 하는 인식론적 조건인 것이다.

여기에서 노자가 만물이 그 뿌리로 돌아가는 것을 '필연의 질서'라고 규정하는 이유는 발생론적으로 보았을 때 도가 비록 만물이 자기원인적인 운동들이 창출해 내는 전체성의 질서이기는 하지만, 일단 그렇게 조형된 질서는 역으로 만물의 운동을 하나의 틀로 수렴하는 우주적 형식이기도 하기 때문이다. 이로부터 도와 만물의 이중적 관계가 드러난다. 만물에 초점을 맞추면 도는 그 만물의 자기원인적인 운동들의 결과로 드러나는 후행적인 궤적이지만, 도에 초점을 맞추면 그것은 다방향으로 전개되는 만물의 운동에 하나의 일양성을 부여하는 선행적인 형식이 되는 것이다. '도는 항상 아무런 작위가 없으면서도 이루지 못함이 없다'라는 역설은 바로 여기에서 발생한다. 그러니까 '도법자연'이 전자의 측면이라면, 강과 바다처럼 도가 '온갖 골짜기의 왕'이 되는 것은 후자의 측면이다. 그런데 여기서 도가 필연의 질서로 자리매김하는 것은 바로 후자의 차원에서이다. 마치 물은 오직 자기의 본성대로 흘러가지만 결국은 바다로 귀결되는 것과 마찬가지로, 개별적 사태들 역시 자기원인적으로 운동하지만 의식하든 의식하지 못하든 결국은 '도'라는 우주적 질서 속으로 수렴될 수밖에 없는 것이다. 이런 점에서 '도'는 개개의 우발성들이 창출해 내는 필연성이라고 정의할 수도 있다. '허정'은 바로 이런 필연의 질서를 통관하기 위한 인식론적 조건이다.

이렇게 하여 우주의 필연적 질서에 대한 인식이 이루어지면 이어서 요청되는 것은 그 질서가 구축되는 방식을 통찰함으로써 그로부터 구체적인 통치행위에 적용 가능한 하나의 규범적 원리를 도출해 내는 일이다. 그리고 지금까지 살펴 본 대로 이로부터 도출되는 원리가 곧 '무위'이다.

따라서 노자의 수양론은 결국 세계의 항상적 질서를 명확하게 통찰해 낼 수 있는 명징한 인식능력의 배양과 그 통찰의 결과로 확립된 '무위'라는 규범적 원리를 효과적으로 구현할 수 있는 안팎의 제반조건들에 대한 진단과 실천으로 집약된다.

노자철학에서 명징한 인식능력의 배양은 앞에서도 말했듯이, 무엇보다 '허정'의 인식론으로 나타난다. '허정'의 인식론은 인식의 과정에서 인식주관의 능동적 역할을 최대한으로 배제시킴으로써 주관이 객관을 있는 그대로 표상하도록 만들고자 하는 태도이다. '현람玄覽'이라는 말에서도 보듯이, 『노자』에서 최고의 인식능력이 종종 거울에 비유되는 이유는 바로 이런 이유 때문이다. 그리하여 통치자가 자신의 인식주관을 이처럼 명징한 상태에 이르게 할 수 있다면 그는 그야말로 "문밖을 나가지도 않고 세상 돌아가는 이치를 알고, 들창을 열어 보지도 않고 하늘의 운행질서를 파악하는",[17] 전관적인 인식의 경지에 도달할 수 있다는 것이 노자의 설명이다.

이렇게 본다면 노자철학에서 '도'의 인식을 가능하는 성패는 결국 '도'에 비하여 제한적이며 국지적인 성격을 지니는 인식주관의 '자기중심적 경향성'(私)을 어떻게 성공적으로 배제시키느냐에 달려 있다고 할 수 있다. 이 자기중심적 경향성이 개입하면 인식주관은 거울과 같은 명징한 상태를 견지할 수 없게 되고, 그렇게 되면 자연히 전관적인 인식 또한 불가능해지는 것이다. 이런 점에서 이 자기중심적 경향성의 배제는 노자철학에서 '허정'의 인식론과 '무위'의 실천론을 연결해 주는 매개역할을 한다. 왜냐하면 '무위' 역시 적어도 표면적으로는 타자에게 주체를 강요하는 행위

---

17) 『노자』, 47장, "不出戶, 知天下; 不闚牖, 見天道,……."

가 아니라 타자를 주체 속에 받아들일 것을 요구하는 행위이기 때문이다.

따라서 '무위'의 실천 역시 다음에서 보듯이 기본적으로 '자기 비움'(損)의 형식으로 나타난다.

> 배움을 행하는 일은 날마다 무언가를 보태고, 도를 실천하는 일은 날마다 무언가를 덜어 낸다. 덜어 내고 또 덜어 내면 아무런 작위적 행위도 없는 상태에 도달한다. (그런 상태에 도달하면) 작위적으로 행하는 바가 없지만 결과적으로 이루어지지 않는 것이 없게 된다.[18]

'무위'를 실천하기 위한 전제조건으로 무엇보다도 '자기 비움'이 강조되는 이유는 노자가 '구위'를 방해하는 핵심적 요소인 '자기중심적 경향성'을 후천적인 학습의 결과라고 보기 때문이다. 좀 더 정확히 말하면, 노자가 볼 때 그것은 유가적인 도그마에 의해 조장된 문화적 욕망이다. 따라서 그것은 '자연'에 반하며, 또 그런 점에서 일탈적이다. 이런 점에서 '덜어 낸다'는 것은 그렇게 문화적 가치에 의해 훈습된 일탈적인 자기중심적 경향성을 통치자 스스로 끊임없이 배제해 나가야 한다는 의미로 읽혀야 한다. 만약 그렇지 않다면 표면적으로 '아무런 행위를 하지 않으면서 모든 것을 할 수 있다'라는 이 역설을 논리적으로 충족시킬 방법이 없다. 그것은 자기중심적 경향성을 배제하면 할수록 타자가 주체 속에 깃들 확률이 높아지고, 그에 따라 주체는 그 타자들의 은폐된 주인이 될 수 있다는 논리인 것이다.

---

18) 『노자』, 48장, "爲學日益, 爲道日損. 損之又損, 以至於無爲, 無爲而無不爲." 이는 48장의 앞부분이다. 67장의 경우와 마찬가지로 이 48장 역시 초간본에는 이 앞부분만 실려 있다. 이 '무위'의 효용성을 이른바 '取天下'의 방식과 연결시키는 뒷부분은 후대에 첨가된 것으로 보인다.

이 경우의 주체를 '은폐된 주인'이라고 규정하는 이유는 그것이 궁극적으로 겨냥하는 것은 자기중심적 경향성의 억제를 통한 자기중심성의 완성이라는, 즉 '무사無私를 통한 사私의 완성'이라는 형식으로 『노자』에서 나타나기 때문이다.19) 따라서 흔히 '스스로(의도적으로) X하지 않는다'(不自X)라는 형식으로 『노자』에 많이 등장하는 이 일탈적인 자기중심적 경향성을 시종 경계시키는 내용의 발언들은 이런 각도에서 접근해야 그 화용론적 맥락이 온전히 드러난다.

한편, 문화적 가치에 의해 후천적으로 훈습된 일탈적인 자기중심적 경향성을 벗어난다는 것은 다른 측면에서 말하면 타고난 원초적인 자연성을 지킨다는 말과 같다. 따라서 '덜어 냄'의 수양론은 곧 선천적인 자연성을 소모하지 않는 '절제'(嗇)라는 덕목으로 다시 연결된다.

> 사람을 다스리고 하늘을 섬기는 방법으로 절제만한 것이 없다. 오직 절제를 실천해야만 (필연의 질서에) 일찍 복속될 수 있다. (필연의 질서에) 일찍 복속되는 것을 일러 덕을 거듭 쌓는 것이라고 한다. 덕을 거듭 쌓으면 이기지 못함이 없고, 이기지 못함이 없으면 그 다함을 알 수 없게 된다. 그 다함을 알 수 없는 상태에 이르면 비로소 나라를 차지할 수 있으니, 나라를 소유하는 근본이치를 얻으면 장구할 수 있다. 이것을 가리켜 뿌리를 깊게 하고 바탕을 굳건히 하며, 오래 살고 멀리 내다보는 도라고 한다.20)

여기서 말하는 '절제'는 정치적 혹은 경제적인 맥락이 아니라 생리학

---

19) 전형적인 것이 7장이다. 『노자』, 7장, "天長地久. 天地所以能長且久者, 以其不自生, 故能長生. 是以聖人後其身而身先, 外其身而身存. 非以其無私邪? 故能成其私."
20) 『노자』, 59장, "治人事天莫若嗇, 夫唯嗇, 是以早服. 早服謂之重積德. 重積德則無不克, 無不克則莫知其極. 莫知其極, 可以有國, 有國之母, 可以長久. 是謂深根固柢, 長生久視之道."

적인 의미에 가까운 용어이다. 왜냐하면 사상사적인 측면에서 보았을 때, 그것은 '정기精氣'를 허투루 소모하지 않고 아껴 보존함으로써 몸에 모종의 기력을 충만하게 하는 일과 관계가 있기 때문이다.21) 이런 점에서 후천적으로 주어진 일체의 문화적 가치에 대한 관심을 끊임없이 제거해 나갈 것을 요구하는 '자기 비움'이 소극적이며 부정적인 방향의 수양론이라면, 이 '절제'는 적극적이며 긍정적인 방향의 수양론에 해당한다. 통치자의 입장에서 볼 때, '절제'는 개인의 자연성을 훼손시키지 않고 온전히 견지함으로써 자신을 포함한 만물의 자연성이 창출해 내는 우주적인 질서와 소통하고자 하는 몸짓이다. 이런 점에서 이 절제는 또한 '허정'의 수양론과도 다시 연결된다. '절제'의 수양론이 궁극적으로 나라를 소유하기 위한 전략으로 귀결될 수 있는 것은 이런 이유 때문이다. 여기에 따르면 '절제'는 나라를 소유하는 방법의 지름길이며, 나아가 안정적이며 지속적인 통치 질서를 유지할 수 있는 최고의 덕목이다.

 그러면 이와 같은 수양론들을 실천했을 때 궁극적으로 조형되는 이상적 통치인격의 가장 큰 특성은 무엇일까? 그것은 '유연함'(柔弱)이다. 이 유연함은 '자연'이라는 노자철학의 최고 가치로부터 자연스럽게 연역되는 덕목이기도 하다. 그것은 만물과 '도' 사이에 존재하는 비구제적 관계를 상징하기 때문이다. '도'는 만물의 자기원인적인 운동을 있는 그대로 수렴하는 데에서 성립한다. 따라서 그것은 자기를 제거하고 타자를 받아들이는 행위의 전범이다. 도는 그렇게 함으로써 비로소 모든 것을 아우르는 실질적인 주인이 된다. 따라서 '도법자연'이라는 말을 통하여 그 의미연관이

---

21) 이와 관련하여 '절제'를 실천하는 것이 '덕을 거듭 쌓는' 일과 연결되고 있다는 점을 주목할 필요가 있다. 이때의 '德'은 '得'의 의미로, 선천적으로 타고나는 생리적인 요소, 즉 '精氣'와 같은 것을 가리킨다. 『노자』의 주석 가운데 가장 오래된 『한비자』의 「解老」가 바로 이와 같은 관점에서 '德'을 해석하고 있다.

함축적으로 드러나는 도의 이런 측면은 무위를 실천함으로써 천하를 수렴하고자 하는 통치자의 입장에서 무엇보다 갖추어야 하는 자질이 되는 것이다.

도가 만물에 대해 가지는, '유연함'으로 묘사되는 이 비규제성의 특성을 개괄하고 이를 통치의 원리로 차용하려는 이런 관심은 앞에서 나왔던 '덕'이 우주적 지평으로 확장된 '현덕玄德'개념을 통해 특히 잘 드러난다. 일반적으로 노자철학에서 '덕'은 추상적인 도가 만물 각각에 내재함으로써 만물의 생성변화를 추동하는 근원적인 힘으로 상정될 때 성립하는 개념이다.22) 따라서 '현덕' 역시 만물에 대해서는 규제적이라기보다는 방임적이다. 그것은 본질적으로 만물을 "낳아주면서도 소유하지 않고, 이루어주면서도 의지하지 않으며, 키워주면서도 지배하지 않는"23) 비규제적인 우주적 힘이기 때문이다. 그런데 이런 우주적인 힘이 통치의 영역으로 차용되어 들어오면 그것은 통치의 효용성을 극대화시키기 위한 전략으로 새롭게 탈바꿈한다. 그것은 백성들의 자연성을 조장해 줌으로써 궁극적으로 무위의 통치가 작동할 수 있는 바탕을 마련하는 통치자의 구체적인 자질로 자리 잡는 것이다.24)

그러므로 수양론적 측면에서 통치자는 궁극적으로 그런 '현덕'을 체화할 수 있어야 한다. 이 과정에서 통치자에 대한 은유로 등장하는 기표가 '물'이나 '갓난아이'이다. 이 가운데 특히 '갓난아이'는 다음에서 보듯이 덕을 체득한 이상적인 인격의 상징으로 묘사된다는 점에서 노자의 '현덕'이

---

22) 『노자』에서 '도'와 '(현)덕'의 이런 관계가 압축적으로 나타나 있는 곳은 51장이다.
23) 『노자』, 51장, "生而不有, 爲而不恃, 長而不宰, 是謂玄德."
24) 『노자』, 65장, "古之善爲道者, 非以明民, 將以愚之. 民之難治, 以其智多, 故以智治國, 國之賊; 不以智治國, 國之福, 知此兩者, 亦稽式. 常知稽式, 是謂玄德. 玄德, 深矣, 遠矣, 與物反矣, 然後乃至大順."

지니고 있는 정치적인 성격을 보다 분명히 보여 준다.

덕을 머금은 것이 두터운 경지는 갓난아이에 비유될 수 있다. 벌이나 뱀도 물지 않고, 맹수도 덮치지 않으며, 맹금류도 낚아채지 않는다. 뼈는 약하고 근육은 부드럽지만 쥐는 힘은 강하고 암수의 이치를 알지 못하지단 곧게 발기한다. 정기의 지극함이다. 하루 종일 울어 대지만 목이 쉬지 않는다. 조화의 지극함이다. 이런 조화의 이치를 아는 것을 항상됨이라고 하고, 그 항상됨의 이치를 아는 것을 밝은 지혜라고 한다. 조화로운 삶에 무엇을 자꾸 보태는 것을 요상함이라 하고, 마음이 기를 부리는 상태를 강함이라고 한다. 사물은 강장해지면 늙나니, 이를 도에 부합되지 않는다고 한다. 도에 부합되지 않으면 일찍 소멸된다.25)

여기서 '갓난아이'로 은유되고 있는 이상적 통치자의 가장 큰 인격적 특성은 한 마디로 '유연함'으로 묘사된다. 하지만 이 '유연함'은 그냥 한갓된 유약함이 아니다. 내용상으로 볼 때 그것은 '정기精氣'로 표현되는 우주적인 기운의 정수를 잃지 않음으로써, 그 기운들이 연출하는 우주적인 조화의 질서에 삶의 리듬을 일치시켜 무위적으로 배어 나오는 그런 유연함이다. 이런 점에서 이 유연함은 앞서 살펴 본 '절제'(嗇)의 수양론과 일맥상통한다.

그런데 노자는 이 모든 것이 덕을 두텁게 머금은 상태의 징후들이라고 말한다. 결국 이상적 인격에서 발견되는 유연함이라는 특성은 '덕'이 가지고 있는 힘으로부터 오는 필연적인 특성이라는 것이다. 유연함을 상실한 장년의 강함이 '도'어 부합하지 않는다고 말하는 것은 바로 이런 까닭

---

25) 『노자』, 55장, "含德之厚, 比於赤子. 蜂蠆虺蛇不螫, 猛獸不據, 攫鳥不搏. 骨弱筋柔而握固. 未知牝牡之合而全作, 精之至也. 日號而不嗄, 和之至也. 知和日常, 知常日明. 益生日祥, 心使氣日强. 物壯則老, 謂之不道. 不道早已."

이다. 그것은 곧 '도'로 표상되는 우주적인 질서에 내재한 힘, 즉 '(현)덕'에 근원을 둔 강함이 아니기 때문이다. 또 그런 까닭에 그와 같은 사태는 일찍 소멸되는 것이다.

문맥상 이 '일찍 소멸된다'라는 말이 함축하고 있는 메시지는 분명하다. 그것은 '정치적'이다. 이는 '뿌리를 깊게 하고 바탕을 굳건히 하며, 오래 살고 멀리 내다보는 도'를 추구하는 노자의 이념에 정확히 배치되는 현상이라는 점에서 더욱 그렇다. 그것은 노자철학 제일의 가치인 '항상성'의 반대가 되는 사태인 것이다. 그러므로 노자는 여기에서 그 우주적인 조화의 이치를 깨닫고 그런 조화가 연출하는 우주적 항상성의 이치를 통찰해 내는 것이 진정한 지혜라고 강조한다. 필연성의 질서로 복귀하는 것이 항상된 것이고 또 그런 이치를 통찰하는 것이 진정한 지혜라고 한, 앞서 살펴 본 16장의 내용과 맥을 같이하는 발언이다.

이렇게 본다면 노자철학에서 천하를 수렴하는 무위의 정치를 구현하기 위해 통치자가 실천해야 하는 수양론은 결국 크게 네 가지 요소로 구성된다. 세계의 항상적 질서를 올바르게 통찰해 내기 위한 '허정虛靜'의 인식론적 태도와 그 질서에 부응하기 위해 후천적으로 학습된 문화적 요소들을 제거해 나가는 '자기 비움'(損)의 과정, 그런 '자기 비움'과 상보적인 관계에 있는 '절제'(嗇)의 노력, 그리고 마지막으로 이 모든 과정을 거쳐 획득되는 인격적 특성으로서의 '유연함'(柔弱)이 바로 그것이다. 그런데 이 '유연함'은 타자를 받아들임으로써 거꾸로 그 타자를 실효적으로 지배하려는 정치적 의도의 결과라는 점에서 실제로는 강함을 지향하는 역설의 유연함이다.[26] 이런 점에서 『노자』 수양론의 핵심적 방법론인 '무위'는 곧

---

26) 『노자』의 수양론이 지니고 있는 이런 전략적 측면은 이른바 '세 가지 보배'(三寶)의 효용성을 말하는 자리에서 좀 더 분명히 드러난다. 여기서 '자애로움'(慈)은 '용

'사私의 완성을 겨냥한 사의 부정', 즉 전략적인 '무사無私의 실천론'이다. 노자가 상정하는 이상적인 인격인 '성인聖人'은 이처럼 자신을 비우고 절제해 갓난아이처럼 유연하게 만드는 과정을 통하여, 모든 것이 귀일하는 바탕이 되는 우주적 질서의 이치를 체득하고27) 그것을 다시 정치적인 측면에서 몸소 실천하는 통치자이다. 그렇게 함으로써 그는 가장 소극적인 통치('爲無爲')를 통하여 역설적으로 가장 적극적인 통치효과('無不治')를 이루어 낸다.

4. '도'를 닮으려는 삶의 의미

지금까지 우리는 노자의 수양론을 '통치자'라는 수양의 주체면에 초점을 맞추어 그 얼개를 정리해 보았다. 그러면 노자의 이런 수양론은 과연 정치적 맥락에서만 의미를 지니는 걸까? 거기에서 인간 일반을 대상으로 한 보편적인 수양론적 의미는 추출해 내는 것은 불가능할까? 더 구체적으로 말해, '성인'이 아니라 '백성'이 일탈적인 자기중심적 경향성을 최대한 억제시킴으로써 삶의 궤적을 세계의 항상적 질서와 합치시키려고 노력하는 것은 무의미할까?

감함'(勇)을 이루기 위한 과정이고, '검약함'(儉)은 '넉넉함'(廣)을 얻기 위한 단계이며, '감히 천하의 선두에 서지 않음'(不敢爲天下先)은 궁극적으로 '은갖 제도의 우두머리'(器長)가 되고자 하는 전략적 선택이다. 『노자』, 67장, "天下皆謂我道大, 似不肖. 夫唯大, 故似不肖. 若肖, 久矣其細也夫. 我有三寶, 持而保之. 一曰慈, 二曰儉, 三曰不敢爲天下先. 慈, 故能勇; 儉, 故能廣; 不敢爲天下先, 故能成器長. 今舍慈且勇, 舍儉且廣, 舍後且先, 死矣! 夫慈, 以戰則勝, 以守則固, 天將救之, 以慈衛之."
27) 『노자』, 34장, "大道氾兮, 其可左右. 萬物恃之而生而不辭, 功成不名有, 衣養萬物而不爲主. 常無欲, 可名於小; 萬物歸焉而不爲主, 可名爲大. 以其終不自爲大, 故能成其大."

이 물음은 통치자가 아닌 일반인이 노자의 수양론을 실천했을 때 얻어지는 실효적인 효과가 과연 무엇이냐에 따라 그 대답이 달라질 수 있다. 만약 노자의 수양론을 실천했을 때 통치자가 아닌 사람의 경우에도 당사자의 삶을 고양시키는 어떤 구체적인 성과를 얻을 수 있다면 노자의 수양론은 수양에 대한 보편적인 담론으로 새롭게 재조명될 수 있다. 하지만 수양의 결과로 얻어지는 성과라는 것이 개인적 차원의 삶에서는 무의미하다면, 그 수양론은 역시 국가를 안정적이며 지속적인 통치질서의 틀 속에 묶어 두려고 고민하는 '통치자'라는 특정한 계층이 실천해야 하는 수양론에 머물고 말 것이다. 그렇다면 앞서의 물음은 다시 이렇게 되물어야 하는 것이 좀 더 생산적이다. 노자의 수양론에서 요청되는 덕목들을 실천했을 때 일상적 삶에 어떤 실효적인 이익을 가져올 수 있는가?

앞에서 살펴본 노자의 여러 수양론적 덕목들을 일상적인 삶의 영역에 적용하여 하나의 실천적 강령으로 재구성한다면 그것은 아마 이렇게 될 것이다.

> 인식주관을 비워 고요하게 함으로써 '도'로 표상되는 세계의 항상적 질서를 통찰해 내고, 그런 통찰에 근거하여 비본질적 가치의 상징인 후천적으로 습득된 문화적 요소들을 꾸준히 제거해 나가며, 또 그렇게 하여 우주적인 힘과 소통할 수 있는 자신의 내적인 생명력의 정수를 온전히 축적해 나감으로써 최종적으로 모든 행동이 자신이 타고난 내재적인 경향성을 중심적인 동인으로 삼아 수행하는 삶이 되도록 하라.

만약 평범한 사람이 수양을 통하여 이와 같은 상태에 도달하였다면 존재론적 의미에서든 가치론적인 의미에서든, 그 이전의 삶과 비교하여 그는 어떤 적극적인 이익을 얻을 수 있을까? 일반적으로 말하듯이, 이른바

'외물外物'에 끌려 다니지 않는 내적인 평정심을 획득하게 되는 것일까? 그러나 노자의 수양론을 보편적인 삶의 지평으로 끌어냈을 때 그것이 지니는 의미맥락은 그런 교과서적인 평가의 차원을 넘어서는 듯하다.

노자가 말하는 '무위'의 진정한 가치는 정치의 영역에서뿐만 아니라 일상적인 삶의 영역에서도 개개의 행위들을 실효적으로 지도하는 적극적인 규범적 원리가 될 수 있다는 데 있다. 이 점을 이해하기 위해서 우리는 먼저 세계에 대한 노자철학의 기본적인 전제를 받아들여야 한다. 그 기본적인 전제란 다방향적으로 전개되는 개별적 사태들의 자기원인적인 운동에도 불구하고 전체 세계는 언제나 뚜렷한 하나의 경향성, 그러니까 앞에서 우리가 시종일관 '항상성'(常)이라고 표현했던 모종의 필연적 질서를 보여준다는 것이다. 그리고 역시 앞에서 우리는 이것을 '우발성들이 창출해 내는 필연성'이라고 정의한 바 있다.

'우발성들이 창출해 내는 필연성'이란 자기원인적으로 전개되는 개별적 사태들의 운동을 개체적 차원에서 보면 우발적이지만 '만물'이라는 전체성의 차원에서 보든 그 개개의 우발성들이 모여 모종의 필연성을 창출한다는 의미이다. 따라서 개체의 차원에서 보면 우주 속에서 전개되는 모든 운동은 자기원인적이지만 전체의 차원에서 보면 그 운동들은 그것들 스스로 창출해 나는 어떤 필연적 질서, 즉 '도'로 수렴된다.

그런데 개체와 전체의 관계에 대한 노자의 이런 시각이 맞다면 이로부터 중요한 삶의 지도원리 하나가 연역될 수 있다. 그것은 아마 이런 식으로 정식화될 수 있을 것이다. 세계는 그것을 구성하는 개체들의 자기원인적인 운동이 창출해 내는 필연성이다. 따라서 개체와 전체 사이에는 중층적인 관계가 성립한다. 전체성의 질서는 개체들에 의해 만들어지지만 그렇게 만들어진 전체성의 질서가 다시 개체를 수렴하는 것이다. 이에 따라 다음과 같은 결론이 도출된다. 개체의 경우 최선의 삶은 그 전체성의 질서를 통관하고 자신의 행위양식을 끊임없이 거기에 맞추어 나가는 것이다. 이것이 최선의 삶인 이유는 개체의 입장에서 본다면 그 전체성의 질서는 그가 의식하든 의식하지 못하든 결과적으로 거부할 수 없는 하나의 필연이기 때문이다.

만약 이와 같은 결론에 동의한다면 최선의 삶은 자신 속에 있는 비본래적이며 따라서 우연적인 요소들을 최대한 제거하고, 자신의 삶을 오직 그 전체성의 질서와 조응하는 타고난 내적 필연성에만 의거하여 전개시키는 것이 된다. 이로부터 최선의 삶을 위한 하나의 수양론적 규범이 공식화된다. 그것은 자신의 삶이 속해 있는 전체성의 질서를 통관하는 능력을 끊임없이 배양하고 아울러 자신의 행위가 언제나 그 질서와 자연스럽게 조응할 수 있게 꾸준히 노력해 나가는 것이다. 그레이엄의 시각을 빌려 이 원리를 다시 하나의 당위명제로 정식화해 보자.

a) 어떤 문제를 해결하기 위한 행위를 선택하는 과정에서 그와 연관된 모든 요소들을 모두 통찰하고 있다면 나는 자연스럽게 X로 기울어짐을 안다. 하지만 이 모든 연관된 것들을 간과할 때, 나는 Y로 기울어짐을 발견한다. 그렇다면 나는 내 자신을 어느 쪽으로 기울어지게 하는 것이 바람직할까?
b) 그 문제와 연관된 모든 요소들을 완벽하게 숙지하라.
c) 그렇게 함으로써 결과적으로 너 자신이 X로 자연스럽게 기울어지도록 하라.[28]

---

28) 이는 '자연주의적 오류'를 극복하는 대안으로 그레이엄이 중국적인 사유방식으로부터 힌트를 얻어 제시하고 있는 이른바 '유사 삼단논법적 공식'(quasi-syllogistic formula)을 부분적으로 변형한 것이다. A.C. Graham, *Reason and Spontaneity* (London: Curzon, 1985), 7쪽 참조.

우리는 살아가면서 무수한 문제에 부딪치고, 그것을 해결하기 위해 또 그만큼의 선택과 결단을 한다. 그런데 문제해결을 위한 특정한 행동을 의식적으로 선택하기 이전에 우리의 의지와 무관하게 우리는 우주적인 경향성에 의해 이미 하나의 특정한 방향으로 기울어져 가고 있는 것이 사실이라면 그때 우리가 해야 하는 최선의 행동은 무엇일까? 우리의 의지와 무관하게 흘러가는 그 필연적 경향성에 무지함으로써 그에 거슬리는 행동을 선택하는 것이 현명할까, 아니면 그 경향성을 구성하는 모든 요소들을 완벽하게 숙지함으로써 우리의 선택이 '자연스럽게', 다시 말해 '필연적으로' 그 방향으로 향하도록 하는 것이 현명할까?

노자의 입장에서 본다면 이 문제에 대한 대답은 명확하다. 그런 필연적 경향성을 구성하는 모든 요소들을 숙지할 수 있는 인식능력을 최대한 키우고 그로부터 얻어지는 통찰에 자신의 선택을 맡기라는 것이다. 왜냐하면 노자가 볼 때 세계의 모든 개별적 사태들은 자신들이 우발적으로 구축하는 그런 필연성의 질서에 언제나 수렴되는 존재이기 때문이다. 이것이 바로 노자가 자신이 주장하는 대부분의 당위명제를 '~이런 까닭에'(是以)라는 접속사를 매개로 그에 선행하는 존재론적 언술들로부터 언제나 도출해 내는 이유이다. 거기에는 기본적으로 스스로를 '선택'의 갈등에 노출시키기를 거부하는, 본성적인 삶에 대한 믿음이 가로 놓여 있는 것이다.

이것이 아마 노자의 수양론이 지니고 있는 적극적이며 보편적인 의미일 것이다. 통치자는 '노자'를 실천함으로써 '천하'를 수렴하고자 하지만, 일상적 개인은 그것을 통하여 자신의 삶의 궤적이 우주적 필연성에 자동적으로 일치되는 꿈을 꾸는 것이다. 이것이 '성인'이 아니라 '백성'으로 살면서 주제넘게 '도'를 닮으려고 했던 역사 속의 삶들이 꾸었던 꿈의 내용이 아닐까? 그리고 모든 수양론의 궁극적인 귀결점이 그렇듯이, 그 꿈이 진실한 것이었는가에 대해서는 오직 그 길을 몸소 걸어 본 사람만이 대답할 수 있을 뿐이다.

장자의 공부론

김백현

1. 공부론의 의의

고등학교 시절이다. 아버님으로부터 '공부는 않고 소설책만 본다'라는 꾸중을 이따금씩 들었다. 아버님은 교과서 공부만이 진정한 공부라고 여기셨다.

공부란 무엇인가? 나는 본래 공부工夫라고 쓰기를 좋아했다. 공부는 자연스럽게 저절로 하야 한다고 생각했기 때문이다. 그러나 요즈음 보통 사람들이 공부를 하는 데에는 그래도 힘(力)이 들어가야만 되겠다는 생각이 들어서 공부를 공부功라고 표기하는 편이 좋겠다는 생각을 한다. 그리고 중국 무예를 우슈(武術)라고 하지만 쿵푸라고도 부르는데, 이 쿵푸라는 말 역시 공부功夫라는 말이 아닌가?

서양철학의 세 분야를 인식론, 형이상학, 그리고 가치론이라고 한다면, 동양철학은 그 분야를 공부론과 천도론 그리고 인도론으로 분류할 수 있으며, 또한 이들은 일관된 정체성整體性을 지니고 있다고 할 수 있다. 즉 동양철학에서의 공부론 분야는 서양철학에서의 인식론 분야에 해당된다고 할 수 있다. 그런데 인식론 또는 인식방법론은 참된 존재 혹은 진리를 알기 위한 과정을 논리적으로 체계화한 것이라고 할 수 있다. 따라서 동양철학에서의 공부론은 참된 도道를 터득하기 위한 과정을 논리적으로 체계화한 것이라고 규정할 수 있다.

도가와 유가 그리고 불교에서 말하는 도道는 그 보편성을 지니고 있을 뿐만 아니라 각각의 특수성 역시 지니고 있다. 그 보편성이 곧 동양철학의 보편성으로 우리가 흔히 말하는 것이며, 그 특수성이 곧 도가와 유가 그리고 불교에서 말하는 도의 의미가 각각 달라서 도가는 도가, 유가는 유가, 불교는 불교로서의 특질을 각각 지니게 되는 것이다. 공부론 역시 도가와 유가 그리고 불교는 그 보편성과 특수성을 지니고 있다.

"배움을 익히는 길은 날마다 보태지고, 도를 닦는 길은 날마다 덜어진다"[1]라는 노자의 말은 동양철학의 공부론 틀을 지적했다고 할 수 있다. 배움을 익히는 길은 그 목표를 객관 대상, 즉 밖(外)에서 구하는 것이며 지식 등이 여기에 속한다. 도를 닦는 길은 주체, 즉 안(內)에서 구하는 것이다. 유가를 이 틀에 맞추어 설명하면 도문학道問學 궁리窮理 등은 배움을 익히는 길이라고 할 수 있으며, 존덕성尊德性 거경居敬 등은 도를 닦는 길이라고 할 수 있다. 불교에서의 교종敎宗은 배움을 익히는 측면을 강조한다고 하면, 선종禪宗은 도를 닦는 측면을 강조한다고 할 수 있다. 이와 같이 유가와 불교는 배움을 익히는 길과 도를 닦는 길을 모두 말하고 있

---

1) 『老子』, 48장, "爲學日益, 爲道日損."

다고 할 수 있다. 이러한 틀을 가지고 서양철학을 논한다면, 서양철학의 인식론은 대체로 배움을 익히는 측면을 강조한다고 할 수 있다. 경험론과 객관적 관념론이라고 하는 것들은 물론이고 소위 주관적 관념론이라고 하는 것 역시 모두 그렇다고 할 수 있다. 그래서 서양철학은 객관성을 중시하는 경향이 농후하다. 서양철학에서는 도를 닦는 길이라고 할 수 있는 종교적 명상 등은 신비주의라고 하여 대체로 철학 범주에서 제외시키려고 한다. 그러나 동양철학에서의 공부론은 도를 닦는 길을 위주로 하며, 배움을 익히는 길을 부차적인 것으로 본다. 특히 노장老莊에서는 배움을 익히는 길을 비판적인 태도로 보며, 이를 초월하여 도를 닦는 길을 강조한다.

2. 혜시를 통해 본 장자

우리는 누차에 걸쳐서 "동양철학 정수의 현대화는 결코 서양철학의 틀에 의한 재해석이 아니다. 다시 말하면 동양철학의 현대화는 결코 동양철학의 서양철학화가 아니다. 그것은 오늘날의 언어를 통한 재해석이다"[2]라고 주장했다. 그런데 김형효 교수의 『노장사상의 해체적 독법』은 데리다의 철학적 틀에 따라 노장을 해석한 것으로, 노장의 본의에 매우 그럴듯하지만 다르게(似而非) 설명된 모범적 해석방법이라고 할 수 있다.

그는 "노자와 장자는 'gift(선물)-Gift(독)'가 세상이라는 텍스트의 문법임을 일깨워 줌으로써 진리에 대한 애정의 허당함을 가르쳐 주었고, '진

---

[2] 김백현, 『도가철학연구』(동녘출판기획, 2002), 뒤표지 글.

리/반진리'를 넘어서는 제3의 세계를 안내하고 있다. 혜시는 그런 안내가 없고, 물物이 단지 상象이고 상象은 단지 상경相傾의 관계이고 파르마콘임을 역설적으로 보여줄 뿐이다"3)라고 하면서 장자와 혜시의 차이점을 지적하기도 한다. 그러나 그는 이어서 말하기를 "『장자』 잡편의 「천하」에 나오는 혜시의 언설을 분석해 보면, 그의 생각은 기본적으로 장자의 생각과 크게 다르지 않다. 그런데 왜 장자와 혜시가 논쟁을 벌이는 대목이 내편에 자주 나오며, 장자 계열에서 혜시는 폄하되었는가? 이것은 필자의 부족한 문헌학적 지식으로 풀리지 않는 의문 가운데 하나이다"4)라고 하면서 장자와 혜시와의 차이점을 분명하게 알 수 없다고 솔직히 고백하고 있다.

이러한 김형효 교수의 장자해석의 문제점은 그가 데리다의 관점을 통하여 문헌학적 지식으로 장자를 해석하고자 했을 때부터 이미 지니고 있는 한계라고 할 수 있다. 따라서 그가 비록 초현실적인 세계는 애오라지 주관적인 것도 애오라지 객관적인 것도 아니라고 하면서도, "장자가 사용한 과장법은 결국 초현실의 세계를 상상하게 하는 방편이다. 그런 점에서 소유요의 세계는 상상적인 세계이다"5)라고 하거나 "그런 초현실적인 사유세계는 또 다른 개념으로 '초과超過'의 사유라고 부를 수 있다"6)라고 한 말에서도 장자해석의 문제점이 극명하게 드러나고 있다. 즉 그의 해석에 의하면, 장자는 과장법을 사용하여 초현실의 세계를 상상하였으며 또한 초과적 사유를 했다고 할 수 있는데, 이러한 이해를 통해서는 결코 장자와 혜시의 차이점을 분명하게 이해할 수 없게 된다. 우리는 장자와 혜시를

---

3) 김형효, 『노장사상의 해체적 독법』(청계, 1999), 385쪽.
4) 김형효, 『노장사상의 해체적 독법』(청계, 1999), 386쪽.
5) 김형효, 『노장사상의 해체적 독법』(청계, 1999), 242쪽.
6) 김형효, 『노장사상의 해체적 독법』(청계, 1999), 252쪽.

비교하면서 이 점을 상세하게 고찰하기로 한다.

천지와 나는 더불어 살아가고, 만물과 나는 하나가 된다.[7]

장자의 이상은 자연스럽게 그러하는 소요逍遙 무대無待의 생활이라고 할 수 있으며, 아울러 무한하고 혼융渾融 정체整體의 말할 수 없고 사고할 수 없는 '도의 세계'에 이르는 것이라고 할 수 있다. 그런데 혜시 역시 이와 유사한 말을 하고 있다. 즉 혜시는 그의 유명한 열 가지 명제의 마지막 결론적인 명제를 다음과 같이 제기했다.

만물을 널리 사랑하자, 천지는 일체이다.[8]

이와 같이 장자와 혜시는 이상과 깨우친 점이 매우 비슷하며, 그들 사이에 서로 통하는 어떤 점이 있었다고 할 수 있다. 그러나 위에서 제시한 장자와 혜시의 말이 비록 비슷하기는 하지만 여기에 도달하는 방법이 다르고 그 의미 역시 차이가 있다. 우리는 이 점을 혜시의 열 가지 명제를 검토하면서 고찰하기로 한다.

1) 상대성문제

혜시는 비록 만물의 상대성을 알았으나 그 상대성을 극복하지는 못하였다.

---

[7] 『莊子』, 「齊物論」, 79쪽, "天地與我並生, 而萬物與我爲一." 이후의 장자 원문은 郭慶藩撰, 『莊子集釋』을 인용한다.
[8] 『莊子』, 「天下」, 1102쪽, "氾愛萬物, 天地一體也."

하늘과 땅은 낮고, 산과 못은 평평하다.9)

위와 아래, 높다와 낮다는 어떤 기준을 설정한 뒤, 그 기준에서 비교하여 생기는 상대개념이다. 따라서 설정된 기준이 있어야 비로소 그러한 '위와 아래', '높다와 낮다'고 하는 비교가 생긴다. 혜시는 공간상에서 말하는 이러한 비교는 절대 객관적이며 필연적이 아님을 알았다. 그런데 장자 역시 "천하에 가을 짐승의 잔털보다 더 큰 것은 없으며, 태산은 작은 것이다"10)라고 하면서 공간상에서의 비교는 모두 상대적임을 말하고 있다.

오늘 월나라를 떠나서 어제 도착했다.11)

혜시는 오늘과 어제, 즉 시간의 상대성을 알았다. 장자는 "아직 마음이 이루어지지 않았는데 옳고 그름이 있음은 오늘 월나라를 떠나 어제 도착했다고 하는 것과 같다"12)라고 했는데, 여기서 이루어진 마음이 아직 없음은 객관적이라고 할 수 있으나, 이미 이루어진 마음이 있다면 주관적이라고 밖에는 말할 수 없다. 따라서 옳고 그름, 오늘과 어제가 모두 주관적인 심리에서 생겨난 선입관이라 하겠다. 만일 객관적으로 말한다면 시간에는 오늘과 어제의 구분이 없다. 이렇게 장자와 혜시는 모두 시간 속에서 설정하는 오늘과 어제는 상대적임을 말한다.

해는 한가운데 있으면서 기울어져 있고, 사물은 살아가면서 죽어 가고 있다.13)

---

9) 『莊子』, 「天下」, 1102쪽, "天與地卑, 山與澤平."
10) 『莊子』, 「齊物論」, 79쪽, "天下莫大於秋豪之末, 而大山爲小."
11) 『莊子』, 「天下」, 1102쪽, "今日適越而昔來."
12) 『莊子』, 「齊物論」, 56쪽, "未成乎心, 而有是非; 是今日適越而昔至也."

혜시는 모든 만물은 변화하며, 어떤 사물도 변화하지 않는 것이 없음을 알았다. 따라서 변화를 어떻게 이해하느냐에 따라 서로 다른 관점이 생긴다. 즉 혜시는 만물을 변화의 관점에서 볼 때, 서로 다른 관점으로 인하여 상대성이 생긴다는 것을 알았다. 장자 역시 변화에 대한 관점의 차이에 의하여 상대적인 이해가 생기는 것을 알았다.[14] 그러나 장자는 혜시처럼 관점의 상대성에만 머물지 않고 한 걸음 더 나아가서 상대성을 극복하는 방법으로 '자연에 비추어 본다'(照之於天)라고 제시하고 있다.

> 장자가 혜자에게 말했다. "공자는 육십 년을 살면서 생각을 육십 번 바꾸었소. 처음에 옳다고 하던 것을 나중에는 그르다고 했소. 오늘 옳다고 한 것은 오십 구년 동안 그르다고 한 것인지도 모르겠소." 혜자가 말했다. "공자는 열심히 지식을 닦았기 때문이요." 장자가 대답했다. "공자는 지식을 버렸다오. 그가 말하지 않았던가요. '대저 자연에서 재질을 받았으니 천성적인 심령으로 돌아가 살면 소리는 가락에 맞고 말은 법칙에 맞는다. 이익과 정의를 눈앞에 놓고 좋고 나쁨, 옳고 그름을 말함은 단지 다른 사람의 입만을 감복시킬 뿐이다. 다른 사람들로 하여금 마음을 감복시켜 어긋나지 못하게 함이 세상의 도리를 바로 잡는다'라고 말이오. 그만 둡시다. 나 또한 거기에 미치지 못하니!"[15]

장자는 공자를 빌려서 지식의 상대성을 말하나 혜시는 장자의 참 뜻을 이해하지 못하고 단지 공자가 지식을 얻음에 힘썼음을 주장한다. 왜냐하면 혜시가 비록 시공간변화의 각기 다른 관점에서 생기는 상대성을 알았지만, 그의 목적은 여전히 밖에 있는 사물을 분석하는 지식을 건립함에 두

---

13) 『莊子』, 「天下」, 1102쪽, "日方中方睨, 物方生方死."
14) 『莊子』, 「齊物論」, 6쪽, "物无非彼, 物无非是. 自彼則不見, 自知則知之. 故曰彼出於是, 是亦因彼. 彼是方生之說也, 雖然, 方生方死, 方死方生."
15) 『莊子』, 「寓言篇」, 952~953쪽.

었기 때문이다. 따라서 장자는 다시 공자를 빌려 사람이 자연에서 재질을 받았으니 천성적인 심령으로 살면 된다는, 즉 본성으로 돌아가면 참된 앎에 이른다고 말한다.

나는 천하의 중앙을 안다. 연나라의 북쪽이며 월나라의 남쪽이다.16)

여기서 혜시는 각기 다른 관점에서 각기 다른 기준이 생기고, 각기 다른 기준 때문에 상대성이 생김을 말한다. 그래서 그는 절대적인 기준을 정할 수 없음을 알아서, 마치 천하의 중심이 어디인가 하는 것과 같이 기준 역시 고정되지 못하고 정하는 바에 따라서 달라짐을 말한다.

장자가 말했다. "활 쏘는 사람이 예기치 않게 적중했다고 그 사람을 활 잘 쏘는 사람이라고 말한다면, 세상 사람이 모두 예와 같은 활 잘 쏘는 사람이 된다고 할 수 있소?" 혜자가 말했다. "그럴 수 있소." 장자가 말했다. "세상에 어느 누구나 인정하는 옳음이 없으니 각기 옳다고 생각하는 것을 옳다고 하면 세상이 모두 요임금이 된다고 할 수 있소?" 혜자가 말했다. "그럴 수 있소." 장자가 말했다. "그러면 유가 묵가 양주 공손룡과 당신을 더하면 다섯 학파가 되는데 과연 누가 옳은가?" 혜자가 말했다. "오늘날 유가 묵가 양주 공손룡이 나와 변론하여 말로 서로 공격하고 큰소리로 서로를 억누르는데 내가 반드시 그른 것은 아니니 어떻단 말이오."17)

이와 같이 혜시는 기준을 정할 수가 없어 자기가 옳다고 생각하는 것만을 옳다고 주장하면서 다른 사람들과 변론을 통하여 다투기만 했다.

---

16) 『莊子』, 「天下」, 1102쪽, "我知天下之中央, 燕之北越之南是也."
17) 『莊子』, 「徐无鬼」, 838~840쪽.

그러나 장자는 표준의 상대성을 극복하기 위하여 참마음으로 돌아가 도와 하나가 되어, 스스로 밝아지는 방법을 제시한다.[18] 즉 절대 진실의 도와 하나가 됨으로써 상대성을 극복할 수 있다고 한 것이다.

2) 유한과 무한의 문제

혜시는 비록 '무한'을 말했으나 그것은 사고활동을 통하여 추상적으로 도달한 '무한'이며 '유한'과 상대되는 '무한'이다.

가장 큰 것은 밖이 없으니 커다란 하나라고 하고, 가장 작은 것은 안이 없으니 작은 하나라고 한다.[19]

크기가 밖이 없도록 커지면 당연히 무한한 것이다. 그러나 밖이 없다고 함은 더 이상 커질 수 없다 함이며, 더 이상 커질 수 없다 함은 이미 한계를 설정한 것이고, 한계를 설정함은 곧 유한하다는 말이 되어 버린다. 이와 같이 작기가 안이 없도록 작아지면 당연히 무한한 것이다. 그러나 이것 역시 위와 같은 의미로 유한성을 지니게 된다. 또한 작은 것을 큰 것과 비교한다면 당연히 유한하다. 그러나 큰 것 밖에 또 작은 것이 있으니 큰 것 역시 무한하다고는 말할 수 없다. 혜시가 사물을 분석한 명제는 이와 같이 '유한하면서도 무한하다' 할 수 있는 커다란 하나와 작은 하나를 밝혔다. 그러나 그래도 커다란 하나와 작은 하나는 서로 상대가 되며, 상대가 됨으로써 서로 비교가 생기게 되고, 비교함으로써 상대적인

---

18) 『莊子』, 「齊物論」, 85쪽.
19) 『莊子』, 「天下」, 1102쪽, "至大无外, 謂之大一; 至小无內, 謂之小一."

유한한 하나에 머무르게 되어 참된 무한성을 지니지 못하게 된다.

장자가 말하는 형체가 없는 것, 둘레가 없는 것은 숫자로 나눌 수 없으며 숫자로 끝까지 셀 수 없는 것으로 가장 큰 것 그리고 가장 작은 것이라 말할 수 있다. 그러나 가장 큰 것은 가장 작은 것과 상대가 되지 않는다. 따라서 언어나 뜻으로 통할 수 있는 범주를 초월하여 큰 것도 없고 작은 것도 없다.[20] 즉 큰 것도 없고 작은 것도 없으니 말할 수도 없고 사고할 수도 없는 하나가 됨으로 참된 무한성을 지닌다.

두께가 없으면 쌓을 수 없으나 그 크기는 천리이다.[21]

두껍다는 것은 어느 정도 크기가 있다는 말이다. 따라서 두께가 없다는 것은 크기가 없다는 것이다. 크기가 없으므로 쌓을 수 없다. 그러나 두께가 없다는 것은 높이가 없으나 길이와 넓이는 있다. 따라서 그 크기가 천리다고 할 수 있다. 이와 같이 높이로 보면 크기가 없으나 길이와 넓이로 보면 크기가 있다. 따라서 크기가 없으면서 있으니 상대성을 극복할 수 없어 유한하다. 장자 역시 두께가 없다는 말을 포정이 소를 자르는 모습에서 이야기하고 있으나, 장자가 말한 두께가 없다 함은 상대성을 지니는 것이 아니고 참된 무한성을 지닌다.[22] 왜냐하면 그 두께가 없다 함은 감각을 떠난 속에서, 즉 주객합일이 된 경지에서 이야기하고 있기 때문이다.[23]

---

20) 『莊子』, 「秋水」, 572쪽.
21) 『莊子』, 「天下」, 1102쪽, "无厚, 不可積也, 其大千里."
22) 『莊子』, 「養生主」, 119쪽.
23) 『莊子』, 「養生主」, 119쪽.

남쪽은 끝이 없으면서 끝이 있다.24)

혜시는 공간의 무한성을 알았다. 그러나 그는 추리활동을 통하여 알았기 때문에 인식주체를 없애지 못했다. 따라서 한 곳, 즉 입각점을 정하지 않을 수가 없다. 그러므로 이 한 곳이 있으므로 남쪽과 북쪽이라는 분별이 생겨난다. 여기에서 남쪽을 볼 때 무한한 공간이 펼쳐진다. 그러나 남쪽은 여전히 공간의 한 부분이 됨으로 북쪽과 상대가 된다. 즉 북쪽에 비추어서 남쪽이 된다. 또한 북쪽이 없다고 하면 남쪽도 없게 된다. 그러므로 혜시가 말한 남쪽이란 유한성을 지닌 공간의 한 부분에 불과하게 된다. 이렇게 혜시는 동서남북상하라고 하는 육합 속에 머무르게 되어 참된 무한성을 터득하지 못했다. 그러나 장자는 육합을 벗어나 육합 밖에서 노니는 소요의 경지를 말하고 있으니, 장자의 무한성이야말로 참된 무한성이라고 할 수 있다.

이어진 고리는 풀어헤칠 수 있다.25)

혜시는 만물의 변화를 알고 개체와 개체가 고리처럼 연결되어 있음을 말했다. 그러나 그는 고리들을 풀어헤칠 수 있다고 했으니, 개체의 독립성을 주장해서 개체의 유한성을 주장했다. 이에 반하여 장자는 만물 전체를 하나의 고리에 비유한다. 따라서 개체의 독립성은 그 큰 고리에 녹아 없어져, 개체의 유한성을 극복하여 만물 전체의 무한성을 강조했다. 즉 만물은 끊임없이 순환하여 마치 고리처럼 처음과 끝이 없이 계속적인 연속

---

24) 『莊子』, 「天下」, 1102쪽, "南方無窮而有窮."
25) 『莊子』, 「天下」, 1102쪽, "連環可解也."

체로서 존재한다고 했다.26) 다시 말해 도道로 봄으로써 도와 통하여 하나가 된다. 다시 통하여 하나가 된다는 말을 하고, 여기에서 그 '하나'를 터득하였으니 그 '하나'는 무한성을 지닌 '하나'였다. 그러나 혜시는 비록 '하나'를 터득했으나 그 '하나'를 물物로 봄으로써 개체의 분별을 염두에 둔 '하나'가 되어 유한성을 지니게 된다.

3) 분별과 정체整體의 문제

혜시가 비록 '반드시 같다'(畢同)를 말하지만, 그가 찾아낸 '반드시 같다'라는 명제는 인식활동을 통하여 얻어 낸 것이며, 또한 '반드시 다르다'와 상대되는 명제이다.

> 크게 같음과 작게 같음은 다르다. 이것을 작게 같고 다름이라고 한다. 만물은 반드시 같고 반드시 다르다. 이것을 크게 같고 다름이라고 한다.27)

혜시는 사물을 개념적으로 분석하여 이 명제를 얻었다. '작게 같고 다름'은 강목 층차 속의 비슷한 정도의 차이를 가리킨다. '크게 같고 다름'은 만물의 보편성과 개별성을 가리킨다. 강목 층차에서 가장 높은 위에 다다르면 물物이라는 최고의 보편성을 얻게 된다. 바로 이 최고의 보편성 위에서 만물은 '반드시 같음'이 된다. 반대로 아래로 내려가면 여러 개체들에 이른다. 바로 이 개체들에서 개별성을 얻는다. 또한 이 개별성 위에서

---

26) 『莊子』, 「寓言」, 950쪽.
27) 『莊子』, 「天下」, 1102쪽, "大同而與小同異, 此之謂小同異. 萬物畢同畢異, 此之謂大同異."

만물은 '반드시 다름'이 된다. 이와 같이 혜시는 곧 만물은 반드시 같다고 하는 명제에서 자기의 이상을 찾아냈다.

만물을 널리 사랑하자, 천지는 일체이다.[28]

만물은 바로 '반드시 같다'에서 보편성을 지니게 되고 여기에서 만물은 모두 똑같은 것이니 만물 가운데 어떤 것만을 골라 사랑하지 말고 두루 사랑하자고 혜시는 말한다. 그러나 혜시는 '반드시 다르다'를 극복하지 못했으니, '반드시 같다'와 '반드시 다르다' 사이에서 상대적인 문제가 생긴다. 따라서 그 '천지는 일체이다'라고 한 말 역시 상대적일 수밖에 없다.
장자와 혜시가 호수濠水의 징검다리 위에서 노닐며 벌인 변론이 가장 유명하다.

장자 : 피라미가 한가로이 헤엄치고 있구려, 이것이 물고기의 즐거움이겠군.
혜자 : 그대는 물고기가 아닌데, 어찌 물고기의 즐거움을 안단 말이오?
장자 : 그대는 내가 아닌데, 내가 물고기의 즐거움을 모른다는 것을 어찌 안단 말이오?
혜자 : 나는 그대가 아니므로 물론 그대를 모릅니다. 그대가 물론 물고기가 아니므로 그대가 물고기의 즐거움을 모른다 함은 확실하오.
장자 : 자 그대가 시작한 말로 다시 돌아가 봅시다. 당신이 어찌 물고기의 즐거움을 안단 말이냐고 한 그대의 말은 이미 내가 그것을 안다는 것을 알고 나에게 물은 것인데, 나는 그것을 호수 위에서 알았다오.[29]

---

[28] 『莊子』, 「天下」, 1102쪽, "氾愛萬物, 天地一體也."
[29] 『莊子』, 「秋水」, 606~607쪽, "莊子曰, 儵魚出遊從容, 是魚之樂也. 惠子曰, 子非魚, 安知魚之樂? 莊子曰, 子非我, 安知我不知魚之樂? 惠子曰, 我非子, 固不知子矣; 子固非魚也, 子之不知魚之樂, 全矣. 莊子曰, 請循其本. 子曰 '汝安知魚樂'云者, 既已知

혜시는 비록 '만물은 반드시 같다'에서 '천지는 일체이다'라는 명제를 이끌어 냈지만 이 명제는 그래도 참되고 진실한 정체整體가 되지 못한다. 왜냐하면 그에게는 아직도 만물은 '반드시 다르다'라는 관념이 있기 때문이다. 그러므로 혜시는 여전히 장자와 혜시 그리고 물고기의 개별성에서 '반드시 다르다'라고 여겨, 개별성에 의하여 서로를 알 수 없다고 생각했다. 그러나 장자가 말하는 '만물과 나는 하나가 된다'라고 했을 때 그 하나는 말로 설명할 수 없고 사고를 통하여 알 수도 없는 하나이기 때문에, 여기에는 자아와 만물 사이에 어떠한 분별도 없는 것으로 서로 합하여 하나가 된 정체성을 지닌다. 따라서 장자라는 인식주체와 물고기라는 인식대상은 하나가 될 수 있기 때문에 장자의 마음이 곧 물고기의 마음이 되며 물고기의 마음이 곧 장자의 마음이 될 수 있는 것이다. 또한 혜시가 '천지는 일체이다'라고 한 명제는 인식활동, 즉 개념분석을 통하여 얻어진 것으로 인식주체에 상대되는 '천지는 일체이다'가 되어, 정체적인 천지 속에 인식주체를 포함시킬 수 없으며, 인식주체 역시 정체적인 천지 속에 녹아 들어갈 수가 없다.

3. 외물과 심 그리고 공부

우리는 위에서 혜시와 장자를 비교하면서 두 사람의 서로 다른 점을 고찰하였다. 즉 혜시가 극복하지 못한 상대성과 유한성 그리고 분별성을 장자는 극복했다. 따라서 장자철학을 양비론이니 양시론이니 하면서 상

吾知之而問我, 我知之濠上也."

대주의로 평가하는 것은 장자와 혜시의 다른 점을 정확히 알지 못하기 때문이라고 할 수 있다. 이와 같이 장자와 혜시의 다른 점을 분명하게 구분하지 못하면서 장자철학을 논한다면, 이것은 장자철학을 너무나 교묘하게 곡해한 것이라고 할 수 있다. 대표적인 예로 우리는 이러한 오해를 김형효 교수의 책에서 너무나 쉽게 발견할 수 있으며, 또한 이를 추종하는 듯한 도가철학연구 학자가 있다는 점을 매우 안타깝게 생각한다.

사실 장자의 후학들이 혜시를 폄하한 주원인은 결코 혜시가 상대주의를 극복하지 못했기 때문이 아니다. 그 주원인은 곧 혜시가 만물을 좇기만 하고 되돌아오지 못했기(逐萬物而不反) 때문이며, 물에 얽매이기(累於物) 때문이라고 할 수 있다.

> 혜자가 장자에게 물었다. "사람은 본래 정情이 없는가?" 장자가 대답했다. "그렇다." 혜자가 물었다. "사람이면서 정이 없다면 어떻게 사람이라고 할 수 있겠는가?" 장자가 되물었다. "도가 모습을 주고 하늘이 형체를 주었는데 어찌 사람이라고 할 수 없단 말인가?" 혜자가 반문했다. "이미 사람이라고 할진데 어찌 정이 없다고 하는가?" 장자가 대답했다. "그것은 내가 말하는 정이 아니오. 내가 정이 없다고 말한 것은 사람이 좋고 싫음의 감정에 의하여 스스로의 몸을 해치지 않고, 언제나 자연스럽게 함으로써 삶을 덧붙이려 하지 않음을 말하는 것이오.' 혜자가 물었다. "삶을 덧붙이지 않고 어떻게 그 몸이 있을 수 있소?" 장자가 대답했다. "도가 모습을 주고 하늘이 형체를 주었으니, 좋고 싫음에 의하여 그 몸을 상하게 하지 않는다는 것이오. 지금 그대는 그대의 정신을 밖으로 향하여 그대의 정력을 지치게 하여, 나무에 기대어 신음하고 책상에 기대서는 졸고 있소. 하늘이 그대의 형체를 가려냈는데도 그대는 단단하다느니 희다느니 하면서 떠들고 있구려!"[30]

---

30) 『莊子』, 「德充符」, 220~222쪽.

우리는 장자에게서 두 층차의 인간을 발견할 수 있다. 그 하나는 장자가 혜시와 같이 그 인간의 존재와 활동상태에 대하여 "슬프구나!", "서글프구나!"라고 표현한 '문제상태에 처해 있는 인간'이며, 다른 하나는 그 존재와 활동상태에 대하여 "지극하구나!", "되었구나!"라고 표현한 '이상상태에 처해 있는 인간'이다.31) 그런데 '이상상태에 처해 있는 인간'이란 이미 소요제물逍遙齊物의 도道를 체득하여 문제가 해결된 인간이므로, 우리는 여기에서 '문제상태에 처해 있는 인간', 즉 보통 인간만을 대상으로 삼고 고찰하도록 한다.

장자는 '문제상태에 처해 있는 인간'을 아주 보잘 것 없는 존재로 표현한다. 공간상으로 볼 때 천지에 있는 인간의 존재는 아주 작은 존재에 지나지 않을 뿐만 아니라, 시간상으로 볼 때 역시 아주 짧은 존재에 불과하다.32) '문제상태에 처해 있는 인간'은 자기존재의 보잘 것 없음을 극복하기 위하여 물物의 자연스러운 변화에 순응하지 못하고 외물과 서로 마찰하는 긴장관계를 일으킨다.

장자에서 우리는 이와 같이 긴장관계를 일으키는 외물에 대하여 좁은 의미와 넓은 의미의 물物로 나누어 볼 수 있다. 좁은 의미의 물物은 통상적으로 경험계의 감관 지식의 대상을 가리킨다. 그리고 넓은 의미의 물物

---

31) 장자는 衆人, 庶人, 今人, 世人 등을 '문제상태에 처해 있는 인간'으로 가리키면서 "悲夫!", "大哀乎!"라고 그들의 존재와 활동상태를 표현했다. 또 眞人, 神人, 天人, 聖人, 古人 등을 '이상상태에 처해 있는 인간'으로 가리키면서 "至矣", "盡矣"라고 그들의 존재와 활동상태를 표현했다.

32) 『莊子』, 「德充符」, 217쪽, "渺乎小哉, 所以屬於人也!"; 『莊子』, 「秋水」, 563쪽, "吾在於天地之間, 猶小石小木之在大山也, 方存乎見少, 又奚以自多! 計四海之在天地之間也, 不似礨空之在大澤乎? 計中國之在海內, 不似稊米之在大倉乎? 號物之數謂之萬, 人處一焉, 人卒九州, 穀食之所生, 舟車之所通, 人處一焉; 此其比萬物也, 不似毫末之在於馬體乎?"; 『莊子』, 「知北游」, 746쪽, "人生天地之間, 若白駒之過郤, 忽然而已."

은 관념물까지 포함하여 가리킨다. 다시 말해, 좁은 의미의 물은 일반 사람들이 흔히 보고 생각하는 구체적이며 물질적인 물이다.33) 넓은 의미의 물은 물질적인 물을 포함할 뿐만 아니라 사事를 포함한다.34) 사事란 추상물이며 관념물로 명예・이익・인의仁義・예악禮樂 등을 포괄하며, 또한 추상적인 사상과 지식 및 이론을 포함한다.35)

그런데 문제상태에 처해 있는 인간은 이러한 외물을 죽을 때까지 애써서 좇지만 문제의 해결점을 찾을 수 없을 뿐만 아니라 도리어 지쳐 버리기만 하는바, 이것을 장자는 '죽음에 가까운 마음'이라고 한다.

> 죽음에 가까운 마음은 다시 회복시키지 못하니! 기쁨과 노여움, 슬픔과 즐거움, 걱정과 한탄, 변덕과 고집, 아첨과 방자, 화통과 꾸밈은 음악이 텅 빈 데에서 나오고, 수증기가 버섯을 돋아 내듯이 밤낮 없이 눈앞에 서로 나타나지만, 그것이 어디서 싹트는지 모른다.36)

이것은 사람의 정서, 사고, 환상 및 욕망 등 갖가지 인과 현상을 설명한다. 한 사람의 마음이 만일 이러한 인과의 소용돌이 속에 빠진다면, 장자는 그것을 '죽음에 가까운 마음'이라고 할 것이다. 사람의 생명은 한 가닥 끝없는 인과의 띠에 완전히 묶어서 자유도 없고 자주능력도 없다. 얼마나 무서운 사람의 마음인가. 장자의 공부는 바로 사람으로 하여금 이러

---

33) 『莊子』, 「達生」, 634쪽, "凡有貌象聲色者, 皆物也, 物與物何以相遠? 夫奚足以至乎先?(形) 色而已."
34) 王先謙, 『莊子集解』, 三民書局, 1974), 143쪽.
35) 『莊子』, 「徐無鬼」, 834쪽, "知士無思慮之變則不樂, 辯士無談說之序則不樂, 察士無凌誶之事則不樂, 皆囿於物者也."
36) 『莊子』, 「齊物論」, 51쪽, "近死之心, 莫使復陽也. 喜怒哀樂, 慮歎變慹, 姚佚啓態; 樂出虛, 蒸成菌. 日夜相代乎前, 而莫知其所萌."

장자의 공부론 395

한 속박 받는 마음상태에서 석방되어 인과의 고리를 깨고 생명으로 하여금 상승하고 비약하여, 진재眞宰—자유 자주의 참 나—를 회복하고자 한다고 할 수 있다.

자유 자주의 참 나를 장자는 영대靈臺로 설명한다. 그런데 장자에서 말하는 '영대', '영부靈府', '천부天府'는 모두 수양공부를 거쳐 도달한 일종의 경지를 의미한다. 곽상郭象의 주석에 '영대'는 곧 마음이라 했는데, 그러면 '영부'와 '천부'도 마음이다. 만일 '영대', '영부', '천부'가 모두 마음을 가리킨다면 그것은 청정淸靜 대명大明의 마음으로, 그것과 '죽음에 가까운 마음' 사이는 결코 다스릴 수 있거나 다스림을 받는 대립관계가 아니다. 그들의 관계는 마치 공부에서의 입체과정의 양 끝으로, 하나는 궁극의 목표를 대표하고 하나는 분투 정진의 출발점을 대표한다. 그러므로 '영대'와 '죽음에 가까운 마음'은 결코 두 개의 마음이 아니고 도리어 한 개의 마음이 두 개의 다른 층차에 있을 뿐이다. 위아래 두 층 사이의 연계는 끝없는 공부에 의지해야 한다. 한 순간의 타락 혹은 영대에 대한 한 순간의 집착으로, 영대는 곧 바로 타락하여 '죽음에 가까운 마음'이 된다.

따라서 장자는 "영대란 유지할 바가 있는데, 그 유지할 바를 모르면 유지할 수 없는 것이다"[37]라고 하여 수양공부에서 극히 중요한 관점을 제시한다. 즉 어떤 사람은 아마 공부가 일정한 정도에 도달하면 한 번 이룬 것은 영원히 이룰 수 있어 다시는 퇴보하지 않는다고 여길지 모르나, 이러한 생각은 허망한 것이라는 의미이다. '유지할 수 없는 것이다'라고 한 말은 이런 생각을 지니고 있는 자에게 제시하는 경고라고 할 수 있다. 영

---

37) 『莊子』, 「庚桑楚」, "備物以將形, 藏不虞以生心, 敬中以達彼, 若是而萬惡至者, 皆天也, 而非人也, 不足以滑成, 不可內於靈臺. 靈臺者有持, 而不知其所持, 而不可持者也."

대의 빛(생명의 빛)이 밝고 흐리지 않기를 유지하려면 단지 영원히 유지하는 공부를 하는 방법밖에 없다. 공부를 멈추지 않으면 영대는 항상 밝다고 할 수 있다.

4. 공부방법의 해석

장자가 말하는 공부는 밖으로 외물을 좇는 비움을 익히는 방법이 아니라, 안으로 마음을 수련하는 도를 닦는 방법이다. 장자는 이것을 반기反己, 반심反心, 반성反性, 반덕反德 등으로 설명한다. 여기에서 말하는 '반反'이란 안으로 마음을 닦아서 '도'로 되돌아간다는 의미다. 또한 장자는 이것을 무아無我, 상아喪我, 망아忘我 등으로 설명한다. 이러한 주체의 수련, 즉 장자의 공부 혹은 실현이론에 관하여 우리는 아래와 같이 나누어 진술하고자 한다. 그 순서는 얕은 곳에서 깊은 곳으로, 대략적인 곳에서 정밀한 곳으로 들어간다.

(1) 공부 혹은 실현이론의 첫 걸음은 사람의 관능활동에서 시작한다. 눈·코·귀·입·마음의 활동은 모두 본능에 속한다. 그것들은 사람과 외적 세계 사이의 교통의 중추이며, 또한 정서·감정·상상·욕망의 근원이다. 이런 활동의 한 가지 기본 특색은 모두 반응을 제약하는 틀에서 벗어날 수 없다는 것이다. 반응을 제약하는 모든 활동은 모두 자주성과 자유성이 없다. 장자가 추구하는 바는 정신의 자주와 자유이다. 따라서 우선 여기에서 시작한다. 장자는 "귀로 듣지 말고 마음으로 들어라. 마음으로 듣지 말고 기氣로 들어라.······ 기란 비어 있어서 물을 기다리는 것이다",[38)]

"도의 극치에 이르면 어둡고 고요하다. 보려 하지도 들으려 하지도 말고, 정신을 간직하여 고요히 하시오."39)라고 말했다. '귀로 듣지 말고', '마음으로 듣지 말고', '보려 하지도 들으려 하지도 말고' 등에서 장자는 관능활동을 없애자고 주장한 사람으로 오해받기가 매우 쉽다. 이것은 아마 장자철학의 참뜻이 아닐 것이다. 관능활동은 덕에 누를 끼친다.40) 이것은 장자가 깊이 알고 있는 것이나, 그는 결코 이 때문에 관능활동을 없애자고 주장하지 않았고, 단지 관능활동을 제어할 수 있어 관능활동으로 인하여 가슴속에서 자유를 어지럽히는 작용이 생기지 않도록 하면 족하다고 생각했다. 그러므로 그는 "고귀·부유·유명·존경·명예·이익 등의 여섯 가지는 의지를 어지럽히고, 용모·동작·낯빛·꾸밈·끼·뜻 등의 여섯 가지는 마음을 그릇되게 하고, 미움·욕망·기쁨·노여움·슬픔·즐거움 등의 여섯 가지는 덕에 누를 끼치고, 버림·얻음·받음·줌·앎·재주 등의 여섯 가지는 도를 가로 막는다. 이 네 종류의 각 여섯 가지들이 가슴에서 동탕거리지 않으면 올바르게 되고, 올바르게 되면 고요해지고, 고요해지면 밝아지고, 밝아지면 비어진다"라고 말했다.

(2) 사람의 관능활동은 외물의 자극에 주요하게 제약받는다. 외물에 소리가 있으니 귀로 듣고, 외물에 색깔이 있으니 눈으로 보고, 외물에 시비의 분별이 있으니 마음으로 판별한다. 그러므로 진일보한 공부는 세상 사람들이 집착하는 것을 타파함이니, 예를 들어 좋고 싫음, 득과 실, 아름다움과 추함, 옳고 그름 등의 표준으로, 관능의 망동으로 그 의거할 바를

---

38) 『莊子』, 「人間世」, 147~148쪽, "無聽之以耳而聽之以心, 無聽之以心而聽之以氣! 聽止於耳, 心止於符. 氣也者, 虛而待物者也. 唯道集虛. 虛者, 心齋也."
39) 『莊子』, 「在宥」, 381쪽, "至道之極, 昏昏默默. 無視無聽, 抱神以靜."
40) 여기에서의 德은 道家의 의미로 생명 본래의 참된 性을 말한다.

잃어버린 것들이다. 장자가 "슬픔과 즐거움은 덕의 어긋남이며, 기쁨과 노여움은 도의 지나침이며, 좋아하고 싫어함은 마음의 잃음이다"41) 혹은 "덕 있는 사람은 가만히 있어도 아무 생각도 하지 않고, 움직여도 아무 생각조차 하지 않으며, 옳고 그름과 좋고 나쁨을 간직하고 있지 않다"42)라고 말한 바와 같다. 장자의 책 속에는 누차 '혼돈 씨의 술術'을 말하는데, 아마 혼돈의 경지를 빌려서 세속의 모든 표준을 혼화混化하려는 것일 게다. 그러나 사람의 본능활동은 한 순간도 정지할 수 없는데, 정지했다면 그것은 생명 역시 사라진 것이다. 그러므로 장자는 이런 활동을 '천天에 감추라'라고 주장했다. '천에 감춘다' 함은 본성 자연의 경계에 감추어 그것이 자유롭게 비상하도록 하는 것이다. 사람이 이 경계에 도달한 연후에 '희로애락이 가슴에 들어오지 않고', 외물도 '상하게 할 수 없다'.

(3) 정신생활을 추구하는 모든 철학은 욕망을 큰 적으로 보지 않는 것이 없는데, 장자 역시 예외가 아니다. 그는 '염담恬淡', '적막寂寞', '소박素樸' 등의 새로운 명사도 무욕의 심리상태를 말한 것 이외에는 이 방면에 특수한 견해를 가지지 못했다. "무지와 함께하면 그 덕이 떠나지 않고, 무욕과 함께하면 이것을 소박이라 한다. 소박하면 백성의 본성도 얻는다",43) "옛날 천하를 기르는 자는 무욕하여 천하가 족하고, 무위하여 만물이 변화하고, 못처럼 고요하여 백성이 안정한다",44) "그 욕망이 깊으면 그 천기天機가 얕다"45) 이 세 구절은 모두 무욕의 효과 방면에 치중하여 말

---

41) 『莊子』, 「刻意」, 542쪽, "悲樂者, 德之邪; 喜怒者, 道之過; 好惡者, 德之失."
42) 『莊子』, 「天地」, 441쪽, "德人者, 居無思, 行無慮, 不藏是非美惡."
43) 『莊子』, 「馬蹄」, 336쪽, "同乎無知, 其德不離; 同乎無欲, 是謂素樸. 素樸而民性得矣."
44) 『莊子』, 「天地」, 404쪽, "古之畜天下者, 無欲而天下足, 無爲而萬物化, 淵靜而百姓定."
45) 『莊子』, 「大宗師」, 228쪽, "其耆欲深者, 其天機淺."

한 것으로, 욕망의 성질에 대하여 어떤 구별도 하지 않았다. 그러나 앞의 두 단계의 공부에 근거하면, 장자가 제거하려 한 욕망은 반드시 관능활동의 범위에 국한된다. 이 범위에 국한된 욕망은 반드시 어떤 대상을 붙잡아야 만족을 얻고, 만족과 동시에 외물의 노예가 되어 그 속에 빠져서 스스로 빠져나올 수 없다. 그래서 사람의 자유와 자주는 상실된다. 장자는 이런 상황을 "자연에 어긋나고, 본성을 떠나고, 정신을 죽인다"46)라고 불렀다.

(4) 공부 혹은 실현이론의 네 번째 단계는 허정虛靜이다. 허정공부는 유가와 도가가 같으나, 도가가 특히 중시한다. 따라서 이 방면에 대한 도가의 사상도 비교적 정밀하다. 앞의 세 단계 공부는 모두 외적 세계에 대응하여 성립한다. 그러나 허정공부는 정신 자체에서부터 공부를 시작해야 한다. "자연에서 받은 바를 다하여, 얻은 게 있지 않고 역시 비울 뿐이다. 지인의 마음 쓰임은 거울과 같아 보내지도 맞아들이지도 않으며, 응하되 감추지 않는다. 그러므로 외물에 견디어 상하지 않을 수 있다",47) "성인의 고요함은 고요함이 좋다고 말하니까 고요한 것이 아니다. 만물이 마음을 족히 어지럽히지 못하므로 고요한 것이다.…… 무릇 허정, 괄담, 적막, 무위는 천지자연의 기준이며, 도와 덕의 본질이다.…… 비운 즉 고요하고, 고요한 즉 잘 움직여지고, 잘 움직인 즉 잘 얻는다"48) 이 두 글귀를

---

46) 『莊子』, 「則陽」, 899쪽, "遁其天, 離其性, 亡其神."
47) 『莊子』, 「應帝王」, 307쪽, "盡其所受乎天, 而無見得, 亦虛無已. 至人之用心若鏡, 不將不迎, 應而不藏, 故能勝物而不傷."
48) 『莊子』, 「天道」, 457쪽, "聖人之靜也, 非曰靜而善, 故靜也; 莫非莫足以鐃心, 故靜也.……夫虛靜恬淡, 寂寞無爲者, 天地之平, 而道德之至.……虛則靜, 靜則動, 動則得."

읽으면 장자에 대한 약간의 오해를 풀기가 어렵지 않다. 그의 공부는 사람이 적멸寂滅로 가야 한다거나, 사람이 완전하게 외물을 절응해서는 안 된다는 것이 아니다. 사람이 응하되 감추지는 아니해서 외물을 주재할 수 있어 그것에 상하지 않아야 한다는 것이다. 허정공부는 단지 집착하지 않아 마치 판판한 거울처럼 되는 것이 아니라 활동과 획득이 있는 것이다. 그 활동은 바로 자유이며, 그 획득은 바로 생명의 참이다. 이것을 '도와 덕의 본질'이라고 한다.

(5) 공부 혹은 실현이론의 최후 단계를 장자는 새로 창조한 이름—좌망坐忘—을 사용하여 그것을 대표했다. "물고기는 서로 강호를 잊고, 사람은 서로 도술을 잊는다." 이 두 마디의 극히 지혜로운 말은 우리에게 얼마나 아름다운 동경을 주는가! "중니仲尼가 놀라서 물었다. '무엇을 좌망이라 하는가?' 안회顔回가 대답했다. '육체를 잊고 총명을 돌아내, 형체를 떠나고 지식을 버려 큰 도와 같아지는데, 이것을 좌망이라고 합니다'",49) "…… 삼일이 지나자 천하를 잊게 되었소. 천하를 잊게 되어 내가 또 그것을 지키니, 칠일 뒤에는 물物을 잊게 되었소. 물을 잊게 되어 내가 또 그것을 지키니, 구일 뒤에는 삶(生)을 잊게 되었소. 삶을 잊게 된 뒤에는 깨달음을 얻을 수 있게 되었소. 깨달음을 얻은 뒤에는 절대적 경지를 보게 되었소. 절대적 경지를 보게 된 뒤에는 시간을 초월하게 되었으며, 시간을 초월하게 된 뒤에는 삶도 죽음도 없는 경지에 들어가게 되었소."50)
　어떤 사람이 이러한 경지에 도달하건 참으로 '확연하여 막힘이 없고'

---

49) 『莊子』, 「大宗師」, 284쪽, "墮肢體, 黜聰明, 離形去知, 同於大通 此謂坐忘."
50) 『莊子』, 「大宗師」, 252쪽, "三日而後能外天下; 已外天下矣, 吾又守之, 七日而後能外物; 已外物矣, 吾又守之, 九日而後能外生; 已外生矣, 而後能朝徹; 朝徹, 而後能見獨; 見獨, 而後能無古今; 無古今, 而後能入於不生不死."

(確然無濡) '아침 햇살 같이' 순연한 한 바탕의 하늘빛으로, 사람의 생명은 이미 시공을 초월하고 영원에 진입한 것이라고 할 수 있다. 이것이 바로 장자가 말하는 물아쌍망物我雙亡의 경지이며, 소요제물逍遙齊物의 도道라고 할 수 있다.

5. 소요제물의 경지

장자의 철학문제는 객관적으로 이지적 사고방식을 경유하여 파악한 것이 아니라고 할 수 있다. 그는 마치 천성적으로 감수력이 특별히 풍부한 마음을 지닌 듯하기도 하다. 그는 감수의 마음을 통하여 문제를 포착했다. 이것이 진정한 체험적 방법이라고도 할 수 있다. 장자의 철학은 매우 깊이 있는 사상인데, 이런 깊이는 감수력의 강도에서 왔다고 해야 하며, 이러한 감수력을 바탕으로 하여 안으로 마음을 수련하는 공부를 거친 뒤에 절대적 정신 자유의 경지에 도달한다고 할 수 있다.

그러므로 장자는 중국철학의 최대 특징 중 하나인 경지 형태를 아래와 같이 표현하고 있다.

"방향 없이 거닐며…… 끝이 없이 노닐며"(行乎無方……以遊無端), "천하와 하나가 되며"(與天下爲一), "자연과 무리가 되고"(與天爲徒), "정신이 사방으로 다다라 흘러서 다하지 못함이 없다."(精神四達並流, 無所不極)

만일 중국철학의 성취를 인생의 경지(境界)라는 이 일면에서 말한다면, 장자와 후대의 선종禪宗이 응당 이러한 성취의 최고봉을 대표한다고 할 수 있다. 그리고 장자가 마음을 수련하는 공부를 통하여 도달한 이러한 경지를 소요제물의 경지라고 할 수 있다.

『회남자』의 공부론

김용섭

1. 『회남자』의 두 가지 성인

　중국의 전통철학이 지향하는 이상적인 인격으로서의 '성인聖人'은 일반적으로 고매한 인격과 뛰어난 지혜의 소유자로 이해된다.[1] 그러나 성인에 대한 제자백가의 규정은 학파와 학자들 간에 다소의 견해차가 있다. 도가道家는 성인의 중요한 요건으로 자연의 원리・이법의 체득을 일차적으로 중시하고, 유가儒家는 인의예지仁義禮智와 같은 덕목의 체득을 존중하며,[2] 묵가墨家는 타인을 위한 적극적인 봉사와 헌신을 강조한다. 성인에 대한 이

---

1) 方克立 主編, 中國社會科學出版社, 1994년, 223쪽.
2) 유가의 이상인격은 윤리화되어 있는 반면, 도가의 이상인격은 자연화되어 있다고 말해지기도 한다.(夏乃儒 主編, 황희경 외 옮김, 『중국철학문답』, 서울: 한울아카데미, 1991, 80~84쪽)

러한 인식의 차이는 전형적인 성인으로 상이한 인물들을 내세우는 데서도 확인할 수 있다. 도가는 복희씨伏犧氏와 여왜씨女媧氏를 최고의 성인으로 꼽고 있으며, 유가는 요堯임금과 순舜임금을 대표로 여긴다. 이에 반해 묵가는 우禹임금과 탕湯임금을 이상적인 인격으로 간주한다.3) 이러한 경향성은 동일한 학파 내에서도 찾아볼 수 있다. 이를 테면 유가 내에서도 공자와 맹자의 성인 개념에 대한 인식도 한결같지 않다.4)

제자백가諸子百家에 있어서의 다양한 성인 개념은 이후의 잡가서雜家書에서 절충・종합되기에 이른다. 그 대표적인 예가 바로 전국戰國시대 말기의 『여씨춘추呂氏春秋』와 한대漢代 초기의 『회남자淮南子』이다. 이 가운데서도 특히 『회남자』에서 보이는 성인은 유가적인 요소와 도가적인 요소의 절묘한 결합을 보여 준다. 예를 들어 「수무훈修務訓」에서 보이는 성인은 현실에 참여하고 개선과 발전을 적극적으로 도모하는 유가적 성인이고, 「정신훈精神訓」에서 보이는 성인은 현실과 어느 정도의 거리를 유지하면서 초연하게 살아가는 도가적 성인이다. 다시 말하면 「수무훈」에서의 성인은 "백성을 위해서 근심하고 수고하며,…… 사지를 움직이고 사려를 다하는"5) 성인이요, 「정신훈」에서 보이는 성인은 "무無로써 유有에 상응하게 하여 반드시 그 이치를 규명하고, 허虛로써 실實을 받아서 반드시 그 절도를 다하며, 염유恬愉와 허정虛靜으로써 그 천명天命을 마치는"6) 성인이다. 이처럼 『회남자』에서 성인은 유가적 요소와 도가적 요소를 아울러 가진 새로운 형태의 성인상으로 나타난다.7) 즉 인사人事에 마음을 쓰

---

3) 김용섭, 「淮南子 哲學 體系의 硏究」, 경북대학교 박사학위논문, 1995, 163쪽.
4) 儒敎事典編纂委員會, 『儒敎大事典』, 서울: 博英社, 731쪽.
5) 『淮南子』, 「修務訓」, "聖人之憂勞百姓甚矣.……四肢不動, 思慮不用."
6) 『淮南子』, 「精神訓」, "聖人以無應有, 必究其理, 以虛受實, 必窮其節, 恬愉虛靜, 以終其命."

는 존재인 동시에 서상 바깥을 노니는 존재로 이해된다.[8]

단일한 저작에서 상이한 모습의 성인이 등장하는 까닭은, 궁극적으로 『회남자』가 인간을 현실과 이상 그 어느 쪽도 포기할 수 없는 존재로 파악하고 있음을 보여 준다. 도가적인 성인을 통해서는 궁극적으로 지향하는 최종의 목표를 나타내고, 유가적인 성인을 통해서는 현실적인 삶에서의 모범적인 사례를 드러내려 한 것이다. 우리가 두 종류의 성인 개념을, 『회남자』라는 저작이 가진 결정적 한계가 아니라 인간의 현실과 이상이라는 양 측면을 반영한 것으로 보려는 까닭은, 『회남자』에서의 성인 개념에 대한 규정이 양의적으로 나타날 뿐 아니라 공부론에서도 일관적으로 유지되고 있음을 확인할 수 있기 때문이다.

본 글에서는 특히 『회남자』에 나타나 있는 두 가지 공부론의 구체적인 내용을 살펴보고자 한다. 이를 위해 우선 공부의 필요성을 살펴보고, 이후로 두 가지 공부론의 구체적인 내용과 양자가 절충되는 방식에 대해 검토해 보고자 한다.

2. 인간의 삶과 공부의 필요성

『회남자』에 있어서 인간의 삶은 행복과 고통이라는 대비적인 두 가지 모습으로 드러난다. 훌륭한 인품과 뛰어난 능력을 가진 위정자가 정치를 담당했을 때는 백성들의 삶이 행복했던 반면, 자질이 부족한 위정자가 정

---

7) 이 밖에도 다른 학파의 聖人 개념을 확인할 수 있지만, 대표적인 성인 개념은 역시 도가적 성인과 유가적 성인이다.
8) 牟鐘鑑, 『呂氏春秋與淮南子思想硏究』, 濟南: 齊魯書社, 1987, 195쪽

치에 임했을 때는 백성들의 삶이 불행한 상태에 놓여진 것으로 나타난다. 여기서 열악한 물질적 상황이나 환경적 요인은 크게 중요하지 않다. 예를 들어 요임금, 순임금, 우임금과 같은 성인이 정치를 담당했을 때는 악인이 횡행하고 집과 토지, 하천과 제방이 제대로 정비되지 못한 상황이었음에도 위정자의 능력으로 백성의 삶이 안정되었던 반면9), 걸왕桀王과 주왕紂王과 같은 사악한 위정자가 정치했을 때는 자연재해와 사회적 혼란에 제대로 대처하지 못하여 백성의 삶이 극도로 불안했던 것이다. 따라서 백성들의 행복과 불행은 궁극적으로 객관적 상황보다 위정자의 인물됨과 역량에 전적으로 달려 있다고 할 수 있다.

그렇다면 『회남자』는 당시인 한대漢代 초기의 상황을 어떻게 파악했는가?

> 전렵과 어업의 세금이 무겁고 관세나 시장세를 급히 받으며, 내와 연못에 다리(가교)를 금하여 그물 칠 데가 없고 따비로 일굴 곳이 없으며, 민력은 부역으로 소모되고 재물은 세금 때문에 거덜 나며, 거주하는 자는 밥이 없고 여행하는 자는 양식이 없으며, 늙은이는 봉양을 받지 못하고 죽은 자를 장사지내지도 못한다. 아내를 팔고 자식을 팔아서 윗사람의 요구를 들어주는데도 모자라 어리석은 부부들은 모두 유랑하는 마음과 처참한 뜻을 가지고 있다.10)

『회남자』는 당시를 각종 부조리와 모순이 가득 차 있는 상황, 백성의 불행과 고통이 매우 심각한 상태로 보았다. 특히 높은 세금과 과중한 부

---

9) 『淮南子』, 「本經訓」 및 「修務訓」 참조.
10) 『淮南子』, 「本經訓」, "田漁重稅, 關市急征, 澤梁畢禁, 綱罟無所布, 耒耜無所設, 民力竭於徭役, 財用殫於會賦, 居者無食, 行者無糧, 老者不養, 死者不葬, 贅妻鬻子, 以給上求, 猶弗能贍, 愚夫惷婦, 皆有流連之心."

역을 백성들이 유랑하는 마음과 처참한 뜻을 갖는 주요한 원인으로 파악하였다. 이런 상황은 "태어나지 않았을 때의 즐거움을 안다면, 죽음으로도 두렵게 할 수가 없다"[11]라는 표현으로도 충분히 짐작할 수 있다. 죽음으로써도 두렵게 할 수 없는 삶은 이미 절망적인 삶이라 하지 않을 수 없다.

『회남자』는 백성의 삶을 고통스럽고 불행하게 만드는 근본적인 이유를 위정자들의 '기욕嗜慾'에서 찾았다.

> 지금 사람이 감옥에 들어가는 죄를 짓고 사형당하는 근심에 빠지는 것은 기욕嗜慾을 누르지 못하고 도량에 따르지 않았기 때문이다.[12]

기욕 때문에 죄를 짓고 감옥에 들어간다고 하였으니, 기욕이 바로 죄악과 불행의 직접적인 원인인 셈이다. 그렇다면 기욕의 본성은 무엇이며, 어떻게 극복되어야 하는 것인가?

『회남자』는 먼저 기욕이 우리의 감각기관을 왜곡시킨다는 점을 지적한다.

> 기욕을 없애면, 귀와 눈이 맑아지고, 듣는 것과 보는 것이 통달되는데, 귀와 눈이 밝아지고 듣는 것 보는 것이 통달되는 것을 명明이라 부른다.[13]

"기욕을 없애면 눈과 귀가 맑아진다"라는 말은, 기욕이 눈과 귀를 어

---

11) 『淮南子』,「精神訓」, "知未生之樂, 則不可畏以死."
12) 『淮南子』,「氾論訓」, "今人所以犯囹圄之罪, 而陷於刑戮之患者, 由嗜慾無厭, 不循度量之故也."
13) 『淮南子』,「精神訓」, "嗜慾省, 則耳目清, 聽視達矣. 耳目清, 聽視達, 謂之明."

둔게 하는 원인임을 나타낸다. 귀와 눈이 어둡다는 것은 듣고 보는 기능을 제대로 발휘하지 못한다는 것이며, 듣고 보는 기능을 제대로 발휘하지 못한다는 것은 눈과 귀가 대상에 집착하여 본래의 모습과 소리를 제대로 판단하지 못한다는 뜻이다. 이렇게 기욕이 귀와 눈의 정상적인 작용을 방해하므로, 기욕은 "탐내듯이 좋아하는 마음"14) 즉 일반적인 욕구와는 다른 비본래적이고 무절제한 욕구15)로 이해된다. "눈은 색깔을 좋아하고 귀는 소리를 좋아하며 입은 맛을 좋아하는데, 이러한 것들과 접촉하여 이익과 손해를 모른다."16)

　　기욕의 다른 특징은 사유기능인 신神을 마비시키는 것이다. 『회남자』에 의하면, 인간은 형形・기氣・신神이라는 세 가지 요소로 이루어져 있으며17), 그 가운데 신은 고도의 사유기능을 가리킨다. 왜냐하면 『회남자』는 신이 온전히 기능을 발휘할 때 진리의 세계에 거주한다고 보기 때문이다.18) 신은 "부드럽고 섬세하며, 갑자기 변화하고, …… 어디에나 작용하는"19), 무궁무진한 활동력을 지닌 것이다. 이러한 신의 작용은 다른 구성요소인 기氣가 전달하는 감각적 자료를 종합・분석하는 것으로 시작된다. 신이 진리를 터득할 수 있는 고도의 사유능력이라는 점은, 신이 "지혜의 연못"20)

---

14) 諸橋轍次, 『大漢和辭典』 第2卷, 東京: 大修館書店, 1122쪽.
15) 李曾, 『淮南子』, 臺北: 東大圖書公司, 1992, 80쪽.
16) 『淮南子』, 「詮言訓」, "目好色, 耳好聲, 口好味, 接而說之, 不知利害, 嗜慾也."
17) 形은 인간의 육체요, 氣는 기운이며, 神은 사유기능을 의미한다. 이 세 가지가 온전히 구비될 때 우리 인간은 온전한 형태를 갖추게 된다. 이와 관련된 원문은 다음과 같다. "形은 생명의 집이요, 氣는 생명의 충실이며, 神은 생명을 제어하는 것이라, 하나라도 그 자리를 잃으면 셋이 모두 다치게 된다."(『淮南子』, 「原道訓」, "夫形者生之舍也, 氣者生之充也, 神者生之制也, 一失位, 則三者傷矣")
18) 김용섭, 『회남자 철학의 세계』, 대구: 대구한의대 출판부, 1997, 278~281쪽 참조.
19) 『淮南子』, 「修務訓」, "夫精神滑淖纖微, 悠忽變化, 與物推移, 雲蒸風行, 在所施設."
20) 『淮南子』, 「俶眞訓」, "神者, 智之淵也. ……淵淸則智明矣, 智者心之府也."

으로 표현되는 데서 확인된다. 광인狂人인지 여부도 정신의 정상적인 작동여부에 따라 결정된다.21)

그런데 신의 기능이 온전히 발휘되지 못하는 근본적인 이유는 기욕에 의해 방해받는 데 있다. 왜냐하면 신의 사유기능과 기욕의 작용은 서로 상충되기 때문이다.

신이 맑으면 기욕이 어지럽히지 못한다.22)
대저 사람이 세상에 얽매이면 신이 산란해진다.23)

이처럼 기욕과 신의 작용이 상충되기 때문에 기욕이 번창하면 정신의 기능이 발휘될 수 없다. "혈기가 방탕해져 멈추지 않으면 정신은 밖으로 달려 지키지 않으며, 정신이 밖으로 달려 지키지 않으면 화와 복이 마치 산과 같이 달려오더라도 이를 알지 못한다."24) 그러므로 정신의 기능을 온전히 발휘하여 지혜로운 삶을 살아가기 위해서는 기욕을 조절하는 것이 필요하다. 그렇다면 어떻게 기욕을 조절해야 하는가? 『회남자』는 기욕을 제대로 조절하기 위한 방법으로 두 가지의 공부방법을 제시한다. 그것은 『회남자』에서 보이는 두 가지 성인 개념의 근거인 동시에, 그 과정이기도 하다.

---

21) 『淮南子』,「原道訓」, "狂者之不能避水火之難, 而越溝瀆之險者, 豈無形神氣志哉, 然而用之異也, 失其所守之位, 而難其外內之舍."
22) 『淮南子』,「俶眞訓」, "神淸者, 嗜慾弗能亂."
23) 『淮南子』,「俶眞訓」, "夫人之拘於世也, 必形繫而神泄."
24) 『淮南子』,「精神訓」, "血氣滔蕩而不休, 則精神馳騁於外而不守矣, 精神馳騁於外而不守, 則禍福之至, 雖如丘山, 無由識之矣."

3. 도가적 공부방법

1) 경과 색

『회남자』에서 신神의 기본적인 특징은 사유기능을 발휘하는 데 있다. 신이 기능을 온전히 발휘할 때에야 진리의 세계로 들어가 지혜로운 삶을 영위할 수 있다. 반면에 신이 그 능력을 온전히 발휘하지 못하면 그릇된 판단에 빠져 각종 비리와 부정을 조장하게 된다. 따라서 『회남자』에서 인간적인 삶의 실현 여부는 신의 기능을 발휘할 수 있느냐 없느냐에 달려 있다.

『회남자』는 신의 기능을 발휘하기 위해 먼저 기욕을 제거할 것을 요구한다. 왜냐하면 기욕이 발동되면 감각기관의 기능이 제대로 발휘되지 못하며, 그 결과 그릇된 감각적 자료가 만들어지기 때문이다. 그릇된 감각적 자료는 신이 온전하게 기능을 발휘하는 데 방해가 될 뿐이다. 그래서 감각기관이 올바르게 기능을 발휘하기 위해서는 '경扃'과 '색塞'의 실천이 필요하다.

> 마음속의 욕심이 바깥으로 나오지 않게 하는 것을 경扃이라 하고, 외부의 사악함이 마음 가운데로 들어오지 못하게 하는 것을 색塞이라 말한다. 마음속을 닫고 외부에서 막으면 무슨 일에 절도가 없으랴? 외부에서 막고 마음속을 닫으면 무슨 일을 이루지 못하랴?25)

---

25) 『淮南子』, 「主術訓」, "故中欲不出, 謂之扃, 外邪不入, 謂之塞, 中扃外閉, 何事之不節, 外閉中扃, 何事之不成."

여기서 경扃은 욕심이 바깥으로 나오지 못하도록 "닫는 것"이고, 색塞은 외부의 유혹에 이끌리지 않도록 "막는 것"이다. 따라서 경扃과 색塞은 내부에서 우러나오는 과도한 욕망을 단절하고, 외부에서 다가오는 각종 유혹을 제거하는 것으로 풀이할 수 있다. 이것은 또한 "기욕으로써 올바른 술術을 왜곡하지 않으며, 이치에 따라 일을 도모하고 바탕에 따라 공을 이루며, 자연의 세를 확충하여 왜곡된 듯을 용납하지 않는 것"[26]이라고 표현되기도 한다. 이러한 닫음과 막음은 과도한 욕망과 그릇된 지식을 부정한다는 의미에서 노자의 무위無爲 개념과도 연결된다.

『회남자』는 닫음과 막음을 철저히 실천할 때 정신능력이 온전히 발휘되며, 궁극적으로 '대통大通'의 경지에 도달할 수 있다고 여긴다. 그렇다면 대통의 경지란 무엇인가?

> 대통하면 눈이 밝아져서 보려 하지 않고, 귀가 조용해져서 들으려 하지 않으며, 입이 닫쳐져 말하려 하지 않고, 마음이 버려져 생각하려 하지 않으며, 총명을 버리고 크게 소박함으로 돌아가 정신을 쉬어 교묘한 속임을 버려 깨달았으면서도 모르는 것처럼 함으로써, 살아 있으면서도 죽은 것 같고 끝나면 근본으로 돌아간다. 아직 태어나지 않은 때처럼 조화와 일체가 되어 삶과 죽음이 하나가 된다.[27]

여기서 "눈이 밝아지고", "귀가 조용해지며" "입이 닫혀졌다"는 것은 감각기관의 기능이 온전히 발휘되는 상태를 가리킨다. 또한 감각기관의

---

[26] 『淮南子』, 「修務訓」, "嗜慾不得枉正術, 循理而擧事, 因資而立, 權自然之勢, 而曲故不得容者."

[27] 『淮南子』, 「精神訓」, "乃爲大通, 淸目而不以視, 靜耳而不以聽, 甘口而不以言, 委心而不以慮, 棄聰明而反太素, 休精神而棄知故, 覺而若昧, 以生而若死, 終則反本, 未生之時, 而與化爲一體, 死之與生一體也."

기능이 온전히 발휘될 때 올바른 인식이 가능하며, 나아가 진리의 세계로 들어갈 수 있다. 따라서 진리의 세계로 들어가기 위해서는 감각기관의 올바른 작용이 전제조건이 되어야 한다.

『회남자』는 이치에 통달한 대통의 경지를 '신명神明'이란 말로 표현하였다.

> 하늘은 해와 달을 베풀고 별들을 벌여 놓으며 음양을 조화시키고 사시를 베풀어, 낮에는 만물을 비추고 밤에는 쉬게 하며 바람으로써 말리고 비와 이슬로써 적신다. 하늘이 만물을 성장시킴에는 양육하는 것을 보이지 않으나 만물은 자라고, 하늘이 만물을 죽임에는 그 없애는 바를 보이지 않으면서도 만물은 없어진다. 이를 신명神明이라 한다.[28]

여기서 '신명'이란 자연의 변화 배후에 존재하는 오묘한 이법이나 원리로 이해된다. 진광충陳廣忠은 이를 "도의 변화"[29]라고 풀이하였다. 그러므로 '대통'이나 '신명'은 결국 자연의 원리를 깨닫는 것이라고 할 수 있다. 신명에 통했다는 것은 사리를 정확하게 판단하고 장래에 닥쳐올 일의 작은 기미를 정확하게 파악했다는 의미이다. 자연의 원리에 대한 정확한 이해가 미세한 조짐을 근거로 해서 장래의 일을 파악하는 데까지 이어짐을 의미한다. 즉 "뭇 사람은 이익이 이롭고 병이 해롭다고 여기는데, 오직 성인만이 병이 이롭게 되고 이익이 해롭게 됨을 안다"[30], "담이 무너지는 것은 틈으로부터 시작하고, 칼이 부러지는 것은 반드시 이지러진 부분에

---

28) 『淮南子』,「泰族訓」, "天設日月, 列星辰, 調陰陽, 張四時, 日以暴之, 夜以息之, 風以乾之, 雨露以濡之, 其生物也, 莫見其所養, 而物長, 其殺物也, 莫見其所喪, 而物亡, 此之謂神明."
29) 陳廣忠 譯註, 『淮南子譯註』, 長春: 吉林文史出版社, 1990, 949쪽.
30) 『淮南子』,「人間訓」, "衆人皆知利利而病病也, 唯聖人知病之爲利, 知利之爲病也."

서 비롯된다. 성인이 이를 보는 것이 빠르다. 그러므로 만물을 다치게 하지 않는 것이다."31) 그리고 『회남자』는 이렇게 자연의 이치와 미세한 전조를 파악하는 경지를 다시 '천해天解'32) 또는 '천부天府'33)라고 표현하였다.

2) 반성

『회남자』에서 확인할 수 있는 다른 도가적 공부방법은 '반성反性'이다. 앞서 언급한 닫음과 끄음이 감각의 한계를 극복하고 진리를 깨우치는 데 주안점을 둔 것이라면, 반성은 인간의 지나친 욕구를 제어하라고 요구한 것이다. 『회남자』에 있어서 성性은 기본적으로 자연으로부터 부여받은 것, 본질적으로 안정되고 고요한 것으로 규정된다. 다시 말해 "성은 청정하고 염유하며"34), "편안하고 고요하며"35), "적막하고 담담한 것"36)이다. 이렇게 성性이 청정하고 고요하며 적막한 것으로 규정되는 까닭은 천天으로부터 나온 것이기 때문이다. "인간은 태어나면서 고요하니, 이것은 하늘의 본성이다."37) 성은 하늘로 얻어진 것으로서 사람의 북극성으로 비유된다.38) 그래서 성은 인간행위의 표준으로 이해되며, "귀중하여 천하에서 필적할 만한 것이 없는"39) 것으로 묘사된다.

이처럼 성이 인간행위의 표준이 된다고 해도 우리의 삶은 늘 평온한

---

31) 『淮南子』, 「人間訓」, "夫牆之壞也於隙, 劍之折必有齧, 聖人見之蚤, 故萬物莫能傷也."
32) 『淮南子』, 「原道訓」, "照物而不眩, 響應而不乏, 此之謂天解."
33) 『淮南子』, 「本經訓」, "不言之辯, 不道之道, 若或通焉, 謂之天府."
34) 『淮南子』, 「人間訓」, "淸靜恬愉, 人之性也."
35) 『淮南子』, 「俶眞訓」, "古之聖人, 其和愉寧靜性也."
36) 『淮南子』, 「俶眞訓」, "靜漠恬澹, 所以養性也."
37) 『淮南子』, 「原道訓」, "人生而靜, 天之性也."
38) 『淮南子』, 「齊俗訓」, "夫性亦人之斗極也."
39) 『淮南子』, 「齊俗訓」, "夫一者至貴, 無適於天下."

것은 아니다. 『회남자』는 그 원인으로 기욕을 들었다. "인간의 성이 공평하고자 하나 기욕이 이를 해친다."40) 아울러 기욕에 얽매이는 것은 세속에 얽매이는 것으로 표현된다. "오래도록 세속에 젖어 있으면 성품이 바뀌고, 세속적인 성품이 마치 본성인 것처럼 되어 버린다."41) 세속적인 분위기에서 벗어나 성性에 돌아가게 된다면 안락하고 편안한 삶을 누릴 수 있지만, 반대로 세속적인 분위기에 빠져 성을 도외시하면 우리의 삶은 언제나 불안하고 불편할 수밖에 없다.

> 사람은 본래 태어나면서부터 고요하기 마련인데, 이는 천부적인 성性이다. 그러나 사물에 감응되어 흔들리기도 하는 바, 이는 성이 상처를 입은 것이다. 사물에 부닥치자 정신이 이에 대응하게 되는 바, 이는 지각이 발동하는 것이다. 지각과 사물이 서로 접촉하면 좋다, 나쁘다 하는 감정이 생기게 된다. 좋다, 나쁘다 하는 감정이 구체적으로 나타나면 지각이 외물에 끌리게 되고 자기 자신으로 되돌아갈 수 없으며, 따라서 천리도 없어지고 만다.42)

여기서 세속에 젖어 있음은 외부사물이 접근할 때 좋아함과 미워함이라는 감정작용에 이끌리는 것을 의미한다. 감정작용에 이끌리면 본성은 고요함과 편안함과 안락함을 잃게 된다. 그렇다면 성을 온전히 보존하고 성에 복귀하기 위해서는 어떻게 해야 하는 것일까? 이 문제에 대한 대답은 다음과 같다.

> 만약 한마디 말로 그 가운데의 도리를 깨닫고자 한다면, 존천尊天하고 보진保

---

40) 『淮南子』, 「齊俗訓」, "人性欲平, 嗜欲害之."
41) 『淮南子』, 「齊俗訓」, "人之性無邪, 久湛於俗則易, 易而忘本, 合於若性."
42) 『淮南子』, 「原道訓」, "人生而靜, 天之性也. 感而後動, 性之害也. 物之而神應, 知之動也. 知與物接, 而好憎生焉. 好憎成形, 而知誘於外, 不能反己, 而天理滅矣."

眞해야 한다. 만약 두 마디로 그 가운데의 도리를 정통하고자 한다면, 물욕을 경시하고 신체를 중시 여겨야 한다. 만약 세 마디로 그 가운데의 도리를 다하고자 한다면, 외물外物을 버리고 천성으로 돌아와야 한다.43)

여기서 '존천尊天'은 자연을 존중하는 것이요, '보진保眞'은 정신을 보양하는 것이다. 또한 '천물賤物'은 부귀와 귀천을 제거해 버리는 것을 의미한다. '외물外物'을 버림이란 예악제도를 버리는 것이요, 반정反情은 질박함에로 돌아오는 것이다. 『회남자』는 이 밖에도 성을 기르는 방법으로 정막靜漠, 염담恬淡, 화유和愉, 허무虛無를 제시한다. "정막·염담은 천성을 기르는 까닭이요, 화유·허무는 덕을 기르는 까닭이다. 바깥사물이 내심을 어지럽히지 않으면 천성은 그 마땅함을 얻고 천성天性이 조화를 움직이지 않으면 덕이 제 위치에 안거한다."44) 성을 기르는 방법으로서의 염담, 화유, 허무는 기본적으로 인간이 갖고 태어난 질박한 본성에로 돌아가는 '반기反己'의 의미를 담고 있다. 외물에 얽매이지 말 것을 강조한다는 의미에서 이러한 공부방법은 장자의 '외천하', '외물'의 설법을 계승한 것이라 할 수 있다.

여기서 올바른 지혜를 갖고 순박한 본성을 회복할 때 물질적인 여건이나 세간의 평가에 연연해하지 않게 된다. 아울러 그럴 때에만 일상생활에서 생겨나는 자잘한 비방과 영광, 영화와 곤궁함에 연연해하지 않고,45) 삶

---

43) 『淮南子』, 「要略」, "欲一言而寤, 則尊天而保眞, 欲再言而通, 則賤物而貴身, 欲參言而究, 則外欲而反情."
44) 『淮南子』, 「俶眞訓」, "靜漠恬澹, 所以養性也, 和愉虛無, 所以養德也. 外不滑內, 則性得其宜, 性不動和, 則德安其位."
45) 『淮南子』, 「詮言訓」, "唯滅迹於無爲, 而隨天地自然者, 唯能勝理, 而爲受名, 名興則道行, 道行則人無位矣. 故譽生則毀隨之, 善見則怨從之, 利則爲害始, 福則爲禍先, 唯不求利者, 爲無害, 唯不求福者, 爲無禍."

과 죽음마저도 동일시하는 경지에 이르게 된다.46) 이런 경지가 바로 조화와 일체가 된 삶인 '태화太和'이다. '태화'의 상태는 기본적으로 대통과 동일한 경지이다. "태화에 통한 자는 멍멍하여 몹시도 취한 것처럼 도 가운데 노닐면서도 어디로부터 그 속으로 왔는지 알지 못한다. 순일·온화에 침잠하고 아무런 생각도 없는 상태에 도달하여 처음부터 그 도를 떠나지 않음과 같다. 이것을 대통大通이라고 한다."47)

4. 유가적 공부방법

1) 신독과 성

『회남자』의 유가적인 공부방법에서는 신독愼獨과 성誠, 그리고 예의禮義의 실천을 지적한다. 이러한 유가적 공부방법은 선진유학의 공부방법을 수용하여 성립된 것이다. 왜냐하면 신독과 성은 『대학』과 『중용』의 중심개념이요, 예의의 실천은 순자의 중심학설이기 때문이다. 이러한 공부방법들은 기본적으로 원만한 처세와 대인관계를 통해 유가의 이상적 인간인 성인을 지향하는 특징을 갖는다.

공부목표로서의 유가적 성인은, 현실과 어느 정도 거리를 둔 초연한 태도의 도가적인 성인과는 달리, 구체적인 현실 속에서 자신의 이상을 실현하기 위해 노력하는 존재로 드러난다. 도가적 성인이 인간관계를 부정·

---

46) 『淮南子』,「俶眞訓」, "是故生不足以使之, 利何足以動之死不足以禁之, 害何足以恐之, 明於死生之分,……夫貴賤之於身也, 猶條風之時麗也, 毀譽之於己, 猶蚊䖟之一過也."
47) 『淮南子』,「覽冥訓」, "通於太和者, 惛若純醉而甘臥, 以游其中, 而不知其所由至也. 純溫以淪, 鈍悶以終, 若未始出其宗, 是謂大通."

배척하는 경향을 가지고 있다면, 유가적 성인은 인간관계의 개선을 통한 이상사회의 실현을 지향한다. 도가에서는 인정에 얽매이는 것이 사회 문제를 해결하는 데 방해가 된다고 보는 반면, 유가에서는 사회를 구성하는 각자의 올바른 역할이 발휘될 때 사회 문제가 해결될 수 있다고 본다. 말하자면 유가에서 강조하는 덕목에는 인격적 감화를 통해 이상사회를 실현하라는 요구가 담겨 있다.

『회남자』는 먼저 유가적 공부방법인 신독에 대해 이렇게 풀이한다.

> 밤에 가는 것을 살펴도 주공周公은 그림자에게까지 부끄러워하였다. 그러므로 신독을 잘해야 한다. 가까운 것을 버리면 먼 것도 막힌다.…… 군자는 선을 보면 그 자신을 돌아보고 아파하며 경계한다. 자신이 진실로 바르다면 먼 곳의 사람도 회유하여 포용하기가 쉽다.[48]

신독은 단적으로 마음 가운데 어떤 부끄러움도 없는 상태를 나타낸다. "가까운 것을 버리면 먼 곳도 막힌다"고 할 때 "가까운 곳"이란 자신의 마음속을 가리키고, "그림자에게도 부끄러워한다"라는 말은 마음 가운데 거리낌이 없는 상태를 뜻한다. 그래서 신득은 "자신을 속이지 않음"[49]이라고 풀이된다. 이러한 신독의 의미는 『대학』에서 유래한 것이다. 『대학』에서 신독은 마음 가운데 한 점의 거짓과 부끄러움이 없는 상태로 나타난다. 사람의 마음씀씀이는 "열 눈이 보고, 열 손가락이 가리키는"[50] 것처럼 바깥으로 뚜렷이 드러나기 마련이다. 따라서 "스스로를 속이지 말

---

48) 『淮南子』, 「繆稱訓」, "大祭所夜行, 周公慙乎景, 故君子愼其獨也, 釋近斯遠塞矣…… 君子見善, 則痛其身焉, 身苟正, 懷遠易矣."
49) 『淮南子』, 「繆稱訓」, "不身遁, 斯亦不遁人."
50) 『大學』, "十目所視, 十手所指."

고"51), "(마음) 가운데가 성실할 것"52)이 요구된다. 또한 신독을 실천할 때는, "악취를 미워하는 것처럼 하고 호색을 좋아하는 것 같을"53) 정도로 철저해야 한다. 마치 본능처럼 신독을 실행해야 하는 것이다.

『회남자』는 신독의 실천에서 먼저 이익과 의로움을 분명히 구분하고, 나아가 이익을 멀리하고 의로움을 추구하라고 요구하였다. "신독을 잘해야 한다. 가까운 것을 버리면 먼 것도 막힌다.…… 소인은 어떤 일을 할 때, '진실로 이득이 있는가'라고 말하고, 군자는 '진실로 의로운가'라고 말한다. 그 구하는 바는 같으나 그 기대하는 바는 다르다."54) 말하자면 의로움을 추구하고 이익을 배척할 때 거짓이 없어지며, 결과적으로 백성들의 이익이 증대될 수 있다는 것이다.

> 사람은 자신을 속이지 않으면 남도 속이지 않는다.…… 그러므로 남에게 나를 믿도록 하는 것은 쉬우나, 옷으로 둘러싼 자신을 믿기가 어려운 것이다. 정이 먼저 움직이는데 정이 움직이면 되지 않는 일이 없다.…… 그러므로 요堯·순舜의 정치는 신민臣民의 정을 똑같게 하려고 생각하지 않고 자기가 좋은 대로 해도 천하가 다스려졌다. 그러나 걸桀·주紂는 분명히 신민의 정에 거슬리지 않았는데도 자기 좋을 대로 하면 모든 일이 되지 않았다. 요컨대 백성이 기뻐하느냐 싫어하느냐가 치란治亂의 갈림길인 것이다.55)

---

51) 『大學』, "所謂誠其意者, 毋自欺也."
52) 『大學』, "誠於中."
53) 『大學』, "如惡惡臭, 如好好色."
54) 『淮南子』, 「繆稱訓」, "君子愼其獨也, 釋近斯遠塞矣.……小人之從事也, 曰苟得, 君子曰苟義, 所求者同, 所期者異乎."
55) 『淮南子』, 「繆稱訓」, "不身遁, 斯亦不遁人. 故若行獨梁. 不爲無人不就其容, 故使信己者易, 而蒙衣自信者難, 情先動, 動無不得, 無不得, 則無若發, 若而後快, 故唐虞之擧錯也, 非以偕情也, 快己而天下治, 桀紂非正賊之也, 快己而百事廢, 喜憎議, 而治亂分矣."

백성이 기뻐하느냐 싫어하느냐가 치란의 갈림길이라는 말은, 결국 신독의 실천에서 백성의 이익이 중요함을 강조한 것이다. 이것은 신독이 궁극적으로 백성의 이익을 지향하고 있음을 나타낸다. 따라서 『회남자』의 신독 개념에는 개인의 사사로운 이익보다 다수의 공익을 존중하는 정신이 담겨 있다고 할 수 있다.

『회남자』에서 다른 二가적 공부방법은 성誠이다. 성誠에 대해, "성인이 마음을 기르는 데는 성실함보다 좋은 것이 없다. 지성至誠이면 하늘을 움직일 수 있다"[56]라고 말한다. 마음을 기르기 위해 성誠의 실천이 시급함을 지적한 것이다. 그렇다면 성誠의 구체적인 의미는 무엇인가?

먼저 성誠은 온 마음과 정성을 다하고 간교한 지혜를 갖지 않는 것을 의미한다.

> 용사가 한 번 소리 지르면 삼군三軍이 모두 놀라 둘러난다. 그 소리 지름이 성심에서 나왔기 때문이다. 그러므로 불러도 대답 없고 생각해 주어도 달갑게 여기지 않는 것은 마음속에 맞지 않음이 있기 때문이다. 순舜이 자리에서 내려가지 않고, 천하에서 왕 노릇한 것은 자기를 바로잡았기 때문이다. 윗사람에게 간교한 지혜가 많으면 백성에게는 거짓이 많다. 몸이 구부러졌는데도 그림자가 곧다는 말을 아직 들어보지 못하였다.[57]

여기서 성誠은 삼군을 둘리치고 왕 노릇을 잘 수행할 수 있는 공능을 지닌 것으로 나타난다. 이것은 온 정성과 마음을 다하고 간교한 지혜가

---

56) 『淮南子』,「泰族訓」, '聖人養心, 莫善於誠, 至誠而能動化矣.'
57) 『淮南子』,「繆稱訓」, '勇士一呼, 三軍皆辟, 其出之也誠, 故倡而不和, 意而不戴, 中心必有不合者也, 故瘖不降荷, 而王天下者, 求諸己也, 故上多故, 則民多詐矣, 身曲而景直者, 未之聞也.'

없을 때 큰 효과를 기대할 수 있다는 것이다. 아울러 성誠은 스스로를 알고 남의 평가에 연연해하지 않는다는 의미도 담고 있다.

> 윗사람이 뜻만 가지고 있어도 백성이 행하는 것은 마음에 성실함이 있기 때문이다. 아직 말을 하지 않았는데 믿고, 부르지 않았는데 오는 것은, 이보다 앞서 정성이 상통함이 있었기 때문이다. 남이 나를 알아주지 않는다고 근심하는 자는 스스로를 알지 못하는 자이다. 교만한 마음은 자신이 알지 못하는 데서 생기고 겉치레로 속이는 것은 뽐내는 데서 생긴다. 중심에 성실함이 있는 사람은 즐기면서 조급하게 굴지 않으니, 마치 올빼미가 스스로 좋아 우는 것 같고, 곰이 스스로 좋아서 운동하는 것 같다. 대체로 누가 부질없이 뽐내기 위해서 하는가?58)

이 글에서 교만한 마음은 자신의 부족함을 알지 못하는 태도인 반면, 성誠은 즐기면서 조급해하지 않는 것 자체로 이해된다. 이 때문에 성誠을 공부하면 교만한 마음이 없어지고, 자신을 알아주지 않는데 대해서도 조급하지 않게 된다. 그러므로 이때의 성誠은 거짓이 없음, 성실함, 정성을 다함이란 의미를 갖는다고 할 수 있다.

『회남자』는 성誠을 공부할 경우 기대되는 효과를, 천지를 감동시키고 기풍을 바꾸고 민속을 개조하는 것으로 본다. 성의 실행이 천지를 감동시킬 수 있음은, "바탕을 품고 성실함을 나타내면 천지를 감동시키고 움직이게 하여 신神이 세상 밖을 깨우친다. 명령하면 행하고, 금하면 멈추는 것이 어찌 쉬운 일이 아닌가"59)라고 표현된다. 바탕을 품고 성실할 때 천

---

58) 『淮南子』,「繆稱訓」, "上意而民載, 誠中者也, 未言而信, 弗召而至, 或先之也, 忧於不己知者, 不自知也, 矜怛生於不足, 華誣生於矜, 誠中之人, 樂而不伐, 如鴞好聲, 熊之好經, 未有誰爲矜."
59) 『淮南子』,「主術訓」, "抱質效誠, 感動天地, 神諭方外, 令行禁止, 豈足爲哉."

지를 감동시킬 수 있다는 것이다. 다음으로 기풍을 바꾸고 민속을 개조시킬 수 있다. 그렇게 할 수 있는 까닭은 성의를 다하는 것이 법을 내세우고 현상금을 내거는 것보다 효과적이기 때문이다. "비파를 움직여 음성을 나타내어 사람들로 하여금 슬프게 하거나 기쁘게 만들 수는 있으나, 법을 세우고 현상을 걸어도 기풍을 바꾸고 민속을 개조할 수 없는 것은 그 성심이 베풀어지지 않았기 때문이다."[60] 그러므로 성誠은 기풍을 변화시키고 민속을 개조하는 근본이라 할 수 있다.

이렇게 볼 때, 『회남자』에서의 유가적 이상인격에 도달하는 것은 신독愼獨과 성誠의 실천을 통해서 가능하다. 아울러 신독과 성의 연마는 자신의 소양을 위한 것이지만, 궁극적으로 타인과의 관계 개선, 사회적 문제 해결에 그 목적이 있음을 알 수 있다.

2) 예의 실천

『회남자』가 기욕의 제거와 척결을 위해 제시한 다른 공부방법은 예의 실천이다. 공자, 맹자, 순자가 주장한 인의예악은 사회의 질서를 구현하기 위한 덕목으로 이해되지만, 『회남자』는 예의를 지나치게 존중할 경우 적지 않은 부작용과 폐단이 산출될 수 있다고 본다. 예를 들어 예禮를 행하는 자들은 통상 공경하는 척하면서 서로를 해치는 경우가 많고 의를 행한다고 하는 자들은 포시布施하는 것을 덕으로 여김으로써, 결과적으로 군주와 신하가 서로를 비난하고 원망하는 결과를 만들어 낸다는 것이다. 이것은 예의 근본을 잃은 경우, 즉 예가 거짓과 간특을 만들어 낸 경우

---

60) 『淮南子』, 「主術訓」, "動諸琴瑟, 形諸音聲, 而能使人爲之哀樂, 縣法設賞, 而不能移風易俗者, 其誠心弗施也."

이다. 그래서 『회남자』는 지나치게 예를 존숭하는 것을, 재를 불면서 눈에 먼지가 들어가지 않기를 바라고 물을 건너면서 옷이 젖지 않기를 바라는 것처럼 불가능한 일로 비유한다.[61] 예의를 지나치게 중시한 경우 비난과 원망, 거짓과 간특과 같은 나쁜 결과가 초래된다는 것이다.

그렇지만 『회남자』는 예의의 가치를 전적으로 부정하지 않는다. 즉 유가적 덕목을 "다툼을 제거하고 음란함을 구제하며 근심을 풀어주는 것"[62]으로 규정함으로써 예의의 실천을 통해 기욕을 억누를 수 있음을 시사한다.

> 군자는 인의가 아니면 살지 않았고, 인의를 잃으면 사는 까닭을 잃었다. 소인은 기욕이 아니면 살지 않고, 기욕을 잃으면 그 사는 까닭을 잃었다. 그러므로 군자는 인의를 잃는 것을 두려워하고 소인은 이익을 잃는 것을 두려워한다.[63]

인의와 기욕은 상반된 개념이며, 군자와 소인도 기욕과 인 가운데 어느 것을 선택하느냐에 달려 있다. 이처럼 인의와 기욕이 정반대의 성격을 가지므로 예의의 실천은 공부의 도구가 된다.

이러한 사실은 예의의 실천을 통해서 감정을 조절할 수 있다는 사실로써 확인할 수 있다. "대체로 사람들이 서로 즐기면서도 하늘의 은혜에 기뻐하는 마음을 나타낼 방법이 없었다. 그러므로 성인이 이를 위해 예악을 만들어 조절했다."[64] 그러므로 예악은 하늘의 은혜를 기뻐하고 감정

---

61) 『淮南子』, 「齊俗訓」, "今世之爲禮者, 恭敬而忮, 爲義者, 布施而德, 君臣以相非, 骨肉以生怨, 則失禮義之本也, 故構而多責, 夫水積則生相食之魚, 土積則生自穴之獸, 禮義飾, 則生僞匿之儒, 夫吹灰而欲無眯, 涉水而欲無濡, 不可得也."
62) 『淮南子』, 「本經訓」, "夫仁者所以救爭也, 義者所以救失也, 禮者所以救淫也, 樂者所以救憂也."
63) 『淮南子』, 「繆稱訓」, "君子非仁義, 無以生, 失仁義, 則失其所以生, 小人非嗜欲, 無以活, 失嗜欲, 則失其所以活, 故君子懼失仁義, 小人懼失利."
64) 『淮南子』, 「本經訓」, "夫人相樂, 無所發貺, 故聖人爲之作禮樂, 以和節之."

을 적절하게 표현하는 양식이라 할 수 있다. 더구나 예의는 식색食色의 요구를 만족시키거나 조절하는 기능을 가지고 있다.[65]

인의예악의 실천은 인간관계를 개선시키는 기능도 갖고 있다. "인이란 다툼을 구해 주는 것이고, 의는 잃음을 구해 주는 것이며. 예는 음탕함을 구해 주는 것이고, 악은 근심을 구해 주는 것이다."[66] 인의예악은 이처럼 인간 상호간의 대립을 방지하고 과도한 욕망의 추구를 단념시키며, 타락한 심성을 교정하는 역할을 하기 때문에 바람직한 사회생활을 유지하는 데 필수 요소가 된다. 따라서 통치자가 되기를 희망하는 사람은 반드시 타인과의 좋은 인간관계를 유지하기 위해 필요한 예의를 갖추어야 한다.

『회남자』는 더 나아가 유가의 덕목을 두루 겸비할 것을 강조한다.

> 대체로 사람의 본성은 어짊보다 더 귀한 것이 없고, 지혜보다 더 중요한 것이 없다. 어짊을 바탕으로 삼고 지혜로써 행동한다. 양자를 기본으로 하고, 여기에다 용기와 힘, 말하는 지혜, 민첩敏捷함, 자제력自制力, 교민巧敏함, 예리銳利함, 총명聰明함, 관찰력을 더하면 모든 이익이 생긴다.[67]

인간의 삶이 정상적으로 이루어지기 위해서는 원만한 대인관계가 이루어져야 하고, 원만한 인간관계를 이루어지기 위해서는 기본적으로 예의가 필요하다는 것이다. 이것은 곧 예의를 실천할 때 인간관계가 개선되고, 사회적인 제반 문제가 해결될 수 있음을 뜻한다.

---

[65] 徐復觀, 『兩漢思想史』, 臺北: 學生書局, 1984, 278쪽.
[66] 『淮南子』,「本經訓」, "夫仁者所以救爭也, 義者所以救失也, 禮者所以救淫也, 樂者所以救憂也."
[67] 『淮南子』,「主術訓」, "凡人之性, 莫貴於仁, 莫急於智, 仁以爲質, 智以行之, 兩者爲本, 而加之以勇力辯慧, 捷疾劬錄, 巧敏遲利, 聰明審察, 盡衆益也."

어떻든 『회남자』의 유가적 공부방법 가운데 성실함과 신독은 자기 자신에 대한 단련이요, 인의예악의 실천은 타인과의 관계를 염두에 둔 공부라고 할 수 있다. 전자가 내면적 공부에 속한다면, 후자는 그러한 내면적 공부를 실제적인 인간관계에 응용시키는 단계에 속한다. 이를 통해 유가의 공부방법이 자기 자신의 공부를 타인에게로 확장하는 것임을, 곧 사회생활을 전제로 한 실천을 궁극적으로 추구하는 것임을 알 수 있다.

5. 『회남자』 공부론의 조화성

이제까지의 논의를 통해 『회남자』가 추구하는 이상적인 인격이 도가적 성인과 유가적 성인을 종합한 새로운 인간상이며, 그러한 이상적인 인격에 도달하기 위한 공부론도 도가적 방법과 유가적 방법으로 구성되어 있음을 살펴보았다. 그런데 이러한 두 가지 공부방법은 논리적으로 모순되는 것이 아닐까? 일반적으로 하나의 저작에 두 가지의 목표와 도달방법이 제시되는 점은 논리적인 상충으로 간주될 수 있다. 그렇지만 『회남자』의 경우는 이와 동일하다고 보기 어렵다. 그 이유로서 다음의 두 가지 사실을 들 수 있다.

먼저, 『회남자』는 인간을 바라보는 시각이 독특하다는 점이다. 『회남자』는 근본적으로 인간을 이상적인 존재인 동시에 현실적인 존재로 파악한다. 즉 부단히 이상을 추구하면서도 현실에 굳건히 발 딛고 있는 존재로 본다. 이것은 이상적인 인간상을 도가적인 성인과 유가적인 성인을 결합한 모습으로 파악하는 데서 알 수 있다. 그리하여 이상적인 인간에 도달하기 위한 방법도 도가적 방법과 유가적 방법이라는 두 가지 공부방법이 필요하게 된다. 공부방법의 이중적 제안은 근본적으로 『회남자』가 당시의 사회적 상황을 새로운 논리와 철학이 요구되는 시대로 바라보았음을 의미한다. 새로운 왕조가 시작되는 당시의 상황에서 제자백가사상의 장점을 취합한 새로운 논리가 필요하다고 본 것이다.

둘째, 『회남자』에서 제시한 두 가지 공부방법이 기욕의 제거라는 한 가지 목표를 지향한다는 점이다. 인간의 지적 능력인 신의 작용을 방해하는 기욕을 효과적으로 제거하기 위해서는 양가의 공부론이 모두 필요하다. 그러므로 『회남자』가 제시하는 도가적 공부방법인 경局과 색塞 그리고 반성反性과, 유가적 공부방법인 신독愼獨과 성誠 그리고 예의禮義의 실천은 동일한 지향점을 갖는다고 할 수 있다.

바로 이런 사실 때문에 적어도 『회남자』에 있어서는 도가의 공부방법과 유가의 공부방법이 반드시 논리적으로 상치된다고 말하기 어렵다. 그렇다면 『회남자』가 두 가지 공부방법을 제시한 근본적인 의도는 어디에 있는가? 우리는 일단 양가의 공부론을 비교하여 도가의 공부론은 개인적인 차원이라는 의미가 강하고, 유가의 공부론은 원만한 대인관계와 민생의 해결을 중시하는 사회적인 측면이 강함을 확인할 수 있다. 다시 말하면 대인관계를 전제하지 않을 때는 도가적 공부방법을 주장하고, 대인관계를 전제할 때는 유가적 공부방법을 강조하는 것은 현실에 효과적으로 대응하기 위함이다. 그렇지만 『회남자』는 개인의 수양이 일정수준이 되어야만, 정치 사회적인 문제를 해결할 수 있음을 시사한다. 이렇게 개인의 공부를 현실의 정치 문제와 연결시키는 것은 제자백가의 전통이기도 하다. 도가, 유가, 법가, 음양가 등 대부분의 제자백가가 산적한 정치 문제를 해결하는 데 핵심 요소로서, 통치자가 지니는 공부의 중요성을 강조한 것처럼, 『회남자』 역시 "득실의 도는 권력의 요체인 임금에게 달렸다.

그러므로 먹줄이 위에서 바르면 나무는 밑에서 바르게 되니, 이는 특별한 일이 아니요, 자연히 그렇게 되는 것이다"68), "지혜가 있는 사람이 노력하지 않는 것은 어리석은 자가 학문을 좋아하는 것만 같지 못하다"69)라고 말하여 같은 입장을 표시하였다.

그렇지만 『회남자』에서 이러한 단계론이 반드시 성립된 것은 아니다. 왜냐하면 『회남자』에서는 도가적 성인과 유가적 성인 가운데 최고의 목표를 도가 성인으로 설정하기 때문이다. 이것은 결국 『회남자』가 공부론을 통해 도가와 유가의 목표를 조화시키려 한 것으로 생각해 볼 수 있다. 도가적 공부를 통해 자연의 원리인 도를 체득하고, 진리와의 합일을 지향하면서도, 유가적 공부를 통해 성숙된 인격과 원만한 인간관계를 추구하는 것이다. 이렇게 볼 때 『회남자』의 공부론은 인간에 대한 이상과 현실이라는 두 가지 요구를 모두 충족시키려 한 결과라고 할 수 있다.

『회남자』는 궁극적으로 도가와 유가의 완전한 화합 또는 조화를 지향하였다. 통상 도가는 인위적인 도덕규범으로써 인간의 본성을 바로잡기를 요구하는 유가의 방식이 본성을 해칠 뿐이라고 보는 반면, 유가에서는 자연스런 본성보다는 도덕규범이 더욱 중요하다고 생각하기 때문에 도덕규범의 실행을 위해서는 개성의 극복과 소멸을 추구해야 한다고 본다.70) 그러나 『회남자』는 이상과 현실이라는 양 측면에 근거하여 두 가지 공부론을 조화·화해시키려 하였다. 이것은 바로 『회남자』의 공부론이 도가와 유가의 공부론을 새로운 차원으로 발전·승화시켰음을 보여 주는 증거이자, 『회남자』 공부론의 의의가 될 것이다.

---

68) 『淮南子』, 「主術訓」, "得失之道, 權要在主, 是故繩正於上, 木直於下, 非有事焉, 所緣以脩者然也."
69) 『淮南子』, 「修務訓」, "知人無務, 不若愚而好學."
70) 夏乃儒 主編, 황희경 외 옮김, 『중국철학문답』, 서울: 한울아카데미, 1991, 80~84쪽.

왕필의 공부론

김학목

1. 수행서로서의 『도덕경』

많은 학자들이 흔히 『도덕경道德經』의 도道를 무無로 보고 있다. 그러나 왕필의 『노자주老子注』를 볼 때, 『도덕경』에서 도는 무가 아님은 물론 다른 무엇으로도 표현될 수 없는 것이다. 그런데 주의할 점은 필자의 이런 생각이 도를 무로 보는 다른 학자들의 견해가 잘못되었다는 지적이 아니라는 점이다. 사실 역설적인 표현 같지만 도를 개념적으로 이해하면 분명 노자에게서는 무이기 때문이다. 그러나 왕필은 『노자주』에서 도를 무라고 표현하지 않았다.[1] 물론 노자의 의도도 왕필과 다르지 않다고 본다.

---

[1] 왕필은 『老子注』에서와 달리 『論語釋疑』 「述而」의 "子曰, 志於道" 구절의 풀이에서는 "道者, 無之稱也. 無不通也, 無不由也, 況之曰道. 寂然無體, 不可爲象, 是道不可體. 故但志慕而已"라고 함으로써 道를 無라고 한 점이 주목된다. 이에 대해서는

그렇다면 노자에게 도가 개념적으로 무임에도 불구하고 왕필이 그렇게 표현하지 않았던 이유를 밝혀야 한다.

그 이유는 의외로 간단하다. 왕필이 보기에 『도덕경』은 독자들에게 논리적 혹은 개념적인 이해를 바라는 서적이 아니라 체득을 요구하는 책이기 때문이다. 비어 있음에 대한 개념적인 이해는 그것의 체득을 위한 수행 공부 곧 마음 비움과는 무관하다. 아니 정확히 표현하면 개념적인 이해가 오히려 수행 공부에 방해가 된다는 것이 왕필의 생각이다. 왕필의 주로 볼 때, 『도덕경』 42장 "도생일道生一…… 삼생만물三生萬物" 구절은 이에 대한 언급이다. 우선 간략히 언급하면 무를 개념적으로 이해하려고 할 경우, 분별이 개입됨으로써 그것은 속성이 전혀 다른 유有로 변하니, 그 이해를 위해 노력하면 할수록 도리어 끝없이 유만 나온다는 것이 42장 앞 구절의 언급이다.

왕필은 철저하게 『도덕경』을 공부론의 관점에서 풀이했다. 곧 천지는 자신을 비워 두고 만물에 어떤 간섭도 하지 않음으로써 세상을 다스리니, 통치자도 이를 본받아 마음을 비워 두고 사람들에게 아무것도 관여하지 않아야 한다는 것이 왕필『노자주』의 주된 내용이다. 다시 말해 필자가 보기에 왕필에게 도道는 천지가 만물을 다스리는 방법 곧 '자신을 비워 두는 것'(無)이고, 덕德은 사람들이 천지의 비워 둠을 본받는 것 곧 수행으로서의 공부 혹은 수양이다. 자신을 비워 두고 만물이나 백성을 대할 때 '무위이무불위無爲而無不爲'의 공용이 이루어진다. 이런 점에서 통치자는 물론 사람들이 적극적으로 해야 할 일은 천지의 '비어 있음'(無)을 본받아 '마음 비움'(無)을 체득하는 것 외에는 아무것도 없다. 마음 비움을 체득하면 무

3장 2)절에서 다루겠다.

위는 저절로 시행되기 때문이다.

 천지의 비어 있음을 본받는 공부는 우리의 분별력 곧 지성의 한계를 알고 그것을 약화시키는 데서부터 시작한다. 왕필의 주로 볼 때,『도덕경』 2장 전반부의 내용2)이 여기에 해당한다. 분별력은 사물을 전체적으로 파악하는 것이 아니다 항상 상대적으로 대상화된 것만을 파악한다. 곧 아름다운 것이 아름답게 드러나는 것은 추악한 것이 상대적으로 그것보다 더 많기 때문이다. 그런데도 사람들은 이에 대해 반성하지 못하고 분별력을 기반으로 모든 것을 완전하게 파악할 수 있다고 착각한다. 모든 인위적인 통치 체계와 문화는 이런 한계에 대해 미처 반성하지 못하고 분별력을 적극적으로 신뢰했기 때문에 파생되었다.

 왕필의『노자주』는『도덕경』으로『도덕경』을 해석한 것이다. 16장의 "비어 있음을 이루는 것이 궁극이고 고요함을 지키는 것이 돈독함이다"3)라는 말에서 볼 때, 노자에게 마음 비움 이상의 진리는 없다. 사실 노자의 지상 목표인 무위자연無爲自然은 마음을 비울 때 절로 이루어진다. 무위자연의 의미는 대략 일차적으로 '천지가 자신을 비워 두고 아무것도 하지 않을 때'(無爲) '만물이 저절로 알아서 제 갈 길을 가는 것'(自然)이고, 이차적으로 '성인이 천지의 비어 있음을 본받아 마음을 비우고 아무것도 하지 않을 때'(無爲) '사람들이 스스로 알아서 제 갈 길을 가는 것'(自然)이다. 그러면 왕필이 노자의 무위자연을 이루기 의하여『도덕경』을 통해 사람들이 어떻게 마음을 비우도록 하는지 곧 그가 어떻게 공부론을 제시하는지 살펴보자.

---

 2)『道德經』, 2장, "天下皆知美之爲美, 斯惡已.……故有無相生,……前後相隨."
 3)『道德經』, 16장, "致虛極, 守靜篤."

2. '비어 있음'으로서의 무無

『도덕경』에서 무無에 대한 언급은 2장과 11장 그리고 40장에만 있다. 각 장의 내용으로 볼 때, 11장은 전체가 무에 대한 언급이고, 2장에서는 "유무상생有無相生"이라는 구절만, 40장에서는 "유생어무有生於無"라는 구절만 무에 대한 언급이다. 각 장에서 무의 의미를 따져 보면, 2장4)이나 11장에서의 '무無5)는 달리 생각할 여지도 없이 '사물'(有)에서 '그 효용이 되는 공간' 곧 '비어 있음'이다. 왕필주에서의 의미도 물론 이와 동일하다.6) 그런데 40장의 "무에서 유가 나온다"(有生於無)는 구절에서의 무는 일찍부터 하상공에 의해 도로 해석되기도 했다.7) 이런 까닭에 이 구절의 무에 대해 왕필이 어떻게 주석하고 있는지 살펴볼 필요가 있다.

> 천하의 사물은 모두 유有로 낳음을 삼고 유가 시작하는 바는 무無로 근본을 삼으니, 유를 온전하게 하도록 하려면 반드시 무로 되돌아가게 해야 한다.8)

위의 인용문에서는 무의 정확한 의미가 드러나지 않는다. 유의 근본

---

4) 『道德經』, 2장, "天下皆知美之爲美, 斯惡已.……故有無相生,……前後相隨."
5) 『道德經』, 11장, "三十輻共一轂, 當其無, 有車之用. 埏埴以爲器, 當其無, 有器之用. 鑿戶牖以爲室, 當其無, 有室之用. 故有之以爲利, 無之以爲用."
6) 『道德經』, 2장 王弼注, "此六者皆陳自然, 不可偏擧之明數也."; 11장 王弼注, "轂所以能統三十輻者, 無也. 以其無能受物之故, 故能以實統衆也. 木埴壁所以成三者, 而皆以無爲用也. 言無者有之所以爲利, 皆賴無以爲用也."
7) 『河上公章句』, 40장, "有生於無" 구절의 주, "天地神明, 蚑飛蠕動, 皆從道生. 道無形, 故言生於無."
8) 『道德經』, 40장, 王弼注, "天下之物, 皆以有爲生, 有之所始, 以無爲本, 將欲全有, 必反於無也."

으로서의 무를 도로 보고 있는 듯도 하기 때문이다. 그러나 40장의 첫 구절 "되돌아가게 하는 것이 도의 움직이다"(反者道之動)라는 구절의 주를 볼 때, 왕필은 여기서의 무를 2장의 그것과 동일하게 보고 있음을 확인할 수 있다.

> 고高는 하下로 기초를 삼고, 귀貴는 천賤으로 근본을 삼으며, 유有는 무無로 효용을 삼으니, 이것이 되돌아가게 하는 것이다. (道의) 움직임에서 모두 그 없는 바를 안다면 사물에 통한다. 그러므로 "되돌아가게 하는 것이 도의 움직임이다"라고 했다.9)

"유생어무有生於無" 구절에서 "유가 시작하는 바는 무로 근본을 삼으니, 유를 온전하게 하도록 하려면 반드시 무로 되돌아가게 해야 한다"는 주를 "반자도지동反者道之動" 구절에서 "고는 하로 기초를 삼고,…… 유는 무로 효용을 삼으니, 이것이 되돌아가게 하는 것이다"라는 주와 서로 연결시켜 볼 때, 무의 의미가 드러난다. 곧 여기서의 무는 도가 아니라 단순히 고高나 귀貴에 대해 하下나 천賤처럼 사물에 있어서 '비어 있음' 곧 '공간'에 지나지 않는다.

하상공이 비록 40장에서의 무를 도로 보았을지라도 필자는 왕필의 주석이 옳다고 본다. 노자는 『도덕경』 어디에서도 무를 도라고 직접 표현한 적이 없고, 비록 도라고 표현할지라도 별명으로 그렇게 부른 것일 뿐이라고 변명하고 있기 때문이다.10) 40장의 무에 대해 왕필은 2장과 11장의 무를 근거로 주석했다. 곧 '공간'인 무에 의해 형체를 가진 유의 효용이

---

9) 『道德經』, 40장, 王弼注, "高以下爲基, 貴以賤爲本, 有以無爲用, 此其反也. 動皆知其所無, 則物通矣. 故曰反者, 道之動."
10) 『道德經』, 25장, "吾不知其名, 字之曰道."

있게 되는 것에 대해 왕필은 "유생어무有生於無"로 보았던 것이다. 그렇다면 먼저 왕필이 40장의 무를 11장의 그것과 어떻게 연결시키고 있는지 직접 구체적으로 살펴보자.

> 창과 문을 뚫어서 방을 만드는데, 공간이 있기 때문에 (방이) 방으로서의 효용을 가지게 된다. 그러므로 유有 그것으로 '이로움'을 삼고 무無 그것으로 효용을 삼는다.11)

노자는 11장 본문에서 유가 무에 의해 효용이 있다고 했는데, 유와 무의 이런 관계는 바로 왕필이 40장 주석에서 "유는 무로 효용을 삼는다"12)고 한 말과 같다. 이런 점에서 40장의 무는 왕필이 11장에서 '비어 있음' 곧 공간으로서의 무를 토대로 해석한 것임을 다시 확인할 수 있다. 2장에서도 이런 점은 동일하게 나타나고 있다.

> 세상 사람들은 모두 아름다운 것이 아름다운 것이 된다고 알고 있는데, 그것은 추한 것 때문일 뿐이다.…… 그러므로 유有와 무無는 서로를 낳고,…… 전前과 후後는 서로가 따른다. 이 때문에 성인은 일을 만들지 않고 말없는 교화를 행한다.13)

그런데 위의 2장 본문에서는 다소 이해하기 힘든 부분이 있으니 이와 함께 병행해서 무에 대한 것까지 살펴보자. 곧 '아름다운 것은 추한 것 때문에 있다'는 말은 '유가 무 때문에 그 효용이 있다'는 11장이나 40장의

---

11) 『道德經』, 11장, "鑿戶牖以爲室, 當其無, 有室之用. 故有之以爲利, 無之以爲用."
12) 『道德經』, 40장, 王弼注, "有以無爲用, 此其反也."
13) 『道德經』, 2장, "天下皆知美之爲美, 斯惡已.……故有無相生,……前後相隨. 是以聖人處無爲之事, 行不言之敎."

내용과 자연스럽게 연결되는 듯하지만, 이어지는 '유와 무는 서로를 낳는다'는 구절과는 매끄럽게 연결되지 않는다. 다시 말해 '아름다운 것 때문에 추한 것이 있다'는 말을 유有(美)와 무無(惡)로 환원할 때, "유생어무有生於無"라는 구절이 되는데, 이것이 이어지는 "유무상생有無相生" 구절과 어떻게 연결될 수 있느냐는 것이다.

아름다운 것이 추한 것 때문에 성립한다는 말은 '미생어악美(有)生於惡(無)'으로 환원될 수 있다. 왕필이 "대단히 아름다운 명칭은 아주 추악한 것에서 나온다"[14]라고 말했기 때문이다. 그런데 아름다운 것과 추한 것의 이런 관계는 그 반대의 경우도 가능할까? 곧 '악생어미惡(無)生於美(有)'도 가능할까? 다시 말해 '세상 사람들은 모두 추한 것이 추한 것이 된다고 알고 있는데, 그것은 아름다운 것 때문일 뿐이다'라는 말이 가능할까? 가능하다고 본다. 아름다운 것이 추한 것 때문에 성립한다면, 추한 것도 아름다운 것 때문에 성립한다고 말할 수 있기 때문이다. 이런 점에서 40장의 "유생어무有生於無"는 '무생어유無生於有'라고도 할 수 있다. 그렇다면 결국 2장의 "유무상생有無相生"은 이런 관계를 종합적으로 동시에 말한 것에 지나지 않는다고 보아 할 것이다.

여기에서 유의해야 할 점은 2장과 11장 및 40장에서 유와 무는 존재론적인 시각이 아니라 공부론적 혹은 수양론적인 시각 아래 논의되어야 한다는 것이다. "아름다운 것이 추한 것을 전제로 성립하는데 사람들이 그것을 모르고 있다"는 노자의 말은 사물에 대한 개념이나 판단이 상대적인 분별로 말미암아 이루어진다는 의미를 담고 있다. 노자는 이런 말을 통해 사람들에게 지성 곧 분별 작용의 한계를 지적하면서 결국 그것의 사용을

---

14) 『道德經』, 18장, 王弼注, "甚美之名, 生於大惡."

억제하게끔 한다. 바로 이어서 "이 때문에 성인은 일을 만들지 않고 말없는 교화를 행한다"라는 노자의 말에서 이런 점을 확인할 수 있다. 왕필은 노자의 이 말에 대해 "저절로 그렇게 되어 이미 충분한데도 무엇인가를 하고 있으니 실패한다. 지혜가 저절로 갖추어져 있는데도 무엇인가를 하고 있으니 작위이다"15)라고 주석하였다. 왕필의 말은 가만히 놔두면 모든 것이 저절로 다스려지는데도 통치자들이 그렇게 하지 못하고 분별 작용을 기반으로 유위有爲를 한다는 말이다. 유위를 행하지 않고 무위를 행하기 위해서는 무엇보다 먼저 분별 작용을 없애야 한다. 정리하자면 왕필이 40장의 무無를 2장과 11장의 무로 주석한 목적은 분별 작용을 억제해 마음을 비움으로써 마침내 무위를 행하기 위함이라는 것이다. 그러면 왕필이 무엇을 근거로 저절로 모든 것이 충분하니 아무것도 할 필요가 없다고 주장하는지 장을 바꾸어 살펴보자.

3. 도와 덕

1) '비어 있음'으로서의 도

사시사철이 일정하게 변화하는 가운데 만물이 자유롭게 조화를 이루면서 생장하고 소멸할 수 있는 이유는 다름이 아니다. 천지가 자신을 비워 두고 만물에 아무것도 관여하지 않기 때문이다. 노자는 『도덕경』 5장에서 이에 대해 풀무나 피리를 비유로 다음처럼 말한다.

---

15) 『道德經』, 2장, 王弼注, "自然已足, 爲則敗也. 智慧自備, 爲則僞也."

천지의 사이는 아마 풀구나 피리와 같겠지! 비어 있는데도 다하지 않고 움직일수록 더욱더 내놓는구나.16)

천지가 자신을 비워 두고 아무것도 관여하지 않는 것으로 인해 만물이 위축되는 것이 아니라 도리어 더욱더 활발하게 그 자신을 펼쳐 나가는 것에 대해 노자는 이처럼 표현한 것이다. 왕필은 노자의 이 말에 대해 자연自然을 첨가해 주석함으로써 도와 자연에 대한 관계를 한층 명료하게 하였다.

풀무와 피리의 속은 비어 있어 아무 느낌도 없고 하는 일도 없다. 그러므로 비어 있는데도 다하지 않고 움직이는데도 고갈되지 않는다. 천지의 속은 비어 있어 '저절로 그렇게 됨'(自然)에 맡겨 둔다. 그러므로 다함이 없으니 마치 풀무나 피리와 같다.17)

인용문에서 왕필이 "천지의 속은 비어 있어 '저절로 그렇게 됨'에 맡겨 둔다"고 했을 때, 여기서 '비어 있다'는 말과 '저절로 그렇게 됨'(自然)이라는 말은 25장의 "도법자연道法自然" 구절을 설명할 수 있는 중요한 단서이다. 사실 위의 인용문은 4장에서 "도는 비어 있는데도 작용하고 아무것도 채우지 않을 듯하다"18)라는 말에 대한 부연 설명임에 유의해야 한다. 천지가 만물을 다스리는 방법이 도道이다. 그런데 그 도는 사물에 대해 의도적으로 무엇을 가하는 것이 아니고 '자신을 비워 둠'(無)으로써 사물

---

16) 『道德經』, 5장, "天地之間, 其猶橐籥乎. 虛而不屈, 動而愈出."
17) 『道德經』, 5장, 王弼注, "橐籥之中空洞, 無情無爲. 故虛而不得窮屈, 動而不可竭盡也. 天地之中蕩然, 任自然, 故不可得而窮, 猶若橐籥也."
18) 『道德經』, 4장, "道沖而用之, 或不盈."

을 대하는 것 곧 '사물에 아무것도 관여하지 않는 것'(無爲)이다. 이렇게 할 때 사물은 스스로 알아서 제 갈 길을 갈 수 있다. 곧 천지가 비어 있음이라는 도를 지켜 만물에 전혀 간섭하지 않을 때, 만물은 스스로 제 갈 길을 감으로써 그 자신의 자연自然 공용을 드러내게 된다.

정리하자면 25장에서 "도법자연道法自然"의 의미는 대략 다음의 두 가지로 정리할 수 있다. 천지가 비어 있음이라는 도를 지키는 것은 만물이 저절로 제 갈 길을 가도록 하기 위함이라는 것이 첫째 의미이고, 성인이 천지의 도를 본받아 마음을 비우는 것은 백성이 저절로 제 갈 길을 가도록 하기 위함이라는 것이 둘째 의미이다. 왕필이 2장에서 '저절로 그렇게 되어 이미 충분하다'[19]고 한 까닭은 이런 점에서 밝혀진다. 곧 만물은 저절로 훌륭하게 조화를 이루면서 생장하고 소멸하니, 천지가 할 일은 그저 자신을 비우고 가만히 있는 것이다.

그런데 여기서 유의해야 할 점은 '비어 있음'이라는 '천지의 도'를 2장이나 11장 및 40장의 무로 이해해서는 안 된다는 것이다. 노자가 '천지의 도' 곧 '비어 있음'에 대해 그렇게 표현하려고 했다면, 25장에서 "나는 그것의 이름을 알지 못하여 별명을 붙여 도道라 하고, 억지로 이름 붙여 대大라고 하였다"[20]라고 하지는 않았을 것이기 때문이다. 노자는 도에 대해 '황홀하다'고 하는데 그 까닭은 도에 대해서는 어떤 표현도 절대로 불가능하기 때문이다.

도라는 것은 황홀하고 황홀할 뿐이다. 황홀하고 황홀하구나! 그런데 그 속에 형상이 있다. 황홀하고 황홀하구나! 그런데 그 속에 사물이 있다. 까마득하고

---

19) 『道德經』, 2장, 王弼注, "自然已足, 爲則敗也. 智慧自備, 爲則僞也."
20) 『道德經』, 25장, "吾不知其名, 字之曰道, 强爲之名曰大."

어슴푸레하구나! 그런데 그 가운데 정수가 있다.21)

"황홀한 가운데 형상이 있고 사물이 있다"는 인용문의 말은 5장의 "천지의 사이는 아마 풀무나 피리와 같겠지! 비어 있는데도 다하지 않고 움직일수록 더욱더 내놓는구나"22)라는 말과 연결되어 있다. 곧 노자는 '천지의 비어 있음'은 '황홀한 것'으로 '형상이 있고 사물이 있는 것'은 '움직일수록 더욱더 내놓는 것'으로 표현했던 것이다. 그런데 여기서의 '비어 있음'은 말할 필요도 없이 2장이나 11장 및 40장의 무無와 그 의미가 다름을 알아야 한다. 곧 '천지의 비어 있음'은 단순히 '천지 사이의 공간'을 의미하는 것이 아니라 '천지가 자신의 속을 비움으로써 사물에 대해 어떤 의도도 가하지 않는 것'을 의미하기 때문이다. 천지가 자신의 속을 비워 사물에 어떤 작위적인 의도도 가하지 않은 상태는 표현이 불가능하다. 그래서 노자는 이에 대해 황홀하다고 했던 것인데, 왜 이렇게 밖에 표현할 수 없는지 절을 바꾸어 살펴보자.

2) '마음 비움'으로서의 덕

성인은 천지가 도로써 만물을 다스리는 것을 본받아 덕으로써 세상을 다스린다. 곧 천지가 자신을 비워 둠으로써 만물이 제 갈 길을 가도록 하기 때문에 성인도 그것을 본받아 마음을 비움으로써 백성들이 스스로 알아서 제 갈 길을 가도록 한다. 이에 대해 노자는 5장과 7장에서 다음처럼

---

21) 『道德經』, 21장, "道之爲物, 惟恍惟惚. 惚兮恍兮. 其中有象. 恍兮惚兮. 其中有物. 窈兮冥兮. 其中有精."
22) 『道德經』, 5장, "天地之間, 其猶橐籥乎. 虛而不屈, 動而愈出."

말한다.

> 하늘과 땅은 어질지 않아서 만물을 하찮은 풀이나 개로 여긴다. 성인은 어질지 않아서 백성을 '하찮은 풀이나 개'(芻狗)23)로 여긴다.24)

> 하늘과 땅은 장구하다. 하늘과 땅이 장구할 수 있는 까닭은 스스로 아무것도 생성하지 않기 때문이다. 그러므로 장생할 수 있다. 이 때문에 성인은 자기 자신을 뒤로 물리는데도 자신이 남보다 앞서게 되며, 자기 자신을 도외시하는데도 자신이 보존되니, 사사로움이 없기 때문이 아니겠는가? 그러므로 자신의 사사로움을 이룰 수 있다.25)

성인이 천지를 본받는 것에 대해 왕필은 "성인은 천지와 덕을 같이한다"로 표현한다. 천지가 자신을 비움으로써 만물의 '저절로 그러함'(自然)에 모든 것을 맡겨 두면 만물이 귀의한다. 그런데 이것을 모르는 통치자들이 어짊을 베풀고 지혜로 말미암아 무엇인가 내세우면 사물이 다 함께 존재하지 못한다. 모든 것이 제대로 존재하게 하려면 그것들 스스로 자기 전개를 하도록 가만히 놔두어야 한다.

> 하늘과 땅은 '저절로 그러함'(自然)에 맡겨 두어서 작위함도 없고 조작함도 없으니 만물끼리 스스로 서로 다스린다. 그러므로 (하늘과 땅은) 어질지 않다. 어진 자는 반드시 무엇인가 작위해서 세우고 시행해서 교화시키니 은혜를 베

---

23) '芻狗'에 대해서는 제사 때 사용하고 버리는 '지푸라기로 만든 강아지'(芻狗)로 보는 경우도 있지만, 왕필의 『老子注』나 하상공의 『河上公章句』에서는 글자마다 의미를 부여하여 '풀'(芻)과 '강아지'(狗)로 주석되었음을 밝힌다.
24) 『道德經』, 5장, "天地不仁, 以萬物爲芻狗. 聖人不仁, 以百姓爲芻狗."
25) 『道德經』, 7장, "天長地久. 天地所以能長且久者, 以其不自生. 故能長生. 是以聖人後其身, 而身先, 外其身而身存, 非以其無私邪. 故能成其私."

품이 있고 무엇인가 이룸이 있다. 무엇인가 작위해서 세우고 시행해서 교화 시킬 경우 사물은 그 참됨을 잃으며, 은혜를 베풂이 있고 무엇인가 이룸이 있을 경우 사물들은 다 함께 존재하지 못한다. 사물들이 다 함께 존재하지 못할 경우 (어진 자가) 모든 것을 다 감당하기에는 부족하다.⋯⋯ 만약 지혜(慧)가 자신에게서 말미암아서 내세워지는 경우라면 (만물을) 맡기기에 충분하지 못하다. 성인은 천지와 그 덕을 같이하기 때문에 백성을 하찮은 꼴이나 개에 견주었다.26)

(천지) 자신이 무엇인가를 내놓는다면 만물과 다투게 되고, (천지) 자신이 아무것도 내놓지 않는다면 만물이 귀의한다. 본문에서 "사사로움이 없다"(無私)는 것은 자신의 입장에서 아무것도 하는 일이 없음이다. 자신이 남보다 앞서게 되고 자신이 보존되므로 "자신의 사사로움을 이룰 수 있다"라고 했다.27)

부가적으로 언급할 것은 첫째 인용문에서도 "도법자연道法自然"에 관한 의미가 다소 드러나고 있다는 점이다. 천지가 자신을 비우는 것으로 도를 삼는 이유는 만물의 '저절로 그러함'(自然)을 믿고 모든 것을 맡겼기 때문이다. "하늘과 땅은 (만물의) '저절로 그러함'에 맡겨 두어서 작위함도 없고 조작함도 없으니 만물끼리 스스로 서로 다스린다"라는 인용문의 말이 바로 그것이다. '저절로 그러함'(自然)은 모든 것이 다 함께 존재하고 참됨을 지키는 길이다.

무위자연을 이룩하기 위해서 통치자가 해야 할 일은 단지 자신의 마음을 비우고 가만히 있는 것으로 족하다. 통치자가 그렇게 하기만 하면

---

26) 『道德經』, 5장 王弼注, "天地任自然, 無爲無造, 萬物自相治. 故不仁也. 仁者必造立施化, 有恩有爲. 造立施化, 則物失其眞, 有恩有爲, 則物不具存, 物不具存, 則不足以備載矣.⋯⋯若慧由己樹, 未足任也. 聖人與天地合其德, 以百姓比芻狗也."
27) 『道德經』, 7장 "自生則與物爭, 不自生則物歸也. 無私者, 無爲於身也. 身先身存, 故曰能成其私也."

백성들은 알아서 자신들의 저절로 그러함을 드러낸다. 곧 한 마디로 말해 통치자가 마음을 비우기만 하면 무위자연의 다스림은 절로 시행된다. 노자는 이에 대해 16장에서 "비어 있음을 이루는 것이 궁극이고 고요함을 지키는 것이 돈독함이다"(致虛極, 守靜篤)라고 하였고, 왕필은 "비어 있음을 이루는 것이 사물의 궁극과 독실함이고, 고요함을 지키는 것이 사물의 참과 바름이라는 말이다"28)라고 함으로써 마음 비우기를 강조하였다.

그런데 마음을 비운다는 것이 그렇게 간단한 일은 아니다. '마음을 비워야지!'라고 생각하는 순간, 도리어 마음을 비우겠다는 생각으로 마음을 채우게 되기 때문이다. 이를 반성하고 '마음을 비워야겠다는 생각도 하지 말아야지!'라고 생각하면, 다시 또 그 생각으로 마음을 채우게 된다. 이런 상황을 끝없이 반복할지라도 마음은 비워지지 않는다. 마음을 비우기 어려운 까닭이 바로 여기에 있다. 마음 비움은 논리적인 설명을 통하여 도달할 수 있는 사유의 과정이 아니라, 몸소 체득해야 할 수행 공부의 과정이다. 수행 공부를 통해서만 도와 하나가 되는 궁극적인 경지에 도달할 수 있다. 왕필의 주로 볼 때, 42장의 "도생일道生一⋯⋯ 삼생만물三生萬物" 구절은 마음 비움이 사유의 과정이 아님을 설명한 구절이다.

> 만물은 가지각색으로 드러나지만 그 귀착점은 '(도와) 하나 되는 것'(一)이다. 무엇으로 말미암아 하나 되는 것에 이르게 되는가? 비어 있음(無)으로 말미암아서이다. 비어 있음으로 말미암아야 하나 되니, 하나 되는 것을 비어 있음이라고 말할 수 있다. 그런데 그것(無)에 대해 하나 되는 것이라고 말해 버리고 나면, 어찌 말이 없을 수 있겠는가? 말이 있고 하나 되는 것이 있으니, 둘 된 것이 아니고 무엇인가? 하나 되는 것이 있고 둘 된 것이 있으니 마침내

---

28) 『道德經』, 16장, 王弼注, "言致虛, 物之極篤, 守靜, 物之眞正也."

셋 되는 것이 생겨난다. '비어 있음'(無)에서 있음(有)으로 감에 섬은 여기에서 다하니 이 다음부터는 도의 갈래가 아니다.29)

왕필의 주는 그의 독창적인 생각이 아니라『장자』「제물론」에 근거한다.30) 왕필은 장자의 말을 취해 '무로 말미암아야 (도와) 하나 된다'라고 했다. 그런데 사물 속의 공간인 비어 있음을 도와 하나 되는 것으로 볼 수는 없기 때문에 여기서의 무無를『도덕경』2장과 11장 및 40장에서의 무 곧 '사물 속의 공간인 비어 있음'으로 해석할 수는 없다. 그런데 '무無'에 대해 수양론적 혹은 공부론적인 시각을 적용할 때, 여전히 '비어 있음'이라는 의미는 그대로 유지된다. 수양론적 혹은 공부론적인 시각에서 '비어 있음'(無)은 '마음이 비어 있음'을 의미하기 때문이다. 곧 '비어 있음'(無)이라는 하나의 용어가 사물에 있어서는 '공간'으로, 사람에 있어서는 '마음이 비어 있음'(마음 비움)으로 사용될 수 있다.

그러면 왕필주를 토대로 "도생일道生一······ 삼생만물三生萬物" 구절을 설명해 보자. "도생일道生一"은 '비어 있음'이라는 도가 있으니, '그것과 하나 되기 위한 것'(一) 곧 '마음 비움'(無)이 나온다는 말이다. "일생이一生二"는 마음 비움이 있으니, '이것에 대해 설명하는 말'(言)과 '말의 지시 내용'으로서의 마음 비움(無:一) 곧 둘(二)이 나온다는 말이다. "이생삼二生三"은

---

29) 『道德經』, 42장, 王弼注, "萬物萬形, 其歸一也. 何由致一. 由於無也. 由無乃一, 一可謂無. 已謂之一, 豈得無言乎. 有言有一, 非二如何. 有一有二, 遂生乎三. 從無之有, 數盡乎斯, 過此以往, 非道之流."
30) 『莊子』, 「齊物論」, "天地與我幷生, 而萬物與我爲一. 旣已爲一矣, 且得有言乎. 旣已謂之一矣, 且得無言乎. 一與言爲二, 二與一爲三. 自此以往, 巧歷不能得, 而況其凡乎."(천지는 나와 함께 나왔으니, 만물은 나와 하나(一)가 된다. 이미 하나가 되었으니 또 말이 있을 수 있는가? 이미 그것을 하나라고 말했으니 또 말을 없앨 수 있는가? 하나와 말이 둘이 되고 둘과 하나가 셋이 된다. 이 다음 단계부터는 셈을 잘하는 자일지라도 셀 수 없는데 하물며 범인들은 말해 무엇 하겠는가!)

바로 앞에서의 둘과 마음 비움은 말로 설명될 수 없다는 반성이 가해진 것이다. 곧 말을 통해 아무리 마음 비움에 대해 설명할지라도 '말로 지시된 내용'(無: 一)은 이미 '마음 비움 그 자체'가 아니니, 앞 과정에서의 '둘'(二)과 '마음 비움 그 자체'를 다시 합치면 셋(三)이 나온다는 말이다. 그러나 여기서 인식을 벗어나 있는, 마음 비움 그 자체마저도 이미 말을 통해 우리의 인식에 들어왔으니, 인식을 넘어 있는 마음 비움 그 자체를 다시 설명해야 한다. 그런데 그렇게 할지라도 마음 비움 그 자체는 여전히 설명되지 않으니, 이런 상황은 끝없이 반복될 수밖에 없다. "삼생만물三生萬物"은 이런 과정을 축약해서 표현한 것이다. 곧 "삼생사三生四"로 마음 비움 그 자체에 대해 다시 설명해도 이미 여기서 언급된 마음 비움 그 자체는 인식을 벗어나 있는 마음 비움 그 자체가 될 수 없기 때문이다. 계속 이어 "사생오四生五"가 나오고 다시 이어 "오생육五生六" 등으로 이 과정이 끝없이 진행되어도 마찬가지이다. 왕필의 주로 볼 때, 그래서 노자는 "삼생만물三生萬物"로 이를 간략히 표현했던 것이다.

노자가 도에 대해 황홀하다고 표현한 이유가 바로 여기에서 드러난다. '비어 있음'으로서의 도는 우리의 분별이 개입될 수 없다. 그래서 노자는 단지 도에 대해 '황홀하다'고 표현했던 것이다. 다시 말해 마음 비움에 우리의 분별이 개입될 수 없듯이 천지의 비어 있음에도 그렇기 때문이다.

> 비어 있음을 덕으로 받아들여야만 도를 따를 수 있다. 도라는 것은 황홀하고 황홀할 뿐이다. 황홀하고 황홀하구나! 그런데 그 속에 형상이 있다. 황홀하고 황홀하구나! 그런데 그 속에 사물이 있다. 까마득하고 어슴푸레하구나! 그런데 그 가운데 정수가 있다.31)

---

31) 『道德經』, 21장, "空德之容, 惟道是從. 道之爲物, 惟恍惟惚. 惚兮恍兮. 其中有象.

'황홀한 가운데 형상이 있고 사물이 있으며, 까마득하고 어슴푸레한 가운데 정수가 있다'는 인용문의 의미는 천지의 비어 있음 속에서 만물의 저절로 그러함(自然)이라는 공용이 드러난다는 것이다. 왕필의 주를 볼 때, 이것에 대한 것을 분명히 추측해 낼 수 있다.

> 오직 비어 있음을 덕으로 삼은 뒤에야 모든 행동에서 도를 따를 수 있다. 황홀은 형체가 없고 매어 있지 않은 것에 대한 찬탄이다. 형체도 없는 상태에서 사물을 시작하고 매어 있지 않은 상태에서 사물을 완성하니, 만물이 그것을 본받아 시작되고 완성되지만 그렇게 되는 까닭을 모른다. 그러므로 "황홀하고 황홀하니 그 가운데 형상이 있다"라고 했다. 까마득하고 어슴푸레하다는 말은 심원한 것에 대한 찬탄이다. 심원하여 알 수 없지만 만물이 그것에서 말미암으니, 그것에서 사물의 참됨이 안정됨을 알 수 있다. 그러므로 "까마득하고 어슴푸레하니 그 가운데 정수가 있다"라고 했다.[32]

'황홀하여 형체도 없고 까마득하여 심원한 가운데 만물이 완성되고 그 참됨이 안정을 얻을 수 있다'는 왕필의 말은 천지의 비어 있음 속에서 만물이 나름대로 자연의 공용을 마음껏 드러내는 것에 대한 표현이다. 그러니 통치자가 할 일은 천지의 도를 본받아 마음을 비우는 것이다. 그렇게 하면 백성들은 나름대로 자신의 삶을 꾸려 갈 것이다. 이런 점에서 다스림의 근본은 자신을 비우는 수양 공부 외에 더 없다. "비어 있음을 덕으로 받아들여야만 도를 따를 수 있다"는 노자의 말이나 "오직 비어

恍兮惚兮, 其中有物. 窈兮冥兮, 其中有精."
[32] 『道德經』, 21장, 王弼注, "惟以空爲德, 然後乃能動作從道也. 恍惚無形不繫之歎也. 以無形始物, 不繫成物, 萬物以始以成, 而不知其所以然. 故曰恍兮惚兮, 惚兮恍兮, 其中有象也. 窈冥深遠之歎. 深遠不可得而見, 然而萬物由之, 其可得見以定其眞. 故曰窈兮冥兮, 其中有精也."

있음을 덕으로 삼은 뒤에야 모든 행동에서 도를 따를 수 있다"는 왕필의 말은 이에 대한 직접적인 표현이다. 23장 "덕자동어덕德者同於德" 구절에 대해 왕필이 22장 본문을 응용하여33) 독특하게 "득得이란 글자는 적게 한다는 말이다. 적게 하면 얻으므로 '얻는다'고 하였다"34)라고 주석했던 것도 마음을 비움으로써 덕을 완성해야 도를 체득하기 때문일 것이다. 마음을 비우는 것이 덕이기 때문에 노자는 마음을 비운 정도에 따라 상덕上德-상인上仁-상의上義-상례上禮로 그 등급을 나누었다. 여기서 상인 이상은 마음 비워야 도와 합일할 수 있다는 것을 반성한 경지이고, 상의 이하는 그런 반성이 가해지지 않은 경지이다. 곧 모든 것을 비워 도와 합일하겠다는 생각마저도 없는 경지는 상덕이고, 도와의 합일을 목표로 마음을 비운 경지는 상인이다. 반면에 도에 대해 몰라 그것을 대상화해서 드러내려고 하는 경지가 상의이고, 도를 드러내려는 것이 지나쳐 사람들에게 강요하는 경지가 상례이다.35)

이제 서문의 각주에서 미룬 문제 곧 왕필이 『노자주』에서와 달리 『논어석의論語釋疑』「술이述而」 "자왈子曰, 지어도志於道" 구절에서 도道에 대해 직접 무無라고 한 이유에 대해 설명해야 하겠다.

> 도道란 '비어 있음'(無)을 일컫는다. 통하지 않는 것이 없고 말미암지 않는 것이 없기 때문에 그것을 비유하여 도라고 한다. 그러나 고요히 형체가 없어 모양으로 드러낼 수 없으니 도는 본받을 수 없다. 그러므로 그저 마음으로 바랄 뿐이다.36)

---

33) 『道德經』, 22장, "少則得, 多則惑."
34) 『道德經』, 23장, 王弼注, "得少. 少則得. 故曰得也."
35) 자세한 것은 『道家哲學』 4집에 있는 김학목, 「老子의 해체」 III장 2절을 참고하기 바란다.
36) 『論語釋疑』, 「述而」, "子曰, 志於道" 구절에 대한 주, "道者, 無之稱也. 無不通也,

사실 인용문의 내용을 전체적으로 살펴본다면, 여기서의 무無는 결국 『도덕경』 42장 주에서의 무無[37]와 같다. 인용문에서 언급된 무는 『도덕경』 2장과 11장 및 40장 본문의 '비어 있음' 곧 '사물에서 그 효용이 되는 공간'이 아니라, 42장 주의 '비어 있음' 곧 '도와 하나 된 것'(一)으로서의 무無이다. 도와 하나 되기 위한 무 곧 마음 비움은 도와 하나 되기까지는 마음을 비우는 것에 지나지 않는다. 그러나 마음을 비워 도와 하나 되는 순간 마음 비움은 비어 있음이라는 도와 그 차이가 없어진다. 그러니 42장 왕필주의 무는 궁극적인 의미에서 『논어석의』의 무와 서로 차이가 없다고 봐야 할 것이다.[38] 비록 왕필이 『논어석의』에서 도에 대해 무라고 말했을지라도 그 의미는 인용문에 나타나듯이 말로 도를 규정해서는 안 된다는 것이다.

4. 비움으로서의 무위

왕필이 23장 "덕자동어덕德者同於德" 구절에 대해 '덕德'자를 '득得'자로 바꿔놓고 그 의미를 소少라고 하면서 "적게 하면 얻는다"라는 22장의 본문을 인용해 주석을 가한 것은 덕을 '마음 비움'으로 봤기 때문이다. 곧

無不由也, 況之曰道. 寂然無體, 不可爲象, 是道不可體. 故但志慕而已."
37) 『道德經』, 42장, 王弼注, "萬物萬形, 其歸一也. 何由致一. 由於無也. 由無乃一, 一可謂無. 已謂之一, 豈得無言乎. 有言有一, 非二如何. 有一有二, 遂生乎三. 從無之有, 數盡乎斯, 過此以往, 非道之流."
38) 『周易』, 「繫辭上」의 "一陰一陽之謂道" 구절에 대한 韓康伯의 注에도 비슷한 말이 있다. "道者何. 无之稱也. 无不通也, 无不由也, 況之曰道, 寂然无體, 不可爲象. 必有之用極, 而无之功顯. 故至乎神无方而元體, 而道可見矣. 故窮變以盡神, 因神以明道, 陰陽雖殊, 无一以待之. 在陰爲无陰, 陰以之生, 在陽爲无陽, 陽以之成. 故曰一陰一陽也."

마음을 비우면 도와 하나 되기 때문에 왕필이 이런 주석을 했던 것이다. 이는 결국 16장 "비어 있음을 이루는 것이 궁극이고 고요함을 지키는 것이 돈독함이다"(致虛極 守靜篤)라는 구절과 21장의 "비어 있음을 덕으로 받아들여야만 도를 따를 수 있다"(孔德之容 惟道是從)라는 구절에 근거를 두고 해석한 것에 지나지 않는다. 이런 점에서 왕필의 『노자주』는 바로 노자의 '무위자연'설을 공부론의 관점에서 풀이한 것으로 봐야 한다.

왕필의 『노자주』로 볼 때, 무위는 첫째 천지가 만물을 다스림에 자신을 비워 둠으로써 아무것도 가하지 않는 것이고, 둘째 성인께서 천지의 비어 있음을 본받아 마음을 비우고 백성을 다스리는 것이다. 여기서 천지와 성인이 만물과 백성을 다스린다고 했지만 정확하게 표현하면 다스리는 것이 아니라 자신을 비움으로써 아무것도 하지 않는 것에 대해 그렇게 말했을 뿐이다. 그러니 통치자들이 천지처럼 자신을 비우기만 하면 무위는 저절로 시행된다. 이렇게 하면 만물과 백성은 스스로 알아서 제 갈 길을 가니 이것이 자연이다. 이런 점에서 무위자연의 실현은 마음 비움으로 시작해서 마음 비움으로 끝난다고 할 수 있다.

그런데 마음 비움은 논리적으로 인식해서 체득할 수 있는 것이 아니다. 42장의 주를 통해서 알아보았듯이 논리적 인식은 마음 비움을 체득하는 데 도리어 방해가 될 뿐이기 때문이다. 곧 마음 비움은 지적으로 전해지거나 받아들여질 수 있는 것이 아니라 단지 스스로 체험을 통해 몸으로 직접 배워야 한다. 지적인 통찰은 우리의 분별이 상대적으로 이루어진다는 것을 알려줌으로써 마음을 비워야겠다는 생각을 갖도록 하는 것 외에는 더 이상 아무 도움도 되지 않는다. 그런데 이미 살펴보았듯이 이런 생각을 갖는 것조차도 마음 비움에 도움이 되지 않고 도리어 마지막 장애물이 되고 만다.

노자가 도에 대해 단정적으로 표현하지 못하고 망설였던 것은 이런 이유 때문이다. 왕필도 노자의 이러한 생각을 알고 『노자주』에서 도에 대해 단정적으로 무라고 표현하지 않았다. 비록 왕필이 『논의석의』에서는 도를 무라고 규정했을지라도 『도덕경』에서의 의미를 벗어나서 표현한 것은 아니다. 이어지는 주석에서 그런 점이 충분히 언급되고 있음을 알 수 있다. 다시 말해 노자나 왕필이 도나 무에 대해 언급할 수 없다고 한 이유는 그들의 목표가 도에 대해 체계적인 설명을 하는 데 있는 것이 아니라 '비어 있음'(道)을 직접 체득하는 데 있기 때문이다. 이 점에 주의를 기울여 공부론이나 수양론의 입장에서 왕필의 『노자주』를 읽어야 할 것이다. 노자와 왕필 사이에는 다소간의 차이가 있을지라도 『도덕경』에서 동일하게 적용된다고 본다.

원효의 공부론

강의숙

1. 불학-깨달음의 길

원효의 공부는 불교佛敎·불학佛學·불도佛道이다. 불교란 『불교학대사전』에 의하면, "······ 부처가 설한 교법이라는 뜻과 부처가 되기 위한 교법이라는 뜻이 포함된다"[1]라고 정의되어 있다. 여기서 부처란 불佛의 번역인데, 불은 "범어 buddha의 음약音約 불타佛陀······ 등으로 음역音譯하고 각자覺者·지자知者·각覺이라 번역하며, 진리를 깨달은 이의 뜻으로 스스로 깨달아(自覺) 다른 사람을 깨닫게 하여(覺他) 깨달음의 기능이 전지전능하게 충만하다는(覺行窮滿) 뜻이 있다"[2]로 정의되어 있다. 이 정의를 풀면, '불교·불학·불도는 깨달은 사람의 가르침을 따라 깨달음에 이르기 위

---

1) 全觀應 大宗師 監修 『佛敎學大辭典』(弘法院, 1996), 586쪽.
2) 全觀應 大宗師 監修 『佛敎學大辭典』(弘法院, 1996), 582쪽.

한 가르침·배움·길'로 이해할 수 있겠다. 그러므로 원효의 공부는 부처의 가르침에 따라 깨달음에 이르기 위하여 원효가 행한 가르침·배움·길이라 할 수 있겠다. 그러므로 '깨달음의 길'은 누구에 의해서 교시되고 수학되건, 본질적으로 중요한 것은 바로 깨달음 그 자체이다. 깨달음이 전제되지 않은 불교·불학·불도는 전적으로 무의미하며, 그러기에 아무런 존재이유도 가질 수 없는 것이겠다. 바로 이 점에서 불교는 종교학적 의미의 종교가 아니라 철학적 의미의 종교, 즉 '근본적 가르침'이며, 불학은 과학이 아니라 선험-현상학적 의미의 철학이고,[3] 불도는 역사적 각자인 특정인 석가모니에 이르는 길이 아니라 일체중생의 일즉일체적—即一切的 성불成佛(깨달음)에 이르는 길이다. 이런 의미에서 불교는 깨달음의 이치이다. 그리고 참다운 깨달음은 사회적 실천으로 드러나게 마련임으로, 깨달음은 곧 대중교화의 길로 이어질 수밖에 없다.

따라서 원효의 공부론에 관한 우리의 탐색은 자연히 원효 깨달음의 도정이 될 것이며, 그것은 구체적으로는 원효의 삶, 즉 원효의 인간에 대한 이해이며 원효의 수행론이 될 것이다. 우리는 먼저 원효의 생애를 조망해 보고, 다음으로 원효의 인간에 대한 이해, 나아가서 원효의 수행론을 고찰해 볼 것이다.

2. 원효의 생애

원효는 617년(신라 진평왕 39년)에 압량군 불지촌(현 경산군 압량면 신월동)

---

[3] 신오현, 「원효-불교-철학: 선험-현상학적 해명」, 『원효학연구』(원효학연구원, 2001), 168쪽.

에서 태어나,4) 686년(신라 문무왕 6년)에 혈사에서 입적했다.5)(혈사는 지금의 어디에 있는 곳인지는 아직 고증되지 않았다)

이때는 신라가 삼국을 통일했던 전후로, 원효는 70평생을 전쟁이 난무하던 격동의 세월을 살았던 셈이다. 또한 불교가 신라에서 공인된 지 100여 년이 지난 시기로 불교사상이 호국사상으로 역할을 하며 한창 꽃피울 무렵이다.

『송고승전宋高僧傳』에 의하면 원효는 15세 무렵 출가하여6) 일정한 스승 없이 혼자 수행한 것으로 알려져 있다.7) 그러나 각종 설화나 인근 자료들을 종합해 보면, 혜숙惠宿, 대안大安, 혜공惠空 등의 여러 선지식들과 교류하며 배운 적이 있음을 추측할 수 있다. 그리고 낭지朗智에게서 법화法華사상을 전수받았을 것으로 추정되며,8) 의상과 함께 당나라로 가던 도중에 보덕普德을 찾아가서 『열반경涅槃經』과 『유마경維摩經』을 청강하였다는 것으로 보아 일승一乘사상을 배웠을 것이라 짐작할 수 있다.9)

원효가 이와 같은 불교사상의 수업을 거치는 동안 중국에서는 인도에서 구법을 마치고 중국으로 돌아온 현장玄奘이 호법護法 계열의 새로운 유식학唯識學을 소개하고 있었다. 원효는 새로운 학문을 배우기 위해 의상과 함께 당나라로 유학을 시도했었다.10) 원효는 34세 무렵 의상과 함께 압

---

4) 『삼국유사』 권4, 「원효불기」.
5) 고선사의 「서당화상비」.
6) 『송고승전』 권4.
7) "學不從師"로 원효에 관한 각 전기 자료의 공통된 의견이다.
8) 『삼국유사』에 의하면 낭지는 영취산 혁대암에 머물면서 오랫동안 법화경을 강의하였다는 내용이 있으며, 원효는 낭지와 교류가 있었으므로 자연히 그의 법화사상의 영향을 받았으리라 추정할 수 있겠다.
9) 『大覺國師文集』 권17 「孤大山景福寺飛來方丈禮普德聖師影」.
10) 원효의 당나라 유학 시도와 깨달음에 대해서는 관련 자료들의 내용이 일치하지 않고 여러 가지 의견이 있어, 확실히 고증되어 있지는 않다. 김상현은 원효가 깨달음을 얻은 해를 661년으로 보고, 장휘옥은 650년으로 추정하고 있다. 김상현, 『역사

록강을 건너 요동까지 갔다가 첩자로 몰려 뜻을 이루지 못하고 되돌아 왔다. 45세 무렵 재차 의상과 함께 이번에는 뱃길로 당나라에 가기 위해 백제 땅이었던 당주계로 향했다. 항구에 당도했을 때 이미 어둠이 깔리고 갑자기 거친 비바람을 만나 한 토굴에서 자게 되었다. 아침에 깨어났을 때 그곳은 단순히 토굴이 아니라 옛 무덤임을 알았지만 비가 그치지 않아 하룻밤을 더 자게 되었다. 그날 밤 원효는 동티를 만나 잠을 이룰 수 없었고, 이는 곧 그에게 깨달음의 한 계기가 되었다.[11] 똑같은 장소였지만 그곳이 그저 토굴인 줄 알았을 때는 단잠을 잤는데, 무덤이라고 생각하자 온갖 망상이 일었던 것이다. 원효는 드디어 모든 것이 마음에서 일어남을 깨달았다. 마음 밖에 법이 따로 존재하지 않는다는 진리를 깨우친 것이다. 그는 다음과 같은 오도송悟道頌을 읊었다.

마음이 일어남에 온갖 것 생겨나고
마음이 사라지니 감실과 고분이 둘이 아니다
삼계는 오직 마음이고 만법은 오직 인식이라
마음 밖에 법이 없으니 어찌 달리 구하리요.[12]

그는 이처럼 인간의 내면에 간직되어 있는 마음의 본질을 꿰뚫어 보고 일심一心을 깨달은 것이다. 마음 밖에 법이 없다고 한 것은 바로 이

로 읽는 원효』(고려원, 1994) 95~99쪽; 장희옥,『자 떠나자 원효 찾으러』(시공사, 1999) 52~60쪽 참조.
11) 『송고승전』, 원효의 깨달음에 관한 설화 가운데에는 해골물을 마시고 깨달았다는 자료(覺範惠洪의『林間錄』과 延壽의『宗鏡錄』)도 있다. 자료들 사이의 비교 검토에 관해서는 김상현의『역사로 읽는 원효』, 95~100쪽을 참조.
12) 「송고승전」 권4; 『대정신수대장경』 권50, "心生故種種法生 心滅故龕墳不二 三界唯心萬法唯識 心外無法胡用別求."

때문이다. 일심은 모든 법의 근본이다. 이미 그 모든 법의 근본을 깨달았으니 당나라에 유식학을 배우러 갈 필요가 없어진 것이다. 열렬하게 유학의 꿈을 품어온 원효는 한 순간에 전회하여 신라로 돌아온 후 오직 불교학의 연구와 저술 그리고 대중교화에 몰두하였다. 여러 문헌에 의하면 그의 저술은 100종 240여권(86부 200여권)으로 알려져 있다.[13] 그러나 안타깝게도 오늘날 그의 저술은 19부 22권만이 전해지고 있을 뿐이다. 연구범위도 여래장, 유식, 정토, 계율, 화엄 등 거의 모든 분야의 대승大乘과 소승小乘의 경經·논論을 담라하고 있어서 특정한 경·논이나 종파에 치우치지 않았다.[14] 그 가운데서도 그의 대표적인 저술이라 할 수 있는『대승기신론소大乘起信論疏』는 당나라에서도『해동소海東疏』로 불리워『대승기신론』에 관한 주석서 중에서도 가장 뛰어난 것으로 평가되며,『금강삼매경론金剛三昧經論』에서 보인 탁월한 이해와 견해는 중국학자들로 하여금 그를 인도의 용수나 다명 보살의 반열에 올려놓게 하였다. 그리고『십문화쟁론十門和諍論』은 번역되어 인도에까지 전해져 영향을 끼쳤다[15] 이렇듯이 원효의 저술들은 중국과 인도 그리고 일본 등지에 영향을 미쳤고,[16] 그 사상의 보편성과 세계성을 인정받았다.

한편 원효는 교학연구나 관념적인 사상에만 머무르지 않고 민중교화에도 열성을 다하였다. 원효가 활약하던 시기의 신라는 정치적으로 고구려·백제와 수차례의 전쟁을 통해 삼국을 통일했고, 문화적으로 불교를

---

13) 김영태,『원효연구사료 총록』(장경각,1996);『원효연구논저목록』(중앙승가대하교 불교사학연구소, 1996); 장희옥,『자 떠나자 원효 찾으러』등에서 원효의 저술, 현존본, 필사본 등의 목록이 나온다.
14) 장희옥,『자 떠나자 원효 찾으러』, 168쪽.
15) 김상현,『역사로 읽는 원효』, 192쪽.
16) 김상현,『역사로 읽는 원효』, 289~294쪽.

수용하여 고도의 사상을 꽃피우던 때였다. 그러나 잦은 전쟁에서 오는 불안감과 공포, 골품제도에 의한 계급 간의 갈등 등 민중의 삶은 고단하고 희망이 보이지 않았다. 당시의 불교계에서는 고승들이 대부분 호국불교를 표방하며 왕실과 귀족 계급을 중심으로 활약하고 있었다. 그런데 원효는 적극적으로 민중 속으로 들어가 민중을 교화한 몇 안 되는 선지식의 한 사람이었다. 삼국통일의 전후인 격동의 시대를 살았던 원효에게는 왕실 귀족불교도 인도해야 할 대상이었지만, 전쟁의 소용돌이 속에서 고통 받는 민중을 비롯하여 정복 지역의 유민들도 다같이 뜨겁게 안아야 할 가엾은 중생들이었다. 원효는 이들 중생들을 고단한 삶에서 해방시키고 희망을 안겨 주기 위해서 누구에게나 가능한 염불念佛을 위주로 하는 정토淨土불교를 널리 보급시켰다. 그는 방편으로 무애가無碍歌를 지어 부르고, 무애무無碍舞를 추면서 동체대비同體大悲의 마음으로 중생들과 함께 하며, 중생들에게 서방정토 극락세계에 대한 희망을 안겨주었다. 원효가 교우하고 가르침을 받았을 것으로 추정할 수 있는 낭지, 혜공, 대안 같은 이들이 모두 제도권을 벗어나 민중과 함께 생활하면서 민중들의 삶에 영향을 끼친 선지식들이다.

　원효는 한때 요석궁의 공주와 인연을 맺어 설총을 낳고 파계하여 스스로 소성거사라 칭하며 환속하였다. 환속 후에도 원효는 참선과 교학연구 등 수행에 치열했으며 성속을 넘나들며 거리낌 없이 종횡무진 민중교화에 힘쓴 흔적을 그의 저술 곳곳에서 찾아볼 수 있다. 그런데 일련의 이러한 파격적인 행위는 액면 그대로 파계로만 보기보다는, 원효의 계율관이 행위의 결과보다는 동기에 중점을 두어 계율의 정신을 중시한다는 점에서 볼 때, 적극적인 의미에서 원효 스스로가 모든 기존의 권위와 굴레로부터 자신을 해방시키고, 나아가 중생들을 해방시키는 측면에서 그 의미를 찾을 수도 있을 것이다.

    이렇듯 원효는 치열하게 수행을 하고 수많은 저작을 남겼는가 하면, 파계하여 저잣거리에서 민중과 어울려 불법을 전하는 등 그의 삶 자체가 성속을 초월하여 무엇에도 걸림이 없는 무애자재無碍自在한 것이었다.[17] 원효의 이러한 일련의 행위는 제도권의 승려들에게는 외면과 질시의 대상이 되기에 충분했다. 한때 고승을 초청하여 백고좌百高座를 열 때에 원효는 고향인 상주에서 추천을 받았으나 제도권에 의해 거절되어 참석하지 못하였다. 그러나 후에 『금강삼매경』에 얽힌 설화에 의하면 왕비의 병을 낫게 하기 위하여 용궁으로부터 가져온 『금강삼매경』을 대안대사가 편집하고 원효로 하여금 강의하게 하였는데 그때 수많은 고승들이 원효의 『금강삼매경』 강의를 들었다고 한다. 이에 원효는 한때 백 개의 석가래가 필요할 때는 끼이지 못했으나 이제 하나의 대들보가 필요할 때 내가 쓰이는구나 하고 스스로를 피력했다. 그만큼 원효의 행적들은 일반적으로 받아들이기 쉽지 않은 이해를 초월한 것이라 할 수 있다.

3. 원효의 인간이해

    원효는 철저하게 깨달음을 추구하고 그 깨달음을 민중과 나누는 삶을 살았다. 즉 끊임없이 본래의 마음자리로 되돌아가는 수행을 하면서, 한편으로는 고통 받는 중생들에게 희망을 주고 행복한 마음자리를 마련해 주려했다. 이와 같은 치열한 삶이 가능했던 근거는 어디에 있을까? 그것은

---

17) 『삼국유사』, 권4, 「元曉不羈」; 『송고승전』, 권4, 「元曉傳」.

바로 원효의 인간이해에 바탕을 두고 있다 하겠다. 원효는 인간을 일심一心의 존재로 이해한다. 그리고 이 일심을 근거로 중생과 부처가 둘이 아닌 진속불이眞俗不異가 되며, 또한 모든 상대적이고 대립적인 것을 화쟁시켜 무애자재하게 된다.

『열반경종요涅槃經宗要』는 『열반경涅槃經』을 인용하여 "일체중생실유불성一切衆生悉有佛性"18)이라 했다. 즉 살아 있는 것들은 모두 불성을 지니고 있다는 것이다. 그렇다면 불성이란 무엇인가? 불성은 유형의 것이 아니다. 본래부터 타고난 것이며, 여래가 될 가능성이다. 원효는 불성의 체體가 일심一心이라 했으며, 일심의 성품은 모든 변견邊見을 초월하여 해당되는 것도 해당되지 않는 것도 없다는 것이다.19) 그러므로 일심은 바로 제법의 근본이 된다.20) 일체의 더럽거나 깨끗하거나, 참되거나 거짓된 모든 법이 의지하는 바가 일심이다. 바꾸어 말하자면 모든 것은 일심일 뿐이라는 것이다. 그리하여 "일법계는 일심"21)이니 모든 것을 포괄하는 것은 일심뿐이라는 것이고, 대승법도 또한 일심뿐이라 하여 "일심 이외에 또 다른 법이 존재하는 것이 아니다"22)라고 한다. 원효는 일심을 다음과 같이 정의하고 있다.

일심이란 무엇인가? 더러움과 깨끗함의 모든 법은 그 성품이 둘이 아니고, 참됨과 거짓됨의 두 문은 다름이 없으므로 하나라 이름 하는 것이다. 이 둘이 아닌 곳에서 모든 법은 가장 진실하여 허공과 같지 않으며, 그 성품은 스스로 신령스레 알아차리므로 마음이라 이름 한다. 이미 둘이 없는데 어떻게 하나

---

18) 『韓國佛敎全書』, 제1책, 538쪽 b.(다음부터는 『한불전』, 1-538b식으로 표기함)
19) 『한불전』, 1-538b~c
20) 「금강삼매경론」, 『한불전』, 1-615c.
21) 「금강삼매경론」, 『한불전』, 1-639c, "一法界者 所謂一心."
22) 「대승기신론소」, 『한불전』, 1-736c, "大乘法唯有一心 一心外更無別法."

가 있으며, 하나도 있지 않거늘 무엇을 두고 마음이라 하겠는가. 이 도리는 언설을 떠나고 사려를 끊었으므로 무엇이라 지목할지 몰라 억지로 일심이라 부르는 것이다.23)

일심은 더럽지도 깨끗하지도 않고, 참되거나 거짓되지도 않는 분별을 넘어선 마음이다. 더러움과 깨끗함의 차별상을 모두 포섭하고 있어서 둘이 아니며 그렇다고 하나도 아니다. 이처럼 모든 것의 근거가 일심이지만 그 일심은 또한 상대적 차별을 떠나 평등할 뿐이다. 진리는 어느 한 순간에 한 측면만 바라보면 왜곡되기 쉽다. 언어를 통해 분별해서 보려고 하기 때문에 전체를 있는 그대로의 모습으로 파악하기 어렵다. 일심은 분별에 의해서는 구할 수 없지만 이미 본래부터 중생심에 내재해 있다. 즉 일심을 가진 중생은 이미 깨달은 존재라는 것이다. 본래부터 깨달아 있는 본각本覺의 존재이기에 더 이상 깨달을 것이 없는 존재이다. 그러나 무명의 바람에 의해 잠시 번뇌의 파도가 일어나면 진리를 제대로 보지 못하여 불각不覺의 상태로 변전하는 것 또한 중생이다. 그러나 이 불각의 상태는 수행을 통해 무명의 바람을 가라앉히면 깨달음의 세계로 드러나게 된다. 이를 시각始覺이라 한다. 즉 시각이란 실천수행을 통해 번뇌에 물든 미혹함에서 깨달음으로 변전하는 것을 가리킨다. 원효는 시각과 본각의 관계를 다음과 같이 밝히고 있다.

시각이란 이 마음의 체가 무명이라는 조건을 따라 움직여 망념을 일으키는 것이다. 그러나 본각의 훈습력에 의해서 점점 깨달음의 작용이 나타나게 되

---

23) 「대승기신론소」, 『한불전』 1-741b, "何爲心 爲染淨諸法其性無二 二門不得有二 故名爲一. 此無二處 諸法中實 不同虛空 性自神解 故名爲心 然旣無有二 何得有一. 一無所有 就誰曰心. 如是道理 離言絶慮 不知何以目之 强號爲一心也."

어 구경에 이르면 본각으로 돌아가 일치하게 되니 이것을 시각이라고 한다.[24]

본각으로서의 마음은 무명 때문에 불각의 모습으로 나타나지만, 본각 자체에 내재해 있는 훈습의 회복력에 의해서 불각에서 본각으로 돌아가게 되는데 이것이 바로 시각이다. 여기서 본각과 시각은 개념의 차이일 뿐 동일한 내용의 깨달음이다. 즉 본각이 시각이고 시각이 곧 본각인 셈이다. 마치 파도의 본질이 물이고 물이 곧 파도인 것과 같은 이치이다.

누구나 깨달을 수 있다는 이상과 깨닫지 못하고 있는 현실, 이 양자 사이의 괴리를 설명하고자 마련된 것이 생멸문이다. 생멸문이란 일심의 체인 본각이 무명의 작용에 따라 생멸하는 측면을 각각 가리킨다. 중생들은 무명에 의해 일심이 오염되어 있기 때문에 불각의 상태에서 육도를 윤회전생하고 있는 것이다. 이러한 중생들의 타고난 여래의 성품이 무명에 의하여 가려진 상태를 여래장이라고 한다. 비록 진여문과 생멸문으로 나누어서 설명은 하였지만, 이 두 문은 불가분의 관계로 일심을 이룬다. 진여문은 일체법의 통상이며 생멸문은 일체법의 별상이라는 점에서 이 문은 각각 일체법을 총괄하며, 서로 불가분의 관계에 있다.

이상에서 본 것처럼 일심은 누구나 깨달을 수 있는 일체중생실유불성 一切衆生悉有佛性의 근거가 되며, 일체법의 근원이면서 모든 것을 포섭하고 있다. 그러므로 유무有無의 상견常見과 단견斷見을 모두 떠나야 하며, 이것은 원효의 불학연구의 방법론인 화쟁和諍의 근거가 되는 것이다. 원효는 일심을 근거로 하여 대립적이고 상대적인 모든 견해들을 화쟁시키고 있다. 그리고 이 일심으로 인해 대비大悲의 마음을 일으켜 중생구제의 서원

---

24) 「대승기신론소」, 『한불전』, 1-748c, "言始覺者 卽此心體隨無明緣 動作妄念 而以本覺熏習力故 稍有覺用 乃至究景 還同本覺 是名始覺."

을 발하고 민중 속으로 들어갈 수 있었던 것이다.

일심은 또한 무애자재無碍自在의 근거가 되기도 한다. 일심의 깨달음은 의식으로부터 독립된 객관적 실재에 대한 모든 차별상을 극복한 의식의 전환이다. 이 의식의 전환은 곧 여실지견如實之見으로 무분별지無分別智를 통해 세계를 있는 그대로 통찰하는 것이다. 그리하여 부처와 중생이 둘이 아닌 까닭에 무한한 자비심이 일어나며, 이러한 자비심은 다양한 주장들을 화쟁을 통해 회통하고 그 구체적인 모습은 무애행으로 나타난다.

『송고승전』에 의하면 원효의 무애행은 언행이 예의에 얽매이지 않았고 상식의 틀을 벗어났는데, 주석서를 써서 화엄경을 강의하기도 하고, 거문고를 타면서 즐기고 여염집에서 유숙하는가 하면 혹은 조용한 곳에서 좌선을 하는 등 계기에 따라 마음대로 하여 일정한 규범이 없었다고 한다.[25] 그리고 원효가 「화엄경소」를 짓다가 「십회향품」에서 붓을 꺾고, 일체중생을 교화하고 보호한다는 「십회향품」의 사상에 따라 전쟁과 고단한 삶으로 인해 고통 받고 있는 민중을 교화하기 위하여 천촌만락으로 나섰다고 한다.[26] 또한 탈바가지의 모습을 따라 불구를 만들어 화엄경에 나오는 "일체에 걸림이 없는 사람이 한 길로 삶과 죽음을 벗어났다"라는 구절을 따서 '무애無碍'라고 하고, '무애가無碍歌'라는 노래를 지어서 무애박을 두드리며 노래하고 춤추면서 교화하여 가난뱅이나 코흘리개 아이들까지도 모두 부처의 이름을 알게 되었고 일제히 "나무아미타불"을 부르게 되었다고 한다.[27] 이렇듯 원효는 전쟁과 삶의 고통 속에서 고뇌하는 민중들에게 마음의 위안과 극락세계에 대한 희망을 주기 위해 누구나 할

---

25) 『송고승전』, 권4, 「신라국황룡사원효전」.
26) 김영태, 「신라불교 대중화의 역사와 그 사상 연구」, 『불교학보』 6(동국대학교 불교문화연구소, 1960), 190쪽.
27) 『삼국유사』, 권4, 「원효불기」.

수 있는 염불을 통해 민중을 교화하는 정토사상으로 나아가 종파를 넘어서 무애자재한 가르침을 펼친 셈이다.

이상에서 살펴본 바와 같이 원효는 인간을 일심을 지닌 존재로 파악하고, 그 일심을 근거로 다양한 주장을 화쟁으로 회통하였다. 그리고 이러한 인간에 대한 그의 이해는 마침내 무애행으로써 구체화했다고 말할 수 있다.

4. 원효의 수행론

『보살계본지범요기菩薩戒本持犯要記』에서 원효는 "수행하는 사람이 많이 배우기만 하고 직접 많이 닦지 않으면 거지 아이와 같은 격이다"라고 했는데 이는 화엄경에서의 비유를 설명한 것이다. 즉 가난한 거지 아이가 밤낮으로 남의 보배를 헤아려 세지만 결코 거지 아이의 것이 되지 못하듯이 수행하는 사람이 듣고 배우기만 좋아하고 직접 닦지 않으면 아무 소용이 없음을 뜻한다. 그만큼 원효는 수행의 이론적인 측면뿐만 아니라 실천적인 측면도 강조하고 있다.

원효의 수행론에 관한 지금까지의 연구는 다양하다. 고익진은 원효의 대표적인 저술인 『대승기신론소』가 수행의 이론을, 『금강삼매경론』이 수행의 실천을 다루고 있다는 견해를 피력하였고, 박태원은 『금강삼매경론』을 대승선大乘禪을 표방하는 대표적 실천수행론으로 보고 있다.[28] 반면에

---

28) 고익진, 「원효사상의 실천원리」, 『한국불교사상사』(원광대학교출판국, 1975), 4쪽; 박태원, 「『금강삼매』, 『금강삼매경론』과 원효사상(2)」, 『원효학연구』 제5·6집(원효학연구원, 2001).

정순일은 『대승기신론소』에는 이론적인 것과 실천적인 것이 두루 포함되어 있는데, 『금강삼매경론』의 실천수행을 강조하기 위해서 『대승기신론소』의 실천적인 측면을 상대적으로 약화시켜서는 안 될 것이라고 주장하고 있다.29) 한편 김도공은 『대승기신론소』의 지관수행止觀修行이 진여삼매眞如三昧에 들게 하며 이것이 나아가 『금강삼매경론』의 일미관행一味觀行으로 이어진다는 견해를 밝히고 있다.30) 이러한 견해들은 모두 한 측면에서 논한 것으로 원효의 수행론을 전체적으로 체계화했다고 보기는 어렵겠다.

우리는 원효의 수행론 가운데 가장 기초적인 것에 관해 고찰하려고 한다. 『대승기신론소』「수행신심분修行信心分」은 정정正定에 들어가지 못한 중생들을 위한 수행법을 밝히고 있는데, 이는 부정취인不定聚人 가운데에서도 열등한 중생을 위한 수행론이다. 따라서 우리는 부정취인을 위한 수행으로 발심發心과 바라밀수행 그리고 계율론에 관해서 논하려고 한다. 발심의 문제는 『발심수행장發心修行章』을 중심으로, 바라밀수행은 『대승기신론소』를 바탕으로 논하고, 계율에 관해서는 『보살계본지범요기菩薩戒本持犯要記』, 『대승육정참회大乘六情懺悔』 등을 주된 전적으로 삼아 고찰할 것이다.

1) 발심發心

수행은 먼저 발심發心에서부터 시작된다. 원효는 수행자의 발심을 돕

---

29) 정순일, 「원효의 일미관행 연구」, 『한국철학종교사상사』(원광대학교 출판국, 1990), 358쪽.
30) 김도공, 「원효의 수행체계 연구」(원광대학교 대학원 박사학위 논문, 2001).

기 위해 『발심수행장』을 지었다. 이 『발심수행장』은 원효의 다른 저작들과는 달리 경이나 논에 관한 주석이나 해석이 아니라 온전히 원효의 창작품이다. 이러한 원효의 『발심수행장』은 오늘날에도 한국의 조계종 산하의 모든 승가대학 및 수행단체에서 필수과목으로 공부하고 있을 만큼 초심자의 발심수행에 관하여 탁월한 견해를 보이고 있다고 할 수 있다.

부처와 중생의 차이는 깨달은 자와 깨닫지 못한 자의 차이이다. 모든 부처가 깨달음을 성취할 수 있었던 것은 수많은 세월 동안 탐욕을 버리고 고행을 한 덕분이고, 중생들은 수많은 세상을 살아오면서 탐욕을 버리지 않았기 때문에 번뇌 속에서 윤회하는 것이다. 즉 깨달음을 얻기 위해서는 탐욕을 버릴 것과 수행할 것이 요구된다. 이렇게 탐욕을 버리고 수행하여 깨달음을 얻겠다고 마음을 내는 것이 발심이다. 발심은 바로 수행의 첫걸음이다. 그러나 이 발심은 수행의 출발점인 동시에 수행의 완성점이기도 하다. 이미 중생의 마음속에 불성이 들어 있는 관계로 그것을 스스로 자각하는 순간이 바로 깨달음이다. 의상義湘도 『법성게法性偈』에서 "처음 마음을 내는 순간이 바로 깨달음이다"(初發心時便正覺)라고 하지 않았는가. 그만큼 발심은 수행에서 가장 중요한 것이다.

그리고 소위 천국과 지옥은 죽어서 가는 특별한 세계가 아니라 자신의 마음상태에 따라서 나타나는 현상을 뜻한다. 그러므로 원효는 마음의 삼독[31])의 번뇌와 지수화풍 사대에 대한 집착과 재물, 식욕, 수면욕, 색욕, 명예의 다섯 가지 욕심에 매여 있으면 지옥이고, 그 욕심을 버리면 천국이라는 것이다.[32]) 천국과 지옥은 누가 시켜서 또는 타인이나 그 무엇에 의한

---

31) 불교에서는 마음을 헤치는 대표적인 것으로 貪・瞋・癡 세 가지를 들고 있는데, 이는 각각 탐욕과 성냄 그리고 어리석음을 가리키며, 이를 마음의 삼독이라 한다.
32) 「발심수행장」, 『한불전』, 1-841a.

심판에 따른 것이 아니라 순전히 자기 자신의 마음에 달렸다는 것이다.

그러므로 수행자는 먼저 마음가짐이 중요하다. 스스로 쾌락을 버리고 조용한 곳을 찾아 외로움을 벗 삼아 수행을 하되 치열하게 해야 한다. 마음에서 애욕을 버리면 바로 사문沙門이 되는 것이고, 세속에 미련을 가지지 않으면 곧 출가자出家者가 되는 것이다.[33] 즉 원효는 승속僧俗이 형식에 있기보다는 마음가짐에 있다는 것을 밝히고 있는 셈이다. 또한『발심수행장』에서 원효는 절하는 무릎이 얼음과 같아지더라도 불을 생각하는 마음이 없어야 하며, 비가 고파 창자가 끊어질 것 같아도 밥을 구하는 생각이 없어야 한다고 했다. 그만큼 치열한 정신으로 수행에 임해야 한다는 것이다.

그리고 원효는 수행에서 계율과 지혜를 중시하였다.[34] 계율을 가지고 수행하지 않으면, 비록 재주와 학식이 있다 하더라도 그것은 마치 보물이 있는 곳을 가리켜 주어도 그곳으로 가지 않는 것과 같다는 것이다. 즉 계율이 없는 수행은 소용이 없다는 것이다. 그리고 그는 지혜가 없으면 비록 부지런히 수행을 한다고 해도 마치 동쪽으로 가려고 하면서도 서쪽으로 향하는 것과 같아서 엉뚱한 길로 가기 쉽다고 했다.

이 모든 수행을 하기 위해 가장 중요한 것은 원효가『발심수행장』의 결론 부분에서 밝혔듯이 방일放逸하지 않는 것이다. 그는 내일로 미루는 것이 끝이 없다 보면 악만 짓는 날이 많아져서 깨달음의 도에 나아가지 못하므로 내일로 미루지 말고 시간을 아껴서 수행할 것을 당부하고 있다.

이상에서 살펴보았듯이 원효는 발심의 문제에서는 마음가짐이 중요하며, 지계持戒와 지혜를 통해서야 올바른 수행이 이루어진다는 것을 밝

---

33)「발심수행장」,『한불전』, 1-841a, "離心中愛是名沙門 不研世俗是名出家."
34)「발심수행장」,『한불전』, 1-841b.

히고 있다.

2) 지관문止觀門

원효의 그 많은 저술은 모두 수행과 관련이 깊다. 우리는 원효의 저술들을 통해서 그의 수행에 대한 관점을 알 수 있고, 또한 수행의 실천을 짐작할 수 있다. 그는 『대승기신론소』에서 정정취正定聚에 들어가지 않은 부정취인不定聚人의 수행에 대해 상세히 언급하고 있다. 부정취인 중에서도 대부분 근기가 약한 중생들을 위한 수행으로 사신심四信心과 오문五門을 들고 있다. 사신심은 믿음을 확고히 하기 위한 수행으로, 첫째는 근본을 믿는 것이다. 근본이란 모든 행동의 근원이 되는 진여眞如의 법을 말한다. 이 근본에 대한 믿음은 진여법을 즐겨 생각함으로써 이룰 수 있다. 둘째는 붓다에게 한량없는 공덕이 있다고 믿는 것으로, 이 믿음은 항상 붓다를 가까이 하고 공경하여 선근을 일으켜 일체지를 구함으로써 얻을 수 있다. 셋째는 법에 큰 이익이 있음을 믿는 것으로, 항상 모든 바라밀을 수행한다는 것을 생각함으로써 이룰 수 있다. 넷째는 수행자가 바르게 수행하여 자리이타自利利他할 것을 믿는 것으로, 이 믿음은 항상 모든 보살들을 즐겨 가까이 하여 여실한 수행을 배우는 가운데 이루어진다.

그러나 이러한 믿음이 있다 하더라도 수행이 없으면 이러한 믿음은 성숙하지 못하며, 성숙하지 못한 믿음은 연緣을 만나면 퇴전하게 마련이다. 그러므로 오문五門을 닦음으로써 네 가지 믿음을 성취시켜야 한다.

오문은 다섯 가지의 수행문을 가리킨다. 첫째는 보시문布施門이고, 둘째는 계율문戒律門이며, 셋째는 인욕문忍辱門이고, 넷째는 정진문精進門이며, 다섯째는 지관문止觀門이다. 지관문이라는 것은 육바라밀 중에서 정定과 혜

慧를 합해서 닦는 것을 가리키므로 결국 오행을 닦는다는 것은 대승의 육바라밀을 수행하는 것을 의미한다 할 수 있겠다.

보시문은 보시를 일컫는 것으로 사랑을 실천하는 행위를 말한다. 보시는 모든 주는 것을 가리키지만 크게 세 가지로 나누어 말하면 재시財施와 무외시無畏施 그리고 법시法施로 나눌 수 있겠다. 재시는 물질적으로 궁핍한 자에게 재물을 베풀어 주는 것으로, 이를 통해서 자신의 탐욕을 버리는 수행을 하는 것이다. 무외시는 두려움이나 공포를 느끼는 이에게 두려움을 덜어 주는 것이고, 법시란 진리를 구하는 이가 있으면 자기가 아는 것을 방편으로 설하되 명리나 공경을 탐내지 않고 오직 자리이타만을 생각하여 베푸는 행위이다. 계율문은 계율을 지키는 것으로, 재가자라면 소위 십선계十善戒를 지켜야 한다. 십선계란 살생하지 않고 도적질하지 않으며, 음행하지 않고 한입으로 두말하지 않으며, 욕하지 않고 거짓말하지 않으며, 아첨하지 않고 시기하지 않으며, 속이지 않고 성내지 않으며, 사견邪見을 멀리하는 것이다. 인욕문의 수행은 타인의 괴롭힘을 참아서 마음에 보복할 것을 생각하지 않으며, 또한 이익과 손해, 험담과 명예, 칭찬과 비난, 괴로움과 즐거움 등을 참고 견디는 것을 말한다. 정진문은 모든 선한 일에 마음이 게으르거나 주저함이 없이 뜻을 굳게 지켜서 두려워하거나 겁내지 않으며, 모든 공덕을 부지런히 닦아서 자리이타하여 빨리 모든 괴로움에서 벗어나는 것이다.

이렇게 수행을 하는 가운데 수행을 방해하는 장애가 발생하는 경우가 있다. 원효는 이에 대해서도 상세히 설명하고 그에 대한 대처방안도 제시하고 있다. 장애로 인해 수행이 어려워지면 먼저 붓다께 예비하여 붓다의 보호를 받음으로써 그 장애를 벗어날 수 있다고 했다. 그리고 악업惡業으로 인해 수행에 방해를 받은 때에는 참회함으로써 악업에서 벗어나고, 자기보다 뛰어난 사람을 질투하는 마음이 생기면 남의 좋은 일을 보고 자기의 일과 같이 기뻐함으로써 그 질투심을 이겨낼 수 있다고 한다. 또한 세상의 쾌락에 탐닉하는 마음이 생기면 회향함으로써 탐닉에서 벗어날 수 있다고 했다.

다음은 지관문止觀門의 수행에 대한 것이다. 원효는 비록 수행의 교문敎門이 여러 가지 있지만 수행을 처음 할 때는 진여문眞如門에 의거하여 지止를 닦고, 생멸문生滅門에 의해서 관觀을 일으켜 지관을 함께 수행하면 만행이 갖추어진다고 했다.35) '지止'란 산스크리트어인 Samatha를 번역한 것으로 모든 경계상境界相을 그치게 함을 뜻한다. 즉 분별함에 의하여 모든 바깥 경계를 짓다가 깨달음의 지혜로써 바깥 경계의 상相을 깨뜨리는 것이니, 경계상이 이미 그치면 분별할 것이 없기 때문에 지止라고 하는 것이다.36) 이는 진여문에 의하여 모든 경계상을 그치게 하여 무분별지를 이루는 것을 말한다. '관觀'이란 산스크리트어인 Vipasyana를 번역한 것으로 생멸문에 의하여 법상法相을 관찰하는 것이다. 즉 관이란 생멸문에 의하여 모든 상을 분별하여 모든 이취理趣를 관찰해서 후득지後得智를 이루어 얻게 되는 것을 가리킨다.37) 그런데 이렇게 지와 관을 분별하는 것은 방편이고, 지와 관이 함께 작용해야 정관正觀이 나타난다. 이러한 지와 관은 상相을 따라 논하자면 정定을 지止라 하며 혜慧를 관觀이라 하나 사실은 정定도 혜慧도 모두 지관止觀을 말하는 것이다.38)

지止를 닦기 위해서는 우선 조용한 곳에 머물면서 참회하여 계戒를 지

---

35) 「대승기신론소」, 『한불전』, 1-701c.
36) 『불교학대사전』.
37) 『불교학대사전』.
38) 「대승기신론소」, 『한불전』, 1-729b, "止觀之義 隨相而論 定名爲止 慧名爲觀 就實而言 定通止觀 慧亦如是."

키는 것이 깨끗하도록 해야 하고, 먹고 입는 것이 구비되어야 한다. 그리고 수행을 점검할 수 있는 선지식善知識을 만나야 하며, 매여 있는 모든 일에서 벗어나야 한다. 이렇게 주변을 정리하고 난 뒤에 몸과 마음을 바르게 하여 일체의 상相을 모두 없애고 또한 없앤다는 그 생각마저도 버려야 한다. 왜냐하면 일체법一切法은 본래 상相이 없기 때문에 생각이 일어나지 않는 까닭이다. 그리고 마음이 만약 흩어져 나간다면 곧 거두어 와서 정념正念에 머물게 해야 한다. 그렇게 하여 일체법은 오직 마음뿐이고 바깥 경계가 없음을 아는 진여삼매眞如三昧에 들게 된다. 이와 같이 지止를 닦게 되면 진여삼매에 의해 법계法界가 일상一相인 것을 알게 되니, 일체 모든 부처의 법신法身이 중생신衆生身과 더불어 평등하여 둘이 아님을 나타내는 일행삼매一行三昧에 들게 된다. 이러한 진여삼매는 무량한 삼매를 낼 수 있기 때문에 진여가 삼매의 근본이 되는 것이다.

그런데 지止를 닦는 가운데 선근善根의 힘이 없으면 여러 가지 장애를 만나게 되는데, 이때에는 모든 것이 오직 마음뿐임을 생각하면 모든 경계가 사라지게 된다. 이와 같이 지를 닦으면 모든 집착에서 벗어나게 되어 생사生死의 고통으로부터 자유로워지게 된다.

다음으로는 관觀의 수행에 관해 살펴보자. 『대승기신론』에 의하면, 사람이 오직 지止만 닦을 경우 곧 마음이 가라앉거나 게으르게 되어 여러 선善을 즐기지 않고 대비大悲를 멀리 여의게 되므로 반드시 관을 닦아야 된다고 한다.

관觀을 닦는 데는 네 가지가 있다. 첫 번째는 법상관法相觀으로 모든 것은 생生·주住·리離·멸滅의 변화 속에 있기에 무상하며, 모든 마음의 작용은 생각마다 생멸生滅하기에 괴롭고, 우리 몸은 모두 다 깨끗하지 못하고 갖가지로 더러워서 즐거워할 만한 것이 없다는 것을 관하는 것이다.

두 번째는 자비관慈悲觀으로 모든 중생이 무명의 훈습薰習에 의해 고통 받고 있는 가엾은 존재임을 관하는 것이다. 세 번째는 서원관誓願觀으로 자신의 마음으로 하여금 모든 분별을 떠나게 함으로써 일체의 모든 선한 공덕을 수행하는 것이다. 그리고 일체의 고뇌하는 중생을 구원하여 그들이 열반을 얻도록 바라는 것이다. 네 번째는 정진관精進觀으로 언제 어디에서나 자기의 능력에 따라 여러 선善을 버리지 않고 수학하여 마음에 게으름이 없게 하는 것이다.

즉 관觀을 닦는다는 것은 모든 중생이 무명에 의해 제행무상諸行無常의 진리를 모르는 채 고통 받고 있는 것에 대해 무한한 자비심을 일으켜 일체의 고뇌하는 중생을 구원하여 그들에게 열반을 얻도록 바라며, 그러기 위해 언제 어디서나 정진하여 자신의 마음으로 하여금 분별을 떠나게 하는 것이다.

이와 같이 지止와 관觀의 수행법이 따로 있으나 이 지와 관은 반드시 함께 수행해야 한다. 만약 지·관이 갖추어지지 않으면 깨달음에 이를 수 없기 때문이다.[39] 이것은 마치 수레의 두 바퀴가 갖추어지지 않으면 수레가 움직일 수 없고, 새의 두 날개 가운데 어느 한 날개라도 없다면 새가 허공을 날 수 없는 것처럼 지와 관도 함께 수행하지 않으면 깨달음에 이를 수 없다는 것이다.

3) 계율문戒律門

계율은 대개 수행의 초보적인 관문에 속한다. 그러나 계율이 비록 초

---

[39] 「대승기신론」, 『한불전』, 1-702c, "若止觀不具 則無能入菩提之道."

보 수행자에게 필요한 수행방법이라 하지만 수행자라면 반드시 거쳐야 할 수행법이기도 하다. 원효는 『발심수행장』에서 계율이 없는 수행은 빈 몸이라서 길러도 이익이 없다고 한다. 따라서 수행자가 지켜야 할 계율에 대해서도 원효는 여러 가지 저술을 남기고 있다. 원효의 저술 가운데 특히 계율과 관련된 것은 『범망경보살계본사기梵網經菩薩戒本私記』, 『보살계본지범요기菩薩戒本持犯要記』, 『보살영락본업경소菩薩瓔珞本業經疎』 및 『대승육정참회大乘六情懺悔』 등이다.

원효의 계율론은 대승보살계에 초점이 맞추어져 있다. 그는 『법망경보살계본사기』에서 소승계와 대승계에 관하여 다음과 같이 말하고 있다.

> 사람이 보살계를 받기 때문에 모두 제일청정이라 하는데, 여기에는 세 가지 뜻이 있다. 첫째 보살계를 받아 지키는 자는 영원히 두 가지 장애를 끊으며, 둘째 자리이타의 이행을 갖추며, 셋째 무상의 보리를 바라는 것이다. 만약 이 승계二乘戒를 지키는 자는 오직 번뇌의 장애만 끊고 오로지 자리행뿐이지 이 타행은 아니며, 육신이 다하도록 무상의 보리를 바라보지 못하는 것이다. 이제 이 보살계는 위와 같은 세 가지가 구비되어서 이승의 뜻보다 뛰어나므로 제일이라고 한다.[40]

위 인용문에서 볼 때, 원효는 대승계가 소지장所知障·번뇌장煩惱障의 두 가지 장애를 끊고 자리이타행自利利他行을 갖추며 무상無上의 보리를 바라본다는 세 가지 면에서 소승계보다 뛰어나다고 보고 있다. 또한 원효는 계율의 형식적인 측면보다는 계율이 생기게 된 근본동기에 중점을 둔 계

---

40) 「범망경보살계본사기」, 『한불전』, 1-593c, "唯人道方得受菩薩戒故 皆名第一淸淨者 者有三義 一者若受持菩薩戒者 永斷二障故 二者具自利利他二行故 三者望無上菩提故 若受持二乘戒者 唯斷煩惱障故 唯自利行 非利他行故 唯望盡形壽 非望無上菩提故 今此菩薩戒者 有如是三種 勝於二乘義 故言第一."

율의 정신적인 측면을 더 중요시한다. 그러므로 『보살계본지범요기』에서 보살관의 궁극적 목적을 이렇게 밝히고 있다.

> 보살계란 흐름을 거슬러 마음의 근원으로 되돌아가는 나루터요, 사악함을 버리고 올바름으로 나아가는 중요한 문이다. 그러나 사악함과 올바름은 그 모습은 쉽게 드러나도 죄와 복의 본성은 분별하기 어렵다.[41]

보살계는 마음의 근원으로 돌아가는 방법이지 계 자체가 궁극적인 목표는 아니라는 것이다. 그러므로 원효는 형식적이고 일률적인 계상戒相에만 집착해서 계율을 고집하는 것을 배격한다. 그렇다고 해서 계를 함부로 해도 되는 것은 아니다. 계라는 것은 스스로 생기는 것이 아니라 반드시 많은 인연을 의탁해서 생기기 때문에 계의 본래 상相은 없는 것이다. 계라는 것은 인연을 따르면 이미 계라고 할 수 없고 그렇다고 해서 인연을 떠나면 또한 이미 계라는 것이 없어진다. 또 이 둘을 다 버렸다고 하는 중간도 버리면, 계라는 것은 영원히 있을 수 없다. 그렇기 때문에 계라는 자성은 결국 성취할 수 없다고 하나, 많은 인연을 의탁하면 그 계라는 것이 곧 있게 되는 것이다. 계란 유有에도 무無에도 집착하지 않고 본래 청정한 일심一心으로 돌아가는 방편인 것이다.

그런데 소승에서는 계의 유有에 치우쳐서 사상에만 집착하기 때문에 겉모양만 남게 되는 어리석음을 범하게 되고, 대승에서는 무無에 치우쳐서 사상을 초월하기 때문에 마침내 지닐 것도 범할 것도 없음을 내세우면서 오히려 무애無碍와 실계失戒를 혼동하여 타락해 버리고 마는 것 같은 잘

---

41) 「보살계본지범요기」, 『한불전』, 1-581a, "菩薩戒者 返流歸源之大津 去邪就正之要門也 然邪正之相易濫 罪福之性難分."

못을 범한다. 원효는 이와 같은 소승과 대승의 계율관을 지양하여 유·무에 집착하지 않고 본래 청정한 일심을 관조하여 자리이타하는 보살도를 닦아 수행이 원만구족하여 불도가 성취되는 것을 그의 계율관으로 삼는다. 이와 같이 원효의 보살계관은 진실한 지혜의 안목으로 계상戒相의 유무에 치우침이 없으면서 계율을 통해 수행하는 것이다. 이것이 진정한 계바라밀을 구족하는 방법이라고 할 수 있겠다.

원효는 계율과 관련하여 죄와 참회에 대해서도 『대승육정참회大乘六情懺悔』에서 밝히고 있다. 그는 수행과정에서 참회의 필요성을 강조하고 있다.[42] 원효는 『대승육정참회』에서 우리가 시작도 없는 옛날부터 긴 꿈을 꾸고 있다고 하면서, 그 꿈에서 깨어나는 것을 참회라고 하였다. 즉 무명이 일심을 가려 망념으로써 육도를 헤매며, 괴로움 속에 유전하는 중생의 세계를 긴 꿈으로 비유한다. 이 모든 것을 꿈으로 보는 몽관夢觀을 거듭 사유하여 무생無生의 지혜를 얻어 긴 꿈에서 깨어나면, 본래 생사의 유전은 없으며 다만 일심一心만이 일여一如의 자리에 있음을 알 수 있게 된다고 한다. 꿈으로 비유된 원효의 참회론은 죄업의 실체에 얽매어 죄를 풀어 가는 참회가 아니라, 무명으로 인해 전도된 꿈을 깨어 가는 과정을 말하는 것이다. 이는 깨달음이라는 어떤 실체의 인식에 있는 것이 아니라 인간의 그릇된 관념을 멸하여 불성佛性이 드러나도록 하는 데 있다. 이것은 원효의 참회론이 일심사상에 기반을 두고 있다는 것을 뜻하며, 『대승육정참회』에서도 부처와 중생 그리고 죄업의 본질 등을 일심사상으로 설명하고 있다. 그는 죄업에 관해서는 그 본성이 있지도 않고 없지도 않다고 한다.

---

42) 「대승기신론소」, 『한불전』, 1-731c.

모든 죄의 실체는 진실로 있는 것이 아니다. 여러 가지 연이 화합한 것을 이름 붙여 업이라고 하므로, 연 자체에도 업은 없고 연을 떠나서도 또한 업은 없는 것이다. (죄업은) 안에도 없고 밖에도 없으며 중간에 있는 것도 아니다.[43]

죄업은 인연화합에 의해 생긴 것이므로 죄업의 본성이 실재할 수 없다. 이와 같이 업의 본성이 본래 있지도 없지도 않은 것이다. 본래 있지도 않은 죄업이 무명의 훈습薰習으로 일어났으므로 죄업의 실상을 사유하여 참회하면 모든 죄가 소멸되어 본래의 깨끗한 자리로 돌아가게 된다.

원효는 죄업의 실재를 인정하지 않는 면에서 본다면 참회 자체도 인정하지 말아야 한다고 주장하면서, "참회할 사람(주체)과 참회할 죄(대상)가 이미 없는데 어느 곳에 참회의 법이 있겠는가"[44]라고 한다. 따라서 죄업의 참회는 있을 수 없으며, 육정六情의 방일에 대한 참회만 있을 뿐이라고 한다. 육정이란 우리의 감각 기관인 안이비설신의眼耳鼻舌身意의 육근六根에서 일어나는 정감이다. 이 육정에 의하여 식識이 일어나 색성향미촉법色聲香味觸法의 육진六塵을 상대하여 고뇌를 일으키고 죄를 짓게 되므로, 육정의 실상을 보는 것이 육정참회六情懺悔이다. 제법이 본래 무생無生임을 깨닫지 못하고 망상으로 본래의 일심一心을 가려 안의 육정과 밖의 육진을 실제로 있다고 집착하면서 나와 나의 것을 분별하게 되어 죄를 짓는다고 한다. 그러므로 원효는 일심의 근원에서 이탈하는 모든 과정을 죄업이라고 보았다. 따라서 육정의 방일을 참회한다는 것은 모든 업을 짓는 통로인 육근을 방일하지 않고 다스려서 일심의 근원으로 돌아가고자 하는 의

---

43) 「대승육정침회」, 『한불전』, 1-842b, "此諸罪實無所有 衆椽和合假名爲業 卽緣無業 離緣亦無 非內非外不在中間."
44) 「대승육정참회」, 『한불전』, 1-841a, "云何得有能懺悔者 能悔所悔皆不可得 當於何處得有悔法."

미이다. 방일해서는 결코 깨달음의 도에 나아가지 못하기 때문이다. 이처럼 참회법에 대한 집착마저 버리게 하는 원효는 참회할 때에는 참회한다는 생각으로 하지 말고 오직 참회의 실상을 사유할 것을 당부한다. 참회를 통한 수행법은 그 자체만으로도 온전한 하나의 수행체계로 볼 수 있다. 그러나 전체적인 원효의 수행체계상에서는 지관수행을 하면서 만나는 여러 가지 장애를 극복하는 수행법이 되는 것이다.

5. 무애자재

원효의 공부론은 그의 삶 자체를 통해서 여실히 드러나고 있다. 삶의 대부분을 전쟁의 소용돌이 속에서 보내면서 그는 행동하는 지식인으로서의 면모를 보여 주고 있다. 따지고 보면 원효의 삶은 이원적인 구도 속에서 통일로 지향하는 것이었다고 볼 수 있다. 원효는 신라사회의 골품제도 속에서 귀족 계급이 아닌 육두품의 신분으로 살았으며, 출가했다가 다시 환속하고 특정한 스승 없이 혼자 공부하면서도 선지식과 교류했으며, 새로운 학문에 대한 열망으로 유학을 시도하지만 일심을 깨달음으로써 과감히 신라에서 자신의 학문의 길을 걸었다. 치열한 구도 정신으로 수행하면서 스스럼없이 파계하고, 초인적인 저술활동을 하다가도 한순간 붓을 꺾고 대중교화에 몸을 던졌다. 이 모든 것이 그가 감싸 안고 간 삶의 여정이었다. 상대적이며, 대립과 갈등의 속에 이루어진 그의 삶을 아우른 것은 바로 일심의 논리였다.

원효는 인간을 누구나 깨달을 수 있는 일심의 존재로 이해하고, 그 일심을 근거로 대립과 갈등을 화쟁시켜서 무애자재無碍自在의 길을 텄다.

본래의 마음자리인 일심을 깨달음으로써 이미 중생과 부처가 둘이 아니고, 귀족과 민중이 둘이 아닌 까닭에 그의 깨달음은 바로 사회적 실천인 민중교화로 이어질 수밖에 없었다. 이 모든 것은 치열한 그의 수행과정에서 나온 것이다.

원효의 수행론은 현존해 있는 그의 저술 전반에 걸쳐 나름대로의 체계를 가지고 있다. 『대승기신론소』에서는 특히 정정正定에 들지 못하는 부정취한 중생들을 위해 발심發心을 시작으로 육바라밀을 닦으며, 그 중에서도 지관문止觀門의 수행을 부각시키고 있다. 그리고 또한 수행 중에 나타나는 여러 가지의 장애를 극복하기 위해 계율을 지키고 참회할 것을 강조한다. 그러나 원효의 계율론은 계상戒相을 따르는 형식주의, 결과주의에 있는 것이 아니라 행위의 동기를 중시하는 계율의 정신적인 측면을 따르고 있다.

본고에서는 원효의 공부론 핵심인 수행론에서 초보 단계의 수행으로 발심, 지관, 계율 및 참회에 대해서 다루었다. 그러나 원효 수행론의 온전한 모습을 드러내기 위해서는 원효의 전 저술에 근거해서 수행론의 체계를 세우는 일과 가장 핵심적인 수행인 일미관행一味觀行에 관한 연구가 필요한데, 이는 앞으로의 과제로 삼을 것이다.

헤능의 공부론

이성환

1. 왜 신수가 아니고 혜능인가?

일찍이 세존은 영취산靈鷲山에서 설법을 베풀었다. 그날도 수많은 사람들이 세존의 설법을 듣기 위해 구름처럼 몰려들었다. 그토록 많은 사람들이 모였어도 세존의 설법을 듣기 위해서 주위는 조용하기가 깊은 바다와 같았다. 이때 하늘에서는 이 법회를 찬탄하는 향기 가득한 꽃비가 내렸다. 세존은 아무런 말없이 그 꽃 가운데 한 송이를 집어 들어 대중에게 보였다. 법회에 모인 수많은 사람들은 침묵 속에 꽃을 들어 보인 세존의 행동에 놀라 더욱 깊은 침묵 속에 빠져 세존을 쳐다보기만 하였다. 그때 세존의 십대 제자 중의 한 사람인 가섭만이 세존의 뜻을 헤아려 빙그레 미소 지었다. 이를 본 세존은 "나는 더할 수 없이 바른 세계에 대한 진리(正法眼藏)와 진리에 대한 깨달음(涅槃妙心)을 가졌다. 이는 형상 없는 형상이요

(實相無相), 미묘한 법문(微妙法門)이다. 그런 까닭에 말이나 글에 의존할 수 없어(不立文字) 경전을 떠나 따로 전할 수밖에 없다(敎外別傳). 이제 이 비법을 마하 가섭에게 전한다"고 말한 뒤 자리를 떠났다. 선禪은 이처럼 한 송이의 꽃과 미소 사이에서 발생한 사건이다. 이 사건이 선의 출발이다.

세존은 깨달은 이후에 얼마나 많은 설법을 베풀었을까? 우리는 세존의 수많은 법문을 8만 4천의 법문이라고 부른다. 세존은 그토록 많은 말로써 설법하였으나, 그날은 돌연 말없는 말로 설법하였다. 어쩌면 세존은 그날 말없는 말로써 참된 진리를 드러내고 그동안 자신의 설법을 들은 수많은 제자들과 대중들의 깨달음의 깊이를 헤아렸는지 모른다. 만약 가섭이 없었다면? 한 송이의 꽃에 응답하는 미소가 없었다면? 그랬다면 세존은 추수하는 농부가 추수마당에서 한 톨의 알곡도 얻지 못한 심정이 되었을까?

사실이기에는 너무나 시처럼 보이는 이 사건, 일컬어 이심전심以心傳心의 이 사건을 전승한 달마는 인도를 떠나 중국으로 건너온다. 달마는 왜 중국으로 건너왔을까? 이 자체가 하나의 공안이다.[1] 이유야 어떻든 달마는 중국 선의 초조初祖가 된다.

달마가 들어오기 전까지 중국에는 선이 없었을까? 중국에 불교가 전해졌는데 수행 방식인 선이 전해지지 않았다는 것은 있을 수 없다. 달마가 들어오기 전에 중국에는 이미 불교가 전해졌고, 또한 선도 행해지고 있었다. 그렇다면 달마를 중국 선의 초조로 생각하는 까닭은 어디에 있을까? 그것은 아마 그때까지 중국 내에서 행해 오던 선과 달마가 주장하는

---

1) 마조도일과 분주무업 사이에 주고받은 선문답이다. 분주무업이 마조도일에게 "어떤 것이 조사께서 서쪽에서 오셔서 비밀스럽게 전한 심인입니까?"(祖師西來, 密傳心印)라고 묻는다.

선이 달랐기 때문일 것이고, 이것이 처음에 달마의 선이 사람들의 관심을 끌지 못했던 이유일 것이다.2) 달마는 때가 되지 않았음을 알고 하남의 소림사에 머물면서 침묵을 지키며 종일토록 벽만 보고 참선하였다. 그래서 사람들은 달마를 가리켜 '벽만 바라보는 중'(壁觀婆羅門)이라고 불렀다.3) 만약 혜가를 만나지 못했다면 달마는 중국 선의 초조가 되지 못했을 것이다.

　달마가 전하려고 한 선은 마침내 혜능에 이르러 꽃을 피우고 그의 제자들에 의해 열매를 맺는다. 혜능을 기점으로 중국 내 선학의 황금시대가 열리고 소위 선종 5가五家가 성립한다. 사람들은 이 시기를 인도적 색채를 가지고 있던 선이 완전히 중국화한 시기라고 부른다. 그런 까닭에 우리는 선의 본질을 물을 때, 혜능의 선이 무엇인가를 묻지 않을 수 없다. 그가 바로 새로운 선의 핵심에 자리 잡고 있기 때문이다. 혜능은 그의 제자들 때문에 선종사禪宗史에서 의미를 지니는 것이 아니다. 혜능이 주장한 선의 내용이 달마로부터 홍인에 이르는 조사들의 내용과 본질적으로 달라지고 확연한 구분을 가졌기 때문에 선종사에 분명한 자리를 차지한 것이다.4) 혜능 이후의 선은 혜능이 주장한 선의 세계를 그의 제자들이 물려받아 뿌리내리고 열매를 맺었다. 선이 흐트러진 모습을 보일 때 이를 바로잡고자 하는 이가 있다면 그는 늘 혜능의 선으로 돌아가자고 주장하고 있음을 선의 역사는 보여 준다.

---

2) 鈴木大拙, 『禪, 그 世界』(김지견 역, 동화문화사, 1980), 227~230쪽 참조.
3) 달마의 壁觀은 후대에 내려와 독특한 해석을 갖게 되었고, 선의 본질을 드러내는 것으로 해석된다. 吳經熊, 『禪의 饗宴』上(조영록·정인재 역, 동국대학교 부설 역경원, 1980), 29~30쪽; 柳田聖山, 『禪思想』(서경수·이완하 역, 한국불교연구원, 1979), 24~27쪽 참조.
4) 이에 관해서 김태완, 「육조혜능의 새로운 『禪』, 『철학논총』 제19집(새한철학회, 1999), 41~71쪽 참조. 김태완은 초조 달마로부터 오조 홍인까지의 선은 신수의 선과 같다는 관점을 가지고 있다. 김태완의 이 관점은 『능가사자기楞伽師資記』의 관점일 수도 있다.

선의 역사는 혜능을 중심으로 구성된다. E.H. 카아는 일찍이 역사는 기술하는 자의 것이라고 했던가.[5] 선의 역사도 예외는 아니다. 시처럼 묘사되어 아름답게 전승되어 오는 조사의 역사도 혜능의 선을 정통으로 하고자 하는 선의 역사가들의 작품이다.[6] 조사의 전승 문제는 선종 내에서 매우 곤란하면서도 중요한 문제였기 때문에 선의 사가史家들은 8세기 내내 조사의 전승을 확립하고자 하는 노력을 기울였다. 그 결과 인도의 조사 전통은 28대까지로 하고, 인도 조사 28대인 달마는 중국 조사의 초조가 되었으며, 그 후 혜가, 승찬, 도신, 홍인을 이어 혜능이 중국 조사의 6조가 되었다. 그리고 9세기 초에 이르면 혜능은 모든 조사들 중 가장 존경받는 중국 조사들의 조상이 된다.[7] 혜능을 6조로 하는 선의 역사를 확립하는 데는 무엇보다도 신회의 공이 으뜸이다.[8] 그러나 이율배반적으로 신회는 그 이후 혜능의 선적 전통으로부터 비판받고 배제되지만,[9] 신수의

---

[5] 이것은 굳이 E.H. 카아의 주장이라기보다는 '역사에서 역사적 사실이란 무엇인가?'라는 역사 철학적 논의의 결과라고 보는 것이 온당할 것이다. E.H. 카아, 『역사란 무엇인가』(길현모 역, 탐구당, 1975), 1장 역사가와 사실 부분 참조.
[6] 얌폴스키는 敦煌本 『壇經』의 해제에서 조사의 전통 성립에 관해 자세히 기술하고 있다. 필립 B. 얌폴스키, 『六祖壇經硏究』(연암종서 옮김, 경서원, 1992), 「解題」참조.(앞으로 이 책의 인용은 『敦煌本1』로 한다) 나카가와 다카도 역시 『육조단경』의 해설에서 이를 정리해 주고 있다. 나카가와 다카(中川孝) 주해, 『육조단경』(양기봉 옮김, 김영사, 2001), 「4. 『단경』의 성립과 이본」, 222~235쪽 참조.(앞으로 이 책의 인용은 『興聖寺本』으로 한다) 조사 전통의 확립은 혜능이 주장하는 깨달음에 있어서 스승의 역할과도 밀접한 관련이 있을 것으로 보인다.
[7] 『敦煌本1』, 86쪽 참조.
[8] 신회가 선종사에서 이룬 이 업적은 돈황문서의 연구로 밝혀졌다. 호적의 『敦煌唐寫本神會和尙遺集』제2장에 수록된 「보리달마남종정시비론(菩提達摩南宗定是非論)」이 그 연구 결과이다. 야나기다 세이잔, 『달마』(김성환 옮김, 민족사, 1992), 251쪽 참조.
[9] 남종선은 두 가지의 입장으로 구별되는데, 두 입장의 차이는 형이상학적인 근본 지혜와 현실적인 작용 사이에서 어느 쪽에 중점을 두는가에 있다. 신회의 하택종은 형이상학적인 본체에, 마조의 홍주종은 그 작용에 중점을 둔다. 중국의 선사상의 흐름은 본체로부터 작용으로 움직여 갔다고 보인다. 야나기다 세이잔, 『선의 사

북종을 비판하고 혜능을 중심으로 하는 남종을 대두시키는 데 결정적 역할을 하였다.

우리의 관심은 혜능이 선의 6조로서 자리를 잡는 역사적 과정의 정통성에 있는 것이 아니고, 나아가 『육조단경六祖壇經』의 내용이 혜능의 주장인가 아닌가에 있는 것도 아니다. 우리의 관심은 오히려 혜능이 6조로서 자리를 잡게 된다는 주장의 의미와 혜능의 설법이라고 주장된 『단경壇經』의 내용이 무엇인가 하는 것이다. 그러한 주장과 내용이 우리가 알고 있는 선의 역사를 형성하고 지속시킨 '핵'일 것이기 때문이다. 우리는 그런 선의 역사를 확정짓는 내용이 『단경』에 기술된 조사의 전통을 누가 전승하게 되는가 하는 것으로, 즉 신수와 혜능의 대결이라고 생각한다.

대결을 통해 홍인으로부터 법을 잇는 혜능의 선이 정통이라는 『단경』의 암묵적인 선언이 선 역사의 핵심을 이루기 때문에 우리는 선의 핵심을 물을 때마다 늘 신수가 아니라 혜능에게 관심을 쏟을 수밖에 없다. 신수와 혜능의 차이는 홍인이 법통을 물려주기 위해 그 문인門人들에게 각자의 깨달음의 깊이를 헤아릴 수 있는 시(偈頌)를 한 편씩 지어 가져오라고 했을 때 드러난다. 신수는 홍인의 명을 받들어 "몸은 보리의 나무(身是菩提樹), 마음은 밝은 거울과 같다(心如明鏡臺),10) 늘 부지런히 털고 닦아서(時時勤拂拭), 먼지에 더럽히지 않도록 하라(莫使染塵埃)"는 시를 지었다. 혜능은 신수의 시에 킷대어 "코리(깨달음)에는 본디 나무가 없고(菩提本無樹), 밝은

상과 역사』(추만호·단영길 옮김, 민족사, 1991), 116~118쪽 참조. 후대의 선이 모두 홍주종의 발전으로 이루어졌기 때문에 신회는 남종선의 전통에서 밀려나게 된다. 뿐만 아니라 하택종을 정통으로 확립하려고 했던 종밀도 신회와 함께 후대의 홍주종 일색의 선가에서 내내 비판의 초점이 된다.
10) 뒤에 나오는 혜능의 시와 정확히 對句를 이루게 하려면 "마음은 밝은 거울의 받침대"라고 옮겨야 할지도 모른다.

거울 역시 받침대가 아니다(明鏡亦非臺). 부처의 성품은 항시 깨끗하니(佛性常淸淨),11) 어디에 먼지나 티끌이 있으리오(何處有塵埃)"라고 시를 짓고 이어서 신수의 시를 뒤집어 "마음은 깨달음의 나무요(心是菩提樹), 몸은 밝은 거울의 받침대라(身爲明鏡臺). 밝은 거울은 본래 깨끗하니(明鏡本淸淨), 어디에 먼지나 티끌로 물들리오(何處染塵埃)"12)라고 썼다. 보리를 깨달음으로 파악하여 표현한 혜능은 신수의 시를 완전하게 뒤집어 깨달음의 지평을 드러내 보인 것이다.

신수의 시에서 일차적으로 비판의 대상이 되는 것은 '늘 부지런히 털고 닦아서 먼지에 더럽히지 않도록 하라'는 구절이다. 종밀은 신수의 이런 입장을 견지하고 있는 북종선의 특색을 '번뇌의 티끌을 털어내고, 청정한 마음을 직관하며, 명상의 방편에 의거해서 대승경전의 진리에 통달하는 것'이라고 요약한다.13)

신수의 시에 나타난 것이나 종밀의 요약은 사람의 마음에 본래 티끌이 없기 때문에 마음에 묻은 티끌을 털어 낼 수 있으며, 또한 털어 낼 필요가 있다는 것이다. 이 말은 또한 티끌(번뇌)은 우연적인 것에 지나지 않는다는 것을 뜻하기도 한다. 신수의 선은 "거울 본래의 청정성을 (우연적인) 번뇌를 털어낸다고 하는 구체적인 현실의 실천에 의해서 실증하고 확인하려고 하는 것이다. 불교가 중국화할 때 승조(僧肇)가 도입한 체·용론에

---

11) 돈황본과 달리 후대의 『壇經』본들은 이를 "본래 한 물건도 없는데"(本來無一物)라고 표현하고 있다. 이것이 후대의 개작이라 하더라도 원래의 진의를 더 잘 드러낸 것처럼 보인다.
12) 뒷부분의 이 시는 돈황본에만 나오고 후대본에는 없다. 신수의 시를 뒤집어 보인 이 시는 혜능의 입장을 극명하게 보여 주고 있어 앞의 시와 어우러져 혜능의 입장을 잘 드러내 보이고 있다. 얌폴스키의 '단경본'의 한글 번역은 옮긴이의 실수인지 모르겠으나 몸이라고 번역해야 할 곳에 앞과 똑같이 마음이라고 번역하고 있다.
13) 『선의 사상과 역사』, 100쪽 재인용.

의지해 보면, 거울의 본래적인 청정성은 본체이며, 그것이 청정과 오염을 평등하게 비추어 내는 것은 작용이다. 현실적인 실천으로서는 어디까지나 객진客塵을 털어 낸다고 하는 작용에 의해서 본래의 청정성으로 되돌아가 그것을 자각하려고 하는 것이다."14) 이런 신수의 입장은 이념離念을 주장하는 것이다. 이 개념은 신수의 저작인 『대승오방편문大乘五方便門』과 『대승무생방편문大乘無生方便門』에서 발견할 수 있다.

혜능은 이런 신수의 입장을 비판한다. 신수를 비판하는 혜능의 시가 가지는 의미를 신수의 북종선을 비판하는 신회의 논지를 따라 간략히 정돈해 보자.15)

무엇보다 먼저 청정한 마음에서 티끌을 털어내기 위해 신수는 "자기의 마음의 청정과 오염이라는 두 가지의 작용을 내관內觀하라"고 말한다.16) 신회는 이를 비판하여 "예로부터 6대의 조사들 가운데 어느 한 사람도 마음을 집중하여 명상하고, 마음을 안정시켜 고요한 상태를 지키며, 마음을 가다듬어 밖을 제어하고, 마음을 가라앉혀 안에서 깨달음을 구한 적이 없다"고 한다.17) 신회는 불교의 본질이 명상이나 정신집중에 있는 것이 아

---

14) 『선의 사상과 역사』, 101쪽. (우연적인)은 글쓴이의 첨가.
15) 신회의 북종선에 관한 이 비판은 鈴木大拙과 胡適에 의해서 소개된 『南陽和尙頓教解脫禪門直了性壇語』에 있다. 이 자료는 돈황 자료 중의 하나이다.
16) 이 말은 신수의 저서인 『觀心論』의 구절이다. 『선의 사상과 역사』 103쪽 재인용.
17) 『선의 사상과 역사』, 195쪽. 『六祖壇經』德異本에서도 이것과 같은 내용을 발견할 수 있다. 신수의 명을 받고 혜능의 가르침을 염탐하러 온 지성이 혜능에게 법을 구하는 과정에서, 지성은 신수의 가르침을 "마음을 더물러 고요함을 관하고 길이 앉아서 눕지 말라"고 정의한다. 혜능은 이를 "마음을 머물러 고요함을 관하는 그것이 병이니라. 앉아서 몸을 구속하는 것이 선이 아니니 또한 이치에 이득됨이 무엇이랴"하고 비판한다. 鄭柄朝 譯解, 『六祖壇經』(韓國佛教研究院, 1978), 96~97·164쪽 참조.(앞으로 이 책의 인용은 『德異本』으로 약칭한다) 이처럼 구체적으로 적시하여 지적하지 않는다 하더라도 『壇經』의 여러 곳에서 북종의 선을 지칭하고 있는 암시적인 구절들을 발견할 수 있다. 『敦煌本1』, 185쪽 참조.

니라는 것을 지적하고 있는 것이다. 또한 이것은 종밀이 북종선을 요약한 말 중의 '명상의 방편에 의거해서 대승경전의 진리에 통달하는 것'을 비판하고 있는 것이기도 하다. 즉 신수의 저술, 특히 『대승오방편문大乘五方便門』에 나타난 다섯 경전(『기신론』, 『법화경』, 『유마경』, 『사익경』, 『화엄경』)에 의한 방편으로서의 좌선은 달마 이래의 이심전심以心傳心의 선법으로부터 일탈했다는 것이다.18) 이것은 혜능의 남종이 달마의 여래선을 이어받고 있다는 주장이다. 그래서 신회는 "6대의 조사들은 모두가 단도직입적으로 돈오견성頓悟見性하는 것만을 주장하고, 단계적인 방편을 말하지 않는다"고 하였다.19)

신회는 나아가 청정과 오염, 선심과 악심의 차별 자체가 하나의 집착이며, 이 때문에 구별하기 위한 마음이 마음을 가만히 응시하는 것 자체도 결국은 집착이라고 비판한다. 신회는 경전을 인용하여 "내관內觀하지 않는 일이 깨달음이다. 왜냐하면 거기에는 기억이라고 하는 것이 없기 때문이다"라고 말한다. 즉 반성을 통해, 오염된 우연적 마음과 구별되는 청정한 마음을 내관하여 거기에 마음을 멈춘다면 그것은 이미 또 하나의

---

18) 신수의 방편선의 입장은 구마라습의 『좌선삼매경』에 나타난 입장과 천태지의의 25 방편설로서 이미 존재하고 있었다. 『선의 사상과 역사』, 194쪽 참조. 姜慧諒의 「北宗 神秀의 頓漸觀」에 나타난 남종의 비판에 대한 필자의 응답은 이와 같은 비판의 핵을 놓치고 있는 것처럼 보인다. 姜慧諒, 「北宗 神秀의 頓漸觀」, 『覺 깨달음, 돈오점수인가 돈오돈수인가: 돈점논쟁의 역사와 현재』(姜健基・金浩星 編著, 민족사, 1992), 56~76쪽 참조. 또한 『壇經』의 북종과 남종의 차이를 드러내는 곳에서 혜능은 신수의 삼학과 자신의 삼학이 다름을 여실히 드러내는데, 이때도 혜능은 신수의 삼학을 방편으로 규정하고 있다. 『敦煌本1』, 225~226쪽; 성철, 「돈황본단경 編譯」, 『禪林寶典』(『선림고경총서』 1, 경남: 藏經閣, 불기2534-3쇄), 116~117쪽 참조.(앞으로 이 책의 인용은 『敦煌本2』로 한다) 돈황본 『壇經』에는 보이지 않는 삼학에 대한 더 많은 설명이 '德異本'과 '興聖寺本'에 보인다. 『德異本』, 164~168쪽; 『興聖寺本』 149~151쪽 참조.
19) 『禪思想』, 65쪽.

구속일 수밖에 없다.[20] 이에 따라 신수가 "몸은 보리의 나무, 마음은 밝은 거울과 같다"는 구절을 통해 말하고자 한 것, 즉 모든 사람의 심신에 본래 갖추어진 청정한 불성이 있다는 원래의 주장은 비판을 받게 된다. 즉, 본래 갖추어진 불성에 대한 의식이 새로운 집착이 되어 신수에게는 깨끗한 거울을 닦는 행위가 공덕이 되고 있다.[21] 혜능은 대구對句의 시를 통해 이를 비판하고 있다. "보리(깨달음)에는 본디 나무가 없고, 밝은 거울 역시 받침대가 아니다"는 구절은 본래 갖추어진 불성이 나무나 받침대처럼 인식 대상이 되어 있는 것에 대한 지적이다.

이제 우리는 신수를 비판하고 있는 혜능의 선의 핵심을 살펴보아야 한다. 즉 "보리(깨달음)에는 본디 나무가 없고, 밝은 거울 역시 받침대가 아니다"로 표현된 심성론과 "부처의 성품은 항시 깨끗하니 어디에 먼지나 티끌이 있으리오"로 표현된 깨달음의 논리를 명료하게 설명해야 한다. 특히 우리는 깨달음만을 말하고 수행을 말하지 않는 혜능이 돈오법의 수증관을 어떻게 설명하고 있는지가 궁금하다. 혜능 이후의 선의 종지는 바로 그것에 있을 것이다.

2. 부처의 성품은 맑고 고요하다

신수는 왜 마음을 거울에 비유했을까? 마음을 거울에 비유하는 것은 『능가경楞伽經』이나 『유마경維摩經』에 이미 보인다. 『능가경』이 초기 선종사에 있어서 중요 경전이었음을 생각한다면 신수의 거울의 비유는 너무

---

20) 『선의 사상과 역사』, 103~104쪽 참조.
21) 『敦煌本1』, 189~190쪽; 『달마』, 253쪽 참조.

나 자연스럽다. 화엄학의 문헌에도 현경玄鏡 또는 현감玄鑑이란 명칭이 있으니, 이는 사람들이 태어나면서 갖추고 있는 정파리경淨玻璃鏡을 뜻한다고 볼 수 있다. 정파리경은 지옥의 염부閻府에 있는 거울로서 사람들이 살아 있는 동안에 지은 선악의 업이 다 나타난다는 거울이기도 하지만 사람의 밝은 인식을 뜻하기도 한다. 또한 유식학파의 대원경지大圓鏡智도 빠뜨릴 수 없다. 마음을 거울에 비유하는 발상은 이미 장자莊子에서도 찾아볼 수 있으니, 당시의 초기의 선에서 이를 받아들여 비유하고자 하는 것도 당연하다 하겠다. 신수의 거울의 비유는 혜능에게 이어져 거울은 곧 반야를 일컫는 비유가 된다.

거울의 비유는 신수에 이어 혜능의 선을 이해하는 데 더욱 중요하다. 당대唐代의 선禪하는 이들은 거울이 사물을 비추는 작용을 조照라고 불렀다. 거울의 비추는 기능을 '조'라고 부르는 것이 왜 중요한 의미를 갖는가? 어떤 것을 비추지 않아도 비추는 작용이 조照이고 이는 '회광반조廻光返照'를 말한다. 이것은 거울이 수동적인 작용을 한다는 생각에서 벗어나 '스스로 비출 수 있는 힘을 되찾아서 비춘 것을 되비치는 작용을 한다'는 것이다.22) 즉 마음이 온갖 대상을 다 인식하면서 동시에 대상을 인식하는 자기 자신을 인식하는 것을 의미한다. 거울(明鏡)은 모든 사물들을(萬象) 비추어 나타나게 하지만 자신이 드러낸 사물로부터는 어떤 영향도 받지 않는다. 신회는 이를 일컬어 영묘靈妙라고 하였다.23) 그러나 그보다 더 불가사의한 것은 영향 받지 않는 사물을 통해 동시에 자신을 드러내는 데 있다.

회광반조廻光返照하는 마음을 혜능은 어떻게 설명하는가. 혜능은 마음

---

22) 『禪思想』, 94쪽.
23) 『禪思想』, 91쪽 참조.

의 본성을 반야(지혜)로 본다. 그래서 그는 깨달음을 '마하반야바라밀/摩訶般若波羅蜜'로 말한다. 혜능이 말하는 마하반야바라밀의 뜻은 이와 같다.24) 만약 우리가 우리의 마음이 반야(지혜)임을 알고, 반야에 의해 우리의 본성이 공空임을 깨달는다면 우리의 마음은 더 이상 대상에 얽매이지 않아 생사의 번뇌로부터 놓여나게 되고 깨달음의 기쁨 속에 있게 된다. 깨달음에 의해 대상으로부터 놓여난 지혜로운 마음(반야)은 허공과 같아서,25) "삼라만상이 그대로 자기와 하나가 되고 자기가 그대로 삼라만상과 합체가 되어 작용한다(一切卽一, 一卽一切)."26) 그러나 마음의 본성이 공空이라고 하여 공에 사로잡혀 고요히 앉아 아무것도 생각하지 않는다면, 누구라도 무의식이라는 공(無記空)에 빠지게 되어 결국 깨달음을 성취하지 못하게 된다.27)

마음의 본성이 어떻게 공일 수 있는가? 우리의 의구심은 일상생활에서 우리가 깨어 있는 한 마음이 텅 빈 적이 없기 때문에 생긴다. 우리가 깨어 있는 한, 우리는 늘 대상을 의식하고 있다. 그 대상이 경험적 대상이든, 추상적 대상이든, 상상적 대상이든, 정서적 반응이든 말이다. 삼라만상과 하나가 된다는 깨친 마음과 늘 어떤 대상을 의식하고 있는 우리의 일상적인 마음은 어떻게 다를까? 혜능은 마음 상태가 공이라고 하면서도 조용한데서 좌선하며 마음을 들여다보는 것(看心)마저도 잘못되었다고 비

---

24) 『敦煌本1』, 198~202쪽; 『敦煌本2』, 88~92쪽; 『興聖寺本』, 108~116쪽 참조.
25) 반야의 근본적인 특성으로서의 空을 허공에 비유하는 바는 혜능 이후에도 지속적으로 나타난다. 『禪思想』, 96~98쪽 참조.
26) 『興聖寺本』, 109쪽; 『德異本』, 64쪽. 번역은 다카가와 다카의 것을 다랐다. '敦煌本'에서는 이 구절이 보이지 않는다.
27) 『敦煌本1』, 199쪽; 『敦煌本2』, 88쪽 참조. 이 부분은 얌폴스키의 번역이 분명하지 않은 듯 하여 성철의 번역을 참조했다. 그런데 이 부분의 번역은 오히려 『興聖寺本』과 '德異本'이 더욱 분명하다. 『興聖寺本』, 109쪽; 『德異本』, 63쪽 참조.

판하지 않는가. 그렇다면 이 공으로 표현되는 마음의 상태는 어떤 상태를 일컫는 것일까? 혜능은 이 마음을 밝히는 종지宗旨로서 무념無念, 무상無相, 무주無住를 말한다. 따라서 우리가 이 말을 이해할 때, 우리는 비로소 혜능의 선의 종지에 이를 수 있을 것이다.

공空을 허공에 비유하는 것은 단지 크다는 의미만을 지니지 않는다. 물론『단경壇經』의 비유법은 크다는 것을 상징하기 위한 방편이지만 우리는 이를 다른 의미로도 해석해 볼 수 있다. 먼저『단경』의 비유를 살펴보자.

혜능은 인간의 본성인 공을 드러내기 위한 비유로 허공을 말하는데, 허공은 넓고 커서 만물, 즉 "해, 달, 별, 항성, 큰 지구, 산, 강, 모든 나무, 풀, 선인, 악인, 나쁜 것, 좋은 것, 천당과 지옥을 포함하고 있다"[28]고 한다. 이 비유는 인간의 자성도 이와 같아 세상의 삼라만상을 허공처럼 모두 포함한다는 것이다. 이 비유에서 우리가 다시 헤아려 볼 수 있는 것은 무엇일까? 허공의 존재 방식은 허공이 담고 있는 모든 존재들과 다르다는 것이다. 만물의 존재 방식으로 보자면, 허공은 없는 것과 같다. 인간의 자성인 공空도 마찬가지이다. 즉 공은 삼라만상을 다 드러내는 방식으로 존재하지만 삼라만상의 방식으로는 존재하지 않는다.

거울의 비유도 같게 설명해 볼 수 있다. 거울의 비추는 역할에서 가장 긴요한 것은 빛이다. 빛은 모든 사물을 드러내는 데 결정적이지만, 빛은 우리가 사물을 인식할 때 인식되진 않는다. 단지 우리가 사물에 대한 인식을 반성할 때 비로소 빛이 인식의 결정적인 요소라는 것을 알 수 있을 따름이다. 거울이 사물을 비추고 있을 때, 우리는 사물을 인식할 뿐 거울에 대한 인식을 하지 않는 것과 같이 우리 자성을 볼 때도 이와 같을 것이

---

28)『敦煌本1』, 199쪽;『敦煌本2』, 88~89쪽 참조.

다. 우리의 마음속에 온갖 사물이 다 인식되지만 우리는 일상생활에서 한 번도 사물이 인식되는 데 결정적인 것이 마음이라는 사실을 확인하지 않는다. 그런 까닭에 혜능은 일반 사람들의 미혹을 지적하여 "모든 사물들은 본래 사람에 의해서 생겨난 것이 분명하며, 모든 경전들도 사람이 말하였기 때문에 있게 되었음이 분명하다"고 강조한다.[29] 이와 같은 맥락에서만 우리는 진공묘유眞空妙有의 의미를 알 수 있을 것이다.

혜능이 스스로 종지宗旨라고 한 무념無念, 무상無相, 무주無住는 바로 '참된 비어 있음은 미묘하게 있다'(眞空妙有)는 말을 이해할 수 있는 근본 개념이 된다. 신수와의 겨룸을 통해 법통을 이어받는 날 저녁에 오조 홍인은 혜능에게『금강경金剛經』을 설했고 혜능은 이를 한 번 듣고 단번에 깨친다.『금강경』을 듣고 깨친 구절은 '마땅히 머무는 바 없이 마음을 내어라'(應無所住而生其心)이다.[30] '머무는 바(住) 없이 마음을 낸다'는 말은 무엇을 뜻하는가? 홍인이 설법하고 이를 들은 혜능이 깨쳤다는『금강경』은 전편에 걸쳐서 모든 존재가 불변하는 모습(相)을 지니고 있지 않음(無相)[31]을 주장하고 있다. 만약 누구든지 존재가 있다는 주장(有爲法)을 한다면 잘못된 길에 들어서 더 이상 위없는 바른 깨달음(無上正等覺)을 얻을 수 없다.

---

29)『敦煌本1』, 206쪽.
30) 이 구절은 '敦煌本'에는 없으며, '興聖寺本'과 '德異本'에 있다.『興聖寺本』, 57쪽;『德異本』, 51쪽. 한글 번역은『德異本』이 더 적절한 듯하여 이를 따랐다. 이 구절은 산스크리트어로 된 원문에는 없고, 구마라습이 삽입한 것으로서『金剛經』의 일반적인 번역에서는 '應生無所住心'으로 되어 있다. 釋眞悟 譯解,『금강경연구』(고려원, 1993-5쇄), 133~134쪽 참조. 신회가 특히 '應無所住而生其心'을 즐겨 인용한다. 이는 신회가 생각하는 定과 慧의 결합을 설명하기 쉽기 때문일 것이다.『선의 사상과 역사』, 109쪽 참조.
31) 이는 불교의 三法印 중의 하나인 "모든 존재는 실체가 없다"(諸法無我)는 것의 다른 표현에 지나지 않으며, 이것은 또한 "모든 존재는 끊임없이 변화한다"(諸行無常)는 뜻을 함의하고 있다.

그리고 누구든지 현상하는 존재에 집착하게 되면, 아상我相, 인상人相, 중생상衆生相, 수자상壽者相32)을 갖게 되며, 역으로 아상, 인상, 중생상, 수자상을 갖게 되면 허망한 존재가 참으로 존재한다는 망상을 갖게 된다. 만약 우리가 바른 깨달음을 성취하려면 무엇보다 존재에 대한 집착(住)을 끊어야 한다. 존재에 대한 집착을 끊으면 우리의 생각도 끊어지는 것인가? 혜능이 깨달았다는 구절은 그럼에도 생각이 끊어지지 않는다는 것을 뜻하고 있다.

'생각이 끊어지지 않는다'는 것을 이해하기 위해 우리는 혜능이 깨쳤다는 구절을 좀 더 상세하게 설명할 필요가 있다. 금강경의 원문은 "보살은 마땅히 일체의 상을 떠나 더 이상 위없는 바른 깨달음(無上正等覺)을 향한 마음을 일으키지 않으면 안 된다. 즉 보이는 대상(色)에 마음을 일으켜서 안 되며, 소리(聲)나 냄새(香), 맛(味)이나 닿는 것(觸), 그리고 이법理法에도 마음을 일으켜서는 안 된다. 반드시 어떤 것에도 얽매이는 일(住)없이, 자신의 마음을 일으키지 않으면 안 된다"33)고 쓰여 있다. 우리는 이 구절을, 혜능이 그의 제자들에게 근본적인 가르침을 올바르게 전승시키기 위한 지침을 주기 위해서 설하는 세 가지 범위의 가르침(三科法門)과 이 가르침을 구체화할 수 있는 삼십육 대의 방법(三十六對法)에서 더욱 구체화된 모습으로 발견할 수 있다.34) 이 중에서 우리에게 먼저 관심이 쏠리는 것

---

32) 『금강경』은 無相을 설명하기 위한 전제로 四相을 빈번하게 말한다. 사상은 모두 我相과 동의어이다. 좀 더 상세히 말해 본다면 외연이 가장 좁은 것이 아상이라면 외연이 가장 넓은 것이 수자상이라고 할 수 있다. 김용옥은 『금강경』 강의에서 이에 대한 다른 해석을 함께 제공한다. 김용옥, 『금강경강해』(통나무, 1999), 184~185쪽 참조.
33) 『금강경연구』, 133쪽(한문은 134쪽), "菩薩應離一切相, 發阿耨多羅三藐三菩提心, 不應住色生心, 不應住聲香味觸法生心, 應生無所住心." 인용된 한글 번역은 글쓴이의 것이다.
34) 『敦煌本1』, 234~238쪽; 『敦煌本2』, 126~130쪽; 『興聖寺本』, 166~174쪽; 『德異本』,

은 삼과의 법문이다.

삼과의 법문이란 은陰·계界·입入이다. 음은 오음五陰이며, 계는 십팔계十八界이고, 입은 십이입十二入으로, 이것은 주지의 사실이다.

오음은 뒤에 오온五蘊으로 번역되어 뜻이 더 분명해진 것으로서 인간의 무명에 의해 형성된 세계와 인간에 관한 언급이다. 색음色陰은 형태를 갖춘 모든 대상들을 일컫는 말로서 우리의 육체까지도 포함한 대상 세계를 일컬으며, 수음受陰은 대상으로부터 자극을 받아들이는 인상 작용이면서 동시에 우리에게 좋아하고 싫어하는 마음을 일으키는 마음 작용이다. 상음想陰은 수음에 의해 받아들여진 인상에 대한 생각을 일으키는 마음 작용이고, 행음行陰은 그 생각에 대해 일어나는 우리의 의지 작용이며, 식음識陰은 이와 같은 전체 마음 작용의 체를 일컫는 말이 된다. 오음은 형태가 있는 것과 없는 것이라는 관점에서 보면 물질(色)과 정신(心)으로 구분할 수 있다.

십팔계十八界는 물질과 정신으로 나누어진 두 영역의 만남으로 이루어진 세계이다. 육진六塵·육문六門·육식六識35)이 만나 세계를 형성하게 되고, 그 세계 속에서 각자의 분별된 자리를 갖추고 있기 때문이다. 예를 들면, 색진色塵과 안문眼門이 만나 안식眼識을 형성하면서 하나의 세계(眼界)를 이룬다.

그리고 이와 같은 세계의 근본 구성뿌리가 십이입十二入이다. 즉 대상의 영역인 육진과 그를 집착하여 의식하는 육문이 그것이다. 이 십이입의 작용이 우리의 업을 만든다. 우리가 대상 세계에 집착하여 마음을 움직이면(無明) 곧 대상과 주체가 형성되고 그 양자의 상호 관계(行)에 의해 업業

186~191쪽 참조. 이 부분에 관해서는 인용된 '壇經本'들이 거의 대동소이하다.
35) 六塵은 六境으로, 六門은 六根으로도 번역된다.

이 형성되는 것이다. 양자의 상호 작용은 대상 세계를 의식하는 마음(識)의 작용을 촉발하여 주관과 객관, 정신과 물질(名色)이라는 분별을 낳는다. 이 분별이 우리의 업을 짓는 마음의 연결 고리(六入→觸→受→愛)를 만들고 대상에 대한 집착과 소유(取)가 대상 세계를 만드니 마침내 세상에 생성소멸(生·老死)이 나타나게 되는 것이다. 우리가 겪는 고통의 바다(苦海)는 그와 같은 마음의 작용으로 만들어진다. 이것이 소위 연기법이다.

삼과의 법문은 우리가 보이는 대상에 의해 마음을 일으키면 '더할 수 없이 바른 세계에 대한 진리(正法眼藏)와 진리에 대한 깨달음(涅槃妙心)'을 얻을 수 없다는 것을 보여 준다. 달리 말하면 대상 세계에 집착하는 마음을 끊기만 한다면(無念) 삼과의 세계는 저절로 사라진다. 삼과의 세계가 사라지는 순간에 분별하는 마음에 의해 형성된 모든 것들도 사라지며 참된 존재만이 그렇게 여여如如하게 드러난다. 분별하는 마음이 만든 사물 존재의 객관성과 그에 집착하는 자아 존재의 객관성은 모두 허망한 것이 되고, 그와 같이 분별하는 마음에서 보면 없는 것과 같은 세계와 자아의 참 모습이 온전히 드러나게 되는 것이다. 『반야심경』은 이를 압축하여, 공空 가운데 십이입과 십팔계, 그로 인한 십이연기도 없으며, 오음도 알고 보면 공과 다를 바 없다고 표현한다. 그래서 "색즉시공色卽是空, 공즉시색空卽是色, 수상행식受想行識, 역복여시亦復如是"이다. 이 구절의 묘미는 오음과 공의 선후 관계를 인정하지 않고 대대待對 관계로서 표현하고 있다는 점이다.

집착하는 마음이 생기면 우리는 주관과 객관, 정신과 물체의 이원적 세계에 빠지게 되고 형상의 세계에 집착하게 되기 때문에 혜능은 이를 삼십육 대법對法에 의해 타파할 것을 말한다. 삼십육 대법은 주관과 객관의 세계 내에 존재하는 상대성을 넘어서기 위한 방편인 셈이다. 상대의 세계를 넘어서는 절대의 세계는 상대적 세계의 관점으로 보면 공空이다. 그런 까닭에 세존이 가섭에게 법을 언급할 때, '참된 세계는 형상 없는 형상이요(實相無相), 이를 일컫는 법문은 미묘한 법문(微妙法門)'이라고 했다. 그렇다면 참된 세계에서 존재하는 우리의 모습은 어떠한가? 상대의 세계에서는 대상이 실재한다(有相)는 믿음을 갖는데, 절대의 세계어서는 모습을 인정하면서도 그 모습에 사로잡히지 않는다(無相). 상대의 세계에서는 대상이 실재한다는 믿음 때문에 대상 세계에 대한 생각에 얽매이는데, 절대의 세계에서는 사물을 생각하면서도 그 생각에 얽매이지 않는다(無念). 그런 까닭에 상대의 세계에서는 순간순간의 의식들이 늘 대상에 얽매여 자유롭지 못하다. 그러나 절대의 세계에서는 어떤 대상의 의식에도 얽매이지 않는 까닭에 우리어게 속박이란 없다(無住). 혜능은 그런 까닭에 무념을 종지宗旨로 하고, 무상을 본체로 하고, 무주를 근본으로 삼는다고 한다.36)

무주를 종지로 삼는 혜능의 의도는 너무도 분명하다. "안과 밖으로 미혹되지 않으면, 곧 두 가지 대립은 일어나지 않는다. 밖으로 미혹하면 모습(相)에 사로잡히고, 안으로 미혹하면 공에 집착한다. 모습 있는 대상에 대하여 모습에 사로잡히지 않고, 공 속에 있으면서 공에 사로잡히지 않으면 곧 안팎으로 미혹하지 않는 것이다. 만약 이 가르침을 깨닫는다면, 그 순간에 마음이 열려 부처님으로서 세상에 나타나게 된다. '마음이 열린다'는 것은 무엇인가? 그것은 부처님의 지견을 여는 것이니 부처님이 깨달음임을 의미한다."37) 어떤 대상에도 사로잡히지 않으면 곧바로 깨달음을 얻는 것이며, 깨달음이 곧 부처란 것이다. 그렇기 때문에 『금강경』에서는

---

36) 『敦煌本1』, 186~187쪽; 『敦煌本2』, 74쪽 참조.
37) 『敦煌本1』, 228쪽; 『敦煌本2』, 120~121쪽; 『興聖寺本』, 154쪽; 『德異本』, 129쪽. 한글 번역은 필자의 것이다.

"일체의 모든 상을 떠난 것을 곧 부처님이라고 이름한다"고 하였다.[38] 이는 깨달은 마음이 곧 불성이며, 불성은 어떤 모습에도 사로잡히지 않기 때문에 항상 청정하다는 것(佛性常淸淨)을 의미한다. 우리의 깨친 마음이 생각(念)을 일으킨다는 것은 우리의 오관과 의식(六門)이 작용(見聞覺知)하면서도 그 어떤 대상에 의해서도 더럽혀지지 않기 때문에 본디 갖추어진 본성은 자유로우며, 밖으로 여러 대상을 인식하면서도 그 궁극적인 자리에서 조금도 움직이지 않는다는 것을 의미한다.[39]

불성의 본성이 공이기 때문에 "움직임도 없고 고요함도 없고, 태어남도 없고 없어짐도 없으며, 감도 없고 옴도 없으며, 옳음도 없고 그름도 없으며, 머무름도 없고 감도 없으며, (이름도 없고 글자도 없다.)"[40] 『반

---

[38] 『금강경연구』, 132쪽·한문은 134쪽, "離一切諸相, 卽名諸佛."
[39] 『興聖寺本』, 78~79쪽 참조. 『德異本』, 73쪽; 『興聖寺本』, 123쪽, "만약 일체법을 보더라도 마음에 물들고 집착되지 않는다면 이것이 무념이니, 응용하면 모든 곳에 두루하되, 모든 곳에 집착하지 않는다. 다만 본심을 깨끗이 하여 육식으로 여섯 문을 나갔지만 육진 가운데 물들고 뒤섞임이 없어서 오고 감에 자재하며, 통용하는 데 막힘이 없으므로 곧 이것이 반야삼매이며 자재해탈이니 그 이름이 무념행이니라."("若見一切法, 心不染着, 是爲無念, 用卽遍一切處, 亦不着一切處, 但淨本心, 使六識, 出六門, 於六塵中, 無染無雜, 來去自由, 通用無滯, 卽是般若三昧, 自在解脫, 名無念行") 우리말 번역은 鄭柄朝의 것이다.
[40] 『敦煌本1』, 251쪽; 『敦煌本2』, 144쪽, "但無動無靜, 無生無滅, 無去無來, 無是無非, 無住(無往)." 한글 번역은 성철의 것을 따랐다. '興聖寺本'에 無名無字란 구절이 더 들어 있다. 『興聖寺本』의 원문은 245쪽 참조. 이 구절은 상대의 차별을 떠난 절대 평등의 경지(不二法門)를 말하는 것으로서 「유마경」에서도 확인할 수 있다. 洪庭植 譯解, 「維摩經」, 『般若心經·金剛經·禪語錄』(東西文化社, 1978), 234~240쪽 참조. 혜능이 깨달았을 때 기쁨에 들며, "어찌 자성이 본디부터 깨끗한 줄 알았으며, 어찌 자성이 본디부터 발생하지도 않고 소멸하지도 않는 줄 알았을까. 어찌 자성이 본디부터 완전한 것인 줄 알았으며, 어찌 자성이 본디부터 조금도 동요하지 않는 줄 알았을까. 어찌 자성이 모든 사물이나 현상을 존재시킨 줄 알았을까"하고 말하는 구절도 이와 같다. '敦煌本'에서는 이 구절이 보이지 않고 '興聖寺本'과 '德異本'에 있다. 『興聖寺本』, 57쪽; 『德異本』, 51쪽. 정병조는 한 구절을 빠뜨리고 번역하고 있다. 한글 번역은 글쓴이의 것이다. 또한 "일체 만물의 자성에는 본래 생멸한다거나 오고 감이 없다"(法性本無生滅去來)도 같은 의미이다. 『敦煌本1』,

야심경』은 이를 "이 모든 법의 공상空相은 태어남도 없고 없어지는 것도 없으며, 더럽혀지는 것도 아니고 깨끗해지는 것도 아니며, 더해지는 것도 없고 덜해지는 것도 없다"라고 표현하고 있다.[41] 불성의 본성이 이처럼 상대의 세계를 떠나 있기 때문에 혜능은 신수의 시를 비판하여 "부처의 성품은 항시 깨끗하니(佛性常淸淨) 어디에 먼지나 티끌이 있으리오(何處有塵埃)"라고 하였다. 신수의 불성에 대한 집착이 오히려 불성을 상대의 세계 속으로 빠뜨렸다고 본 것이다.

혜능은 모습을 가진 모든 것에 대한 집착을 벗어나 자유롭게 있는 우리 마음의 체體와 용用을 삼신불三身佛로 표현한다.[42] 우리가 스스로 자성이 깨끗함을 알고 모든 경계에 대한 집착으로부터 벗어나 있으면서도 자신의 성품 가운데 만법이 다 나타나도록 한다면 그때 우리의 자성自性(佛性)을 청정법신불淸淨法身佛이라 이름 한다. 우리의 자성은 비어 있어서 고요(空寂)하지만 생각을 하기만 한다면 곧 스스로 변화한다. 이때 우리의 마음이 무엇을 생각하느냐에 따라서 우리의 마음은 따라 변한다. 우리가 그 변화의 모습을 어떻게 다 헤아릴 수 있을까? 헤아릴 수 없는 수많은 모습(千變萬化)은 다 자성의 변한 모습(化身)이다. 그런 까닭에 대상을 따라 나타나는(작용하는) 자성의 모습을 일컬어 천백억화신불千百億化身佛이라 하고, 이런 자성이 매 순간마다 집착하는 마음을 내지 않고 늘 선한 마음을 유지한다면 원만보신불圓滿報身佛이라 한다.

240쪽; 『興聖寺本』, 175쪽; 『德異本』, 193쪽. 한글 번역은 글쓴이의 것이다.
41) "諸法空相, 不生不滅, 不垢不淨, 不增不減."
42) 『敦煌本1』, 191~19쪽; 『敦煌本2』, 79~83쪽; 『興聖寺本』, 102~106쪽; 『德異本』, 115~118쪽 참조.

3. 문득 깨닫다

　신수를 비판하는 혜능의 관점은 이미 앞서 지적한 것처럼 두 가지로 요약해 볼 수 있다. 첫째는 우리의 마음을 참된 본성과 망상妄想으로 구분하는 이분법적 심성관은 잘못됐다는 것이며, 둘째는 망상을 없애고 참된 본성을 회복(捨妄歸眞)한다며 좌선하고 그 마음을 내관(坐禪看心)해서는 안 된다는 것이다. 두 번째의 주장은 좌선 수행을 통해서 깨달음을 얻을 수 없다는 것이기도 하다. 첫째 부분에 관해서는 이미 검토한 바 있으니, 우리는 이제 혜능의 수증관修證觀에 관심을 가지면 된다. 좌선 수행을 부정한다면 우리는 어떻게 깨달음을 얻을 수 있는가?
　불교는 근본적으로 우리가 깨닫지 못해 미망迷妄에 빠져 있다고 한다. 그래서 괴로움을 겪는다고 본다. 괴로움으로부터 벗어나기 위해서는 미망을 떨쳐 버리지 않으면 안 된다. 불가에서는 이 미망을 깨치기 위해 좌선을 해야 한다고 주장한다. 우리는 일상생활에서 늘 집착하는 마음을 내고, 집착한 대상을 얻지 못하면 고통을 받게 된다. 그것이 미망이다. 그런 까닭에 집착을 끊기 위해 일상생활로부터 벗어나 좌선해야 하며, 좌선을 통해 비로소 미망의 사슬로부터 벗어날 수 있다. 우리는 사물[43]에 대한 집착이 생활로부터 생긴다는 것을 상식적으로 알고 있다. 누가 그것으로부터 자유로울 수 있으랴. 그래서 우리는 삶의 괴로움으로부터 벗어나려고 한다면 생활로부터 벗어나서 좌선해야 한다는 주장을 당연하다고 생

---

[43] 事物이란 事·物이다. 事란 삶에서 일어나는 모든 일들을 일컫는다. 物이란 우리가 살아갈 때 우리의 몸을 통해 직접적으로 부딪치는 모든 물적인 것을 말한다. 우리는 삶에서 이 두 가지 대상에 늘 부대끼며 살아간다.

각하며, 이를 믿고 때른 따른다.

　혜능은 우리의 이런 믿음을 깨뜨린다. 우리가 주변의 사물을 보고 집착한다면 그것은 당연히 깨달음에서 거리가 멀지만, 그렇다고 주변의 존재에 집착하지 않기 위해 조용한 장소에 앉아 움직이지 않는 것을 수행이라고 믿는다면 그것도 잘못이라는 것이다. 그런 까닭에 혜능은 "사람들에게 앉아서 마음을 보고 깨끗함을 보며 움직이지도 말고 마음을 일으키지도 말라고 가르치는 사람들이 있는데 이 사람들은 크게 잘못되었다"고 비판한다.[44] 이렇게 수행하는 사람들은 먼저 마음을 텅 비우고자 하기 때문에 잘못된 공(無記空)이 빠지게 된다. 이런 사람들은 자신의 행위가 불성을 가진 사람이 아니라 깨침의 씨앗을 거의 가지지 못한 무생물을 닮고자 하는 것인 줄 모른다. 누구든지 결코 움직이지 않고 앉아서 마음속에 일어나는 생각들을 모두 없애 버리는 것을 미혹에 빠지지 않는 일행삼매一行三昧라고 한다면 잘못이다. 혜능은 일행삼매를 '걷거나 머물거나 앉거나 눕거나' 간에 항시 바른 마음(直心)이라고 한다.[45]

　혜능이 자성을 일컬어 무상, 무념, 무주라고 했을 때, 그 자성은 대상세계를 인식하고 있으되 대상에 대한 집착하는 마음만을 끊고 있음을 말한다. 깨치기 이전이나 이후나 우리는 실제로 똑같은 사물의 세계 속에 살고 있지만 대상을 보는 마음이 달라졌기 때문에 달라진 세계에 살게 되는 것이다. 사물의 세계에서 보면 달라진 것이 하나도 없으나 그 속에 살고 있는 마음은 깨달았으니 마음의 세상은 똑같을 수가 없게 될 것이다. 그래서 혜능은 삶의 근본 형태인 '걷거나 머물거나 앉거나 눕거나' 간에 한결같이 바른 마음을 일행삼매라고 표현한 것이다. 깨닫기 전에도 '걷거나

---

[44] 『敦煌本1』, 185쪽. 이 부분은 암시적으로 신수의 북종선을 겨냥하고 있다.
[45] 『敦煌本1』, 184쪽 참조.

머물거나 앉거나 눕거나'하며 살았듯이 깨달은 이후에도 '걷거나 머물거나 앉거나 눕거나'하며 살 수밖에 없다. 그러나 그 마음은 이미 깨닫기 전의 흐트러진 마음이 아니라 자성의 한결같은 곧은 마음인 것이다. 흐트러진 마음이 보는 세상, 집착이 생긴 마음이 보는 세상과 바른 마음, 자유로운 마음이 보는 세상은 같을 수가 없다. 일행삼매에 관한 혜능의 지적은 수행으로서의 좌선에 대한 호된 비판이 아닐 수 없다.

혜능은 일반적인 수행으로서의 좌선을 비판하였기에 '좌선'을 새롭게 정의한다. 즉 앉음(坐)이란 '밖으로 모든 경계 위에 생각이 일어나지 않는 것'이며, 선禪이란 '안으로 본래 성품을 보아 어지럽지 않은 것'이라고 한다. 곧 이어서 선禪이란 '밖으로 모양을 떠남'이며, 정定이란 '안으로 어지럽지 않음'이라고 한다.46) 두 정의는 선의 개념이 서로 엇갈려 정의되어 있다. 그러나 혜능의 의도는 분명하다. 그가 말하고자 하는 근본 의도는 선이란 밖을 향해 일어나는 집착을 끊고 적정寂靜하게 있는 것이라는 데 있다. 혜능에게 선은 이미 깨달음이다. 청정한 마음이 따로 있다고 생각하는 사람들은 선을 마음을 들여다보는 행위(內觀)로 규정한다. 그러나 혜능은 "좌선(앉아서 하는 선정)은 마음에 집착하지도 않고, 깨끗함에 집착하지도 않고, 부동不動에 대해서도 말하지 않는다. 어떤 사람이 '마음을 본다'고 말한다면…… 나는 말할 것이다. '마음'은 본래 미혹 그 자체요, 미혹은 허깨비와 같아서 보일 것이 없다. 어떤 사람이 '깨끗함을 본다'고 말하면…… 나는 말할 것이다. 사람의 본성은 본래 깨끗하나, 허망한 생각 때문에 진여가 가려진다. 미혹을 없앤다면 본성은 그 깨끗함을 드러낸다. 자신의 본성이 본래 깨끗함을 알지 못하고, 깨끗함을 본다는 마음을

---

46) 『敦煌本1』, 190쪽; 『敦煌本2』, 78쪽. 한글 번역은 성철의 것을 따랐다. '興聖寺本'과 '德異本'은 '敦煌本'과 구절이 조금 다르기는 하나 본뜻에 있어서는 거의 같다.

일으킨다면, 깨끗하다는 미혹이 생겨날 것이다. 왜냐하면 이런 미혹은 존재할 곳이 없으며, 너희가 보는 것은 무엇이든지 미혹 외에 아무것도 아님을 알아야 하기 때문이다. 깨끗함은 모습이 없지만 그럼에도 불구하고 어떤 사람들은 깨끗한 모습을 주장하려 하고, 이것이 선 수행이 된다고 생각한다"고 말한다.47)

혜능의 선에 대한 생각은 그대로 마조도일馬祖道一에게 나타난다. 혜능의 '걷거나 머물거나 앉거나 눕거나' 간에 한결같이 바른 마음을 일행삼매라고 하는 주장이 마조에게 도道는 평삼심平常心이란 말로 나타난다. 마조는 "도는 수행을 필요로 하지 않는다. 다만 자기를 더럽히지 않는 것이다. 무엇이 더럽혀지는가라고 말한다면, 만일 나고 죽는 마음을 내어 무언가를 이루고 무언가를 위하여 한다면 모두 더럽혀진다고 말한다. 보다 정확히 말한다면 평범하고 예사로운 마음이 도이다.(平常心是道) 평범하고 예사로운 마음은 조작함이 없으며, 좋고 나쁨이나 취하고 버림이 없고, 시간이라든가 영원이라든가, 범부라든가 성자라든가 하는 구별이 없다.…… 바로 지금 가고 머물고 앉고 눕는 일이라든가, 상대에 따라서 행동하는 것이 모두 도와 다름없다"고 말했다.48) 이는 혜능의 말에 대한 더욱 구체적인 설명이 아닐 수 없다.

마조와 그의 스승인 회양懷讓 사이에 있었던 사건은 선에 대한 혜능의 생각을 적나라하게 보여 준다. 회양이 남악산 반야사의 주지로 있을 때 회양은 선방禪房에서 열심히 수련하는 마조를 보고 물었다. "좌선을 하여 무엇을 얻으려는가?" "부처가 되고자 합니다." 그러자 회양은 벽돌을 하나 집어다가 마조가 보는 앞에서 바위에 대고 갈기 시작하였다. 스승의

---

47) 『敦煌本1』, 189쪽.
48) 『선의 사상과 역사』, 208쪽 재인용.

돌연한 행동에 어리둥절한 마조가 물었다. "그것은 무엇 하려고 갑니까?" "이것을 갈아서 거울을 만들 작정이다." 놀란 마조는 회양에게 말했다. "벽돌을 갈아 거울을 만들다니요?" 그러자 회양은 정색을 하고 마조에게 말했다. "벽돌로 거울을 만들 수 없다면 너는 좌선을 통해 어찌 부처가 되려하느냐?" 그리고 회양은 "너는 참선을 하려고 하느냐, 아니면 앉은 부처(坐佛)가 되려고 하느냐? 만일 참선 공부를 하려 한다면 선이란 앉는다거나 눕는 따위에 의의가 있는 것이 아니며, 만일 좌불이 되려 한다면 부처란 정해진 형태에 구애받지 않는다. 법法이란 한곳에 머물지 않는 것이니 우리가 법을 구할 때는 어디에 곧 집착하지 말아야 한다. 네가 만일 좌불이 되려 하면 이것은 부처를 죽이려는 것과 같고 만일 앉은 형태에 집착한다면 영원히 큰 도道를 보지 못할 것이다"고 설법한다.[49] 회양의 설법도 또한 혜능의 것과 다를 바가 없다.

혜능의 선에 대한 이와 같은 생각은 『반야경般若經』의 사상을 이어받은 『유마경』에서 찾아볼 수 있다. 일찍이 샤리푸트라(舍利佛)가 나무 밑에서 좌선하고 있을 때, 비마라키르티(維摩詰)가 나타나 샤리푸트라를 힐책했다.

"대덕大德 샤리푸트라여, 당신이 하고 있는 것과 같은 방법으로 좌선의 수행修行을 해서는 안 됩니다. 참좌선이란 것은 몸도 마음도 삼계三界 가운데 나타나지 않게끔 좌선을 하는 것입니다. 멸진滅盡(定)에 들어간 그대로 있으면서 행行 · 주住 · 좌坐 · 와臥가 나타나 있는 것 같은 좌선을 하시오. 이미 획득한 성자聖者로서의 모습을 버리지 않은 채, 보통 범인의 성격을 나타내는 그런 좌선을 하시오. 당신의 마음이 안에도 없고, 밖의 물질에도 향하지 않게끔 좌선을 하시오. 모든 잘못된 견해를 버리지 않은

---

49) 마조와 회양 사이의 일화는 吳經熊, 『禪의 饗宴』 上, 91~92쪽 참조.

채 37보리분(菩提分) 위에도 모습을 나타낼 수 있게끔 좌선을 하시오. 윤회輪廻에 속하는 번뇌를 끊지 않은 채 열반에 들어갈 수도 있게끔 좌선을 하시오. 대덕 샤리푸트라여, 모두 이렇게 좌선을 행하게 되면, 세존은 그들을 좌선하는 사람이라 부르게 될 것입니다."50)

이를 통해 우리는 비마라키르티의 말이 혜능의 생각과 얼마나 같으며, 혜능 이후의 선의 역사를 결정하는 회양과 마조의 말들과 얼마나 같은가를 한눈에 알 수 있다. 이는 혜능 이래의 선이『금강경』과 더불어『유마경』과 얼마나 밀접한 연관을 지니고 있는가를 잘 보여 준다.

『유마경維摩經』은 반야사상을 이어받아 공의 실천의 정수를 이야기하고 있기 때문에 선과 불가분의 관계를 지닐 수밖에 없다. 용수龍樹는『대품반야경』을 주석한『대지도론』에서 선과 바라밀 사이의 관계를 설명하면서 반야바라밀을 실천하는 것이 선이라고 하였다.51) 이는『단경壇經』의 구성에서도 그대로 발견된다. 혜능은 좌선을 정의한 뒤 이어 반야바라밀의 교리를 설명한다. 그러나 혜능의 주장이 갖는 강점은 바로 선의 실천과 반야를 분리해서 설명하지 않는다는 점이다. 혜능은 "선정과 지혜가 하나이다"라고 주장한다. 즉 "선정과 지혜는 하나요 둘이 아니다. 선정 자체가 지혜의 본체요 지혜 자체가 선정의 작용이다. 지혜가 있는 순간 선정은 지혜 속에 있고, 선정이 있는 순간 지혜는 선정 속에 있다"52)라는 것이다. 선정은 체體이고 지혜는 용用이기 때문에 선정은 지혜의 작용 속에 비로소 드러나고, 지혜는 선정에 의해서만 작용할 수 있다. 이 둘의 관계는 마치 등불과 불빛의 관계와 같다. "등불이 있으면 빛이 있고, 등불

---

50)『維摩經』, 165쪽.
51) 朴敬勛 譯,『維摩經』(東國大學校附設譯經院, 1979), 해제 참조, 특히 11~12쪽 참조.
52)『敦煌本1』, 182~183쪽.

이 없으면 빛이 없다. 등불은 빛의 본체요 빛은 등불의 작용이다."53)

선정과 지혜가 체와 용의 관계로서 양자는 일즉이一卽二요 이즉일二卽一의 관계라 할지라도 우리는 지혜의 중요성을 간과할 수 없다. 선정이 아무리 체라 할지라도 지혜의 작용이 없다면 체로서의 자기 면모를 드러내 보일 수 없다. 서양철학의 '실체는 항상 그 속성을 통해서만 드러난다'고 하는 표현처럼 말이다. 물론 체가 없으면 용이 존재할 수 없는 것은 너무도 당연하다. 우리의 주장은 체가 체다운 것으로서 나타나는 것은 용이 있기 때문이라는 것이다. 즉 불성을 가진 우리가 무정물과 구별되는 것은 성불할 수 있는 지혜 때문이다. 우리에게 깨달음이 문제되는 것은 지혜가 있기 때문이며, 인간이 바라밀을 꿈꿀 수 있는 것도 지혜가 있기 때문이다. 또한 인간이 선정을 이룰 수 있는 것도 역시 지혜(반야)가 있기 때문이다. 그래서 깨달은 이들은 선정바라밀보다 반야바라밀을 말한다. 깨달음을 얻는 순간에 우리는 온전한 선정에 든다.

우리는 어떻게 일반적인 수행으로서의 좌선을 통하지 않고 깨달음을 얻을 수 있을까? 지금까지 우리는 많은 점을 밝혀 보았지만 여전히 이 점은 불투명하게 남아 있다. 굳이 말한다면 깨달음은 수행에 의해서는 결코 얻을 수 없는 것이어서 스스로 자성을 깨우치는 그 순간 문득 얻어지는 것이다. 깨우치는 순간은 어떤 과정을 밟아 도달하는 과정일 수 없다. 그냥 문득 깨달을 수밖에 없다. 혜능은 이 점을 강조한다. 돈점頓漸이란 깨우치는 순간의 상대적 비유에 지나지 않는다. 즉 천성이 영리한 사람은 단박에 터득하지만 우둔한 사람은 깨우치는 데 시간이 걸린다는 것이다.54) 그렇다면 우리의 깨달음은 우리들 각자의 몫일 뿐인가? 혜능은

---

53) 『敦煌本1』, 185쪽.
54) 『敦煌本1』, 185~186쪽 참조.

그럼에도 깨달음은 각자의 몫이 아니라고 말하는 듯하다. 깨달음을 얻어내는 것은 각자의 몫이지만 깨달음을 얻기 위해서는 깨달음으로 인도하는 깨달은 자가 있어야 한다고 주장한다.

우리는 살기 위해 늘 바쁘다. 우리는 태어나는 순간부터 끊임없이 우리에게 주어진 자연적 생을 지키기 위해 노력한다. 그런 만큼 우리의 삶은 사물의 세계에 뿌리 깊게 묶여 있다. 그런데 누군가가 나타나 우리의 생명이 우리가 목숨을 지키기 위해 노력하는 데 있지 않다고 한다. 사물의 세계에 묶여 있다면 우리는 자유롭지 않으며 참된 우리의 삶을 모르고 살게 된다고 한다. 오히려 참된 생명을 찾기 위해 노력해야 한다고 말하고, 참된 생명이란 깨달음에 있다고 가르친다. 그렇다면 도대체 무엇이 참된 생명이며, 참된 생명을 갖게 하는 깨달음이란 무엇일까. 우리가 무엇을 안다고 할 때 우리의 감각에 주어지거나, 감각에 의해 주어진 것을 가지고 상상하고, 추상하거나, 더 나아가 추리하는 것 말고 또 달리 안다고 주장할 만한 것이 있던가. 살아가는 데 필요한 어떤 것을 알았을 때 우리는 깨닫는다고 말하지 않았던가. 그런데 그 모든 지식이 헛된 것이라고 한다면 우리는 멍하니 정신을 놓을 수밖에 없다. 늘 사물의 세계 속에서만 온 힘과 정신을 쏟고 살아온 우리로서는 달리 생각할 방법이 없다. 그래서 우리는 진리의 길에 쉽사리 들어설 수 없다.

혜능은 우리의 삶을 움켜잡고 있는 뿌리 깊은 미망迷妄에 의한 집착을 꿰뚫어 본다. 일상생활에서 사소한 지식이라 하더라도 그 지식을 가진 자가 갖지 않은 자에게 지식을 나누어 주고, 세계의 본질을 설명할 수 있는 지식을 가진 자가 그것을 알려고 애쓰는 자를 가르치듯이, 깨달음도 지도가 필요하다. 더욱이 깨달음을 방해하는 것이 우리의 뿌리 깊은 미망이라고 한다면, 더더욱 훌륭한 스승의 지도가 필요하다. 혜능은 이렇듯 깨달음을 얻지 못하는 자, 즉 깨달음에 스스로 눈뜨지 못하는 자는 훌륭한 스승을 찾아야 한다고 주장한다.[55] 깨닫고자 하는 사람은 만약 스승의 가르침을 받고 스스로의 헤맴을 떨쳐 버릴 수만 있다면, 깨달음을 얻을 수 있다. 훌륭한 스승은 깨달은 자이며, 그 깨달음으로 깨닫고자 하는 이에게 깨달음을 얻게 해 주는 자이다.[56]

깨달음의 세계에서 스승과 제자의 관계는 특별하며, 일반적인 지식의 전수는 간단하다. 스승의 가르침을 제자가 받아들이고 습득하는 것이다. 그런데 깨달음은 너무도 미묘해서 제 아무리 훌륭한 스승이라 하더라도 습득시킬 수 없다. 깨달음은 일반적인 지식의 모습을 전혀 가지고 있지 않기 때문이다. 스승은 제자가 깨달을 순간에 깨달을 수 있도록 힘을 보태 주는 일 이외에 아무런 역할이 없다. 만약 제자가 준비되지 않았다면 스승은 할 일이 없다. 이는 마치 병아리가 알에서 빠져 나오기 위해 껍질 속에서 울면, 어미 닭이 밖에서 알을 쪼아 깨 주는 것과 같다. 그런 까닭에 혜능은 "만약 너희 마음속에 미혹이 있고 잘못된 생각과 모순된 개념을 가지고 있다면, 비록 밖으로 훌륭한 스승을 찾아갈지라도 너희는 구제를 얻지 못할 것이다"고 말한다.[57] 즉, 가장 훌륭한 스승은 바로 자신의 마음속에 있는 것이다.

먼저 자신의 지혜를 일으켜 자성을 보려는 노력과 미진한 깨달음만이 스승을 만나는 순간 깨달음을 얻을 수 있다. 그런 까닭에 『단경』 속에서 볼 수 있는 깨달음은 모두 '말을 듣고 곧 깨달았다'는 것이다.[58] 혜능이

---

55) 『敦煌本1』, 182・193・208쪽; 『敦煌本2』, 71・80・96쪽 참조.
56) 『敦煌本1』, 208쪽 참조.
57) 『敦煌本1』, 208쪽.
58) '말을 듣고 곧 깨닫는다'는 것은 오조 홍인이 신수의 시를 평할 때 이미 등장하고 있다. 즉 "위없는 깨달음이란 말이 떨어지자마자 곧 자기의 마음을 알고, 본래의

오조 홍인으로부터 『금강경』을 듣는 순간 문득 깨닫고(言下便悟),[59] 혜명惠明은 혜능의 설법을 듣고 즉시 깨닫고(言下心開),[60] 신수의 명을 받고 혜능을 엿보던 지성志誠은 혜능의 설법을 듣는 즉시 깨닫고(一聞, 言下便悟),[61] 법달法達도 역시 혜능의 설법을 듣는 순간 곧 깨달았다(一聞, 言下大悟).[62] 이것은 깨우침을 기다리던 제자가 스승의 말을 통해 곧바로 깨달음을 얻는 것을 말한다. 깨달음이 온전하다면 한 순간에 수행이 끝나고 더 이상 자성 가운데 미망이 있을 수 없으니, 우리는 이것을 통해 혜능의 주장은 '돈오돈수頓悟頓修'임을 알 수 있다.

혜능은 깨달음에서 스승의 중요성을 잘 알고 있다. 그래서 그는 열명의 제자를 불러 가르칠의 방법을 말하는데, 그것이 '삼과三科 법문法門'과 '삼십육 대법對法'이다. 구체적인 가르침의 방법은 삼십육 대법이다. 이 법은 상대적인 세계에 묶여 있는 우리의 믿음을 깨뜨리는 방법이다. 이 방법은 구체적으로 "만약 누가 그대들의 의견을 물어 올 경우, 유有를 질문 받으면 무無로 대답하고, 무를 질문 받으면 유로 대답하고, 범凡을 질문 받으면 성聖으로 대답하고, 성을 질문 받으면 범으로 대답해야 한다. 대립

성품이 나고 죽음이 없는 것을 알아야 한다"(無上菩提, 須得言下, 識自本心, 見自本性, 不生不滅)라는 이 구절은 『敦煌本』에는 보이지 않으며, '興聖寺本'과 '德異本'에 나온다. 『興聖寺本』, 51쪽; 『德異本』, 46쪽. 한글 번역은 정병조의 것을 따랐다. 양기봉의 『興聖寺本』의 한글 번역에는 '須得言下'의 번역이 없다. 이 말이 갖는 중요성을 간과한 것이 아닌지 모르겠다.

59) 『敦煌本1』, 179쪽 참조. 혜능은 이 부분보다 앞선 부분에서 이미 『금강경』을 듣고 문득 깨닫는다. 『敦煌本1』, 169~170쪽 참조. 그러나 그 부분은 이 부분의 깨침을 오해하게 만든다. 보기에 따라서는 앞선 부분의 깨침에 미진한 점이 있었다는 생각을 가능하게 하기도 하고, 또 깨침이란 단계가 있다는 것을 보여 주는 구절처럼 보이기도 한다. 그래서 앞선 부분의 문득 깨침은 인용에서 뺐다. '말을 듣고 곧 깨닫는'(言下便悟) 경우의 사례는 '敦煌本'의 경우에서만 인용한다.
60) 『敦煌本1』, 181쪽 참조.
61) 『敦煌本1』, 224쪽 참조.
62) 『敦煌本1』, 230쪽 참조.

된 한 쌍의 개념이 서로 조건이 되어 중도中道의 의미가 우러나도록 하여 깨달음으로 인도하는 것이다."63) 혜능의 선맥禪脈에 갈림길의 이정표처럼 서 있는 마조도일은 혜능의 이 교수법을 너무도 잘 운영한 사람으로 알려져 있다. 그는 동일한 물음에 대해서 때로는 긍정법을 쓰고, 때로는 부정법을 사용하면서 묻는 사람의 자질에 맞추어 설법하였다.

    혜능은 이로써 이심전심以心傳心의 전통을 확립한다. 마음으로서 마음을 전한다는 것이 어떻게 가능하다는 말인가? 마음이 무슨 사물이라도 된단 말인가? 이심전심은 깨우칠 때가 된 이에게 문답을 통해 깨닫도록 해 주는 스승의 역할과 관계가 있다. 깨치려는 이는 문자나 책에 따르지 않고(不立文字) 오직 스승과 얼굴을 맞대고 스승의 물음을 통해 스승의 마음에 자신의 마음을 비추어 봄으로써 깨달음을 얻는다(敎外別傳). 혜능이 일찍이 말한바 스승이란 상대성을 무너뜨리는 교수법을 통해 자기가 깨달은 마음을 제자가 비추어 서로 비교할 수 있도록 해 주는 것으로 깨달음을 전한다. 즉 스승은 제자의 미혹을 깨뜨리는 물음을 통해 제자에게 사람의 마음을 직접 가리키고(直指人心), 제자는 그 물음에 의해 자신의 자성을 보고 문득 깨우친다(見性成佛). 혜능의 수증론의 핵심은 바로 이와 같은 문답법에 있다. 여기에서 '혜능의 선에서는 왜 그토록 조사가 중요한가'가 자명하게 드러난다. 법맥은 스승과 제자 사이의 칼날 위에 서 있는 것과 같은 문답에 의해 이어진다. 즉, 물음과 대답 사이에서 마음으로부터 마음으로 깨달음이 전해지는 것(傳燈)이다.

---

63) 『興聖寺本』, 169쪽; 『德異本』, 190쪽. 이 구절은 '敦煌本'에 없다. 한글 번역은 『興聖寺本』을 따랐다.

지눌의 공부론

윤종갑

1. 깨달음의 공부론

불교의 궁극적인 목적은 깨달음을 성취하여 괴로움으로부터 해탈(mokṣa)하는 것이다. 이러한 목적에 따라 불교의 공부론은 어떻게 깨달음을 얻어 해탈할 것인가에 초점을 두고 있다. 이른바 최상의 불교공부란 깨달음을 얻는 데 가장 적절하고 올바른 공부법을 의미한다.[1] 불교의 공부법은 깨

---

[1] 필자는 불교의 공부론은 이론적인 측면만이 아니라 실천적인 측면 모두를 포함하고 있는 지행합일적 성격을 갖고 있다고 생각한다. 다시 말해, 불교의 공부론은 학문적인 측면과 수행적인 측면을 함께 갖고 있는 것이다. 그러한 의미에서 유가의 공부론과 상통하는 점이 있지만, 유가가 이상적인 인간으로 君子를 내세우는 데 반해, 불교는 붓다를 내세운다는 측면에서 결정적인 차이가 난다. 즉, 불교의 공부론은 무엇보다 '마음을 깨치는 데' 역점을 두고 있다. 修身보다는 修心에 초점을 두고 있는 전일적인 수행론인 것이다. 따라서 필자는 이 논문에서 공부론과 수행론을 거의 동일한 의미로 사용하고자 한다.

달음의 문제와 직결되어 있기 때문에 그동안 이 문제를 둘러싸고 많은 논쟁이 벌어지기도 하였다. 최근 한국불교계에서 벌어진 돈오돈수頓悟頓修와 돈오점수頓悟漸修의 문제 역시 깨달음과 불교 공부론을 두고 발생한 논쟁이다. 이 논쟁의 발단은 돈오돈수를 주장하는 성철性徹(1912~1993)이 지눌知訥(1158~1210)의 돈오점수 공부법(수행법)을 비판하면서 시작되었다. 한국불교 종단의 대다수를 차지하는 조계종曹溪宗의 종조宗祖라 할 수 있는 지눌을 아이러니하게도 조계종의 종정宗正인 성철이 부정함으로써 시작된 이 논쟁은 한국불교의 전통과 특징뿐만 아니라 불교의 공부법과 참다운 깨달음에 대한 반성과 인식을 재고하게 함으로써 한국불교의 정체성을 확립하는 하나의 시발점이 되었다.

불교는 인간 싯다르타(Siddhārtha)가 수행을 통해 깨달음을 얻어 붓다(Budda)가 됨으로써 성립되었다. 이처럼 불교는 중생衆生인 인간에서 각자覺者인 붓다로 나아가는 가르침이며, 이때 중요한 것은 싯다르타가 어떻게 하여 깨닫게 되었으며 그 깨달음의 내용이 무엇인가 하는 점이다. 깨달음의 방법으로서의 공부법과 그러한 공부법으로 깨친 내용이 불교의 두 날개가 되는 것인데, 그것은 한 마디로 중도中道의 공부법으로 연기법緣起法을 깨달았다고 할 수 있다. 따라서 불교의 궁극적인 공부법은 중도를 통해 연기법을 깨치는 데 있다. 싯다르타는 인도의 여타 수행법과는 다른 중도의 실천을 통해 이 세상의 모든 존재가 서로 의존하고 있다는 연기법을 깨칠 수 있었던 것이다. 붓다와는 시간적·공간적으로 많은 격차를 두고 있지만 한국의 지눌 역시 이러한 중도의 공부법을 매우 충실하게 계승하고 있는 것으로 생각된다.

지눌의 수행체계에서 가장 두드러진 특징은 돈오점수라 할 수 있으며, 돈오점수의 토대가 바로 중도이다. 그러한 의미에서 지눌의 깨달음은 궁극적으로 중도에 근거하는 것이다. 그런데 지금까지 지눌의 수행법에 대한 대부분의 논의가 중도에 맞추어져 있기 보다는 오히려 돈오점수에 초점을 두고 선교일치(禪敎一致), 정혜쌍수(定慧雙修)라는 수행원리에 입각하여 이루어져 왔다.2) 그 결과 수행과 깨달음의 문제가 이분화되어 돈오돈수 인지 아니면 돈오점수인지, 만약 돈오점수라면 깨달음(돈오)과 닦음(점수) 사이의 시간적·논리적 관계는 어떠한 것인지 등 주로 중도를 구성하고 있는 세부적인 항목에 집중되었다.3) 물론 전체를 제대로 파악하기 위해서는 그 전체를 이루고 있는 부분에 대한 앎이 필수적이다. 그러나 부분은 전체의 틀 속에서 파악될 때 보다 분명해진다. 말하자면 부분과 전체는 서로 유기적인 관계를 맺고 있는 하나의 체계이다. 이와 마찬가지로 지눌의 수행체계를 제대로 알기 위해서는 그의 수행체계 전체를 아우르

---

2) 지눌과 관련된 연구물을 거의 총망라하고 있는 이덕진 편저, 『지눌』(예문서원, 2002)의 연구물 목록(607~635쪽)에서도 드러나듯이 그 많은 연구물 중에 中道 내지 중도와 연관된 제목을 달고 있는 글이 전무하다는 사실은 지눌에 대한 그동안의 연구가 중도와 관련해서 거의 이루어지지 않았음을 단적으로 보여 주는 것이다. 그렇지만 필자는 지눌의 사상 전체가 중도의 구조에 의해 이루어져 있다고 생각한다. 아마도 이 글은 지눌의 사상 전체를 중도로 파악하고자 하는 첫 번째 논문이 아닌가 생각된다.

3) 지눌의 선사상에 대한 이해는 크게 두 가지로 나눌 수 있는데, 첫째는 『法集別行錄節要並入私記』의 三門과 같이 텍스트에 표면적으로 드러난 체계에 따라 접근하는 방식이고, 둘째는 각 텍스트 내면에 숨어 있는 전체적 연관구조에 따라 접근하는 방식이다. 전자의 대표적인 학자로는 이종익, 심재룡, 강건기 등이 있다. 또 후자의 대표적인 학자로는 길희성, 인경 등을 들 수 있는데, 길희성은 체계란 주어져 있는 것이 아니라 발견 혹은 구성해야 하는 것으로, 자신의 이와 같은 접근방법을 '해석학적 방법론'이라 부른다. 인경 역시 길희성의 접근방식에 기본적으로 동의하며, 자신의 접근방법론은 "텍스트에서 구조를 찾고 그것의 의미를 해석하는 '構造的 解釋學'"으로 명명한다. 본인은 후자의 입장을 취하며 텍스트는 사람과 시대에 따라 달리 해석될 수 있다고 생각한다. 이러한 문제에 대해서는 다음과 같은 문헌을 참조하기 바란다. 인경, 「마음의 해석학」, 『지눌』(예문서원, 2002), 168~174쪽; 심재룡, 「보조선을 보는 시각의 변천사」, 『普照思想』 1집(보조사상연구원, 1987), 77~90쪽; 길희성, 「知訥禪 사상의 구조」, 『지눌의 선사상과 그 현대적 의미』(한국정신문화연구원, 1996), 70쪽.

고 있는 근간과 그 근간을 구성하고 있는 구체적인 항목에 대한 검토가 필요하다. 필자는 지눌의 수행체계의 근간은 중도이며, 중도를 구성하고 있는 구체적 항목이 교선일치, 정혜쌍수, 돈오점수, 그리고 자리이타의 수행법이라고 생각한다. 따라서 본 논문은 중도를 중심으로 하여 지눌의 수행체계가 어떻게 구성되어 있는지에 대해 살펴보고자 한다.

2. 선과 교의 중도

지눌 수행론의 출발점은 선교일치禪敎一致이다. 선과 교는 부처가 제시한 두 가지 가르침으로 지눌은 이 두 가르침에 의거하여 통일된 하나의 수행체계를 확립하고자 하였다. 즉 선禪과 교敎 둘 중에 하나만을 고집하는 것은 부처의 가르침의 한쪽 측면만을 받아들이는 것이므로 결코 부처의 온전한 가르침이 될 수 없다. 따라서 지눌은 중도에 입각한 선교일치를 내세워 선과 교를 융화하고자 하였다. 지눌이 선교일치의 근거로 삼았다고 할 수 있는 중도는 불교 수행론의 뼈대가 되는 것으로, 부처는 중도를 통해 깨달음을 성취하였다고 한다. 중도의 구체적 내용은 팔정도八正道이다. 팔정도는 사성제四聖諦 중 도제道諦에 해당하는 것으로, 괴로움을 소멸시키는 여덟 가지의 길이다. 붓다는 자신의 깨달음이 중도에 의한 것임을 다음과 같이 설한다.

> 수행승들이여, 출가자는 두 가지 극단을 가까이 해서는 안 된다.…… 여래如來는 두 가지 극단을 떠나 중도를 깨달았다. 이것은 눈이 생기게 하고 지혜가 생기게 하며 적정寂靜, 승지勝智, 등각等覺, 열반으로 이끈다. 수행승들이여, 여

래가 깨달은 중도란 무엇인가? 그것은 실로 '성스러운 여덟 가지의 길'이다. 즉 정견正見, 정사正思, 정어正語, 정업正業, 정명正命, 정정진正精進, 정념正念, 정정正定이다.4)

붓다는 유무有無, 단상斷常, 고락苦樂, 생멸生滅, 자타自他 등과 같은 두 가지 극단을 떠난 중도의 수행에 의해 깨달음을 얻었으며, 그 깨달음의 내용이 연기緣起라는 사실을 위 인용문의 이어지는 내용에서 분명하게 기술하고 있다. 여기에서 우리의 주의를 요하는 것은 중도를 구성하는 8정도의 내용과 순서이다. 즉 8정도의 내용에는 교敎와 선禪은 물론 정定과 혜慧 그리고 닦음의 문제가 포함되어 있다. 예컨대 교에 해당하는 것이 정어正語라면 선에 해당하는 것은 정정正定이 될 것이다. 또한 정에 해당하는 것이 정정正定이라면 혜에 해당하는 것은 정견正見, 그리고 닦음은 정정진正精進이 될 것이다. 정사正思, 정업正業, 정명正命, 정념正念 등도 선교, 정혜, 닦음의 문제와 연결되어 있으며, 같은 항목이 중복적으로 해당되는 경우도 있어 일률적으로 대응시킬 수는 없지만 8정도의 내용은 불교의 모든 가르침을 포괄하고 있는 것으로 생각된다.5) 8정도의 순서를 볼 것 같

---

4) EM. Lon Feer. (ed.), *Saṁyuttap-Nikāya*, Part. V(London: The Pali Text Society, 1898), 421쪽, "Dve me bhikkhave antā pabbajittena na sevittabbā.……Ete te bhikkhave ubho ante anupakamma majjhimā paṭipadā Tathāgatena abhisambuddhā cakkhukaraṇī ñāṇakaraṇī upasamāya abhiññāya sambodhāya nibbānāya samvattati. Katamā ca sā bhikkhave majjhimā paṭipadā Tathāgatena abhisambuddhā cakkhukaraṇī ñāṇakaraṇī upasamāya abhiññāya sambodhāya nibbānāya samvattati. Ayameva ariyo aṭṭhaṅgiko maggo. seyyathdaṁ. sammādiṭṭhi sammāsakappo sammāvācā sammākammanto sammāājīvo sammāvāyāmo samāmāsati sammāsamādhi."

5) 그러한 의미에서 현광은 팔정도를 '불교의 종합수행법'으로 보고 있다. 그는 "팔정도의 출발점은 정념이고 그 노력이 정정진이며 이것이 지속적으로 이어져 집중에 너지가 형성되면 정정, 행동으로 자비를 실천하는 것이 정어·정업·정명이다"라고 한다. 현광, 「근본불교수행의 요체와 지성의 발현」, 『修行과 知性의 發現』제2

으면 정견이 첫 번째에 오고 마지막에 정정이 배치되어 있는데, 이것은 깨달음을 얻기 위해서는 무엇보다 올바른 견해, 지혜가 필요하기 때문이며, 마지막의 정정은 깨달음을 완수하기 위해서는 올바른 선정, 정신통일이 요청된다는 점에 입각하여 순서를 정한 것으로 여겨진다. 이처럼 원래 부처의 수행법에는 중도에 의거한 8정도가 중시되었을 뿐, 교와 선, 정과 혜, 돈頓과 점漸 등의 세세한 이원론적 특정 수행체계는 나타나지 않는다.

부처의 가르침을 교와 선으로 처음 나누어 설명한 선사는 중국의 규봉종밀圭峰宗密(780~841)이다. 원래 인도에서는 교와 선이 엄격히 구분되지 않은 채, 근기에 따른 방편적 가르침으로 간주하는 경향이 강하였다. 그것이 보다 체계화된 것이 이제설二諦說인데, 언제言諦와 진제眞諦, 즉 교와 선은 서로 대립적인 것이라기보다는 서로를 보완하는 것으로 생각하였다.[6] 그런데 불교가 중국에 수입되어 후대로 가면서 실천적 수행을 강조하는 선종이 융성하게 됨으로써 선 우위의 선교 대립적 양상이 표면화

차 가산포럼자료집(가산불교연구원 가산학회, 2001), 86쪽.

[6] 이와 같이 생각한 대표적인 인물은 대승불교의 아버지이자 제2의 붓다로 일컬어지는 인도의 龍樹(Nāgārjuna, 약 AD 150~250)이다. 용수는 붓다의 말씀(言諦)과 붓다의 마음(眞諦)은 상호보완적인 것으로, 言諦는 眞諦에 도달하기 위한 계단 또는 사다리역할을 하며, 진제는 언제의 진리를 드러내어 주는 것으로 파악하였다. 이것을 이제설이라 하는데, 龍樹는 『中論』 제24장 觀四諦品에서 다음과 같이 설명한다. "부처님들의 교법은 二諦에 의거한다. (그것은) 세간에서 행해지는 진리(世俗諦)와 승의로서의 진리이다(勝義諦).(dve satye samupāśritya buddhānāṁ dharma-deśanā/lokasaṁvṛtisatyaṁ ca satyaṁ ca paramārthataḥ//諸佛衣二諦 爲衆生說法 一以世俗諦 二第一義諦[24-8])", "이 두 가지 진리의 구별을 모르는 사람들은 부처님의 가르침에 있는 심원한 진실을 알지 못한다.(ye 'nayoma vijānanti vibhāgaṁ satyayordvayoḥ/te tattvaṁ na vijānanti gambhīraṁ buddhaśāsane//若人不能知 分別於二諦 則於深佛法 不知眞實義[24-9])", "(세간의) 언어 관습에 의거하지 않고서는 최고의 意義는 가르쳐지지 않는다. 최고의 의의에 도달하지 않고서는 涅槃은 증득되지 않는다.(vyavahāramanāśritya paramārtho na deśyate/paramārthamanā-gamya nirvāṇaṁ nādhigamyate//若不依俗諦 不得第一義 不得第一義 則不得涅槃 [24-10])"

되자, 규봉종밀은 선과 교를 융화시킬 필요성을 절감하였다. 즉 교(經)는 붓다의 말씀이며 선은 붓다의 마음에 해당하는 것으로 선과 교 모두가 붓다의 가르침이라는 것이다.

> 모든 종파의 시조는 곧 석가이시니 교(經)는 부처의 말씀이요. 선은 부처의 마음(意)이다. 따라서 부처의 말과 마음이 반드시 어긋나지 않으리라. 모든 조사가 서로 계승하여 오되, 그 근본은 부처가 친히 분부하신 것이고 보살이 논論을 짓되 처음부터 끝까지 단지 부처의 경經을 널리 전한 것이다.…… 교(講)하는 사람이 선하는 사람을 헐뜯지 않았으며 또한 선하는 사람이 교하는 사람을 헐뜯지 않았다.[7]

지눌은 규봉종밀의 선교융화禪教融和가 당시 고려 불교에도 절실히 요청됨을 인식하고 선과 교의 이원적 대립을 중도에 입각한 선교일치로 극복하고자 하였다.[8] 지눌은 『화엄론절요서華嚴論節要序』에서 당시의 세태를 다음과 같이 비판하고 있다.

> 세존世尊이 입으로 설한 것은 교敎요, 조사祖師가 마음으로 전한 것은 선禪이다. 불조佛祖의 마음과 입은 서로 어긋나지 않는 데 근원을 궁구窮究하지 않고 각자가 배운 것에 안주하여 망령된 논쟁으로 헛되이 세월만 허비한다.[9]

---

7) 圭峰宗密,『(懸吐譯注) 都序』(서울: 敎林, 1994), 270쪽, "諸宗始祖, 卽是釋迦, 經是佛語, 禪是佛意. 諸佛心口, 必不相違, 諸祖相承, 根本, 是佛親付, 菩薩造論, 始末, 唯弘佛經,……未有講者毀禪, 禪者毀講."
8) 지눌의 선교일치론에 대해 이종익은 다음과 같이 평가한다. 지눌의 새로운 불교운동을 위한 사상체계와 지도체계는 종래의 관습적으로 내려오던 '禪·敎觀' 즉 '佛語·祖心'의 이원론관과 敎內·敎外의 우열관 및 우상화된 '敎外別傳'의 대립·반목·모순의 원인이 되었던 말세적인 투쟁의 와중에 함몰된 관습적인 선·교관에서 탈피하여 일대 자각과 혁신의 기치를 내건 것이다. 李鍾益,『韓國佛敎の硏究』(東京: 國書刊行會, 1980), 115쪽.

선 또는 교 하나만을 내세운 극단적 가르침은 중도를 벗어난 것으로, 이는 '망령된 논쟁'에 지나지 않는다는 게 지눌의 입장이다. 지눌 수행법의 첫 출발점이 선교의 일치에 있음은 그의 제자 혜심慧諶(1178~1234)의 평가에서도 잘 드러난다. 고려 고종 2년에 간행된 지눌의 『원돈성불론圓頓成佛論』과 『간화결의론看話決疑論』 초간전(初刊跋)에서 혜심은 지눌의 선교일치에 대해 다음과 같이 설명한다.

> 선은 부처의 마음(佛心)이요 교敎는 부처의 말씀(佛語)이며, 교는 선의 강목綱目이 되고 선은 교의 강령綱領임을 모르고 있다. 그리하여 선과 교의 두 집이 영영 원수를 보듯 하고 법法과 의義의 두 학學이 도리어 모순된 종문宗門이 되고 말았다. 그렇게 되면 끝내 일실도一實道를 밟아 무쟁문無諍門에 들어가지 못하므로 선사禪師 보조국사普照國師께서 이를 안타깝게 여겨 이『원돈성불론』을 지은 것이다.10)

위의 내용은 당시의 불교계가 교와 선으로 나누어져 서로가 원수처럼 적대시하며 논쟁을 일삼았음을 잘 보여 준다. 지눌은 그러한 대립이 선과 교가 부처의 마음과 말로 다같이 부처의 가르침이며, '교가 선의 강목綱目이 되고 선이 교의 강령綱領'이 됨을 제대로 알지 못하는 데서 기인한다고 생각했다. 따라서 지눌은 이와 같은 대립적 상황을 중도에 의해 수습하고자 했는데, 그것이 바로 교(화엄)와 선의 세계가 둘이 아닌 하나로 일치한

---

9) 知訥,『華嚴論節要序』;『한국불교전서』4책(동국대출판부, 1982), 768쪽 上, "世尊說之於口, 卽爲敎, 祖師傳之於心, 卽爲禪. 佛祖心口, 必不相違, 豈可不窮根源, 而各安所習, 妄興諍論, 虛喪天日耶."
10) 知訥,『看話決疑論』;『한국불교전서』4책, 737쪽 中, "殊不知禪是佛心敎是佛語, 敎爲禪網禪是敎網, 逐及禪敎兩家, 永作怨讎之見, 法義二學, 返爲矛盾之宗, 終不入無諍門, 履一實道, 所以, 先師哀之, 乃著圓頓成佛論."

다는 선교일치禪敎一致이다. 교와 선이 중도에 입각하여 하나로 일치하기 위해서는 서로가 갖고 있는 편견과 치우침을 직시하여 이를 시정하는 것이 필요하다. 지눌은 당시의 불교계가 갖고 있는 폐단을 다음과 같이 지적하였다.

> (교를 추구하는 추종자들은) '다만 현재 자기 마음의 분별하는 본성은 본래 주체와 대상이 없어 본시 이것이 부동지의 부처이며, 옳은 것과 그른 것을 잘 분별하는 훌륭한 지혜는 우리 마음속의 문수文殊와 다른 것이 아니다' 등의 말을 하면서, 자신의 마음을 반조返照하지는 않고 그 공능功能만을 알고 있다. 또한 진정한 깨달음의 경험을 결여한 속물 같은 선 추종자들이 있으니, 그들은 단지 편안해진 마음을 반조하여 무위無爲에 빠져 있다. 그들은 비판적인 판단에 의해 (그들이 반조를 통해 발견해야 하는 것을) 확인하지 않을 뿐만 아니라 자비로운 보살의 서원을 수행하지도 않는다.[11]

> 만약 우리가 권교權敎의 가르침을 따르게 되면 (모든 사람에게 열려 있는) 대법大法에 스스로 퇴굴심退屈心을 내게 되니, 이것은 자기의 마음을 스스로 기만하여 하열下劣한 곳에 처하는 것을 달갑게 여기는 것이다. 만약 (또 다른 극단으로) 우리가 약간의 신해信解만을 지닌 채 (佛果를) 얻지 못한 것을 얻었다고 하고 증득하지 못한 것을 증득했다고 말한다면 해만심懈慢心을 내게 되어 스스로의 역량을 알지 못하므로 우리보다 뛰어난 이를 무시하니, 이는 부끄러움이 없는 증상만자增上慢者가 되는 것이다.[12]

---

11) 知訥, 『華嚴論節要』; 『한국불교전서』 4책, 868쪽 上~中, "但論現今, 自心分別之性, 本無能所, 無是不動冒佛, 善簡擇正邪妙慧, 是自心文殊師利等, 而不善返照自心, 知其功能. 是爲求名聞利養文字法師, 若唯返照, 安心無爲. 而不可決擇, 不修願行."
12) 知訥, 『華嚴論節要』; 『한국불교전서』 4책, 868쪽 中, "若隨權敎之說, 而於大法自生退屈, 是自欺自心甘處下劣. 若恃小分信解, 未得謂得, 未證謂證, 而生懈慢, 輕忽上流, 不知自量, 是爲無慚愧增上慢者."

지눌은 문자의 덫에 걸려 명리名利에 치우쳐 있는 교(화엄)와 무위에 빠져 보살행을 상실한 선 추종자들의 극단적인 두 공부법을 선교의 중도, 즉 선교일치에 의해 개선하고자 하였다.13) 중도의 수행법(공부법)에 의해 깨달음을 얻은 붓다와 마찬가지로 지눌은 교와 선의 일치, 즉 선교일치에 의해서만이 진정한 깨달음이 가능하다는 걸 절감하고 있었던 것이다.14) 물론 중생의 근기에 따라 여러 가지의 공부법이 있지만 교의 추종자들이 "단지 언교言敎에 따라서 날마다 논쟁만 하면서 교만과 승부심으로 세월을 허송하고, 마음을 비추어 보아 깨끗한 행行을 부지런히 닦을 줄 모르니, 어찌 부끄럽지 않는가?"15) 또한 진정한 깨달음의 체험을 결여한 채 비판적인 판단과 보살도를 상실한 선 추종자 역시 무위행의 나태에 빠져 참다운 공부법에서 벗어나 있기는 마찬가지였다.

선과 교는 부처의 마음과 글로서 깨달음에 이르기 위한 두 가지 공부법이지만, 어느 하나만을 극단적으로 내세울 때 그것은 이미 깨달음의 길

---

13) 김지견,「知訥에서의 禪과 華嚴의 相依」,『보조사상』제1집(보조사상연구원, 1987), 132~133쪽, "지눌에 있어 華嚴의 性起法界와 頓悟의 禪體驗은 근원적으로 相依의 관계였음을 알게 된다. 즉 '法界는 禪을 통해서만 조명하는 것이요, 선은 법계를 통하여서만 내용을 가진다'라고 사유된다. 결국 화엄의 법계가 性起인 것이나 선을 통한 체험의 장을 찾는 것은 철두철미 自己一着에 귀착하는 문제임에 틀림이 없다."
14) 지눌의 생애에는 세 번에 걸쳐 깨달음의 전기가 있었는데, 세 번 모두 수행(禪)과 경전(敎)을 함께 공부한 결과였다. 첫 번째는 25세에 慧能(638~713)의『法寶記檀經』을 읽다가 일어났고, 두 번째는 31세에 李通玄(635~730)의『華嚴論』을 읽다가 선과 화엄이 하나임을 자각하였으며, 세 번째는 41세 때 大慧宗杲(1088~1163)의『大慧語錄』을 통해 간화선을 깨달았다. 혜능이『金剛經』독경 소리에 깨달음을 얻었듯이 지눌 역시 경전을 읽다 깨달음을 획득한 것이다. 선은 교를 점검하는 것이며 교는 선을 확인하는 것으로, 선과 교 모두가 깨달음의 機緣이 될 수 있다. 선과 교뿐만 아니라 우리의 일상생활 자체가 수행이고 깨달음의 전기로 선과 교로 이분하여 어느 한쪽을 주장하는 것은 깨달음을 위한 올바른 태도가 아니다.
15) 知訥,『圓頓成佛論』;『한국불교전서』4책, 727쪽 下, "但隨言敎, 終日諍論, 增長我慢勝負之心, 空過一生, 不解返照, 勤修梵行, 可不慚愧乎."

에서 벗어난 것이다. 지눌은 다음과 같이 일갈한다.

> 하택신회는 지해종사知解宗師로 조계의 적자가 되지 못하였다. 그러나 깨닫고 이해한 바가 높고 밝아서 수행을 결택하고 이치를 분별하는 일이 분명하였다.…… 그래서 지금 교에 의해 마음을 깨달으려는 사람을 위해 번거로운 말을 버리고 가르침의 요점만을 가려 뽑아서 관행觀行의 귀감으로 삼고자 한다. 내가 보기에 요즘은 수심하는 사람들은 문자가 돌아가는 취지에 의지하지 않고 바로 비밀한 뜻을 전한 것만을 도道라 하면서, 혼침 속에 앉아 졸기도 하고 정신이 산란하여 어지럽기도 한다. 그러므로 오직 여실如實한 가르침에 의지하여 수행의 근본과 지말을 분명히 결택하여 자기의 마음을 비춰 보아 항상 관조觀照하는 공부에 그릇됨이 없게 하노라.16)

지눌은 선교의 대립이 정치적 대립양상으로까지 확산될 조짐을 보이던 당시의 시대적 상황을 선교의 일치, 즉 중도의 공부법을 통해 극복하고자 했다. 교종(화엄)과 선종이 분열되어 갈등하던 당시의 불교계에 지눌의 선교일치론은 "당시의 화엄학자들에게 그들의 종교적 수행을 위한 합리적 지침, 즉 법계法界에 대한 이론적인 정교함에 매달리는 것을 방비하기 위한 교정수단을 제공해 주었고, 선학도禪學徒에게는 그들의 종교적 수행에 대한 철학적 기초를 제공해 주었다.17)

---

16) 知訥, 『法集別行錄節要幷入私記』; 『한국불교전서』 4책, 741쪽 上, "荷澤神會, 是知解宗師 雖未爲曹溪嫡子. 然悟解高明, 決擇了然,……今爲因敎悟心之者, 除去繁詞, 鈔出綱要, 以爲觀行龜鑑. 予觀今時修心人, 不依文字指歸直以密意相傳處, 爲道則溟溟然徒勞坐睡, 或於觀行, 失心錯亂故. 須依如實言敎, 決擇悟修之本末, 以鏡自心卽於時中觀照, 不枉用功爾."

17) 심재룡, 「보조국사 지눌의 『원돈성불론』 상석」, 『지눌』(예문서원, 2002), 441쪽. 김지견은 선과 화엄의 관계는 적대 내지 우열관계가 아닌 相依相資의 관계로 보며, 이러한 점을 명확하게 밝혀준 선지식인이 다름 아닌 지눌이라고 평가한다. 김지견, 「知訥에서의 禪과 華嚴의 相依」, 『보조사상』 제1집, 133쪽.

3. 정과 혜의 중도

정定과 혜慧는 불교의 기본 공부법이 되는 3학(戒·定·慧)의 두 요소인 동시에 6바라밀 중의 선정禪定과 지혜智慧를 가리키는 것으로, 불교 수행의 가장 중요한 두 근간이다. 정은 흐트러진 산란한 마음을 한 곳에 집중하여 고요하게 하는 것이며, 혜는 사물을 있는 그대로 여실하게 보는 것이다. 이른바 마음을 가라앉혀 있는 그대로 진실하게 보는 것이 정혜의 공부법으로, 정과 혜가 함께 작용할 때 깨달음이 가능하다. 지눌은 이처럼 불가분의 관계를 맺고 있는 정과 혜를 함께 닦는다는 의미에서 정혜쌍수라고 칭하였던 것이다.

선과 교가 부처에 의해 제시된 두 가지 가르침(진리)의 길이라면, 정과 혜는 그 가르침으로 나아가는 중생들의 두 가지 닦음의 길이라고 할 수 있다. 그러므로 선교와 정혜는 결국 연속되는 하나의 길로 관통되며, 정신통일을 꾀하는 선정의 수행과 있는 그대로 여실하게 파악하는 반야의 지혜는 서로 맞닿아 있는 것이다. 지눌은 당시 '단지 문자에만 집착하는 얼빠진 혜'와 '헛되이 침묵만을 지키고 있는 어리석은 선'을 바로 잡기 위해 선교일치를 내세웠고, 이 선교일치를 더욱 공고화하기 위해 정혜쌍수를 주장했다고 볼 수 있다. 지눌은 선교가 일치되어야만 깨달음이 가능함을 정혜쌍수를 통해 보다 구체적으로 밝혀낸 것이다. 즉 완전한 깨달음의 상태에서는 정과 혜가 일치하지만(定慧等持), 깨달음에 이르지 못한 상태에서는 정과 혜가 결코 일치하지 않는다는 것이다. 지눌은 이것을 자성문정혜自性門定慧와 수상문정혜隨相門定慧라는 두 가지 수행법을 통해 설명하고 있다.

> 자성문自性門에서는 걸림 없는 고요함과 앎이 원래 무위無爲여서 한 티끌에 대한 집착도 다 끊어졌으니 어찌 털어내는 노력을 수고롭게 하겠는가? 감정을 일으키는 하나의 생각도 일어나지 않으니 인연을 잊을 힘을 빌 것이 없다.…… 수상문隨相門에서는 이치에 따라 산란함을 거두고 진리를 탐구해서 공空을 관하여, 혼침과 산란을 고루 다스림으로써 무위에 들어간다.18)

자성문은 모든 집착을 끊어버려 하나의 생각도 일어나지 않는 무심無心의 경지에서 행해지는 수행법인 반면, 수상문은 혼침과 산란함을 바로잡는 수행법이다. 즉 자성문은 깨달음을 성취한 수행자를 대상으로 하는 수행법이며, 수상문은 아직 깨달음을 성취하지 못한 수행자들을 대상으로 하는 수행법이다. 그러므로 사실상 자성문에서는 더 이상 닦을 것도 없다. 닦음은 단지 수상문에서 필요할 뿐이다. 그러면 왜 지눌은 자성문정혜와 수상문정혜라는 정혜의 두 가지 수행법을 제시하였을까? 그것은 무엇보다 자성문정혜에서는 정과 혜가 완전하게 균등한 일치를 이루지만, 수상문정혜에서는 정과 혜가 결코 균등하게 일치되지 않는다는 사실을 보여 주기 위한 것이라고 할 수 있다.

> 만일 먼저 적적寂寂으로 끝없는 생각을 다스리고 뒤에 성성惺惺으로 혼침을 다스린다고 하여, 선후로 대치하여 혼침과 산란을 고루 다스려 고요함에 이른다고 하면, 그것은 점문漸門에서의 근기가 낮은 이의 수행이다. 이를 두고 비록 성惺과 적寂을 '균등하게 가진다'라고 말하지만 그것은 결국 고요함만을 취하는 수행에 지나지 않는다. 그러므로 어찌 깨친 사람의 수행, 즉 '본래의 적寂함과 본래의 지知함을 저나지 않은 채 자유자재로 두 가지를 고루 닦는 수행'

---

18) 知訥, 『牧牛子修心訣』; 『한국불교전서』 4책. 712쪽 中, "自性門則曰 任運寂知, 元自無爲, 絶一塵而作對. 何勞遣蕩之功? 無一念而生情, 不假妄緣之力.……隨相門則曰, 稱理攝散, 擇法觀空, 均調昏亂, 以入無爲."

이 될 수 있을 것인가?[19]

깨친 사람의 수행, 즉 자성문정혜에서는 정과 혜가 균등한 상태이지만, 아직 깨치지 못한 사람의 경우에는 균등하게 취하는 것이 불가능하다. 왜냐하면, 위의 인용문에서도 드러나듯이 깨친 사람은 본래의 적寂함과 본래의 지知함를 떠나지 않지만 아직 깨치지 못한 사람은 그렇지 못하기 때문이다. 여기에서 적과 지는 각각 정과 혜를 뜻하는 것으로 자성문의 상태, 즉 진여의 상태에서는 정과 혜가 진여의 특징으로 '본래의 적'(本寂)과 '본래의 지'(本知)로 규정된다.[20] 그러므로 깨달음의 상태에서는 정과 혜가 본적, 본지로 둘 사이에 어떠한 구별도 없는 것이다.

자성문과 수상문으로 나눈 다른 이유로는 수행자의 근기에 따른 수행방법을 제시함으로써 보다 효과적인 수행을 이끌기 위해서였다.[21] 수행의 완성상태에서는 정과 혜가 완전히 일치하지만 완성상태에 도달하지 못한 경우에는 정과 혜가 일치하지 않으므로 아직 완성단계에 도달하지 못한 수행자들의 분발을 촉구하기 위해서였다. 이것은 깨달은 상태에서의 수행법이 어떠한 것인가를 정혜를 통해 분명하게 보여줌으로써 아직 깨닫지 못한 수행자들이 정혜라는 구체적인 하나의 수행방법을 전거로 삼아 지속적인 노력을 행할 수 있게 하려는 것이다.[22]

---

19) 知訥, 『牧牛子修心訣』; 『한국불교전서』 4책, 712쪽 上, "若言先以寂寂, 治於緣慮, 後以惺惺, 治於昏住, 先後對治, 均調昏亂, 以入於靜者 是爲漸門劣機所行也. 雖云惺寂等持, 未免取靜爲行. 則豈爲了事人, 不離本寂本知, 任運雙修?"
20) 김광민, 『지눌의 교육이론』(교육과학사, 1998), 43쪽.
21) 강건기, 『마음 닦는 길』(불일출판사, 1993), 194쪽, "지눌이 두 가지의 선정과 지혜(자성정혜와 수상정혜)를 말함은, 한 사람이 그 두 가지를 다 닦으라는 것이 아니라, 각기 근기에 맞는 것을 택하여 수행하라는 것이 분명하다."
22) 보조는 정혜쌍수를 깨달음에 이르기 위한 전략적 수단으로 여겨 수상정혜와 자성정혜라는 두 가지 길을 제시하고 있다. 이 두 가지 길은 현실적인 인간에게 실질

지눌은 정혜를 자성문정혜와 수상문정혜로 나누어 깨달음의 상태와 그렇지 못한 상태에서 정혜의 관계가 어떻게 나타나는지를 보여 주었다. 그러한 대비를 통해 실제 그가 보여 주고 싶었던 것은 깨달음의 상태가 아니라 정혜의 관계를 분석함으로써 올바른 수행기풍을 진작시키기 위해서였다.[23] 예컨대 수상문隨相門에서의 상相과 자성문自性門에서의 성性은 서로 대비되는 것으로, 상이 현상계를 나타내는 데 반해 성은 본체계를 나타낸다. 수상문정혜는 수행자가 다양한 현상과 마주칠 때, 수행의 최고단계에 비추어 자신의 부족한 면을 보안하는 공부법이다. 불완전한 단계에서 완전한 단계로 점차 대치對治해 나가는 수행법이 바로 수상문정혜인 것이다. 이에 비해 자성문정혜는 더 이상의 수행을 필요로 하지 않는 완전한 경지이다. 따라서 지눌에게 있어 수행의 대상자는 아직 깨닫지 못한 수행승들이다. 그리고 그러한 수행승들을 깨달음으로 인도하는 가장 확실한 수행방법은 정과 혜를 동시에 닦게 함으로써 정혜가 일치될 수 있도록 하는 것이다.[24]

인 도움을 주기 위한 것으로 사람 가운데 貪·瞋·痴 등의 번뇌가 무거운 사람과 가벼운 사람으로 나눌 수 있는데 전자를 習重 후자를 習輕이라 한다. 이때 자성정혜는 번뇌가 비교적 가벼운 '습경'의 사람에게 알맞은 공부방법이고, 수상정혜는 번뇌가 무거운 습중의 사람에게 적합한 방법이다. 즉 수상정혜와 자성정혜는 사람의 근기와 역량에 따른 두 가지 공부방법인 것이다. 이희재, 「普照思想의 會通의 구조」, 『佛敎學 論叢-田雲憲 總務院長 華甲紀念』(천태불교문화연구원, 1999), 868쪽.

[23] 인경, 「마음의 해석학」, 『지눌』(예문서원, 2002), 179쪽. 지눌은 중도선의 修證論 혹은 실천론을 정혜로 분류하는데, "정혜가 함께 존재하는 경우는 하택종으로 보고, 상대적으로 定이 강조되는 경우는 북종, 慧가 보다 강조되는 경우는 홍주종으로 간주하는 듯하다."

[24] 김호성은 二門定慧와 頓漸문제의 상관관계를 논하면서, 자성정혜는 六祖慧能의 돈오돈수를 이어받은 것으로 最上根機의 사람에게 해당하는 것이며, 수상정혜는 北宗神秀의 돈오점수를 계승한 것인데 中·下 根機의 사람을 위한 수행방법으로 지눌은 자성정혜보다는 수상정혜, 즉 돈오돈수보다는 돈오점수에 더 역점을 둔 것으로 파악하고 있다. 결론적으로 김호성은 지눌의 "이문정혜는 중국불교계에서는 상반·대립적인 것으로 인식된 육조 혜능과 북종신수를 모두 포섭 나름대로의 위

깨달음의 주체(能悟)를 밝히려면 들어가는 문이 수천 가지가 있으나, 그것은 다 정혜定慧를 떠나지 않는다. 왜냐하면 마음은 물과 같아 물살이 흔들리면 그림자가 부서지고, 물이 맑고 고요하면 그 작용이 완전해질 것이다. 선정禪定과 지혜智慧가 동시에 없으면, 그는 미치광이요 미련한 사람이다. 두 가지를 함께 고요히 운용하면, 완전한 부처가 될 것이다. 혹자는 마음을 일으키지 않는 것으로서 생각이나 닦음도 없으며 자취를 떨쳐 버리고 이치를 드러낸다고 하는데, 이것들은 다 선정으로 문을 삼는 것이요, 또 마음의 공적함을 알고 생각 없음을 알고 본다고 하는 것들은 다 지혜로 문을 삼는 것이다.[25]

위의 내용은 깨달음에 이르기 위해서는 반드시 정과 혜를 함께 닦아야 한다는 것을 물의 작용에 비유하여 설명한 것이다. 지눌은 정과 혜의 불가분성을 체와 용의 관계에 비유하여 설명하기도 한다.

정은 체요, 혜는 용이다. 용은 체의 용이기 때문에 혜는 정으로부터 떨어져 있지 않고, 체는 용의 체이기 때문에 정은 혜와 떨어져 있지 않다. 정이 곧 혜이므로 적寂하되 항상 지知하고, 혜가 곧 정이므로 지하되 항상 적하다. 조계가 말한 바와 같이, '마음에 혼란 없음이 자성의 정이요, 마음에 어리석음이

치를 부여, 보조선의 체계 속으로 용해시키고자 한 것"으로 평가한다. 김호성,「普照의 二門定慧에 대한 思想史的 考察」,『한국불교학』 8집(한국불교학 편, 1995), 422~429쪽. 그런데 지눌의 이와 같은 포섭과 용해의 기본정신이 어디에서 나왔느냐 하는 게 중요하다. 그것은 다름 아닌 중도에 바탕하는 것으로, 지눌의 선사상을 전체적으로 아우르고 있는 일관된 구조이다. 그런 면에서 지눌은 혜능과 신수를 포섭하면서도 넘어서는 것이다. 말하자면 지눌의 선사상은 혜능과 신수를 포괄하면서도 이를 지양하는 새로운 것이다.

25) 知訥,『法集別行錄節要幷入私記』;『한국불교전서』 4책, 747쪽 中~下, "若明能悟, 入法千門, 不離定慧故. 何者, 夫心猶, 水火, 澄之聚之, 其用, 卽全, 攪之散之, 其用, 卽薄. 故, 波搖影碎, 水濁影昏, 淸明止, 巨細斯鑑, 無定無慧, 是狂是愚, 遍修一門, 是漸是近. 若竝運雙寂, 方爲正門, 成兩足尊, 非此不可. 若言不起心, 爲修道, 定爲門也. 若云看心觀心, 求心融心, 慧爲門也. 若云無念無修, 拂迹顯理, 定爲門也. 若云知心空寂, 知見無念, 慧爲門也."

없으면 자성의 혜이다.' 만약 이와 같이 깨달아서 적과 지에 자유로워서 정과 혜가 둘이 아니면, 이것이 곧 돈문에 들어간 사람은 '정과 혜를 함께 닦는 것'이다.26)

위의 내용은 자성문에서의 정과 혜를 체와 용의 관계로 환원시켜 설명한 것이다. 즉 정과 혜를 체용의 관계로 파악할 때, "정이 곧 혜이므로 적하되 항상 지하고, 혜가 곧 정이므로 지하되 항상 적하다"라는 것이다. 그러므로 정과 혜는 사실상 분리할 수 없는 것인데, 단지 개념적으로 구별할 뿐이다. 정과 혜는 동일한 수행의 두 측면인 것이다.27)

4. 돈오와 점수의 중도

지눌의 수행론은 돈오점수를 기본으로 한다. 즉 단박에 깨달은 후에 점차 닦아 나간다는 뜻이다. 이에 비해 성철은 단박에 깨달아 더 이상 닦을 것이 없다는 돈오돈수를 주장하였다. 이후 돈오점수인가 아니면 돈오돈수인가 하는 문제는 한국불교 최대의 화두로 논쟁을 치루었지만 아직까지도 결말을 내지 못하였다. 적어도 이 문제는 두 가지 내용을 내포하고 있다. 하나는 깨달음의 경지와 관련된 것으로 궁극적인 깨달음의 상태

---

26) 知訥, 『牧牛子修心訣』; 『한국불교전서』 4책, 711쪽 下~712쪽 上, "定是體, 慧是用也. 卽體之用故, 慧不離定, 卽用之體故, 定不離慧. 定則慧故, 寂而常知, 慧則定故, 知而常寂. 如曹溪云, 心地無亂自性定, 心地無癡, 自性慧. 若悟如是, 任運寂知, 遮照無二, 則是爲頓門簡者, 雙修定慧也."
27) 그러한 의미에서 定은 『大乘起信論』의 心眞如門에 해당하며, 慧는 心生滅門에 해당한다. 또한 천태의 止觀에 비추어보면, 정은 止, 혜는 觀에 해당하며, 龍樹의 二諦에 대입하면, 정은 眞諦, 혜는 俗諦가 된다. 이러한 구분은 어디까지나 깨달음에 이르지 못한 입장에서의 분별로서 깨달음의 상태에서는 구분이 사라진다.

가 어떠한 것인가 하는 문제이고, 다른 하나는 그러한 궁극적 깨달음에 이르기 위해서 어떠한 수행이 필요한가 하는 문제이다. 성철 이후에 이루어진 돈점논쟁의 그 중심부에는 항상 이 문제가 가로놓여 있었다고 생각된다. 그럼 지눌의 돈오점수설을 중심으로 하여 이 문제에 대해 접근해 보자. 지눌은 다음과 같이 질문한다.

> 그대는 돈오와 점수의 두 문이 모든 성인의 길이라 하시니, 깨닫는 것이 '단박에 깨닫는 것'이라면 어째서 '점차 닦는 것'을 빌며, 닦음이 '점차 닦는 것'이라면 어째서 '단박에 깨닫는 것'을 말씀하십니까? 돈頓과 점漸의 두 의미를 다시 말씀해 주셔서 남은 의문을 끊어주십시오.[28]

이 내용을 보면, 돈오와 점수 중 어느 하나만을 닦으면 충분하지 왜 두 가지를 함께 병행해야 하는지에 대해 의문을 제기하고 있다. 지눌의 답변은 다음과 같다.

> 돈오라는 것은 범부가 미혹했을 때, 사대(地水火風)를 몸으로, 망상을 마음으로 각각 생각하여 자신의 본래 성품이 참 법신法身인 줄 모르고 자기의 신령스런 지혜가 참 부처인 줄 모른 채, 마음 밖에서 부처를 찾아 물결 따라 여기저기를 헤매다가 홀연히 훌륭한 지도자가 보여 주는 깨달음의 길을 보고 전일 순수한 생각을 빛 쪽으로 돌이켜 자기 본래의 성품을 보는 것이다. 이 성품의 바탕에는 원래 번뇌가 없고 완전한 지혜가 갖추어져 있어서, 그 성품이 모든 부처와 조금도 다르지 않으므로, 그것을 '단박에 깨닫는 것'이라고 한다. 점수라는 것은, 비록 본래의 성품이 부처와 다름이 없음을 깨달았으나 오랫동안 익혀온 습기習氣를 갑자기 없애기 어렵기 때문에, 깨달음에 의지해 닦아

---

[28] 知訥, 『牧牛子修心訣』; 『한국불교전서』 4책, 709쪽 下, "汝言頓悟漸修兩門, 千聖軌轍也. 悟既頓悟, 何假漸修, 修若漸修, 何言頓悟? 頓漸二義, 更爲宣說, 令絶餘疑."

서 점차 그 공이 이루어지는 것이니, 마치 성인聖人의 태胎를 오래 길러서 성인이 되게 하는 것과 같다. 그러므로 이를 '점차 닦는 것'이라고 한다. 마치 어린아이가 처음 태어났을 때, 모든 기관이 갖추어져 있는 것은 어른과 다르지 않지만, 그 힘이 아직 충실하지 못하여 시간이 지나야 비로소 어른이 되는 것과 같다.29)

지눌은 위의 내용에서 '예로부터 모든 성인들 가운데 먼저 깨닫고 후에 닦지 않은 사람이 없으며, 증득證得이라는 것은 바로 이 닦음에 의하여 도달되는 것'이라는 '선오후수先悟後修', 즉 돈오점수를 주장하고 있다. 성인들과 마찬가지로 깨달음에 이르기 위해서는 우선 존재의 실상에 대한 참다운 인식이 전제되어야 한다. 지눌의 용어로 해오解悟가 필요한 것이다.30) 예를 들어 우리가 어떤 특정한 지역으로 가고자 했을 때, 먼저 그곳으로 가는 길을 분명히 알고 난 후에 쉬지 않고 그 곳으로 나아갈 때 비로소 목적지에 도달할 수 있다. 깨달음에 이르는 길도 마찬가지이다. 여러 갈래의 길들 가운데 깨달음으로 나아가는 길이 어느 길인지를 먼저 알고(解悟), 그 길을 끝까지 나아갈 때 비로소 깨달음이라는 목적지에 도달할 수 있는 것이다(證悟). 그러므로 지눌에게 있어 궁극적인 깨달음(證悟)

---

29) 知訥, 『牧牛子修心訣』;『한국불교전서』 4책, 709쪽 下~710쪽 上, "頓悟者, 凡夫迷時, 四大爲身, 妄想爲心, 不知自性是眞法身, 不知自己靈知是眞佛, 心外覓佛, 波波浪走, 忽被善知識, 指示入路, 一念廻光, 見自本性. 而此性地, 元無煩惱, 無漏智性, 本自具足, 卽與諸佛分毫不殊, 故云頓悟也. 漸修者, 雖悟本性與佛無殊, 無始習氣, 難卒頓除故, 依悟而修, 頓熏功成, 長養聖胎, 久久成聖故, 云漸修也. 比如孩子初生之日, 諸根具足, 與他無異, 然其力未充, 頗經歲月方始成人."
30) 解悟(돈오) 없는 닦음(점수)은 맹목이며 닦음 없는 깨달음은 해오에 불과하다. 깨달음 이전의 앎, 즉 知解에 의한 수행은 맹목에 지나지 않는다. 따라서 지눌은 종밀과 마찬가지로 "그저 무작정 점차 닦아 나가는 데에만 몰두하는 점수의 병폐를 돈오론으로 치유하고, 돈오만 하면 된다고 하여 점차 닦아 나가는 데 소홀한 병폐를 점수론으로 치유하려 했다." 박성배(윤원철 옮김), 『깨침과 깨달음』(서울: 예문서원, 2002), 207쪽

은 항상 해오解悟 이후에 주어지는 것이다. 지눌의 돈오점수에서의 돈오
란 깨달음에 나아가는 길을 분명히 아는 것, 즉 해오解悟에 해당하는 것이
며, 점수란 쉬지 않고 그 길로 나아가는 실천이다. 그 결과 주어지는 것이
증오證悟이다. 따라서 증오로 나아가기 위한 선결요건은 무엇보다 그 길
(證悟)을 먼저 인식하는 것(解悟)이다.31) 점수보다 돈오가 논리적으로 우선
되는 이유가 여기에 있다. 그렇지만 시간적으로는 돈오와 점수는 동시에
이루어진다. 돈頓과 더불어 점漸이 병행하는 것, 즉 돈과 점의 중도가 돈
오점수의 진정한 의미이다.32)

물론 지눌이 깨달음 후의 닦음을 주장하고 있지만 그렇다고 깨달음
전의 닦음을 완전히 부정했다고는 볼 수 없다. 또한 돈오점수를 주장하였
다고 하여 돈오돈수를 비롯한 다른 수행방법을 완전히 부정한 것도 아니
다. 단지 그가 주장한 것은 여러 수행방법 가운데 깨달음에 이르는 가장
적절한 것이 바로 깨달음 후의 닦음, 즉 돈오점수라는 점이다.33) 아마도

---

31) 그러한 의미에서 지눌의 수행의 출발점은 解悟이다. 해오 이후의 수행은 지눌이 항상 강조하는 先悟後修에 해당하는 것으로 그 결과 증오를 얻게 된다. 따라서 지눌의 선사상의 구조 속에서는 "증오 이전의 修가 바로 해오 이후의 수에 해당된다. 수는 이와 같이 해오 이전의 수와 해오 이후의 수로 말할 수도 있고, 또는 증오 이전의 수와 증오 이후의 수로 말할 수도 있다." 박성배, 「보조스님은 證悟를 부정했던가?」, 『지눌』, 278쪽.
32) 분명 논리적으로는 解가 漸보다 우선하지만 실제 수행이 이루어지는 현실적 시간 속에서는 해와 점이 동시에 이루어진다. 돈오하는 순간이 바로 점수하는 순간으로 이 둘은 결코 분리될 수 없다. 돈오와 점수의 완전한 일치, 그것이 지눌이 의도하는 수행법의 요체가 되는 것으로 곧 해와 점이 상즉하는 중도행의 수행법인 것이다.
33) 이와 같은 지눌의 돈오점수설에 대해 성철은 지눌을 知解宗徒로서 禪門을 어지럽히는 이단자로 지목하고 돈오돈수설만이 올바른 것임을 천명하였다. 돈오점수에 있어서 깨달음(頓悟)이란 단지 解悟에 불과하다는 것이다. 성철, 『禪門正路』(불광출판사, 1981); 이러한 성철의 비판을 길희성은 다음과 같이 반박한다. "성철의 지눌 비판에 있어 가장 큰 문제점은 그의 비판이 오직 지눌사상의 일부분인 돈오점수론에만 국한되어 있다는 사실이다. 다시 말해서, 성철이 그토록 중시하는 大慧 (1089~1163)선사의 看話禪 전통도 한국불교의 경우 지눌에서부터 시작한다는 사

지눌은 이 수행법이 붓다의 중도적 수행법에 가장 근접하는 것이라는 점을 인식하였을 것이다.34) 그러한 인식 아래에서 지눌은 점수를 전제한 돈오, 돈오를 전제한 점수를 돈오점수라는 주장의 중도적 수행법으로 완결시켰던 것이다.

> 만약 그 깨달음이 철저한 깨달음이라면 어찌 점수에 구애받으며, 또 그 닦음이 진정한 닦음이라면 어찌 돈오를 떠나겠는가?35)

지눌의 돈점구조에서 단박에 깨닫는다는 돈은 혜에 해당하고 점차 닦는다는 점은 정에 해당한다. 즉 돈이란 인식에서는 가능한 것이지만 실제

실을 무시하고 있는 것이다. 그가 지눌의 돈오점수설을 비판하고 頓悟頓修를 주창한 것은 임제선을 이상으로 여겨 선의 순수성 내지 완벽성을 지키려는 의도로 이해될 수 있으나, 지눌이 주장한 닦기 전 깨달음(修前悟)으로서의 解悟를 전혀 인정하지 않고, 證悟만을 염두에 두면서 닦음(修)과 깨달음(悟)의 질적 차이를 강조한 그의 접근법은 돈오돈수보다는 오히려 漸修頓悟로 귀결된다. 話頭공부를 통해 깨달음을 얻기 위한 치열한 수행을 한다 할지라도 깨닫기 전까지는 점수일 수밖에 없기 때문이다." 길희성, 「한국불교 정체성의 탐구: 조계종의 역사와 사상을 중심으로 하여」, 『韓國宗教研究』 제2집(서강대학교 종교연구소, 2000), 192쪽. 말하자면 성철은 궁극적인 깨달음(證悟)만을 문제로 삼는 데 비해 지눌은 깨달음에 이르는 과정까지도 중시하고 있다는 점이 두 선사의 결정적인 차이점이라 할 수 있다. 즉 지눌은 돈오점수(解悟)만이 아니라 돈오돈수(證悟)도 인정하고 있기 때문에 성철의 지눌 비판은 부분적인 것일 수밖에 없다.

34) 법정이 지적하듯이, 부처의 경우 보리수 아래에서의 깨달음은 頓悟이고, 45년 동안의 교화활동으로 무수한 중생을 제도한 일은 漸修에 해당한다. 부처는 바쁜 교화활동 가운데에서도 수시로 깊은 禪定에 들어 깨달음의 法悅을 지속해 나가는데, 이것 역시 점수라고 볼 수 있다. 즉 부처는 중도에 의해 깨달음을 얻었으며, 깨달음 그 자체(연기법)도 중도이며, 그의 평생의 삶 역시 중도로 일관했다고 볼 수 있다. "깨달음 다음의 수행은 오염을 막을 뿐 아니라, 온갖 행을 두루 닦아 이웃을 함께 구제하는 일이다." 법정, 「刊行辭」, 『普照思想』 창간호(보조사상연구원, 1987), 4쪽.

35) 知訥, 『法集別行錄節要幷入私記』; 『한국불교전서』 4책, 749쪽 中, "悟若徹悟, 豈滯於漸修, 修若眞修, 豈離於頓悟."

그것은 실천적인 것으로, 깨달음은 단박의 인식이자 찰나적으로 이루어지는 것이지만, 그러한 깨달음은 점차적인 수행에 의해 깊어지고 분명해지는 것이다. 지눌의 돈오점수라는 용어에서의 돈오란 궁극적인 깨달음 뿐만이 아니라 인간 자체가 불성을 갖고 있다는 것을 인식한 것조차도 내포하고 있다. 반면 성철은 궁극적 깨달음 그 자체만을 돈오라고 한정하기 때문에 서로 용어사용에서 이미 그 의미가 달라질 수밖에 없었던 것이다. 지눌은 돈오점수를 궁극적인 깨달음의 경지라고 결코 주장하지는 않았다. 단지 돈오점수에 의해 궁극적인 깨달음으로 나아갈 수 있다는 걸 주장했을 뿐이다. 즉 성철은 깨달음의 궁극적인 경지로서의 돈오돈수를 얘기한 것이지만 지눌은 그러한 궁극적 깨달음에 이르기 위한 수행법으로서의 돈오점수를 주장했던 것이다.

> 비록 돈오돈수가 최상의 근기를 가진 사람이 들어갈 수 있는 문이라고 하나, 과거를 미루어 보면 이미 여러 생 동안 깨달음에 의하여 닦아 점차로 익혀 오다가 금생에 이르러 듣자마자 일시에 마치는 것이니, 사실상 이것 역시 먼저 깨달은 뒤에 닦는 근기인 것이다. 그러므로 돈오와 점수의 두 문은 모든 성인이 밟아 간 길이다.[36]

불교의 깨달음은 윤회로부터 벗어나 해탈하기 위한 것이다. 윤회를 전제한다면 우리의 현생은 전생의 과보로 인한 것이며, 따라서 우리가 현생에서 단박에 깨달음을 얻는다고 하더라도 그것 역시 전생에서부터 점차 닦아 온 결과로 인한 것이기 때문에 점수에 해당하는 것이다. 그러한 의

---

36) 知訥, 『牧牛子修心訣』; 『한국불교전서』 4책, 709쪽 中, "雖曰頓悟頓修, 是最上根機得入也, 若推過去, 已是多生, 依悟而修, 漸熏而來, 至于今生, 聞卽開悟, 一時頓畢, 以實而論, 是亦先悟後修之機也. 則而此頓漸兩門, 是千聖軌徹也."

미에서 지눌의 돈오점수론은 현생을 넘어선 윤회라는 시간을 전제하고 있다.

중도의 구체적 실천항목인 8정도의 맨 처음에 오는 정견과 마지막이 되는 정정은 지눌에게 있어 정혜쌍수의 구조로 환원된다. 다시 말해 지눌은 완전한 깨달음에 이르기 위해서는 혜(정견)가 필요하며 이와 더불어 반드시 점수(정정)가 필요함을 역설했던 것이다. 이는 지눌이 혜와 정 어느 하나를 강조한 공부론을 지양하고 이론과 실천, 정견과 정정, 돈오와 점수의 융화와 상즉을 필요로 하는 중도의 공부법을 제시한 것에서 연유한다. 그것이 연기이고 공인 것이다. 지눌은 화엄경을 인용하여 다음과 같은 결론을 내리고 있다.

> 경에 이르기를 이치르는 단박에 깨닫는 것이어서, 깨달음과 더불어 (모든 번뇌가) 함께 녹아 없어지지만, 사실로는 단박에 제거되는 것이 아니라 차례차례로 없어진다.[37]

지눌은 돈오와 점수의 문제를 화엄경의 리理와 사事의 문제와 연결시켜, 돈오는 리의 차원에 점수는 사의 차원에 두고서 이 둘이 서로 분리될 수 없음을 보여 주고자 한다. 과정과 목적은 결코 분리될 수 없는 것으로 돈오와 점수는 서로를 전제하고서야 비로소 참다운 의미를 갖는다. "수행이 올바른 방향으로 나아가고 있다면 거기에는 반드시 돈오가 있다고 보아야 하며, 돈오 후에도 수행이 올바른 방향으로 가지 못한다면 그것은 돈오가 아니라고 말할 수 있다."[38]

---

37) 知訥, 『牧牛子修心訣』; 『한국불교전서』 4책, 709쪽 中, "經云, 理卽頓悟, 乘悟併消, 事非頓除, 因次第盡."
38) 김광민, 『지눌의 교육이론』(서울: 교육과학사, 1998), 77쪽.

범부들은 시작도 모르는 광대한 겁 이전부터 오늘에 이르기까지 오도五道에 윤회하는 가운데, 태어나서 오든 죽어서 가든 '나'라는 상에 굳게 집착해서 망상전도와 무명종습(무지의 씨앗의 습관적인 힘)으로써 오랫동안 (자기의) 본성을 이루어 왔다. 비록 금생에 이르러 갑자기 자기의 본성이 본래 공적하여 부처와 차이가 없음을 깨달아도, 오랜 습관은 갑자기 제거하기 어려우므로 역경과 순경을 만나면 성냄과 기쁨, 옳고 그름이 타오르는 불처럼 일어나고 멸하여 객진번뇌(마음의 본성 밖에서 온 번뇌)가 (깨닫기) 이전과 다름이 없다. 만약 지혜로써 수고와 노력을 하지 않는다면, 어떻게 무지를 다루어 커다란 안식과 평정의 경지에 이를 수 있겠는가? 비록 돈오는 부처와 마찬가지이나 수많은 생을 거친 습관적 힘이 깊어, 바람은 그치되 물결은 여전히 솟고 진리는 나타나되 생각은 오히려 침노한다고 한 것과 같다.39)

비록 단박에 깨쳤다고 하지만, 과거 전생의 습기가 남아 있어 계속 수행하지 않으면, 완전한 열반에 이를 수가 없다.40) 우리는 여기에서 붓다의 삶을 되돌아 볼 필요가 있다. 붓다가 붓다인 이유는 그가 보리수 아래에서 성도成道했다는 의미보다는 그가 일평생 중생구제에 힘썼다는 사실에서 찾을 수 있다. 붓다는 성도(돈오) 이후 열반에 이르기까지의 45년 평생을 중생구제와 선정(점수)에 힘썼던 것이다. 지눌의 돈오점수론 역

---

39) 김탄허, 『懸吐譯解 普照法語』(회상사, 1963), 48쪽, "凡夫, 無始廣大劫來至於今日, 流轉五道, 生來死去, 堅執我相, 妄想顚倒, 無明種習 久與成性. 雖到今生, 頓悟自性, 本來空寂, 與佛無殊. 而此久習, 卒難除斷故, 逢逆順境, 瞋喜是非, 燦然起滅, 客塵煩惱, 與前無異, 若不以般若, 加功着力, 焉能對治無明, 得到大休大歇之地. 如云, 頓悟雖同佛, 多生習氣深, 風停波尙湧, 理現念猶侵."
40) 지눌이 말하는 점수란 불성에 끼인 먼지를 털어내는 식의 점차적인 수행을 해야만 불성이 구현된다는 것을 말한 것이 아니라, 본래 구현(구족)되어 있는 불성을 깨달았으나 오랜 습기 때문에 이전의 망심이 살아나므로 이러한 망심을 제거하기 위한 것이 점수라는 것이다. 지눌이 이처럼 점수의 개념을 규정한 것은 불성이 자체로 점수를 필요로 하는 것이 아니라 습기의 문제 때문에 점수를 필요로 한다는 데에 논의의 핵심이 있다. 이시온, 「退溪와 知訥의 修養思想에 대한 一考察」, 『인문과학』 제31집(성균관대학교 인문과학연구소, 2001), 22쪽.

시 그러한 차원에서 받아들여야 하지 않을까? 지눌 또한 깨달음 이후 끊임없는 수행과 중생구제의 실천으로 생애를 마감했던 것이다.

5. 자리自利와 이타利他의 중도

지눌의 공부론은 자리와 이타를 동시에 아우르는 자리이타의 수행법이라고 할 수 있다. 지눌의 결사운동은 바로 이러한 자리이타의 수행법에 착안하여 이루어진 것으로, 출가 이후 그의 전 생애는 결사의 정신으로 점철되어 있다. 결사란 곧 '뜻을 같이하는 도반들의 집단적 신앙활동'을 의미한다. 같은 목적을 두고서 집단적 수행활동을 통하여 공부에 매진하는 공동체적 수행단체인 것이다. 지눌의 이와 같은 결사운동은 이후 한국불교의 하나의 전통으로 자리 잡는다. 지눌이 주창한 새로운 불교운동은 당시 피폐화된 불교계의 새로운 혁신을 도모하고자 하는 시대적 사명감에서 비롯되었다고 볼 수 있다. 즉 "'미신불교'에서 '정법불교'로, '형식불교'에서 '수도불교'로, '왕궁불교·도시불교'에서 '평민불교·산림불교'로 혁신·전환시킨 운동이 그것이다."41) 이러한 운동의 첫 출발점이 되는 결사운동을 조직하며 그는 다음과 같이 선언한다.

이 회의가 끝나면 우리는 명예와 이익을 버리고 산속에 들어가 동사同社를 만들어 항상 선정을 익히고 지혜를 닦기에 힘쓰며 예불하고 독경하기와 노동으로 울력하는데, 각자 맡은 일을 해 나가면서 인연을 따라 심성을 수양하여 한 평생을 구속 없이 지내며 달사達士와 진인眞人의 높은 수행을 어찌 기뻐하지

---

41) 『韓國佛敎の硏究』, 108쪽.

않으리요.42)

　지눌은 명리와 이익을 버리고 진정한 수행자로서의 본모습을 되찾고자 한다. 그러기 위해서는 선정과 지혜는 물론 예불, 독경, 노동을 통해 심신수양하는 공부법이 필요하다. 지눌이 이와 같은 자각을 하게 된 계기는 당시 불법의 타락상에 있다. 그러므로 지눌은 결사를 통해 집단적이고 대중적인 차원에서 이러한 폐단을 시정하고자 했던 것이다. 지눌은 당시의 불교계에 대해 다음과 같이 진단한다.

　우리들의 소행을 아침, 저녁으로 돌이켜 보면 어떠한가? 불법을 빙자하여 나와 남을 구별하고 이득을 챙기는 데 연연하며 풍진風塵 속의 일에 골몰하여 도덕을 닦지 않고 옷과 밥만 허비하니 비록 출가한들 무슨 소용이 있겠는가? 아! 삼계를 떠나려 하면서 속세(번뇌)를 끊으려는 수행이 없고 한갓 사내의 몸만 타고났을 뿐 대장부의 뜻이 없구나. 그리하여 위로는 도를 넓히는 데 어긋나고 아래로는 중생을 이롭게 할 수 없으며 중간으로는 네 가지 은혜(四恩)를 저버렸으니 진실로 부끄럽다. 나는(지눌은) 오래전부터 이것을 탄식하여 왔다.43)

　이는 대승불교의 기본이념이 되는 상구보리上求菩提·하화중생下化衆生의 보살도가 사라진 당시의 불교계에 대해 진정한 출가승의 길은 바로

---

42) 知訥,『勸修定慧結社文』;『한국불교전서』4책, 698쪽 中, "會後, 當捨名利, 隱遁山林, 結爲同社, 常以習定均慧爲務, 禮佛轉經, 以至於執勞運力, 各隨所任而經營之, 隨緣養性, 放曠平生, 遠追達士眞人之高行, 則豈不快哉."

43) 知訥,『勸修定慧結社文』;『한국불교전서』4책, 698쪽 上, "然返觀我輩, 朝暮所行之迹? 則憑依佛法, 裝飾我人, 區區於利養之途, 汨沒於風塵之際, 道德未修, 衣食斯費, 雖復出家? 何德之有, 噫夫欲出離三界, 而未有絶塵之行, 徒爲男子之身, 而無丈夫之志, 上乖弘道, 下闕利生, 中負四恩, 誠以爲恥. 知訥, 以是長歎, 其來久矣."

자신의 안일에 있는 것이 아니라 이타적 보살도에 있음을 역설한 것이다. 그리고 이타적 보살도는 사사로운 욕심을 벗어난 공적영지空寂靈知한 무심無心에서 행해질 때,44) 뭇 생명을 진정으로 이롭게 할 수 있는 것이다. 그러한 무심의 자비는 나와 남을 둘로 구분하지 않고, 안(자신)과 밖(세상, 사회)을 나누지 않은 한마음(一心) 그 자체로서의 대비행大悲行이다. 이것이 바로 중도의 자비행으로, 지눌은 당시 출세의 등용문 가운데 하나였던 승과에 합격하고서도 이를 마다하고 산림에 은거하며 불교개혁에 앞장섰던 것이다.

요즘 선을 안다고 하는 사람들 중에는 흔히 말하기를 불성을 바로 깨달으면 이타의 행원이 저절로 가득 채워진다고 하지만, 나는 결코 그렇게 생각하지 않는다. 불성을 바로 깨달으면 중생과 부처가 평등하여 나와 너의 차이가 없어진다. 이때 비원悲願을 발하지 않으면 적정寂靜에 갇힐 염려가 있다. 그러므로 『화엄론』45)에 이르기를 지성智性은 적정하므로 원願으로써 이를 극복해야 한다고 말한 것이다. 깨닫기 전에는 비록 뜻은 있어도 역량이 갈려 그 원이

---

44) 이시온은 지눌의 수행론의 가장 큰 특징으로 '무심의 수행법'을 들고 있다. 그는 '無心'을 '無爲'와 연결시켜 지눌의 수행론을 다음과 같이 설명하고 있다. 지눌의 수행론에 있어 "무위의 경지란 佛性의 靈知가 무엇에도 방해받지 않고 본연의 모습대로 구현(전개)되는 것인데, 이것은 바로 무심의 마음가짐을 통해서만 실현할 수 있기 때문이다." 이시온, 「退溪와 知訥의 修養思想에 대한 一考察」, 『인문과학』 제31집(성균관대학교 인문과학연구소, 2001), 21쪽 참조.
45) 지눌은 『화엄론』의 영향을 지대하게 받았다. 즉, "지눌은 宗密의 돈오점수라고 하는 논리구조 위에 『화엄론』을 위치시킴으로써 '돈오'의 내용을 다시 구체화·실천화하여 禪과 李通玄사상과의 연결을 하나의 선명한 형태로 제시하였다. 나아가 『화엄론』의 구조는 오히려 大慧禪을 돈오점수의 점수(後修)로, 看話工夫의 수도방법으로 위치 지어 당시 가장 새로운 사상 과제인 이통현의 화엄사상과 대혜의 간화선을 '돈오점수'의 논리구조 위에 모순 없이 통합하는 독자적인 논리를 실현하였다고 볼 수 있다." 中島志郎, 「知訥における華嚴論節要の意味」, 『印度學佛教學研究』 제44권 제1호(印度學佛敎學硏究會, 平成 7), 1쪽. 그리고 그러한 독자적인 논리구조는 실제 현실생활 속에 자리이타의 중도로 실현된다.

이루어지기 어렵지만, 깨달은 다음에는 차별지差別智로써 중생의 괴로움을 보고 대비원大悲願을 발하여 힘과 분수를 따라 보살도菩薩道를 닦으면 깨달음과 행이 가득 채워질 것이니 어찌 기쁜 일이 아닌가.46)

불성을 깨치면 중생과 부처가 평등하여 나와 남의 차이가 사라진다. 그리하여 중생의 괴로움과 함께하며 보살도를 실행하는 부처의 가업을 계승하게 된다. 즉 자신의 불성을 밝히는 것이 곧 뭇 중생을 제도하는 길이며, 타인에게 자비를 실천하는 것이 결국은 자신을 위한 것이 되는 것이다. 이것이 바로 자리이타의 중도적 실천이다.

보살은 본래 남을 제도하려 하기 때문에 먼저 선정과 지혜를 닦는다. 그러므로 한가하고 고요한 곳이래야 선정과 관행을 이루기 쉽고, 욕심이 적은 두타頭陀라야 성인의 도에 들어갈 수 있다고 하였으니, 이것이 그 증거이다. 이미 남을 구제할 서원을 세웠으면 먼저 선정과 지혜를 닦아야 한다. 그리하여 도의 힘이 있으면 자비를 구름처럼 펴고, 행의 바다에 물결이 출렁거려 영원토록 고뇌하는 일체 중생을 구제하고 삼보에 공양하여 불가의 업을 이으리니, 어찌 고요함에만 들어가는 무리들과 같겠는가?47)

지눌은 선정과 지혜의 필요성을 자신의 이익을 위해서가 아니라 남을

---

46) 知訥, 『法集別行錄節要幷入私記』; 『한국불교전서』4책, 755쪽 中~755쪽 下, "今時禪者, 皆云但明見佛性然後, 利他行願自然成滿, 牧牛〈弟四三張〉予以謂非然也. 明見佛性, 則但生佛平等, 彼我無差. 若不發悲願, 恐滯寂靜. 華嚴論云, 智性寂靜, 以願防智是也. 故知悟前惑地, 雖有志願, 心力昧略故, 願不成立, 悟解後, 以差別智, 觀衆生苦發悲願心, 隨力隨分, 行菩薩道, 覺行漸圓, 豈不慶快哉."

47) 知訥, 『勸修定慧結社文』; 『한국불교전서』4책, 704쪽 上~704쪽 中, "菩薩本爲度他, 是以先修定慧, 空閑靜處, 禪觀易成, 少欲頭陁, 能入聖道, 此其證也. 旣發度他之願, 先修定慧, 有道力則雲布慈〈弟二十張〉門, 波憑行海, 窮未來際, 救拔一切苦惱衆生, 供養三寶, 紹佛家業, 豈同趣寂之徒也."

제도하기 위해서라는 보살도의 정신에서 찾고 있다. 그리고 보살도의 힘을 갖추게 되면 곧바로 세속의 바다에 뛰어들어 고뇌하는 일체 중생을 구제하는 것으로 불가의 업을 삼아야 함을 역설하고 있다. 이것은 수행자의 본분과 공부의 목적이 어디에 있어야 하는가를 천명한 것으로, 결국 공부의 궁극적인 목적은 보살도의 힘을 키워 고뇌하는 일체 중생을 구제하는 데 있음을 강조한 것이다. 이러한 의미에서 보조선의 경우야말로 사회윤리적 관심과의 회통(禪行雙修)이 가장 잘 이루어지고 있는[48] 자비의 윤리이다. 지눌의 자비의 윤리는 자리이타의 중도, 즉 자신과 타인, 개인과 사회의 상생적 관계를 목표로 한다.

상생과 화합을 목표로 하는 결사운동의 특징 가운데 하나는 중도에 바탕하여 선교(禪敎)나 유교 그리고 도교를 불문하고 결사의 마음이 있는 자는 지난날 서로 모였던 인연이 없을지라도 지눌이 결사문 뒤에 그 이름을 서명하게 하였다는 것이다. 이처럼 유불도 모두를 결사운동에 참여시

---

[48] 김호성은 지눌 선사상의 사회윤리적인 성격을 '보조선의 사회윤리적 관심'을 '眞心正助의 윤리', '돈오점수의 윤리', '全揀全收의 윤리'라는 3가지 윤리에 바탕하여 해석하고 있는데, 필자가 보기엔 이 3가지 윤리의 토대 역시 중도에 의거하고 있다. 즉, 正行으로서의 眞心(眞如를 곧바로 念하여 깨우침)과 助行으로서의 深心(善行)과 大悲心(慈悲行)은 자리(자신의 마음을 깨달아 해탈함)와 이타(일체 선행을 행하여 모든 중생의 괴로움을 제거함)의 중도에 의거하는 것이며, 돈오점수에서의 '점수'는 자신의 습기 제거(자리)는 물론 자비행의 실천(이타)을 동시에 이루어 나가는 '자리이타의 중도'에 근거하는 것이다. 또한 일체 긍정으로서의 全揀(心眞如門)과 일체 부정으로서의 全收(心生滅門)는 중도에 의거함으로써 그 작용이 온전하게 실현된다. 만약 전간에만 빠진다면 허무주의 내지 도피주의자가 될 것이며, 전수에만 빠진다면 세속주의, 현실주의가 될 것이다. 전간과 전수를 중도적으로 상즉시킴으로써 비로소 자리이타적인 세속생활이 가능해지는 것이다. 왜냐하면 전간문은 현실에 대한 지나친 낙관주의를 경계하게 해 주며, 전수문은 공에 머무르지 않는 자비로운 윤리적 관심을 불러일으켜 주기 때문이다. 김호성, 「普照禪의 社會倫理的 관심」, 한국동서철학회, 『동서철학연구』 제8호(1991), 149~158쪽 참조. 또한 닦음에 있어서 지눌의 利他行과 普賢行으로서의 실천적 성격은 강건기, 「보조사상에 있어서 닦음의 의미」, 『普照思想』 제4집(1990)를 참조.

컸다는 사실은 특정한 교파 내지 사상에 구애됨이 없이 일체를 평등하게 중도적으로 융화시킨 것이라고 볼 수 있다. 즉 지눌의 결사운동은 어느 한쪽에 치우친 일방적인 사회운동이 아니라 당시 모든 종교와 사상 그리고 사람을 뛰어넘어 전폭적인 지지와 공감을 형성하고 있었음을 보여 주는 것이다.

6. 중도의 공부론과 한국불교

불교의 공부론은 깨달음을 얻어 괴로움으로부터 해탈하는 것을 목적으로 한다. 지눌 공부론의 목적 역시 이와 마찬가지이다. 그러나 각 수행자가 깨달음이라는 공통의 목적을 갖고 있더라도 깨달음에 이르는 공부, 즉 수행의 체계와 방법은 저마다 다를 수 있는 것으로 일률적이지는 않다.

지눌은 자기 나름대로의 체계적인 공부론을 제시하고 있는데, 그 공부론의 중심이 되는 것이 중도이다. 즉 지눌 공부론의 가장 두드러진 특징은 선교일치, 정혜쌍수, 돈오점수, 그리고 자리이타라고 할 수 있는데, 이러한 수행론의 전체를 관통하는 지반이 바로 중도이다. 지눌은 선과 교의 중도(선교일치)를 바탕으로 하여 정과 혜의 중도(정혜쌍수), 돈오와 점수의 중도(돈오점수), 자리와 이타의 중도(자리이타)를 내세우고 있다. 선과 교의 중도가 지눌 공부론의 기본적인 발판이 되는 것이라면, 정과 혜의 중도는 깨달음을 점검하는 실천적인 수행원리인 것이다. 그리고 정과 혜를 어떤 방법으로 닦을 것인가 하는 공부의 구체적인 방법론이 돈오점수이고, 이를 사회에 실현하는 것이 자리이타의 중도이다. 이들 각각은 서로 분리되어 작용하는 것이 아니라 상호 유기적으로 연결된 전일적全一的

인 체계이다. 그 전일적인 체계의 기본축이 바로 중도인 것이다. 말하자면 선교일치, 정혜쌍수, 돈오점수, 자리이타 각각이 중도에 의거함으로써 그 의미와 역할이 비로소 제대로 드러나며, 이들 전체가 하나의 체계로 통일되는 것이다. 지눌은 중도에 토대하여 논쟁과 극단으로 치닫는 당시의 불교계를 새롭게 지양·융화시켜 한국불교의 독자적인 수행법(공부법)을 완성했던 것이다.49) 이후 지눌의 수행법(중도의 공부론)은 한국불교의 가장 정통적인 한 흐름을 차지하며 후세에 지대한 영향을 끼쳤다.50)

지눌은 당시 선과 교로 이분화되어 대립적인 양상을 보였던 불교계를 선교일치라는 중도의 원리로 화해시키고자 하였다. 교는 부처의 말씀이요, 선은 부처의 마음이기 때문에 교와 선 모두가 부처의 가르침이다. 그러므로 선 또는 교 하나만을 극단적으로 내세우는 것은 중도를 벗어난 것으로, 공부하는 수행자가 취할 자세가 아니다. 중도를 벗어난 편견된 주장은 '교가 선의 강목이 되고, 선이 교의 강목'이 됨을 제대로 알지 못하는 데서 기인하는 것이다. 지눌은 당시 문자의 덫에 걸려 명리에 치우쳐

---

49) 지눌의 선교일치나 정혜쌍수 등은 이미 중국 선종에서 주장되었던 것으로 지눌의 독창적인 수행법으로 보기는 어렵다. 그렇지만 지눌은 단순히 중국 선종의 수행법을 그대로 답습한 것이 아니라 자신의 독자적인 논리방식에 따라 한국적인 특성을 갖춘 공부론을 정립했다고 할 수 있다. 예컨대 지눌은 중국 남종선(혜능)의 돈오와 중국 북종선(신수)의 점수를 주체적인 관점에서 수용하여 '돈오점수'라는 독자적인 공부론을 완성했던 것이다. 다시 말해, 중국 선종이 분명하게 드러내지 못했던 돈오점수를 지눌은 자신의 깨달음을 바탕으로 하여 아주 치밀하게 밝혀내어 체계화시켰다. 이러한 주체적인 관점은 선교일치, 정혜쌍수, 자리이타 등에도 그대로 적용되며 그 논리의 중심축은 중도이다. 결국 지눌은 부처의 중도사상에 입각하여 선불교를 새롭게 해석한 것이라고 할 수 있다.
50) 지눌(1158~1210)은 신라 원효(617~686)의 一心思想을 이어받아 眞心思想으로 계승·발전시켜 고려의 慧諶(1178~1234)과 조선의 休靜(1520~1604) 등에게 물려줌으로써 한국불교(조계종)의 전통성과 禪脈을 확립하였다. 심지어 지눌을 비판한 性徹(1912~1993)조차도 지눌과 직·간접적인 관계를 맺고 있는 것으로 지눌의 연장선상에서 이해할 수밖에 없다. 따라서 지눌의 중도의 공부론은 한국 근대불교에까지 그 명맥이 유지되고 있는 한국불교의 근간이라고 할 수 있다.

있는 교(화엄)와 무위에 빠져 보살행을 상실한 선 추종자들의 극단적인 두 가지 공부법을 선교의 중도, 즉 선교일치에 의해 개선하고자 했다. 이처럼 지눌은 부처가 제시한 두 가지 가르침인 선교를 중도에 의해 상즉시킴으로써 불교 공부론의 토대를 확립했던 것이다. 그러한 의미에서 선교일치는 그의 수행론의 첫 출발점이라 할 수 있다.

지눌은 선교일치를 바탕으로 하여 정과 혜를 함께 닦아야 한다는 정혜쌍수를 주장하였는데, 정혜쌍수는 정과 혜 어느 한쪽을 일방적으로 내세우지 않고 상즉시키는 중도에 의거한다. 선과 교가 부처에 의해 제시된 두 가지 가르침(진리)의 길이라면, 정과 혜는 그 가르침으로 나아가는 중생들의 두 가지 닦음의 길이라고 할 수 있다. 그러므로 선교와 정혜는 결국 연속되는 하나의 길로, 정신통일을 꾀하는 선정의 수행과 있는 그대로를 여실하게 파악하는 반야의 지혜는 서로 맞닿아 있는 것이다. 지눌은 정혜쌍수를 통해 선교가 일치할 때 깨달음이 가능함을 보여 주고자 하였다. 즉 완전한 깨달음의 상태에서는 정과 혜가 일치하지만, 깨달음에 이르지 못한 상태에서는 정과 혜가 일치하지 않는다는 것이다. 정과 혜의 완전한 일치, 그것이 바로 중도이며 깨달음 그 자체인 것이다. 지눌은 이를 자성문정혜와 수상문정혜라는 두 가지 수행법으로 설명한다. 현상적인 실제 상황에 맞추어 수행자의 공부를 점검·보완해 가는 공부론이 수상문정혜라면, 현상적인 상황을 초월한 본질적인 입장에서의 공부론이 자성문정혜이다. 수상문정혜는 외물로부터 자유롭지 못한 상태이기 때문에 정과 혜가 서로 일치하지 않는 미완의 깨달음의 상태이다. 반면 자성문정혜는 외물로부터 자유로운 깨달음의 상태로 이때 정과 혜는 완전히 일치한다. 정과 혜가 중도적으로 완전히 상즉한 단계가 자성문정혜인 것이다. 선과 교의 중도(선교일치)가 지눌 공부론의 기본적인 발판이 되는 것이라면 정과 혜의 중도(定慧雙修)는 깨달음을 점검하는 실천적인 수행원리인 것이다.

지눌은 정과 혜를 어떤 방법으로 닦을 것인가 하는 공부의 방법론을 제시하는데, 그것이 돈오점수이다. 지눌 공부론의 가장 큰 특징이라고 할 수 있는 돈오점수설은 단박에 깨치고 나서 점차 닦아 나간다는 것인데, 왜냐하면 비록 단박에 깨쳤다고 하더라도 과거 전생의 습기가 남아 있어 계속 수행을 하지 않으면 완전한 깨달음에 이를 수 없다고 보았기 때문이다. 이때 중요한 것은 수행 그 자체보다는 어떻게 수행해야 하는가 하는 문제이다. 옳지 못한 방법에 의거한 수행법은 오히려 사태를 더욱 악화시킬 수가 있다. 우리가 산 속에서 길을 잃었을 때 먼저 동서남북을 알고 어느 방향에 무엇이 있는지를 정확히 파악하고서 대처를 해야 하듯이, 깨달음에 이르기 위해서는 우선 깨달음과 깨달음에 이르는 길을 분명하게 알고 있어야 한다. 그렇지만 이때의 앎 내지 깨달음은 불완전한 것으로 노력과 수행을 통해 목표지점에 도달할 때 완전한 것이 된다. 지눌은 이처럼 깨달음에 있어서도 단계를 설정한 것이라고 볼 수 있다. 그러한 의미에서 지눌의 돈오점수설은 어떻게 수행·공부할 것인지에 대한 하나의 수행방법론이라 할 수 있는 것으로, 결코 궁극적인 깨달음의 상태를 보여주는 것은 아니다. 지눌은 돈오점수가 최상의 깨달음의 경지라고 결코 말하지 않았던 것이다. 지눌이 의도한 것은 깨달음을 얻기 위한 일반 중생들의 가장 적절한 최상의 공부법이 바로 돈오점수라는 수행방법론이라는 것이다. 여기서 우리는 지눌의 중생에 대한 가없는 자비심을 읽을 수 있다. 그 결정체가 정혜 결사운동으로 시작되는 자리이타의 중도행이다.

지눌은 나와 남을 동시에 이롭게 하는 중도에 입각한 자리이타의 수행법을 제창하였는데, 이는 구체적인 결사운동에 의해 널리 확산되고 추진되었다. 대승불교의 기본이념이라 할 수 있는 상구보리 하화중생의 보살도가 사라져 명리와 사리사욕으로 피폐해진 당시의 불교계를 자리이타의 중도행에 의거해 새롭게 혁신하고자 했던 것이다. 수행자의 참모습은 개인적인 해탈과 안일에 있는 것이 아니라 중생과 함께하는 이타적 보살도에 있음을 지눌은 몸소 보여 주었던 것이다. 중생에 대한 한없는 자비심을 일으켜 보살도를 행하는 것, 그 자체가 깨달음의 길임을 강조한 지눌의 수행법은 남을 위한 것도 결국은 자기를 위한 것임을 일깨워 주는 상생의 공부론인 것이다. 이처럼 지눌의 공부론은 부처 본래의 정신(中道)을 당시의 시대상황에 맞추어 새롭게 살린 자비의 공부론으로 한국불교의 독자적 수행관이 잘 드러나 있는 주체적인 공부론이다. 따라서 지눌의 공부론은 지식의 독점과 식민성, 그리고 자기안일만을 위한 상극相剋의 배움이 난무하는 이 시대에도 여전히 유효한 의미를 지니는 것이다.

_____ 필진소개(게재 순)

임수무

계명대학교 철학과를 졸업하고, 國立臺灣大學 철학연구소 석사, 충남대학 철학과에서 박사, 國立臺灣大學 철학연구소에서 박사학위를 받았다. 현재 계명대학교 철학과 교수로 재직중이다. 저서로는 『도덕경』 등이 있고, 논문으로는 「맹자철학에서 仁義 內在에 관한 연구」, 「기계마음, 사람마음, 도의 마음(機心, 人心, 道心)」, 「선진 명변론과 순자의 정명론」 등 다수가 있다.

남상호

고려대학교 철학과를 졸업하고 臺灣大學 철학연구소에서 석사학위와 박사학위를 받았으며, 현재 강원대학교 철학과 교수로 재직중이다. 저서로는 『중국철학방법사』, 『육경과 공자인학』, 『오서백일송』, 『노자81송과 전각』(공저), 『한시로 만나는 제자백가』 등이 있고, 논문으로는 「주희의 이일분수의 방법」, 「중국철학의 본체론」 등 다수가 있다.

김기주

계명대학교 철학과를 졸업하였으며, 臺灣東海大學에서 석사학위와 박사학위를 받았다. 현재 순천대학교 지리산권문화연구원 연구교수로 있다. 저서로는 『영남의 학맥 1』이 있고 역서로는 『공자성적도』 등이 있으며, 주요 논문으로는 「사단칠정론으로 본 기호학파의 3기 발전」, 「이진상 '심즉리'설의 심학적 좌표」, 「낙학과 호학, 그 분화의 근원을 찾아서」 등 다수가 있다.

황지원

계명대학교 철학과를 졸업하고 같은 학교 대학원에서 철학박사학위를 취득하였다. 계명대학교 연구교수를 거쳐 현재 동국대학교 겸임교수로 있다. 저서로는 『중국회화의 기운론』, 『조선시대 심경부주 주석서 해제』(공저)가 있으며, 역서로는 『공자세가・중니제자열전』(공역), 『송명성리학과 지행론의 전개』, 『역대명화기』 등이 있고, 주요 논문으로 「기운론의 철학적 기반과 전개양상 연구」(박사학위논문), 「추사 김정희 예술론의 철학적 근거와 예술사적 의미」가 있다.

장윤수

경북대학교 철학과를 졸업하고, 같은 대학교 대학원 철학과에서 석사학위와 박사학위를 받았다. 현재 대구교육대학교 윤리과 부교수로 재직중이다. 저서로는 『關學, 南冥學與東亞文明』(공저), 『유교적 사회질서와 문화, 민주주의』(공저), 『정몽』 등이 있고, 논문으로는 「張載的易學」, 「장재의 예학사상」, 「경당 장흥효와 17세기 경북북부지역 성리학에 관한 연구」 등 다수가 있다.

홍원식

고려대학교 철학과를 졸업하고 같은 학교 대학원에서 박사학위를 받았다. 현재 계명대학교 철학과 교수 및 『오늘의 동양사상』 발행인 겸 공동편집주간으로 있다. 저서로는 『실학사상과 근대성』(공저), 『동양을 위하여, 동양을 넘어서』(공저) 등이 있고 역서로는 『중국철학사』(공역) 등이 있으며, 주요 논문으로 「정주학의 거경궁리설 연구」(박사학위논문), 「애국계몽운동의 철학적 기반」 등이 있다.

정상봉

서울대학교 철학과를 졸업하고, 國立臺灣大學 철학과에서 석사학위와 박사학위를 받았다. 현재 건국대학교 인문학부 철학과 교수로 재직중이다. 저서로는 『주자학의 형성과 전개』(공저), 『21세기의 동양철학』(공저), 『철학, 죽음을 말하다』(공저) 등이 있고, 논문으로는 「여헌의 성리학과 주자의 성리학」, 「중국유가철학에 있어서의 이성과 욕망의 관계 연구」, 「주희철학과 한국사칠논변」 등 다수가 있다.

손미정

계명대학교 철학과를 졸업하고 중국 사회과학원에서 중국철학으로 박사학위를 취득하였다. 명지대학교 국제한국학 연구소 전임연구원, 계명대학교 인문과학연구소 연구교수를 거쳐, 현재 명지대, 부경대 등에서 강의를 하고 있다. 주요 논문으로는 「吳澄理學思想硏究」(박사학위논문), 「오징의 공부론」 등이 있다.

황갑연

전북대학교 철학과를 졸업하고, 私立東海大學 중국철학과에서 석사학위와 박사학위를 받았다. 현재 순천대학교 인문학부 부교수로 재직중이다. 저서로는 『최고의 고전 번역을 찾아서』(공저), 『맹자철학』, 『동양철학과 문자학』(공저) 등이 있고, 논문으로는 「시대정신에 대한 유학자의 회응 의식-왕간철학을 중심으로」, 「현대신유학자 모종삼의 주자철학 이해에 대한 재고」, 「송명이학과 원시유가」 등 다수가 있다.

이동희

성균관대학교 유학대학 유학과를 졸업하고 같은 대학교 대학원에서 석사 및 박사 학위를 받았다. 현재 계명대학교 교수로 재직중이다. 저서로는 『한국의 철학적 사유의 전통-화이트헤드와 성리학의 만남』, 『조선조 주자학의 철학적 사유와 쟁점』, 『주자-동아시아 세계관의 원천』 등이 있고, 논문으로는 「율곡은 '주기적'이 아니면서 '주기적'이다」 등 다수가 있다.

김종석

경북대학교 윤리교육과를 졸업하고 한국학중앙연구원 국민윤리학과에서 석사학위를, 영남대학교 철학과에서 석사 및 박사학위를 받았다. 현재 한국국학진흥원 수석연구원으로 있다. 저서로는 『청년을 위한 퇴계평전』, 『한국유학사상대계-철학사상편』(공저), 『안동양반, 그 겉과 속』(공저) 등이 있고, 논문으로는 「성호이익에 있어서 퇴계 예학의 계승과 변용」, 「한주학파 유교종교화론의 본질과 공자교운동」 등 다수가 있다.

황의동

충남대학교 철학과를 졸업하고 성균관대학교 대학원 동양철학과에서 석사학위를, 충남대학교 대학원 철학과에서 박사학위를 받았다. 현재 충남대학교 철학과 교수로 재직중이다. 저서로는 『한국유학사상대계-철학사상편』(공저), 『우계학파연구』 등이 있고, 논문으로는 「송시열과 윤증의 갈등과 학문적 차이」, 「충암 김정의 도학정신과 경세론」 등 다수가 있다.

박홍식

성균관대학교 유학과를 졸업하고 같은 대학 대학원 동양철학과에서 석사학위와 박사학위를 받았다. 현재 대구한의대학교 일본어과 교수로 재직중이다. 저서로는 『동국십팔현(상)』, 『영남학파의 연구』 등이 있고, 논문으로는 「대성전문을 활짝 열자 : 한국유교문화의 계승과 발전을 위한 제안으로서」, 「다카하시 도오루의 조선양명학 연구에 관한 소고」, 「丁茶山에서 伊藤仁齋, 荻生徂徠의 學問이 갖는 의미」 등 다수가 있다.

박원재
고려대학교 철학과를 졸업하고 같은 대학 대학원 철학과에서 석사학위와 박사학위를 받았다. 현재 한국국학진흥원 수석연구원으로 있다. 저서로는 『유학은 어떻게 현실과 만났는가』, 『철학 죽음을 말하다』(공저) 등이 있고, 논문으로는 「서구사조에 대한 면우학파의 인식과 대응」, 「노장철학과 허체론: 그 만남에 대한 성찰적 회고」, 「유학과 자유주의: 정치적 영역을 중심으로 한 비교적 검토」 등 다수가 있다.

김백현
한국외국어대학교 중국어과(철학 부전공)를 졸업하고 다만대학 철학연구소에서 석사학위를, 臺灣輔仁大學 철학연구소에서 박사학위를 받았으며, 현재 국립강릉대학교 철학과 교수로 있다. 저서로는 『莊子哲學中天人之際研究』(臺灣), 『중국철학사상사』, 『도가철학연구』, 『노장철학 연구의 현주소』(공저), 『논어』(공역)가 있으며, 논문으로는 「장자에서의 신명의도」, 「장자의 신명사상과 한국의 산신신앙」 등 다수가 있다.

김용섭
경북대학교 철학과를 졸업하고 같은 대학 대학원 철학과에서 석사학위와 박사학위를 받았다. 현재 대구한의대학교 관광레저과 교수로 재직중이다. 저서와 역서로는 『회남자 철학의 세계』, 『중국의 지혜』, 『중국철학과 중국인의 사유방식』 등이 있고, 논문으로는 「회남자사상의 기본논리」, 「여씨춘추의 무위정치론」 등 다수가 있다.

김학목
건국대학교 철학과를 졸업하고 같은 대학 대학원 교육학과에서 석사학위를, 철학과에서 박사학위를 받았다. 현재 한국도교학회의 부회장이다. 저역서로는 『위진현학』, 『홍석주의 노자』, 『율곡 이이의 노자』 등이 있고, 논문으로는 「도덕경의 시즈으로 본 성서의 창세기 연구 – 아담에서 노아까지」, 「강화학파의 도덕경 주석에 관한 고찰」, 「道德指歸 編制에 나타난 保晩齋 徐命膺의 象數學」 등 다수가 있다.

강의숙
경북대학교 물리학과를 졸업하고, 같은 대학교 대학원 철학과에서 동양철학으로 석사학위를 받고, 박사과정을 수료하였다. 현재 경북대에 출강중이다. 저서로는 『동양철학의 이해』(공저) 등이 있고, 논문으로는 「화엄의 사사무애법계에 관한 고찰」, 「원효 자유 개념의 논리적 구조에 관한 고찰」, 「원효의 열반사상」 등 다수가 있다.

이성환
계명대학교 철학과를 졸업하고 경북대학교 대학원에서 석사학위와 박사학위를 받았다. 현재 경상대학교 철학과 교수로 재직중이다. 저서로는 『현대의 새로운 패러다임과 인문학』(존저), 『모더니티란 무엇인가』(공저), 『합리론』(역서) 등이 있고, 논문으로는 「헤겔의 초기 기독교 연구에 나타난 종교적 실존」, 「내 안의 타자, 그는 누구인가?」, 「관념론의 유산과 후설의 현상학」, 「후설의 '자아'개념의 선험적 성격」 등 다수가 있다.

윤종갑
부산대학교 철학과를 졸업하고 같은 대학 대학원 철학과에서 석사학위와 박사학위를 받았다. 현재 동경대학 외국인 연구원으로 있다. 저역서로는 『중관사상』(역서), 『일본도덕사상사』(공역), 『지혜의 여정 – 11명의 동서양 철학자』(공저) 등이 있고, 논문으로는 「용수 공사상의 한국적 변용과 전개 – 원효의 『금강삼매경론』을 중심으로」, 「신라불교의 사생관과 광명윤리」(日文), 「인간배아복제에 대한 불교적 관점」 등 다수가 있다.

예문서원의 책들

원전총서

박세당의 노자(新註道德經) 박세당 지음, 김학목 옮김, 312쪽, 13,000원
율곡 이이의 노자(醇言) 이이 지음, 김학목 옮김, 152쪽, 8,000원
홍석주의 노자(訂老) 홍석주 지음, 김학목 옮김, 320쪽, 14,000원
북계자의(北溪字義) 陳淳 지음, 김충열 감수, 김영민 옮김, 295쪽, 12,000원
주자가례(朱子家禮) 朱熹 지음, 임민혁 옮김, 496쪽, 20,000원
한시외전(韓詩外傳) 韓嬰 지음, 임동석 역주, 868쪽, 33,000원
서경잡기(西京雜記) 劉歆 지음, 葛洪 엮음, 김장환 옮김, 416쪽, 18,000원
고사전(高士傳) 皇甫謐 지음, 김장환 옮김, 368쪽, 16,000원
열선전(列仙傳) 劉向 지음, 김장환 옮김, 392쪽, 15,000원
열녀전(列女傳) 劉向 지음, 이숙인 옮김, 447쪽, 16,000원
선가귀감(禪家龜鑑) 청허휴정 지음, 박재양・배규범 옮김, 584쪽, 23,000원
공자성적도(孔子聖蹟圖) 김기주・황지원・이기훈 역주, 254쪽, 10,000원
공자세가・중니제자열전(孔子世家・仲尼弟子列傳) 司馬遷 지음, 김기주・황지원・이기훈 역주, 224쪽, 12,000원
천지서상지(天地瑞祥志) 김용천・최현화 역주, 384쪽, 20,000원

성리총서

범주로 보는 주자학(朱子の哲學) 오하마 아키라 지음, 이형성 옮김, 546쪽, 17,000원
송명성리학(宋明理學) 陳來 지음, 안재호 옮김, 590쪽, 17,000원
주희의 철학(朱熹哲學硏究) 陳來 지음, 이종란 외 옮김, 544쪽, 22,000원
양명 철학(有無之境-王陽明哲學的精神) 陳來 지음, 전병욱 옮김, 752쪽, 30,000원
주자와 기 그리고 몸(朱子と氣と身體) 미우라 구니오 지음, 이승연 옮김, 416쪽, 20,000원
정명도의 철학(程明道思想硏究) 張德麟 지음, 박상리・이경남・정성희 옮김, 272쪽, 15,000원
주희의 자연철학 김영식 지음, 576쪽, 29,000원
송명유학사상사(宋明時代儒學思想の硏究) 구스모토 마사쓰구(楠本正繼) 지음, 김병화・이혜경 옮김, 602쪽, 30,000원
북송도학사(道學の形成) 쓰치다 겐지로(土田健次郎) 지음, 성현창 옮김, 640쪽, 3,2000원

불교(카르마)총서

불교와 인도 사상 V. P. Varma 지음, 김형준 옮김, 361쪽 10,000원
파란눈 스님의 한국 선 수행기 Robert E. Buswell・Jr. 지음, 김종명 옮김, 376쪽, 10,000원
학파로 보는 인도 사상 S. C. Chatterjee・D. M. Datta 지음, 김형준 옮김, 424쪽, 13,000원
불교와 유교 — 성리학, 유교의 옷을 입은 불교 아라키 겐고 지음, 심경호 옮김, 526쪽, 18,000원
유식무경, 유식 불교에서의 인식과 존재 한자경 지음, 208쪽, 7,000원
박성배 교수의 불교철학강의: 깨침과 깨달음 박성배 지음, 윤원철 옮김, 313쪽, 9,800원
불교 철학의 전개, 인도에서 한국까지 한자경 지음, 252쪽, 9,000원
인물로 보는 한국의 불교사상 한국불교원전연구회 지음, 388쪽, 20,000원
한국 비구니의 수행과 삶 전국비구니회 엮음, 400쪽, 18,000원

노장총서

도가를 찾아가는 과학자들 — 현대신도가의 사상과 세계(當代新道家) 董光璧 지음, 이석명 옮김, 184쪽, 5,800원
유학자들이 보는 노장 철학 조민환 지음, 407쪽, 12,000원
노자에서 데리다까지 — 도가 철학과 서양 철학의 만남 한국도가철학회 엮음, 440쪽, 15,000원
위진 현학 정세근 엮음, 278쪽, 10,000원
이강수 교수의 노장철학이해 이강수 지음, 462쪽, 23,000원
이강수 읽기를 통해 본 노장철학연구의 현주소 이강수 외 지음, 348쪽, 18,000원
不二 사상으로 읽는 노자 — 서양철학자의 노자 읽기 이찬훈 지음, 304쪽, 12,000원
김항배 교수의 노자철학 이해 김항배 지음, 280쪽, 15,000원

강의총서

김충열교수의 노장철학강의 김충열 지음, 336쪽, 7,800원
김충열교수의 노자강의 김충열 지음, 434쪽, 20,000원
김충열교수의 중용대학강의 김충열 지음, 448쪽, 23,000원

한국철학총서

조선 유학의 학파들 한국사상사연구회 편저, 688쪽, 24,000원
실학의 철학 한국사상사연구회 편저, 576쪽, 17,000원
윤사순 교수의 한국유학사상론 윤사순 지음, 528쪽, 15,000원
한국유학사 1 김충열 지음, 572쪽, 15,000원
퇴계의 생애와 학문 이상은 지음, 248쪽, 7,800원
율곡학의 선구와 후예 황의동 지음, 480쪽, 16,000원
圖로 보는 한국 유학 한국사상사연구회 지음, 400쪽, 14,000원
다카하시 도루의 조선유학사 — 일제 황국사관의 빛과 그림자 다카하시 도루 지음, 이형성 편역, 416쪽, 15,000원
퇴계 이황, 예 엿고 뒤를 열어 고금을 꿰뚫으셨소 — 어느 서양철학자의 퇴계연구 30년 신귀현 지음, 328쪽, 12,000원
조선유학의 개념들 한국사상사연구회 지음, 648쪽, 26,000원
성리학자 기대승 프로이트를 만나다 김용신 지음, 188쪽, 7,000원
유교개혁사상과 이병헌 금장태 지음, 336쪽, 17,000원
남명학파와 영남우도의 사림 박병련 외 지음, 464쪽, 23,000원
쉽게 읽는 퇴계의 성학십도 최제목 지음, 152쪽, 7,000원
홍대용의 실학과 18세기 북학사상 김문용 지음, 288쪽, 12,000원
남명 조식의 학문과 선비정신 김충열 지음, 512쪽, 26,000원
명재 윤증의 학문연원과 가학 충남대학교 유학연구소 편, 320쪽, 17,000원
조선시대 심경부주 주석서 해제 홍원식・김기주・황지원・이기훈・손미정・이상호 지음, 560쪽, 28,000원
조선유학의 주역사상 금장태 지음, 320쪽, 16,000원
율곡학과 한국유학 충남대학교 유학연구소 편, 464쪽, 23,000원

연구총서

논쟁으로 보는 중국철학 중국철학연구회 지음, 352쪽, 8,000원
김충열 교수의 중국철학사 1 — 중국철학의 원류 김충열 지음, 360쪽, 9,000원
논쟁으로 보는 한국철학 한국철학사상연구회 지음, 326쪽, 10,000원
반논어(論語新探) 趙紀彬 지음, 조남호・신정근 옮김, 768쪽, 25,000원
논쟁으로 보는 불교철학 이효걸・김형준 외 지음, 320쪽, 10,000원
중국철학과 인식의 문제(中國古代哲學問題發展史) 方立天 지음, 이기훈 옮김, 208쪽, 6,000원
문제로 보는 중국철학 — 우주, 본체의 문제(中國古代哲學問題發展史) 方立天 지음, 이기훈・황지원 옮김, 232쪽, 6,800원
중국철학과 인성의 문제(中國古代哲學問題發展史) 方立天 지음, 박경환 옮김, 191쪽, 5,800원
중국철학과 지행의 문제(中國古代哲學問題發展史) 方立天 지음, 김학재 옮김, 208쪽, 7,200원
현대의 위기 동양 철학의 모색 중국철학회 지음, 340쪽, 10,000원
역사 속의 중국철학 중국철학회 지음, 448쪽, 15,000원
일곱 주제로 만나는 동서비교철학(中西哲學比較面面觀) 陳衛平 편저, 고재욱・김철운・유성선 옮김, 320쪽, 11,000원
중국철학의 이단자들 중국철학회 지음, 240쪽, 8,200원
공자의 철학(孔孟荀哲學) 蔡仁厚 지음, 천병돈 옮김, 240쪽, 8,500원
맹자의 철학(孔孟荀哲學) 蔡仁厚 지음, 천병돈 옮김, 224쪽, 8,000원
순자의 철학(孔孟荀哲學) 蔡仁厚 지음, 천병돈 옮김, 272쪽, 10,000원
서양문학에 비친 동양의 사상 한림대학교 인문학연구소 엮음, 360쪽, 12,000원
유학은 어떻게 현실과 만났는가 — 선진 유학과 한대 경학 박원재 지음, 218쪽, 7,500원
유교와 현대의 대화 황의동 지음, 236쪽, 7,500원
동아시아의 사상 오이환 지음, 200쪽, 7,000원
역사 속에 살아있는 중국 사상(中國歷史に生きる思想) 시게자와 도시로 지음, 이혜경 옮김, 272쪽, 10,000원
덕치, 인치, 법치 — 노자, 공자, 한비자의 정치 사상 신동준 지음, 488쪽, 20,000원
육경과 공자 인학 남상호 지음, 312쪽, 15,000원
리의 철학(中國哲學範疇精髓叢書 — 理) 張立文 주편, 안유경 옮김, 524쪽, 25,000원
기의 철학(中國哲學範疇精髓叢書 — 氣) 張立文 주편, 김교빈 외 옮김, 572쪽, 27,000원
동양 천문사상, 하늘의 역사 김일권 지음, 484쪽, 24,000원
동양 천문사상, 인간의 역사 김일권 지음, 544쪽, 27,000원

역학총서

주역철학사(周易研究史) 廖名春・康學偉・梁韋弦 지음, 심경호 옮김, 944쪽, 30,000원
주역, 유가의 사상인가 도가의 사상인가(易傳與道家思想) 陳鼓應 지음, 최진석・김갑수・이석명 옮김, 366쪽, 10,000원
송재국 교수의 주역 풀이 송재국 지음, 380쪽, 10,000원

퇴계원전총서

고경중마방古鏡重磨方 — 퇴계 선생의 마음공부 이황 편저, 박상주 역해, 204쪽, 12,000원
활인심방活人心方 — 퇴계 선생의 마음으로 하는 몸공부 이황 편저, 이윤희 역해, 308쪽, 16,000원

일본사상총서

일본 신도사(神道史) 무라오카 츠네츠구 지음, 박규태 옮김, 312쪽, 10,000원
도쿠가와 시대의 철학사상(德川思想小史) 미나모토 료엔 지음, 박규태·이용수 옮김, 260쪽, 8,500원
일본인은 왜 종교가 없다고 말하는가(日本はなぜ 無宗敎のか) 아마 도시마로 지음, 정형 옮김, 208쪽, 6,500원
일본사상이야기 40(日本がわかる思想入門) 나가오 다케시 지음, 박규태 옮김, 312쪽, 9,500원
사상으로 보는 일본문화사(日本文化の歷史) 비토 마사히데 지음, 엄석인 옮김, 252쪽, 10,000원
일본도덕사상사(日本道德思想史) 이에나가 사부로 지음, 세키네 히데유키·윤종갑 옮김, 328쪽, 13,000원
천황의 나라 일본(天皇制と民衆) ― 일본의 역사와 천황제 고토 야스시 지음, 이남희 옮김, 312쪽, 13,000원
주자학과 근세일본사회(近世日本社會と宋學) 와타나베 히로시 지음, 박홍규 옮김, 308쪽, 16,000원

예술철학총서

중국철학과 예술정신 조민환 지음, 464쪽, 17,000원
풍류정신으로 보는 중국문학사 최병규 지음, 400쪽, 15,000원
율려와 동양사상 김병훈 지음, 272쪽, 15,000원
한국 고대 음악사상 한흥섭 지음, 392쪽, 20,000원

동양문화산책

공자와 노자, 그들은 물에서 무엇을 보았는가 사라 알란 지음, 오만종 옮김, 248쪽, 8,000원
주역산책(易學漫步) 朱伯崑 외 지음, 김학권 옮김, 260쪽, 7,800원
공자의 이름으로 죽은 여인들 田汝康 지음, 이재정 옮김, 248쪽, 7,500원
동양을 위하여, 동양을 넘어서 홍원식 외 지음, 264쪽, 8,000원
서원, 한국사상의 숨결을 찾아서 안동대학교 안동문화연구소 지음, 344쪽, 10,000원
녹차문화 홍차문화 츠노야마 사가에 지음, 서은미 옮김, 232쪽, 7,000원
거북의 비밀, 중국인의 우주와 신화 사라 알란 지음, 오만종 옮김, 296쪽, 9,000원
문학과 철학으로 떠나는 중국 문화 기행 양회석 지음, 256쪽, 8,000원
류짜이푸의 얼굴 찌푸리게 하는 25가지 인간유형 류짜이푸(劉再復) 지음, 이기면·문성자 옮김, 320쪽, 10,000원
안동 금계마을 ― 천년불패의 땅 안동대학교 안동문화연구소 지음, 272쪽, 8,500원
안동 풍수 기행, 와혈의 땅과 인물 이완규 지음, 256쪽, 7,500원
안동 풍수 기행, 돌혈의 땅과 인물 이완규 지음, 328쪽, 9,500원
영양 주실마을 안동대학교 안동문화연구소 지음, 332쪽, 9,800원
예천 금당실·맛질 마을 ― 정감록이 꼽은 길지 안동대학교 안동문화연구소 지음, 284쪽, 10,000원
터를 안고 仁을 펴다 ― 퇴계가 굽어보는 하계마을 안동대학교 안동문화연구소 지음, 360쪽, 13,000원
안동 가일 마을 ― 풍산들가의 의연히 서다 안동대학교 안동문화연구소 지음, 344쪽, 13,000원
중국 속에 일떠서는 한민족 ― 한겨레신문 차한필 기자의 중국 동포사회 리포트 차한필 지음, 336쪽, 15,000원
고려시대의 안동 안동시·안동대학교 안동문화연구소 편, 448쪽, 17,000원

민연총서 ― 한국사상

자료와 해설, 한국의 철학사상 고려대 민족문화연구원 한국사상연구소 편, 880쪽, 34,000원
여헌 장현광의 학문 세계 우주와 인간 고려대 민족문화연구원 한국사상연구소 편, 424쪽, 20,000원
퇴옹 성철의 깨달음과 수행 ― 성철의 선사상과 불교사적 위치 조성택 편, 432쪽, 23,000원
여헌 장현광의 학문 세계 2, 자연과 인간 고려대 민족문화연구원 한국사상연구소 편, 432쪽, 25,000원

예문동양사상연구원총서

한국의 사상가 10人 ―원효 예문동양사상연구원/고영섭 편저, 572쪽, 23,000원
한국의 사상가 10人 ―의천 예문동양사상연구원/이병욱 편저, 464쪽, 20,000원
한국의 사상가 10人 ―지눌 예문동양사상연구원/이덕진 편저, 644쪽, 26,000원
한국의 사상가 10人 ―퇴계 이황 예문동양사상연구원/윤사순 편저, 464쪽, 20,000원
한국의 사상가 10人 ―남명 조식 예문동양사상연구원/오이환 편저, 576쪽, 23,000원
한국의 사상가 10人 ―율곡 이이 예문동양사상연구원/황의동 편저, 600쪽, 25,000원
한국의 사상가 10人 ―하곡 정제두 예문동양사상연구원/김교빈 편저, 432쪽, 22,000원
한국의 사상가 10人 ―다산 정약용 예문동양사상연구원/박홍식 편저, 572쪽, 29,000원
한국의 사상가 10人 ―혜강 최한기 예문동양사상연구원/김용헌 편저, 520쪽, 26,000원
한국의 사상가 10人 ―수운 최제우 예문동양사상연구원/오문환 편저, 464쪽, 23,000원